中华传世藏书
【图文珍藏版】

# 曾国藩全集

[清]曾国藩⊙原著
赵征⊙主编

线装书局

曾国藩全集

# 曾国藩 日记

（下）

[清]曾国藩◎原著
赵征◎主编

# 卷十四　同治三年

## 正月

初一日(赏唐伯虎、仇十洲之画)

黎明至万寿宫拜牌,旋归寓,至祖宗前行礼。各文武员弁庆贺者甚多,一一接见,至巳刻始毕,中坐见者五次,馀皆立见。巳正,出外拜客,朱久香前辈处一坐,馀皆未会。归,清理文件。午正二刻请幕府诸人一饭,未末散。出唐伯虎、仇十洲之画共一赏玩。阅本日文件甚多,添恽次山信二叶。夜温古文二首,夜核批札各稿,添彭杏南信一叶。二更三点睡,倦甚,遂能成寐。五更醒。

初二日

早饭后清理文件,见客三次,杨仲乾谈最久。出门拜客,在毛竹丹、忠义局两处久坐,归已午正矣。见客,魏涟西等一谈。中饭后见客二次,围棋一局。阅《通考·征榷类》"榷茶"毕,阅本日文件。至内室一坐。夜核批札稿。温《归去来辞》《芜城赋》《哀江南赋》,二更五点睡。

初三日(将《哀江南赋》朱圈一过)。

早饭后见客三次,坐均颇久。清理文件,围棋一局,写刘霞仙信一件,共七叶。午刻,邓观察裕生来一谈,黄南坡来久谈。中间饭后,阅《通考》《坑冶》《杂征榷》,阅本日文件极多。傍夕至幕府一谈。核批札各稿,二更后将《哀江南赋》朱圈一过。

初四日

早饭后清理文件,见客十次,内坐见者二次。围棋一局。写澄弟信一件、沅弟信一件。午正核批札稿。中饭后阅《杂征榷》,阅本日文件,再阅《杂征榷》未毕。傍夕至内室久谈。夜,接奉廷寄二件,核批札各稿,二更后温《送穷文》《进学解》《秋声赋》《赤壁赋》,《古文·词赋类》温毕。

初五日(阅《征榷考》毕)

早饭后见客二次,衙门期也。旋立见者三次。清理文件。围棋一局。巳正见客,坐见者一次,立见者一次。午正写信,甫执笔而黄南坡来,与之久谈。又围棋一局。旋又见客二次。中饭后见客,坐见者一次。阅《征榷考》,至傍夕始毕。阅本日文件极多,至幕府一谈。夜将《征榷考》中录《雅训小记》。二更后核批札各稿。四点睡,甚能酣寝,几至于竟夕不醒,岂日内服新制丸药之效耶?

附记

云吉已在局用二百六十金,又支四十,凑足三百。

粮台再送三百金内一百私送,余又补一百。请恤。

初六日

早饭后清理文件。见客,坐见者五次。围棋一局,写黄印山密信一片。午刻见客二次,核科房批札稿甚多,写刘印渠信三叶,未毕。至万篪轩家赴宴,主为两司两道,客为余与朱学使暨黄南坡、毛竹丹、王孝凤也,申刻归。阅本日文件,阅《通考·市粜》。傍夕至内室一谈。夜写印渠信一叶,仍未毕,核批札各稿。二更后温《古文·诏令类》。

初七日(赏玩新得《廿四史》)

早饭后清理文件。见客,立见者一次,坐见者二次。围棋一局。将印渠信写毕,旋写沅弟信一件。吴缵先来,与之久谈。午刻核批札稿。中饭后,莫子偲来,与之赏玩新得殿板《廿四史》,何廉昉之所送也。阅《市易考一》,阅本日文件。周缦云来,久坐。又立见之客二次。核改批札各稿。傍夕至内室一叙。夜改复李世忠信稿,又核各信稿,温《书·吕刑》未毕。牙疼而松,岂近日服丸药太补之过耶?

初八日

早起,备祭席,因先祖星冈公冥诞,率家人行礼。饭后见客,立见者二次,坐见者三次。清理文件。围棋一局。写沈幼丹信。旋又见客,坐见者三次,立见者三次。午刻核批札各稿。中饭,请同县魏涟西、沈霭亭、潘伊卿等六人便饭,未正毕。阅本日文件。接沅弟信,寄有刘霞仙中丞信一封,奏稿二本,粗阅一过,已昏暮矣。至幕府一谈。夜核批札稿、信稿颇多,温《吕刑》,仍未毕。二更四点睡。

初九日(请黄南坡、毛竹丹及司道小宴)

早饭后见客一件[次],清理文件。围棋未终局而雪琴来,与之久谈,巳刻去。又见客三次。写郭意臣信一封。请黄南坡、毛竹丹及司道小宴,申初散。阅本日文件。说话太多,倦甚。傍夕,阅《市粜考》数叶。夜核批札稿,疲乏若不能自持者。二更后温《吕刑》,三更毕。日内因三次酒席,困倦已极。

初十日

早饭后见客二次,衙门期也。清理文件。围棋一局未毕,周缦云来上学,行礼毕。又见客三次,再围棋一局,倦甚。雪琴来,留吃中饭,是日先生入学,备有酒席也。杨厚庵来。未正,饭毕,倦困若不克自持者。阅本日文件。申正阅《市粜一》毕。傍夕,登床小睡。夜核批札稿甚(多),至二更五点毕。是日大雪竟日,平地二尺,寒冷异常。闻侍逆与黄文金上犯江西,已至绩溪,为之忧灼不已。

十一日(闻贼已窜绩溪)

早饭后清理文件,见客一次。旋出城拜客,雪琴晤谈片刻,厚庵、南坡俱未会。归与鲁秋杭围棋一局。写李少荃信一封。风雪不止,酷寒难耐。核科批稿。中饭后,南坡、竹丹来久坐,阅本日文件,改盐务摺一件,至一更五点毕。旋又改摺一件、片一件,核批札稿,二更四点睡。是日雪大如故,平地几及三尺。闻贼已窜绩溪,而各军不能拔营往剿,忧灼之至。

十二日

早饭后清理文件,围棋一局,见客二次,写左季高信一件,改片稿一件。午正请客杨、彭等中饭,申初散。阅本日文件甚多,未毕。傍夕至幕府一叙。夜核批稿、信稿甚多。二更三点后,朗诵《吕刑》,三更睡。是日大雪不止,奇寒不能治事。申刻,发报二摺二片。

附记

一人　二客　三信　四科

五书　六文　七批　八歌

七处奠吊江吴桂范　○密考摺单

○苏盐新章　○四谢恩折

○希事四单

十三日

早饭后见客一次，又立见者一次。清理文件。写沅弟信一件。围棋一局。大雪不止，至内室围炉小坐。午刻见客二次，金眉生与彭雪琴先后久坐。中饭后阅《通考·市粜二》，阅本日文件极少。傍夕复阅《市粜二》，未毕。夜核批札稿，二更后温《文侯之命》《费誓》《秦誓》。是日酷寒如故，天容惨黯，不特军士困苦堪怜，且农家亦恐伤麦矣！

十四日

早饭后清理文件，围棋一局。旋写澄弟信一件。巳刻接见张富年、潘鸿焘、毛有铭，三次坐谈颇久。午旋孙琴西来一谈。核科房批稿。中饭后阅《市粜考》毕，阅本日文件，万篪轩来久坐，蒋之纯、曾璞山来久坐，又阅《土贡考》。傍夕至幕府一谈。夜核批札各稿，二更后温《古文·诏令类》。汉文各诏，虽三代"誓""诰"不能过也。下唇疼痛，二更三点即睡。是日雪止，午后放晴，酷寒如故。

十五日（思士大夫之家败之道）

中饭后，因唇疼，谢绝各客不见。清理文件。围棋一局。吴竹庄自芜湖来，晤谈良久。刘开生等来，言绘图事。午刻核科批稿。黄南坡来，又与围棋一局。曹禹门来一坐。中饭后见客，坐见者一次，立见者二次，阅《通考·土贡一》毕，《国用一》毕，阅本日文件。天气虽晴，奇寒如故，殆近岁所未有也。至内室围炉一坐。夜核批札稿。二更后，阅《戴东原文集》，偶思士大夫之家不旋踵而败，往往不如乡里耕读人家之耐久。所以致败之由大约不出数端。家败之道有四，曰：礼仪全废者败，兄弟欺诈者败，妇女淫乱者败，子弟傲慢者败。身败之道有四，曰：骄盈凌物者败，昏惰任下者败，贪刻兼至者败，反复无信者败。未有八者全无一失而无故倾覆者也。

十六日（批湖北寄来之手摺）

早饭后清理文件，旋见客，立见者二次，坐见者一次。围棋一局。又见客，坐见者三次，立见者一次。批湖北寄来之手摺。又见客三次。应酬太多，不复能治事矣。中饭后，张铢渠、毛竹丹来久坐。阅本日文件，核批札各稿。傍夕至小岑处一谈。夜核谢恩摺稿五件、信札稿数件。二更后阅《东原文集》。

附记

蕖田原奏存红拜匣内

密考式存红拜匣内

十七日（夜阅赵沅青所为骈文）

早饭后清理文件。旋见客，坐见者三次，立见者一次。围棋一局。写沅弟信一件，计四叶。摺差黄齐昂自京回，阅京信十馀件、京报二十馀本。周军门来一坐。中饭，请吴竹庄等便饭，未末毕。阅本日文件，再看京报，核批札各稿。傍夕至幕府一谈。夜阅赵沅青所为骈文，作李希庵挽联二付。

十八日

早饭后见客，坐见者三次，立见者二次。清理文件，围棋一局。旋又见客，坐见者三次，立见者四次。已疲乏，不复能治事。核科房批稿。中饭后见客，坐见者一次，立见者二次。作范云吉挽联一付，写希庵挽联，写祭幛四幅，送刘坦衢师、钱湘吟之父、江味根、范云吉。阅本日文件极多，未毕，灯初始毕。至幕府一谈，筱岑不以挽云吉之联为佳，又撰一联，沉吟良久。核批稿。三更睡。二日天气放晴，本日始暖，有春意矣。

附记

当涂天门书院赵光缙禀

芜湖鸠江书院竹庄请

十九日(誊去年九月以后奏事目录)

早饭后清理文件,见客,坐见者二次,立见者七次。围棋一局,写范云吉挽联一副。午刻开印行礼,核科房批稿。将去年九月以后奏事目录一誊。中饭后,朱学使来一谈。吴竹庄来久坐,方存之来久谈。阅本日文件,核批札各稿。夜将批稿核毕,读赵岐注《孟子·梁惠王上》,二更四点睡。

附记

○李四问赈事　○厚庵要东征局三千

○柯至朱处　程梓庭孙录用

访问何铣把持　○包提审

○万处有陋规单　○徐晋裕赴万处

廿日

早饭后清理文件,见客二次,衙门期也。围棋一局。旋又见客,坐见者二次,立见者二次。誊奏事目录毕。巳末,黄南坡来久谈,围棋一局。中饭后,阅《通考·国用二》,阅本日文件。剃头一次。阅《国用二》毕。至幕府鬯谈。夜核批札各稿,倦甚。二更后温《孟子·梁惠王下》,未毕,三点睡。

廿一日

早饭后清理文件,见客,立见者二次,围棋一局。旋见客,坐见者三次,立见者三次。午刻,核科批颇多。中饭后阅《国用三》,阅本日文件,见客二次。夜,因《通考·漕运》中有误字不可通者,翻《唐书·食货志》细校一过。核批札各稿,倦甚。朗诵苏诗数首,早睡。是日积雪未融,而申刻大雨,夜深未止,巳刻,至朱久香学使处久谈。

廿二日(思"佚"字之病最难克去)

早饭后清理文件。旋见客,立见者二次,坐见者二次。围棋一局,写郭云仙信一封。午刻核科房批稿,又写筠仙密信二叶。中饭后阅《通考·国用三》毕,阅本日文件。核改信稿,未毕。忠鹤皋来久坐。夜核信稿、批札稿。二更后,阅阮文达所纂《诗书古训》。四点睡。近日于应办之事,往往因循迁延,不克即日了毕,乃知"佚"字之病最难克去耳。

廿三日

早饭后见客二次,衙门期也。旋围棋二局,写沅甫信一封。万方伯、忠都转、何廉访先后来坐,谈颇久,又见客一次。午刻,黄南坡来,围棋一局。中饭后阅《国用考四》未毕,阅本日文件。核批札各稿。傍夕至幕府一谈。夜改信稿、批稿。

廿四日(至学使衙门、甄别书院借考棚扃试)

早饭后,至学使衙门、甄别书院,借考棚扃试。试题"百世之下"四句,诗题《名誉不如心自肯》。与久香学使坐谈良久。旋出城拜客,巳正归。围棋一局,写澄弟信一封。午刻,黄南坡来久坐。中饭后,倦甚,又与眉生久淡,阅本日文件。困疲若不克治事者。至内室散步,又在书房小睡。夜,办年终密考单、江西各员注考,未毕。二更四点睡,是日,专人送钱湘吟钱、黎福保及刘宅、李宅赙仪等礼。

廿五日

早饭后见客二次,衙门期也。清理文件,围棋一局。陈虎臣来久坐。午刻,核科房批稿颇多。中饭后,再办密考单,阅本日文件,密考单粗毕。至幕府一谈。夜又将密单细核一过。改摺稿一件、片一件,二更三点毕。温《孟子》"齐人伐燕,取之",至"养气"章止。是日治事稍多,疲乏殊甚。

廿六日

早饭后清理文件。旋见客,坐见者一次,立见者五次。将密单等请友至内誊写,写朱久香学使信一片、沅弟信一封,围棋一局。午刻核科房稿甚多。中饭,请忠鹤皋、丁仲文、张仙舫等便饭。饭后,阅本日文件。核幕友批稿信稿。与眉生鬯谈。夜改摺稿一件、片稿二件,倦甚。二更三点,温《孟子》"仁则荣"章,至《滕文公》止。

附记

○萧、○王、○冯信

廿七日(写对联、挽幛、挂屏)

早饭后清理文件。见客,立见者四次。围棋一局。改摺片一件。改信稿数件。午刻核科房批稿,黄南坡来久谈,又围棋一局。中饭后阅本日文件,写对联、挽幛、挂屏六幅,约三百馀字。核幕府批稿。傍夕与幕友一谈。夜再核批稿,二更后温《滕文公》上、下篇。是日,发报二摺、三片、一清单。

附记

王志行,免房费　阙平相陈件

江振采,接王缺　○刘松岩信

廿八日(摺差进京送年终密考摺)

早饭后见客,坐见者二次,立见者三次。旋围棋一局。巳刻,陈心良、黎纯斋来,坐颇久。午刻核科房批稿。是日,摺差施占琦进京,送年终密考摺,谢福字恩摺,又沅、雪、鲍、万各谢恩摺,详对一过,并京信数件。中饭后,朱久香学使来,将代看书院各卷交还,即命书办填写名次,与之久谈。阅本日文件,写对联二付、挂屏四幅。傍夕至内室一谈。纪泽儿本日小恙,未出。邓守之来久坐。夜核批札各稿,二更三点,温《离娄》上、下二篇,五点睡,倦甚。是日接奉廷寄一件。

廿九日(纪泽病重)

早饭后清理文件。旋见客,坐见者四次,何小宋、忠鹤皋坐甚久。围棋一局。午刻见客,坐见者一次,立见者一次。核批稿。说话太多,倦甚。中饭后阅《通考・赈恤》毕,又阅《蠲贷》一卷,阅本日文件。傍夕至内银钱所一坐,又至邵宅一坐。夜核批札稿颇多。二更二点,温《万章》上、下。四点入内室睡。是日午刻,李眉生来久谈,因与之言"三乐"、"三薄"之目。申刻写对联五付、挂屏二幅。四更二点,闻纪泽之病加重,夫妇起视,见其汗出如雨,壮热不止,因请欧阳小岑诊视,用参、术、苓、草、姜、附,五更服半帖,汗微止。次日大愈。

附记　原单阙牧开　存红拜匣内

李方炳滁洲李家集人,恶练

李春芳滁洲界牌集人

李显安李世忠之养子,行四,运漕人

胡宝贤李显安之书识,六安人

胡宝春宝贤之弟,代李世忠管田庄,曾在乌衣抢民米

宋学文杜宜魁之部下,副将,现在全椒,抗不撤勇交城,又勒令田主书卖契

刘义高杜部副将,与宋同恶

杨永清全椒人,师帅,副将。刑具。抢牛

郑宏谟来安水口集人,藉营抗官

又记

成、蒋、萧、毛单　江西丁漕三案抄本

扁鹊罪状单　次青屈抑信

## 二月

初一日(知金陵城业已合围)

早饭后,文武贺朔者,一概谢绝不见。清理文件,围棋二局。出门吊王孝凤,渠新闻讣,丁外艰也。旋出城送黄南坡之行。午正归,见纪泽病已痊愈。中饭后,阅《通考·舆地一》毕,阅《舆地二》数叶,写对联、挽幛八件,阅本日文件。傍夕倦甚,小睡。夜核批札各稿,二更后温《告子》上、下,四点睡。是日接沅弟信,知金陵城业已合围,只空出后湖一段,且喜且惧,喜沅弟苦心经营,将有蒇事之日,惧穷寇冒死冲突,如黄河将合龙时之走埽也,不胜战栗之至。

初二日

早饭后清理文件。旋见客,立见者五次,坐见者二次。围棋一局。写沅弟信一件、沈幼丹信一件,未毕。黄南坡来久谈,又与围棋一局,成篪轩来一坐。中饭后将沈信写毕。见客,立见者二次,坐见者二次。阅本日文件。酉刻(阅)《通考·舆地二》,未毕。傍夕至幕府一谈。夜核批札稿。二更倦甚,小睡。温《孟子·尽心》上、下篇毕。是日接奉廷寄一件。

初三日(阅窦兰泉《塄铢寸录》)

早饭后见客三次,总鹤皋谈甚久,又立见者二次。清理文件,围棋一局,陈虎臣来久谈。旋又见客一次,久谈,倦甚。阅窦兰泉《塄铢寸录》,中饭后再阅之。写对联八付,阅本日文件。核江宁七属暨仪征并附场七州县盐务,至夜二更核毕,又核各批札信稿。二更后,温《古文·诏令类》"经"六首,"汉诏"八首。

附记

汉局二支应转运　○武穴一靳

西坝一陈　西省局一

初四日

早饭后清理文件,旋围棋一局。见客,坐见者一次,立见者二次。写澄弟信一件,核科房批稿。午刻将以《方舆纪要》与《通考》校对,将《纪要》题识册面。中饭后,阅《通考·舆地二》,未毕。阅本日文件,写对联、横披、阅窦兰泉《塄铢寸录》。傍夕至幕府一谈。夜核批札各稿。旋温《古文·诏令类》西汉各篇,毕。

初五日(阅江苏减漕说帖办法)

早饭后清理文件,旋见客二次,衙门期也。围棋一局,写对联十三付,见客一次。午刻核科房批稿。倦甚,小睡半时许。中饭后,马谷山方伯新到,久谈。万篪轩亦来久谈。阅本日文件。酉刻,阅江苏减漕说帖办法。傍夕与李眉生一谈。夜核批札各稿。二更后,温东汉各诏。五点上,不甚成寐。

附记

○王仁舆请封其父守策、母陈氏,州同随带加二级五品职衔

同治二年七月十六日在湖南省局交银讫原信寄沅

初六日

早饭后清理文件。旋围棋一局。写对联九付,至眉生处一谈。午刻核科房批稿。小睡半时许。午饭后阅《通考·舆地二》"山西",写沅弟信一封,见客一次,阅本日文件。申正再阅《通考》,傍夕未毕,又小睡片刻。更初核批札各稿。二更二点后温"诏令类"三首,

四点睡。

初七日

早饭后清理文件，旋见客，坐见者三次，立见者三次。围棋一局，写对联十三付。天气奇寒，至内室一坐。午刻，核科房批稿，小睡半时许。请万篪轩、马谷山等中饭，申初散。阅本日文件，阅《通考·舆地二》毕。傍夕至李眉生处一叙。夜核批札各稿，未毕。二更二点温陈琳《讨曹氏檄》。

附记

邹旭岚

周玉鸿镇远人，捐县丞，随马方伯

毕　健阳湖人

南北两台卡员单启

北台委员眉

厘盛呈盐务单批

杨泰可靠之员眉

宁藩粮台事宜舫

——均存红匣

初八日（虑金陵等处别有变端）

早饭后见客，坐见者三次，立见者三次。清理文件，围棋一局。巳刻，朱久香前辈来，约坐一时许。午初出门拜万、马二方伯，均会。归，见客二次。中饭后阅本日文件。申正阅《舆地考》"兖州""青州"。傍夕至幕府一谈。夜核批札各稿，二更一点未毕。二点后，温《讨吴蜀檄》三首，四点睡。是日天气黯惨，严寒异常。不知金陵等处别有变端否？

初九日（与纪泽论苏诗）

早饭后见客，立见者两次，清理文件，围棋一局，万篪轩来久坐。旋至内室一坐。写对联十二付。午刻核科批稿，至纪泽处。与论苏诗，李眉生来久谈。中饭后阅《通考·舆地》"徐州"，又阅"扬州"，未毕。阅本日文件，核批札各稿。傍夕小睡。夜又核批札稿。二更后，温"诏令类"数首。是日天气阴雨凝寒。余所作之事甚多，此心为之少快。盖见客无多，则自觉日之舒长也。

初十日（朱久香以"恒寒""恒风"相警）

早饭后见客二次，衙门期也。清理文件。旋又见客，立见者二次。围棋一局。写季君梅信二叶、李少荃信一件，写对联八付，核科房批稿。午刻小睡。中饭后阅《舆地》"扬州"数叶。王朝纶来久谈。旋阅本日文件颇多。酉刻，阅"扬州"毕，阅"荆州"数叶。傍夕，至缦云学堂一坐。夜核批札各稿，二更后温"诏令类"陆宣公数首，二更四点睡。是日风雨凝寒，气象愁惨，雨声竟夜不息，有似咸丰十年二月间景象。朱久香学使以《洪范》"恒寒""恒风"相警，余于巳刻为书答之。寸心惴惴，不知金陵有它变否？

十一日

早饭后清理文件，旋见客，坐见者一次，立见者二次。围棋一局，写沅弟信三叶、季高信四叶，至眉生处一叙。午刻核科房批稿。旋阅朱子数首，小睡片刻。中饭后，万方伯来一坐。又立见之客一次。阅《舆地考》"荆州"，阅本日文件。酉刻核批札稿。傍夕至幕府一谈。灯下改摺稿一件，二更后温"诏令类"韩文数首。

十二日

早饭后清理文件，围棋一局，见客一次。作摺片一件，又改摺片一件。中饭后见客一次，添幼丹信二叶，阅《舆地考》"豫州"，阅本日文件，阅《朱子文集》数首。傍夕至小岑处一坐。夜核批札稿，二更后温"诏令类"欧、曾制诰，是类温毕。

十三日

早饭后见客三次，又立见者一次。清理文件，围棋一局，马雨农学使来久坐，魏涟西来久坐。午刻写大"寿"字及祭幛各三件，又扁二件。中饭后倦甚，至眉生处一叙。阅《舆地考》"梁州"，阅本日文件。傍夕剃头。灯后，核批札各稿，二更后温《诗经》《关雎》，至《采蘋》止。是日天气新晴，仍有凝寒未解。接奉批谕，是正月廿七所发之摺批回者。

十四日

早饭后见客，立见者三次。清理文件。围棋一局。写澄弟信一封，写对联九付，又下款廿馀付。午刻见客，立见者三次，坐见者一次。至眉生处一谈。小睡片刻。阅王船山《说文广义》。中饭后阅《舆地考》"梁州"，未毕，阅本日文件甚多。傍夕至内室一坐。夜核批札稿，二更后温《诗经·召南》毕。三点后，颇能成寐。

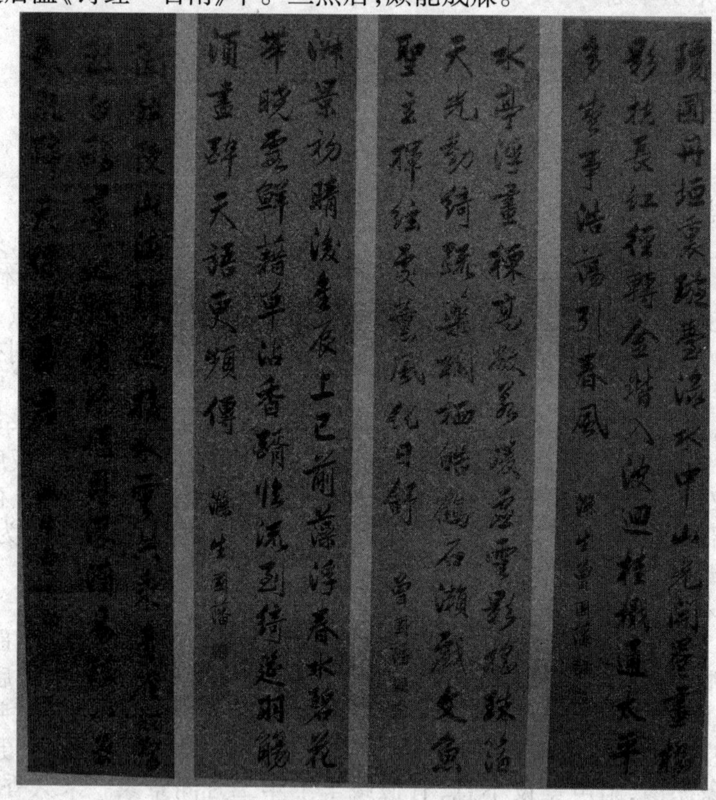

曾国藩书法

十五日（出城迎乔中丞）

早起，接见文武各员贺望者，至辰正见毕。清理文件。围棋一局。写沅弟信一封。出门拜朱久香学使。归，与李眉生一谈。午刻小睡。闻乔中丞到，出城迎接，未正归。中饭后，乔中丞来久坐。又见客，坐见者二次。阅本日文件，阅《舆地考》"梁州"毕，"雍州"阅十叶，眼蒙殊甚。傍夕小睡。夜核批札稿颇多，二更后温《诗·邶风》，至"击鼓其镗"止，三点睡。

十六日（阅汪家沂呈所作《礼乐一贯录》）

早饭后清理文件，旋见客，坐见者二次，立见者三次。围棋一局。出门拜乔中丞。巳刻,刘开生等来呈所画长江图式,旋与之围棋一局。午刻至眉生处一谈。见客,立见者一次,坐见者二次。乔中丞来久谈。中饭后写对联九付,阅本日文件。嘴唇作疼,疲倦殊甚。傍夕小睡。夜核批札各稿,二更后困乏不能作一事,三点睡。是日,有歙人汪宗沂者,王子怀之婿,呈所作《礼乐一贯录》,虽学识尚浅,而颇有心得。

十七日(本日阅《书记洞诠》)

早饭后清理文件,旋见客,坐见者二次,立见者三次。围棋一局,写毛寄云信一件。旋又见(客),立见者一次,坐见者三次。写沅弟信一件。午正小睡。请乔中丞便饭,未正散。阅本日文件。酉刻写对联十付。傍夕至幕府一谈。夜核批札各稿。日内因嘴唇作疼,心火颇旺,故二日不看书,本日翻阅《书记洞诠》。二更后,含冰片于口内,三点睡,疼稍愈矣。

十八日

早饭后见客,坐见者两次,立见者一次。清理文件。围棋一局。拜发万寿贺表。旋又见客,坐见者二次,立见者一次。写挂屏未成幅。莫子偲来一谈,旋又见客二次。张江陵相国之十世孙来,言其先宅至本朝已为荆州驻防,太岳之坟墓则至今无恙。中饭后见客,坐见者一次。阅《舆地考》"雍州",未毕。阅本日文件。乔中丞来久谈。傍夕至晓岑处久谈。夜核批札各稿,二更后温《史记》数首,三点睡。

附记

〇察忠复奏　马到任一奏

〇安庆分盐厘单

十九日(李世忠派总兵陈自明等一见)

早饭后清理文件。旋围棋一局,见客,坐见者三次,立见者二次。午刻,李世忠派总兵陈自明等一见。朱久香前辈来,久谈。中饭后见客,坐见者二次,立见者一次。阅《舆地考》"雍州",未毕,阅本日文件。申刻见客,坐见者一次,立见者二次。核批札稿未毕。傍夕至幕府一谈。夜将批稿核毕,温《诗》《凯风》至《二子乘舟》止。二更四点睡。是日午刻及灯后,均小睡片时。

二十日

早饭后清理文件,见客二次,衙门期也。旋立见者二次,围棋一局。弓嵩保筱乡来久坐,戊戌同年,久官江西,贫困不能自存,解军火来此,与之围棋二局。魏涟西来,谈剧久。午刻与李眉生久叙。中饭后,阅《舆地考》"雍州",阅本日文件。酉刻,乔中丞来久坐,又见客,立见者一次,坐见者一次。傍夕与纪泽讲养生之道。申刻写何小宋挂屏四幅,约二百馀字。小睡片刻。夜核批札各稿,温《诗》《鄘风》至《卫》之《氓》止。二更四点睡。天气新晴,春日舒长。是日见客最多且久,而公私事仍不废。

二十一日

早饭后清理文件。乔中丞来略坐,杨德亨来一叙,又立见之客二次。出门至乔中丞处道喜,渠于本日接印也。归后见客一次,围棋一局。李芋仙送大宣纸索书,长丈二尺,宽五尺,为之书《伯夷颂》,仅写四行,少为歇息。纸薄而涩,不宜书,笔小又新败,不称意也。午刻至李眉仙处一叙。午正,请朱久香前辈便(饭),孙琴西、叶云岩等作陪,未正散。阅本日文件,再书《伯夷颂》三行,阅《舆地考》"雍州"毕,阅"南越"数页。傍夕小睡。夜核批札稿,温《诗》,《竹竿》起,至《郑·大叔于田》止。

廿二日(欣闻常州已克复)

早饭后见客三次,皆坐谈片刻。清理文件,围棋一局。旋又见客,坐见者二次。写《伯夷颂》三行半,毕。至眉生处一谈。午刻,乔中丞来一叙。旋小睡片刻。中饭后阅《舆地考》“南越”，阅本日文件。接信，知常州于十二日克复，欢慰无已。金逸亭来鬯谈。写对联七付。傍夕小睡片刻。夜核批札各稿，阅同县张吉愚兴浚所为各体诗八卷，亦吾乡近日之杰士也。二更后温《诗》，《清人》至《还》止，四点睡。

廿三日（阅《舆地考》毕）

早饭后见客，坐见者一次，立见者二次。清理文件。围棋一局。马果山、孙琴西先后来一谈。写对联七付、扁一件，改复李世忠信稿，写沅弟信一件。又见客一次。午刻核科批稿。小睡片刻。中饭后，金逸亭来久坐。阅《舆地考》毕，阅本日文件甚多。乔中丞采辞行，余亦往送。未晤。至幕府一谈。小睡片刻。夜核批札各稿，温《诗》，《著》至《硕鼠》止，倦甚。二更三点睡。天气渐长，入夜则疲乏难振，亦老态也。

廿四日

早饭后清理文件，围棋一局。旋出城送乔中丞，渠至临淮接防也。自城外归，至刘伯山、郭慕徐处一谈。回寓写澄弟信一件。午刻小睡大半时。中饭后，李芋仙来一谈，阅《通考·刑一》一卷，阅本日文件，至眉生处一谈。酉正改复刘松岩信稿，未毕。核批杨各稿。夜又核批札稿，温《诗·唐风》，至《蒹葭》止，倦甚。二更三点睡。日来内人病颇深，盖咳嗽太久之故。

附记

○察忠一片

○万牧如一片

○水师命案一摺

○李铨一片

○江长贵一摺

○李世忠一片

○裁兵一摺

○孙尚绂一片

○严定国改名一片

○近日军情一片

廿五日（出北门城外接唐义渠中丞）

早饭后见客三次，衙门期也。第四次见冯鲁川，因与之围棋一局。客退，清理文件。旋又与鲁秋航围棋一局。旋又见客，坐见者二次，立见者二次。已觉困倦，不能治事，因小睡。阅王船山《尚书引义》。中饭后阅《通考·刑二》，阅本日文件，未毕。出北门城外接唐义渠中丞，酉初回城。阅《刑二》一卷未毕，将本日文件阅毕，至幕府一谈。小睡片刻。夜饭后，唐义渠来久谈，二更后去。核批札各稿。四点睡。

附记

○里下河买米二万

廿六日

早饭后见客二次。弓小芗来，与之围棋二局。清理文件。旋出门拜唐义渠。归，至眉生处鬯谈。午刻见客，坐见者一次，立见者三次。倦甚，中饭后小睡片刻。唐义渠来久坐。旋阅本日文件甚多，改摺稿二件、片稿六件，至二更后毕，核批札各稿未毕。四点睡。

廿七日

早饭后清理文件。旋见客，坐见者二次，立见者一次。围棋一局。写沈幼丹信一件，计七叶，改近日军情片稿一件。午刻小，睡片刻。何小宋来一谈，又立见之客二次。请弓小芗、冯鲁川等便中饭。观弓、冯对奕二局。阅本日文件，至眉生处一谈，阅《通考》《刑二》《刑三》。发报三摺、五片、一清单。核批札各稿，未毕，至夜二更始核毕。温《诗》“终南何有”，至《衡门》止，四点睡。

廿八日（思百种弊病皆从懒生）

早饭后清理文件。旋见客，坐见者三次，立见者二次。围棋一局。旋又见客，坐见者五次，刘伯山与孙蕖田坐淡甚久。刘携其所藏《西岳华山庙碑》，在世所传三名本之外。三名本者，一、长垣本，宋漫堂、成亲王等所递藏，后归刘燕庭者也；一、四明本，全谢山及范氏天一阁所递藏，后归阮文达者也；一、华阴本，王史、朱笥河山等所递藏，后归梁茝者也。刘氏本，则其父文淇孟瞻于扬州市肆得之，久不见称于世，亦可宝也。孙蕖田学士以言事获咎，正月休致，自京归来，说话稍多。中饭后，又见客一次。阅《通考·刑三》，竟不能入，掩卷一如未读者然。至眉生处久谈，阅本日文件。小睡二刻许。写挂屏四幅、对联三付，核批札各稿。夜又改刘松岩信稿及各批札稿，核各案供词。温《诗·东门之池》，至《下泉》止。近日，思百种弊病皆从懒生，懒则弛缓，弛缓则治人不严，而趣功不敏，一处迟则百处懈矣。

廿九日（汪梅村寄新刻《皇朝中外一统舆图》）

早饭后清理文件，旋见客，坐见者三次，立见者二次。围棋一局。出门至钱子密处，因其父本日出殡也。旋至孙蕖田（处）一谈。归，江军门来一叙，又立见之客一次。午刻，魏涟西、沈霭亭来久谈，留吃中饭。饭后，窦兰泉来久谈，约二时许。大雨如注，客亦难行，而十馀年旧好，言亦难尽也。阅本日文件，核批札各稿。夜改信稿数件，韩叔起信改甚多。二更三点后，温《诗·豳风》，四点睡。是日，汪梅村寄新刻《皇朝中外一统舆图》，凡三十二册。首册序跋、凡例，中卷为京师，北二十卷至俄罗斯北海止，南十卷至越南止。大致以康熙、乾隆两朝内府图及近人李兆洛图为蓝本，而增小地名颇多，亦巨制也。

## 三月

初一日（深愧近日公私事懈弛）

早间，凡文武贺朔者皆谢不见。饭后清理文件，旋围棋一局，写沅弟信一封。江军门、孙琴西各来辞行，一见。将汪梅村所送舆图一过。至眉生处一坐。写对联三付。兰泉来，痛谈近两时许。中饭后，再写对联六付，阅本日文件，阅《通考·刑三》，仍以神气昏倦，不能入理。金逸亭来久谈。至幕府一谈。傍夕小睡。夜核批札各稿，温《古文·辞赋类下》。日内风雨不止，不知金陵大营近状如何？余以近日见客稍多，公私俱不免懈弛，深以为愧悚。

附记

○写鲍信　○参杨营官　保州县

伪王名单红匣

初二日

早饭后清理文件，围棋一局。见客，立见者二次，坐见者一次。出门拜窦兰泉，久谈。又拜涂阆仙。归，至眉生处一叙。旋写对联八付，核科房批札稿颇多。午正请唐义渠便饭。饭后，钱子密来一谈，阅本日文件，阅《通考·刑三》是日始能细看入理。傍夕剃头一次。小睡片时。夜核批札各稿，二更后阅“辞赋类下”，四点睡。是日夜阅窦兰泉近作《辨论》十馀首，多阅历之言，而文义未能入古。

初三日（闻沈幼丹奏请将赣厘全归本省）

早饭后清理文件。见客，坐见者二次，立见者二次。围棋一局。旋又见恕三叔、方存之，少坐一刻。天气阴雨作寒，不似三月气象，颇用为忧。旋又见客，坐见者二次，立见者一次。写对联八付。午刻核科房批稿，阅窦兰泉《辨论》一本。中饭后批改纪泽所作《拟解嘲》一首，阅本日文件。改纪泽所作《江忠烈公墓表》，至傍夕毕。夜核改批札各稿。闻沈幼丹奏请将江西厘金全归本省，殊以为虑。二更三点后温《郊祀歌》，五点睡。

初四日（知嘉兴已克复）

早饭后清理文件，围棋一局。旋见客，坐见者二次。写澄弟信一封、沅弟信一封、鲍春霆信一封，至李眉生处一坐，写对联五付。午刻，窦兰泉来久谈，言及闽人祝桐君善于音律，兰泉因在坐写一信，约祝君来安庆小住。午正，朱久香前辈、孙蕖田来此，是日请三君宴集也，未末散去。阅本日文件。酉刻，核批札各稿。傍夕至幕府一叙。夜阅《（埒）铢寸录》，倦甚，小睡。二更后温"辞赋类下"，扬子云《百官箴》乃后人赝作，然后叹姚惜抱之精鉴耳。是日接信，知嘉兴果于十八日克复矣。

初五日

早饭后清理文件，旋见客二次，衙门期也。围棋一局。旋又见客，立见者二次，坐见者一次。巳正，陈虎臣来久坐。漳州镇李成谋来见，将令其到任。午刻核批札、科房稿颇多，写对联六付。中饭后至眉生处一谈。窦兰泉来署小住，与之久谈。阅本日文件甚多，酉刻毕。核改批札信稿。傍夕小睡。夜与兰泉一叙，核各稿毕，温"辞赋类下"。二更四点睡。

初六日

早饭后清理文件，旋见客，坐见者二次。围棋一局，改纪泽文二首、诗数首。马雨农来久坐。写对联五付。午刻核科房批札各稿。中饭后与兰泉久谈，至眉生处一谈。阅本日文件，欣悉杭州、余杭于二月二十四日克复。金逸亭来一谈，阅《通考·刑三》毕，核批札各稿。惫困殊甚，傍夕小睡。夜核批札信稿颇多。二更，温"词赋类下"。四点睡，不能成寐。一则因江西截留厘务一摺，心中郁恼；一则因天气稍热，新服丸药或不相宜。是夜接李竹屋信，赠一端砚，颇旧而发墨，兰泉以为可值二十金也。

初七日（泽儿诗有大进）

早饭后清理文件，旋围棋一局。见客，立见者一次，坐见者四次。写陈季牧信一封、沅弟信一封。午刻核科房批稿，旋写对联七付。中饭后见客，坐见者二次，立见者一次。阅本日文件。至眉生处一谈。申正核批札各稿。旋至幕府与兰泉及子密等畅谈。酉初小睡片刻。夜核批札稿毕，温"词赋类下"《高祖功名颂》等篇，二更四点睡。渴睡殊甚，而内人终夕咳嗽，病势不轻，良以为虑。是日辰刻，观鸿儿及王甥、罗婿所作时文，无甚进境。夜观泽儿所为古诗《拟东坡》八首，进工甚猛，有一日千里之概，亦可喜也。

初八日

早饭后清理文件，旋见客，周军门一次，冯鲁川一次，因与之围棋二局。马谷山等来谈石昌猷一案。旋又见客，立见者三次，坐见者三次，王少庚来谈甚久。午刻核科房批稿，写对联六付。倦甚，小睡。未初至马方伯处小宴，申刻归。阅本日文件，旋亲审杨复成一案，见发审各委员二次。疲乏不能治事，傍夕小睡。夜核批札各稿。二更后温"辞赋类下"。

附记

内所二案　○书局章程

○淮北章程　○杨饷一案

初九日（闻营官克扣军饷以致富，欲惩一儆百）

早饭后清理文件，与窦兰泉围棋一局。旋见客，坐见者三次，立见者二次。用油纸习字一张，核摺、片稿三件，写对联三付。午刻核科房批稿，至眉生处一谈，唐义渠来一谈。中饭后改摺稿一件，阅本日文件。昨日亲讯之杨复成，于二年九月在六安迎河集领饷七百两，各营皆发每勇一两，杨营仅发每勇四钱，又每人短平三分、四分不等。闻其秤下粘小铅块，左右轻重不匀。又九月之饷，粮台业已发足，杨复成亏欠全未发动，除去哨弁借支之七百八十馀两，又除去杨复成九月应支薪水银二百两，又除去杨十、冬、腊、正四个月可支之薪水银八百两，又除去垫发二月廿八、九、卅日口粮银三百两，又除去借支恤亡、养伤银百馀两，实尚亏欠银六百馀两。侵吞军饷，罪无可逭。因请大令立正军法，派臬司与中军监视行刑。近日各路兵勇辛苦，营官克扣致富，不得不惩一儆百也。亲批定案。又与臬台、中军一见。不怿者良久。旋核批札各稿。傍夕至眉生处与谈地理大指。夜与兰泉一谈。温"辞赋类下"嵇康、潘尼诸作。二更四点睡，不甚成寐。

初十日（喜句容克复，忧沅弟有病容）

早饭后见客二次，旋清理文件。方存之来久坐。与鲁秋杭围棋一局。又见客二次。存之送古文四本，因翻阅十馀篇。午刻，朱久香前辈来一谈。核科房批稿，写对联七付，习字一张。至眉生处一谈。中饭后至兰泉处一谈。阅本日文件甚多。文案房职员欧阳侗等讦告内银钱所，因亲写一长批痛责而斥革之。傍夕接沅弟信，知句容于初七日克复，为之一喜。又闻沅弟近日颇有病容，为之一忧。傍夕小睡。夜作江西牙厘请仍归本营摺稿，约七百字，尚不过三分之一。三更睡，四点成寐，五更二点醒。日来因金陵未复，沅弟焦灼，饷项大亏，江西截留厘金，及杨复成饷[侵]饷见杀等事，寸心郁闷，常不自得。甚矣，任事之难也！

十一日（至朱学使处送行）

早饭后清理文件。旋见客，立见者一次，坐见者二次。围棋一局。再作摺稿，至日暮作毕，约两千馀字。午刻见客一次。未刻至朱学使处送行。申刻阅本日文件。傍夕与李眉生辔谈。夜核批札各稿。二更后，改片稿一件。三更睡，五更醒。

附记

专人坐轮船送万札　○部事托蒋

刘札　江路图写精楷

九江洋税一年期满：

收七十四万二千四百四两

英法扣赔款二十三万一千七百九十五两

杂项支销十五万五千五百两，稍欠

共三十八万七千零

协解浙江八万

解皖台六万

接济江防一万

江、席两军二十万零五千两

共三十五万五千

十二日（思参沈幼丹之语不知合公允否）

早饭后清理文件，围棋一局。将昨日摺稿再一删改。见客二次，刘开生等坐甚久。旋又见客二次，至眉生处一谈。午刻核科房批稿，写对联五付。小睡片刻。中饭后，周子瑜来久坐，阅本日文件，写沅弟信一件，莫子偲来久谈，发报三摺、五片、一清单、四抄件。傍夕小睡。夜核批札各稿，二更后温"辞赋类下"二首。睡时因本日争厘金疏内，有参沈幼丹之语，不知果合乎天理人心之公否？悒悒若不自得。

附记

王鹤生件存红匣

杨恒枢号独生

十三日(刘松岩寄来江苏、漕米科则表)

早饭后清理文件,见客一次,又立见者一次。围棋一局。批鲍春霆禀一件,核批札稿颇多。午刻核科房批稿,至幕府一谈,写对联六付,至眉生处一谈。中饭后阅本日文件。刘松岩方伯寄来江苏漕米科则表,凡四张,前三张各七十则,第四张五十一则,共二百六十一则。其中每亩科至四斗以上者一则,三斗以上者一则,二斗以上者二则,一斗以上者七十则,八升以上者三十二则,八升以下六升以上者三十四则,五升以上者二十九则,五升以下者八十二则,不及一升者十则,条理尚属精密。写沅弟信一件。日内,如初九日杀杨营官、初十日革欧阳侗等,十一日之作争江西厘金摺,皆恼怒忿疾,机心触发,事过二日,方寸尚不自得。酉刻,与眉生及纪泽儿邕谈。夜核批札稿,温"辞赋类下",二更四点睡。内人竟夕咳嗽,病势殊重,闻之亦难安枕。灯下,添李竹屋信二叶、竺虔信一叶。

十四日(自省自己之短处)

早饭后清理文件,旋围棋一局,见客三次,又立见者一次,写澄弟信一封,核批札稿数件。倦甚,小睡。午刻写对联四付。摺弁施占琦自京归来,接阅京报,见正月廿三日邸钞,本年京察,国藩得邀优叙,考语褒嘉甚厚。同得奖叙,内则议政王及军机大臣五人,外则官、骆、左、李四人。因部文未到,不能具摺谢恩。旋看京报数十本。中饭,请许述卿世兄、王少庚等小宴,申初散。阅本日文件。接郭云仙信,甚长。酉初出门拜客,周子瑜、唐义渠处一叙,归,至眉生处一谈。核批札稿。夜再阅京报,写沅弟信一件,温"辞赋类下",二更三点睡。近日,省察自己短处,每日间怠玩时多,治事时少;看书作字治私事时多,察人看稿治公事时少。职分所在,虽日读古书,其旷官废弛,与废于酒色游戏者一也。庄生所谓臧穀所业不同,其于亡羊均也。本无知人察吏之才,而又度外置之,对京察褒嘉之语,殊有愧矣!

附记

宁藩司所属官单

李世忠与施照元信稿

鄂台解蒋、毛等军六成单

江西辛、壬、癸三年人饷解皖单

同治二年江西厘税全单又一简单

张学醇自呈略节

——均存红匣

十五日

早饭后,各文武贺望,见客十馀次,巳初毕。清理文件,围棋一局,核改批札稿,倦甚。阅梅伯言文数篇。午刻核科房批稿,写对联六付。至眉生处一谈。中饭后阅江西石昌猷一案卷宗,分别号件,稍记略节。旋阅本日文件甚多,毕,又阅石案各卷。傍夕至幕府一谈。夜又阅石卷,至二更眼蒙,不能多阅。二更后,温"辞赋类下",是夕温毕。倦甚,三点睡。石昌猷一案卷宗甚多,吾是日所阅不及十分之一,此外,如此案之繁重者,正复不少,不能一一细看。事烦而目钝,深虞陨越耳。

十六日(拟即日复奏亲赴金陵及东坝等处查阅)

早饭后清理文件,围棋一局,核批札各稿。接奉寄谕:再问能否亲赴金陵?拟即日复奏亲赴金陵及东坝等处查阅,因料理未出营以前应行清厘之事。巳正至眉生处一叙。午初写对联八付。小睡片刻,中饭后见客三次,唐义渠谈甚多。旋阅本日文件甚多。申刻阅石昌猷一案卷宗。傍夕至眉生处,与谈出外时应用之人。夜将批稿核毕,阅石昌猷一案卷宗,至二更五点睡。欲努力多看几件,至三、四更乃息,而眼蒙殊甚,不能开视,自愧精力孱薄,不能副此巨任。

十七日(忧贼将大举来攻东坝)

早饭后清理文件,围棋一局。旋见客,立见者二次,巳刻,坐见者一次。写沅弟信一件,语多不平之气。巳刻核批札各稿。午刻又核科批稿,写对联八付。小睡半刻许。中饭后至眉生处鬯谈。旋接信,毛竹丹于十三日在徽州失利,十四日贼围郡城。又闻贼将大举来攻东坝,忧灼之至。写左季高信一件,阅本日文件。本拟即日赴下游巡视,今徽州大警,上游无所秉承,不能东行矣。连日诸事郁抑,杂以客气悒悒,若不自得,即逆知当有它变。今闻徽州之警,方寸纷乱,弥觉行坐不安,因再围棋一局,以散烦郁。又檄鲍军派劲旅回守东坝。核批札稿颇多。黄吟台在此管理钱谷案件将及二年,为各处所深恶,本日批撤差事。傍夕,庞省三际云来鬯谈,昔年京师在余宅教读者也。夜,鲍春霆派人解送二伪王来省,一伪列王方成宗,一伪翰王项大英。作书与沅弟、春霆各一件,欲其兼顾东坝。二更后,阅梅伯言文数首。四点睡,竟夕不能成寐,忧徽州、东坝二处也。

十八日(知徽州于十五日获一胜仗)

早饭后清理文件,旋见客二次,又立见者一次。围棋一局。巳刻见客二次,马方伯坐颇久。午刻写信一件与沅弟。接祁门信,徽州于十五日获一胜仗,而贼已由龙湾南犯江西婺源矣。接澄弟排单信,知蕙妹病极重,叶亭外甥定于明日驰归省视。念兵事之方殷,感骨肉之多故,方寸郁郁,弥不自克。庞省三、黎纯斋先后来久坐。中饭后阅本日文件,至眉生处鬯谈,阅石昌猷一案卷宗。傍夕小睡。夜再阅石案卷宗,至二更四点睡。倦甚,尚能成寐。是日将昨解到之二伪王正法。

十九日

早饭后清理文件,旋见客,立见者二次,坐见者二次。围棋一局。黄南坡来久坐,杨仲乾、曹西垣先后来坐。午刻,王子怀侍郎来久坐时许,唐义渠来一坐。见客太多,倦甚。中饭后至眉生处一谈,写郭意臣信一封,见客二次。阅本日文件,知徽州之贼全窜江西,虽徽州幸而苟安,而诒患于江西者大矣,忧愧之至。又接信,言及杀游击赵春和事,亦以当时面谕蒋之纯时,未及细思为歉,寸心弥不自得。核批札各稿。傍夕至幕府一谈。夜阅江西石昌猷一案卷宗。二更后倦甚,不能多阅。因阅梁茝林《退庵随笔》。四点睡。是日王叶亭外甥回家,派李鼎荣送之。

二十日

早饭后见客一次。旋清理文件,围棋一局。旋又见客二次,刘开生等谈颇久。核批札各稿。午刻,庞省三来久谈。倦甚,阅《退庵随笔》,小睡。中饭后至眉生处一叙。旋将铨字营、老营点名一次。巳刻出城拜王子怀、黄南坡二君,久谈,午刻归。申刻阅文牍。徽州唐、毛两军于十七日大败,忧灼之至。旋阅本日文件毕,再围棋一局,见客一次,写沅弟信一件、春霆信一件。傍夕至眉生处一谈。夜核批札各稿,阅《退庵随笔》,二更四点睡。内人咳嗽,病甚重,颇为可虑。

附记

朱守谟联　李道三○联、○扎、○信

○贺联　○恽

信　保冯、丁、陈、汪、方、杨

廿一日(念己身刀小任重,抑郁不安)

早饭后清理文件，旋见即用知县王鸿飞，王静庵有信来荐之，韩城王文端之本家，颇安详明练也。又见客，坐见者一次，立见者二次。围棋一局。吴彤云来久谈。旋又见客，坐见者二次。午刻，黄南坡来久谈。中饭后，周军门来一见。旋阅本日文件。接奉廷寄二件。因户部奏江西厘务半归本省，心中郁闷殊甚。核批札稿件。剃头一次。夜阅《退庵随笔》，二更三点睡。心中因饷事十分懊恼，而又念兵事之无休无了，己身之力小任重，抑抑不自得，久不成寐，内人咳嗽，亦竟夕不得安也。

廿二日（反复筹思告病引退）

早饭后清理文件，见客，坐见者一次，立见者二次。围棋一局。旋写少荃信一封、刘松岩信一封、沅甫信一封。巳正小睡。午刻，黄南坡来𠹭谈，与之围棋一局。请周子瑜、唐义渠、庞省三等便饭。饭后阅本日文件。徽州、上溪口、屯溪等处一片贼氛，忧，灼之至。狂风甚雨，竟日不止。核批札各稿。阅《退庵随笔》，稍以解闷。酉刻，与纪泽儿一谈出处进退之道。傍夕小睡片刻。夜改摺稿片稿四件，二更后倦甚，再睡片刻，三点睡。日内郁郁不自得，愁肠九回者，一则以饷项太绌，恐金陵兵哗，功败垂成，徽州贼多，恐三城全失，贻患江西；一则以用事太久，恐中外疑我擅权专利。江西争厘之事不胜，则饷缺兵溃，固属可虑；胜，则专利之名尤著，亦为可惧。反复筹思，惟告病引退，少息二三年，庶几害取其轻之义。若能从此事机日顺，四海销兵不用，吾引退而长终山林，不复出而与闻政事，则公私之幸也。

二十三日（闻贼已由龙湾下窜婺源、江西）

早起，至学宫拜牌，是日皇上九岁万寿也。早间，阴曀未开，至巳刻始微见开朗，午后太阳照地，酉刻晴霁矣。早饭后见客一次，又立见者一次。清理文件，围棋一局。因早饭后呕吐，不愿治事，阅《广名将传》以自娱。午刻见客一次，小睡半时许。中饭后，周子瑜来久坐，至眉生处久坐。阅本日文件，核批札各稿、信稿甚多，阅《名将传》。傍夕小睡。夜仍阅《名将传》，二更后阅《古文·书牍类》，将王羲之数信与《书记洞诠》一对。是日，接徽州、祁门信，二十日尚无恙，而贼已由龙湾下窜婺源、江西矣。

附记

写信与树堂，并咨

三月初六日，成、梁、欧阳由樊城对河十馀里之龙坑河进，周凤山由樊城东北六十里之刘家集进，大败捻匪，头队已窜豫省内，邓之交尾队尚在老河口之上薛家集。

二十四日

早饭后清理文件，旋见客三次，围棋一局。写澄弟信一封、沅弟信一封。午刻小睡。核批札各稿。中饭后至眉生处久谈，张锦瑞来久坐，阅本日文件。酉刻，廖养泉来久坐，核片稿二件。傍夕至幕府𠹭谈。夜又改片稿二件。近日军情片，改三百馀字。二更四点睡，尚能成寐。阅纪鸿儿近日课文，颇有长进。

附记

仪征知县郑启明劣迹孟竹亭继康　应参

资钦亮柏丞教官，品高

程学伊春浦蓝翎同知

崔淦，樊城拔贡，六十

二十五日（意欲解去兵权以息疑谤）

早饭后因身体患病，谢不见客。旋改告病摺一件，又改近日军情片，是日凡改三次。围棋一局。幕友来见者数次。巳刻，庞省三来久谈。午刻核科房批稿，写对联六付。中饭后，唐中丞来话别，渠于本日回籍省墓也，谈约一时有半。阅本日文件甚多，核批札各稿。酉刻出城送唐中丞之行,傍夕归。发报三摺、五片。夜阅《古文·书牍类》,二更三点睡,倦甚。日内因户部奏折似有意与此间为难,寸心抑郁不自得。用事太久,恐人疑我兵权太重、权利太大。意欲解去兵权,引退数年,以息疑谤,故本日具摺请病,以明不敢久握重柄之义。

二十六日(至张笛帆处一坐)

早饭后清理文件。因身体患病,不多见客。旋见客,立见者二次。围棋一局。周军门来一见。写沅弟信一件。巳刻至眉生处畅谈。旋写郭云仙信一件。午刻核批札各稿。刘开生等来,谈地理甚久。小睡片刻。中饭后将云仙信写毕,阅本日文件,核改京信各稿,至纪泽处一谈,核批札各稿。酉刻至张笛帆处一坐。张名锦瑞,雨农比部之子,辛亥孝廉,新人幕写摺件者也。傍夕小睡。夜再改京信二件,约三百字。二更四点睡。

五彩人物镂雕瓶　清道光

二十七日(念自古高位重权者之成败祸福由天)

早饭后清理文件,旋见客二次,勒少仲来久坐,围棋一局。至眉生处一谈,甚久。巳正接奉廷寄,于十二日争厘金一疏未蒙允许。辞旨似右抚而左督,仍命督抚各分江西厘金之半。又念金陵大功将蒇,恐军心涣散,经总理衙门于上海奏拨银五十万,专解金陵大营,其中二十九万虽不甚可靠,其二十一万则立刻可起解,足济燃眉之急。因念枢廷苦心调停,令人感激;而劳逸轻重之间,又未尝不叹公道之不明也。午刻核淮北票盐章程,核至酉刻乃毕。阅本日文件,核批札各稿,未毕。傍夕,兰泉自金陵归,久谈。夜因闻沅弟病未愈,写信一件与之。旋将批札稿核毕。二更后,思温古文,倦甚,不复能用功矣。因沅弟与纪泽儿均有病,甚为忧灼,夜睡不甚成寐,百感交集。自古高位重权,盖无日不在忧患之中,其成败祸福则天也。

二十八日

早饭后清理文件,旋见客,立见者三次,坐见者二次。外甥王昆人自金陵来,与之久谈,因命之速归省母。巳初接信,则其母已于三月十四日未刻仙逝,因不遽告甥,而催令登舟速归,俾其途中姑得少宽,且免在此成服,耽搁数日也。吾兄弟姊妹九人,今仅存三人矣,伤感特甚,不能治事,因阅《老学庵笔记》以自遣。围棋一局。写沅弟信一件。中饭后,阅本日文件。围棋一局。核批札各稿。再阅《老学庵笔记》。傍夕得信,知新仁、依仁营有抢劫山内粮台之事,忧灼之至。兵事不振,变症百出,曷胜愧憾!傍夕在竹床小睡。夜阅《老学庵笔记》。又接廷寄,将昨日总理衙门所拨银五十万重言以申明之。二更四点睡,不甚成寐。盖骨肉死丧之感,闹饷内变之事,金陵未竟之功,江西流贼之多,百端交集,竟不知事变之胡底也。

二十九日(俯仰身世,感喟多端,不能治事)

早饭后清理文件,旋见客二次,围棋一局。俯仰身世,感喟多端,不能治事。仍看《老学庵笔记》。至陈小浦处一谈,兰泉、子密处各谈片刻,巳正至眉生处一谈。午刻核科房批稿，写扁字数十个，小睡片刻。中饭后，阅本日文件，阅石昌猷案内各卷宗。核批札各稿，傍夕未毕。小睡片刻。夜将批札稿核毕。二更后，温《古文·书牍》。朗诵《报燕惠王书》《报燕将书》《报任安书》诸篇。四点睡。明日立夏，而本日寒冷异常，余着灰鼠马褂尚觉其凉。因忆十年金陵军败之时，闰三月下雪，天亦极冷，恐下游军事或有它变。又恐多雨伤稼，麦收不登，忧灼无已。

三十日（因沅弟、纪泽有病，为之不怿）

早饭后清理文件，冯鲁川来一谈。旋围棋一局。天气阴森作寒，有似深秋。本日立夏，大雨竟日不止，殊用焦灼，不能治事，绕屋徘徊，若将有祸变之及者。旋至眉生处谈。巳刻，陈虎臣来谈。午刻核科房批稿，写对联六付、扁二幅，罗少村来一谈。小睡片刻。中饭后阅本日文件，核批札稿，写沅弟信一件。因沅（弟）、泽儿有病，为之不怿。傍夕小睡。写左季高信一封，颇长。二更四点睡。

## 四月

初一日（闻言余待霆营甚薄，人心离怨）

早饭后清理文件，旋见客一次，围棋一局。以诸事拂郁，此心悒悒，不愿治事，至眉生处久谈。莫子偲来一坐。写沅弟信一件。午刻核科房批稿，写对联数付，写挂屏三幅。中饭后，又写三幅，毕。见客，陈祖襄一次。阅本日文件，写冯树堂信一件。至幕中与庞省三久谈，眉生亦在坐。核批札各稿，未毕。傍夕小睡片刻。夜又核批札稿信稿。阅倪豹岑与眉生信，言余待霆营甚薄，银米极少，又吝于保举，人心离怨。忧灼之至。因办一咨，写一信与春霆。纪泽儿于昨日始病，今日颇居，请医四次诊治，人各异说，小岑开方服附片、姜桂，兰泉大不以为然。因请涂阆仙一诊，以为春瘟之类，开方服之。三更睡。

附记

访查六安局　侯朝栋案已送供

潘锡荣案　查温宅寿礼百金

初二日

早饭后清理文件。见客，立见者一次，坐见者二次。程颖芝来，与之围棋三局。寸心郁郁而应治之事都不能治，绕屋彷徨。陈虎臣来久谈。涂朗仙来看纪泽病，已痊愈矣。周军门来，言六安局弊窦甚多。午刻写对联六付，核科房批稿，写楷书屏二幅，约二百字。中饭后又写一幅半，将《伯夷颂》写毕，李眉生所送旧宣纸屏也。阅本日文件。旋至幕中庞三省处一谈。阅核批札信稿。傍夕又至幕中一叙。小睡片刻。灯后欲温古文而精力疲乏，因阅何廉昉所集苏诗对联。小睡片时。三点入内室睡。

附记

书吏薪水小单存红匣　黎与何信存小匣

内拟书局章（程）存红匣

初三日

早饭后清理文件，旋见客，坐见者三次，立见者二次。与程颖芝围棋三局。写李少荃信一封。午刻核科房批稿，写挂屏对联数件。请窦兰泉为纪泽看病，略谈片刻。中饭后见客三次，均坐谈片刻，陈虎臣谈较久，阅本日文件，至眉生处一谈。核批札稿，写沅弟信一件。傍夕，小睡片刻。夜将书局章程核毕。又核批札稿。二更三点睡，不甚成寐。

初四日（阅石昌猷案卷宗）

早饭后清理文件，旋见客二次，王子敷谈甚久。围棋一局。写澄弟信一件，寄银百五十两为蕙妹赙仪。写对联六付。午刻，核批札各件。小睡片刻。中饭后写刘松岩信一件，再围棋一局，阅本日文件，至李眉生处一次，阅石昌猷案卷宗。傍夕核批札稿，与兰泉同看纪泽之病。夜阅《古文·书牍类》，渴睡殊甚，几至不能句读。甚矣，老态昏惫，自此有退而无进矣。天气阴寒，不似立夏后景象，深以金陵大营为虑。

初五日（李世忠愿捐钱助我军饷）

早饭后清理文件，旋见客一次，李世忠遣唐玉田来，愿捐钱三十万串助我军饷，又定于四月十二日将滁、全各城一一退清。围棋一局，写对联六付，写沅弟信一件。午刻核批札各件。至李眉生处畅谈。中饭后阅本日文件，阅石昌猷一案各卷宗。傍夕小睡片刻。夜再阅石案卷宗，二更后温《古文·书牍类》四首，核批札各件，四点睡。是日始吃鲥鱼，渔户所送也。天气阴寒，深以金陵军事为虑。

初六日

早饭后清理文件。旋见客。立见者三次，坐见者两次。围棋一局，写挂屏四幅、对联四付。巳正至眉生处一谈。午刻核科房批稿，阅石昌猷案卷宗。中饭后，欧阳龟龄来一见。又见客，坐见者三次，立见者一次。阅本日文件，内有蒋方伯廿五日一禀，湖州并未克复。前廿五日接左季高十一日一咨，言湖州于初九日克复，不知何以歧误。酉刻阅石案卷宗。兰泉带其戚傅少君来此一谈。傍夕，欧阳小岑来谈刻书之事。旋小睡片刻。申刻，余恐金陵大营稍有疏失，又作书与沅弟，言湖州未克各情事。夜核批札稿，二更后温"书牍类"五首。四点睡。

初七日（知黄鼎甫去世悲愕无已）

早饭后清理文件。旋见客，坐见者二次，立见者一次。围棋一局。巳刻又见客一次。阅阮文达《石渠随笔》。又立见之客三次。巳刻写对联九付。午刻核科批稿，与眉生畅谈。中饭后见客一次。接家信，知缉熙侄女之婿黄鼎甫于三月十七日申刻去世，悲愕无已。一则痛侄女之早寡，二则念温甫弟三河殉节之后，家中气象衰落。弟妇忧患馀生，恐因哭婿而益悲愤成疾也。阅本日文件，写沅弟信一件，核批札各稿，阅石案卷宗。傍夕至幕府一谈。夜核改信稿。因念家中多故，纪泽儿病未全愈，心中焦虑之至。而天气阴雨作寒，恐伤麦收，又不知兵事之变态何如，弥觉忧惶不能自宁。因集古人成语作一联以自箴，曰："强勉行道，庄敬日强。"上句箴余近有郁抑不平之怀，不能强勉以安命；下句箴余近有懒散不振之气，不能庄敬以自奋。惜强字相同，不得因发音变读而易用耳。

初八日（深虑军事或有它变）

早饭后清理文件。见客，坐见者三次。旋程颖芝来，围棋三局。巳刻又见客，坐见者三次。写对联八付。午刻核科房批稿，阅阮文达《石渠随笔》。小睡片刻。中饭后至李眉生处一谈，阅本日文件，阅石昌猷卷宗。接奉批摺谕旨，系三月廿五日所发者。傍夕小睡片刻。夜与兰泉久谈，温《古文·书牍类》。是日天气阴寒，气象愁暗，竟日雨未停，夜间则大雨如注，深虑军事或有它变，不胜忧灼。

初九日

早饭后见客，坐见者一次。接见未毕，彭雪琴来久谈。大雨如注，似深秋凝寒之象。旋陪雪琴拜幕府诸公。巳初，雪琴出外拜客。清理文件，围棋一局。见客，立见者四次。摺弁邱明泰等自京归。阅京信京报等件。午刻，雪琴自外归，久谈。奉新帅子文前辈方蔚寄到《偲闻斋诗存》，翻阅数十首。中饭，请兰皋饯行便酌，座有雪琴暨杨仲乾、方存之、涂阆轩、洪琴轩[西]等，申初散。雪琴出城，明日即赴九江、湖口等处办理防剿事宜矣。阅本日文件，核批札各稿。阴雨愁闷，再围棋一局。写沅弟信一封。至眉生处一谈。傍夕小睡片刻。夜写信一叶与雪琴。核批札稿、信稿。二更三点后，温《古文·书牍类》三首。日内受寒腹泻,体中不甚爽快。

初十日(知东南军务当无它变,寸心为之稍纾)

早饭后清理文件,旋见客二次,围棋一局。窦兰泉来久坐,张佑之来叙谈。与王子云共阅石昌猷案卷宗。中饭后至眉生处一坐,阅本日文件,核批札各稿,核科房批稿,庞省三、张笛帆先后来一坐。傍夕至幕府一谈。夜改李世忠遣勇回籍摺稿,至二更五点未毕,即睡。是日天气仍阴寒,虽日出数次,而申酉间细雨淅沥,增人愁思。接沅弟信,谓东南军务当无它变,寸心为之稍纾。

十一日(闻沪已解银至沅弟大营)

早饭后见客四次,又立见者一次。清理文件。围棋一局。巳正写对联六付,内作一联赠窦兰泉,云:"就今之事,求古之道,早作夜思,邦家必达;既质诸友,又笔诸书,交箴互诱,人己俱成。"午初题跋钱南园先生法书手卷,共五札,皆与兰泉之祖者。京宦清苦,皆借银度日,信也。中饭后改李世忠摺毕,阅本日文件甚多。旋改克复金坛一摺,又改徽州战状摺,未毕,至灯后始改毕。酉刻与眉生一谈。傍夕小睡。夜改片稿三件。二更五点睡,幸尚成寐。是日天始放晴,气象清明,又闻上海已解银十五万至沅弟大营,心绪为之稍纾。

附记

洪△△王荫棠保

十二日

早饭后清理文件,围棋一局。作沥陈饷绌情形一片,至未刻始毕,约七百字。巳刻写对联五付。中饭后至眉生处一谈。未正阅本日文件。申刻改片稿一件,约二百字。勒少仲来一谈。与眉生、子密商本日摺片,榷议良久。傍夕小睡。夜核批稿甚多,二更四点未毕。小睡一息。三更发报四摺、五叶。是日天气晴明,心怀稍畅,惟二日所作摺片过多,殊形劳乏。

十三日

早饭后清理文件。旋见客三次,李芋仙坐颇久。围棋一局。出外至窦兰泉处送行,又至欧阳小岑书局一坐,午初归。见客一次。核科房批稿。倦甚,小睡。中饭后至李眉生处一谈。阅本日文件,知常州于初六日克复,丹阳于初七、八日克复,自是江苏仅馀金陵一城未克,贼势更孤,为之欣慰。而沅弟信中有云,肝病已深,痼疾已成,逢人辄怒,遇事辄忧等语,又为之焦灼。写沅弟信一件,约六百字。核批札稿。剃头一次。傍夕小睡。夜再核批札稿信稿,二更后温《古文·书牍类》。四点睡。去冬在后院栽竹,本日数之,活者七十六丛,未活者十馀丛。每丛多者十馀竿,少者二、三竿,盖合去年六月所种数丛而计之也。

十四日(查阅修整将坍之上房)

早饭后清理文件。旋见客三次,王荫棠坐稍久。王号芾南,盱眙人,乙卯举人,江西候补道,过此,已见三面矣。围棋一局。写澄弟信一件,将朱光孚诰封二轴带去。巳刻,窦兰泉来一坐,写对联六付。午刻阅《东坡题跋》,小睡片刻。中饭后,因上房水侵墙脚,势将倒坍,查阅修整,因拟作内厨房一间,与工匠审量一番。阅本日文件。疲乏殊甚,懒于治事,乃与程颖之再围棋二局。旋核批札稿。傍夕至幕府一谈。夜核批稿信稿。二更三点后,阅古文三首。四点睡。

十五日(至柯小泉家看其父之病)

早起,文武贺望者皆谢不见,清理文件。旋见客,坐见者一次,立见者一次。与程颖芝围棋三局。写毛寄云信四叶、王静庵信三叶。又见客,立见者二次,坐见者一次。阅

《东坡题跋》。午刻核科房批稿，写对联六付，小睡片刻。中饭后至眉生处畅谈，阅本日文件。见客一次，兵部主事、军机章京吴国杰，号超伯，休宁人，己酉举人，房师为李雨亭，将进京供职，自湖北来，经过安庆也。又陈茂松如自江西归，少叙片刻。旋出门，至柯小泉家看其父竹泉翁之病，盖内伤已逾年馀，日内渐危笃矣。归阅《山谷题跋》。傍夕与眉生一叙。夜核改信稿四件，温《古文·书牍类》六首。二更四点睡。

十六日

早饭后清理文件。旋与程颖芝围棋二局。阅《东坡题跋》，写沅弟信三叶，将彭杏南诰命三轴寄去。写李少荃信五叶。莫子偲来少坐，赠严可均铁桥《说文校义》一部。核科房批稿。中饭后，小睡三刻。周军门来辞行，少坐。阅本日文件甚多。旋至眉生处一坐，写对联五付，至后院散步。郭世兄阶来一叙，观其体气极弱，心为忧悸。核批札各稿。傍夕至幕府一谈。小睡片刻。夜核批稿信稿，温《古文·书牍类》，毕。

十七日

早饭后清理文件。旋见客，坐见者二次，立见者三次。旋围棋一局。写恽中丞信三叶，阅《东坡题跋》。午刻核批札各稿，写对联六付。小睡片刻。中饭后至眉生处久谈。至内室一坐。与程颖芝围棋二局。阅本日文件，改复刘松岩信，言江苏漕务，未毕。小睡二刻。灯后，再改刘信，毕，约改七百字。二更后改批札各稿，四点睡。是日上半天大雨，至申正放晴。闻少荃已派人来守东坝、句容，鲍军可以上援江西，为之一慰。

十八日（周子佩近日新授镇江知府）

早饭后清理文件。旋见客四次，藩、臬及饶家琦皆久坐。写沅弟信一封。巳刻，周子佩来，约谈一时许，昔年在京交契，近日新授镇江知府也。午刻核科房批稿。王子槐来久坐。小睡片刻。中饭后至李眉生处久谈，阅本日文件甚多。旋写对联六付、屏一幅。欧阳晓岑来一叙。核批札稿信稿。至内室。余与儿女辈日内均望家信之至，盖恐七十侄女新寡忧伤，或有它变也。傍夕小睡片刻。夜核批札稿，二更后阅《古文·哀祭类》，四点睡。是夜闻上海十五万金已至金陵，为之一喜。接李少荃信，辞旨逼侮，为之一戚。

十九日（陈心泉请余作家书序）

早饭后清理文件。旋见客。陈心泉录其父家书数通，请余作序，皆立品安命之言。周子佩久坐。围棋一局。吕耀斗来，庚戌翰林也。李幼泉昭庆来久坐，王寿祺来一坐。习字一纸。午刻核科房批稿，写对联六付。小睡片刻。中饭后，至眉生处一坐。庞省三在纪泽房内，与之一谈。阅本日文件，阅《通考·刑五》。间断已久，赓续读之，志意已不相属。酉正阅二十叶毕，核批札各稿。傍夕至幕府一谈。夜又核各信稿批稿，未毕。疲乏殊甚。阅《古文·哀祭类》。

二十日（审量湖北贼势）

早饭后清理文件，习字一百，写郭意臣信一件、沅弟信一件，共千馀字。与程颖芝围棋二局。巳刻，写扁三、对二。午刻核批札各稿，小睡片刻。中饭后阅《通考·刑五》毕，计二十叶，阅本日文件，至李眉生处一叙。会客一次，核批札稿。傍夕欧阳小岑来一叙。小睡片刻。夜将地图与官、严信一对，审量湖北贼势。改官、彭信稿二件。二更二点，接沅弟十七日信，知其心病已深，为之惶然，因写一密信复之，二更五点发。三更睡。

附记　十四日南渡之捷

阵斩：潘忠义、李石、黄宗保、刘志贤、胡春发、胡高裕等

十四名

生擒：林义、桂玉保、赖进洸等

据供：林彩新烈王在南渡毙

廿一日(重省自勉之"人德")

早饭后清理文件。旋见客,立见者三次。习字一纸。派曾恒德至金陵看沅弟,在内银钱所拨银二万解沅弟处充饷。写沅弟信数[一]缄,厚庵信一缄,皆一叶耳。与程颖芝围棋二局。巳正写对联六付。午初核科房批稿。小睡片刻。阅《通考·刑六》。中饭后至眉生处一谈。工匠盖小厨房一间,看视良久。阅本日文件甚多。李昭庆来久坐,庞省三来一谈。阅《刑六》,共二十叶。傍夕与眉生一叙。小睡片刻。夜核批札稿甚多,至二更四点未毕。眼蒙,不能久治事,即睡矣。日内天晴渐热,割麦时不逢阴雨,丰年之象也。前以八德自勉,曰:勤、俭、刚、明、孝、信、谦、浑。近日,于"勤"字不能实践,于"谦、浑"二字尤觉相违,悚愧无已。"勤、俭、刚、明"四字皆求诸己之事;"孝、信、谦、浑"四字皆施诸人之事。孝以施于上,信以施于同列,谦以施于下,浑则无往不宜。大约与人忿争,不可自求万全处;白人是非,不可过于武断,此浑字之最切于实用者耳。

廿二日

早饭后清理文件,习字一纸,见客一次。出门拜王子槐、吕庭芝、周子佩三家,巳正归。偶阅齐次风《帝王年表》。午初核科房批稿。小睡片刻。中饭后见客一次,俞晟景初,往年在余处当委员,现在为湖北知府也。阅本日文件。申刻阅《刑六》,毕。酉正核批札稿。戌刻闻柯华辅竹泉于酉刻仙逝,筱泉之父也。傍夕小睡片刻。灯后,写零字甚多。温《古文·叙记类》《金縢》,深有取于戴存庄《书传补商》之说。二更三点洗澡一次。天气甚热,衣上汗渐不干矣。

廿三日

早饭后清理文件。陈庆溥来久坐,陈芝楣中丞之子、汤海秋之婿也。旋围棋一局。阅《帝王年表》一时许。习字一纸。午刻核批稿,写对联七付。小睡片刻。中饭后至眉生处一叙。旋至柯小泉家吊唁。归,阅本日文件,未毕。彭雪琴自湖口来,一日到此,久谈约二时许,酉正去。阅本日文件毕。上海又解银九万,将至金陵,专解鲍军,因办咨札,改解金陵沅弟军。傍夕小睡。夜核批札稿,温《书经·微子》篇,又温《盘庚》篇,未毕。是日上半天甚热,申刻大雨,夜间甚凉。

廿四日(沈鹭卿编修来久谈)

早饭后清理文件。旋见客,陈庆溥心泉谈甚久,两司来谈亦久,周子佩来久坐。围棋一局。旋习字一纸。写澄弟信一封、沅弟信一封。核改科房批稿。中饭后,沈鹭卿编修锡庆来久谈。旋阅本日文件甚多,中有萧盛远所呈《粤匪纪略》,大致略备。萧自广西从军,直至十年三月金陵师溃,始终在也。旋阅《通考·刑七》毕。傍夕至幕府畅谈。夜核批札稿,二更后温《顾命》《康王之诰》。倦甚,三点睡。

廿五日(再阅萧盛远《粤匪纪略》)

早饭后清理文件。旋见客,唐鹤九等一次,又立见者三次。围棋一局,习字一纸,再阅萧盛远《粤匪纪略》。旋又见客,立见者二次,坐见者一次。写对联五付、挂屏一付,核科房批稿。午刻小睡片时。中饭后阅《通考·刑八》二十页。阅本日文件。接奉廷寄,即十二日之批旨也。共寄谕明谕六道。酉正,核批札各稿。戌刻,观所修内厨房,工已竣矣。夜温《古文·叙记类》中《左传》四首,若有所得。

廿六日

早饭后清理文件。旋见客二次,陈心泉谈甚久,又立见之客一次。围棋一局。林昌彝芗溪寄《三礼通释目录》三本、《衣䄄山房诗集》四本。林,已亥举人,所著《三礼》,曾于咸丰三年进呈。因细阅一、二卷。写对联五付、挂屏四叶,习字一纸,核科房批稿。小睡片刻。中饭后,体中小有不适,小睡片刻。阅本日文件甚多,改东坝胜仗摺一件,又改徽州胜仗摺，未毕。傍夕小睡。灯后，改摺毕，写零字甚多，核批札各稿。二更后，温《城濮之战》篇。

廿七日

早饭后清理文件。旋见客二次，围棋一局，习字一纸。又立见之客二次，周子佩来久坐。改片稿二件，写对联三付、挂屏四张。小睡片刻。中饭后，至眉生处一谈。阅本日文件甚多，阅《通考》《刑八》《刑九》，共十五叶，核批稿甚多，未毕。傍夕在南院散步。见客，坐见者一次，立见者一次。夜核批札信稿，写零字甚多。二更三点睡，疲乏殊甚。

二十八日（刘开生为舆地事谈之良久）

早饭后清理文件。旋见客，坐见者三次，立见者二次。围棋一局，习字一纸。巳刻见客，坐见者二次，刘开生为舆地事谈之良久。核科房批稿，写对联二付、挂屏四叶。小睡片刻。午正二刻，请客便饭，在坐为沈鹭卿、吕庭芝、陈心泉、周子佩，申初散。阅本日文件，至李眉生处一谈，核批札稿。傍夕至幕府一谈。夜写零字甚多，核刘松岩减漕详稿。二更后，温《古文·叙记类》《殽之战》。

二十九日

早饭后清理文件。见客，坐见者二次，立见者二次。旋习字一纸。程颖芝来，围棋三局。王少庚来久坐。旋出门，至沈鹭卿家一谈。归，核科房批稿，写挂屏二幅、对联四付。小睡片刻。中饭后阅《通考·刑九》旋阅本日文件。倦甚，至内室一睡。庞省三来久谈。核批札稿，未毕。傍夕小睡。夜又核批札信稿，二更后温《左传》"邲之战"。四点后，倦极，如有疾病者，然卧后犹不自持。

附记

江宁地丁一百三万九千有奇

苏州地丁二百十五万有奇

安徽地丁一百六十五万有奇

## 五月

初一日（与纪泽谈学问之事）

早饭后清理文件。各文武贺朔者，皆谢不见。程颖芝来，围棋三局。旋见客，坐见者三次。巳刻倦甚，小睡。习字一纸。午刻核科房批稿，写对联五付、挂屏一幅。至内室小坐。中饭后见客一次，又坐见者二次，阅本日文件，写挂屏一张。日内倦困，若不克自持者。又因连四日未接沅弟信，恐其有病，悬系之至。旋写沅弟信一件，阅王虚舟《竹云题跋》。剃头一次。至纪泽书房，与之言学问渊源，及汉学、宋学、程朱陆王学派之所由分合得失。核批札各稿。傍夕小睡。夜核批札稿三四件，再温"邲之战"。二更三点，早睡。是日治事极少，可愧之至。

初二日（改复孙琴西信稿）

早饭后清理文件。马方伯来一坐。习字一纸。旋又见客，立见者者[衍一者字]二次，坐见者二次，吕庭芝坐甚久。巳正，黎纯斋来一坐。午刻核科房批稿，写挂屏一幅、对联六付。小睡片刻。中饭后至眉生处一谈。阅本日文件极多，改复孙琴西信稿，核批札稿。傍夕至幕府一谈。夜改信稿数件。二更三点睡，倦极，不能自持。甚矣，其衰矣！

附记

吕庭芝所举：

袁保恒、尹耕云

李慈铭号莼客,诸生,山阴人

翁同和字叔平

端木埰字子畴,举人,江宁人

李文田字若农

赵树吉字元卿

祁世长字子禾

李鸿藻字兰叔

初三日(悟作字各有着力不着力之味)

早饭后清理文件。旋见客,坐见者三次,立见者二次。习字一纸。阅《公羊传》,因邵阳魏彦将汪刻《公羊》新作校勘记,故阅之也。巳刻,小睡一时许。午刻核批札稿,写对联五付、挂屏一幅。中饭后至李眉生处一坐,阅本日文件甚多。湖北舒副都统保于四月廿一日在德安阵亡,鄂省军事颇为可虑。酉刻再阅《公羊》,围棋一局。傍夕小睡片刻。夜又阅《公羊》,自"隐公"至"文公"皆已阅毕。写零字甚多,因悟作字之道,二者并进,有着力而取险劲之势,有不着力而得自然之味。着力如昌黎之文,不着力如渊明之诗;着力则右军所称如锥画沙也,不着力则右军所称如印印泥也。二者阙一不可,亦犹文家所谓阳刚之美、阴柔之美矣。近日治事极少,于"勤"字相反,深以为歉。

初四日

早饭后清理文件。旋见客一次,勒少仲谈甚久。围棋一局,习字一纸,写澄弟家信,写左季高信一件。杨德亨来久坐。巳正二刻少睡。旋阅《公羊》"宣公"。午初核科批稿,写对联五付、挂屏一叶。中饭后,再阅《公羊》,阅本日文件。见客。坐见者一次。将《公羊》阅毕,阅石昌猷一案卷宗。傍夕小睡。夜核批札稿甚多。三更睡。是日治事颇多。

初五日(与儿子论山谷诗境)

早饭后,各文武贺节,概谢不见。家中眷属叩贺。清理文件。见客,郭世兄小坐,程颖芝来,围棋一局,又观程与鲁秋杭一局。习字一纸,写沅弟信一件,改信稿数件。内有皮小舲信,因托代人请封等件,甚为烦碎。巳正小睡。午刻核科批稿颇久。中饭后阅本日文件,知江西宜黄、崇仁失守,贼逼樟树,省城吃紧,忧灼之至。旋核批札稿信稿颇多。与儿子论山谷诗境。傍夕小睡。夜再核札稿信稿。二更四点睡。日内因各路信息不佳,又本日闻朱震四外甥病重非常及各处死丧之信,中怀愀然不豫。

初六日(派揩卉罗荣照进京料理一切)

早饭后清理文件。旋写沅弟信一件。与程颖芝围棋一局,又观程与鲁秋杭一局。习字一纸。见客,坐见者三次,立见者二次。写李少荃信一件。巳刻小睡。午刻,核科房批稿,写对联二付。易良虎来久坐,唐鹤九来一坐。请幕府七位便饭。派揩弁罗荣照进京料理一切。阅本日文件。酉刻阅石昌猷一案卷宗。傍夕与眉生一谈。夜再阅石案之卷。二更后,核批札各稿。四点睡,疲倦殊甚。

初七日

早饭后清理文件,习字一纸。旋见客,坐见者二次,立见者三次。改信稿数件。小睡一时许。日来精神疲倦,腰骨酸疼。或谓是夜间酣睡之时太少,故本日专以多睡为策励之端。巳正改恽中丞信。午初核科批稿,写对联八付。中饭后加恽信四小叶,阅本日文件。申刻,揩弁自京归,即三月廿八日遣去者。四十天归来,在近日为极速矣。核批札各稿。小睡片刻。傍夕至幕府畅谈。夜看邸报京信等,写零字颇多。二更后,不复治事,三点睡。

初八日(与纪泽谈四言诗之法)

早饭后清理文件，习字一纸。见客，立见者二次，坐见者三次，吕庭芝坐甚久。旋与鲁秋杭围棋一局。小睡半时许。巳正写郭筠仙信一件。午初核科房批稿甚多，写对联四付。中饭后热甚，若不克支持者。庞省三来久谈，阅本日文件甚多。拟作柯竹泉挽联，久而不就，酉刻始成。写祭幛一悬、挽联一付，未毕，因墨涸也。傍夕与纪泽谈四言诗之法。灯后，将挽联写毕。核批札信稿，二更二点粗毕。三点睡。本日始热。

附记　省三所举：

汪承元号慕杜，扬州人

汪　基号小舫，河南人，壬子进士，户部

王　楷号雁峰，长沙人，壬子，刑部

任重光光州知州，江苏人

姜　篪归德知府

徐宝治号少岩，金华知府

傅寿彤贵州人，癸丑进士，南阳知府

初十[九]日

早饭后清理文件，习字一纸。见客，坐见者一次，立见者二次。写雪琴信二叶。围棋一局。巳刻小睡。因内室晏起者多，愠怒者久之。午刻，莫子偲来久坐。旋写对联四付、挂屏一幅半。中饭(后)，阅石案数叶，阅本日文件，核改批札信稿。傍夕小睡片刻。灯后，杨军门来，与之久谈。旋写零字甚多。闻杨军门言沅弟面色黑瘦，本日接沅弟信，言初五日肝气腹疼，头面手足生湿毒，夜不安神，为之悬系无已。二更三点睡。

初十日(忧灼沅弟有病及江西军事吃紧)

早饭后见客二次，衙门期也。旋清理文件。围棋一局。出外拜杨厚庵，未晤。又拜王子槐。至柯小泉家，其父于本日开吊也。归，杨军门与吕庭芝先后来坐。写沅弟信一封。午刻核科房批稿极多，写对联二付、挂屏半幅。小睡片刻。中饭后，见宋永年等，问霆营近况。小睡片刻。阅本日文件无多，又写挂屏一幅，核批札各稿。因沅弟有病及江西军事吃紧，忧灼之至，不能治事。至幕府一谈，旋又与眉生一谈。灯后，焦急若无聊者。与鲁秋杭围棋一局。写零字甚多。二更三点睡。

十一日(阅桂未谷《说文义证》)

早饭后见客，立见者二次，黄军门翼升新自苏沪立功归来，与之久坐。旋又见客一次，清理文件，围棋一局，习字一纸。旋又见客，坐见者二次，杨厚庵来久坐。巳正小睡半时许。午刻核科房批稿，写对联四付、挂屏一幅。又立见之客三次。接沅弟信，字迹光润而有静气，知其病体渐愈，为之一慰。中饭后，至眉生处一坐。旋阅桂未谷《说文义证》。久闻此书，不得一见，本日，刘伯山自扬州取来借观也。阅本日文件，核批札稿。勒少仲来久坐。酉刻，杨军门来一坐，渠辞行回营。傍夕小睡。灯后，鲍军门来久坐。夜核改片稿三件、批札信稿多件。二更四点睡。

十二日(知厚庵以提督而简授陕甘总督)

早饭后清理文件。旋见客，坐见者二次。围棋一局。接奉廷寄，知厚庵以提督而简授陕甘总督，特恩旷典，近世所罕见也。作二函，派人于江中追之。旋写沅弟信一件，改春霆请假葬亲摺稿一件。午刻核科房批稿，写对联四付。中饭，请鲍、黄二军门便饭，申初散。阅本日文件。至眉生处一谈。厚庵自中途折回，来此一谈。旋核批札各稿。傍夕，发报二摺、四片。小睡片刻。夜改信稿数件。二更后倦极，不能治事，小睡片刻。三点入内室。是日酉刻习字一纸。近来作书，略有长进，但少萧然物外之致，不能得古人风韵耳。

十三日

早饭后清理文件。旋见客,坐见者二次。与鲁秋杭围棋一局,孙蕖田来久谈。倦甚,不愿治事,又与程颖芝围棋二局,并观程与鲁对奕一局。见客,立见者二次。小睡。午初核科房批稿,习字一纸,写对联四付、挂屏三幅。中饭后,至幕府一谈。阅本日文件甚多。小睡片刻。核批札各稿,代杨厚庵改稿恩摺稿。灯后,写高谷山信一件,约五百字,写厚庵信一片。二更后,温《古文·叙记类》。四点睡。

附记

○刘星炳　○魏承鑫　○王香倬

十四日

早饭后清理文件。旋见客,坐见者一次,立见者三次。习字一纸,写澄侯弟信一封。小睡片刻。出门至杨厚庵船上道喜。归家,见陈虎臣,畧谈。午刻,厚庵来辞行,一谈。核批札稿,写对联四付。中饭后写挂屏二幅,阅本日文件甚多。接奉廷寄,令少荃来金陵会剿,余因咨请少荃速来。写信与沅弟,商明一切。核批札信件。傍夕小睡。夜写零字甚多,改信稿三件。二更后,温《古文简本》。四点睡。是日酉刻围棋一局。

十五日(阅石清吉一案卷宗)

早间,各文武贺望者多,至辰刻见毕。清理文件。旋与程颖芝围棋二局,又观程与鲁秋杭一局。习字一纸。巳刻,鲍春霆来久坐,萧杞山来久坐。萧清泉,辛酉拔贡,考取七品小京官者也。将进京供职,由此经过。小睡片刻。写李少荃信一封。午刻核科房批稿,写对联四付、挂屏一幅。中饭后至眉生处一坐。阅本日文件甚多,阅石清吉一案卷宗。傍夕至幕府一谈。夜再阅石案卷。二更后,温《古文简编》。未正写沅弟信一封,将少泉之信与咨由沅处转递。

清代官员照片

十六日

早饭后清理文件。旋写沅弟信一封。与程颖芝围棋二局,又观程与鲁秋杭一局。小睡片刻。习字一纸,见客一次,阅石案卷宗。午初核批札稿,写对联三付、挂屏一幅。小睡片刻。中饭后,鲍春霆来久坐。阅本日文件,核批札各稿,阅石案卷宗。傍夕至眉生处一谈。灯后写零字甚多,温《古文简本》。二更三点睡,疲乏殊甚。

十七日(闻熊礼元之子与妇在江中为游勇所杀)

早饭后清理文件,写沅弟信一封,习字一纸。见客一次。司道来见,一叙,令将石案细看一遍,自辰正阅起,至申刻止。余亦常至外厅与之一叙。又见客,李壬叔等久谈,陈心泉来一谈。小睡片刻。午刻核科房批稿,写对联三副、挂屏一幅。中饭后与司道一叙,阅本日文件,核批札各稿,阅石案卷宗,庞省三来一谈。剃头一次。傍夕与眉生一谈。夜再核批札信稿甚多,二更二点毕。三点睡。是日接沅弟信,亦拟请李少荃前来会剿,兄弟意见相合。闻熊礼元之子与妇在江中为游勇所杀,杀数人,抢去银物而凿沉其船以灭迹。游勇之凶悍如此,可畏也。

十八日

早饭后清理文件。围棋一局。纪泽赴金陵看沅弟之病,嘱示一切。见客,坐见者三次。巳刻,司道来此共阅石令一案卷宗。写沅弟信一件。小睡片刻。陈虎臣来久谈。午刻核科房批稿,写对联三付、挂屏一幅。小睡刻许。中饭后阅石令一案卷示,阅本日文件。酉刻再阅石案至暝。与周缦云久谈。夜核批札信稿,二更三点睡,倦极,尚未完毕也。

十九日(英国兵官戈登来会)

早饭后清理文件,黄翼升来久坐,高蕙生等来一坐。旋习字一纸。司道诸君来核石案卷宗,与之畧谈。巳刻,王吉等来一坐,刘开生等来,一论画图事件。巳正,英国兵官戈登来一会,同来者有好博逊,又有一通事,名陈瀛,坐谈良久,面递一说帖,言攻金陵须调苏州之开花炮等语。午刻核批稿,写对联二付、挂屏一幅。中饭后又与司道一谈,阅本日文件,写沅弟信一件。旋再写挂屏二幅。小睡片刻。核批稿信稿。傍夕与李眉生一叙。是日,天气已热,汗出颇多。夜,多写零字,温古文数首。二更四点睡。

二十日

早饭后清理文件。见客,坐见者二次,立见者一次。程希辕来,围棋一局,又观程与鲁秋航一局。习字一纸。巳刻见客二次,虎臣坐稍久。小睡片刻。午刻核科房批稿,写对联四付、挂屏一幅。与司道畧论石令一案始末。中饭后热甚,不能治事。旋阅本日文件。萧杞山来久谈,酉刻,将石案中周道各禀疏记是非。傍夕至幕府一谈。夜核批札信稿。倦甚,二更后极乏困。盖余素性畏热,本年尤衰迈不耐事,万不能肩此巨任矣。三点后睡。是日,大女儿病颇重。

廿一日(将周汝筠之功过手自摘录)

早饭后清理文件,习字一纸。见客,坐见者二次,立见者一次,王子槐坐颇久。司道来阅石案一卷,与之畧谈。旋自阅卷宗,将周观察汝筠之功过手自摘录。天气酷热,不能治事,小睡片刻。午刻核科房批稿,写对联四付。中饭后又与司道畧谈,阅本日文件。申刻再摘录周道事迹。酉正,欧阳小岑来此畧谈。傍夕小睡。夜改摺稿一件,约改六百字,二更三点毕。旋核批札稿。四更入内室,睡不甚成寐,天气骤热故也。

附记　本日应了

。发报　。核鲍单

。沅信寄摺

少荃咨信

。吴批并示稿

。摘录周道事迹

廿二日(是日发报奏请少泉中丞来金陵会剿)

早饭后清理文件。旋见客,坐见者一次,立见者一次。旋将石案摘录周道事迹,写沅弟信一件。司道来,与之畧谈。天气郁热,在竹床屡次小睡,不能多治事。午刻核科房批稿,写对联挽联各二付。中饭后写沅弟信又二叶,以接沅弟十九日来信,郁怒殊甚也。又与司道畧谈石案始末。旋阅本日文件,观李少荃复奏遣撤常胜军一摺,擘画分明,良戡乱宏才也。核批札各稿。傍夕倦甚,久睡。夜核鲍春霆保举单,仅及三分之一。二更三点睡。是日奇热,治事极少。傍夕微雨,夜间清凉,三更后大雨。是日发报,奏请少泉中丞来金陵会剿。

廿三日

早饭后清理文件。旋见客,坐见者一次,立见者一次。与程颖芝围棋一局,又观程与鲁秋杭一局。写沅弟信一封。见客二次，皆罗晓屏等姻亲也。习字一纸，写毛寄云信三叶，约四百字。午刻核科房批稿，写对联三付、挂屏一张。小睡片刻。中饭后至内室，因大女儿病甚重也。旋再写毛信三叶，完毕。阅本日文件，莫子偲来久谈，核批札各稿。傍夕至幕府一谈。夜核霆营保单。二更后倦极，不能治事。三点睡。

廿四日(核杨制军东坝保单)

早饭后清理文件。旋见客，史道杰一次，谈论甚久。小睡片刻。写澄弟信一封。倦甚，又睡半时许。午刻核科房批稿，写对联三付、挂屏三幅，中饭后写毕。写沅弟信一件，阅本日文件，核杨制军东坝保单，核鲍保单毕，改批札信稿。傍夕至邵家一坐。申刻与鲁秋杭围棋一局。夜温《古文·辞赋类》，温苏诗数十首。

二十五日

早饭后见客一次，衙门期也。清理文件。与程颖芝围棋一局，又观程与鲁秋杭一局。习字一纸，写沅弟信一封、李少泉信一封。又见客三次。小睡时许。午刻核批札稿，写对联三付、挂屏二幅。中饭后阅本日文件。小睡又片刻。大小[女]儿病体殊重，为之照料一切。核各保举单，改信稿二件。傍夕小睡。夜再核各保单。二更后，温《古文·叙记类》。

二十六日

早饭后清理文件。旋见客，坐见者一次。与程颖芝围棋二局，又观棋一局。至上房看大女儿病，似大痊愈，午后又反复加剧矣。出门拜朱久香学使、孙蕖田学士，巳正归。小睡片刻。午初核科房批高，写对联四付。又小睡片刻。中饭后核改摺稿二件、片稿一件，阅本日文件。因女儿病重，请涂朗仙、欧阳小岑、张锡范三人先后来看，均晤谈片时。酉刻，朱久香来久谈。天气奇热，应酬太多，殊困惫也，傍夕小睡。夜改摺稿一件，约二百馀字，二更三点毕。是夜移宿外室，因女儿在内室，依其母以调养也。

附记

张锡范湖州归安人，署按照磨，知医。可

刘德型黄州黄安人，刘履中之族弟。试用，泛九。可

吴继志抚州东乡人，二十七年至皖。府经。可

二十七日(阅桐城吴汝纶所为古文)

早饭后清理文件。旋见客，坐见者二次，立见者二次。请医来诊视女儿之病，连诊四次，中惟刘开生、欧阳小岑系余亲陪至内室。又立见之客二次。写彭杏南信一封。小睡片刻。午初核科房批稿，写对联四付，与庞省三一谈。又小睡片刻。中饭后，阅桐城吴汝纶所为古文，方存之荐来，以为义理、考证、词章三者皆可成就，余观之信然，不独为桐城后起之英也。阅本日文件。天气酷热，又小睡片刻。酉正核批札信稿颇多。傍夕至幕府一谈。夜温古文《忠记》数首。因忆余论作书之法，有"欲落不落，欲行不行"二语。古文吞吐继续之际，亦有欲落不落，欲行不行之妙，乃为蕴藉。是日灯时，发报三摺、二片、二清单。

附记

规平一万，较库平少八百八十两上下

廿八日(司道来议石昌猷一案罪名办法)

早饭后清理文件，习字一纸，朱久香前辈来久坐。巳刻请刘开生、欧晓岑来看女儿之病。司道来议石昌猷一案罪名办法。巳正小睡片刻。午初核科房批稿，写对联三付、挂屏一幅。中饭后与鲁秋航围棋一局，阅本日文件，写沅弟信一封，莫子偲来久坐，写篆字八幅见赠，每幅百二十六字。女儿病又增剧，傍夕再请开生来一诊视。夜核批札稿。二

更三点睡，疲乏甚矣。

廿九日（借李芋仙所藏《茅八家》一阅）

早饭后清理文件。旋见客，坐见者一次，立见者二次。习字一纸。请开生来看女儿之病。程颖芝来，围棋二局。天气热甚。片刻［片刻二字衍］午初核科房批稿，写对联三付、挂屏一幅。中饭后见客一次，阅本日文件。莫子偲以旧宣纸乞书《五箴》，为书一幅。天热，不能竟书。子偲以所藏董香光等尺牍、王孟津草稿，乞与一观。谛观之，非真迹也。郁蒸之气，难于治事，因至求阙斋小坐，邀庞省三来一谈。谈次，大雨如注，一洗炎暑，对雨约一时许始散。添许仙屏信一叶，核批札各稿。傍夕至内室一叙。大女儿病渐愈矣。夜添金可亭信二叶，改信札稿三件，温古文韩文各尺牍，借李芋川所藏《茅八家》一阅。

卅日

早饭后清理文件。旋见客，坐见者一次，立见者二次。程颖之来，与之围棋一局，又观程与鲁秋杭、刘开生各一局。阅茅选欧公《五代史》。小睡片刻。午初核科房批稿，写对联一副、挂屏一幅半，约在百八十字。中饭后再阅《五代史》，阅本日文件，写郭意城信一件。傍夕小睡。夜写零字甚多，核批札信稿，二更后温《孟子》二十馀章。是日，女儿病大愈。

## 六月

初一日（悲闻朱震四外甥去世）

早饭后清理文件。见贺朔之客十馀次，至辰初毕。旋习字一纸。小睡片刻。文辅卿来久谈。刘开生来看女儿之病，与之一谈。旋写写［衍一写字］莫子偲求书之《五箴》。午刻写对联三付、《五箴》一幅，核科房批稿。中饭后接澄侯信，知朱震四外甥于五月初四日去世。吾第四妹适朱，仅生此子，今斩然尽矣，可胜悲感！写信与沅弟，凡四叶。李幼泉与存之来久谈。阅本日文件。旋小睡片刻。核批札信稿。傍夕至幕府一谈，闻柯小泉之病甚重，为之怅悒。夜写零字甚多，温《左传》数篇。

初二日

早饭后清理文件。旋见客，立见者一次，坐见者三次。习字一纸。旋小睡甚久。纪泽儿自金陵归来，与之畧谈。写子偲请书之《五箴》毕，作一跋，约百馀字。中饭后，畏热殊甚，在于内厨房之门曲当风而睡。旋阅本日文件。与鲁秋杭围棋一局。又在竹床久睡。余向畏热，酷暑则百事俱废，本日又不能治事，用是浩然有弃官之志矣。傍夕在求阙斋阶外小睡。夜阅《唐书》各志。洗澡一次。二更四点睡。

初三日（与纪泽论读书自立之道）

早饭后见客，坐见者一次，立见者二次。清理文件，习字一纸，写云仙信二叶，未毕，热甚，在竹床久睡。阅《五代史·家人传》。巳正请刘开生看病，与之围棋一局。午刻核科房批稿甚多，写对联四付。中饭后热甚，寻一曲巷当风者乘凉良久。阅本日文件，写云仙信毕，约六百馀字。核批札信稿甚多。傍夕与纪泽论读书自立之道。夜写零字颇多，核批稿数件。热甚倦乏，不能多治事。二更三点入内室，三更睡。

附记

〇沅信并部文　〇澄信并李信、日记

〇周道批

初四日

早饭后清理文件。旋见客，坐见者一次，立见者二次。热甚，小睡片刻。习字一纸，改善后局司道批，批周汝筠一案，至午初毕。核科房批稿，写对联一副。中饭后写沅弟信一封、澄弟信一封，与庞省三一谈，阅本日文件。小睡半时许。是日，酷热异常，有铄石流金之象。核批札各稿。傍夕与庞省三一谈。夜在院外竹床乘凉，二更后入室。阅《古文》欧文数首。三点睡。热极，不甚成寐。

初五日

早饭后见司道一次。清理文件。围棋一局。习字一纸。小睡大半时。王子蕃鸿训来久坐。午刻核科房批稿，写对联三付，未毕。杨厚庵来久坐。中饭后热甚，不能治事，惟寻一可以乘凉之处稍为憩息，而汗出不止。阅本日文件甚多。旋在竹床久睡。见客，坐见者一次。写沅弟信一件，核批札稿。傍夕与庞省三一谈。夜在竹床小睡。旋核稿数件。二更温古文"鄢陵之战"。天气酷热，幸尚成寐。

初六日(核刘开生等所画长江图)

早饭后，围棋一局，清理文件。见客，坐见者二次，勒少仲谈甚久。习字一纸。天气奇热，在竹床久睡。巳刻，将刘开生等所画长江图核对一过。午刻核科房批稿，写对联四付。中饭后畏暑，不敢治事。见客二次，阅本日文件。旋又核对长江图，至大通止。傍夕至幕府一谈，在庭中立谈稍久，忽然昏晕，几至堕地。夜在庭院乘凉。二更后为杨厚庵改一摺稿，三点毕。闻次儿诵诗，亦诵杜诗，与之相和。二更四点睡，初在竹床，不甚成寐，登床尚能酣寝。

初七日(出城拜杨厚庵)

早饭后清理文件，围棋一局。见客，立见者二次。出城拜杨厚庵，巳正归。厚庵来辞行，久坐，文辅卿来一坐。午刻核科房批稿。在竹床小睡。中饭后见客，坐见者一次，立见者二次。在求阙斋久睡。阅本日文件颇多，酉初毕。核改京信数件，核批札各稿。傍夕在院乘凉，与纪泽儿论作文之道。倦困殊甚，不愿做事，二更即登床早睡，近日所未有也。

初八日(审石昌猷一案)

早饭后，拜发皇太后万寿贺表。旋见司道一次。审石昌猷一案，自卯初坐堂，至巳正二刻散。将石昌猷、杨韶九各打一百。周道矮坐，令其写供。周道疑承审之司道或有私情，哓哓置辨。午初清理文件，核科房批稿。小睡片刻。中饭后，与鲁秋杭围棋一局。旋又小睡片刻。阅本日文件甚多。又小睡半时许。酉刻核批札稿。傍夕与纪泽一谈，论时贤。夜温《左传》二首。二更四点睡。

初九日

早饭后清理文件，围棋一局，习字一纸，写沅弟信一封。小睡片刻。巳正阅《文献通考·刑九》。午刻核批札各稿，写对联三付、挂屏三叶。中饭后，刘开生来为余看脉。旋与之围棋一局。阅本日文件，见客一次。将《刑九》阅毕，核批札各稿。傍夕在竹床小睡。夜温《左传》"叔孙穆子之难"、"楚灵王之难"。二更四点入内室睡。

初十日

早饭后清理文件。见客二次，衙门期也，又立见者一次。围棋一局。即用知县冯学培来见，广西马平人，颇有朴直之气。小睡时许。阅《通考·刑十》。午初核科房批稿，写扁四幅。中饭后阅《刑十》、《刑十一》，未毕，阅本日文件，核批札信稿。王鸿训子蕃本日搬入署内，至其室一谈。旋又与幕府诸君一谈。傍夕小睡。夜写零字颇多，温《左传》"鸡父之战"、"乾侯之难"。又添十一段，将补抄以足鲁昭公出奔始末。二更四点，入内室睡。是日巳刻写信寄沅弟，申刻接沅弟信，则近日愤郁之气大减矣。

十一日(与纪泽论穷经学礼之道)

早饭后清理文件,围棋一局,见客一次,习字一纸。小睡片刻。阅《通考·刑十一》毕。午初核科房批稿,写李振廷先生挽联一副,希庵之父也。又写祭幛各款三分。中饭后,小睡片刻。旋阅《茅选八家》,题识书皮,本日新购者也。阅本日文件,内有京报十五本。酉刻阅《五代史·梁太祖本纪一》,戌初毕。核批札信稿。傍夕在院中与纪泽论穷经学礼之道。夜写零字颇多,温《左传》"伯举之战"。三点睡。是日见主考单,湖南放庞钟璐、祁世长。湖南向称小省,而今简放侍郎为试官,盖朝廷视之增重矣。

十二日

是日恭逢先妣忌辰,亦未设祭。早饭后清理文件。旋见勒少仲,谈甚久。习字一纸,围棋一局。梁鼎庸来久谈,昔年在岳麓同窗友也。朱久香学使来一谈,又坐见之客一次。稍疲倦矣,小睡片刻。巳正改摺稿,午正二刻毕。中饭后阅《五代史·梁本纪二》,阅本日文件,阅《梁本纪三》《唐本纪四》。酉正,将科房批稿一核,又核文案房批札稿。傍夕,至后院乘凉,疲困殊甚。夜,头颇昏晕,若不克自持者。温《左传》"铁之战""清之战"。二更二点睡。

十三日(阅护军营新学之洋枪队)

早饭后见五局委员一次,清理文件。民程颖芝围棋二局,又观人一局。见客,坐见者一次。写沅弟信一件。热甚,小睡。阅管韫山所(刻)唐诗。午刻核科房批稿。旋写挂屏三幅、对联三首,写易芝生信,将李宅祭幛等寄去。中饭后阅《唐本纪五》,阅《唐本纪》六、七,阅本日文件。酉刻,阅护军营新学之洋枪队。傍夕与幕府一谈。夜在西院乘凉小坐。二更核批札各稿,三点睡,公事尚未核毕。

十四日(与纪泽论勤俭之道)

早饭后清理文件。立见之客二次。围棋二局。旋又见客,坐见者一次,立见者一次,李幼泉来见,久坐。又坐见之客二次。在竹床上久睡。午刻核科房批稿,写对联六付。小睡。中饭后写澄侯弟信一件,阅《晋本纪》八、九,阅本日文件,阅《汉本纪十》,《周本纪》十一、二。剃头一次。傍夕在后院乘凉,与纪泽论勤俭之道。夜写信与幼荃,托买参术。热甚,在外院久坐。二更后核稿数件。四点睡,不甚成寐。

十五日

文武贺望者,皆谢不见。见司道,坐谈甚久,旋又见客二次。围棋一局。见县丞卢昌坚,问南康县事,又立见之客一次。在竹床小睡片刻。阅《梁家人传十三》《唐家人传十四》,未毕。热甚,小睡。午刻核科房批稿,写挂屏三幅,约二百字。中饭请梁鼎庸等便饭,未正散。阅《唐家人传二》毕,阅本日文件,阅《唐家人传三》。见客一次。热甚,闲散不欲治事。核批札稿数件。傍夕乘凉,诵各家七律。夜仍在外乘凉。二更后,改信数件。三点睡,不甚成寐。

十六日

早饭后清理文件,围棋一局。刘开生送地图来,凡安徽省图一、府州图十三,与之久谈。旋至上房一坐。接沅弟信,知连日猛攻金陵,辛苦异常,悬系不已。小睡半时许。午刻写沅弟信,核科房批稿,校长江图。中饭后复校江图。摺弁自京归,阅京信京报,阅本日文件。至戌刻,校江图毕。与纪泽论古文用虚字之法。夜在院乘凉。旋核批札信稿。二更四点睡。

十七日

早饭后见客一次。围棋一局。旋阅《唐废帝家人传》《晋家人传》《汉家人传》《周家人传》《周世宗家人传》。见客一次。小睡半时。午刻核科房批稿,写挂屏三幅,阅《唐臣传》。中饭后,热甚,在竹床久睡。申初阅本日公事甚多,至酉正毕。吃西瓜一个。再阅

《梁臣传》,核批札稿。傍夕与纪泽一谈。夜在外院久睡。二更后改周道问条。三点入内室,热甚,不甚成寐。

十八日(知金陵已克复不免悲喜交集)

早饭后清理文件。围棋一局。阅梁臣敬翔等传毕,又阅梁臣康怀英等传,又阅梁臣杨师厚等传,未毕。巳正小睡。午刻写沅弟信一件,核批札各稿,写对联二付、挂屏三幅。中饭后,天热殊甚,不愿治事。阅本日文件甚多。酉刻将杨师厚等传阅毕,又阅唐臣郭崇韬、安重诲传。傍夕至幕府畅谈。夜在后院乘凉良久。旋写朱久翁、何小宋各信一片,核批札各稿,温古文"白公之难""赤壁之战"。二更四点睡。三更三点接沅弟咨文,知金陵于十六日午刻克复。思前想后,喜惧悲欢,万端交集,竟夕不复成寐。

十九日(教纪鸿儿立志之道)

早间,贺喜之客极多,直至巳正始毕。写信与沅弟。午初又坐见之客三次,核科房批稿。在石床上一睡。中饭后阅周德威等传,阅本日文件,阅符习等传,阅朱弘昭等传,未毕。围棋一局。在竹床久睡。核批札稿。傍夕教纪鸿儿立志之道。夜在外院乘凉。再核批札各稿。二更三点睡,不甚成寐。

二十日

早饭后,司道来见,久谈。旋清理文件,围棋一局,见客一次。接沅弟十七日早信并摺稿,知金陵于十六日克复,而洪秀全之内城尚未遽克,旋复沅信一封。阅朱弘昭等传毕,阅豆卢革等传。巳刻在竹床久睡。午刻核科房批稿,写对联四付、挂屏一幅。中饭后将豆卢革等传阅毕,阅本日文件,阅桑维翰等传。酉正核批札各稿,戌初至幕府畅谈。夜在后院乘凉甚久,教纪鸿儿回湘乡试各事。旋温《古文·叙记类》"曹爽之难"。二更三点睡,不甚成寐。

廿一日(阅《死节传》)

早饭后见客二次,马方伯谈甚久。旋又见客二次,围棋一局,刘开生等来久坐,徐贻甫来坐。阅《汉臣传》,未毕。小睡片刻。午刻核科房批稿,写对联六付。中饭后又阅《汉臣传》,阅《周臣传》,阅本日文件。是日早饭后,已写沅弟一信,至未刻,接沅弟信,尚无实在内城克复消息,忧灼之至,又写沅信一件。酉刻阅《死节传》,核批札各稿。夜在后院乘凉。旋阅石昌猷案之摺稿。二更四点睡。

廿二日

早饭后,将石昌猷案再行亲讯一次,至辰正毕。巳初接沅弟咨信,知金陵子城于十六日夜攻克,逃出之贼被马队追杀净尽。发沅弟信一封,清理文件。纪鸿儿回湘,于巳正起行,教示一切。小睡片刻。午刻改克复金陵摺稿,改至二更四点粗毕。下半日,王子槐来见一次,又立见之客二次。竟夕不能成寐,一则天气酷热,一则本日太劳苦耳。

廿三日(知李秀成已被生擒)

早饭后,朱久香来送行,一谈。司道来一谈,又见客二次。接沅弟咨,知李秀成于十九日生擒,因将摺稿再为核改。清理文件。小睡片刻。午刻又将摺稿核改,核科房批稿,筱岑来一谈。中饭后料理各事,将赴金陵。阅本日文件,围棋一局。催写摺者,屡次未毕。至幕府一谈,见客二次。申正写摺毕,行礼拜发。旋出门,至朱久香处一谈。即出城,小南门登舟,送者甚多,见客数次。夜饭后与纪泽说咨行摺稿之事。旋至火轮船上坐。二更五点睡,不甚成寐。

廿四日

早未明开船,轮舟行走甚速而不甚颠簸。行至戌初二刻,在采石矶下二十里泊宿,约行五百里。中间停车[船]三次,其二次拖带之民船送饭,其一次因轮船太热,余换坐民船也。本拟一日赶到金陵，念沅弟功在社稷，而劳苦太久，急思一见，乃不能如愿，为之怅然！是夕早睡，不甚成寐。是日在舟中阅《五代史》《死事传》《一行传》《唐六臣传》《义儿传》《伶官传》《宦者传》，王镕等传、李茂贞等传。下半日，北风颇劲，故舟中不烦热也。

廿五日（阅《卢光稠传》）

黎明开船，行六十里，辰正至棉花堤。在舟中写沅弟信一片、澄弟信一封、郭意城信一封。阅《卢光稠传》。巳初登岸，行二十里至沅弟营内。见弟体虽较瘦而精神完好如常，为之大慰。见客甚多。兄弟㘔叙甚久。陆续见客，中饭后又陆续八九次。至戌初，将所擒之伪忠王亲自鞫讯数语，旋吃晚饭。沅弟处晚饭，未上灯而即吃也。兄弟谈至初更。倦甚，早睡。

廿六日（谈克复金陵之情形）

早饭后，与沅弟拜其幕中诸友。清理文件。围棋一局。与沅弟㘔谈。见客十馀次。巳刻，久睡约一时许。午正陪客吃饭，沅弟办席二桌，客为吴春海、易晴谷、黄昌歧、陈舫仙等，未正散。天气奇热，又在竹床久睡。申正写纪泽儿信一件，阅批稿十馀件。与沅弟围棋二局。又见客三次，庞省三、李眉生来。夜饭后，再与诸人㘔谈沅弟十六日所报克复金陵大概情形一摺。戌刻，接奉谕旨。旋又与眉生等一叙。早睡。

附记

札数人查诸殉难者遗骸陆、祁、涂、孙

○取伪忠王详供

○寻伪天王瘞尸处、伪幼主自焚处

遍拜各营官，验各地洞

周历城内各处

廿七日

早饭后清理文件。与九弟一谈，劝令释去焦愤。见客三次。旋出外拜各营官，初至振字营，见罗逢元，振副营，见张定魁。又至其分哨垒内，看其所挖地道，在大南之下、帅公桥之上，于二年五月兴工，十一月初六轰坍城垣一段。旋至备字营，见张光明。至信字营，见李臣典。该镇为克城第一首功，而日内大病，深为可悯。旋登雨花台周览形势。又至刚字营，见营官何玉贵。旋至印子山慎字营，见彭杏南表弟。休息片刻。旋至湘恒右营，见朱唐洲；恒左营，见葛奇益。午初回沅弟营次，见客二次。中饭后观弟与人对奕数局。大风雷雨，热极骤凉，稍清适也。旋与人围棋一局。写泽儿信一片。核批札各稿。傍夕倦甚。夜开数条问伪忠王李秀成。二更睡。四更，梦魇殊甚。

廿八日（验洪秀全之尸）

早饭后清理文件。旋见客数次，观九弟与杏南围棋数局，余与鲁秋杭围棋一局，与沅弟说家常事甚多。中饭，与诸客黄冠北、勒少仲等一坐，而自另吃蔬菜饭，因天热，略禁油荤，稍觉清澈也。熊登武挖出洪秀全之尸，扛来一验，胡须微白可数，头秃无发，左臂股左膀尚有肉，遍身用黄缎绣龙包裹。验毕，大风雨约半时许。旋有一伪宫女，呼之质讯。据称道州人，十七岁掳入贼中，今三十矣，充当伪女侍之婢，黄姓。洪秀全于四月廿日死，实时宪书之廿七日也。黄氏女亲埋洪秀全于殿内，故知之最详。旋作挽联。傍夕写祭幛挽联，核批札各稿。夜核科房批稿极多。

廿九日

早饭后，行廿五里至七桥瓮，在萧庆衍营内久谈。旋至朝阳门外、傍城湖外观萧庆衍所挖地洞二处。稍北有萧孚泗所挖地洞一处、萧开印所挖一处、武明良所挖一处。旋至萧孚泗节字营久坐，即在渠处食宿。中饭后，在竹床睡甚久。酉初出外，至萧孚泗处吊唁，渠新闻父丧之讣，在营旁一小垒设灵也。旋至长胜营、嘉字营两处。见太子湖之北有熊登武地洞一处，李祥和、成东昂地道一处，朱洪章、陈万胜地道一处。又往看明太祖神功圣德碑。傍夕归节字营。夜写纪泽儿信一件，阅本日包封文件，并核批札稿。

## 七月

初一日（阅贼匪所筑之天保城）

早饭后，在萧孚泗节字营出至孝陵卫，登宝城一看。旋登钟山之腰，阅贼匪所筑之天保城。下至王远和湘后左营一坐。下至龙膊子观十六日轰破地道之处。所掘两洞，距城极近，不过十馀丈耳。沅弟于龙膊子山上，随山高下，架炮数层，安炮百馀尊，连攻十馀日，昼夜不断，城上之贼不能立足，故城外掘地道者虽极近而贼无如何也。此次地道破城，一在炮火极多，猛攻极久，使城贼立脚不住；二在附城极近，掘洞极速，仅五日而成功，出于贼所不意；三在沅弟精诚所格，五万人并力用命。以是知人力可夺造化之权，凡事不得尽诿诸气数也。旋由太平门入城，至伪天王府一看。规模俱仿宫殿之制，而焚烧无一存者。旋出大南门回沅弟处，约共行五十里。中饭后小睡。与鲁秋杭围棋一局。阅本日文件，核批札稿。剃头一次。傍夕与赵惠甫等畅谈。夜与沅弟论行藏机宜。三更睡，不甚成寐。

初二日（知李祥云臣典病故，沅弟伤感之至）

早饭后清理文件。旋见客三次，围棋一局，写左季高信一件。小睡片刻。巳刻闻李祥云臣典病故，沅弟伤感之至。盖祥云英勇异常，克复金陵论功第一也。李少山作士亦于初一日病故，沅弟亦深悼之。旋写李少泉信一封。中饭后写对联一副，阅本日文件颇多。围棋一局，旋作摺稿，言李秀成、洪秀全事。傍夕与幕友一谈。夜作摺稿，甫二百馀字，赵惠甫来畅谈，又观沅弟与人对奕。二更四点睡，不甚成寐。

初三日

黎明即出门，行十五里至江东桥陈舫仙处早饭。饭后坐舢板出北河口，由夹江出大江，过中关、下关。午刻至刘南云处。小睡时许。中饭后，与南云一谈。旋作摺稿约千字，至酉初未毕。复出至幕府山张诗日营内，又至白土山朱南桂营内。夜饭后清理昨日文件，旋核批札信稿。二更二点睡。本日稍觉辛苦，睡，不甚成寐。

初四日（至神策门观地洞）

早起，在朱南桂处早饭。饭后至洪山梁美材营。大江由金陵城北绕至城东，滨江大山为燕子矶。山后第一重为幕府山，第二重为白土山，第三重为洪山，第四重为钟山，即省城正北之主山也。凡高阜皆为官兵驻扎。旋至神策门，观朱南桂所挖地洞五处，已轰坍者一处，外月城全轰倒矣。又遥望金川门外刘连捷所挖二洞。张诗日、李臣典各挖二洞，未能细阅也。进城，行二十里至易晴谷公馆一坐。又至伪英王府、侍王府一阅。午初回至沅弟营次，清理文件。热甚，小睡。中饭后写澄弟信一件、纪泽儿信一件。观沅弟与人围棋多局。热甚，小睡。在于沅弟藏书小房之内置一坐落，拟在内办理公事，而热极多蚊。二更后，作摺搞数百字，至三更未毕。睡不成寐，五更初醒。

初五日

早饭后清理文件，旋将摺稿作毕。见客三次。巳正小睡，约一时许。中饭后将本日及前数日文件一阅。与鲁秋杭围棋一局。旋再阅文件。酉刻小睡。阅李秀成所写供祠。灯后，亲讯李秀成之供。旋核批札各稿。二更三点睡。觉用心太过，登床后疲乏殊甚，不甚成寐。

初六日(阅李秀成之供)

早饭后清理文件。旋围棋一局。是日小睡二次。申刻阅本日文件，馀皆阅李秀成之供，约四万馀字，一一校对。本日仅校二万馀字，前八叶已于昨日校过，后十叶尚未校也。酉刻将李秀成正法。夜再改摺稿。二更四点睡，不甚成寐。

初七日

早饭后清理文件。旋围棋一局。校对李秀成供词约八九千字。旋小睡片刻。午刻与沅弟圏谈。中饭后再围棋二局。再改摺稿一叶。将李秀成之供分作八九人缮写，共写一百三十叶，每叶二百一十六字，装成一本，点句画段，并用红纸签分段落，封送军机处备查。酉刻发摺。傍夕与赵惠甫等圏谈。夜写纪泽儿信一件，旋核批札各稿。廿三日所发摺件，尚未奉到批谕，殊殷悬盼。

附记

○写信与马、何令，刑告病

○写信与黄，寄纪鸿信

○令纪泽查《封建考》

初八日(余蒙恩封一等侯)

早饭后清理文件。旋围棋二局。写纪泽信一件、钱子密信一件，添马方伯信一叶、冯鲁川信二叶。小睡片刻。未初中饭。饭后，接富将军咨，知余蒙恩封一等侯，沅弟蒙恩封一等伯，系廿九日谕旨，不知余处何以尚未接到。道喜之客甚多，接见之下，殊形疲乏。阅本日文件，核科房批稿。夜又写纪泽信，温《古文·词赋类》。二更三点睡，不甚成寐。

初九日

早饭后清理文件。旋与鲁秋杭围棋二局，又观其与沅弟数局，见客四次。午初写黄南坡信一件，纪鸿儿信一件，马谷山、何小宋信一件。小睡片刻。中饭后写纪泽儿信一件，阅本日文件。天气酷热，在于生床久睡，不能治事。至酉正治事，核批札信稿甚多。傍夕与眉生久谈。夜再办批札各稿，至二更三点毕。早睡。不甚成寐。

初十日(余与沅弟蒙非常之恩，感激涕零)

早饭后清理文件。接奉寄谕，系余廿三日所发克复金陵一摺之恩旨也。余蒙恩封一等侯、太子太保，双眼花翎；沅弟蒙恩封一等伯、太子少保，双眼花翎。沅弟所部李臣典封子，萧孚泗封男；其余得世职者十六人，得黄马褂十二人，得双眼花翎二人。非常之恩，感激涕零。旋摘录谕旨于日记中。写纪泽儿信一片。进城至伪侍王府，沅弟请诸将戏酒酬劳，余与于会看戏，至午正开筵。未刻至伪英王府一看，酉刻回营。与沅弟及眉生圏谈。傍夕小睡。夜核批札各稿，尚有二件未核毕。

十一日

早饭后清理文件。见客二次。写钱子密信一件。将李秀成亲供及两道恩旨寄皖刊刻。围棋一局。巳刻进城，请客听戏。午初倦甚，至伪戴王府小睡片刻。中饭后，至伪英王府小歇。酷热异常，不能治事。将来拟即以伪英王府为总督衙门，因将应行修改之处料量一番。酉正至善后局一看。夜阅本日文件，核批札稿。即在伪英王府住宿，以明早须拜牌也。

十二日

是日恭逢慈安皇太后万寿，借伪侍王府设帷帐，率各文武行礼。即在该处早饭。饭后，余仍至伪英王府小睡。指示委员将房屋应行修改之处，一一粘签。午初再至伪侍王府听戏陪客。万篪轩、忠鹤皋等自泰州来，与之久谈，申初散。回沅弟营次。酷热如火、不能治事。酉刻将本日文件一阅。夜写马谷山信一封。与鲁秋杭围棋一局。二更三点睡，不甚成寐。观沅弟近三日演戏请客，料理极为周密，又每见其小便甚长，当得寿征。

十三日（阅自安庆送来之文件）

早饭后清理文件。万篪轩等来久坐，旋又见客二次。围棋一局。小睡半时许。核稿二件。午初进城，各统领请余与沅弟吃中饭，申初散，回至沅弟营次。烈日如火，亢热异常，在竹床小睡良久。阅本日文件。其自安庆包封送来之文件于巳刻阅过，写信与泽儿，付去矣。傍夕与赵惠甫等圈谈。文书堆积，因酷热不克清理。夜在庭院久睡。二更四点登床，虽颇成寐，而神气甚为昏浊，

附记　日内应办之事

○作谢恩摺

○派王廷贵赍京

○送伪玉玺、金印咨，作一木匣，外用牛皮包裹。

○作李臣典请恤摺

○作声明李秀成先杀片，并叙伪印另赍

○作近日同皖片并叙军情

○撤萧庆衍全军，每营给欠饷二万，馀由鄂省清理，令其速行具禀

○咨梁美材三营回鄂，每营给欠饷二万

撤韦志浚五营，每营发饷二万，江七鄂三

○湘恒二营，咨明以后不由鄂发饷

○吉字中营留廿营万人守金陵

○外留万五千人作游击之师，中秋后进剿广德

○撤建字二营

○亲至贡院一看

○出房屋分条告示

十四日（夜拟作谢恩摺）

早饭后清理文件。见客三次，围棋一局。旋写李少荃信一件、澄侯弟信一件、纪泽儿信一件。午刻小睡。是日沅弟请客二席，余未出陪客。中饭后阅本日文件，核批札信稿。酉刻热甚，久睡。傍夕与赵惠甫等一谈。夜拟作谢恩摺件，因蚊多不果。二更后与沅弟言家常事甚多。三更睡，不甚成寐。

十五日

贺朔[朔字衍]望之客甚多，余俱谢绝不见，沅弟一一接见。同棋二局。改余谢恩摺。午刻在竹床小睡。中饭后改沅弟谢恩摺四六，约五百字。酉刻阅本日文件，核批札信稿。接袁婿信，知其叔铁庵在此去世。写纪泽信一件。夜略清文件，畏热，不能完毕。在惠甫处乘凉极久。

十六日

早饭后清理文件。旋围棋一局。见客二次，忠鹤皋谈颇久。天气亢热，看沅弟围棋数局。午刻核改房屋告示稿。中饭后又围棋一局。再核改告示毕，约六百字。天气郁（热），忽转北风，与诸友在外望雨良久。雨未成，至三更始大雨。傍夕核批札信稿。夜又核批札稿，未毕。二更二点睡。至四更，风雨大作，便有秋意。

十七日(进城看贡院)

早饭后清理文件。旋围棋一局。改信稿批稿数件。见客二次,武祖德谈颇久。辰刻大风雨,巳刻少息。进城看贡院,规模极为狭小,号舍十存其九,号板全无。明远楼大致粗存,至公堂、衡鉴堂尚好。监临主考十八房住处、内提调、内监试、内收掌、誊录所、对读所,皆无存者,而馀地甚少。因令于后墙外圈入民地若干,以为十八房、内收掌住处。工程计须四、五万金。黄少姤以为十月内必可落成,余则不敢必也。旋至英王府一看。出城约共行四十里,到营已申刻矣。中饭后,阅本日文件,写挽幛二分。将李臣典之战功写一清单,即就沅弟之咨删改一过。傍夕与沅弟畅谈。夜再围棋一局,又观沅弟一局。天气骤凉,已成秋矣。三更睡,不甚成寐。

清代的摔跤图

十八日(作李臣典请恤摺)

早饭后清理文件。旋作萧孚泗丁忧摺。见客三次。作李臣典请恤摺,未毕。午初,富将军来,与之畅谈,留吃中饭,至申初始去。作请恤摺毕。又作复奏李秀成未解京之故一片。傍夕与沅弟畅谈。夜将片稿作毕。二更三点睡。酉刻,剃头一次。

十九日

早饭后,见客甚多。旋清理文件,核批札稿十馀件。辰正进南门,出旱西门,至船上拜富将军,谈半时许。即坐舢板由旱西门至仪凤门,出中关,由大江上棉花堤。申初至黄昌岐船上。酉初中饭毕,又行二里许至余船上。见客数次。与沅弟畅谈。夜作近日军情片一件,约六百字。三更睡。

廿日

早饭后,与沅弟畅谈。旋作密片一件,约三百字。沅弟旋即别去,各客禀送者尚多。巳刻开船,至大胜关湾泊。黄昌岐在余船上,凡行十里,说话颇多,已倦矣。午初登岸,吊李啸山之丧。拜客数家,回船。中饭后发报。未正开船,行七十里。夜宿烈山之上,约十馀里。在船上阅《五代史》朱宣等传。小睡良久。核批札稿,写纪泽信一件。夜与李眉生等畅谈。蚊多,不可治事。

廿一日

早,开船。风不甚顺,竟日仅行二十里。夜宿采石之上五里许,与幕友之船相失。余上半日阅氏叔琮等传。小睡数次。午初改江西周、石一案摺稿,改至傍夕止,仅改五分之一。夜,蚊多异常,不能治事,灯后即睡。夜长睡久,至五夜[更],不复能成寐矣。

附记

〇复钱、周、蒋、程信

〇复马、何、陈信

〇科房各件清理

廿二日(舟行至芜湖)

早饭后,写沅弟信数行。旋开船。北风细雨,上水甚顺,行至午刻,已至四合山矣。午后风微,不甚顺,扯纤行二十馀里,申初至芜湖。在船写马方伯等三人信一件、钱子密等信一件、纪泽儿信一件，核批札各稿。科房稿积压者多，全数清厘，至午刻毕。小睡片刻。中饭后见客数次，皆芜湖水陆来接者，曾化南、吴竹庄坐极久。将江西讼案摺稿又作少许。申初登岸拜吴竹庄，坐谈良久。傍夕筵宴，初更后回舟。不能治事。阅《古文·传志类上》。二更三点睡。是日舟行百一十里。

廿三日

早饭后清理文件。无风，不能开船。核批札信稿，核阅包封公事。巳刻顺风，开船行十里，旋复逆风，扯纤行十馀里至鲁港之斜对岸，申正泊宿。是日共行二十五里。午刻清理周、石一案。未申间，作摺稿一段，约一千馀字。旋又办本日包封公事，未毕。燥热殊甚。傍夕，坐一小船，泛江中乘凉。夜在小船上小睡，二更回大船，温《古文·传志类上》。

廿四日（改江西讼案摺稿）

早饭后风逆，不能开船。围棋一局。旋写纪泽信一片、澄弟信一件，改江西讼案摺稿，约八百字。中饭后再与鲁秋杭围棋一局。忽转顺风，开船行五十五里，至旧县住宿。行次再改摺一段，约千四百字，则原底存者十之七八矣。写纪鸿儿信一件、郭意臣信一件。傍夕与诸客一叙。夜阅本日文件。接奉廷寄二件、谕旨一件，内抄御史摺片三件。温《古文·传志类上》。

附记

○复奏洪福填及撤勇事片

○近日军情片兼言上海里下河劝捐

廿五日（舟行百里至铜陵夹之上口宿）

早饭后开船，即遇顺风。是日共行百里，至铜陵夹之上口住宿。辰刻围棋一局。旋改摺稿约千五百字，至午正毕。通共江西石昌猷复奏折约七千字，凡五日乃改完。中饭后，在船小睡。旋写雪琴信一封、纪泽儿信。酉正湾泊。与省三、眉生等畅谈。接奉两次廷寄三件、谕旨一件。阅本日包封文件。与勒少仲等议江西讼案摺稿之当否。二更三点睡。

附记

○停止广东厘金摺

○上海劝捐札潘、钱、恽、刘、丁

廿六日

早饭后开船，扯纤二十里至大通。见客三次。围棋一局。风不顺，湾泊一时许。午刻再开船，行六十里至池州夹内宝塔下湾泊，已上灯矣。是日在船阅《五代史》刘知俊等传、张全义等传。下半日核批札各稿，核改信稿，写纪泽儿信一件。夜，热甚，温《古文·序跋类》，又将江西讼案摺斟酌数处。

廿七日

早饭后清理文件。旋与鲁秋杭围棋二局。小睡片刻。改信稿二件，旋改片稿良久，至日墓始改毕。是日船行，风不顺，上半日行二十里，小河可扯纤也。午刻大雨如注，满船皆漏，无驻足处。申刻后行十里，夜宿乌纱夹。船胶浅，数百人邪许挽拽，约二时许乃得活动。夜与省三、眉生久谈。搬至小船上住宿，因大船笨而且漏也。三更睡，不甚成寐。

廿八日（舟行至安庆）

昨夜搬上小船，黎明即开。风不甚顺，全赖荡桨扯纤，行走甚快，至未正已行百一十里，至安庆矣。在船上改摺稿一件、片稿一件，又作片稿一件。小睡两次。未初，纪泽来舟迎接。到城后，贺喜之客甚多，讫未少休。傍夕小睡片刻。夜与儿女内室小叙。旋阅公事数件。二更二点睡，不甚成寐。

廿九日

早饭后清理文件。旋见客，立见者十馀次，坐见者三次。至缦云处一坐、子密处一坐。至邵世兄家吊丧，久坐。与幕中商本日奏折应斟酌者数事。午刻小睡。中饭后写沅弟信六叶，阅本日文件。见客，坐见者二次，立见者三次。酉正小睡，倦甚。傍夕至幕府一谈。夜，李申夫来鬯谈，核批札各稿未毕。倦甚，二更三点睡。积压之事颇多。

卅日（眼蒙不能治事）

早饭后清理文件，见客二次，又坐见者一次。旋出门拜客，拜会者五家，亲拜者四家，午初归。核科房批稿甚多。中饭后围棋一局。阅本日文件，核批札稿甚多，至傍夕未毕。见客二次。小睡片刻。夜再核批稿至二更三点，未毕。眼蒙，不复能治事。睡尚能成寐。

附记

○札司道，令江西人证回籍

○沅信言参事

## 八月

初一日

文武贺朔者，止而不见。旋围棋二局。见客，坐见者三次，立见者三次。申甫与陈虎臣坐皆极久。午刻核科房批稿。小睡片刻。中饭后，刘开生等来，甚久谈。阅本日文件。酉刻核批札稿，习字一纸。傍夕至幕府一叙。夜再核批札稿，至二更四点，尚未完毕。五点睡，尚能成寐。

初二日（至忠义局）

早饭后清理文件。旋见客，坐见者四次，立见者二次，勒少仲等坐甚久。围棋一局。巳刻出外拜马学使，旋至忠义局一坐，午初归。见客，立见者二次，坐见者二次，申夫来谈甚久。写沅弟信一件。中饭后见客二次，阅本日文件。酉刻核批札各稿。夜又核批稿信稿。二更三点洗澡一次。

初三日

早饭后，坐见之客四次。清理文件。围棋一局。巳刻，又坐见之客三次。午刻小睡片刻。核科房批稿。中饭后，李雨亭来坐，谈良久。阅本日文件。又立见之客二次。核批札各稿。接奉批摺，即七月廿日所发者，廷寄一道、谕旨一道。是日天气极热。傍夕在外院乘凉。夜，应办之事甚多，因燥热不能多治事，温《孟子》二十馀章。

初四日（作联挽柯小荃）

早饭后清理文件。旋见客，立见者二次，坐见者五次。围棋一局。午刻核科房批稿。作挽联一副，挽柯小荃云："目君为承明著作之才，九列交推非独我；思亲以泣血悲哀而死，万缘前定不由人。"中饭后写澄弟信一封，写挽联祭帐一分，阅本日文件。天气奇热，至内室乘凉甚久。核批札各稿。剃头一次。傍夕至幕府一叙。夜阅李光弼、郭子仪传，二更后温《书经》三篇。

附记

○复奏次青事摺钱稿，未用

○江、李，刘、何毕密片

再加川厘一片杜稿

上海里下河劝捐一片

○复奏各条一摺　○贡院　○江西督力　○变通舆地
○满营　○英山万人

初五日

早饭后见客二次，衙门期也。旋又见客，立见者一次，坐见者二次，围棋一局。写沅弟信一封。午刻核科房批稿，徐毅甫来久坐。小睡片刻。中饭后习字一纸，阅《五代史》赵在礼等传，阅本日文件。酉刻核批札稿。傍夕，摺弁自京归，阅京信京报诸件。二更后温《孟子》《书经》。三点入内（室），三更睡。

初六日（愧吾因俗务纷繁而学业未进）

早饭后清理文件。围棋一局。旋见客，立见者一次，坐见者四次。午刻核科房批稿，写沅弟信一件，阅《五代史》华温琪等传。中饭后习字一纸，阅本日文件。王子槐请题其祖母《节孝传》，因将其册叶细阅一遍。将《华温琪传》阅至傍夕始毕。天气渐短，眼钝而加之以蒙，良久尚不能看书一卷。念吾未看之书尚多，而老境颓唐，俗务纷繁，自此真不复有寸进矣，为之于邑！至幕府一谈。夜核批札信稿。二更四点睡，五更一点醒。

初七日

早饭后清理文件，围棋一局。旋见客，坐见者一次，立见者五次，写沅弟信一件。巳刻阅卢文进等传。午刻核科房批稿。中饭后阅《五代史》翟光邺等传，阅本日文件，阅欧公七古诗，核批札各稿。傍夕至缦云处一谈。夜核批札各稿，温韩公七古。

初八日

早饭后清理文件。围棋一局。旋见客，坐见者六次，立见者三次。巳刻阅《五代史》王峻等传。午刻核批札稿，习字一纸。中饭后阅《五代史》朱守殷等传，阅本日文件。眼蒙，至内室少息。旋核批札各稿。傍夕至幕府一叙。夜核各信稿，二更后温韩诗七古十馀首。

初九日（作诗未毕，恐体弱不耐苦吟）

早饭后清理文件，见客一次，围棋一局。出门拜王子槐，久谈。巳正归，习字一纸。午刻核批札稿。拟作《题莫子偲仿唐写本说文木部笺异》诗，将其原书一阅。中饭后作诗。旋陈虎臣、莫子偲先后来坐谈。阅本日文件。笔竹丹来坐颇久。写沅弟信一封。傍夕，诗成一半，二更三点作毕。七古一首，约二百四十字。夜睡不甚成寐。昔年每作一诗，辄不能睡，后遂阁笔，不复为诗。今试一为之，又不成寐，岂果体弱不耐苦吟耶？抑机轴太生，成之艰辛耶？

初十日（是日方元徵新入幕府）

早饭后清理文件。旋写昨诗送莫子偲。见客，坐见者四次。围棋一局。旋立见之客二次。巳刻习字一纸。午初核科房批稿。中饭后，阅《五代史》杜重威等传，阅本日文件极多。酉刻核批札稿，未毕。傍夕至幕府一叙。是日，方元徵新入幕府，将写信稿。夜再核公事，倦甚。二更后，温韩文数首。

十一日

早饭后清理文件。见客，两司坐甚久。旋坐见者一次，立见者九次。围棋一局，习字一纸。午刻核科房批稿，阅恽子居言事小简，又阅张、王七古。中饭后再阅张、王、高、岑七古。本日应作奏折甚多，惮于构思起草，遂阅各诗以自娱。程伯敷、李眉生、李芋仙先后来见，坐谈各二刻许。阅本日文件。酉初改摺，至二更四点毕。摺约两千馀字，改者七百馀字。

十二日

早饭后清理文件。旋与鲁秋杭围棋一局，又观鲁与方元徵一局，阅赵吉士、顾有孝所选五朝七律诗。王子怀、彭雪琴来，各久谈，及至午正方散。中饭后，因说话太多，疲乏殊甚，不能治事。再阅赵吉士所选七律，旋阅本日文件。酉刻查复李次青密片，改作至二更四点未毕，已四百馀字矣。余因用心太过，不能多说话。多说则气接不上，舌提不起，本日尤甚。甚矣，余之衰也！

附记

〇淮北盐务摺

〇留雪琴片

〇地图摺

〇纯斋两摺寄金陵

十三日（与纪泽儿论《诗经》）

早饭后见客一次，五局两所衙门期也。清理文件。围棋一局。马雨农来久坐。再作密片，至午初毕。核科房批稿。中饭后雪琴来，久坐一时馀。客去，至幕府一商本日摺件。旋阅本日文件极多。酉刻核对摺片，发报三摺、四片、二清单。倦极，不愿复治事。与纪泽儿论《诗经》。夜核批札信稿，二更后温李、杜七古诗。

十四日

早饭后清理文件。旋围棋一局。出门至城外雪琴处，坐谈良久。归来，见客二次，李雨亭谈最久。午刻核批札各稿。小睡片刻。中饭后写澄弟信一件，写沅弟信一件，与方元徵围棋二局，见客一次，阅本日文件甚多，温杜、韩七古。傍夕小睡。夜核批札信稿甚多。二更四点睡，久不成寐。

十五日（改进呈安徽舆图摺）

早饭后清理文件。本日贺节之客极多，一概谢绝不见。雪琴来，久谈一时许，围棋一局。午刻，雪琴去。核科房批稿，改进呈安徽舆图摺。中饭后改盐务摺，改各谢恩摺四件，阅本日文件极多。傍夕小睡片刻。夜又核谢恩摺三件，其雪琴谢摺则全系余所改。二更四点睡。本日改至九摺，疲乏已极，幸颇能成寐。而公事尚多停搁未了者。

十六日

早饭后清理文件。围棋一局。见客，立见者四次。核改信稿十馀件。午刻核科房批稿。中饭后至幕府閒谈。旋阅方彦闻之骈体文、古诗。方名履篯，常州人，幕中方元徵之父也。阅本日文件，写郭意臣信一封，核批札各稿。傍夕小睡。夜再核批札稿，至二更未毕。温《诗经》数篇。三点睡。本日治事无多，而疲乏亦如昨日，盖衰迈征也。

附记

参新依营官

十七日（阅《五代史》）

早饭后清理文件，围棋一局。旋见客二次，习字一纸，阅《五代史》王景崇等传。午刻核科房批稿颇多，阅冯道等传未毕，莫子偲来久坐。请雪琴来便饭，陪客为马雨农、李雨亭等，未正散。阅本日文件甚多，核批札各稿。傍夕小睡。夜温《诗经》十馀篇，核改信稿甚多。

附记

〇江东巨王言委　〇张文虎周言保

十八日

早饭后见客二次。勒少仲及两司坐均颇久。清理文件。下棋未半局，而王子怀来久谈。另围一局。习字一纸，写沅弟信一封。李壬叔等来久谈。阅《五代史》郑珏等传、刘昫等传。中饭后,阅和凝等传,至吕琦止。阅本日文件甚多。酉刻,添李小泉信二叶。傍夕至幕府一谈。夜核批札信稿,二更后温《古文·辞赋类》,四点睡。

十九日

早饭后清理文件。围棋一局,又观人对奕一局。杨德亨等来一坐,方存之来久坐,钟令泰来久坐。阅《五代史》薛融等传。午刻,李起高来一坐。核科房批稿,写沅弟信一封。中饭后小睡片刻。阅李崧等传,《五代史》列传阅毕。阅本日文件甚多,写郭云仙信一封。傍夕小睡。夜核改批札信稿。二更二点后,温《古文·论著类》。三点睡,四更末醒。

廿日

早饭后见客二次,衙门期也。旋围棋一局,又观他人一局。又立见之客二次。习字一纸。阅《五代史》《司天考》《职方考》,核科房批稿。中饭后,陈虎臣来,报其子得拔贡,久谈。阅《世家》杨行密、杨渥。见客二次。阅本日文件,核批札各稿,写沅弟信一封。傍夕小睡。夜核批札信稿甚多,至二更四点未毕。是日巳午之间,写对联十付。

廿一日(阅《杨吴世家》毕)

早饭后清理文件。旋围棋一局。见客,坐见者三次。巳刻,赵惠甫来久坐。习字一纸,写对联九付。旋又见客,坐见者一次,立见者二次。阅《杨吴世家》毕,《南唐世家》至未正毕。见客一次。阅本日文件,核改信稿批札稿甚多,至夜二更四点未能了毕,而疲乏甚矣。接沅弟专人送咨而无一信,疑病有小增,焦虑之至!尚成寐,四更末醒,近月馀皆然也。

廿二日(知沅弟病重又生一毒,深为焦虑)

早饭后清理文件。见客,坐见者四次。围棋一局,习字一纸,写对联六付。午刻核房科批稿。中饭后,易晴苍来,问及沅弟病势颇重,又于左肩下乳上生一毒,深为焦虑,不愿治事。阅《五代史·蜀世家》,阅本日文件,写沅弟信一件。傍夕至幕府一谈。夜,心绪忧郁,不能办公事。阅钱子密为其父《警石先生年谱》,颇为详明得体。

附记

○廿七日发报　○请周、弓、李、陈等阅

○初三日发摺:○十四摺、○一表、

○一正摺

○作寿诗　○廿四日发家信

○发少泉信　拜王、孙　书院

○冯信告示　王册页

廿三日

早饭后清理文件。见客一次,五局上衙门期也。围棋一局,习字一纸,阅《孟知祥世家》。巳正写挂屏一付。午正核科房批稿。中饭后,因念沅弟之病,深为廑系,不欲治事,因与程颖芝围棋二局。阅本日文件,核批札各稿。傍夕小睡。夜与眉生久谈。改信稿甚多。三点睡。

廿四日

早饭后清理文件。出门至敬敷书院月课,题《鲁欲使乐正子为政一章》。旋至孙蕖田处吊丧。归家,与鲁秋杭围棋一局。王子怀来久坐,徐毅甫来久坐,又立见之客二次。午刻核批札稿甚多。伤风畏寒,小有不豫。中饭后写沅弟信一叶,又与方元徵围棋一局,阅《五代史·南汉世家》,阅本日文件。因有疾,到内室小睡。写澄弟信一封。贺胜臣自金陵归,知沅弟之病已愈。思作小诗数首为沅弟祝寿,沉吟久之而不可得,是夕仅作一首。停搁之事甚多。二更三点睡。

廿五日（久不作诗，机轴太生，艰窘殊甚）

早饭后清理文件。围棋一局，又观人一局。旋作诗，七绝四首。李眉生来一谈。午刻核科房批稿。至马方伯处赴席，申初散。归，阅本日文件。伤风未愈，手膀又疼，以膏药敷之。夜又作诗二首。久不作诗，机轴太生，艰窘殊甚。申刻见客一次。是日公事废阁未办。

廿六日

早饭后清理文件。与方元徵围棋一局，又观方与鲁一局。旋见客，坐见者四次，立见者二次。核改徽州截剿窜贼一摺，未毕，刘开生来。午刻核科房批稿，又改摺稿毕。中饭，请弓筱芗、李芋仙等便饭，本日在此阅卷也，未正三刻散。饭后，改彭玉麟不能专驻安庆一片，阅本日文件极多。酉刻，摺差自京归来。阅京报十馀本，核批札稿。莫子偲来久坐。夜改沅弟告病开缺回籍摺一件、近日军情片一件。二更四点睡。

廿七日（至河千吊李臣典之灵柩）

早饭后清理文件，与程颖芝围棋三局，又观其与人一局，陈虎臣、赵惠甫先后来一坐。朱久香学使来一坐，渠新自池州按临归来也。习字一纸。午刻核批札各稿。中饭后出门拜朱久香，久谈。至河干吊李臣典之灵柩。欧阳小岑来久坐，申初归。阅本日文件。接奉批旨，即十三日所发之摺也。傍夕发报四摺、三片。至幕府畅谈。夜写沅弟信一封，阅冯鲁川诗。倦甚，不能治事。公牍积阁甚多。

廿八日（杨玉辉等五州县来久坐）

早饭后清理文件。与鲁秋杭围棋一局，又观鲁与方一局。两司来见，一叙。王鲁园等来，一叙。又见客，立见者三次，坐见者一次。午刻核批札各稿。中饭后，杨玉辉等五州县来久坐，穆海杭来久坐。说话太多，若不自持者然。阅本日文件，又作沅弟寿诗三绝句，至二更三点毕。久不作诗，艰窘若此，殊自叹耳！

廿九日（得送行诗册，读之滋愧）

早饭后清理文件。围棋一局。马学使来一坐，带教官四人、肄业生多人，呈送行诗册约百馀人，皆歌咏功德，读之滋愧！程尚斋来久坐。旋又见客，立见者四次，坐见者三次，王子怀坐甚久。核改信稿批札稿，清理近日积阁之件。中饭后，清理各件。见客，坐见者一次，立见者一次。阅本日文件，核批札各稿。傍夕至幕府一谈。夜，尚斋来一谈。二更后，再核信稿。

附记

金眉生捐款内有徽人若干子怀托查

张仙舫捐款内不应分外府

〇改折色一案

〇裁陋规一案

卅日

早饭后清理文件，见客一次。出门辞行，（至）两司及朱、马两学使、首府、首县及王子怀侍郎七处拜会。午正归，围棋一局，见客二次。中饭后见客，立见者三次，坐见者三次，朱久香坐颇久。核批札信稿，阅本日文件，未毕，灯后始阅毕，倦甚。阅《陆放翁诗集》。二更四点睡。

## 九月

初一日

是日起行赴金陵。早饭后清理文件,围棋一局,见客二次,检点各件。拜发慈禧皇太后万寿贺本。巳刻启程,登舟应酬甚久,说话极多。午刻,留程尚斋、何丹臣、穆海航三人便饭,一面开船行走。行二十里,司道复登舟话别,申初客散尽。舟行六十里,至李阳河湾泊。阅本日文件,核批札各稿。至船后亭子登眺。夜再作沅弟寿诗二首,写陈氏妾墓碑九字。二更四点睡。

初二日(写沅弟之寿诗十三章)

早饭后清理文件。旋围棋二局。作诗二首,共作七绝十三首,至是始毕。午刻核科房批稿。在公馆积阁者,本日始得完毕。是日因逆风未得开船,申刻以后,风虽稍微,亦不开行矣。中饭后再围棋一局,阅本日文件,写手卷一个,即沅弟之寿诗十三章。跋尾云:"使儿曹歌以侑觞。"盖欲使后世知沅甫立功之苦,兴家之不易,常思敬慎以守之也。酉刻,至船尾眺览。夜温《古文简编》,并温"论著类"。二更三点睡。

初三日

早饭后,逆风强行九十里。至午正风太大,不复可行,即在王家套住宿。辰初清理文件,旋核批札稿。巳刻围棋一局,习字一纸,阅《五代史》《楚世家》《吴越世家》。中饭后再围棋一局,阅本日文件,勒少仲、钱子密、程伯敷来久坐,阅《闽世家》未毕。夜写沅弟信一封,温《古文·叙记类》。二更三点睡。

初四日(夜教纪泽读书宜放声歌诵)

黎明开船,行百一十里至铜陵下夹湾泊,距荻港尚欠三十里。未正即泊,盖舟人畏风,过于慎重也。早饭后清理文件。旋阅《闽世家》毕,阅《南平世家》《东汉世家》。围棋二局。将乾隆府、厅、州、县记于府县名上,着朱圈以识别之,至未正圈九省。核批札各稿。周缦云来一坐。写李少荃(信)一件、沅甫信一件。傍夕至岸上散步,与幕中诸友畅谈。夜教纪泽读书宜放声歌诵,以引其情韵。核改信稿数件,旋温《古文·词赋类》。二更四点睡。

附记

复奏李、吴等。

初五日(行途中看芜湖街道)

早饭后清理文件。开船行一百三十里,未正至芜湖住宿。辰刻习字一纸。旋围棋二局。阅《五代史·契丹传》二卷。中饭后写冯景亭信一封。见客十馀次,皆文武迎接者,竹庄谈最久。酉刻往看芜湖街道。由河南上约四里许,过浮桥进城南门,出西门。西门内外新屋甚多,商民欣欣向荣,遂将还承平之旧观。余二年二月过此,尚一片瓦砾也。傍夕回船。夜写南坡信一叶、沅弟信一叶,温《古文·序跋类》。

初六日

早饭后开船,行一百廿里,至烈山上夹泊宿。辰刻清理文件,围棋二局,习字一纸,阅《五代史》《四夷》《附录三》。是日将《五代史》阅毕。见客二次。彭杏南表弟于舟次相遇,一谈。录《雅训杂记》。中饭后核改信稿。旋批安徽两司约束州县一禀,约四百字。登楼船尾一眺,与幕中诸友畅谈。戌刻,黄昌岐军门来接,畅谈。夜阅安徽两司漕粮暂征折色一详,未遽加批,眼蒙故也。温《古文·奏议类》。二更后,又温苏诗十馀首。

初七日

早饭后开船,行八十里,至金陵棉花地湾泊,午正即到。黄军门在船上久坐。辰刻清理文件,习字一纸,围棋二局。沿途见客二次。到金陵后,见客十馀次。令纪泽先至沅弟公馆请安。余因应酬太多,太阳蒸热,疲倦殊甚。剃头一次。酉刻核安徽两司详漕务一案。至夜间拟批,二更四点尚未批毕。

初八日

早饭后清理文件。旋批定皖省漕务一案。巳初进城，行二十八里进南门，至沅弟公馆看病，与之慁谈。中饭后又慁谈。见客数次。晏同甫来久谈。沅弟谈久，稍发抒其郁抑不平之气。余稍阻止劝解，仍令毕其说以畅其怀。沅弟所陈，多切中事理之言，遂相与纵谈至二更。其谏余之短，言处兄弟骨肉之间，不能养其生机而使之畅，遂深为忠告曲尽。三更二点睡。余因说话稍多，不能成寐。弟则不成寐者已六七日矣。

附记

〇李供后数条咨军机

〇十六日沅疏咨军机

初九日(至贡院看屋)

早饭后清理文件。旋与沅弟慁谈。辰正至贡院看屋。历勘至公堂、衡鉴堂、主考住屋、房官住屋、监临堂、提调监试堂、供给所、弥封所、上江誊录所、下江誊录所、对读所、外收掌所、西文场各号舍、官生教职号舍、西文场各号舍[当为东文场各号舍]、平江府姚家巷等处号舍，均已细阅。工坚料实，粲然一新。旋出头门外勘验，应于东西两头各添牌坊一座，商定一切。午初，复回沅弟处。中饭后，至晏同甫处一拜。出水西门回船，约二十五里。清理各文件。夜改举行乡试摺一件。二更三点睡。屡次惊醒，不能成寐。

初十日(沅弟接旨准回籍开缺养病)

黎明，接奉廷寄谕旨，沅弟准回籍开缺养病，赏人参六两。饭后，进城入署。行三十馀里，巳初至署，贺客甚多。内人及儿女辈次弟入署。沅弟亦力疾来贺。应酬至申正始毕。酉刻围棋一局。傍夕小睡片刻。夜改片稿一件，温《诗经》数篇。袁氏婿于五月来金陵，另住公馆一所，本日亦不入署居住，浮荡可叹！

十一日

早饭后清理文件。见客，坐见者五次，立见者七次。围棋一局。改片稿一件。巳正至沅弟处慁谈，午正归。请晏同甫来便饭，申初散。见客，坐见者二次，立见者五次。阅本日文件，再围棋一局，改片稿一件。夜温《古文·杂记类》十馀首。

十二日

早饭后清理文件。见客，坐见者五次，立见者十六次。围棋二局。午刻与李眉生慁谈，说话太多，倦甚。核科房批稿，中饭后核毕。未正至沅弟处一叙，谈不甚畅，申正归。阅本日文件极多，傍夕毕。夜阅批札各稿，二更毕。温《古文·杂记类》十馀首。三点睡。是日轮应发报之期，已于昨夕拜发一摺、三片。

十三日(将修理幕府楼以住众友)

早饭后清理文件。见客，坐见者一次，立见者九次，皆新得保举谢恩者也。围棋一局。杂记紧要事件。巳正阅段《说文》十四叶。中饭后录《诂训雅记》，阅本日文件，核批札各信稿。见客二次。至幕府楼上一看，将修理以住众友。夜核批信稿数件。温《古文·叙记类》十一叶。

附记

六合县戴履忠一案

一人　二客　三信　四科

五书　六文　七批　八歌

十四日

早饭后清理文件。见客，坐见者二次，立见者一次。写澄弟信一件。围棋一局，旋又与薛炳炜二局。见客，立见者五次，坐见者二次。午刻核科房批稿。中饭后写扁字二十馀个，阅本日文件。申正至沅弟处𠍇谈，灯后夜饭始归。核文案房批稿札稿。二更后温《古文·叙记类》。

附记

微山湖东省客民打刘庄圩一案

○查少泉禀报销二摺六册一案

十五日

早间，文武贺望者，概谢不见。饭后清理文件。吴竹泉、李芋仙先后来见，一谈，又立见之客一次，与客围棋二局，莫子偲来一谈。午刻，核科房批稿，未毕，中饭后核毕。写扁字三十馀个，阅本日文件甚多，阅段《说文》六叶。见客，坐见者一次，立见者一次。核批札各稿，未毕，夜间始毕。倦甚。温杜工部五律三十馀首。

附记

松太办漕，苏州办租捐，先运京米，馀分济金陵、苏州善后

函请于办京米之外，全解敝处，否则分厘三成

问万知苏厘章程否行知月报此间

十六日（阅《古文·叙记类》）

早饭后清理文件。旋见客二次，谈颇久。与薛炳炜围棋二局。阅段《说文》数叶。旋又见客，坐见者一次，立见者一次。午刻，核科房批稿。中饭后补核始毕。又阅《说文》数页，录《雅训杂记》，阅本日文件极多。傍夕至幕府一谈。夜核批札各稿。温《古文·叙记类》。二更四点睡。近每于四更二点醒后不复成寐，本日却成寐矣。

十七日（与庞省三论沅弟祭孝陵事）

早饭后清理文件。旋见客二次，黄少昆等久坐，又立见之客三次。与薛炳炜围棋二局。旋又见客二次，坐均颇久。午刻核科房批稿，阅段《说文》七叶。中饭后，又阅四叶，写扁字三十馀个，阅本日文件。申正至沅弟处𠍇谈，灯后归。庞省三来，与论沅弟祭孝陵祭品、仪注。核批札各稿。至二更三点后，温《古文·叙记类》

附记

○以磁、锡器代笾豆、簠簋

寄孙、吴银信

○札朱、朱驻宿、太，刘驻安庆

○札四款解江外粮台，发五军之饷

○罗旋吉对

○彭之龄送银

○改谢摺　○作谢摺专差送京。

十八日（见淮南监制同知徐灜）

早饭后清理文件。旋见客，坐见者四次，立见者二次。与薛炳炜围棋二局。旋见淮南监制同知徐灜，坐颇久。又写扁字数个，将连日所写之扁清理一番，送交黄少昆。午刻核科房批稿，阅段《说文》四叶。中饭后又阅九叶，阅本日文件。见客，立见者四次，坐见者一次。傍夕至幕府一叙。夜，庞省三来久谈，核批札信稿，二更三点后温《孟子》三十馀章。四点睡。

十九日

早饭后清理文件。旋立见之客三次。与薛炳炜围棋二局。又立见之客三次，坐见者四次。阅段《说文》四叶。午刻核科房批稿。中饭后，孙蕖田来一见，阅《说文》五叶，阅本日文件极多。萧开印送一活鹿，因写信与沅弟，宰杀以祭明太祖孝陵，因沅弟奉旨派祭明

陵，将以二十日行事也。傍夕至幕府一叙。夜核批札信稿甚多。二更二点后温《诗经》，倦甚，不能抗声朗诵。四点睡。

二十日

早饭未毕，沅弟来小坐。盖祭毕归来，已行三十馀里也。旋见客，坐见者四次，立见者一次。围棋二局。涂阆仙等来，谈颇久。清理文件。阅段《说文》三叶。午刻核科房批稿。见客二次，谢立夫来久坐。中饭后，再阅段《说文》七叶。见客一次。阅本日文件，核批札信稿。倦甚，小睡片刻。夜核批札信稿。二更四点睡。

廿一日（闻程伯敷家闯入游勇，遂派人前往弹压）

早饭后清理文件。旋见客，坐见者二次。与薛炳炜围棋二局。又见客，立见者四次，坐见者二次。核改批稿。午正请客，谢立夫、梅世兄、陆世兄、朱世兄等，未正散。阅本日文件，旋又改批稿一件。申正至沅弟处畅谈，灯后为弟改谢恩摺，二更三点归寓。闻程伯敷家来游勇八人，闯入内室，可虑之至。派戈什哈二人、勇八人前往弹压，因在彼巡逻一夜，四更拿获二人。余因此悬悬，不能成寐。

清朝铜钱

廿二日（作季弟芜湖县新修祠宇联一首）

早饭后清理文件。旋见客，立见者五次，坐见者三次。阅《说文》三叶。围棋二局。午刻核科房批稿。中饭后阅本日文件。万方伯来到任，一见，久谈。核批札稿，未毕。傍夕至幕府一谈。夜核批札稿。二更后，作季弟芜湖县新修祠宇联一首。四点睡，五更醒。

廿三日

早饭后清理文件。旋见客，坐见者五次，谈颇久。旋看程希辕与薛炳炜围棋二局。午刻，写季弟祠中联扁。欧阳小岑来一谈。午正至沅弟处中饭，申正归。阅本日文件。傍夕至幕府一谈。夜，省三来一坐，核批札各稿。二更四点睡。

廿四日

早饭后清理文件。旋见客三次，谈颇久，又立见之客三次。与薛炳炜（围棋）一局，又观人二局。见客，立见者五次，坐见者一次。午刻核科房批稿。中饭后，小岑来久谈。阅本日文件，核批稿信稿，写澄弟信一件。傍夕至幕府一谈。夜核彭席江三保举单，改抵征摺稿。二更五点睡。

廿五日（改肃清全皖摺稿）

早饭后，坐见者五次，立见者四次。旋清理文件。与鲁秋杭围棋一局。写李少荃信一封。旋又见客三次，坐谈颇久。中饭后，又坐见之客二次，马雨农坐甚久。阅本日文件。至沅弟处久谈，灯后归。核王可陞保单，改肃清全皖摺稿。二更三点后，倦甚。诵放翁七绝以自怡。

廿六日

早饭后见客，周子瑜谈良久。旋围棋一局。旋又见客，立见者七次。写黄南坡、郭意城信。中饭后呕吐一次，因吃饭稍过度也。旋又围棋一局。阅本日文件。申正至沅弟处畧谈，更初归。眼蒙不能（治事），因朗诵放翁七绝、退之七古以自娱。本日，有呕吐之疾，有左眼疼痛之患，又有左脚已烂不能着靴之苦，颓然老态，不能自振矣！

附记

○立发审局

○札周子瑜帮办科场事务

廿七日（至妙香庵赴宴）

早饭后清理文件。旋见客，坐见者一次，立见者二次。围棋一局。巳刻又见客二次，坐见者一次。核科房批（稿）。午正至妙香庵赴宴，司道公请，共三席，申正归。阅本日文件，欧阳小岑来一坐。傍夕至幕府一淡。夜核批札稿甚多。二更四点睡。是日天气始凉，有深秋之意矣。酉刻，发报四摺、二清单。

廿八日（核裁撤卫官及屯租归州县一案）

早饭后清理文件。旋见客，见坐者三次，立见者三次。围棋一局。核信稿批稿。午刻核科房批稿，有裁撤卫官及屯租归州县一案，沉吟良久，不能下笔。中饭后见客二次，潘伊卿谈颇久。阅本日文件，未毕。沅弟来久谈，至傍夕去。夜，摺差自京归，接阅京信十馀件。庞省三来久坐。核改批札各稿。二更三点后，温《史记》二首。

附记

○札各局绅

廿九日

早饭后清理文件。旋见客三次，围棋一局，再写扁字十馀个。午初，至幕王府及藩署并各伪府公馆看四处，以为主考学政行台。申初至沅弟处中饭，酉初归。阅本日文件，未毕。沅弟来久谈，灯后始去。将本日文件阅毕，改谢恩摺一件。二更四点睡。是日阅京报二十馀本。沅弟将于日内启程，料理一切，本日来余署，即辞行矣。

附记

○黄、杨、薛、吴修主监学四馆

○誊对号军住满营或帐房或贡院

○作夹帐棚千馀架，以备士子栖止

张国樑之尸，问沅派员之名

李供、沅疏、张尸、明陵复奏

## 十月

初一日（余偶诵东坡诗，沅弟竟凄然欲涕）

早饭后见客一次，旋出城送沅弟之行，应酬甚繁，与沅弟畧谈。竟日未能治事，即本日文件亦未能一阅。夜，与沅论文、诗。二更三点睡。沅弟之情最笃挚，余偶诵东坡《狱中寄子由》二首及子由《彭城别东坡》二绝，沅乃凄然欲涕。又论及出处大端，沅弟所见与余略同。

初二日

是日，在沅弟船上一日。早饭后清理文件。兄弟畧谈甚久。午刻开船行十里至大胜关。中饭后与刘慎荚围棋二局。阅初一日文件，改祁春圃、周芝台、吴竹如信稿三件，核批札各稿。傍夕，又与刘慎荚围棋一局。夜与沅弟畧谈一切。

初三日

是日，早饭后开船，后(后字衍]行一百里至采石住宿。与沅弟谈甚𢡟。巳刻阅昨日文件，申刻核批札各稿。酉正，与刘慎英围棋二局。夜接廷寄一件。又与沅弟𢡟谈。以仇十洲画、刘石庵书与沅弟，各题数字于上，以识岁月。二更三点睡，尚能成寐。五更醒。

初四日

早饭后，与沅弟𢡟谈作别，即自采石开船东归。命纪泽送沅至芜湖。余以午正至大胜关，申初即至署内。与幕府诸君𢡟谈，核公事稿数件，阅本日文件。傍夕倦甚，小睡。夜，围棋一局。倦甚，不能治事。二更三点睡。是夜作对联一首，将贴于府县官厅。联云："虽贤哲难免过差，愿诸君谠论忠言，常攻吾短；凡堂属略同师弟，使僚友行修名立，乃尽我心。"

初五日

早饭后见客三次，坐谈甚久，旋立见之客十次，罗麓森来一坐。围棋一局。次儿纪鸿、外甥王兴韵自湖南来，与之一谈。核改信稿札稿。中饭后，织造松瑞来见，久谈。派摺差刘传愈、曹全进京。写澄侯弟信，阅本日文件极多，傍夕粗毕。夜核批札稿甚多。二更三点睡。接部文，知江南主考放刘昆平步青。

初六日(何祥垣自山东归来会)

早饭后见客，坐见者四次，立见者三次。清理文件。围棋一局。写沅弟信一件。何祥垣其兴自山东归，来一会，年七十六，耳聋不闻一事矣。午刻核科房批稿，未毕。中饭后倦甚，不愿治事，因与方元徵围棋一局。旋阅本日文件甚多。见客五次，至傍夕始阅毕。至幕府一叙。夜核批札信稿至二更三点，未毕。倦甚，早睡。

初七日(是夕接上海解到银十七万)

早饭后清理文件。是日考试本衙门书吏，请周缦云点名监考。余出题二道：《金陵善后告示十条》《萧曹优劣论》。旋围棋一局。见客，坐见者五次，立见者二次。午初核科房批稿。中饭后再核一时许始毕。阅本日文件，尚不甚多。申刻至幕府一谈。见客一次。傍夕倦甚，小息。夜核批札稿信稿甚多。二更三点后，温《古文·序跋类》，四点睡。是夕接上海解到银十七万，诸事可以清厘，殊以为慰。

初八日

早饭后至城隍庙行香求雨。旋回署见客，营官二十六人，坐见一次，又坐见之客三次，立见之客三次。出门看贡院。出上江、下江学院行台，归署已未正矣。中饭后围棋一局。魁副都统玉来，坐谈片刻。阅本日文件。傍夕至幕府一谈。写联六付。纪泽自芜湖归，问及沅弟之病，云初六夜腹泻多次，廑系之至。写沅弟信一件。夜核批札各稿。二更二点后，温韩诗七古。倦甚，不能治事，老态毕露矣！

初九日

早起，率家人恭祝显考光禄大夫竹亭府君七十五冥诞。旋出门，至城隍庙求雨。归，见客，坐见者三次，立见者三次。围棋一局，又观人一局。午刻核科房批稿。李继荃来久坐。中饭后与黄军门久谈。旋见客三次，阅本日文件，刘俱英来，坐谈片刻，再围棋一局。傍夕，庞省三来一谈。夜将初七日所考书办卷通阅一过，二更四点睡。

附记

○与少荃商江宁豁免事，仿常州之例

○江发云事

○柳寿田事

○东水关委员

初十日(至公所拜慈禧皇太后万寿)

早,至公所拜慈禧皇太后万寿,即沅弟前作公馆之处也。旋再至城隍庙求雨,本日已三次矣。归,辰刻早饭。饭后见客二次,坐谈颇久,衙门期也。旋围棋一局,又观人一局。又见客,坐见者二次。午刻核科房批稿甚多。中饭后,莫子偲来一坐。写对联六付,内作府、县官厅一联云:"虽贤哲难免过差,愿诸君谠论忠言,常攻吾短;凡堂属略同师弟,使僚友行修名立,乃尽我心。"阅本日文件。欧阳小岑来久谈,核批札各稿,核一摺二片,至二更四点核毕。颇觉费心,不胜其劳。

十一日(与纪泽儿论古人用字之法)

是日,为余五十四生日,谢绝诸客,惟家中儿女辈庆祝。饭后清理文件。旋围棋一局,又观人一局。改摺稿片稿三件。午刻核科房批稿颇多。中饭后核改信稿数件。倦甚,懒于治事。又与方元徵围棋二局,阅本日文件。傍夕与纪泽儿论古人用字之法。灯下,核改批札各稿,二更后改摺稿一件,四点睡。

十二日

早饭后清理文件。旋见客,坐见者四次,王大经小莲、李朝斌质堂谈甚多。围棋二局。旋又见客,坐见者六次,立见者二次。改近日军情片稿一件。午刻核科房批稿。中饭后,李继荃来一谈。旋出门,至城外拜魁副都统玉,又拜织造松瑞。归,阅本日文件,写亲笔告示,楷书百馀字,未毕。傍夕至幕府一谈。二摺四片,戌初发报。夜核批札各稿,二更后温信陵君、平原君列传。二更四点入内室。三更睡,五更四点醒。日内,恐沅弟病重,常不放心,醒后尤悬悬。

十三日(廷寄命余带兵至皖鄂交界剿贼)

早饭后清理文件。见客三次,均坐谈甚久。围棋一局。巳亥,刘开生、张啸山、李壬叔来久谈。核科房批稿,阅段《说文》二叶。中饭后又阅四叶,阅本日文件。申正写对联七付,改信稿数件。傍夕至勒少仲房一坐,渠本日新入幕府也。夜,接奉廷寄,命余带兵至皖鄂交界剿贼,命李鸿章署江督、吴棠署苏抚、富明阿署漕督。旋又与客围棋一局。二更后,钱子密等来久谈。二更三点睡,竟夕不能成寐。是日巳刻,将楷书告示写毕,约百馀字。

十四日(阅邵位西所著《礼经通论》)

早饭后清理文件。旋围棋二局,阅《说文》三叶。巳刻李继泉来,久坐二时许。中饭后,李眉生来一谈,又立见之客二次。阅本日文件,写澄弟信一件、沅弟信一件。阅邵位西所著《礼经通论》,似是咸丰十一年将在杭城殉难以前所作,凡三十篇,上卷十九篇,下卷十一篇。下卷遗失无存,上卷为吴仲宣、丁柘唐、高伯平新刻于清江。淹贯精深,信不易及。是夜至二更阅毕。旋温《礼记·礼运》一过,《檀弓》十馀页。二更四点睡,尚能成寐。

十五日

早间,各文武贺望者,俱谢不见。旋见司道及首府等二次。围棋二局。旋立见之客三次。阅段《说文》十一叶。午刻核批札各稿,未毕。中饭后又核半时许,毕。阅本日文件。陈虎臣、庞省三来,先后久坐。傍夕至纪泽处一坐。夜核批札各稿,温《古文·叙记类》,旋又温《书经》数篇、《孟子》十馀章。二更四点睡,不甚成寐。

十六日

早饭后见客一次。旋围棋二局。陈虎臣、涂朗仙来,与之畅论出处进退之宜。旋又见客,坐见者一次,立见者一次。作摺稿一百字许。午刻核批札各稿。欧阳小岑等来一谈。中饭后再作摺稿,阅本日文件极多。轮船自安庆来,得见沅弟。闻病已加重,并无一字寄我，在安庆并未见客，仅泊船二时许，即行上驶，为之忧系无已。旋又作摺稿，至二更二点毕，约八百字。三点后朗诵《诗经·文王》等篇。

十七日

早饭后清理文件。旋围棋二局，见客一次。出城接李少泉中丞，在水西门官厅等候时许。午刻，少泉同至署内久谈，即在此便饭，直至申末方法。阅本日文件。夜，王壬秋来，久坐半时许。疲倦殊甚。核批札各稿。二更后温《书经·微子》篇。

十八日（同少泉同出水西门接朱久香）

早饭后清理文件。见客，各营官一次，共二十四人，旋又见客三次，坐谈颇久。巳初出门拜李少泉。午初与少泉同出水西门接朱久香学使。旋回寓，请少泉及黄、李两军门及继泉中饭，申正散。阅本日文件颇多。立见之客二次。傍夕至幕府鬯谈。夜，庞省三来久坐。困倦殊甚，不愿治事。二更后温《吕刑》篇，朗诵四过。二更四点入内室，五点睡。

十九日（温韩诗七古）

早饭后清理文件。旋见客，坐见者五次，立见者二次。围棋一局。阅《胡文忠公文集》，阅王文成公书《君子亭记》，厉伯符寄求题跋者也。旋又见客，立见者三次，坐见者五次。万篪轩、李眉生坐甚久。中饭后阅本日文件。见客，立见者二次，坐见者二次，凌晓岚、赵惠甫二起，谈甚久。傍夕倦甚，小睡。夜核批札稿。二更三点后，温韩诗七古。四点入内定。

廿日

早饭后见客，坐见者四次，衙门期也。清理文件，围棋二局。出门拜朱久香先生，午刻归。李质堂来久坐。中饭后见客二次，阅本日文件。剃头一次。阅《梅伯言诗集》。庞省三来一坐，李继荃来久坐。灯后倦甚，小睡。旋核批札各稿。二更三点后温《召诰》，未毕。三更睡，五更醒。

廿一日

早饭后清理文件。旋见客，坐见者三次，立见者四次。围棋二局。旋又见客，坐见者二次，立见者二次，赵惠甫谈甚久。核批稿，未毕。中饭后，又核科房各稿。李眉生来久谈，欧阳小岑来久谈。傍夕，李少荃来久谈。夜将科房稿核毕，改摺稿一件、片稿二件。二更四点睡。

廿二日

早饭后清理文件。旋见客，洪汝奎、刘松山、黄翼升三人俱谈议甚久。旋围棋一局，改片稿一件。旋又见客三次，立见者一次。午刻核科房批稿。中饭后，至幕府一谈，甚久。阅本日文件，阅魏默深文内集、外集。酉正小睡片刻。黄昌歧来久坐。夜核批札信稿颇多。二更二点，温《古文·辞赋类》。

廿三日（至通济门公所迎候宜春宇学使）

早饭后，至善后局，与抚院、司道、文武等步行至城隍庙祷雨，旋归寓。见客三次，坐谈颇久。清理文件。围棋二局。午初至通济门公所迎候宜春宇学使，直至申正始到。与抚院并各文武跪请圣安，旋归寓。阅本日文件。傍夕倦甚。夜见客二次，核改信稿批札各稿。二更四点入内定。三更睡，四更末醒。

廿四日

早饭后至善后局，步行至城隍庙祷雨。旋又至贡院一看。至宜学使处回拜，至少泉处一谈，午初归。见客，坐见者三次，立见者一次。核科房批稿，中饭时尚未核毕。饭后围棋一局，阅本日文件，写澄弟、沅弟信一件，见客二次。傍夕至幕府一谈。夜核批稿信稿，二更二点后温韩诗七古，四点睡。

廿五日

早饭后，至城隍庙求雨，因昨夕下有微雨，本日即行谢醮，旋归寓。旋见客，坐见者五次，立见者二次。围棋一局。午刻核科房批稿。中饭后见客，立见者二次，坐见者一次。作一碑，立于新修龙膊子缺口处，未及缮正。少荃中丞来，久谈至更初始去。阅本日文件。不复能治它事矣。

廿六日

早饭后清理文件。旋见客一次。围棋二局。见客，刘军门铭传、朱学使、彭侍郎三次，坐俱甚久。旋又见客，立见者二次，坐见者二次。午正核科房批稿。中饭后，李眉生、莫子偲来一谈，阅本日文件。旋又坐见之客二次。添毛寄云信二叶，添胡莲舫、李筱泉信各一叶。夜添陈季牧信一叶，核批札各稿。二更三点后温《召诰》，未毕。四点睡，颇能酣寝。

廿七日（温《史记·儒林传》若有所会）

早饭后见客一次。旋清理文件。围棋一局。雪琴来久坐。拜发长至贺表。旋又见客，坐见者一次，立见者二次。写对联四付。午刻核科房批稿甚多。汪梅村来久谈。请梅村与张啸山、李壬叔等中饭，申初散。阅本日文件。陈虎臣来久谈。傍夕至幕府一叙。夜核批札各稿，二更后温《史记·儒林传》，若有所会。

廿八日（至妙香庵看主考公馆）

早饭后清理文件。旋见客，立见者一次，坐见者二次。出门拜客，至旱西门拜雪琴。常仪庵新来，与之久谈。旋至妙香庵看主考公馆，午正归。见客，坐见者二次，立见者一次。中饭后阅本日文件。见客，坐见者二次。写碑一通，百四十字，字大二寸许，即龙膊子修地道之缺口也。旋核批札各稿。夜温《酷吏传》，温匡衡各疏及《出师表》。二更三点倦甚，早睡。

附记

○方浚益保留江知县

○休宁豁免

廿九日（今归签押房时几于倾跌）

早饭后清理文件，旋围棋二局。坐见之客三次，谈俱不甚久。出门拜朱久香先生。归，常仪庵等来久坐。旋写郭云仙信一封。请雪琴、仪庵等中饭。见客，坐见者三次，立见者一次。仪庵等申初散去。李雨亭及刘开生等先后来畅谈。阅本日文件。傍夕倦甚。夜阅罗罗山《人[太]极衍义》《姚江学辨》等书，服其见理甚真，所志甚大，信为吾乡豪杰之士。二更后，核批札各稿。至幕府与陈小浦一谈盐务。归签押房时，头晕，几于倾跌。近日如此者屡矣。老境日催，德业无复进步，深为可惧！

卅日

早饭后清理文件，旋围棋二局。见客，坐见者五次，冯景亭、晏彤甫坐最久。午正核科房批稿，极多，中饭后再核乃毕。阅本日文件，核批札各稿。申刻，李少荃来畅谈，至更初始去。核各信稿。二更后温《古文·哀祭类》，读《招魂》数过。四点睡。

附记

梁国琎不论双、单月

## 十一月

初一日

早饭后清理文件。旋见客，坐见者三次，谈颇久。巳正出门，至旱西门观沅弟所咨明为季弟靖毅公专祠者。旋至妙香庵看主考公馆，陈设极为整齐，即在庵中吃饭，司道亦同在该处。未刻回至南门，观黄少姤所相度为靖毅公专祠者。两处俱不甚惬意，南门一所微胜于旱西门一所，因与少姤议定，姑将该处修好，入主开祭，以妥靖毅之灵。又看鼓楼昭忠祠，即伪听王府，轩敞宏深，极为惬意。定于日内入主，今冬开祭。申正归。阅本日文件。会客一次。傍夕与常仪庵邑谈。渠本日搬入署内居住也。夜核批札信稿，庞省三来久谈。二更后温古文《大招》，温《货殖传》。四点睡。

初二日（温匡衡三疏，叹其精雅）

早饭后清理文件。旋围棋一局，见客，坐见者五次，李雨亭等坐最久。午正核科房批稿，未毕。中饭后见客，坐见者二次。再核科批。申刻阅本日文件。傍夕至幕府一坐。灯后，万方伯来一谈。夜将治事而气浮意倦，又围棋一局。二更后阅《史记·自序》，与纪泽论《自序》及《汉书·叙传》、《后汉·赞语》之实，小司马"述赞"之谬。旋温匡衡三疏，叹其精雅。

附记

〇核供应单

〇核保单

〇世仪送元卷费单

〇房屋告示两条

初三日（见珍本《集韵》）

是日为先妣江太夫人冥寿，盖八十生日也。早间备祭席，率家人行礼。饭后清理文件，见客，坐见者二次，立见者二次，围棋一局。旋又见客，坐见者七次，内汪梅村、刘仲良坐颇久，又马铭携其兄马剑之传及《集韵校勘记》来，谈颇久。又有影宋抄本《集韵》。今东南乱后仅存之本，可贵也。李少荃来久谈。余本日交卸督篆，渠接印后来一叙也。中饭，请凌焕、刘仲良等便饭。饭后阅本日文件，极少。万篪轩来一谈，庞省三来久谈。灯后，核批札信稿多件。二更五点，温韩文数首。

初四日

早饭后清理文件，见客一次，围棋一局。旋出门拜客数家，李少荃、冯景亭两处久谈。又登南门城楼一看。是日主考进城，派人迎接。午正归。中饭后见客，坐见者四次，立见者四次。阅本日文件。酉刻，徐寿蘅侍郎来，久谈至更初散，即在此住宿。核内供应各物簿一本，二更五点核毕。睡尚成寐。不雨者已三月，本日夜下雨。虽于农事稍顺，而于科场大不便。

初五日

早饭后清理文件。旋见客，坐见者二次，立见者二次，衙门期也。围棋一局。宜春宇、朱久香两学使先后来会。接奉寄谕，饬余无庸赴安庆，亦不必交卸督篆；李中丞、吴漕帅、富将军各回本任。周子佩来久坐。中饭后写澄、沅两弟信一件，郭意城信一件。见客，坐见者二次。阅本日文件。酉刻见客二次，季仙九师之孙世兄坐甚久。夜，徐寿衡来久谈，二更后核批札各稿，三点温《孟子》。三更睡，五更初醒。

初六日（是日主考入闱，余至监临公馆）

早饭后清理文件。旋围棋一局，见客五次。是日主考人闱。余于午刻至监临公馆，未刻，主考亦到。余与李抚院、宜朱两学使暨各司道恭请圣安，旋相见。正主考东座，副主考西坐，朱学使次东座，宜学使次西座，余又次东座，李部院又次西坐。因文宗尚未永远奉安，停止筵宴，进茶三次，各更朝服，望阙谢恩，行三跪九叩礼。余与两学使归寓，监临与两主考入闱。归后，见客三次。请徐寿蘅中饭，至暝始散。阅本日文件。至幕府一谈。夜核批札稿，温《古文·序跋类》。二更五点睡。

初七日（徐寿蘅侍郎采久坐）

早饭后清理文件。旋见客，坐见者一次，立见者二次。围棋一局，又观人一局。见客，坐见者三次，立见者二次。中饭后，潘伊卿、莫子偲先后见，各久谈。阅本日文件，至幕府一谈，万方伯来久谈。傍夕弄孙女以自怡。更初徐寿蘅来久坐，至三更始散。是日未治一事，意思倦缓，深以为愧。三更睡后，五更醒，闻雨雪声，念明日文闱头场点名，忧灼无已。

初八日

早间，雨雪纷纷，念文闱点名之苦，十分焦灼。饭后见客，立见者二次，坐见者三次。围棋二局。至幕府与寿蘅鬯谈。寿蘅旋来话别，又鬯谈。陈子奉、周子佩、勒少仲先后禀辞鬯谈。中饭后雨雪不止，屡派人至贡院探问。人众拥挤，东路点名尤乱，实深忧闷！阅本日文件。写挂屏一付、对联三付。申正，雨雪渐歇，心为稍纾。傍夕至幕府一谈。酉刻核批札各稿。夜改房屋告示稿一件，二更后温《召诰》，似有所会。五点睡。竟夕未闻雨雪之声，俾应试归号者少得舒展，为之一慰。

初九日（至城外吊陆立夫先生）

早饭后清理文件。围棋一局。旋见客，坐见者四次。阅段《说文》十叶。午初出门，至城外吊陆立夫先生。渠于咸丰三年二月十日城陷遇害，其家丁和祥为之收瘗。本年九月，其次子陆式谷来寻忠骸，十一月六日掘出，换棺重敛也。旋至朱学使、宜学使两处一谈，未正归。中饭后，阅本日文件。傍夕，万方伯来久谈。夜核批札信稿颇多，二更后温《洛诰》。五点入内室，三更睡

初十日

早饭后清理文件。旋见客一次，衙门期也，围棋二局，赵惠甫来一谈。阅段《说文》十叶，中饭后始毕。出场者渐多。接题纸，首题《叶公问政二章》，次题《有馀不敢尽》，三题《汤执中立贤无方》，诗题《桂树冬荣》，得“风”字。至幕府一谈，阅本日文件。作“家训”四条，教训儿妇诸女，约六百馀字，至二更始毕。夜再温《洛诰》，不可解之处甚多。本日，天气阴雨，至申刻后雨转大。念应试者之苦，忧灼无已！

十一日

早饭后清理文件。旋围棋一局。天气奇冷，密云交加。士子方进二场，可怜也。见客，立见者一次，坐见者二次。阅魏默深《书古微》十馀篇。中饭后风雪转盛，焦灼之至！复围棋一局。阅本日文件。问二场点名，不甚拥挤，稍以为慰。傍夕至幕府一谈。夜核批札信稿，二更后温《古文·序跋类》。三点睡。

十二日

早饭后清理文件。旋围棋二局。见客，坐见者三次，立见者二次。大雪纷纷，念应试者在闱中寒苦异常，忧灼之至！绕屋彷徨，不知何以为计。旋阅段《说文》十一叶。午正，朱久香前辈来，宜春宇学使、冯景亭、潘季玉来中饭，申初散。万方伯来久坐，陈编修彝来一谈。傍夕天气开朗，夜则寒月皎洁，为之大慰。阅本日文件。二更后温《古文·哀祭类》。五点入内室睡。

十三日(余老态毕呈,自愧度此生不复能有寸进)

早饭后清理文件。戈什哈自京回,阅京报十馀本。旋见客一次,围棋二局。天气大晴,为之一慰。阅段《说文》十一叶。见客一次。中饭后,至幕府一谈。阅本日文件。接沅弟汉口所发之信,病愈十之六七,欣慰无已。意思懈怠,不愿治事。闻李少泉患病,惦念殊深。写信二次。夜核保举一单,至二更四点,困倦之至。骨节酸痛,目光昏眯。老态毕呈,自度此生不复能有寸进,愧歉无已!

附记

〇竺虔百金　〇官信问蒋

〇萧、梁饷

〇年终复奏四事陵、张、供、范

〇此次复奏司道

十四日

早饭后清理文件。倦极,不愿治事。李雨亭来久坐。写澄、沅两弟信。至幕府一谈。中饭后,围棋一局。欧阳小岑来久坐,旋又见客一次。傍夕王子蕃来久坐。夜改二摺三片,精力略好。二更三点入内室睡。

十五日(惦念少泉之病)

早起,各官贺望。饭后见客,坐见者二次,立见者二次。巳正,雪琴来久谈,围棋一局,朱久香学使来一谈,潘季玉、李幼泉来久谈。是日乡试三场,午初已有出场者。余遣人至闱中视少泉之病,较昨已增加,惦念之至。中饭后坐见之客一次,阅本日文件,写对联数付。酉刻请李幼泉、王子蕃来一叙,令其入场诊少泉之病。夜核保举单,三更后温《古文·哀祭类》。五点睡。

十六日(记数语于冯景亭所著议篇首)

早饭后清理文件。见客,坐见者六次,忠运司、彭雪琴坐均久。接少泉亲笔信,多谵语,不可解,为之忧灼无已!围棋一局,唐桂生来一坐。中饭(后),晏彤甫来久坐。见客,立见者五次。阅本日文件,写对联三付。又见客,坐见者一次,立见者一次。写信与少荃二次。灯后,接少泉信,稍清明,无谵语矣。夜核保举单,至二更三点粗毕。记数语于冯景亭所著议四十篇之首,温李太白七古。五点睡。

十七日(与子密商复奏事件)

早饭后清理文件,围棋一局,雪琴来久坐。旋又见客,坐见者二次,立见者二次。写对联六付,核科房批稿。闻少荃昨夕病重,焦灼之至。中饭后再围棋一局,阅本日文件,再核保单,写信复朱久翁与少荃二信,宜学使来久谈,与子密商复奏事件,改信稿数件。傍夕小睡。夜核札稿信稿,二更后温"哀祭类"。四点睡。

附记

三恶　三薄　三知　三乐　三不

三经　三史　三子　三集　三实

八本　八德　八常

八国修身、型家、尊贤、爱民、勤政、节用、毖祀、诘戎

八败　八源　八理

八文　八考　八书

十八日

早饭后见客三次,围棋一局。常仪庵本日告辞归去。又见客,立见者四次,坐见者一次。拟改一密片,未毕,李眉生来久坐。中饭后见客,坐见者一次,立见者一次。改密片

毕,约三百馀字。阅本日文件甚多。酉刻,王子蕃来久坐,言少荃之病已愈,大有把握,畅慰之至。本日发报四摺、五片、三清单,金陵续案、保举在内,细核一过。夜写雪琴信一叶,温《古文·哀祭类》。二更四点入内室,牙疼,用药擦之。三更睡,四更末醒。

附记

○胡莲舫夹片

○陶庆仍事

写告示

十九日(雷藿郊送余一砚)

早饭后清理文件,旋见客,坐见者三次,立见者四次。围棋一局。核批札各稿,阅段《说文》四叶。中饭后见泗州廪生傅桐。旋又见客,坐见者二次,立见者二次。阅本日文件甚多,写零信二封。傍夕至幕府一谈,见客一次。夜,疲倦殊甚,不能治事,二更三点睡。是日,雷藿郊以緘送一砚,云系韩襄毅雍之砚。刻画一瓶形,襄毅自题曰"韩瓶砚"。后归王文成公,题砚背数十字。至本朝乾隆中,归阿文成公,王兰泉侍郎昶题砚匣百馀字。咸丰中,孔宥涵继逌以赠雷侍郎,今雷又以诒我也。

二十日(至水西门送宜学使)

早饭后清理文件。见客,坐见者二次,衙门期也。围棋一局。巳正至水西门送宜学使。阅《说文》数叶,核科房批稿,中饭后核毕。见客,坐见者二次,立见者一次。阅本日文件。倦极,不愿治事。酉刻在位小睡,旋登床小睡。夜温《古文·哀祭类》,朗诵韩公《祭张署文》。二更三点睡。

廿一日

早饭后清理文件。见客,坐见者三次,立见者一次。围棋一局。阅段《说文》十二页。午刻见织造一次,核科房批稿。中饭后写少荃信一件,万方伯来一谈,阅本日文件,方存之来一坐,录《雅训杂记》,至幕府一谈。夜温《古文·哀祭类》,二更后诵杜诗五律。倦甚,不能朗诵,低声微唱而已。二更三点睡。

廿二日

早饭后清理文件。旋围棋一局。见客一次,旋忠鹤皋来久谈。阅段《说文》。卯正至朱学使处会考拔贡优贡。拔贡题《待其人而后行》,优贡题《子路问政,子曰先之》。午刻核科房批稿。中饭,请唐桂生、潘伊卿等便饭,申初散。阅本日文件,写少荃信一片。傍夕剃头一次。阅段《说文》十叶,灯后始毕。核批札各稿。二更二点温《孟子》,温《古文·哀祭类》二首。

廿三日(知东阳叔去世)

早起,至公所拜牌,本日冬至令节也。自衙门至公所,约十里许。吾黎明始自署起行,到彼行礼已稍晏矣。归,贺客甚多,见客十馀次,至巳正始粗毕。清理文件。午刻核科房批稿。中饭后,孙琴西来久谈,陈虎臣来久谈,阅本日文件。按家信,知东阳叔祖于十月廿一日亥刻去世,因写祭帐一付。傍夕倦甚。夜温"哀祭类"三首,温《庄子》二首。二更三点睡。

附记

○何小宋办米百石与朱久翁

廿四日

早饭后清理文件。见客四次,朱学使、忠运司坐颇久。旋出门,至贡院看李中丞之病,即在彼处中饭,未刻归。见客,立见者三次。围棋一局。阅本日文件,写澄、沅二弟信。酉正至幕府与孙琴西久谈。夜添何小宋信二叶,温《古文·哀祭类》五首。二更四点睡。

附记

○与马谷山论休宁等县豁免事

○万篪轩论仪征

廿五日

早饭后见客二次，衙门期也。围棋一局。巳正出门，至水西门送朱学使回皖，旋归寓。立见之客五次。核科房批稿甚多，未毕，中饭后阅本日文件。见客，坐见者一次，立见者一次。写对联七付。改纪泽《书五代史家人传后》等二篇，傍夕至幕府一谈。夜改批札各稿，二更后温"哀祭类"三首。

附记

○李师濂河南林县人，庚申进士。质地朴厚，器宇安详

廿六日（写对联，清厘公事）

早饭后清理文件。旋见客，坐见者一次，立见者三次。围棋一局。旋见客，坐见者二次。阅段《说文》十二叶。午刻，李申夫来久坐，留此便饭，莫子偲来，申初散。阅本日文件，写对联五付，清厘公事。傍夕至幕府一谈。夜改批札信稿摺稿甚多，二更三点后温黄山谷七律。四点入内室，三更睡。

附记

○黄南坡请开缺夹片，言黄屡次函请速撤东局

○池州府范守言归，分条复奏

张燧　成天麒　徐国桢

廿七日（温《古文·哀祭类》）

早饭后清理文件。见客，坐见者三次，立见者一次，汪梅村谈甚久。围棋二局。巳刻，潘伊卿谈甚久。午初，何子贞来谈，至未末方去。中饭后阅本日文件，见客三次。倦甚，不能治事。傍夕小睡。夜核批札信稿，温《古文·哀祭类》，旋又朗诵山谷律诗。四点睡。

附记

○杨提塘　王少庚

马鸿翔山东济宁人，丙午举人，清而有情

张裕钊、万斛泉修省志

时日纯，嘉定茂才

廿八日

早饭后清理文件。旋拜发元旦贺表。围棋一局。见水、陆营官二次。旋又见客，坐见者三次，立见者四次。中饭后，李申夫来久坐，眉生来一坐，阅本日文件，李幼泉来久坐。派摺差潘文质等进京，寄京信十九件，炭敬三十三封。料理一切。傍夕至幕府一谈。夜核批札各稿，温"哀祭类"毕，温李、杜七古。二更四点睡。

廿九日

早饭后清理文件，见客二次，围棋一局。又立见之客三次。出门拜何子贞，又至贡院与少泉一谈，午正归。见客一次。阅《何子贞诗集》己未、庚申、辛酉三年卷廿一、二、三。未正，请客一饭，子贞、申夫、子偲、开生、惠甫、魏盘仲诸人，至上灯始散。阅本日文件，核批札稿，温《古文·传志类下》，二更四点睡。

三十日（知沅弟到省后诸事平安）

早饭后见客二次，又立见者一次。围棋二局。阅段《说文》九叶。午刻，申夫来久坐，

欧阳小岑来久谈。中饭后阅本日文件。接沅弟自湘潭来信，十一月十四日所发，具悉到省后诸事平安。成此大功，而清吉还乡，真祖宗之馀荫，全家之福也。核科房批稿甚多。夜温《古文·传志类下》，二更后核批札各稿，四点睡。

## 十二月

初一日

早饭后清理文件。见司道一次，此外各客概行辞谢。围棋一局。旋阅段《说文》十六叶，核科房批稿。中饭后阅本日文件，见客，李季荃、欧阳小岑等均谈甚久。写对联七付。因思出笔宜颠腹互用，取势宜正斜并见。用笔之颠，则取正势，有破空而下之象；用笔之腹，则取斜势，有骫属翩跹之象。傍夕至幕府一谈。夜接廷寄，圣意似有不怡，不胜悚惕。旋温《古文·传志类下》。

初二日

早饭后清理文件，围棋一局，阅《说文》十二叶。巳正，何子贞来，久谈一时馀去。中饭后又见客一次，阅本日文件，写对联六付，核批札稿。傍夕至幕府一谈。夜核信稿数件，温《古文·传志类下》十叶，又温《诗经》《小旻》、《巧言》等篇。二更四点睡。

初三日（寄谕饬刘连捷、刘铭传等归僧邸）

早饭后清理文件。围棋一局。见客，坐见者二次，立见者二次。阅段《说文》数叶。朱守谟来一坐，马谷山来久坐。中饭后见客，坐见者一次，立见者一次。阅本日文件。接奉批摺，即十一月十八日所发者。寄谕饬刘连捷、刘铭传等归僧邸。调遣殊多窒碍。写挂屏三幅，约二百馀字。傍夕至幕府一谈。夜核批札稿。补阅《说文》五叶，温杜、韩七古。二更四点入内定，三更睡。

附记

豫李、甘、蒋　○复乔　问万

沅信言续保彭饬知。问病能否去。速奏另请简。明年一月一专足。

初四日（李少泉病已全愈）

早饭后清理文件。见客，坐见者三次，申夫坐谈甚久。午初，刘开生、程颖芝来，观二人围棋二局。何子贞来，三人便饭。饭后，再观程、刘围棋一局。申正客散。是日巳刻出门，至李少泉处一坐。渠病已全愈，但气尚微喘。申刻阅本日文件，写澄、沅二弟信，未毕，灯后写毕。批匡稚圭、诸葛孔明奏疏二篇。与沅弟论文，名其堂曰鸣原堂。二更二点批毕。又温奏议数首，核批札稿数件。五点睡。

附记

○安徽豁免　○首涂

○刘、朱暂不，黄、僧、张、李、刘、李、潘

○仪征

初五日

早饭后见客三次，又立见者二次，衙门期也。清理文件。围棋一局。罗茂堂来一谈，又立见之客一次。阅段《说文》数叶。少泉来久谈，马谷山来久谈。未正中饭后，送两客去。阅本日文件。傍夕至幕府一谈。夜核批札各稿，二更后温《古文·传志类下》。五点睡。

初六日（次女与婿由长沙来，与之小叙）

早饭后清理文件，围棋二局，阅《说文》十馀叶。午刻核科房批稿，未毕。请马谷山中

饭，未初散。少泉亦来。渠二人本日起行赴苏赴浙，余与司道送至妙香庵，酉初归。阅本日文件。第二女与陈氏婿由长沙来，与之小叙。夜核批札各稿，二更二点温“传志类”下，五点睡。接沅弟十一月十七信，知已于十六日到家，病体全愈，真可庆也。

附记

曹锡汗宝山令，劣金岭

陈兰斌广东人

黎兆棠

初七日（丁雨生深汉沅弟独任其难）

早饭后清理文件。围棋一局，又观人一局。旋见客，坐见者二次，立见者一次。阅段《说文》八叶。午刻核科房批稿。中饭后，江人镜蓉舫来久谈，阅本日文件，见客，立见者二次。丁雨生复来啓谈，深以沅弟夏间无米为炊，独任其难，咏叹长言。因即刻带医赴镇江为少泉诊病，依依不忍别去。傍夕至幕府一谈。夜核摺稿批稿，二更二点后朗诵杜诗七律，四点睡。

初八日（至贡院看榜式）

早饭后清理文件。阅段《说文》十叶。围棋二局。见客，坐见者二次。午初出门，至贡院一看榜式。旋至太平门观李祥和所修龙膊子缺口，即在李寓中饭。饭后至昭忠祠一看，嫌所作神主太大，傍夕始归。夜阅本日文件，核批札稿，温“传志类”欧公三篇。二更四点睡。

清代百姓

附记

余龙光三品封职　洪修政

江桂芬户部主事　陈程辉中书科中书

潘光斌知县，同知衔

〇候补知县杨澍康熙年间提督杨捷之裔，题准兼袭轻车都尉，去年姓（？）常杏洲

初九日

早饭后清理文件。见客，立见者三次，坐见者一次。围棋一局。见客，坐见者一次，立见者一次。申夫来，万篪轩来，久坐。阅《说文》五叶，核批札稿。中饭后见客，坐见者二次，何子贞坐最久，示以所为《金陵杂诗》三十二首。阅本日文件，再核科房批稿。灯下，又核批稿，二更后温古文《书经》，朗诵数篇，韩文，朗诵数篇。四点睡。

初十日

早饭后清理文件。见客二次，衙门期也。围棋二局。阅段《说文》十馀叶，核科房批稿。中饭后见客二次，坐均久。晓岑谈何子贞所作诗，请一刊刻。阅本日文件，核批札信稿。傍夕至幕府一谈。夜再核批札稿，二更后改摺稿，未毕。四点睡。

十一日（阅京报知李次青交部拟罪）

早饭后清理文件。旋见客，立见者二次。围棋一局，阅《说文》十叶。莫子偲、李申夫、万篪轩先后来久坐，申夫至中饭后未正始去。阅本日文件，改摺稿片稿四件。傍夕至幕府一谈。夜又改摺稿，未毕。摺差自京回，阅京报二十馀本，见李次青交部拟罪，为之悖焉不安。睡不成寐。

十二日

早饭后清理文件。旋见[见字衍]围棋二局。改密摺稿。午刻见客二次。中饭后阅本日文件,改密摺稿,至傍夕改毕。至幕府一谈。夜又改一密片,至二更四点改毕,即睡。是日谢绝诸事,故公事皆停阁未办。

附记

何绍彩捐饷一摺

○皖省豁免摺

○镇江、金丹、溧阳三县豁免

○三条密摺

△邸事密片不发

○周俪密片

○三人请谥

十三日

早饭后清理文件,旋围棋一局。与李申夫、李眉生熟商本日应发密片事件。巳刻至贡院钤榜,未初归。何子贞来畅谈,因留便饭。方元徵呈递说话[帖],极言三条密摺及僧邸密片不可轻递。因与幕府诸君商定本日不递。阅本日文件,核科房稿极多。傍夕至幕府一叙。夜核批札各稿,二更四点尚未完毕。是日酉刻发报三摺、五片。

十四日(入贡院写榜)

黎明即入贡院写榜。共正榜二百七十三人,副榜四十八人,余代监临照料一切。闱墨极佳,有书卷,有作意,无一卷为庸手所能者。自辰正填写起,至傍夕将正傍写毕。解元江璧,江都人。戌初写副榜,至亥初三刻写毕。余随榜出闱。到署后,阅本日文件。三更睡,五更醒。

十五日(批苏东坡《上皇帝书》)

早间贺望者,均行谢绝。饭后见客,坐见者二次。围棋二局。庞省三来一坐,又立见之客二次。午刻核科房批稿。中饭后阅本日文件,万方伯来一坐。批苏东坡《上皇帝书》,与沅弟论文也。傍夕至幕府一谈。灯后,涂阆仙来一谈,又批苏文至二更四点。倦甚,早睡。

十六日

早饭后,坐见之客五次,立见者一次。清理文件。围棋一局。写澄、沅两弟信一,又写沅弟信一。见客,坐见者一次。中饭(后),又坐见之客一次。料理发家信各件。阅本日文件,未毕。申刻出门,至两主考处一叙,酉刻归。阅本日文件,仍未毕。至陈氏婿处一坐。夜将文件阅毕。核批札信稿,未毕,倦甚。二更后,温苏、黄七言律诗。三点睡。

十七日

早饭后清理文件。见客,坐见者六次。何子贞本日来辞行,将赴镇江、苏州,谈颇久。围棋一局。说话太多,便不能治他事。中饭后见客,坐见者四次,刘韫斋先生坐最久。阅本日文件。傍夕至幕府久谈。夜核批札信稿极多,二更后,温《孟子》、韩文,倦甚,不能朗诵。三点,早睡。梦见姚姬传先生颀长清癯,而生趣盎然。

十八日(至妙香庵公请主考)

早饭后清理文件,围棋二局。旋见客,水陆营官各见一次,又坐见之客二次,立见之客一次。午初至妙香庵公请主考,等候良久,申初客到,旋登席,灯后始散。归署,阅本日文件,核批札各稿,添张廉卿、李小泉信各一叶。二更后温《孟子》廿馀叶。三更四点睡,尚能成寐。

十九日

早饭后清理文件。旋见客，坐见者一次，立见者五次。围棋一局。巳刻见客，坐见者一次，立见者二次。阅段《说文》六叶，写祭幛二幅、对联二付。未刻请两主考叙宴，申正始散。阅本日文件。傍夕至幕府一谈。夜，欧阳小岑来畅谈。旋核批札稿。二更后温《古文·传志类下》欧文数首。二更四点睡。

附记

○罗侄　魏屋

魏行　○富讹

廿日

早饭后清理文件。衙门期，谢不见客。围棋二局。阅《说文》十五叶。午初封印行礼。未初至篪轩处宴会，司道公请主考，余作陪也，至酉刻散。归寓，已上灯矣。阅本日文件，批阅纪泽拟陆士衡文一首。二更四点睡。

廿一日

早饭后清理文件。旋围棋二局。见客，坐见者一次，坐见者者[衍一者字]三次，赵惠甫、潘伊卿谈甚久。阅《说文》数叶。午刻核科房批稿。中饭后至幕府久谈，阅本日文件。倦甚，小睡。核批札信稿。夜温《古文·传志类下》欧、王二家，二更二点后温《诗经》，朗诵数篇。

廿二日（阅《从政遗规》知余实不称职）

早饭后清理文件。旋围棋二局。见客，立见者三次，坐见者三次，金眉生谈颇多。写对联五付、大直幅一张，约二百馀字。中饭后再写挂屏二叶、对联三付。见客，坐见者二次，立见者二次。阅本日文件，阅《从政遗规》，知余于督抚之职不克称者多矣！夜，灯上，再阅《从政遗规》，核批札各稿。二更后温“传志类”下。五点睡。

廿三日（闻罗兴仁将娶一难妇之事）

早饭后清理文件。围棋一局。见客，坐见者四次，立见者一次。阅《说文》五叶，核科房批稿。中饭后，再核批稿，写挂屏三幅、对联六付，阅本日文件。傍夕晓岑来，甚久谈。夜核批札信稿，二更后温苏诗，写信一叶与刘韫翁。二更三点睡。闻罗兴仁将娶一难妇，而罗婿不以为然，谓其家业有妻子，不应在此再娶先奸之妇，遂派人夺取此妇人署。虽于次日旋即退出署外，而牵牛蹊田，暴乱无理，观听不雅，实深焦虑！

廿四日

早饭后清理文件。出门至主考处，久谈。韫斋太仆出示寄沅弟信及对联等件，巳正归。万方伯来久谈，又立见之客三次，围棋一局，核科房批稿。中饭后，两主考先后来辞，谈均极久。阅本日文件，写对联六付。“鸣原堂”与沅弟论文，批贾生《治安策》约千馀字，直至二更三点批点始毕。核批札各稿。五点睡。

廿五日（训两儿，言作人之道以知艰苦为最要）

早饭后清理文件。旋见司道一次，围棋二局，见客又一次，阅《说文》十叶。写澄、沅信一件，又写沅弟信一件，至未正毕。阅本日文件。申刻至主考处送行，酉刻归。傍夕训两儿，言作人之道以知艰苦为最要。夜翻阅韩、范、欧阳等传。二更后核批札信稿，旋温《孟子》数章。三更睡。

廿六日

早饭后清理文件。旋围棋二局，阅范、韩、欧、苏等传。巳刻见客，坐见者二次，立见者二次。午正至水西门送两主考之行，寄请圣安，未初归。中饭后，立见之客二次，阅本日文件。申初改豁免皖省钱粮摺。傍夕至幕府一谈。再改豁免清单，又改二摺三片，核批札信稿。二更四点睡。

附记

〇去健勇

三节核薪水单

〇鲁内所

〇传潘

廿七日

早饭后清理文件。旋围棋一局,坐见之客二次,潘伊卿谈甚久。旋改摺稿,未毕。中饭后写对联,省三来一谈,阅本日文件颇多。见客,坐见者一次,立见者二次。又作摺稿。傍夕至幕府一谈。更初,将摺作毕,又作密片一件,二更五点毕。用心太过,夜睡不甚成寐。

廿八日(余嘱李茂斋速至湖南赴质)

早饭后清理文件。旋风客,坐见者二次,立见者二次。巳初至昭忠(祠)行礼。是日各营官致祭。余定于正月初九日开祭也。旋至周缦云家一坐,午初二刻归。见客二次。李茂斋来禀,余嘱其速至湖南赴质。中饭后围棋二局,写对联五付,阅本日文件,再作夹片一件,核对各摺片。是日发报三摺、六片。倦甚,小睡。夜核科房批稿,不能了毕,倦极。温杜、韩七古。二更三点,早睡。

廿九日(本年所办案牍大致办清)

早饭后清理文件。旋见客一次,围棋二局,写李少泉信。午刻核科房批稿。中饭后阅本日文件,核批札信稿甚多。傍夕小睡。夜再核科房批稿。本年所办案牍,尚有四件未了,馀皆一律办清。二更三点,早睡,困倦殊甚,耳鸣如雷。五更醒。

# 卷十五　同治四年

## 正月

初一日

卯初起，朝服至贡院，率文武百官于卯正行礼。旋归署，率家人于祖先堂行礼。署中内外文武纷纷庆贺。早饭后复见客二十馀次。巳正清理文件，围棋一局，阅《说文》六叶。午正请幕府周、蒋、程、方、陈等中饭。饭后阅本日文件。倦甚，小睡。夜温"传志类下"，毕。二更四点睡。是日上半天阴，下半日雨，夜大雨。天气太热，不知今岁丰歉若何，颇切廑虑！

初二日（闻福建军事不甚顺手，赣、湘米价奇贵）

早饭后清理文件，见客，坐见者一次。旋出门拜客十馀（家），黄昌岐、万篪轩、李眉生、欧阳小岑处皆得会晤，午刻归。阅段《说文》，中饭后共阅十一叶。阅本日文件，至程伯敷处畅谈。申正写郭云仙信，未毕。傍夕小睡。夜将郭信写毕，约六百字，温《古文·杂记类》九叶。二更四点入内室，三更睡。闻福建军事不甚顺手，江西、湖南米价奇贵，不知今岁别有波澜否。忧系无已！

附记

○淮安买米

三忌　三薄　三知　三乐

三不　三经　三史　三子

三集　三实　八本　八常

八德　八败　八国　八源

八理　八文　八考　八书

初三日

早饭后清理文件。旋围棋二局。见客，坐见者四次，立见者三次。阅段《说文》十三叶。中饭后，写对联五付，写霞仙信一件，阅本日文件。傍夕至伯敷处一坐。夜温《左传》十馀章，温《考工记·弓人》，批注于杂抄本内。二更四点睡。

初四日

早饭后清理文件。见客，坐见者二次。围棋二局，又坐见之客二次。阅《说文》五叶。巳正二刻出门，至太平门、朝阳门拜李、熊二镇。未正至万篪轩家赴宴，申正二刻归。见客，立见者三次，坐见者二次。阅本日文件甚多。傍夕至幕府一谈。灯后写零字颇多。旋核批札稿信稿多件。困倦，眼疼，二更四点入内室睡。

附记

〇沅弟请外祖封

初五日(鲍春霆自江西来谈)

早饭后清理文件。旋见客三次,又立见之客二次,衙门期也。围棋一局,批孙文定公《三习一弊疏》,鸣原堂论文,寄沅弟也。旋又见客,立见者三次,坐见者三次,鲍春霆自江西来谈甚久。中饭后,彭雪琴来坐甚久,写澄、沅二弟信,又写沅弟信。见客,立见者三次。阅本日文件,核改信稿。傍夕至幕府畧谈。夜核批札信稿甚多。二更四点睡。

初六日

早饭后清理文件。旋见客,坐见者四次,立见者一次。围棋一局。午刻,雪琴来一坐,又立见之客三次。午正出门拜客七家,至忠义局一坐。未正至黄翼升处赴宴,酉刻归。阅本日文件,夜间阅毕。阅李小湖《好云楼全集》,核信稿批札稿,二更四点毕。温《诗经》数篇。是日酷热异常,夜间大雨如注。

初七日(是夕闻忠运司廉病故)

早饭后清理文件,围棋一局。旋见客,坐见者二次,立见者三次。改彭雪琴所为父母行述。午刻,春霆来久[久字衍],雪琴、昌岐旋来,本日请三人春酒也,申初散。阅本日文件。见客,坐见者二次。旋又改雪琴行述,傍夕改毕。夜核批札稿信稿。倦甚,二更四点睡。是夕闻忠运司廉病故。

初八日(是日为祖考星冈公诞辰)

是日为祖考星冈公九十二诞辰,率家属行礼。早饭后清理文件。旋见客,立见者二次,坐见者三次,雪琴坐甚久。围棋二局。午刻,潘伊卿来久坐,核科房批稿。请幕友程国熙等午饭。饭后阅本日文件,小岑来久谈。改纪泽所作昭忠祠祭文,傍夕改毕。见客,坐见者一次,立见者一次。夜核批札各稿,倦甚。添何子贞信二叶,温《古文·辞赋类》数首。二更三点早睡。

初九日

早饭后清理文件。旋围棋二局,魏荫亭来久坐。巳刻核科房批稿极多,午正二刻毕。中饭后阅本日文件,潘伊卿来久坐。明日祭昭忠祠,删定礼节,命儿辈演礼。金逸亭来久坐。傍夕小睡。夜阅《训俗遗规》,核批札各稿。二更后温《书经·无逸》,用吴文正公纂言本,若有所会。

初十日

早五更起,至昭忠祠未明,内外省视。至黎明,至三献礼,通城文武各官皆往陪祀,辰初礼毕。内三席,外廿四席。筵宴毕回寓,巳巳正矣。与人围棋二局,阅《说文》十叶,核科房批稿。中饭后阅本日文件。见客,坐见者三次。核批札各稿。傍夕小睡。夜阅《李小湖文集》,温李、韩七古。二更四点睡。

十一日

早饭后清理文件。旋见客,坐见者二次,立见者一次。围棋二局。旋又见客二次,何镜海谈极久。核科房批稿,阅《李小湖文集》。午正至李眉生家赴宴,系善后局四人公请,申刻归。阅本日文件,见客三次,又阅《李小湖文集》。傍夕小睡。夜核批札各稿,二更后温《古文·杂记类》,四点睡。

十二日(举人尹继美来坐)

早饭后清理文件。旋见客,坐见者五次,立见者一次,如毕莼斋及徐芸渠之世兄二人,坐皆甚久。围棋一局。午刻,刘松岩方伯来久坐,常仪庵等来坐,又坐见之客一次,立见之客一次。中饭,请毕纯斋等便饭,未正散。阅本日文件。尹继美来久坐,江西永新举人,绩学士也。旋阅《李小湖文集》。傍夕至幕府一谈。夜核批札各稿,二更后温《古文·

杂记类》，温《诗经》十馀章。

附记

○意城二信

○伯夷传后

○"鸣原堂"刘向二篇

○李小湖信改

○年终密考四、五二日改

十三日（阅《李小湖文集》）

早饭后清理文件。旋见客，立见者二次，坐见者六次，内刘松岩、刘连捷谈均久。湖南举人来见者八人，内长沙七人、浏阳一人，张蔗泉之子祖同与焉，坐亦颇久。围棋二局。赵惠甫来一坐。中饭后，常仪庵来久谈，阅本日文件，核批札各稿，阅《李小湖文集》。傍夕小睡。夜批刘向两疏，鸣原堂论文，将以明日寄家也。二更四点睡。眼蒙殊甚，殆以会客说话太多而夜间又多写细字之故与？

十四日

早饭后清理文件，见客一次，围棋二局。出门至黄昌歧处，拜刘松岩方伯，巳正归。见客一次，邀刘南云来署居住，与之一谈。核科房批稿。未初请刘松岩及司道小宴，申正散。阅本日文件，写澄、沅二弟信一件。傍夕至幕府一谈。夜写沅弟信一件，阅《李小湖文集》，二更后诵杜公七律，四点睡。是日发报三摺、四片、一清单。

十五日（江西主考蒋彬蔚来久谈）

早饭后清理文件。各文武贺节，皆谢不见。围棋二局。见客，坐见者一次，立见者一次。午刻核批札各稿。中饭后，见长善会试者黄洪熙等四人，江西主考蒋彬蔚来久谈。是夕大雪奇寒。阅本日文件。申酉间，核批札各稿。傍夕小睡。夜改寄李小湖信稿，未毕。二更五点睡。

十六日

早饭后，将李小湖信改毕，清理文件，围棋二局，魏荫亭来久坐。旋又见客，坐见者三次。核科房批稿。午刻，钱子密来，李眉生来，一谈，莫子偲来一坐。中饭后阅本日文件，阅《说文》十一叶。大雪竟日，酷寒难禁。核批札各稿。傍夕小睡。夜温"杂记类"，旋温《书经》，朗诵《无逸》《吕刑》，三点睡。

十七日

早饭后清理文件。见客，坐见者二次，立见者五次。围棋二局，阅《说文》十叶，刘松岩来久坐。未初中饭后，至幕府畅谈，庞省三来一谈，阅本日文件，见客二次。摺差自京回，阅京信二十馀件、京报二十馀本。傍夕小睡。夜核密考单，二更后温《诗经·小雅》《节南山》《正月》二章，四点睡。

十八日

早饭后清理文件。见客，坐见者四次，立见者一次，李芋仙、万篪轩谈甚久。水陆各营官来见，衙门期也。又立见之客二次，围棋一局，又见客，立见者一次，坐见者一次，陈虎臣等谈甚久。午正核科房批稿，阅段《说文》五叶，饭后又阅六叶。阅本日文件，至幕府久谈。酉刻写郭意城信。傍夕小睡。夜，注密考单，二更二点后温《孟子》，朗诵数十章，四点睡。

十九日

早饭后清理文件，围棋二局，阅《说文》十叶。午刻开印，朝服行礼。旋见客，立见者一次，坐见者一次。中饭后见客，坐见者二次。剃头一次。至蒋子良处回拜，酉刻归。阅本日文件。傍夕小睡。夜阅批札信稿，核江西密考单未毕，眼蒙殊甚。二更后温《左传》。四点睡。

廿日（闻城内冻饿死者多，令各营赈济）

早饭后见客三次，又立见者二次，围棋二局。旋又见客，坐见者三次，立见者一次。将江西密考单注毕，核科房批稿未毕。中饭后至幕府一叙。旋核密考摺，又核一片，阅本日文件。见客二次。闻城内外日内冻饿死者甚多，因令各营煮饭赈济。傍夕小睡。夜核京信稿札稿数件，温《史记》《儒林（传）》《游侠传》，倦甚，几不能张目。二更三点早睡。

廿一日（阅封密考摺）

早饭后清理文件。旋见客，立见者一次，坐见者三次。围棋二局，清理各件，点交摺弁进京。涂朗仙来见，久谈。核科房批稿，阅《说文》十叶。中饭后见客三次，潘伊卿、万篪轩俱久坐。阅本日文件，看封密考摺，酉正拜发。傍夕至幕府一谈。夜批纪泽《书伯夷传后》，二更后温《杂记类》柳文五首，旋又阅《东方朔传》。

附记

〇何敦五保府　〇弓嵩保

〇梁国琎

金泰椿桐乡人，安澜子，海门厘卡

依勒通阿白容〇奏织造仿照杭例

宋板《汉书》

廿二日（以十六字赞古文意境之美）

早饭后清理文件。旋见客，坐见者四次，立见者一次。围棋一局。阅《说文》十叶，核科房批稿，又坐见者一次。午正请客，蒋子良等，申初散。莫子偲来一坐，阅本日文件。旋又见客，坐见者二次。说话太多，疲乏之至。傍夕小睡。夜又见首府一次。阅《经文世编》十馀首，将进入“鸣原堂”，无称意者。二更后温韩文数首，朗诵，若有所得。余昔年尝慕古文境之美者，约有八言：阳刚之美曰雄、直、怪、丽，阴柔之美曰茹、远、洁、适。蓄之数年，而余未能发为文章，略得八美之一以副斯志。是夜，将此八言各作十六字赞之，至次日辰刻作毕。附录如下：

雄：划然轩昂，尽弃故常；跌宕顿挫，扪之有芒。

直：黄河千曲，其体仍直；山势若龙，转移无迹。

怪：奇趣横生，人骇鬼眩；《易》《玄》《山经》，张韩互见。

丽：青春大泽，万卉初葩；《诗》《骚》之韵，班扬之华。

茹：众义辐凑，吞多吐少；幽独咀含，不求共晓。

远：九天俯视，下界聚蚊；寤寐周孔，落落寡群。

洁：冗意陈言，类字尽芟；慎尔褒贬，神人共监。

适：心境两闲，无营无待；柳记欧跋，得大自在。

廿三日

早饭后清理文件。旋见客，坐见者五次，立见者一次，涂阆仙、刘松岩、魏荫庭坐均久。围棋二局。旋又见客二次，朱云岩坐极久。核科房批稿，中饭后写对联六付，阅本日文件。庞省三、蒋子良来，各久坐。说话太多，疲乏极矣。傍夕小睡。夜核批札信稿，二更后温欧文。三更睡。

廿四日

早饭后清理文件。旋见客，坐见者三次，立见者一次。围棋二局，阅《说文》十馀叶，核科房批稿。午正见客一次，孙文川、贾钟麟皆绅士之有才者也。中饭后，省三等来一谈，至幕府一叙，阅本日文件。"鸣原堂"抄陆宣公《琼林大盈二库状》，批点一过。写沅弟信一封。傍夕小睡。夜写澄、沅二弟信，核批札信稿甚多，二更三点未毕。旋温李、杜五古数首。四点入内室，三更睡。

廿五日（阅《齐民要术》）

早饭后清理文件。见客，坐见者四次。旋围棋二局，阅《说文》八叶，核科房批稿。又见客，坐见者一次。中饭后，周缦云来久坐，凌焕来一坐，阅本日文件。倦甚，不能治事，涉猎丛书中之《齐民要术》。傍夕至内室小睡。夜涉猎《小学绀珠》，将应办之公牍阁置未办。添马谷山信二叶。二更三点早睡。

附记

○卢骧云河南密县人，前署砀山

袁　桓四川蓬州人，前署宝应

廿六日（将颜注《急就篇》粗为涉猎）

早饭后清理文件。旋见客，坐见者二次，立见者三次。围棋二局。将颜注《急就篇》粗为涉猎。倦甚，不欲治事。午刻，潘伊卿来久坐，核科房批稿。中饭后见发审委员一次，阅本日文件，阅《六书音均表》二十馀叶。酉刻核批札稿。傍夕小睡。夜核改信稿十馀件。二更后倦甚，不复能治事，温杜诗五律。三点睡。

廿七日（叹老态日增，德业难进）

早饭后清理文件。旋见客，立见者二次，坐见者三次。围棋二局，潘伊卿来坐甚久，核科房批稿，阅《六书音韵表》。中饭后阅本日文件，又坐见之客二次，阅《音均表》。申正小睡。酉刻核批札各件。傍夕又小睡。夜添毛寄云信三叶，核批札稿，二更三点毕。温《书经·尧典》，用吴文正本。四点睡。疲乏殊甚，老态日增，德业难进矣！

廿八日

早饭后清理文件。旋见客，坐见者二次，立见者二次，围棋一局，又坐见之客一次。阅《六书音均表》毕，核科房批稿。中饭后，罗茂堂来久坐，阅本日文件，又坐见之客一次，阅戴东原"绪言"。阅钱竹汀《声类》，此书未刻于本集，其义例亦不分明。酉刻倦甚，小睡时许，不能成寐。夜，晓岑来久谈。核批札信稿，阅新刻《江忠烈集》。二更二点后温《史记》二首，三更睡。

附记

安布政批舱口

廿九日

早饭后清理文件，围棋二局，潘伊卿来久坐。旋又见客，坐见者二次，立见者一次。午刻核批札各稿，写李少泉信一件，约六百字。中饭，请朱云岩便饭。饭后，万篪轩、罗茂堂先后来坐。阅本日文件。阅黄子寿编修所为《贤母录》，述其母之贤，征采近人文字。酉刻至幕府小叙。傍夕小睡。夜核批札稿，写零字甚多，阅《江忠烈公行状》，将作神道碑答其弟达川方伯之请也。状为左季高、郭云仙二君所为，多至四十叶，二更四点始阅毕。睡不甚成寐。

珊瑚红地粉彩婴戏图大碗　清嘉庆

附记

吴永济长毛僧　赵惠甫奏归浙用

王学懋新署常州　刘　藻元恶

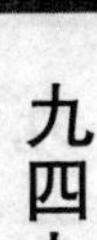

三十日（拟为神道碑而久未下笔）

早饭后清理文件，围棋二局。见客，坐见者六次，立见者一次。午刻核科房批稿，写澄、沅两弟信。中饭后阅本日文件，拟为神道碑而久未下笔。小睡时许。夜始作三百馀字。二更四点睡。

## 二月

初一日

早饭后清理文件。诸文武贺朔者，皆谢不见。旋见客，立见者二次，坐见者二次。作神道碑，屡作屡辍，约作千字，至二更四点止尚未毕。巳正围棋二局。午刻核科房批稿。未刻阅本日文件。季君梅世兄来谈极久，即在署内寓居，酉正又久淡，夜又久谈，本日信稿批稿不暇阅核矣。

初二日（久不作文，心思迟钝，三日尚不能成篇）

早饭后清理文件。见客，坐见者一次，立见者一次，围棋二局。又见客，立见者一次，坐见者三次，何廉昉谈甚久。午刻核科房批稿。旋小睡片刻。中饭后，立见之客二次，阅本日文件，潘伊卿、庞省三先后来谈甚久。再作江公神道碑，至二更四点止，约五百字，尚未毕。久不作文，机轴甚生，心思迟钝，三日尚不能成篇，亦因见客太多，琐事烦渎，神智昏搅故也。然余向来每作一文，用心稍过，辄竟夕不能成寐，近三夕乃能成寐，岂气体反胜于昔年邪？抑心思并未深入邪？

初三日（与委员商一窃盗案处治之法）

早饭后清理文件。旋见客，坐见者二次，立见者二次。围棋二局，倦甚，不欲治事。午刻核科房批稿。有一窃盗案，与委员商处治之法。中饭后，万篪轩来一谈，又立见之客二次。阅本日文件，再作神道碑，约二百馀字，酉刻脱稿。旋至幕府瞥淡。夜与君梅一谈。阅批札各稿，盖停搁三日矣。二更后温古文数首，四点睡。

初四日

早饭后清理文件。旋见客，坐见者一次，立见者一次。围棋二局，阅《王怀祖先生文集》。午刻阅批札稿。中饭后见客二次，坐均颇久。阅本日文件，写对联六付、挂屏四幅，约四百字。傍夕倦甚，小睡。夜核批札稿甚多，二更三点后朗诵韩文数首，四点睡。

初五日

早饭后清理文件。旋见客二次。谈颇久，衙门期也。围棋二局。又立见之客△△。批东坡代张方平谏用兵书，“鸣原堂”论文，将寄沅弟也。李文森来久坐，核科房批稿，写澄、沅二弟信。倦甚小睡。中饭，请季君梅、何廉昉等叙宴，申刻毕。阅本日文件，核批札各稿。傍夕至幕府一谈。夜核信稿。二更后极倦，竟不能治一事。雷电大雨，直如倾河下注。三点睡。

初六日

早饭后清理文件。李臬司恕皆来久坐，围棋二局，曹禹门来一谈。阅《汉书》本纪二十叶，至未正止。午刻核批札各稿。申刻阅本日文件。倦甚小睡。酉刻核信稿批稿。傍夕小睡。夜核信稿三件，阅“杂记类”十一叶。三更四点睡，疲困殊甚，睡亦甚不安神。

附记

袁爱存　蒋士奇

初七日（念严寒必伤麦苗，叹天道可畏）

早饭后清理文件。旋见客，立见者一次，坐见者一次。围棋二局。阅《汉书》十五叶，核科房批稿。中饭后阅本日文件。倦甚,不能治事,至内室逍遥自适。潘伊卿、庞省三先后来久谈,阅李小湖文稿十馀叶。傍夕睡一时许。夜核摺稿二件、片稿一件、批札稿数件,阅"杂记类"欧、曾数首。二更四点睡。今年正月十三日震雷大雪,二月初五日雷电大雨,初六、初七皆竟日大雨如注,严寒逼人,麦苗必伤,天道可畏,不胜悚惧!

初八日

早饭后见客一次,清理文件,围棋二局。旋见各营官,又见客,立见者三次,坐见者一次。钱子密条陈时事,请积谷以备荒,因檄湖南、湖北、江西、四川、里下河五处各买谷二万石。阅《汉书》二十馀叶,核科房批稿。中饭后至幕府一坐。阴雨严寒,愁闷之至,不愿治事,翻阅恽子居《大云山房集》数十首。傍夕小睡。夜核批札各稿,二更二点后阅"杂记类"二首,四点后睡。

初九日(因袁婿强封民房,娼妓多人,余派人惩之)

早饭后清理文件。旋围棋二局,阅《汉书》《武纪》《昭纪》廿馀叶。午刻,陈虎臣来,潘伊卿来,先后久坐,核科房批稿。中饭后,刘伯山、莫子偲、万篪轩先后来久坐,阅本日文件,写少荃信一件。傍夕小睡。袁婿檍泽强封民房,娼妓多人,本年尚未入署拜年。本日闻将带人去打保甲局,因派人去拿其家丁四人,杖责三百、一百不等。唯许满未责,令与中军同去拿娼家哈氏女子,亦掌嘴数百,发交首县管押。竟夕为之不怡。阅恽子居《大云山房集》数首,二更四点睡。

初十日(袁婿服毒,幸以药救解)

早起。闻袁婿于昨夕吞鸦片烟服毒,有一禀呈余,又有一书与袁小荣以自鸣其屈,亦颇知自为引咎。其毒甚重,指甲已青,儿辈以药救解之,直至申刻呕吐二次,始有转机。早饭后见客二次。旋围棋二局,阅《汉书》《宣纪》《元纪》二十馀叶,核科房批稿。中饭后阅本日文件。因袁婿之事,寸心愁郁无聊,又围棋二局。阅张皋文古文,有恽子居批点者。傍夕至纪泽处,与晓岑诸人谈。夜,儿女辈自袁婿处归,知毒已解,可生,家人皆为一慰。核信稿二件。二更后阅《古文·杂记类》五首。五点睡,不甚成寐。

十一日

早起,闻袁婿毒已尽解,能食粥。饭后清理文件。见客,坐见者四次,立见者三次,李文森、唐焕章两次甚久。围棋二局,阅《汉书》《成纪》《哀纪》《平纪》,核科房批稿。中饭后阅本日文件,核现审二案,阅《张皋文集》。傍夕至幕府久谈。夜疲甚,不能治事,仍阅《皋文集》。二更后改摺稿一件,约改三百馀字。五点睡,疲倦非常,筋骨酸疼,老态颓然矣!

十二日

早饭后见客,坐见者一次,立见者一次。清理文件。围棋二局,又坐见之客一次。身体不豫,若甚畏寒者,请王子蕃来看、诊脉,服药一帖。阅《汉书》诸《表》,未能动笔。中饭后阅本日文件,阅《汉书·表》数叶。病躯颓懒,不欲治事,在外小睡时许。傍夕核批札稿。夜改摺稿二件,约四百馀字。二更二点入内室早睡。内人亦病,竟夕呻吟。

十三日

早饭后清理文件。旋围棋二局,阅《汉书》《百官公卿表》《古今人表》。因织造言龙江西新关事,翻阅《会典》户部、工部,核督科批稿。中饭后倦甚,小睡。本日病尚未愈,竟日不食油荤,不见客。阅本日文件。申刻,庞省三来一谈。酉刻因畏寒,至上房围炉良久。傍夕至季君梅处一坐,渠寓此已半月矣。夜核批札稿颇多,二更后阅《古文·杂记类》。二点,早入内室睡,不甚成寐。

十四日(袁婿来谢罪,言愿图自新)

早饭后清理文件。见客,坐见者二次,立见者二次。围棋二局。袁婿力疾来谢罪,言愿图自新,为之少慰。核科房批稿,阅《律历志》十叶。中饭后,刘开生来久谈,阅本日文件,写澄、沅两弟信一件,核对各摺片。申刻发报。傍夕与方元徵嘫谈。夜核批札稿,阅《古文·杂志[记]类》毕,又温"典志类"之《禹贡》。本日尚禁荤,小睡数次。夜疲甚。二更三点睡,颇能成寐。

十五日(夜温曹、沅诗数首)

早饭后清理文件。因疾未愈,谢客不见,而欲白事者甚多。旋见扬州守孙恩寿方伯、万篪轩,坐均甚久。欧阳定懋、王鸿训来坐亦久。围棋二局,阅《律历志》十馀叶。李雨亭来久坐,核科房批稿。中饭后,何廉昉来坐一时许,阅本日文件,潘伊卿来坐甚久。傍夕至季世兄处一坐。夜写零字百馀,核批札各稿。二更三点后温曹、阮诗数首。本日上半日身体爽快,因说话太多,入夜又倦乏矣。

附记

○周锡祉

十六日

早饭后清理文件。旋见客,立见者二次,坐见者一次,李雨亭谈最久,围棋二局,黄军门坐颇久,又立见之客一次。阅《汉书·律历志》毕,阅《礼乐志》十馀叶,核科房批稿。中饭后,欧阳小岑来一谈,阅本日文件,刘开生来一谈。天气奇寒,身体又病,头颈辟戾作疼,腰节亦疼,不复治事,因至内室围炉。夜饭后又围棋二局。旋至内室久坐,二更三点睡。是日仍禁油荤。

十七日

早饭后清理文件。旋见客,坐见者二次,立见者二次。围棋二局。是日大雪奇寒,殊非二月气象,春行冬令,不知今年更有何变,为之心悸!阅《礼乐志》《刑法志》毕,核科房批稿,又见省三一次。中饭后阅本日文件。身体不快,至内室围炉良久。复见客一次。傍夕至幕府一谈。夜核批札稿颇多,至二更四点未毕。睡不甚成寐。

十八日(细思近日衰颓之故)

早饭后清理文件,雨亭来久坐,各营官来一坐。围棋二局。旋又见客,坐见者二次。午刻核科房批稿。中饭后阅《食货志》十叶,阅本日文件。两目疼痛,疲困异常,不能治事,至内室久坐,小睡片刻,旋又至签押房小睡。天气奇冷,余以畏寒特甚,夜以炉盛多火烘之。又围棋二局。阅季仙九师《年谱》,将为墓志。二更四点睡,尚能成寐。细思近日之所以衰颓,固由年老精力日减之故,亦由围棋太多,读书太久,目光昏涩,精神因之愈困也。嗣后当戒围棋,即看书亦宜少减,每日静坐时许,以资调摄。

十九日(拟作《季仙九先生墓志铭》)

早饭后清理文件,围棋二局。旋见客,坐见者一次,立见者一次。阅季公《年谱》毕。午刻核科房批稿。中饭后阅本日文件,改信稿札稿数件。将为《季仙九先生墓志铭》,经营艰窘,至傍夕始一下笔,夜作三百馀字。二更四点睡。是日天晴气朗,一扫近日阴霾之象。

二十日

早饭后清理文件。见客,坐见者二次,立见者一次,衙门期也。旋围棋二局,作墓志铭,又见客二次。午刻核科房批稿。中饭,请李雨亭、季君梅便饭。饭后阅本日文件甚多。旋又作墓志至二更四点,作千三百字,尚未毕。是日作文之际,写零字甚多。

附记

○七员补缺　○吴漕帅两信

〇富将军马队　〇詹添一月粮

〇松织造先支二万馀请示

〇三司议绿营　〇杜案批

〇收养贫民章程　〇赴会馆一看

〇讯王茂元等　〇陈植梧一案

廿一日(知恽中丞交部严加议处,颇愤闷)

早饭后清理文件,见客一次,作墓志作毕。巳刻围棋二局,潘伊卿来久谈。午刻核科房批稿。中饭后阅本日文件甚多。作铭诗,久不能成,直至灯初始作毕。酉刻,黎纯斋来久坐。夜写册叶八十字,核批札各稿,至二更四点未毕,盖三日内作文,诸事积阁未治也。睡尚能成寐,五更方醒。昔年每作一文,辄数日不能成寐,不知老年何以转无此病,岂反健于壮岁耶?抑用心未能锐入耶?是日见谕旨,恽中丞交部严加议处,愤闷无似。近年黜陟,此次最为失当。

廿二日(至湖南会馆相视修葺之法)

早饭后清理文件。见客,立见者四次,坐见者二次。围棋二次。写对联五付、挂屏四幅。午刻核科房批稿,周缦云来一谈。中饭后,季君梅归去。一谈。阅本日文件。旋出城送君梅于舟次,又至湖南会馆相视修葺之法,申正归。省三来一谈,核批札稿数件。傍夕至幕府一谈。夜核市河、十字河工程一案,眼蒙字小,未能遽定。二更三点后,朗诵古文数首。三更睡,颇能成寐。

廿三日

早饭后清理文件,见客一次,谈颇久,围棋二局,李眉生来谈久。阅《食货志》下卷十馀叶,核科房批稿。中饭后,倪豹岑来久坐,阅本日文件,万方伯来一坐。阅《王阳明集》,选"鸣原堂"抄奏议。周缦云带汪醇卿之子来一见,谈颇久。核市河、十字河一案,起一信稿,二更始毕。旋又又[衍一又字]核信札稿数件。三点后温古文数首,四点睡。

附记

〇黄管谷米

陈毓藻如皋,气象好

廿四日

早饭后清理文件。旋见客,坐见者四次,立见者三次,李朝斌、万篪轩谈甚久。万拟告病开缺,先来说明也。围棋二局。潘伊卿、王子蕃先后来久坐。核科房批稿,阅《汉书·郊祀志》,中饭后阅毕,计十二叶。阅本日文件甚多。见客,立见者二次,小岑来一谈。申刻核批札各稿。灯后核摺稿一件、信稿章程稿多件,二更毕。前三日积阁之事,至是夜粗了。二更后温《古文·序跋类》数首、《孟子》数章,四点睡。

附记

皖省裁厘卡应奏

廿五日(悬系沅弟肝病未愈)

早饭后清理文件。旋见客,坐见者二次,立见者一次。围棋二局。旋批"鸣原堂"文一首。见客,坐见者一次,立见者一次。午刻核科房批稿。中饭后写两弟家信,阅本日文件,阅幕府公送寿屏及安庆公送寿屏,因内人于廿九日五十生辰也。酉刻核批札各稿。傍夕至幕府闿谈。夜核信稿数件,核现审案二件。旋温古诗数十首。二更三点睡。是日接澄、沅两弟正月十一信,又接沅弟二月初二信,为之一慰。惟沅弟肝家之病久未痊愈,殊为悬系。

附记

武职升迁调补应奏　江宁劝农章程

廿六日(日内修葺署中旧花园,往一展阅)

早饭后见客,立见者一次,坐见者二次。清理文件,围棋二局,阅《郊祀志》十馀叶,核科房批稿。中饭后阅本日文件。日内修葺署中旧花园,往一展阅。阅《望溪文集》墓志、墓表十馀首,核批札信稿甚多。傍夕,拟拆后面高墙,以便眺远,测量一番。夜写零字百馀,又核批札稿,二更后温《左传》、韩文各数篇,三点睡。

廿七日

早饭后清理文件,拜发万寿贺表,围棋一局。彭雪琴来,知其奉命署漕督,吴仲仙署两广总督,李小泉升湖南巡抚。旋又见客,坐见者三次,立见者四次,雪琴亦已末始去。核科房批稿。庞省三来一坐。中饭后阅本日文件。写楷书告示,笔太坏,未能写毕。意绪不怡,不能多治事,阅《望溪文集》数十篇,至二更四点止。是日天又雨,阴寒。

廿八日(批杜道汉镇督销局弊窦甚多一禀)

早饭后清理文件,雪琴来久坐。旋围棋二局,阅《望溪文集》二十馀首。午刻核科房批稿。中饭后阅本日文件,将振字等营欠饷册细核一过。旋核批札信稿。酉刻雪琴来一坐。傍夕小睡。夜将湘后左右等营欠饷册查核一过。批杜道汉镇督销局弊窦甚多一禀,勾稽良久,二更四点批毕,三更睡。

廿九日

是日为内子五十生日。早间,雪琴即来。余因微病,概不见客,只有数人来签押房一见,馀俱由纪泽等款待。内外吃面之客八席,晚饭亦然。清理文件,围棋二局。午刻核批稿,雪琴来坐时许。余日内禁油荤,体中小有不适。中饭后写告示一张,阅本日文件。旋小睡片刻。看雪琴画梅,又看李质堂等射箭。酉刻批振字等营欠饷禀,直至二更三点始毕。勾稽数日,最劳心神,睡后不甚成寐。

## 三月

初一日

早起,辞谢各客不见。早饭后清理文件,见客,立见者二次。旋出门拜客十馀家,彭雪琴、黄昌岐、李质堂等五处拜会,午初二刻归。围棋二局,见客一次,谈颇久。中饭后阅本日文件,改雪琴谢恩折稿一件,写扁字甚多。傍夕至幕府一谈。夜,核批札信稿,二更后阅《古文·书说类》。三点睡,倦甚,一觉已天明矣。

初二日

早饭后,至贡院甄别钟山、尊经两书院,出题《待文王而后兴者》一章,诗题《云近蓬莱常五色》,得“常”字。旋至新葺之钟山书院一看,辰正归。清理文件,见客一次,围棋二局,彭雪琴来久坐,陈庆长等来一坐。潘木君之子搬父柩归,来一谈。中饭后阅本日文件甚多,写对联十付,潘伊卿来久坐。雪琴来,篪轩继来,均坐至更初始去。核批札信稿颇多。二更二点后温《古文·奏议类》,四点睡。

附记

○复奏黔、滇事摺

○霆西事片

○复奏杏南病摺

○沅病片

○水师保摺

○皖南保摺

初三日(拟于小楼之侧架一平台以观星)

早饭后清理文件。旋见客,坐见者二次,立见者二次,围棋二局,又见客,坐见者一次,立见者三次。阅《汉书·天文志》十一叶。中饭(后)阅本日文件甚多。庞省三来久谈,又立见之客一次。通署无一处可以观星,拟于小楼之侧架一平台,带匠人审视一番。核科房批稿。酉正小睡时许。夜核批札信稿,添何小宋信二叶,二更后温韩文各书,三点睡。

附记

○王成谷考书院

张保和萧县教官,能知工程

○江北劝捐告示

初四日

早饭后清理文件。旋见客,坐见者三次,立见者一次,围棋二局,莫子偲、罗茂堂、贺宏勋三人先后来久坐,核科房批稿,阅《天文志》毕。中饭后阅《五行志》,写澄、沅二弟信一件,约五百字,阅本日文件甚多。至后园楼上一看,拆墙之后,即望见钟山、清凉山矣。傍夕小睡。夜核批札信稿甚多,二更一点后温古文《庄子》《离骚》。四点睡。

初五日(阅书院卷)

早饭后清理文件。旋见客,坐见者二次,衙门期也。请缦云与倪豹岑及幕府君阅书院卷。至后园看新拆外墙。围棋二局,阅《汉书·五行志》。午刻核科房批札稿,阅《(五行)志》至未正,共十六叶。中饭,请缦云等便饭。写李少泉信一件,约七百字,阅本日文件,核批札各稿。榜夕与缦云辈一谈。小睡片刻。夜阅《古文·典志类》。二更四点睡。

初六日

早饭后清理文件。旋见客,立见者二次,坐见者三次。围棋二局。阅《汉书,五行志》十馀叶,核科房批稿,阅《梅伯言文集》。中饭后,李小湖来久谈,阅本日文件。小湖自篪轩处归,又谈,即留在署中一宿。批"鸣原堂"文,朱子《戊申封事》,翻年谱,一为核对,太长,未能阅毕。傍夕小睡。夜饭后与小湖久谈。二更后核批札信稿。四点睡,疲倦已极,因说话太多也,不甚成寐。

附记

○送关　○家信　○发榜

○义营发饷

初七日

早饭后清理文件。旋见客,坐见者二次。围棋二局。写家信一件。又坐见之客二次,庞省三坐甚久。午刻核科房批稿,阅《五行志》十叶。中饭后写书院榜,照料一切。阅本日文件。见客,坐见者二次。倦甚,不愿治事,至后新楼一看。傍夕小睡。夜阅惜抱轩序跋文。二更三点睡,不甚成寐。

初八日

早饭后清理文件,李眉生来久坐。旋见客,各营官来久谈,刘松山亦久谈,又立见之客二次。围棋二局。又见客,立见者一次,坐见者一次。核科房批稿,阅《五行志》十叶。中饭后阅惜抱轩文,阅本日文件,写对联九付。至后院看作新台。申刻核批札稿一时许。傍夕至幕府一谈。夜写零字甚多,温《书经》三篇。四点睡。

初九日

早饭后清理文件。旋见客,坐见者一次,围棋二局。巳刻出门,至钟山书院送馆,宾主各行四拜礼，山长即李小湖大理也。又至尊经书院，与山长周缦云行宾主礼，午初归。核科房批稿，阅《五行志》十叶，未初毕。阅本日文件。见客，坐见者五次，莫子偲、潘伊卿坐俱甚久。说话太多，倦甚。夜核批札各稿，将应作摺片开一详单，请莼卿、子密分作。二更二点后阅《古文辞类纂，传志类》。

初十日（前任云贵总督之灵柩到籍）

早饭后清理文件。旋见客，坐见者三次，立见者三次，衙门期也。围棋二局，潘伊卿来一坐，阅《汉书·五行志》十二叶，核科房批稿。中饭后至城北潘宅吊丧。前任云贵总督潘公铎，字木君，谥忠毅，在云南殉难，本日灵柩到籍也。申初归，阅本日文件。在李小湖处借得宋拓阁贴，观玩良久。核批札各稿。傍夕小睡。夜核批稿信稿，二更后温《诗经》数篇，四点睡。内人病已数日，医治无效。

附记

○拜沈先生　○请忠义局

十一日

早饭后清理文件。旋围棋二局，见客，坐见者二次，立见者一次。批朱子《戊申封事》，至未初始毕。午刻核批札各稿。未正将《封事》过朱笔圈点，至申正未毕。阅本日文件，再看宋拓阁帖。傍夕陪幕府诸友至花园一看。夜核批札各稿，阅惜抱轩文数首，二更后温《左传》崔芠（？）等篇，四点睡。

附记

○安庆另派员掣验

十二日（至书局拜沈节门先生）

早饭后清理文件。旋见客二次，围棋二局。出门至书局拜沈节门先生，请为本年西席，教儿辈也。巳刻归。批朱子《戊申封事》，过朱圈，至未正毕。午刻核科房批稿。申初阅本日文件。万方伯来一坐，至后园眺玩良久。核批札各稿。傍夕小睡时许。夜改通筹滇黔摺稿，仅成二百字。二更四点睡。

十三日

早饭后清理文件。旋见客二次，衙门期也。围棋二局。巳刻沈先生来上学，与谈良久。旋又见客，坐见者一次，立见者一次。改摺稿三百馀字。中饭请汪梅村等小宴，陪先生至后园一游，未正饭毕。阅本日文件。旋又改摺稿五百馀字，至夜二更始毕。旋又改一片稿，又改一密片稿，未毕。二更四点睡。自觉用心太苦，目睛作疼，不甚成寐。

附记

○翁盐道札

十四日

早饭后清理文件。旋见客，立见者二次，坐见者三次，围棋二局，改密片稿毕。赵烈文来久坐，又立见之客二次，坐见者一次。核科房批稿。中饭后，庞省三来一坐，阅本日文件。目睛作疼，疲倦殊甚。傍夕，万篪轩、熊登武先后来一坐。夜改一片稿，二更四点毕。是日写澄、沅二弟信一件。睡不甚成寐。

十五日（夜教王甥以阳善阴善阳恶阴恶之义）

早起，见文武贺望者多起，至辰正毕。围棋二局。巳刻又见客，坐见者一次。旋核科房批稿。小睡片刻，疲倦殊甚。中饭后至幕府一谈，阅本日文件，发报四摺、四片、一清单。至后园散步逍遥，因疲困不能治事也。旋核批札稿。傍夕小睡良久。夜教王甥以阳善阴善阳恶阴恶之义。旋温《史记》二首。二更三点睡。

十六日（鸿儿将完姻）

早起。饭后清理文件。见客,立见者二次。围棋二局。巳刻以后见客,坐见者五次,立见者一次,王延长、李眉生坐甚久。请弓小芗同年至安庆一行,鸿儿将以四月廿一日完姻,请弓圆媒,以其与及郭雨生为同年也。午初,李小湖来久谈。是日请渠小宴,赵蔗泉、程可山等在坐,申初散。写雪琴信一件。见客,立见者二次。阅本日文件。傍夕核批札稿。甲四、甲六侄自家来,闻其去年娶有外妇,今来迎之,因怒斥之。旋小睡片刻。夜核批札稿数件。二更后,眼蒙殊甚,不能治事,读《古文·辞赋类》数首。三点睡。

十七日

早饭后清理文件。旋见客,坐见者二次。围棋二局,向师棣来久坐。接奉初六日廷寄一道,首行无议政王之衔,为之大诧,与幕中诸友叹讶良久。午初核批札稿,写对联九付。中饭后又至幕府一谈,庞省三来一谈。阅本日文件。旋至后园展玩片时。核信稿十件,约一时有馀。傍夕至后楼与纪泽一谈时事。夜核批札各稿,二更后温《史记》三首。四点睡,颇能成寐。

十八日

早饭后清理文件,围棋二局。见客,坐见者四次,立见者一次,丁雨生谈最久。适罗氏女于巳刻生一子,大小平安。万篪轩来一谈。午刻习字一纸,核科房批稿,写对联九付。中饭后写沅弟信一件,排单发去。单《汉书·五行志》毕,阅本日文件。潘伊卿、欧阳小岑来久坐。傍夕至后园,一为游眺。夜核批札信稿,二更四点粗毕。睡。

十九日(虑捻匪已至东平汶上)

早饭后清理文件。旋见客,坐见一次,围棋二局,习字一纸。丁雨生来,久坐时许,送渠所得书目,一阅,又送大火箭,一阅。方世兄来一谈。午刻核科房批稿,阅《汉书·地理志》。中饭后写对八付,阅本日文件,庞省三来久坐,至后园观览,核批札各稿。傍夕小睡片刻。夜写少荃信一件,阅《古文·士相见礼》。二更时,摺差李鼎荣自京归,阅京信、京报,至二更五点睡。闻捻匪已至东平汶上,僧邸于三日追五、六百里赶到,步兵在衮州甚无纪律,深为可虑!

附记

○问丁雨生笔天光云影楼

○核水师保单

廿日(雪琴仍赴漕督之任)

早饭后清理文件。旋司道来见,雪琴来久坐。旋又见客,坐见者二次,立见者一次。围棋一局,习字一纸,阅《汉书·地理志》毕,核科房批稿。中饭,请雪琴与幕府诸人便饭,在后园设席,与之游览良久。阅本日文件,见客一次。倦甚,小睡。夜核批札各信稿,旋温古文《士相见礼》《觐礼》,二更四点睡。是日雪琴带到朱批,仍令赴漕督之任,雪意又欲具摺固辞。

廿一日

早饭后清理文件。旋见客,立见者二次,坐见者三次。围棋二局。习字一纸,阅《沟洫志》,核科房批稿。倦甚,小睡。阅《方望溪年谱》。中饭后写对联六付,阅本日文件。出门拜雪琴,未晤。至缦云处一坐。归,黄军门来久坐。旋阅《望溪年谱》毕,核批札各稿。傍夕小睡。夜又核批札稿,二更后温杜、韩七古数首。

廿二日

早饭后清理文件。彭宫保、丁雨生来久坐。围棋二局。习字一纸,核水师保单。午刻核科房批稿。未刻阅本日文件,写何子贞信一件,李小湖来久坐,核批札各稿。傍夕至幕府久谈。夜核批札各稿,温古文二首,二更四点睡。

廿三日(小湖赠其父所制羊毫)

是日恭遇皇上十岁万寿,至贡院拜牌,寅正去,卯初二刻行礼,卯正回署。早饭后清理文件,见客三次,又立见之客一次,围棋二局,雪琴来久坐。小岑之孙欧阳述来久坐。习字一纸,阅《艺文志》十五叶,核科房批稿。小睡片刻。中饭后,孟学通来久坐,寿亭之子也。阅本日文件,写李小湖信一件,改摺稿一件。傍夕小睡。夜写零字甚多,小湖赠以其父春湖先生所制羊毫,一试之也。旋改片稿一件,又核批札各稿,阅《古文·书说类》。二更四点睡,疲倦极矣。

附记

○六合案　○望溪疏

○孙恤批　○家信

○刘信由上海寄京　○王茂元案

廿四日(圈批方望溪奏议一首)

早饭后清理文件。旋见客,坐见者一次,立见者一次。围棋二局,习字一纸,阅《汉·志》二十馀叶,毕。核科房批稿,见客一次,坐谈颇久。中饭后又见一次,谢棨照自京师来,与语良久。阅本日文件,圈批方望溪奏议一首,"鸣原堂"抄本也。傍夕至幕府一谈。夜核批札信稿,二更后温《孟子》数十章。三点睡,疲困殊甚。

廿五日

早饭后,雪琴来,同去大校场阅武。余阅四十二人,取二十九人;彭阅四十九人,取二十九人。午初二刻回署,与雪琴共定高下毕。中饭后,雪琴久谈始去。见客二次,围棋二局,阅本日文件甚多。申刻坐见之客一次,写家信一件,欧阳小岑来久谈。夜核对摺件发报,核批札稿数件,改盐务信一件。三更睡。

廿六日

早饭后见客二次,邓守之坐甚久。旋围棋二局。午刻,李壬叔、李眉生、李小湖、彭雪琴四人先后来,坐谈均久,阅核科房批稿。中饭后坐见之客五次,阅本日文件,核批札各稿,直至夜二更四点始毕。将料理一切,明日出门也。说话太多,疲困极矣。

廿七日(由旱西门登舟至瓜洲口)

早饭后剃头一次。旋见客二次,至幕府一谈。巳刻出门,由旱西门登舟。见客二次,旋于巳正开船。与方元徵围棋三局,又与之畅谈一切。中饭后小睡片刻。温《古文(辞)类纂》中数首。傍夕至瓜洲口湾泊,凡行一百七十里。雪琴来久谈。夜在舟小睡。二更四点睡,不甚成寐。

廿八日(开船赴焦山周览各院寺楼)

早饭后清理文件。开船赴焦山,舟次围棋一局。巳初至焦山,见客多次。方丈大和尚名芥航,常镇道许缘仲道身亦寓此山。周览各院寺楼,各寺皆在山之南。观寺中所藏杨忠愍公所书手卷二件,近代名人题识甚多,又观王梦楼所书寿屏等件,又观纯庙所赐平定安南、平定台湾等印图。午初芥航请吃斋面。午正缘仲请吃中饭,未正饭毕。登焦山绝顶一览,同游者为彭雪琴侍郎玉麟、李小湖大理联琇、黄昌岐军门翼升、邓守之布衣传密、方元徵大令骏谟、陈小浦广文方坦,皆随余自金陵来者也;李雨亭都转宗羲、莫子偲大令友芝、张芑堂观察富年皆自扬州来者也。在山顶、山北两寺小憩良久,酉刻归。寺僧索题识,于两手卷各题数字以记岁月。又观《瘗鹤铭》及寺中所藏周鼎、阮文达所施置汉定陶鼎,又观所藏邓完白墨迹。傍夕观雪琴、守之作书数幅。灯后,雨亭请吃晚饭。旋归舟。倦甚,小睡。是日早间阅京报,见三月八日革恭亲王差事谕旨,有"目无君上,诸多挟制,暗使离间,不可细问"等语,读之寒心,惴慄之至,竟日忡忡如不自克。二更三点睡,不甚成寐。

廿九日

早饭后清理文件。旋由焦山开船至北固山。登山四望,雄壮,伫立良久。旋入镇江城,拜副都统富升、知府周辑瑞,坐均颇久。在府署后登城一望,与北固山相距两箭许,守府城不可不兼守北固,城周约十七、八里。旋出城八里登金山,已在南岸,不复在江心矣。眺望良久。旋渡江至北岸八濠口,现拟于此处开一新河,俾盐船由瓜州之小口子转入新河,庶小船免行江路,而大船湾泊镇江对岸,亦无风涛之险也。与雨亭等步行查勘。中饭后,坐轿由八濠口至瓜州大口,沿途细看。旋开船,将赴扬州。舟中围棋二局,阅包封公事,阅丹徒戴生员所著书,名揖,号汝舟,古文二本、《读书录条贯》二本。傍夕,泊于九里湾。夜与雪琴、守之等鬯谈,二更后写吴仲仙信一件,核批札各稿,写纪泽信一件。二更四点睡,不甚成寐。

四月

初一日(进扬州府城)

早间,各员弁贺朔。饭后清理文件。进扬州府城,至公馆接见官员甚多,许仁山亦来久谈。倦甚,小睡。中饭后应酬良久。又小睡。与雨亭、芑堂论开河事宜。申正拜客数家。出城至五台山,吴毓芬所带淮勇四营驻扎于此,在城东五里许,名曰山,实平地也。毓芬号伯华,勇丁精壮,器械鲜明,为之一慰。顺南城外河沿而归,戌初回船。围棋一局。夜接廷寄二道,即十五日奏折之批旨也。将移栈事宜核阅批订。陈小浦来久谈。二更三点睡,甚不成寐。

初二日

早间,各客来,俱辞谢不见。饭后见客二次,李雨亭来坐甚久,与论开河事宜。旋自扬州开船出江,与方元徵围棋三局。至三汊河观行宫旧址,圣祖仁皇帝于康熙四十三年南巡过此,御制碑文,赐寺名曰高旻寺,其右有高宗五言律诗碑一道。此外一片瓦砾,荡然无所有也。午正至瓜州口。中饭后,出江登铁平轮船。将长龙船拖带于后。逆风逆水,又值退潮之际,轮舟亦不能速行,至二更始行草鞋夹外,又换小舟入夹,行十里许至燕子矶湾泊。是日共行百九十里。夜在轮舟看邓守之册页四本。睡颇能成寐。

初三日(阅陈心泉所刻课艺)

早饭后,清理文件。开船行十馀里至中关,登岸入张仙舫盐局一谈。旋至雪琴船上,言及国事与渠家事,欷歔久之。渠旋作别,回裕溪口,余亦回省。午初进城。见客,坐见者六次,立见者三次。中饭后至幕府久谈。旋阅本日文件及五日内未用包封送阅之文,约三百件。写扁二幅。欧阳小岑来久坐。傍夕略睡。夜改信稿三件,二更后阅陈心泉所刻敬敷书院课艺。小睡片刻。三点入内室,倦极。睡,尚能成寐。

初四日(至后园登楼教家人观星)

早饭后清理文件。旋见客,立见者六次,坐见者七次,朱子典、汪梅村及宽十弟三起坐最久。围棋二局。写孙文节公挽联一付,联云:“以文来,以节归,毅魄长留两江上下;因孝黜,因忠死,苦心可质万世鬼神。”中饭后至幕府一谈。邓守之在此患病,请人为之诊视。立见之客三次,坐见者三次,周缦云等久坐。阅本日文件。儿辈问《通鉴》等疑处。见客太多,倦甚,积阁公事不能清厘。傍夕小睡。夜核批札各稿。二儿及一甥、两婿观星,至后园登楼教之。二更四点入内室,三更睡。

初五日

早饭后见客二次,衙门期也。清理文件,围棋二局。又坐见之客一次,立见一次。出门至河干送孙文节公铭恩灵柩。旋至满城拜将军魁玉。又查看东水沟。旋至汪梅村家

青花红龙天球瓶　清乾隆

久坐，午正三刻归。中饭后见客，坐见者一次，立见者二次。阅本日文件。"鸣原堂"抄《陈汤传》中三疏，批点至戌刻毕。旋写家信，更初毕。清理文件，核批札稿。二更后又至楼上教儿子、甥、婿辈认星。四点入内室，三更睡。是日，子密处见京信一件，言近事颇详，又见三月十六日谕旨，恭王复入总理衙门，读之感叹良久。

初六日

早饭后见客一次，谈甚久。观李次青所著《国朝先正事略》。围棋二局。倦甚，久睡。小岑来久坐。午刻核科房批稿极多。中饭后至幕府一叙，勒少仲来久坐，万篪轩来久坐，阅本日文件，核批札各稿极多，未毕。傍夕小睡。夜核各信稿，二更后教儿子、甥、婿辈看星，三点后温《诗经》十馀章。睡不甚成寐。

初七日

早饭后清理文件。旋见客三次，围棋二局。又见客，立见者一次，坐见者三次，宽十弟来久坐，询问家乡及途次一切景况、舆论。中饭后至幕府一谈，看邓守之病状。旋阅本日文件。申刻，潘伊卿来久坐，核批札稿甚多。阅仪真团蕉墩诗稿，名维墉，嘉庆间一诗人，袁子才、吴谷人所作序也。傍夕小睡。夜核改信稿，二更后教儿辈认星，三更睡。

初八日（雪琴辞漕督之任）

早饭后清理文件，围棋二局。见客，坐见者五次，立见者一次，钱桂森坐颇久。午刻，核科房批稿甚多。中饭，请弓小芗、宽十弟等便饭，未正散。阅本日文件，写杨厚庵信二叶，再核科房批，核幕府批稿信稿。见客，坐见者二次。傍夕小睡。夜写零字颇多。旋核各批稿，前至扬镇数日，积阁文件，今稍稍清厘矣。二更后与儿辈看星，为云所掩。二更四点睡。是日接奉批旨，雪琴辞漕督之任，已邀俞允。

初九日

早饭后清理文件，见客，坐见者二次。围棋二局。阅张皋文《仪礼图》。宽十来一坐。核科房批稿。杜兰溪午正来，与之久谈，即留在署中住，谈至申初始散。阅本日文件。酉刻，又与兰溪畅谈。傍夕小睡，夜阅批札信稿。二更后与儿辈看星，月明云掩，殊无所见。三更睡。说话太多，昏倦殊甚。

附记

○杨玉辉案　○皖南保案
○苏漕摺　○袁祠摺
○彭谱序　○程主扁
○卞碑祭　○朱、杜案
○设瓜栈章　昭忠碑
○札宦裔张汪　○札旗务炳
○将军添屋　○写季碑
○刻邓字

初十日（阅《仪礼·士冠礼》）

早饭后清理文件。见客二次，衙门期也。旋围棋二局，与杜兰溪一谈。旋见客，坐见者一次，立见者三次。阅《仪礼·士冠礼》，将张蒿庵、张皋文、江慎修、秦味经诸家之说参证。核科房批稿。中饭后与兰溪久谈，阅本日文件。见客，坐见者一次，立见者一次。核批札各稿。酉刻与兰溪览观后园。傍夕小睡。夜核批札稿，二更与儿子、甥、婿辈看星，三更睡。

十一日（思孟子所言"善言德行""善为辞令"之义）

早饭后清理文件。旋见客，坐见者三次，立见者二次。围棋二局，阅《仪礼》数叶。魏荫亭来，久坐一时许。核批札稿。倪豹岑来久坐。中饭，请杜兰溪、钱年伯、勒少仲等小宴，申正散。阅本日文件。倦甚，小睡。酉刻核批札稿。傍夕，钱子密来一坐。夜核批札信稿。二更后，思孟子所谓"善言德行"者，当为后世理学诸家之源；"善为辞令"者，当为后世词章诸家之源。孔子谦不能辞令，而以善言德行自许。盖在己者实有盛德至行而后能自道其所得也。《论语》一书乃善言德行之尤著者，因默诵《学而》《为政》《八佾》三篇。三更睡。

十二日（送杜兰溪出城北上）

早饭后清理文件，与杜兰溪久谈，旋送之出城北上。见客，坐见者一次，立见者二次，围棋二局。小睡片时。阅张皋文《仪礼图》，略加批订《士冠礼》至《礼宾》毕。核科房批稿。小睡。中饭后至幕府畅谈，阅本日文件，写对联六付。薛世香太守自苏州来，与之久谈。筱岑来久谈。傍夕小睡。夜核批札信稿，二更二点后阅《古文·典志类》，四点睡。

附记

习勤　崇俭　谦慎　昭信（强恕）

刚强　清明　浑朴　诚一

孝道　友恭　内治　少仪

军礼　兵制　谋略　战具

字部　训词　诂用　音义

十三日

早饭后清理文件，见客二次，薛世香坐颇久，围棋二局，汪梅村来一坐。巳刻阅《仪礼·士冠礼》经毕，核科房批稿。中饭后至幕府一坐，阅本日文件，写对联、挂屏数幅，小岑来久坐。夜核批札稿，写雪琴信二叶，温《典志类·封禅书》数叶。二更四点睡。

十四日（查儿辈工课）

早饭后清理文件。旋见客，坐见者三次，万篪轩谈颇久，围棋二局，潘伊卿来久谈。阅《仪礼·冠礼》毕，《昏礼》至"纳徵"止。见客，坐见者一次，立见者一次。核科房批稿。小睡片刻。中饭后查儿辈工课，阅本日文件。写对联十付。小睡片刻。旋改摺一件、片一件，小岑来谈甚久。夜改片一件，约改四百字。倦甚。二更四点睡，不甚成寐。

十五日

是日换戴凉帽。因昨日劳乏殊甚，各贺望者皆谢不见。清理文件。旋围棋二局。小睡片刻。洪琴西来谈最久，王鸿飞自芜湖来一谈。阅《仪礼·士昏礼·合卺》毕。核科房批稿。中饭后写对联四付，阅本日文件极多，圈批"鸣原堂"文一首，写澄、沅两弟信一件，小岑来一坐。傍夕小睡。夜改摺稿一件、片稿一件。二更四点睡，不甚成寐。是日燥热异常，不能治事。

十六日

早饭后清理文件。见客，坐见者二次，立见者一次。围棋二局，改片稿一件，谭鳌来久坐，阅《士昏礼》，核科房批稿。邓守之来久坐。中饭后至幕府一谈。旋看京报数本，阅本日文件，写对联五付，核批札各稿。本日自卯至酉，大雨竟日，晚间看雨，与客久谈。发报二摺、五片。夜核信稿数件，二更后温杜、韩七古，四点睡。

十七日(闻霆营竟反叛，弃舟登岸)

早饭后清理文件。旋立见之客一次，围棋二局。李雨人来久谈。阅《礼书纲目·昏义》，庞省三来一谈，陈舫仙来久谈，核科房批稿。中饭后见客一次，阅本日文件，潘伊卿来一谈，写李少泉信一件。傍夕小睡。灯后，见客一次，议洋人通商占地，定在下关之下一带。又写少泉信一叶。二更后，纪泽问《正蒙》中疑义。倦甚，三点睡。近年天热则神思昏倦，今年应更惫矣。是日闻霆营之分兵八千由四川人甘肃者，行至金口反叛，弃舟登岸，各营官弹压不服，避回武昌，叛勇由纸口南行，声言至江西索饷，至咸宁已戕官掳人。前接湖北信咨，本日问陈舫仙，始知其详，为之忧灼无已！

十八日

早饭后清理文件。旋见客二次，围棋二局。又见客，坐见者一次，立见者一次。阅《礼书纲目·冠昏记》二十馀页，中饭后毕。未刻写季仙九先生墓志。旋阅本日文件，写墓志至酉正止，约写五百馀字。见客一次，言洋人踹看马头事。傍夕至幕府一谈。夜核批札稿甚多，倦甚。二更后朗诵杜工部五律。三点睡。是日因纪鸿儿于廿一日成婚，先行纳徵，俗所称过礼也。余久不作小楷，是日所作楷约七分大，吃力之至。目光昏眊，改用最深之老花镜，写过后，胀疼殊甚。

十九日(念及霆营之变，忧灼无已)

早饭后清理文件。旋围棋二局。小睡片刻。写季公墓志铭。午刻，舫仙来久谈。旋又写墓志，至申初写毕，约八百馀字。久不作楷，深以为苦。旋核批札各稿。傍夕，小岑来久谈。夜默诵《论语》，二更三点睡。是日霖雨，竟日不止。念及霆营之变，忧灼无已！

二十日

早饭后清理文件，见司道一次。倦甚，小睡良久。阅《封禅书》。午刻核科房批稿。中饭后至幕府一谈，阅本日文件，核批札各稿。习字，《张猛龙碑》一纸。天雨连四日不息。复睡片刻。夜核瓜州设栈章程，二更后，与儿辈登楼看星，须臾悉被云掩。四点睡。内人久不能饭，病势殊重。

廿一日(是日为纪鸿儿成婚之期)

早饭后清理文件。旋围棋二局。是日 为纪鸿儿成婚之期，道喜之客甚多，见客四 十馀次，坐者九次，雪琴及舫仙等坐甚久。未初发轿，申正三刻喜轿入署，酉初行礼，酉正宴客。男客四席，女客二席，二更客散。核批札各稿。三更睡。是日接奉廷寄，一等候之上加“毅勇”二字，李少泉伯之上加“肃毅”二字。日内正以时事日非，愁然不安，加此二字，不以为荣，适以为忧！

廿二日

早饭后清理文件。旋围棋二局。见客，坐见者八次，立见者二次。雪琴、荫亭、眉生三起坐甚久。午初出城，至荫亭舟次送行。旋至雪琴舟次，不晤。归，见客一次。中饭后倦甚。不愿内室请郭亲家母，略吹细乐。余因三月初八之事及霆营之变，怛然寡欢，因再与方元徵围棋三局。天晴日永，下半天未治一事，近年无如此之懒惰者。傍夕小睡。夜核批札各稿，二更三点睡。

廿三日(阅《刘申受集》)

早饭后清理文件。旋见客，坐见者三，立见者二次。出门拜客，至午正二刻始归。核科房批稿。中饭后围棋二局，朱守谟与李眉生来久谈，阅本日文件。阅《刘申受集》。名逢禄，武进文定公之孙，开生之祖也。积压公事要件甚多，不能清理，反漫然若毫无头绪者。此余生平旧病，今尚如此，殊以为愧！邓守之来一坐。傍夕见《进士题名录》，欧阳小岑来久坐。夜清理批札各稿，二更后与儿辈看星，旋核改信稿。四点睡。

廿四日

早饭后清理文件。旋见客一次，围棋二局，又坐见之客三次，立见之客一次。倦甚。阅《刘逢禄集》。午刻核科房批稿。旋写澄、沅两弟信，未毕。中饭后，陈舫仙来坐极久，申刻去。阅本日文件甚多，将家信写毕，批"鸣原堂"文一篇。傍夕登后园楼一看。夜将古文批毕，核批札各稿，二更二点后温《古文·辞赋类》。四点睡，不甚成寐。

廿五日（是日为考阅归标将弁之期）

是日为考阅归标将弁之期。天雨，辰刻始赴校场。余在中厂阅马上枪四十一人，又阅步箭及他技副、参、游三十三人，万方伯普镇阅都、守六十七人，熊镇登武、李协恒清阅千、把、外委六十六人。午正三刻毕，未正二刻归。中饭后围棋二局。洋人四人来见，一狄隆、一柏卓安、一敬妥玛、一威克，系遵照条约在金陵通商，新来勘定地基，在中关小河之下，近称下关，昔年救生局之地，上年刘连捷札营处也。与谈良久。申刻阅本日文件。旋核批札各稿。傍夕小睡。夜，将本日考阅将弁核校等第名次，二更后温《古文·辞赋类》，四点睡。

廿六日

早饭后清理文件。旋见客，坐见者二次，围棋二局，又坐见之客三次，赵惠甫谈最久。又见客一次，唐焕章谈亦久，送《牛氏家言》一册。牛雪樵廉访树梅，述其父愚山先生作麟之言也，真挚坚忍，为近世讲学家所不及。请陈舫仙、魏柳南等中饭，未正散。旋阅本日文件，阅《牛氏家言》。酉刻核批札各稿。傍夕小睡。夜再阅批札稿，二更后温《孟子》，四点睡。

廿七日（夜核苏州减漕摺）

早饭后清理文件。旋见客，坐见者三次，围棋二局，又立见之客二次。午刻核科房批稿甚多。中饭后见客一次。旋阅本日文件。见段培元、席研香禀，知娄云庆所辖霆营于初九日在上杭忽叛，十分忧灼，不知所措，绕屋彷徨，无以为计。又与方元徵围棋二局。旋在后院看新修小楼，核批札各稿。傍夕登新楼与客儗谈。夜核苏州减漕摺，二更后与儿辈看星，四点睡。

廿八日（霆营之祸已成，不知何日得了）

早饭后清理文件。旋见客，坐见者四次，万篪轩坐最久。围棋二局。思画一星图与儿辈看，经营良久，未得下笔。午刻核科房批稿。中饭后见客一次，阅本日文件，阅《韩弼元叔起诗集》。酉刻核信稿批稿多件。傍夕小睡。夜核苏漕摺稿，二更后与儿辈看星。是日阅京报，四月十六日恭王复充军机大臣。又接娄云庆禀，其军因饥滋事，尚不十分决裂，为之少慰。然霆营之祸已成，不知何日得了，实有无穷之忧。

廿九日

早饭后清理文件。旋见客，坐见者二次，立见者一次，围棋二局，朱子典来一谈。又见客，坐见者一次，立见者一次。代陈舫仙改摺稿一件。午刻，舫仙来久坐，未刻去。阅本日文件，改沅弟摺稿一件，核批札信稿颇多。傍夕至楼上，一为眺览。王子蕃来一坐。夜改近日军情摺未毕，二更后与儿辈看星，四点睡。

卅日

早饭后清理文件。旋围棋二局，将军情摺改毕，罗茂堂来久坐。午刻核批札各稿。中饭后至幕府久谈。旋阅本日文件，又改片稿一件。傍夕至楼上与纪泽久谈。夜核批札各稿。二更四点睡，困倦殊甚。

## 五月

初一日

早间小有不适,辞谢各客不见。饭后清理文件,围棋二局,见客,坐见者二次,立见者二次。拟作一告示解散霆营叛卒,经营良久,未得下笔。小睡。阅《钱辛楣文集》。午刻核科房批稿,倪豹岑来久坐。中饭后阅本日文件,阅《十驾斋养新录》。申刻与黎莼斋久坐,又坐见之客一次。晡时剃头一次。是日发报二摺、三片。傍夕小睡。夜核批札各稿,二更后与儿辈看星,二更五点睡。是日因作告示未能迅速下笔,悠忽度日,未治一事,实为愧慊!

初二日

早饭后清理文件。旋见客,立见者二次,坐见者一次,围棋二局。见客,周朗山、郭远堂坐皆最久,朱星槛来一坐。作解散霆营告示,自巳正起至二更止,共千馀字,尚未完毕。中饭,请魁将军、松织造小宴,未正毕。申初阅本日文件。傍夕接奉廷寄,饬余至淮徐督师。夜至幕府一谈,二更后与儿辈看星,三更睡。

初三日(接廷旨命余赴山东剿贼)

早饭后清理文件。旋见客,坐见者四次,立见者一次,围棋二局,陈舫仙来一坐,将告示稿作毕。旋又见客,坐见者二次。接奉廷寄,知僧王子二十四日接仗失利,邸帅阵亡,命余赴山东剿贼,李鸿章署江督,刘郇膏护苏抚,为之诧叹忧愤。中饭后至幕府一谈。旋阅本日文件,李小湖来久谈,篪轩、省三来一坐,核批札各稿,小岑来久谈。夜核各信稿,二更与儿辈看星。三点睡,疲倦极矣。

初四日

早饭后清理文件。旋见客,坐见者二次,立见者二次,围棋二局。旋又见客三次。午刻核科房批稿,陈舫仙来久坐。中饭后写少泉信一件。阅本日文件,文辅卿来一谈,缦云来一谈,核改信稿札信[稿]甚多。傍夕至楼上与子密一叙。夜核批稿信稿,二更后与儿辈看星,旋再清理公事。四点睡。

初五日(李小湖送《梁山舟帖》)

是日因身体困倦,凡文武贺节皆谢不见。早饭后清理文件,郭世兄来一见。旋写澄、沅两弟信。午刻核科房批稿。畏热殊甚,小睡良久。李小湖送《梁山舟帖》,展玩良久。中饭后阅本日文件,与程伯敷谈极久,小岑来谈亦久。小睡数刻。傍夕至楼上与纪泽一谈。夜核批札各稿,二更后与儿辈看星,三点睡。

初六日

早饭后清理文件。旋围棋二局,见客,坐见者五次,立见者一次。旋核房批稿,又坐见之客三次。中饭后,陈舫仙来,坐甚久,阅本日文件。申刻又围棋二局。因天气奇热而北征之事茫无头绪,此心焦急,若不能自主者。旋核批札信稿。傍夕至楼上与纪泽一谈。夜小岑来久谈,二更后核信稿毕,温韩诗七古。三点睡。

初七日(议定带湘勇北征之事)

早饭后清理文件。旋见客二次,围棋二局,又见客二次,周朗山谈最久。阅《姚惜抱文集》,核科房批稿。中饭后又阅《惜抱集》。旋阅本日文件。申正出门,至李小湖处久谈,观其先人春湖先生所藏四宝中之《丁道护碑》《善法寺碑》,又观明刻本《夏承碑》,傍夕归。灯后,陈舫仙、罗茂堂等来,议定带湘勇北征之事。旋核批札各稿,二更三点粗毕。是日接初二、初三日两次廷寄,皆催余迅速启程北征。

初八日

早饭后清理文件。旋围棋二局,见客二次。午刻,潘伊卿来坐甚久。将改摺稿,经营良久,尚未下笔。中饭后见客,坐见者二次。又围棋一局。旋改摺稿,至二更四点尚未毕,约改千馀字,困倦殊甚。

初九日(商各勇不愿北征之事)

早饭后清理文件。旋围棋一局,将昨日摺稿作毕。见客,坐见者四次。雪琴于巳刻来,中饭后始去。作片稿一件,阅本日文件,又围棋二局。因张诗日言各勇纷纷思归,不愿北征,又与伊卿一商,旋再与潘、罗一商。傍夕接奉谕旨,饬余节制直隶、山东、河南三省文武。精力日颓而责任弥重,深为悚惧!至幕府久谈。写李少荃信,未毕。二更四点睡。

初十日

早饭后清理文件。旋见客,坐见者二次,衙门期也。围棋二局。巳刻,彭雪琴来久坐,至酉刻始去。潘伊卿来一坐,核科房批稿。中饭后阅本日文件。申刻,潘伊卿等复来一坐。旋核批札稿,清近日积压之件。傍夕小睡。夜核批札稿,二更四点睡。

十一日

早饭后清理文件。旋围棋二局,黄军门来坐极久。旋见客二次。午刻核科房批稿。倦甚,小睡。中饭后至幕府久谈。旋阅本日文件甚多,陈舫仙来久坐。小睡。旋写对联、挽帐多件。傍夕小睡。夜核批札稿极多。二更四点睡,疲乏极矣。

附记

○鹤章开缺

十二日(见刘霞仙所作辨蔡寿祺诬劾一疏)

早饭后清理文件。旋围棋二局,见客,坐见者三次,立见者二次,核科房批稿,写郭云仙信一件,刘松山来久坐。中饭后阅本日文件,见客,坐见者三次,核批札信稿颇多。见刘霞仙所作辨蔡寿祺诬劾一疏,置身甚高,辞旨深厚,真名作也。傍夕至幕府久谈。夜改摺稿一件未毕,三更睡。

附记

○去留单

十三日

早饭后清理文件,见客二次。旋围棋二局,作摺稿毕,又见客三次,舫仙谈甚久,改片稿一件。中饭后又改片稿二件,阅本日文件。见客,坐见者三次,李小湖谈甚久。旋至幕府一谈。旋核批札各稿。傍夕小睡。夜又核批札稿,至二更二点未毕。倦甚。读小杜七律以自怡。是日接奉廷寄二件,发报摺二件、片三件。

十四日(始闻状元崇绮乃蒙古人)

早饭后清理文件。旋见客三次,示刘松山以看图之法,围棋二局。见客,坐见者二次,立见者一次。午刻核科房批稿,阅恽子居古文。中饭后阅本日文件。旋又围棋二局,将应带各员酌定一单,核批札各稿,潘伊卿来久坐。夜至幕府一谈,二更后温《古文简本》,四点睡。是日接奉廷寄二件,始闻鼎甲之信,状元崇绮,蒙古人,探花杨霁,汉军人,国朝二百年所未有也。

十五日

早间,文武贺望者,皆谢不见。饭后见莫祥芝一次。围棋二局。旋又见客一次,写澄、沅两弟信一件,写少泉信一件。午刻,潘伊卿等三人来久淡。中饭后阅本日文件,倦甚。李小湖送其祖父诗集,粗阅数十首。核皖南保案四单,核批札各稿。傍夕至幕府一谈。夜核瓜栈章程刻本，二更后温《古文简本》，三点睡。

十六日

早饭后清理文件。旋见客二次，黄军门坐颇多[久]，围棋二局，又立见之客二次，坐见者一次。午刻核科房批稿极多。中饭后，小睡片刻。阅本日文件，内有京报十馀本。旋阅李松甫《韦庐诗钞》，写大字数十，核皖南保案毕。傍夕至幕府一谈。夜核批札信稿，未毕。二更三点后温《孟子》、韩文。三更睡。日内不肯见客，精神略旺。

附记

○泽儿三文

长江水师规制

十七日

早饭后见客，坐见二次。清理文件，围棋二局。旋见客，坐见者一次，立见者二次，彭笛仙谈甚久。小睡。阅《王阳明年谱》。午刻，坐见之客二次，核科房批稿。中饭后围棋二局，阅本日文件。写扁额、对联甚多，核批札稿。傍夕至楼上训诫罗婿。夜核批札信稿，二更三点睡。

十八日（知科四侄得取县案首）

早饭后清理文件。旋见客一次，围棋二局，李眉生、潘伊卿宋，均久坐，又见客一次。午刻核科房批稿，李鹤章来久坐。中饭后见客一次，阅本日文件，李祥和来一坐，改纪泽寿文二篇。疲倦异常，小睡。夜核批札信稿。因说话稍多，气竭力倦，委顿殊甚。接沅弟信，知科四侄得取县案首，为之一慰，精神略振。旋又困怠，若万难支持者。二更三点睡，不甚成寐。

十九日（阅王阳明《平濠书》）

早饭后清理文件。旋见客，坐见者三次，立见者一次，围棋二局，阅王阳明《平濠书》。午刻核科房批稿。见客，坐见之客二次，彭笛仙谈颇久。中饭后至幕府一谈，魁将军来一谈，围棋二局，阅本日文件，写对联十付，申甫、小岑来久坐。夜至幕府略坐。旋登楼一看，核批札各稿。二更四点睡。

附记

出门至北东○将军　○昭忠　○潘宅

○卞祠

廿三至西南○司道　○两山长

○两军门　○两织造

○郭宅　○季弟祠

廿日（观钱子密所藏《夜纺授经图》）

早饭后清理文件。旋见客，立见者一次，坐见者四次，围棋二局。旋又见客，坐见者四次，立见者二次，疲乏甚矣。午刻核批札稿，小睡片刻。中饭后，宽十弟来久坐。阅本日文件，核现审各案供摺十馀件，核各手摺，去其不必存留者。傍夕剃头一次，罗茂堂来一谈。夜写陈季牧信一叶，核批札稿颇多，至二更四点未毕，即睡。钱子密出示其先世钱文端之平《夜纺授经图》，高宗及诸名臣题咏甚多，观玩甚久，信家宝也。子密述其堂兄启自京归，谓江浙语及沅弟，毫无闲言，与前魏龚之说又殊，可见毁誉之无定矣。

附记

○昭忠祠捐项　○湖南会馆捐项

○岳庙捐项　○内所银札台

廿一日

早饭后清理文件。见客二次，又立见者一次，围棋二局。旋出门至卞忠贞公拈香，又至昭忠祠，与舫仙、辅卿、伊卿等商捐银，以谋该祠垂久之计。旋又拜北城客二家，回署已午正二刻矣。请宽十、罗婿便饭。中饭毕，热甚，又围棋二局。阅本日文件，李眉生来久坐。阅纪泽所写寿屏二付。热甚，小睡良久。夜核批札稿，未毕，三更睡。

廿二日

早饭后清理文件，见客，坐见者二次。围棋二局，又见客，坐见者二次，立见者二次，核批札各稿。午刻核科房批稿。午正，钱子密来久谈。旋出城，至水西门迎接李少荃，旋与之同回公馆，谈至申初散去，渠于本日接总督印也。中饭后阅本日文件，坐见之客一次。酉刻，厉伯苻来久谈。倦甚，小睡半时许。夜，跋王阳明所书《君子亭记》，核批札各稿，二更四点睡。是日巳刻改摺稿一件、片稿一件。

附记

○明日家信、二朱信　○训诫家人

○寄廖、张信

廿三日（是日写"忍敬"教诫罗婿）

早饭后清理文件。旋围棋二局，见客三次。出门至少泉处久坐。旋至李小湖处，观其所藏《大观帖》三本，又欧《化度寺碑》、褚《孟法师碑》、虞《庙堂碑》、刘文清册页一本。又至宜春宇学使处，未初归。说话太多，疲倦异常。中饭后阅本日文件。在竹床小睡。旋又围棋二局，罗茂堂来一坐，少荃来久坐，灯后去。舫仙来一坐。旋改片稿二件。三更睡。是日写"忍敬"二字教诫罗婿，缀以数语。

廿四日

早饭后清理文件，题钱图诗二首。旋见客，坐见者六次，立见者四次。出门拜客，拜会者四处，不会者十馀次[处]。至季弟靖毅公专祠内作别，午正归。中饭后核批札各稿，见客五次，李小湖、彭雪保、李眉生、周缦云四起谈最久。告诫儿妇诸女。傍夕至幕府一谈。夜核批札各稿，二更三点未毕，而劳乏之至，不能再治事矣。是日午刻，教朱心槛之言甚详。申刻发报四摺、五片、二清单。申刻围棋二局。

廿五日（余出城有绅民设酒相送）

早饭后清理文件。旋围棋二局。送[见]客，坐见者三次，立见者四次。倦甚，在竹床小睡甚久。收拾诸物。午初出城，街上绅民设酒相送，将军等在城门相送。登舟后，见客十馀次。中饭后，少泉、雪琴等登舟久坐，申末去。小睡良久。旋清理书案各物。灯后，雪琴又来久坐。二更后点检诸事，四点睡。

廿六日

早饭后清理文件。旋见客十馀次，写澄、沅两弟信一件。巳正至罗婿船上一看，午正归。中饭后又见客数次。小睡片刻。李季荃来，与雪琴等同登舵亭上一看。傍夕小睡，夜间又睡。旋阅韩文。二更三点睡。是日见客极多，说话舌端蹇涩。

廿七日（本日右喉作痛不能言）

早饭后清理文件。旋见客十馀次。昨日舌根干涩，本日右喉作痛，不能多说话。见客过多，深以为苦。午间小睡。中饭后，李少荃来久谈，至傍夕始去。阅本日文件。夜核批札各稿。二更三点睡。何廉昉、李芋仙各送二诗，皆有警句。

廿八日

早饭后清理文件。旋见客，坐见者二次，立见者二次。小睡。因喉疼，不能治事。巳刻开船，行十八里至下关湾泊，入张仙舫局中一坐，闻各营遣撤者皆已开船归去，北征者皆已出城东行。未正复开船，行至燕子矶泊宿。在舟核批札各稿，阅江郑堂《汉学师承记》，与雪琴、昌岐等久谈。夜与纪泽一谈，旋温《古文·辞赋类》。

廿九日

早饭后清理文件。旋见客，坐见者一次，立见者一次，黄昌岐来一谈，阅《汉学师承记》。旋开船，行十里，至将出大江之际，因风浪甚大，暂行停泊。中饭后再开船，过栖霞山黄天荡一带，夜宿泗源沟。是日行一百里。中饭后阅本日文件。坐见之客三次，立见之客三次。核批札各稿，阅《仪礼·乡饮酒礼》，写对联七付、扁二幅。夜温《文选·咏怀》等诗，二更三点睡。

## 闰五月

初一日（至新河口看所修河道）

早饭后清理文件。旋见客，立见者一次，坐见者二次。写对联、条幅二件，又杂写数件。巳刻开船，行五十里，未初至瓜州口内湾泊。见客，坐见者四次，立见者二次。酉刻，至新河口一看，所修河道来往约二十馀里。是日在舟次阅《乡饮酒礼》。夜，雪琴来谈甚久，二更四点睡。

初二日

早饭后清理文件。旋开船，行六十里至扬州之五台山，未初湾泊。在舟中改纪泽所作王君墓志铭一首，子蕃之父也。中饭后阅本日文件，见客，坐见者七次，立见者二次。说话太多，疲倦殊甚。夜与纪泽论韩文，旋核批札各稿，二更四点睡。

附记

○札彭笛仙办金陵粮台

刘、朱、朱调北

初三日（到各营小坐）

早饭后清理文件。旋见客，坐见者九次，立见者二次。小睡甚久。中饭后阅本日文件，雪琴、质堂来坐。小睡半时。厉伯符来谈甚久。剃头一次。至罗茂堂、朱星槛、张田畯、吴伯华等营内各小坐，灯时回船。李季荃来一坐，核批札、信稿，二更三点睡，疲倦极矣。批纪泽文二首。

附记

金宝圩恤案　雪琴禀恤案

初四日（至八里湾停泊）

早饭后清理文件，见客，坐见（者）一次，立见者一次。旋即开船，行四十五里至邵伯镇。在舟写赵惠甫横披一幅，约四百馀字。午刻至邵伯，见客二次。旋登岸拜晏同甫同年。见客，坐见者五次，立见者二次，皆金陵及扬州来送行作别者。纪泽亦在此回金陵矣。申刻开船，行三十三里至露筋祠，登岸一看；又行十馀里至八里湾停泊。申正阅本日文件。酉刻见客二次。夜，子密来久谈，彭笛仙来久坐。二更三点坐［睡］。是日申刻写家信一件。

附记

○正阳关杀厨子为香油饼

○捆李显安，抢盐船

○马牧受辱罚跪

○金寄漕署

初五日

早饭后清理文件。开船,行二十里过高邮州,又行四十里,中饭后湾泊片时,旋又行二十七里,至界首之上七里闸湾泊住宿。是日在小舟中郁热殊甚,铺簟久睡。阅《三国志》华佗、管辂等传,王陵、钟会等传,核批札各稿。未刻写郭意臣信。申刻见客二次。在七里闸下乡间柳阴下久坐。戌刻,坐见之客二次。夜温陶诗,似有所得。二更三点睡,不甚成寐,因本日在舟中多睡,又天气甚热也。

初六日

早饭后清理文件。旋开船,行四十里停泊。大雨半时,雨止又行十馀里,至宝应城北里许湾泊。共行五十四里。早间见客,坐见者一次,立见者二次。旋核批札信稿,至午初毕。阅《仪礼·乡饮酒》,至申初毕。酉刻见客,坐见者二次,立见者一次,与申夫、季荃、莼斋、伯常、舫仙、辅卿等至野外树下小坐,灯后归。阅薛晓帆之子薛福辰所递条陈,约万馀言。阅毕,嘉赏无已。旋温陶诗。二更三点睡。

初七日(至淮安)

早饭后清理文件,见客,坐见者三次。舟行六十五里,至未刻遇雨停泊。申正雨止,又行二十里。酉正至淮安湾泊。巳午间核批札信稿。未刻阅《仪礼·燕礼》。酉初写少泉信一件。泊船后,坐见者三次,立见者六次,丁俭卿谈最久。是日闻英藩司被困于雉河集。拟改赴临淮驻扎,与营务处幕府等熟商。二更后温阮诗数首。三点睡。

初八日(至城外之普应寺)

早饭后,进淮安府城内拜丁柘唐,又拜数家。回船见客,坐见者一次,立见者二次。开船行四十里,午正至清江浦。在舟次睡甚久。中饭后,吴仲仙来久谈,又见客,坐见者三次,立见者二次。旋出门拜吴仲仙,与之久谈。至新公馆,即城外之普应寺也。入寺后,见客,坐见者四次。傍夕,李申夫、陈舫仙来,黄昌岐、李季荃亦来,久坐。二更三点,客散。旋睡,不能成寐。遍身癣痒异常,以本日说话太多故,神不安也。

初九日(是日阴雨,念陆军行走极难)

早饭后清理文件。旋见客,坐见者七次,立见者七次。吴仲仙、钱楞仙二人两次坐最久。巳正小睡。札[核]批札稿数件。午正至吴仲仙处赴宴,申初散。归,见客,坐见者一次,立见者一次。小睡片刻。核批札信稿颇多。灯后,黄军门来久坐,二更后去。温小谢诗卅馀首。三点睡,竟夕不甚成寐。是日阴雨竟日,念陆军行走极难,焦灼无已!

初十日

早饭后清理文件。见客,立见者三次,坐见者二次。旋出门拜客,至钱楞仙处久谈,又拜三家,巳正归。在庙中楼上一看。阅楞仙所作骈文二十馀首。李申夫、陈舫仙等在此便饭。李季荃,文辅卿来久谈,丁子静之子来一谈。酉刻,仲仙来,久谈一时许。傍夕小睡片刻。夜改摺稿一件。三更睡,颇能成寐。

十一日

早饭后清理文件。见客,坐见者二次,

珐琅彩双环瓶　清乾隆

立见者三次，黄昌岐谈甚久。旋核改摺稿一件、片稿三件。午正小睡。旋赴楞仙处小燕，申初归。阅本日文件。见客，坐见者二次，立见者二次，陈舫仙谈最久。傍夕小睡。灯后，发报二摺、三片，核改批札信稿，至二更四点睡。

十二日（知贼焰愈长又闻刘营闹饷，甚忧）

早饭后清理文件。旋见客，立见者三次，坐见者三次。黄军门谈甚（久），渠于本日带炮船七十馀号至临淮也。巳刻，李季荃来，谈及英翰在雉河集冲围而出，得见其初七日与乔中丞之禀。雉河八千人之营，无故溃出，贼焰愈长。又闻刘松山之营闹饷，不肯渡江，忧灼尤甚！陈舫仙、李申夫来久谈，吴仲帅来一谈。中饭后，坐见之客一次，钱子密等来久谈，立见之客四次。夜清理出入大款目，至二更三点止。四点睡。

附记

○徐州临淮转运章程　○批陈国瑞

○应换湖船　○京信数封交舫仙

○家信附日记　○各处饷项出入咨

○阎信　○苏信

○筑圩告示　○张锦堂信

十三日

早饭后清理文件。见客，坐见者一次，立见者三次。钱楞仙于辰末来，午初方去。旋又见客，坐见者三次，立见者一次。中饭后，李季荃来久谈，申甫、子密来久坐。客散后，申甫重来久谈。旋阅本日文件，略核各稿，日已暝矣。夜，甫经治事，舫仙又来久谈，二更三点去。说话太多，是夕不甚成寐。

十四日

早饭后清理文件，吴仲仙来一谈，又立见之客三次，坐见者一次。至吴仲帅处一坐。阅《姚伯山文集》，写澄、沅两弟信一件，写两儿信一件。中饭后见客二次，核批札信稿甚多。小睡二次，郁热殊甚。改告示稿一件。夜作交代饷项款目咨，未毕。

十五日（闻徽休两军大闹）

早间，见各贺望之客。饭后见客，立见者五次，坐见者三次，清理文件。旋闻徽休两军大闹，逼令张道书一借券，限六、七月内清欠饷八个月，并有殴打之事，忧灼之至，行坐不安！围棋三局。巳刻，舫仙、季荃来，久谈三时许，未正始去。茂堂来一谈，阅本日文件，黎莼斋来久坐，钱子密来久坐。夜作饷项款目咨。二更三点温陶诗数章。是日批札各稿停搁未办，因徽事所关甚大，寸心如焚，不暇治事也。

十六日（闻刘松山之勇在龙潭纷纷告假）

早饭后清理文件。旋与屠晋卿围棋一局，与吴仲仙围棋一局。巳刻见客，坐见者一次，立见者一次。作饷项交代咨文，至未正未毕。申甫来久谈，酉初去。作咨文毕，阅本日文件。日晡久睡。灯后，甫治事而舫仙来，至二更三点去。连日积阁批札信稿甚多，夜深不及清理。本日闻刘松山之勇在龙潭纷纷告假，尚非闹饷恶态。刘松山准假若干人，耽搁四五日，已于十四日自仪征开行矣，为之少慰。

十七日

早饭后清理文件，见客，立见者一次，坐见者一次。出门至旱营一看，巳正归。见客，罗茂堂等一谈，阅张炼渠禀，果有被勇凶殴背伤齿折之事。围棋二局。中饭后写少泉信一封，阅本日文件。申初，舫仙来久坐。旋又见客，坐见者一次，立见者一次，核批札稿多件。酉正倦甚，久睡。灯后，改信稿三件。二更四点睡。

十八日

早饭后清理文件。旋见客一次。围棋一局，仲仙来此一坐。去后，又围棋二局。又见客，立见者二次，坐见者一次。巳正，李季荃等来久坐，中饭后始去。阅本日文件，核批札各稿。见客，坐见者二次，向伯常等坐甚久。傍夕小睡。夜，舫仙来坐甚久，二更四点睡。

十九日

早饭后清理文件。旋改信稿八件，围棋二局。见客，坐见者一次，立见者一次。小睡时许。写纪泽信一封。中饭后，舫仙、辅卿来辞行，坐颇久。写对联六付、挂屏二叶。倦甚，不愿治事。夜添京信数叶，交舫仙带去。二更四点睡，不甚成寐。

二十日（核陈国瑞留豫牍稿）

早饭后清理文件。旋见客，坐见者一次，立见者一次，吴仲仙来久坐，围棋二局。旋又见客，坐见者一次，立见者一次。巳正，申夫、季荃来坐，至未正始去。刘松山来一见，又见客，坐见者一次，立见者一次。改摺稿未毕，钱子密来一谈。旋将摺稿改毕。夜又改一摺，又核陈国瑞留豫牍稿。二更四点睡。

附记

〇印信再写由驿一分　〇联幅送吴

〇联、银送钱　〇发报二摺、三片

〇撤詹檄　〇批刘二

〇悬赏告示　〇林士班

廿一日

早饭后清理文件。旋仲仙来一坐，作片稿二件。见客，立见者二次，坐见者△△。写挂屏四幅。中饭后阅本日文件，见客，坐见者四次。申正出门，至仲仙、楞仙两处辞行，傍夕归。夜写团扇一柄，核公事数件。二更后小睡。三更后睡，不能成寐。是日发报二摺、三片。

廿二日（申夫禀辞赴山东）

早饭后清理文件。旋见客，坐见客一次，立见者二次，围棋二局，核批札各稿，李季荃来久坐。中饭后核批数件。申初二刻上船，仲仙送行，一谈。旋开船，行十六里至三闸。余登岸步行，与申夫、伯常、莼斋等圏谈。在岸观各船缴车上三闸、二闸，余坐船于更初上二闸。申夫禀辞赴山东，二更四点始去。睡不甚成寐，因说话太多也。

廿三日

早饭后清理文件。旋见客，立见者一次，坐见者三次，李季荃坐甚久。过天妃闸后二里许，又小泊。李季荃、张树声等久坐，吴世熊等一坐。旋开船，行过五坝，在头坝之上人高良涧小河四里许湾泊。申刻至吴城七堡，昔道光二十七年黄河穿入洪泽湖之决口。看旧黄河影，今将成平畴矣。酉初归，钱大密等来久坐。体中小有不适，久睡亦不成寐。夜写吴仲仙信一件，核批札信稿多件，二更三点后温唐人七绝。睡不甚成寐，隐隐腹疼。

廿四日（登洪泽湖大堤）

早起，腹泻。是日泄泻五六次，体中小有不适。早饭后，小睡数次。清理文件。开船，行五十五里至高良涧之下十里湾泊，酉刻始到。巳刻核批札信稿。午正小睡。中饭后阅《古文·典志类》。又小睡片刻。剃头一次。坐小船登岸一看。岸即洪泽湖东岸之大堤，南至蒋家坝，北至束清坝，凡石堤长一百三十里。本日所登者，盖南距蒋（家）坝七十里，北距束清坝五十五里也。改信稿一件。夜颇燥热而飞虫奇多，不能近灯，背诵唐诗七绝。二更三点睡，尚能成寐。

廿五日

早起开船，行十里至高良涧，小泊片刻。旋过洪泽湖，行六十里至老子山，时甫午初。又行六十里至盱眙县驻泊，时方申正。早饭后清理文件，旋阅《清河县志》。小睡片刻。巳刻核公牍数件。中饭后，核雪琴咨来之水师营制章程。在盱眙见客三次。薄暮，登城一看。夜翻阅《左传》二更后讽诵《古文简编》。三点睡，竟夕不甚成寐。

廿六日（舟行至傍夕竟无栖泊之处）

早饭后，风色不顺，停泊良久，至巳初始开船。行二十馀里在湖心搁浅，良久乃拖近南岸。申刻过旧县，未泊。又行五十里，灯后，乃泊于双沟之下十三里。水浅不满二尺，故在湖中而无风浪之害。辰刻清理文件。见客，坐谈颇久。旋小睡数次。午刻核批札信稿。中饭后核长江水师章程。因数目易淆，核阅一时许即行停止，精神不能久耐烦剧也。酉刻圈《古文·典志类》三篇。因风大湖宽，傍夕无栖泊之处，颇为焦急，频在船头候望。夜温《古文简编》，朗诵数首，二更四点睡。

廿七日

早饭后清理文件。开船行十三里至双沟，湾泊片时，各船皆于此会齐。旋又开行六十里至五河县洪泽湖。昔年自束清坝起即乃入湖，至双沟止乃为湖尾，凡渡湖三百廿里。近则自束清坝以上皆淤成平陆，直至高良涧乃为大湖。自高良涧至老子山六十里，湖水一望无际；自老子山以西则湖面渐窄，自盱眙至双沟尤窄，犹彭蠡湖自南康以至湖口也。特彼之窄处在下流，此之窄处在上流耳。自双沟上三十馀里为浮山口，即梁武帝筑堰处也。张编修锦堂来此迎接，与谈良久。在舟改摺稿一件、片稿一件。至五河见客，坐见者五次，立见者六次。围棋二局。钱子密等来一谈，黎莼斋来一谈。说话太多，疲困之至。夜核批札稿。二更后朗诵杜、韩七古，四点睡。

廿八日

早饭后清理文件。旋与张锦堂、贺云舫至岸上旷野一行，约行十一二里回船。是日因等候陆兵，在五河停泊一日。辰刻，发报一摺、一片，立见之客四次。小睡片刻。围棋二局。核批札稿数件。午初核科房批稿。倦极，小睡。中饭后见客一次，罗茂堂等谈颇久。旋小睡片刻。核改信稿八件，云舫来一坐。旋与向伯常、黎纯斋登岸行六里许，灯后归。夜，默诵《书经》《诗经》各十馀篇章。四点睡。

廿九日（至临淮关驻泊）

早饭后清理文件。见客，坐见者二次。旋开船，行九十里，申正至临淮关驻泊。见客，立见者八次，坐见者三次。是日在舟中围棋二局，写云仙信一封，阅《左传》十馀叶，馀皆小睡。夜又见客，坐见者一次，立见者一次，默诵韩诗七古十馀首。睡不甚成寐。

卅日（慰雉河之围从此可解）

是日即在临淮驻扎。早饭后，张锦堂来久坐。旋又见客，立见者一次，坐见者一次。清理文件，围棋二局，写少泉信一件，核批稿数件。小睡片刻。中饭后又围棋二局。因是日大雨竟日，小舟郁闷异常。旋核批札信稿，并阅本日文件颇多，知小洋集英藩司翰一军于廿六日攻克高炉集营垒，雉河之围从此可解，为之一慰。旋立见之客四次，子密等来久坐。夜，贺云舫来久坐，默诵《书经》《皋陶谟》《无逸》等篇。二更四点睡。

## 六月

初一日

早起，谢贺朔诸客不见。早饭后清理文件，旋写纪泽信一件。见客，立见者六次，坐见者一次。围棋二局。小睡良久。计芾村来一谈，改复丁晏卿信稿。午正请张锦堂、贺云舫便饭，未正散。再围棋二局，阅本日文件，核批札各稿。傍夕小睡。夜见客三次，谕以水师巡夜事宜。二更后温“序跋类”。四点睡。不甚成寐。

初二日

早饭后清理文件。旋见客，立见者一次，冯鲁川来久坐，围棋二局，罗茂堂来一坐。登岸看营盘基址，约半时许归。小睡甚久。中饭后，核批札信稿，阅本日文件。见客，立见者四次，坐见者二次。又小睡片刻。薛福成来一坐，子密等来一坐，因令其至南岸看营基。天气热甚，至舢板上乘凉。又见客二次。夜默诵《古文·辞赋类》。二更四点睡，尚能成寐。

初三日（沅弟立非常之勋而疑谤交集不免抑郁）

早饭后清理文件。见客，立见者二次。旋与冯鲁川围棋二局。又见客，坐见者五次，立见者二次。阅张锦堂所为《孝经释疑》。小睡两次。中饭后热甚，不愿治事，又与屠晋卿围棋二局。阅本日文件，接澄、沅两弟闰五月初五、六日信，知沅弟近日害病，面色黄瘦。悬系之至。立非常之勋绩而疑谤交集，虽贤哲处此，亦不免于抑郁牢骚。然盖世之功业已成矣。寸心究可自慰自怡，悠悠疑忌之口只可付之一笑，但祝劳伤积湿等病渐渐轻减耳。核改陈国瑞批稿，改至二更四点未毕。睡不甚成寐。

初四日

早饭后，与鲁川围棋二局。旋坐见之客四次。巳刻，又坐见者一次，立见者一次。清理文件，改陈国瑞批，改至酉刻始毕，约二千馀字。登岸一看，营内拟盖屋三间住之。旋回船，向伯常等来久坐。夜核批札信稿，二更后温《古文·辞赋类》。四点睡，疲倦已极，不甚成寐。

初五日（翰林杨子厚来久坐）

早饭后，与冯鲁川围棋二局。旋又见客，坐见者一次，立见者二次。清理文件。小睡片刻。写家信一封。见客，坐客[见]者二次，立见者一次，刘开生之弟、宋于庭之侄坐颇久。中饭后，杨子厚同年福祺来久坐，戊戌翰林，曾任凤阳知府者也。阅本日文件，核批札信稿，幕府诸人来久坐。旋至岸上一看盖造新屋。夜温《古文·传志类下》。

附记

○京买《郑注句读》

初六日（阅张锡嵘所著“章句”）

早饭后清理文件。旋与冯鲁川围棋二局，阅张锡嵘所著“章句”。大雨竟日，小睡良久。午刻阅《仪礼·燕礼》，良久不能清晰。甚矣，余之衰也！中饭（后）阅本日文件，核批札信稿，写零字甚多。又小睡片刻。夜温《孟子》，朗诵数十章，声气若不能相属者，而目又作疼，因不复看书。二更四点睡，不甚成寐。昨夜闻雉河集解围之信，本日接周盛波禀，乃得其详，为之一慰。

初七日

早饭后清理文件，旋与冯鲁川围棋二局，张笛帆来见久坐。小睡片刻。阅《圣祖庭训格言》。嗣后拟将此书及张文端公之《聪训斋语》每日细阅数则，以养此心和平笃实之意。午刻核批札各稿，中饭后至申初核毕。阅本日文件。又小睡良久。罗茂堂来一谈。旋至旱营看所起新屋，又至子密等船上一坐，灯后归。温《孟子》，二更后放声朗诵数十章，音节清越，有如金石，为之一慰。四点后睡，亦能成寐。

初八日

早饭后清理文件。见客三次，内鲁川围棋二局，锦堂与谈最久。又立见者一次，坐见者二次，杨子厚谈甚久。巳刻写少泉信，未毕。出外迎接乔中丞，渠自寿州来访也。在渠船久坐，渠又至余舟久坐。中饭后，子密来一坐。写少泉信毕，又写纪泽信，阅本日文件。小睡片刻。酉刻，坐见之客二次，立见一次，登岸看新盖之屋。夜核批札各稿，二更三点后阅小杜诗，四点睡。

初九日

早饭后清理文件。旋见客，林太守士班来一谈，与鲁川围棋二局，又坐见之客一次，立见者二次。巳刻，乔中丞来一坐。午初作告示稿，未毕。未初，请乔中丞便饭，申初散。阅本日文件。酷热异常，因与鲁秋杭围棋二局，在舢板乘凉。至岸上一看新造之屋。灯后核批札各稿，二更后洗澡一次。四点睡，不甚成寐。

初十日（乔中丞及河南委员崔廷绍来谈）

早饭后清理文件。旋见客，坐见者四次，立见者二次，乔中丞及河南委员崔廷绍坐甚久。与鲁川围棋二局。巳正，坐见之客二次。酷热异常，不能治事，但在船久睡，令人摇扇，看《左传·襄公》以自遣。中饭后在船困卧，阅本日文件。酉刻，坐见之客二次，立见者一次，至乔中丞处一谈。傍夕，天大风暴。夜核批札稿，二更后温七言绝句数十首，二更四点睡。

十一日（是日忽尔头昏目眩，几欲仆地）

早饭后清理文件。见客，坐见者一次，立见者一次。与鲁川围棋一局。作告示稿，直至未刻作毕，约千馀字，酷热异常，未刻忽尔头昏目眩，几欲仆地。阅本日文件。忽然雷风大雨，一时馀始开霁如初。酉刻核批札各稿。夜因公事生气，旋温放翁七绝。二更四点睡，倦甚矣。

十二日

是日为先妣江太夫人忌辰，船小未能设祭。早饭后清理文件，见客四次，李幼泉、张锦堂坐颇久。围棋二局，次局未毕而乔中丞来辞行，与之久谈。随往回拜送行，归时已午初二刻。坐见之客二次。酷热，不能治一事。中饭后，坐见之客一次，阅本日文件。在船上久睡，令人摇扇，汗流不息。阅《襄公·左传》三十叶。剃头一次。钱子密等来一坐，刘松山来一坐。至岸上看新造之屋，业已成矣。夜在船乘凉，未治一事。二更后，坐见之客一次。四点睡，竟夕不能成寐。

十三日

早饭后清理文件。旋见客，立见者三次，与鲁川围棋二局。巳初登岸，移寓新屋三间之内。见客数次。小睡良久。中饭后核批札信稿，阅本日文件。见客，坐见者三次，立见者二次。酷热异常，汗下如雨，竟日不止。夜至营后小土堆一坐，向来袁营所谓将台者也。二更四点睡，颇能成寐。

十四日（闻风雨声忧淮水涨发各营被淹）

早饭后清理文件。旋见客，坐见者三次，立见者一次，围棋二局，又见客，坐见者一次，立见者一次。酷热异常，在床小睡，汗透裀褥，虽喘息若被热气所逼，不得自由者。中饭后，斗发风暴，屋瓦欲飞，顿转清凉。核批札信稿，阅本日文件，刘省三铭传来谈甚久，又坐见之客一次。再核信稿。傍夕见客三次。夜写雪琴信一件，温《孟子》数十章。二更四点睡，闻风雨之声，恐淮水涨发不已，各营被淹，无处移避，实深焦灼！

十五日

早起，各贺望之客皆谢不见。旋清理文件。饭后见客，立见者三次，坐见者一次。天雨淋漓，新屋处处皆漏。旋围棋二局。见客，坐见者三次，梁文钰与刘铭传两次，皆久。说话太多，倦乏殊甚。中饭后与子密久谈，与晋卿围棋二局。申刻核批札信稿，颇多，酉正粗毕。与幕僚一淡。小睡片刻。夜温欧文数首。竟夕不能成寐。

十六日（淮水盛涨，营盘皆移渡南岸）

早饭后清理文件。旋见客，立见者一次，坐见者三次，围棋二局。旋又见客，立见者二次，坐见者四次。派摺弁进京，将京信等件料理。中饭后，疲倦殊甚。阅本日文件，核批札各稿，见客三次，与幕府谈二次。天气寒冷，有似深秋。淮水盛涨，营盘皆移渡南岸，独余所居之营未移。周围筑堤捍水，余周行堤上一阅，水大堤薄，甚为可虑。写添眉生等信三叶。傍夕，小睡片刻。夜温"序跋类"，二更四点睡。

十七日

早饭后清理文件。旋见客，坐见者二次，立见者一次。围棋二局。意思困倦，不愿治事，阅《湖海文传》，在床久睡。旋又见客，立见者二次，坐见者一次。中饭后见客一次，坐颇久。阅本日文件，又围棋二局，阅《湖海文传》。申刻，坐见之客二次，立见者一次，核批札各稿，与幕府诸公久谈。傍夕小睡。夜温《古文·传志类》，二更四点睡。

附记

察哈尔都统阿、副都统廉咨：闰五月廿四日奏

头起官兵，即左翼也：

正营总厢黄旗佐领帕克巴札普八月十四日改委绷楚克

副营总正白旗佐领精默特

国瑞派去之委参领克巴雅尔泰照料

领队官二十六员　兵四百六十五名外官员兵三十五名，患病须补换

于二十日进口，二十一日启行

二起官兵，即右翼也：

正营总厢蓝旗记名参领佐领贡噶德里克八月十四日改委那木吉勒色楞

副营总厢红旗轻车都尉佐领齐默特塔尔

国瑞派去之委参领栋鲁普照料

领队官三十员　兵五百名

于二十二日进口，二十三日启行

十八日（仍阅《湖海文传》）

早饭后见客二次，坐颇久。又立见之客一次，围棋二局，又坐见之客三次，杨子厚谈最久。清理文件，阅《湖海文传》。午刻核批札各稿。中饭后，郁热若不自得者，再围棋二局。阅本日文件。小睡片刻。核信稿多件，傍夕未毕，与幕友久谈。夜再核信稿，二更后温《史记》。四点睡，头昏目眩，若不克自主者。三更三点乃克成寐。

十九日

早饭后，见蒙城县令林用光、宿州牧张云吉，两次谈均久。旋过淮至南岸一看，拜刘松山、朱式云、张诗日、陈自明四处，均少坐一谈，又至袁公祠、朱家圩一看，午刻归。清理文件。围棋二局。惊风骤雨，满屋皆漏。中饭后小睡。阅《书经纂言》之《大诰》篇，阅本日文件甚多。又小睡。写纪泽信一件，困乏殊甚。傍夕（与）幕府久谈。夜，写文章得阴阳之美表与纪泽。二更后朗诵杜诗五律，似有所得。四点睡。

廿日

早饭后清理文件。旋围棋二局，见客，坐见者二次，立见者二次。小睡片时。午刻核批札信稿。中饭后阅本日文件，至幕府一谈。申正核改信稿甚多。酉正与幕府久谈。灯后，接少荃信，观所为辩殷兆镛、王宪成二疏稿及谕旨，殊为痛快。写少泉信一件。二更后阅《史记》，日见其生，反不如前数年之熟。甚矣，老境之迫也！

廿一日（忧江淮并涨，岁事将歉收）

早饭后清理文件。旋围棋二局，见客，坐见者一次，立见者一次，与幕府一谈，写少泉信一件，阅《三国志·蜀》《二牧传》《先主纪》未毕。午正三刻，请杨子厚同年便饭，申初散。围棋二局，阅本日文件极多。申正后核批札各稿。傍夕至后土台一览。是日水势未涨，而屡次大雨，满屋渗漏，天气寒冷，有似深秋。通计今年仅六月初十，十一、二等日酷热，此外并未稍热。江淮并涨，岁事之歉收可知，深以为忧！夜改摺稿一件，朗诵《诗经》数十篇，二更四点睡。

廿二日

早饭后清理文件。见客一次，谈颇久。请武进刘怿、长洲宋△△围棋，余二局，又观客二局。巳刻见客，坐见者二次，立见者二次，核信稿三件。因闻钦差瑞芝生、罗椒生至陕西查办事件，念霞仙甫被蔡寿祺之谤而又有此相煎之举，何以为怀！与幕府谈颇久。中饭后阅本日文件，核批札信稿。至舟次送杨子厚之行，谈颇久。归，便道垒外捍水之堤，一律宽七八尺，可无溃决之害。而天气凉冷，绝似九月霜后之状。再核批稿信稿。傍夕又与幕府一谈。夜，倦极，温《书经》《多士》《无逸》二篇。小睡一更许。二更三点睡后，却不成寐。

廿三日

早饭后清理文件，见客，坐见者二次，围棋一局，又观人对弈二局，与幕友一谈，阅《蜀志》诸葛、关、张、庞、法等传。午刻见客一次。中饭后，又阅《蜀志》列传三首，阅本日文件。见客，坐见者一次，立见者二次。申正后，核批札各稿。傍夕与幕府一谈。夜写零字甚多，二更后温《书经·立政》篇。四点睡，尚能成寐。

廿四日（沅弟新放山西巡抚）

早饭后清理文件。接奉廷寄，知沅弟新放山西巡抚。贺客纷纷，竟日不止。巳正围棋二局，又观人一局。午刻写澄、沅两弟信一封。中饭后阅《鲍觉生诗集》，阅本日文件。申刻核批札各稿。夜核圩长执照及各公牍，二更后温《书经·微子》篇，带叶亭甥看星，四点睡。是日腹泻四五次，四更时起泄一次。日来身体总觉不适，大约脾湿而腹中有寒耳。

廿五日（因腹泻之疾，诸事废阁）

早饭后清理文件。见客，坐见者六次，围棋一局，又观人一局。小睡。写纪泽信一件。中饭后写两弟信一件，阅本日文件。倦甚，小睡。阅鲍觉生诗毕，又阅《湖海文传》。日内体中不适，每于早饭后困惫，若不克自持者。中饭后亦然。又有腹泻之疾，本日泻凡三次。诸事废阁，本日遂至不办一事，即见客亦系勉强支应，老境可叹，而颓惰亦可愧也！夜阅《左传·昭公》二十馀叶。未至二更睡，三点仍起洗脚。幸终夜熟睡，五更二点始醒，或无大病。

廿六日

早饭后见客，坐见者一次。旋围棋一局，又观人二局。又见客，坐见者二次，立见者一次。阅《蜀志》《二牧传》《先主》，至未正毕。阅本日文件。申刻核批札各稿，至酉正毕。与幕府久谈。夜核信稿九件。二更后，温诵七绝数十首。二更三点（睡），不甚成寐。

廿七日（目不忍睹两淮居民惨遭涝灾）

早饭后清理文件。旋围棋二局，阅《蜀志》后主及甘夫人等传、诸葛公传、关张等传、庞统法正传。中饭后围棋二局，核批札稿，阅本日文件，改信稿十三件，内尹杏农信改甚多，约七百字，改至二更毕。是日北风大雨，气象凄切。营外之水暴涨三、四寸，时虞堤决，则营中被淹二、三尺矣。两淮居民露处略高之处，无衣无食，无地可避，实属目不忍睹。又接家信，知罗氏外孙于廿三日巳刻殇逝，孙女福秀亦病，殊为系念。惟接两弟家信，知纪瑞侄入泮，为之一慰耳。

廿八日

早饭后清理文件。旋坐见之客三次，围棋二局。已刻，又坐见之客一次，阅《蜀书》许靖等传、董和等传、刘封等传。中饭后至幕府久谈，阅本日文件，核批札各稿。倦甚，久睡。竟日北风苦雨，水高于营约二三尺，而涨势尚未已。凉冷有似九秋，与《洪范》"五行"所称"恒寒恒风"者相类。酉刻接杨海琴信，寄到湖南永州等处金石各种及汇刻邓石如篆隶，又集《中兴颂》字为联见赠，展玩良久。杨以乙巳翰林出守永州，性耽金石，新升镇韂道者也。夜发各信，添写数行者三件。旋核札稿一件。二更后朗诵李、杜七古。三点睡。

廿九日（忧灼涝灾未止）

早间，立见之客一次。饭后，坐见者一次。清理文件，围棋二局，至幕府一谈，阅《蜀书》霍峻等传、杜微等传。凄风苦雨，竟日在濛濛水云之中，不知涝灾何所底止，忧灼之至！中饭后至幕府久谈。旋改告示稿一件，阅本日文件，核批札各稿。酉刻疲倦之至，至幕府一坐。傍夕，小睡良久。二更后温《古文·论著类》。三点睡，三更后稍能成寐。

## 七月

初一日

早起，各文武贺朔，见客六次。饭后，立见之客七次，坐见之客五次，围棋二局，清理文件。巳正阅《蜀书》黄权等传，阅蒋琬、费祎传。中饭后至幕府久谈，阅本日文件，核批札信稿。张锦堂寄到《仪礼义疏》及《经传通解》，翻阅一过。倦甚，又与幕府一谈。傍夕，小睡片刻。夜写零字颇多，温《古文·辞赋类》，二更后朗诵《哀江南赋》。三点后睡，不甚成寐。

初二日（纪泽寄到《几何原本序》）

早饭后清理文件，核信稿札稿数件。小睡片刻。巳正，阅姜维传、邓芝等传、杨戏各赞，未毕。中饭后与幕府谈两次，阅本日文件，写李少泉信五页，将夕始毕。纪泽寄到《几何原本序》，似明算理，文亦清矫。至营后土台眺览良久。灯后，倦甚。湿气甚重，小虫极多。小睡，不愿治事。二更后温陶诗十馀首。三点睡，尚能成寐。

初三日

早饭后清理文件。旋见客，立见者一次，坐见者二次，写纪泽信，凡六叶。巳正阅《蜀书》杨戏传，未毕。王少庚自京师来，与之久谈。旋阅邓芝等传毕，阅孙坚传，未初毕，阅本日文件。见客，立见者二次，坐见者一次。核批札各稿。剃头一次。傍夕与幕府久谈。夜倦甚，小睡。二更后，诵苏诗七古二十馀篇。三点睡，不甚成寐。

初四日（写《金陵楚军昭忠祠上谕碑》）

早饭后清理文件。旋见客二次，计芾村谈颇久，核信稿二件，写《金陵楚军昭忠祠上谕碑》，字三寸大，巳刻毕。小睡片刻。巳正，阅《三国·吴》孙策传、孙权传，未毕。中饭后阅本日文件，至幕府一谈。碑有错误之处，改写二行。写澄、沅两弟信，核札稿数件。倦甚，不能治事，傍夕小睡。夜核批稿稍多，二更后温《史记》数首。三点睡，尚成能寐。

附记

副都统衔参领乌尔图那逊、前协领春寿呈：

吉林营总 讷苏肯　头起官兵二百七十六员名，起外官兵十七员名

黑龙江营总　白图善　三起官兵二百七十九员名

土默特营总　六十七　该起官兵一百十八员名，起外官兵十五员名

初五日（阅《史记》《庄子》）

早饭后清理文件，见客二次，围棋二局，写家信一封、雪琴信一封。巳正，阅《吴书》孙权传毕，孙亮、孙休传，又阅孙皓传，未毕。中饭后至幕府久谈，阅本日文件。小睡片刻。核批札各稿，酉正毕。与幕客久谈。夜拟作摺稿，倦甚，竟不能作。小睡颇久。二更后，阅《史记》《庄子》，择其有诙诡之趣者，乃不可多得。四点睡。

初六日

早饭后清理文件。旋围棋二局，见客二次。小睡片刻。巳正阅孙皓传毕，阅刘繇、太史慈、士燮传。午刻见客二次，刘开生谈最久。中间[饭]后阅本日文件，与幕府一谈。旋阅摺稿至二更止，未毕。傍夕至土台一览。二更后小睡，三点后登床，不甚成寐。

初七日

早饭后清理文件。旋见客，坐见者一次，立见者二次，围棋二局。小睡片刻。巳正作昨日摺稿毕。午刻阅孙静等传。中饭后与幕府久谈，阅本日文件。旋改摺稿二件、片稿一件。至土台与幕友一谈。灯后倦甚，不愿治事。二更后温杜诗七律。三点睡，不甚成寐，三更末始得甘寝。

初八日（温《文选·幽通》等赋）

早饭后清理文件。旋见客二次，围棋一局，禹级三来谈颇久。旋又见客，坐见者二次，立见者二次。小睡片刻。巳正阅孙贲等传，张昭、顾雍传，中饭后毕。与幕府久谈，阅本日文件。小睡片刻。核批札各稿至酉正二刻，未毕。登后台眺览。王少庚来久淡。夜核批札信稿，至二更粗毕。温《文选，幽通》等赋。四点睡。是日发报四招、一片，写纪泽等信一件。

初九日（拟改修米仓于北岸）

早饭后清理文件。旋见客，坐见者二次，立见者一次，围棋二局。巳刻过河，至南岸看新修之火药库，旋至刘松山及李祥和营各小坐片刻。至鼓楼上一看，拟于该处修米仓而不方便，遂议改修于北岸。午初三刻归。阅诸葛瑾传、步濛传，未毕。中饭后与幕府久谈。阅《步濛传》毕，(阅)张纮等传，阅本日文件。小睡片刻。核批札各稿，与幕府一谈。夜温《古文·传志类上》。二更三点睡，不甚成寐。

初十日

早饭后，坐见之客一次，清理文件，围棋二局。阅周瑜、鲁肃、吕蒙传，程普、黄盖等传，未毕。小睡片刻。中饭后，倦甚。与幕府久谈。旋围棋二局，阅本日文件，阅《易经纂言》。小睡片刻。核批札各稿。傍夕与客久谈。夜核批札稿毕，二更后温《史记》数篇。三点睡，尚能成寐。

附记

陈瑞芝宿迁人，诸生，出家财练兵，耳聋

朱子善安东人，少孤母在，臂力过人，汪际云禀保

汪际云清河人，文生，七律四首，条陈四事

十一日

早饭后清理文件。见客，坐见者三次，围棋二局。旋又见客三次，李衔华、唐鹤九 两起谈最久。阅《吴书》程普等传毕，阅朱 治、朱然传。中饭后与幕府久谈，阅本日文 件，写雪琴信一件，改方元徵信稿，言地球作 一大木球事。傍夕与幕友久谈。夜，倦甚。核批札稿毕。小睡。二更后温《诗经》二十 馀章。二更三点睡，尚能成寐。

附记

○杨、赵案　○晏书院　○李滁事

○催晋饷　○点营名　○铺仓板

〇发摺差　〇遣刘、朱　〇杜、庞事

十二日（夜作《地球图说》）

未明起，设位拜牌，是日为慈安皇太后万寿期也。旋见客一起。早饭后清理文件。见客，坐见者二次，围棋二局。小睡片刻。阅《三国志》旋绩、吕范、朱桓等传，虞翻、陆绩、张温等传。中饭后与幕府久谈，阅本日文件，围棋二局，见客二次，与黎莼斋等谈文。申正核批礼信稿。傍夕小睡。夜作《地球图说》。二更四点睡，用心太过，不甚成寐。

十三日（请唐鹤九等便饭）

早饭后清理文件。旋见客，坐见者二次，立见者一次。观人围棋二局。见客一次。阅《吴书》骆统、陆瑁等传，陆逊、陆抗传。午正二刻饭后，黄军门来，久谈时许。请唐鹤九等便饭，申正散。阅本日文件。见客，立见者二次，坐见者一次。定纪泽信一件，见客二次，与幕府一谈。小睡片刻。夜核批札稿，倦极，二更小睡。四点睡，颇能成寐。

附记

李应友平江千总，四两五钱

梁玉贵耒阳千总，四两八钱

（以上）罗

余洪胜奉新千总，四两八钱

何玉林湘潭千总，四两八钱

（以上）张

曾凤山衡阳、湘乡守备，四两八钱

周玉华湘潭守备，四两八钱

（以上）朱

周友亭湘乡都守，六两

贺桂林湘乡守备，九两五钱

罗登高湘乡千总，六两

李清桂湘乡把总，六两

（以上）刘

十四日（骇悉邵位西夫人去世）

早饭后清理文件。见客，坐见者一次，立见者四次。围棋二局，又观人一局。阅孙登、孙虑等传，贺齐、全琮、吕岱等传。倦甚，小睡。中饭后与幕府一谈，阅本日文件，写澄、沅两弟信，核批札各稿。傍夕小睡。接纪泽信，骇悉邵位西夫人于十二日去世。夜再核信稿，二更后温杜、韩七古。三点睡，颇能成寐。是日大雨竟日，凉冷特甚，有似深秋。

十五日

早饭后清理文件。旋见客，坐见者二次，立见者一次，围棋二局。阅《吴书》周鲂、钟离牧传，潘浚、陆凯传，是仪、胡综传。中饭后与幕府久谈，阅本日文件，黄军门来久坐，写少泉信二件、纪泽信一件。傍夕至土台久眺。小睡片刻。夜核批札信稿。二更后倦甚，不能治事。三点睡。是日接廷寄二道。其初九日一道，因久不奏事，严旨诘责。

十六日

早饭后清理文件。见客一次。旋点晋、裕两营之名。巳刻围棋一局，又观人一局。旋点仁字营之名。午初，阅吴范、胡[刘]悖、赵达传，诸葛恪传。中饭后与幕府久谈，阅本日文件。金陵寄到新刻《季公墓铭》，展玩良久。拟作会馆并戏台对联，良久不成。与刘开生等久谈。夜写零字甚多。因作联不成，遂将诸事废置。老来心如废井，若无水可以汲引者，为之慨然！二更四点睡，不甚成寐。

附记

○齐帅被挤告李　○海琴联幅

○刊书百金　○瑞侄尧子贺仪

十七日(作会馆并戏台对联毕)

早饭后清理文件。旋见客一次,将对联作成。点星字左右两营之名。与幕府一谈,围棋一局,又观人一局,再作对联一副。中饭后点忠朴营之名。写对联数付、扁二幅,阅本日文件,至幕府一谈。小睡片刻。酉刻核批札各稿,至土台上一眺。夜写李少泉信二叶、纪泽信一封,核科房批稿。二更三点睡,倦甚,尚能成寐。

十八日(渡江至南岸点各营之名)

早饭后清理文件。旋渡江至南岸点各营之名,因北风太大,人多谏阻。至刘松山营点五旗、六旗、八旗三营共一千五百人。巳正因北风太大,不能渡回北岸,又点易开俊部下一旗、二旗之名。中饭后,令营务处点刘部下四旗、十旗、副前旗之名。营务处张、罗二人上半日已点三旗、七旗、九旗之名。凡余点五营,张、罗点六营,老湘十一营皆点毕矣。申刻狂风大雨,竟不能渡回北岸,即在刘松山营内住宿。竟夕风雨,气象凄凉。夜间早睡,四更即醒,不复成寐。

附记

○将启程四条札　○洋药咨

○禁掳船札示　○两镇缺

色尔固善所呈册摺:

管吉林、黑龙江头起:伯都讷副都统高福一百七十一两零

所部官三十四员多者月支六十三两零,少者月 支十一两零

兵丁二百一十五名口分七两五钱零,夫一两二钱

书识四名　口分九两,夫一两二钱　共二百五十三人

勇号营总六十两零,参领二十六两零,防御二十三两零,骁骑校十七两零,以上三项有勇号者各加廿三两二钱三分八厘六毫

管吉林、黑龙江二起汉军:副都统温德克勒西

所部官四十一员

兵丁二百五十四名

书识四名

领银均同上　共二百九十九人

管吉林八起、黑龙江三起:已革副都统常星阿

所部官十七员

兵丁一百十三名

书识一名

领银均同上 共一百卅一人

钦派率领吉林、黑龙江各起:宁古塔副都统色尔固善未拟所部满官十四员、汉官四员满官同上,汉官未定

兵十一名,勇十二名兵同上,勇粮夫共七两四钱零

书识四名同上

共四十五人

四共工百廿八(人)

十九日(自南岸冒风雨渡回北岸)

早饭后清理文件。自南岸刘松山营冒风雨渡回北岸，辰正抵营。围棋二局，阅昨日文件，习字一纸。阅《吴书》滕胤、孙峻、孙綝、濮阳兴传。中饭后与幕府久谈，再围棋一局，阅本日文件，核批札信稿颇多。傍夕小睡。夜再核批札稿，核一摺、一片稿，二更后温《史记·游侠传》，三点睡。是日仍竟日风雨，气象悉惨，皖北已成大灾，曷胜焦灼！

廿日

早饭后清理文件，围棋二局。见客，坐见者二次，习字一纸，核札稿一件未毕。午刻阅王蕃、贺邵、楼玄、华核、韦曜等传。中饭后至幕府久谈，阅本日文件，核批札各稿甚多。酉刻至黎莼斋处一谈。傍夕，小睡片刻。夜核京信稿、札批各稿，未毕。二更后倦甚，不能治事。三点睡，久不能寐，四更后乃稍假寐。是日仍大风苦雨，竟日不息。夜作沅弟信一件。

廿一日

早饭后清理文件。旋围棋二局，见客，坐见者一次，立见者一(次)。点黄金志马队之名。午刻阅《魏书·武帝纪》。中饭后至幕府久谈，习字一纸，阅本日文件，改摺稿一件、片稿一件，见客二次。傍夕小睡。夜再改摺稿一件、片稿一件。二更后温《史记》三篇，四点睡。是日雨息一日。

廿二日(沅弟决计辞晋抚之任)

早饭后清理文件。旋见客，立见者二次，坐见者五次，围棋二局，习字一纸，阅《魏·武纪》毕。中饭后至幕府一谈，阅本日文件。小睡片刻。写对联六付、“寿”字一幅。见客，立见者一次，坐见者一次。拟作摺稿，未及下笔，与幕府一谈。小睡片刻。夜再与幕中久谈。作摺，及二更五点未毕，已成六百字。接沅弟信，决计辞晋抚之任矣。淡于荣利，可敬；其病势未减，又可忧也。睡后，彻夜不寐。

廿三日(至凤阳府城)

早饭后清理文件。旋见客三次，将昨日摺稿改毕。辰刻出门至明陵，水路行六里，陆行十六里，至凤阳府城，又行十五里至皇陵。周围约一百里，中有旷野，其平如水，坐南向北，北面之东为凤阳府城矣，西为凤阳县城。罗围之内南北约三十里，东西约四十里，大致则浑圆，非椭圆也。围内之水由东北隅一圆山下出，山形如纬帽，高十馀丈，坟高约二丈许。登坟一望，四面之山十馀丈、廿馀丈者，皆若俯出其下，天光极为圆聚，信异地也。未初看毕，未正归，来至凤阳府署小坐，回至营内已更初矣。阅本日文件，邹至堂来一谈，再将摺稿核改。二更四点睡，颇能成寐，五更初醒。途次阅《文帝纪》《明帝纪》，未毕。

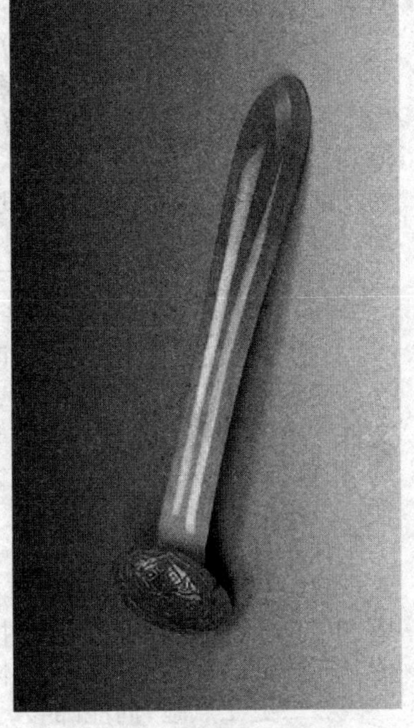

翡翠雕福寿纹发簪　清中期

廿四日(是日启程赴徐州)

早饭后清理文件。是日启程赴徐州，送行之客极多，凡见十馀次。袁婿与黄上达口角争闹，再三询问调处。午初登舟，与黄军门久谈。中饭后发报三摺、三片。未初开船，行二十里，因风大不顺，即行湾泊。在舟次核批稿十馀件，亦以风大掀簸而止。阅《明帝纪》毕，(又阅)齐王芳、高贵乡公髦(传)。傍夕登岸一看。夜与邹至堂久谈，核批札稿数件，默诵《书经》数篇。二更三点睡，三更后颇能成寐。

廿五日

早饭后开船，行数里风仍不顺，开戗行走，共行七十里，申初至五河县泊宿。辰刻清理文件，将前二日所阅《魏书》略为题识，阅陈留王奂传、皇后传。中饭后写两弟信二封，核札批稿。泊船后见客，坐见者六次，立见者三次，围棋二局，黄军门来久坐。夜，王沐来一坐，核批札各稿毕。二更后温诵《书经》。四点睡，五更醒，近日五更后皆不复成寐矣。

廿六日

早饭后开船，行十馀里搁浅，耽搁一时许。至未正又搁浅一次。酉初至泗州湾泊，凡九十里。五河至泗，本系小船，近因大水，凡田地皆淹没，如大湖然，竟日在高粱等地中行船。上半日阅董卓、袁绍、袁术、刘表传，吕布、张邈、臧洪传，未刻阅毕。旋核信稿数件。见客，坐见者二次，立见者四次。夜与至堂一谈，核批札稿。温《诗经》，默诵数十章，似有所会。三点睡，尚能成寐。

廿七日（观泗州僧伽寺塔）

早饭后清理文件。是日在泗州停驻一日。见客，坐见者四次，立见者四次，围棋二局。旋进城至释迦寺。泗州僧伽寺塔，唐时最为宏丽，李太白及韩、苏皆有诗，韩即《送僧澄观》七古一章，皆在旧泗州。今之泗州则虹县治所改，非僧伽之寺矣。而颇有树木，亦为江淮间所仅见。与客游玩良久。旋至州署一坐，午初三刻回船。阅公孙瓒、陶谦、张扬、公孙度传，中饭后半时许阅毕；又围棋二局，核批札各稿，部署明日登陆各事。夜又核公牍多件。倦甚，小睡。二更三点睡，三更后稍能成寐，未及五更醒。

廿八日（料理夫车各发现钱等琐事）

五更三点起，早饭后天始明，见客三次。启程登陆，行三十五里至长直沟，停歇一时许。又行三十五里，未正至灵壁县驻宿。坐见之客三次，立见者二次，清理文件，阅本日文件。出门至张敬堂家一坐。料理夫车各事。夜写少荃信一件。是日在轿中阅张燕、张绣、张鲁传，四曹、三夏侯传，二荀、贾诩传，未及乙识。料理夫车各发现钱等事，殊为烦猥。二更三点睡，三更成寐，五更一点醒。

廿九日

黎明起。饭后稍耽搁。再启程，行三十里至娄庄，张敬堂备饭饯别。饭后又行三十里，申初至大店驿驻宿。在舆中阅《魏书》袁涣、国渊、邴原、管带[宁]等传，崔琰、毛歒等传，华歆、钟繇、王朗等传。阅本日文件，与幕客一谈，将昨日所阅史略加乙识。夜与至堂一谈。二更三点睡，尚能酣寝，五更醒。

卅日

早饭后清理文件。启程行二十里，至三铺打尖，小坐半时许。又行三十里，未初至宿州城内驻宿。在舆中阅程昱、郭嘉、董昭、刘晔、蒋济、刘放、孙资传，刘馥、司马朗、梁习、张既传。中饭传[后]围棋二局。旋至幕府久谈。是日到城，共坐见之客四次，立见者九次，内徐州镇董奉高系带队来接者也。夜将四曹、三夏侯传乙识。二更三点睡，颇酣，五更二点醒。

## 十二月

初一日

早，各文武贺朔，见客，坐见者六次，立见者七次。清理文件，围棋二局，阅《水浒》二卷。中饭后至幕府一谈，阅本日文件，写对联数付，围棋二局，核批札各稿。傍夕与幕友一谈。夜将所抄古文稍一编次，朗诵《至言》等篇。二更三点睡，不甚成寐。

初二日(诸人来长信论盐务洋务)

早饭后清理文件。见客,立见者二次,坐见者二次,围棋二局,阅汪龙庄书。中饭后至幕府久谈,阅本日文件,又围棋二局。阅丁雨生、许缘仲诸人信,论盐务洋务,极长。傍夕与幕友久谈。夜改丁雨生信,约改五百字,二更后温古文。三点睡,三更后成寐。

初三日

早饭后清理文件。旋围棋二局,见客,立见者一次,坐见者四次,容闳及张敬堂坐皆极久。阅《水浒》一卷。中饭后至幕府一谈,阅本日文件颇多,核批札各稿,改许缘仲信稿。傍夕与幕友一谈。夜改陈小浦信稿,约改四百字。二更后温《系辞传》。三点睡,未至三更即成寐,五更二点方醒,近时罕得此美睡耳。

初四日

早饭后清理文件,张敬堂来久谈。旋围棋二局,看《水浒》三卷,见客一次。中饭后又围棋二局,阅本日文件,核批札信稿甚多。傍夕至幕府一谈。夜因眼蒙腰疼,不能治事,与伯敷久谈。二更后阅《古文辞类纂》。三点睡,颇能成寐,五更醒。

初五日(阅《古今将略》)

早饭后清理文件,见客,坐见者一次,立见者二次,围棋二局,又坐见之客二次,录《雅训杂记》。中饭后再围棋二局,写对联七付,阅本日文件,核批札各稿。傍夕与幕府久谈。夜再核批札信稿,阅明冯时宁以一所纂《古今将略》。二更四点睡,竟夕不能成寐,

初六日(批开生所作《历人解》)

早饭后清理文件。见客,坐见者一次,围棋二局,写澄、沅二弟信,写李少泉信,抄《雅训杂记》。中饭,请容纯甫、张石朋等便饭,久谈。饭后又围棋二局,阅本日文件,核批札各稿。傍夕与幕府一谈。夜,申夫来久谈,二更后批开生所作《历人解》,四点睡。

初七日

早饭后清理文件,见客一次,围棋三局,抄《雅训杂记》。午初阅《释器》。中饭后阅本日文件,核批札各稿,批黎纯斋等文二首。申正与幕友一谈,甚久。夜温古文三首。倦甚,阅《水浒》二卷。二更四点睡,尚能成寐。

初八日

早饭后清理文件,见客,立见者一次,坐见者三次。点桂字二营、松字新中营之名。见客,坐见者一次,立见者二次。围棋二局,抄《雅训杂记》,阅《释器》。中饭后至幕府一谈。阅本日文件,又围棋一局,观人一局,阅《释器》毕。傍夕至伯敷处一谈。夜答朱孔杨书,论转注,约五百字,未毕。二更四点睡,不甚成寐。

初九日

早饭后清理文件。旋见客,坐见者三次,立见者一次。复朱孔扬信毕,围棋二局。见客一次。抄《雅训杂记》。中饭后,申夫来久谈,阅本日文件,阅《释乐》。傍夕与幕府久谈。夜写纪泽等信一件,核京信稿十馀件。二更后倦甚,不能治事,徘徊庭院,与幕友久谈。二更三点睡。

初十日

早饭后清理文件,坐见之客一次。点松字三营之名。围棋二局,抄《雅训杂记》,阅《尔雅·释天》十叶。中饭后至幕府久谈,阅本日文件,写对联六付,又围棋一局,核批札各稿。傍夕与幕府一谈。夜温古文六篇。二更三点睡,尚成能寐。梦姚姬传先生谈文颇久。

十一日

早饭后清理文件,见客一次,又立见者三次。围棋二局。抄《雅训杂记》,阅《尔雅·

释天》。中饭后至幕府一谈，阅本日文件，写对联五付、横披一帧，约百馀字。见客二次。酉刻与幕友久谈，将入京摺弁所送同乡炭敬料理一番。夜添黄恕皆、徐寿蘅、周荇农信各一叶，核批札信稿。二更三点睡。

十二日（今拜发元旦贺摺）

早饭后清理文件，拜发元旦贺摺。旋点松字三营之名。见客一次，围棋二局。将京信中吴竹如、刘韫斋、黄晓岱、皮筱舲等各加信一二叶不等，至未正写毕。阅本日文件。观人围棋一局，甚久，约一个半时，天已黑矣。申夫来久坐，直谈至二更后。客去即睡，不甚成寐。未正见客二次，又立见者一次。

十三日（至城外阅张敬堂营内操演）

早饭后清理文件，围棋二局，巳刻至城外阅张敬堂营内操演，午正归。中饭后又围棋二局，阅本日文件，核批札各稿，见客一次。傍夕与幕府久谈。夜核二批稿，约五百字，温古文数首，朗诵《系辞》上、下传。二更三点睡。是日接澄、沅弟十一月朔日信。辰刻、未刻阅武梁祠刻象及各牌[碑]数种。

十四日（点亲兵护军及敬字营之名）

早饭后清理文件。点亲兵护军及敬字营之名。见客，坐见者二次，立见者一次，围棋二局，抄《雅训杂记》。中饭后至幕府一谈，阅《尔雅·释天》，阅本日文件，写李少泉信一封。见客一次，谈颇多。又至幕府一谈。夜核批札各稿，再写少泉信一叶，二更后诵杜、韩七古。三点睡，尚能成寐。

附记

杨治邦吴都司之勇，现至寿州，在五河说

吴天保怀远人

十五日

早间谢绝诸客。早饭后清理文件，见客三次，坐均甚久。旋围棋二局，抄《雅训杂记》，阅《尔雅·释天》。中饭后阅本日文件。出门拜客二家，写澄、沅二弟信，甚长。傍夕与幕友久谈。夜核批札各稿。二更后温《诗经》《离骚》。三点睡，甚能成寐，五更二点睡[醒]。

十六日

早饭后，摺弁自京归。饭后见客五次，坐谈均久，又立见之客三次，围棋二局。抄《雅训杂记》。中饭（后）至幕府一谈，阅《尔雅·释地》，阅本日文件，围棋二局，写对联六首，见客二次。傍夕与幕中一谈。夜核批札稿，写零字颇多，二更后温东坡七古二十馀首，三点睡。

十七日

早饭后清理文件。见客一次，围棋二局。阅济宁学宫各碑，北海《相景君碑》字及额最为古厚，《范式碑》与《郑季宣碑》阴之额亦殊奇古，爱玩久之。坐见之客三次，抄《雅训杂记》，阅《尔雅·释地》。中饭后至幕府一谈，阅本日文件。为朱式云营命案事，见客三次，商议良久。阅《经籍考》三卷。傍夕与幕府久谈。夜核批札信稿。二更四点睡，倦甚，不能成寐。

十八日（知湖北成大吉一军叛变，势极危急）

早饭后清理文件。见客，坐见者三次，立见者三次，围棋二局，申夫来久谈。中饭后与幕府一谈，阅本日文件。改复李眉生信稿，约千六百字，至二更改毕。傍夕与幕友久谈。二更后接各信，知湖北成大吉一军叛变，引捻匪深入，上至黄陂，下至黄冈、阳逻、沙口、滠口，处处皆贼，势极危急，深以为虑！温《古文·诏令类》。三点睡，不甚成寐。是夜接沅弟十一月廿五夜信，气象平和稳实，慰甚。

十九日

早饭后清理文件。是日立春，贺客一概谢绝。围棋二局，见客，坐见者二次，立见者一次。阅《文献通考·经籍考》，是日共阅三卷。中饭后与幕府一谈，又围棋二局，写对联七付，阅本日文件。见客二次，与幕府久谈。夜核批札各稿，二更后温《古文·序跋类》。三点睡，颇能成寐。

廿日

早饭后清理文件，见客，坐见者一次，立见者二次，围棋二局。将水师事宜再核一过。中饭后至幕府一谈，申夫来久谈，围棋二局。阅本日文件，将水师营制再核一过。傍夕核批札各稿，与幕友一谈。夜改长江水师一摺，至二更三点止，凡改六百馀字，未毕。睡不甚成寐。是日接澄、沅二弟信，十一月十三日发者。

廿一日（阅《文献通考·经籍一》）

早饭后清理文件，将长江水师摺改毕，倦甚。阅《文献通考·经籍一》。午刻见客，坐见者三次。中饭后围棋一局，又观人一局。申刻，坐见之客二次，阅本日文件甚多，核批札各稿未毕。傍夕与幕友久谈。夜试笔，写零字甚多，核湖团一案之批，二更二点毕。三点睡，颇能成寐。

廿二日

早饭后清理文件，围棋二局。见客，坐见者三次，立见者一次，阅《经籍考》二、三卷。中饭后至幕府悤谈，阅本日文件，见客四次，核批札各稿，下对联等款。酉刻再与幕友一谈。夜写零字甚多，二更后温《古文·辞赋类》。三点睡，三更后成寐。

廿三日（拟改查办山东事件）

早饭后清理文件，围棋二局。旋阅《经籍考》一卷，坐见之客二次，申夫来一谈。中饭后至幕府一谈，阅本日文件，围棋一局。将改查办山东事件，久未下笔，傍夕始清厘头绪。夜改摺约六百字。二更三点睡，尚能成寐。

廿四日

早起。饭后清理文件，围棋二局。见客，坐见者一次，立见者一次。阅《经籍考》一卷零七叶。中饭后至幕府久谈，阅本日文件。因纪泽久不到徐，殊为廑系，派弁再往探接。见客，坐见者一次。改摺约三百字。傍夕与幕友久谈。夜再改摺约八百字，二更四点毕。睡尚能成寐，四更四点醒。

附记

○核东摺　○改豫摺

○写湘信　○札批积件

廿五日（纪泽自金陵来）

早饭后清理文件。见客，坐见者二次。围棋二局，写纪鸿信一件，写澄、沅二弟信一件。与申夫久谈，见客一次。中饭后阅《经籍考》半卷，与幕府一谈，阅本日文件，围棋一局。傍夕，纪泽儿自金陵来，与语甚久。夜改摺稿约三百字。二更三点睡，疲困极矣。

廿六日

早饭后清理文件。旋围棋二局，见客，坐见者一次。改河南查办摺毕，约改五百字。中饭后至幕府久谈，阅本日文件，核近数日批札稿，酉刻粗毕。又与幕府一谈。夜改摺一件，约改四百字。二更三点睡，幸尚成寐。

廿七日

早饭后清理文件。旋围棋二局，见客，坐见者二次，与申夫久谈。中饭后又围棋一局，阅本日文件，与幕友久谈。申正改一密片，至夜二更时毕，约七百馀字。三点睡，三更二点成寐。

廿八日

早饭后清理文件。见客，坐见者四次，立见者一次，围棋二局。又改片稿一件，阅《经籍考》半卷。中饭后与幕友久谈，见客，坐见者一次，立见者一次。阅本日文件，核对本日应发之四摺、二片、二清单，应改换者数处。近年奏事，以此次为最难，盖水师事宜营制关系本重，而查办山东、河南两摺亦唯恐轻重失中，故再三审慎也。旋阅《经籍志》半卷。傍夕与幕友久谈。夜核批札各稿。酉刻发报。二更三点睡，颇能成寐。

廿九岁除日

早饭后清理文件。旋围棋二局，见客，坐见者二次。阅《经籍考》一卷。午刻请幕友中饭，旋与之久谈。阅本日文件，又围棋二局，阅《经籍考》二卷。与幕友久谈。夜又阅书一卷，核批札各稿。二更后倦甚，不能治事，三点睡。

# 卷十六 同治五年

## 正月

初一日（阅《经籍考》）

早起。黎明，率文武各员拜牌。旋见客三十馀次，皆各文武贺喜者。清理文件，围棋二局，又坐见之客一次，阅《经籍考》一卷。中饭，请幕中各友，未刻散。阅本日文件，又阅《经籍考》一卷。围棋二局，与幕友久谈。夜又阅书一卷。倦甚，不欲治事，徘徊庭院良久。二更三点睡，尚能成寐。

初二日

早饭后清理文件。见客，坐见者一次。出门拜客，午正归。围棋一局。中饭后至幕府畅谈，阅本日文件。见客二次，围棋二局。阅《经籍考》子部二卷、集部一卷。傍夕与幕友一谈。夜核批札各稿。二更五点睡，三更后颇能成寐。

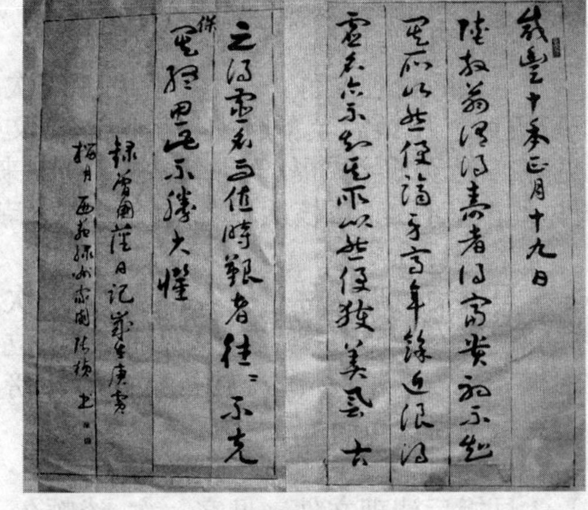

曾国藩日记

初三日

早饭后清理文件。旋见客一次，围棋二局，阅《经籍考》集部一卷，写霞仙信一件。中饭后与幕府一谈，阅本日文件，又围棋二局，阅《经籍考》一卷，见客二次，与幕友一谈。夜写零字颇多，核信稿二十馀件。二更三点睡，三更成寐。

初四日

早饭后清理文件。旋见客，坐见者五次，立见者三次，围棋二局。阅《经籍志[考]》三卷，至申刻阅毕。中饭后与幕府一谈，阅本日文件，又围棋一局。傍夕与幕友久谈。夜写零字甚多，改信稿二件，未毕。二更四点睡，尚能成寐。

初五日

早饭后见客，坐见者三次，立见者一次，清理文件，围棋二局。阅《经籍考》三卷，申夫来久谈。中饭后写对联五付、挂屏四幅、横披一幅，阅本日文件，围棋一局，核批札各稿，与幕府一谈。夜核改信稿十馀件，温《诗经》二十馀篇。二更四点睡。

初六日

早饭后清理文件。旋见客，坐见者四次，立见者一次，围棋二局，阅《经籍考》至未正毕。中饭后写对联八付,阅本日文件,围棋二局,申夫来一谈,写澄、沅两弟信。傍夕与幕友一谈。夜核批札信稿颇多,温《书经》三篇。二更三点睡,三更后成寐。

初七日(夜温陶诗)

早饭后清理文件。见客,坐见者二次,立见者三次,围棋二局。阅《经籍考》,至傍夕止,共阅五卷。凡《经籍考》七十六卷,近粗涉猎一过。中饭后至幕府一谈,写对联八付。围棋二卷[局]。傍夕又与幕府久谈。夜核批札信稿,二更后温陶诗二十馀首,高声朗诵。三点睡,四更未醒。

初八日(恭逢星冈公九十三岁冥诞)

是日恭逢王父星冈公九十三岁冥诞,营中未能设祭。早饭后清理文件。旋见客,坐见者四次,立见者一次。旋围棋一局,又观人一局。写李少泉信六叶。中饭后写陈作梅信二叶。至幕府久谈。阅本日文件,写横披一帧,约二百字。见客,坐见者二次,谈均久。核批札稿,改摺稿一件。傍夕与幕友一谈。夜核改各信稿,二更后温《古文简本》。二更三点睡,三更后成寐。

初九日

早饭后清理文件。围棋二局,见客,坐见者三次,立见者一次。阅《尔雅》《释地》《释丘》。中饭后至幕府久谈,阅本日文件。围棋二局。见客一次。阅《释山》一卷,傍夕至幕府一谈。夜核批札稿。倦甚,懒于治事,阅《皇甫持正集》。二更三点睡。是日大雪竟日,寒甚。

初十日(发谢赏"福、寿"字恩摺)

早饭后清理文件。见客,坐见者四次,立见者三次,围棋二局。阅《释水》一卷、《释草》五叶。中饭后至幕府一谈。阅本日文件,又围棋二局。纪泽儿病已两日,请人诊治。见客二次,发谢赏"福、寿"字恩摺,申夫来久谈。傍夕又与幕府诸人一谈。夜改摺稿一件,约改三百馀字,核批札各稿,温古文、诗、赋数首。二更三点睡。

十一日

早饭后清理文件。见客,坐见者四次。因纪泽病未痊,请两医诊治。旋观人围棋一局,阅《释草》十叶。见客,从见者二次,立见者三次。中饭后至幕府一谈。阅本日文件,围棋一局。倦甚,小睡。旋核批札稿。傍夕至幕中一谈。又小睡片刻。夜核信稿甚多,二更后温柳文数首,三点睡。

十二日

早饭后清理文件。见客一次,谈颇久。围棋二局。阅《释草》十叶。中饭后至幕府一谈。眼蒙殊甚。阅本日文件,又围棋二局。见客,坐见者二次,立见者一次。阅《湖海文传》十馀篇。夜改片稿二件,约改三百馀字,核批札各稿。二更三点睡,尚能成寐。

十三日(纪泽病小愈后又复发)

早饭后清理文件。见客,立见者二次,坐见者一次。出城看操,午初旧。围棋二局。中饭后与幕府久谈,阅本日文件,又与伯苻一谈。见客,坐见者一次,立见者一次。倦甚,小睡。核批札各稿。傍夕小睡。夜核信稿数件,二更后温陶诗。三点睡,不甚成寐。纪泽之病昨日小愈,本日又翻,为之不释。

十四日

早饭后清理文件。见客,坐见者三次,立见者三次。改片稿二件,围棋二局。阅《晋书》列传数首。中饭后与幕府久谈,阅本日文件,围棋二局,发报一摺、四片,再阅《晋书》传数首。酉刻见客一次。傍夕与幕友一谈。夜核批札信稿,二更后温《古文·书牍类》。三点睡,尚能成寐。

十五日(不知余何时落一壮齿,恐吞入腹中矣)

贺节之客,概谢不见。早饭后清理文件。旋出城看马队操演,午初归。围棋二局。中饭后与幕府一谈,阅本日文件,写澄、沅两弟信。左腭上落一壮齿,不知何时已落,或吞入腹中矣。眼蒙,不能治事。偶思古文、古诗最可学者,占八句云:"《诗》之节,《书》之括,孟之烈,韩之越,马之咽,庄之跌,陶之洁,杜之拙。"将终日三复,冀有万一之合。核批札各稿,与幕中久谈。夜核各信稿。温《庄子》数篇。二更三点睡。

十六日

早饭后清理文件。见客,坐见者三次,立见者三次,围棋二局。写纪鸿信一件,写郭意城信未毕。又坐见之客二次。中饭后与幕友久谈,阅本日文件,坐见之客一次,围棋二局。将意城信写毕,核批札各稿。与幕友久谈。夜核信稿甚多,二更后温《古文·辞赋类》。三点睡,不甚成寐。

十七日(出城看老湘营操演)

早饭后清理文件。旋出城看老湘营操演,午正归。围棋二局。中饭后与幕友一谈,见客,坐见者一次,立见者一次,阅本日文件。阅《释草》十叶,核批札各稿。傍夕与纪泽一谈,与张振轩一谈。夜写朱久翁信二叶,核各信稿数件,二更后温古文及杜诗。三点后睡。

十八日

早饭后清理文件。见客,坐见(者)四次,立见者二次。围棋一局,又观人一局。阅《释草》十叶,写纪鸿信一件。中饭后与幕府一谈。见客,坐见者一次,立见者一次。出门至李幼荃处送行。归,与幕府久谈,改一咨稿,约四百字。傍夕,申夫来久谈。旋改批札各稿。二更后倦甚,不能治事,小睡。三点睡,三更后稍能成寐。

十九日

早饭后清理文件。见客,坐见者二次,立见者二次。围棋二局,阅《尔雅·释草》毕。中饭后至幕府一谈,阅本日文件,又围棋二局,核批札各稿。申夫来久谈,论教八股试帖之法,颇有心得。傍夕与幕友一谈。夜核批札稿毕。二更后倦甚,小睡。阅张释之等传。三点睡,不甚成寐。

廿日

早饭后清理文件。张道等来坐,久谈。围棋一局,又观人一局。阅《释木》十二叶。中饭后至幕府一谈,阅本日文件,又围棋三局。见客,坐见者一次。午刻改信稿,申刻改信稿,至夜又改信稿,共计改四十馀信。傍夕与幕府久谈。二更后朗诵《易·系辞》及古文十馀首。三点睡,尚能成寐。

廿一日(出城看吉中八营操演)

早饭后清理文件,阅京信十馀件。出城看吉中八营操演,午正归。又阅各京信毕。中饭后阅《封爵敕书》。前半之文,清、汉皆系于锦中织成者,后半则系续写褒封之谕旨,即三年六月廿九日谕旨也。为字无多,而写者颇有错落。沅弟封威毅伯一轴,错落尤多。近年,凡领诰轴皆系如此。沅弟今年进京,拟一商之可改领否。阅京中购买之书,围棋一局,又观人一局,祝爽亭来久坐。阅《释木》十叶,核批札各稿。酉刻与幕府久谈。夜核批稿毕,温《孟子》数十章。二更三点睡,不甚成寐。

廿二日

早饭后清理文件。见客一次,围棋二局。阅《释木》《释虫》十叶,写云仙信一封。中饭后与幕府久谈,又围棋一局,观人一局,阅本日文件极少。写扁二方,阅程易畴《通艺录》。傍夕与幕中久谈。夜核批札稿,阅《通艺录》。二更后温序跋中史迁各文,似有所得。三点睡，颇能成寐。梦阮文达公以无数佳砚见示，赏玩未毕而醒。

廿三日（阅《释虫》《通艺录》）

早饭后清理文件，围棋二局。见客，坐见者一次，立见者一次。阅《释虫》十馀叶，阅程氏《通艺录》。见客，坐见者二次。写少泉信一件。中饭后写对联八付、扁二方，阅本日文件，核批札各稿，与幕友一谈。倦甚，傍夕一睡。夜温《古文·传志类》。二更三点睡，不甚成寐。

廿四日（阅霞仙所寄《石经》）

早饭后清理文件，见客一次，围棋二局。旋又见客二次，魏申先春农自陕西来。接霞仙信并寄《石经》一部，共二十六套，内十二套略为水所渍，因晒掠，逐叶翻揭。阅《释鱼》十叶。中饭后与幕友一谈，阅本日文件。计芾村来，坐谈颇久。阅《湖海文传》二十馀首，写挂屏二幅，约二百字，写纪鸿信一件。傍夕与幕友一谈。夜核批札各稿，写零字甚多，二更后温《史记》三首。三点睡，甚能成寐。

廿五日

早饭后清理文件。见客，坐见者二次，谈颇久。围棋二局，阅《尔雅·释鱼》十馀叶。中饭后至幕府一谈，阅本日文件，写对联十五付、挂屏二幅，写澄、沅二弟信，核批札各稿。傍夕与幕友久谈。夜阅《石经·周易略例》，二更后温韩诗，黎纯斋来久谈。三点睡，甚能成寐。

廿六日

早饭后清理文件，见客一次，围棋二局。阅《尔雅·释鸟》十叶。倦甚，小睡。中饭，请祝爽亭等小宴，申初散。阅本日文件，写对联八付，核批札各稿。傍夕与幕友久谈。夜又核批稿，温《诗经》《鸿雁》至《无羊》。《石经》字大，夜间温之，稍省目力，即以校对装裱之有错误否。二更三点睡，三更后成寐。

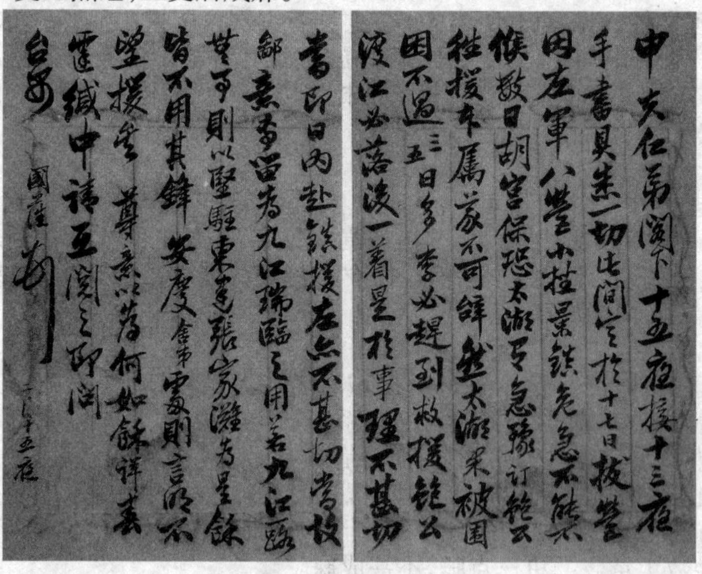

曾国藩书法

廿七日

早饭后清理文件，见客，坐见者二次，围棋二局。阅《尔雅·释鸟》十馀叶。又见客一次，谈颇久。中饭后与幕府谈甚久，阅本日文件，写对联八付。又围棋一局，观人一局。

核批札信稿。傍夕与幕友一谈。夜再核信稿，写零字颇多，温《诗·节南山》五篇，将《石经》一校。二更三点睡，三更三点后稍能成寐。

廿八日

早饭后清理文件，见客，坐见者二次，立见者二次。围棋二局，阅《释兽》十叶。中饭后至幕府一谈，阅本日文件，写对联十付，核批札各稿。剃头一次。申夫来久谈，夜方去。阅王而农《宋论》《通鉴论》，温《诗》《小宛》至《北山》止。二更三点睡，三更三点后稍能成寐。

廿九日

早饭后清理文件，见客一次，谈颇久。围棋二局，又观人一局，阅《尔雅·释兽》十馀叶。中饭后，申夫来一谈，见客一次。阅本日文件，写对联九付。倦甚，小睡。夜写零字甚多，温《诗》《无将大车》至《大田》止。二更三点睡，极倦，颇能成寐。

卅日（沅弟奉旨简授湖北巡抚）

早饭后清理文件。接奉廷寄，沅弟简授湖北巡抚，从此三江两湖联为一气，于办捻较有把握，为之欣慰。见客一次，围棋二局。阅《尔雅·释畜》，邵二云《尔雅》阅毕。旋阅《石经·穀梁》。见客一次。中饭后至幕府久谈，阅本日文件，写对联八付。又围棋二局，申夫来久谈。夜核批札各件，二更后温古文，朗诵十馀首，二更三点睡。

## 二月

初一日

早饭后清理文件。各文武贺朔，见客八次，坐见者二次。围棋一局，又观人一局。阅《穀梁》隐公毕，又阅桓公、庄公、闵公。中饭后至幕府久谈。旋阅本日文件，又围棋二局，写沅甫信一件。倦甚，小睡。夜温《史记》。倦甚，如有病者然。写纪鸿信一件。二更后又小睡，牙疼。二点睡，尚能成寐。

初二日

早饭后清理文件。旋见客二次，又立见之客一次，围棋二局。阅《穀梁》僖公、文公。午刻又见客一次。中饭后至幕府一谈，阅本日文件。坐见之客一次，立见之客二次。写对联十二付、扁二幅。倦甚，小睡。傍夕与幕友一谈。夜核批札各稿，至二更三点睡。

初三日

早饭后清理文件。见客，坐见者二次，立见者一次，围棋二局。阅《穀梁》宣公、成公。牙疼，少睡。中饭后阅本日文件，又围棋二局，写对联九付。傍夕，小睡。夜核批札各稿。二更后倦甚，小睡。三点后睡，三更三点成寐。

初四日（温《书经》）

早饭后清理文件。见客二次，围棋二局。阅《穀梁》襄公、昭公，写沅弟信一件。中饭后至幕府一谈。阅本日文件，阅《穀梁》定公、哀公毕，写对联七付。再至幕府一谈。傍夕小睡。夜核批札各稿，二更后温《书经》，朗诵数篇。三点睡，倦甚，如不自胜者然。

初五日

早饭后清理文件。见客一次，谈甚久，围棋二局，至幕中一谈。拟改摺稿，踌躇长久，尚未动笔。写李幼泉信二叶。中饭后又围棋二局，阅本日文件，见客，坐见者二次，改摺稿数行。傍夕至幕府久谈。夜核咨札稿，改摺稿三百馀字，未毕，写乔鹤侪信一叶。二更四点睡，不甚成寐。

初六日

早饭后清理文件。见客一次,围棋二局。旋改摺稿,至中饭后改毕,约两千馀字。改者强半,即湖团一案,张振轩所拟稿也。又见客一次,围棋一局,阅本日文件,改摺稿一件。傍夕与幕府久谈。夜改摺稿一件、片稿二件,核批札各稿。二更三点睡,三更后成寐。

初七日

早饭后清理文件。见客一次,坐甚久。核改片稿五件,围棋二局,见客一次。中饭后见客二次,又坐见之客二次。写对联十五付、扁二付,与幕友一谈。核批札信稿,至二更粗毕。倦甚,不能更事,温七律廿馀首。三点睡。

初八日(夜将明日起程之事清厘一番)

早饭后清理文件。旋出门辞行,拜客四家,午初归。围棋二局。中饭后阅本日文件,见客四次,下对联各款,发报三摺、七片,核批札信稿。清理各件,至夕清毕。夜将明日起程之事清厘一番,与刘开生久谈,劝其厉志好学。二更后小睡。三点睡,不甚成寐。

初九日(起程赴山东济、兖等处查阅)

早饭后见客一次。旋起程赴山东济、兖等处查阅。卯正出城,行五十里,午初至柳泉庄驻宿。清理文件,与幕客久谈。中饭后围棋二局,核批札各稿。见客,坐见者二次,立见者一次,与幕友久谈。夜阅本日文件,阅《文献通考·兵考》十叶。二更三点睡,尚能成寐。

初十日

早饭后,起行三十五里至利国驿驻宿,巳正三刻即到。天大风。在轿中阅《兵考》一卷。围棋二局。见客,坐见者四次,立见者二次。中饭后阅本日文件,核批札各稿,与幕友久谈,又围棋二局,写纪鸿儿信一件。夜写沅弟信,又阅《兵考》五叶。与泽儿论古人诙诡之趣、雅淡之趣。二更三点睡,殊不成寐。

十一日(纪泽坐炮船下江南)

早饭后,行十三里至韩庄,过河小坐。纪泽儿从此分手,坐炮船下江南。又行三十五里至沙沟驿住宿,山东兖州镇、道、府、县俱来迎接。见客,坐见者五次,立见者二次。是日在轿中阅《兵考》十馀叶。申刻后又阅十馀叶。围棋二局,与申夫谈甚久,阅本日文件。夜与幕客久谈。二更三点睡,不甚成寐。

十二日

早饭后启行,行二十五里至西仓桥住宿,因前途无可住之处,故少行也。见客,坐见者三次,立见者一次。清理文件,围棋二局。在途阅《兵考》,下半日又阅十馀叶。阅本日文件,核批札各稿。夜将《兵考》三卷题识,与幕友久谈。二更三点睡,倦甚。

十三日

早饭后,行五十里至南沙河打尖。尖后,又行十八里至滕县住宿,在道一书院作公馆。见客,坐见者四次,立见者二次,围棋一局。中饭后又围一局,写潘琴轩信一件,与幕友一谈,阅本日文件。在舆中阅《兵考》一卷,申刻又取一阅。申夫来久谈。倦甚。傍夕坐见之客一次。夜改信稿二件。二更后小睡,三点睡,三更后稍能成寐。

十四日

早饭后,行二十里至北沙河打茶尖。又行二十里,至界河住〈宿〉。清理文件,见客二次,在舆阅《兵考》第五卷。中饭后围棋一局。潘琴轩自济宁来,久谈,又见客二次。阅本日文件,将《兵考》二卷酌加题识,幕友来一谈,核批札稿数件。傍夕小睡。夜改摺稿一件,潘琴轩复来一谈。二更三点睡,尚能成寐。

十五日(阅《兵考》)

早饭后，启行二十五里至两家店打茶尖，又行二十五里至邹县住宿。见客，立见者四次，坐见者四次。中饭后清理文件，阅本日文牍，与幕友一谈。申初谒孟子庙，拜宗子孟广均。归后，见客一次。是日在舆中阅《兵考》一卷，酉刻酌加题识。夜，小睡片刻。围棋二局，核批札各稿，阅《曲阜县志》。二更三点睡，尚能成寐，五更醒。

十六日（至曲阜县谒圣庙）

早饭后，启行三十里至宣村打茶尖。宣村之东六里曰凫村，孟子之母宣献端范夫人之墓在焉，因往展竭［谒］，孟子之父邾国公同冢。墓在凫山之背，俗名马鞍山，即"龟蒙凫绎"之凫也。策马登凫山顶一望。回至宣村，又行二十里至曲阜县，衍圣公孔祥珂出城迎接。至公馆见客，坐见者五次，立见者一次。

未刻谒至圣庙，衍圣公陪同行礼。旋至殿上及后殿敬谨瞻仰，即圣配行官夫人之寝殿也。又至东边谒孔氏先世五王，名崇圣祠。阅历代支派图碑二座。阅孔壁，相传即鲁恭王闻金丝之壁，今仅一寻常照壁耳。壁之西为孔子古井，其南为诗礼堂，在此小坐饮茶。茶罢，至大成门内阅孔子手植之桧。环以石栏，高仅尺许，有似立石，色微红，有似肉芝。桧栏之北为杏坛，有似楼观。旋出大成门外，阅御碑亭十三座，其九为国朝碑，其四为唐、宋、金、元碑。旋至西边谒启圣祠。又至后殿瞻圣母颜夫人寝殿。又阅金丝堂，观各乐器。皆衍圣公陪同周历各处。旋出庙至衍圣公府一会，叙谈颇久，酉正归。围棋一局。夜核批札稿，阅本日文件，与幕友久谈。二更三点睡，不甚成寐。

是日在舆中阅《曲阜志》约三十叶。酉正至颜子复圣庙瞻拜，行两跪六叩礼。又至后殿，为复圣夫人寝殿。至西边阅杞国公颜路祠，其后殿为端献夫人祠。出外为乐亭，亭前稍西有井，相传即陋巷井。其南有一古桧，传为唐树。两庑配享为颜歆、颜之推、真卿、杲卿等八人。

十七日（出城北门谒至圣林）

早饭后出城北门，谒至圣林。约三里许，有万古长春坊。稍北，有红墙夹甬道，道皆有古柏，仪树匀挑。又北有楼观，即林墙门也。过下马牌后，有洙水桥。桥北人大门，至享殿下行礼。殿后甬道之右为子贡手植之楷，稍北为乾隆驻跸亭、康熙驻跸亭。又北为宋真宗驻跸亭。又北即圣人墓。墓之东为伯鱼墓，其南为子思墓，其西南为子贡庐墓处。旋至周公庙行三跪九叩礼，庙之规模甚小。周公墓在陕西，相传此为鲁太庙遗址，两庑配享鲁三十三公也。旋行十里许谒少昊陵，《曲阜志》颇以此墓为可疑，然坟冢叠石为之，广八丈九尺，高二丈，规模奇古，云是宋时所为，则其来已旧矣。又行二十里许，谒启圣王林，行六叩礼。圣兄孟皮墓在其南，亭殿坍塌，不蔽风雨矣。

午初三刻回城，往返约六十里。作一联写赠衍圣公云："学绍二南，群伦宗主；道传一贯，累世通家。"未正至衍圣公府赴宴。茶罢，阅乾隆三十六年所颁周朝铜器十事：曰木鼎，曰亚尊，曰牺尊，曰伯彝，曰册卣，曰蟠夔敦，曰宝簠，曰夔凤豆，曰饕餮甗，曰四足鬲。古泽烂然，信法物也。又观吴道子所画至圣像，无题识，绢本，有小印二方，一曰"会稽太守章"，一曰"绍兴"。又观赵子昂所画至圣像，绫本，无题无印。又有一册，画明君臣像，如太祖、成祖、世宗、宪宗等君，徐达、常遇春、邓愈、汤和、刘基、宋濂、方孝孺、杨士奇、于谦、王鏊、王守仁、湛若水、李东阳、谢迁等臣，俱有画像，而无题识。又有大轴元世祖、明太祖像二幅。又出示元明两朝衍圣公及孔氏达官所留遗之冠带衣履，彩色如新，亦生平所未见也。酉初人筵，灯后始散，归寓甚倦矣。

阅本日文件，核批札稿，见客四次。写昨日日记。二更四点睡，颇能成寐，五更醒。

十八日（至兖州府）

早饭后，自曲阜起行三十五里，至兖州府。见客，坐见者二次，立见者四次。在舆中阅《兵考》一卷。至公馆围棋二局。中饭店见客一次。写昨日日记，写纪鸿信一件，阅本日文件，核批札各稿。二更三点睡，不甚成寐。

十九日

早饭后，自兖州起行。登西门城楼，一为眺望。行四十里至孙氏店打尖。尖后，坐见之客二次。又行二十里至济宁州。见客，立见者四次，坐见者六次。中饭后，围棋一局未毕，毛寄云来久谈。暝时客去，阅本日文件极多。夜倦甚，围棋二局，阅孔㧑轩所著书。是日在舆中阅《兵考》三十叶。二更四点睡，尚能成寐。

廿日（至铁塔寺）

早饭后清理文件。旋与客围棋二局，局未毕而丁方伯至，与之久谈。客去，又将前局围毕。又见客一件[次]。午初出门拜客，会者三家，不会者五家。未初，至铁塔寺毛寄云住该[该字衍]处，僧王有长生禄位在该处，拈香拜谒。与寄云久谈，小宴盛筵，酉初始归。阅本日文件。夜核批札各稿。二更四点睡，尚能成寐。

廿一日（出城阅鼎军操演）

早饭后清理文件，见客一次。旋出城阅鼎军操演，未初归。请毛寄云、杨子厚便饭，皆戊戌同年也，申正散。阅本日文件，见客，坐见者二次，立见者二次，围棋一局。夜闻贼信甚紧，将有窜山东之意。核批札各稿。二更后小睡，三点睡，不甚成寐。

廿二日

早间，丁稚璜来久谈。饭后清理文件。见客，坐见者五次，立见者二次，围棋二局，又见客一次。坐[写]对联十付。中饭后又围棋一局，见客二次，阅《宗涤楼诗集》，毛寄云久坐二时许。旋写扁二幅，与幕友久谈，阅本日文件。夜阅《宗涤楼文集》。倦甚，小睡。二更二点后核札稿，四点睡。

廿三日

早饭后清理文件，围棋二局，见客二次，丁方伯谈颇久，阅《方正学集》。中饭后写对联八付，阅本日文件。阅《兵考六》，酌加题识。与幕友久谈。酉正小睡。灯后，核批札稿，二更二点始毕。三点睡，竟夕不甚成寐。

廿四日

早饭后清理文件，见客三次，坐均久，围棋二局。阅《兵考》十五叶。午刻，李眉生来，久坐时许。中饭后阅本日文件，又围棋二局。见客，坐见者三次，立见者三次，与眉生久谈。夜核批札各稿，阅《宗涤甫文集》。二更三点睡，倦极，尚能成寐。

附记

日玉堂不和　腊肉二篓三十三斤

潘伊卿大进

廿五日

早饭后清理文件。见客三次，坐均甚久。围棋二局，阅《兵考》十馀叶。午刻与眉生等一谈，请渠与诸幕友便饭，申初散。阅本日文件。见客，坐见者二次，立见者一次。又围棋二局，核批札各稿。傍夕至寺外一看。午正写纪泽信一件。夜核批稿各件，二更后温《古文·序跋类》。三点睡，甚能成寐。

廿六日

早饭后清理文件。围棋二局，见客一次，坐颇久。出门拜客，会者二家，午初归。阅《兵考》二十叶。中饭后与幕友一谈，见客二次，又立见者二次。阅本日文件，写对联七付，核批札各稿。夜核信稿，温《古文·论著类》。小睡颇久，二更三点睡。

廿七日（将《兵考》酌加题识）

青花釉里红香炉　清朝

早饭后清理文件。见客一次,围棋二局,与眉生等久谈,阅《兵考》三十叶。见客一次,坐颇久。中饭后与幕友久谈,见客一次,又围棋二局。阅本日文件,核批札各稿,将《兵考》酌加题识。傍夕与眉生久谈,祝爽亭来谈最久。夜写少泉信一件。二更后,眉生来谈一晌,三点后再写少泉信二叶。四点睡,说话太多,疲倦极矣,尚能成寐。

廿八日(阅视济宁州城外土圩)

早饭后清理文件。见客一次。旋出门阅视济宁州城外土圩,从玉露庵登圩,城东北隅也。转而正北常清门,正西青云桥,至西南隅运河、府河相抄之处小坐。又由正南之兴隆门、东南隅之韦驮棚、正东之杨家坝,归玉露庵。午午[衍一午字]正回寓,凡三十四里。济宁州三面皆水,运河自西北而来,绕至城南,从东南而去,下人南阳湖、微山湖,以达于江南。府河自东北而来,绕城北、城西二面,下人马场湖,汇运河而去。府河即泗水,由兖州城而来,故曰府河也。济宁之土圩,南则穿于运河及月河之外,北则穿于府河之外,故辽阔弯曲,难于设守。

中饭后围棋二局,阅本日文件,核批札各稿,阅《兵考·马政》二十叶。傍夕小睡。夜温《古文》“辞赋”“奏议”二类。小睡颇久。二更三点睡,竟夕不甚成寐。

廿九日(闻王心安战败,捻匪日益猖獗)

早饭后清理文件。眉生禀辞,久谈。围棋二局。见客,坐见者三次,立见者三次。阅《兵考》二十叶,中饭后又阅十馀叶,酌加题识。《兵(考)》十三卷阅毕。见客,坐见者一次,立见者一次,与幕友久谈。闻王心安二十八日战败,捻匪日益猖獗,可忧之至!阅本日文件,核批札各稿。夜核信稿。二更后小睡。三点睡,尚能成寐。

## 三月

初一日

早间,谢绝文武贺朔之客。饭后清理文件。旋围棋三局,见客一次,坐谈颇久。阅《文献通考·职官考》二卷。《职官考》曾于甲子年阅过一遍,今渐忘之,故再一温习。中饭后与幕友久谈,阅本日文件甚久,核批札各稿。傍夕至圩上一阅。夜阅陶公《述酒》诗,为南宋鄱阳汤文清公汉所注,于陶公瘦词微旨尽得解释,慰悦无已。改信稿数件。二更三点睡,倦困极矣。是日午刻写潘琴轩、李少泉信二件。

初二日(阅铜沛条议湖田一案)

早饭后清理文件。见客,坐见者四次,立见者一次。围棋二局。阅《职官考》一卷。中饭后与幕友久谈,见客,坐见者二次,立见者二次。阅本日文件甚多。倦甚,至寺中亭上久坐。傍夕小睡。夜核批札稿,阅铜沛条议湖田一案,斟酌甚久,各件未及阅毕。二更四点睡。

初三日

早饭后清理文件。见客,坐见者二次,立见者二次。围棋一局,阅《职官考·侍中省》一篇未毕。中饭后与幕友一谈,阅本日文件,又围棋二局,改摺稿一件,约五百字。傍夕至圩上散步。申刻见客四次。灯后见客一次，谈颇久，核批札各稿。二更后温《诗经》，三点睡。

初四日（沅弟拟于三月初赴鄂履任）

早饭后清理文件。旋围棋二局，与幕友一谈。接沅弟二月十三日信，病将全愈，拟于三月初赴鄂履任。改摺稿，至中饭后毕，约改千馀字。阅本日文件，阅《职官考》《侍中省》《中书省》毕，倦甚。与幕友久谈。小睡片刻。夜核批札各稿，阅王渔洋《声调谱》，温太白七古数首。二更三点睡。

初五日

早饭后见客二次，清理文件，围棋二局，写沅弟信一件、纪泽儿信一件，阅《职官考·尚书省》。中饭后与幕友一谈，阅本日文件，阅《韵鹤轩笔谈》，近人所著小说也。再围棋二局，发报二摺、一片，将《职官考》二卷酌加题识。傍夕与幕友久谈。小睡片刻。夜核批札稿信稿。二更三点睡，三更后成寐。

初六日

早饭后清理文件。旋见客，坐见者三次，立见者一次，围棋二局。阅《职官考》二十叶。中饭后见客，坐见者一次，立见者一次，与幕友久谈。阅本日文件。阅《韵鹤轩笔谈》，悟右军鹅颈通于作书之法。写澄、沅两弟信。小睡片刻。核批札各稿。傍夕又小睡。夜核信稿甚多。二更三点睡。

初七日

早饭后清理文件。旋设香案行礼，拜发万寿摺。围棋一局，阅《职官考》二十叶。午初小睡片刻。中饭后，体中不适，小睡良久。阅《渔隐丛话》，阅本日文件。酉初写功牌一纸发刻。剃头一次。与幕府久谈。夜核批札稿。二更后温苏诗七古。三点睡，三更后成寐。

初八日（是日之仗先胜后挫）

早饭后见客三次，清理文件，围棋二局。旋阅《职官考·御史台门》二十馀叶。早饭后闻潘琴轩于初六日大获胜仗，为之欣慰。午正得琴轩信，乃知是日之仗先胜后挫，又闻任、赖、牛等一股已渡沙河，将窜山东，不怿者久之。中饭后将《职官考》酌加题识，又围棋二局，阅本日文件，核批札各稿，将湖田拨归铜沛学校一案细为酌核。傍夕与幕友谈极久。夜核学校公田案，未毕。二更三点睡，竟夕不甚成寐。

初九日

早饭后清理文件，见客，坐见者二次，围棋二局。接李幼泉信，初七日战又小挫，郁闷之至。写幼泉信一封、少泉信一件，阅《职官考·学士院》，至中饭后二十叶毕。与幕友久谈，阅本日文件。小睡片刻。写对联十付，核批札各稿。傍夕与幕友久谈。夜核批札各稿。二更四点睡，不甚成寐，盖以捻逆猖獗，中原祸乱未知所届，深为忧惵耳。

初十日（是日余似将中风者）

早饭后见客一次，坐颇久。清理文件，围棋三局。祝爽亭屡次来见，皆久谈。阅《职官考》《学士院》卷、《列卿》卷二十叶。未刻毕。中饭后与幕友久谈，见客一次，阅本日文件，核批札信稿。旋与幕友谈极久。夜核信稿九件。二更后忽然头晕，若不自持，小睡片刻。三点睡后，弥复昏晕，右腿麻木，有似将中风者。殆因昨夕忧煎不寐，本日说话太多，夜间治事太细之故与？然老境昏愦，不复能有为矣！三更四点后，尚能成寐。

十一日

早饭后清理文件，见客一次，围棋二局。阅《职官考》二十叶。午正小睡。中饭后与幕府久谈。旋阅本日文件，又围棋二局，核批札各稿，与幕友一谈。傍夕小睡。夜核批二件,写幼泉信一件。二更四点睡。

十二日(将《职官考》酌加题识)

早饭后清理文件。见客一次,谈颇久,写阎中丞信一件,围棋二局,阅《职官考》二十叶。午刻小睡。中饭后与幕友一谈,将《职官考》酌加题识,阅本日文件,核批札信稿。与友人久谈,同至土圩墙上一观,灯时归。夜温《古文·序跋类》。二更三点睡,尚能成寐。

十三日

早饭后清理文件。旋见客二次,谈颇久,围棋二局。旋又见客二次,阅《职官考》二十叶。午初小睡。中饭后与幕友久谈。旋阅本日文件,写对联五付、横幅一帧,约二百馀字,核批札信稿。傍夕与幕友久谈。夜写零字颇多,略有所会。于昔年"体如鹰"四句之外又添四句,曰:"点如珠,画如玉;体如鹰,势如龙;内跌宕,外拙直;鹅转颈,屋漏痕。"阅《亭林文集》二十馀首。二更三点睡。

十四日

早饭后清理文件。旋围棋二局,与幕友一谈,阅《职官考》三十叶。午刻小睡片刻。中饭后又至幕府一谈。旋阅本日文件。再围棋二局,核批札各稿。傍夕又与幕友一谈。夜阅《亭林文集》。二更三点睡,三更后始成寐。

十五日

早间,见贺朔[衍一朔字]望各员。饭后见客,坐见者三次,立见者三次,围棋一局,幼泉来久谈。去,又围棋一局。巳刻坐见之客三次,立见之客二次。阅《职官考》十三叶,着批数处。午刻小睡。中饭后至幕府一谈,阅本日文件,再阅《职官考》八叶,酌加题识,阅《亭林文集》二十馀叶。接沅弟二十四日县城发信,知将履鄂抚之任。至幕府谈极久。夜温《古文·论著类》,核批札各稿。二更三点睡。

十六日(闻贼已入东境,余焦灼之至)

早饭后清理文件。旋围棋二局,幼泉来久坐,写两弟信一件,颇长。巳正阅《职官考》。午刻见客一次,小睡片刻。请幼泉来便饭。闻后股任、赖等贼已入东境,过曹县,焦灼之至。阅本日文件,再阅《职官考》六叶,写李少荃信,约六百字。傍夕又围棋一局,与幕友一谈。夜核批札信稿,写零字百馀。二更三点睡。

十七日

早饭后清理文件。旋围棋二局,阅《职官考》二十叶,与幕友一谈。午刻小睡。王鼎丞来一谈。中饭后至幕府一谈,又围棋二局,阅本日文件,写李幼泉信一封,接两弟二月初九日信。见客,坐见者一次,立见者二次。又与幕府一谈。傍夕小睡。夜温《古文·辩类》二十叶。二更三点睡。

十八日

早饭后清理文件。旋见客,坐见一次,立见者四次,围棋二局,与幕友久谈。阅《职官考》十叶。午刻小睡。中饭后又与幕友一谈,围棋一局。阅本日文件,核信稿数件,又阅《职官考》十叶,核批札各稿,与幕友一谈。夜核信稿数件,写零字颇多。倦甚,不能治事。二更三点睡,三更三点乃稍成寐。

附记

二月初九沅信:三月十七到二月初三写兑契。穿靴费力。

澄信:三百八十馀亩,兑二百五十馀亩,找六千六百串。王家冲批明入竹亭公。

十九日(恐贼匪抢渡运河,如负重疚)

早饭后清理文件。见客,坐见者二次,立见者一次。围棋二局,阅《职官考》二十叶,与幕友一谈。小睡片刻。见客二次。中饭后阅《池北偶谈》,阅本日文件,围棋二局,写纪泽信一封。将作摺稿而懒于动笔，又阅《池北偶谈》十馀叶。向来每作文辄半日不能落笔，或竟日无一字，积习已久，老而不能改也。见客四次。本日恐贼匪抢渡运河，寸心悬系，如负重疚，终日钦钦。傍夕与幕友一谈。夜写零字颇多，改片稿三件。二更三点睡，三更三点后成寐。

廿日（本日似觉过劳，头晕不自持）

早饭后清理文件。旋见客一次，谈颇久。围棋二局，改摺稿一件。午刻核札稿信稿数件，至幕府一谈。中饭后稍睡片刻。旋又改摺稿一件，阅本日文件，见客三次，谈颇久，改信稿札稿数件。灯后，见客二次，又改密片稿四百字。本日军书填委，似觉过劳，夜深头晕，不克支持矣。二更四点睡，尚属成寐。

廿一日（看兵勇民团试站墙垛）

早饭后清理文件。旋围棋二局，见客二次，谈颇久。改密片稿二百字。午刻出外，看兵勇民团试站墙垛，以贼氛太近，恐有疏失也。未初归。中饭后又续片稿二百字，毕。阅本日文件。见客，坐见者一次，立见者二次。写对联五付，核信稿三件。傍夕至外闲游，疲乏殊甚。夜小睡片刻，核批札各稿。二更后，发报三摺、四片、一清单。三点睡，不甚成寐。

廿二日

早饭后见客，坐见者一次，立见者一次。清理文件，围棋二局，至幕府一谈，阅《职官考》二十叶。小睡片刻。中饭后至幕中久谈。又小睡片刻。阅本日文件，阅《池北偶谈》。核批札各稿，幼泉来坐颇久，写横披二幅。傍夕与幕友久谈。夜倦甚，小睡，温《古文·论辩类》。二更三点睡。

廿三日

早饭后清理文件。见客，立见者二次，坐见者一次。围棋三局，与幕友一谈，阅《职官考》二十馀叶。午刻小睡。中饭后，刘松山又来久谈，阅本日文件，写对联六付。阅《池北偶谈》一卷。见客，坐见者一次，立见者一次。核批札各稿。傍夕小睡。夜，头晕殊甚，核咨札稿。二更三〈点〉睡。是日恭逢皇上万寿，黎明率文武行礼。夜间大雨如注，一洗近日炎燥之气。

附记

宋通直郎以上系朝官，承务郎以上系京官

廿四日（闻贼匪全数南窜）

早饭后清理文件。旋围棋二局，阅《职官考》二十叶。午刻小睡。中饭后阅《池北偶谈》，倦甚，小睡。阅本日文件，核刘省三信稿一件，约改四百字。写挂屏二幅，约二百字。小睡片刻。傍夕至寺外登眺。夜倦甚，睡数刻，二更后温《诗经》。三点睡，四更后始成寐。是夕风大如吼。闻贼匪全数南窜，吾所调刘、周诸军甫经到齐，未及接仗，而贼已他遁，深为可虑。

廿五日

早饭后清理文件。旋见客，坐见者二次，立见者二次，围棋二局，至幕府一谈。阅《职官考》二十叶。午初小睡。中饭后又与幕中一谈。见客，坐见者一次，立见者二次。阅本日文件，将《职官考》酌加题识，写挂屏二叶，约二百字。核批札信稿，约五百字。傍夕小睡。夜核信稿，约两百馀字。二更后温《汉书》公孙贺、杨王孙等传。三更睡，疲乏已极，不甚成寐。是夕寒冷异常，仍用重衾。

廿六日

早饭后清理文件，围棋二局。见客，坐见者一次，立见者一次。阅《职官考》二十叶，与幕友久谈。午刻,小睡大半时。中饭后又与幕府一谈,阅本日文件,写对联十一付,核批札信稿。傍夕又与幕中一谈。夜写沅弟信一件,二更后温《汉书·冯奉世传》。三点睡,颇能成寐。

廿七日(至太白酒楼小宴)

早饭后清理文件。见客一次,围棋二局,与幕府一谈。阅《职官考》五十叶。午初小睡。申夫请至太白酒楼小宴,在南门城楼之旁。纯皇帝曾经巡幸两次,有御制诗二碑,一乾隆二十年乙酉,一系三十九年甲辰也。饭后至曾子读书台,扁书"宗圣遗址"四字,台已颓败,中塑曾子、子思、孟子三像。申刻归。阅本日文件。刘仲良自宿迁来,久谈。又坐见之客二次,立见者一次。傍夕与幕府久谈。夜核批札稿。倦甚小睡。二更后温柳文数首。三点睡,三更后成寐。

廿八日

早饭后清理文件。见客,坐见者二次,立见者二次,围棋二局,与幕友一谈。巳刻阅《职官考》数叶,酌加题识。抄《雅训类记》,即《职官考》中之字也。《职官考》阅两遍,略加批识,是日毕矣。阅本日文件,写对联十付。刘仲良、李幼泉等来久谈,又坐见之客二次。傍夕与幕府久谈。因说话太多,倦甚。夜查应抄之文,写一目录,交人抄缮。二更后小睡。核批札稿。三点睡。

廿九日(与祝爽亭谈颇久)

早饭后清理文件,见客,祝爽亭谈颇久,围棋二局。旋与幕友一谈,阅《文献通考·选举考》一卷。小睡甚久。中饭,请刘仲良等便饭,申初散。阅本日文件。倦甚,又久睡。傍夕与幕友久谈。夜阅《古文·论辩类》,二更后温《诗经》。三点睡,三更二点成寐。

## 四月

初一日

早饭后清理文件。见客,坐见者四次,立见者四次,皆贺朔者也。出门至刘仲良处一谈,巳正归。围棋二局。阅《选举考》七叶。午刻见客,刘仲良等谈颇久。小睡片刻。中饭后,体中不适,如欲呕吐者然,小睡。旋阅本日文件。阅《选举考》十馀叶。见客,坐见者二次,立见者一次。倦甚,又小睡。傍夕,与幕友久谈。夜,眼蒙殊甚,不能治事。二更后温《书经·盘庚》。三点睡,颇能成寐。

附记

刘秉铄花翎

初二日(阅京信京报各件)

早饭后清理文件。见客,坐见者二次,立见者一次。围棋二局,阅《选举考》二十叶,酌加题识。见客,坐见者二次,立见者一次。小睡时许。中饭后至幕府一谈,阅本日文件。写横披一幅、对联六付。见客,坐见者二次,立见者四次。摺差归,阅京信京报各件,核批札各稿。傍夕又小睡。夜改信稿五件,二更后温杜诗五古。三点睡,不甚成寐。

初三日(阎中丞自东平来谈极久)

早饭后清理文件。旋见客二次,方存之自安庆来谈极久。阅《选举考》二十叶。阎中丞自东平来谈极久。未初请存之便饭。申刻阅本日文件。申正出门拜阎中丞,谈颇久。酉刻见客一次,写沅弟信一件。夜核批札各稿,二更后温《史记》汲黯等传。三点睡,三更成寐。是日说话太多,倦甚。

初四日

早饭后清理文件。见客,立见者一次,坐见者一次。围棋二局。又坐见之客二次,立见者一次。阅《选举考》二十馀叶。午刻睡颇久。未刻至阎中丞处赴宴,酉初归。阅本日文件,与幕府久谈。小睡片刻。夜改摺稿,未毕。二更三点睡,尚能成寐。

初五日

早饭后清理文件,立见之客二次,围棋三局,改摺稿四百字,阎中丞来久谈。午正小睡。中饭后改摺毕,阅本日文件,写对联五付。见客,坐见者二次,立见者一次。与幕府久谈。傍夕小睡。夜核批札信多件。二更后默诵杜诗。三点睡,三更三点成寐。

初六日

早饭后清理文件。见客,坐见者一次,立见者二次。围棋二局。又坐见之客一次。阅《选举考》二十叶。小睡片刻。中饭后至幕府一谈,阎中丞来久谈,阅本日文件,又围棋二局。见客,立见者三次,坐见者二次,祝爽亭谈甚久。与幕府久谈。夜核批札信稿甚多,又写毛寄云信一件。是日申刻写澄、沅两弟信一件。二更三点睡。因是日办事太多,围棋太多,睡不安神,梦魇殊甚。

初七日(至长沟登岸查看圩墙)

早饭后清理文件,写李筱泉信约四百馀字,发报一摺、一片。辰正登舟,与阎中丞同去阅视黄、运两河,巳初开船。将《选举考》三、四两卷再看一遍,以前日看不仔细也。午正起至酉初止,凡七十叶,觉神思格外清澈,酌加批识,比平日稍为精当。一则舟次毫无应酬,一则本日未尝围棋,神较清爽也。中饭时,火食船未到,全无菜蔬,尚能甘之。申刻阅本日文件。酉刻至长沟登岸,查看圩墙。潘琴轩新扎三营在此,与琴轩及阎中丞阅视一周。旋又开船行二十里,一更四点至柳林闸下,等齐后帮船到乃可启闸板。二更三点过闸,三更一点湾泊于分水龙王庙下。是日巳刻、酉刻,在船久睡。灯后,核批札稿。又小睡良久,故夜间不甚成寐。自济宁启程时,尚恐单县之贼回窜郓、濮,心中十分悬系。傍夕接刘省三信,知贼已全由单县南窜砀山,乃稍放心。

初八日

早饭后,船行百步许,上岸谒分水龙王庙,行六叩礼。庙对汶水,有大禹殿,有宋尚书礼祠,配享者为白老人潘同知。此间运河两边,岸高如山,约十丈有奇。当日开河之土,覆于两岸也。登庙后高坡一望,乃知南旺湖现已涸成平陆,车马可行。向来恃有一湖,此段全不设守,今乃知其疏矣。与阎中丞徘徊久之。旋登舟开行,围棋二局,清理文件。至开河登岸一看,该处民圩太大,营墙太低,商议颇久。又行十八里至袁口,中饭后登岸一看。旋又行三十里至靳家口,申正停泊,与中丞登岸一看,即在民间场上久坐一时有馀,戌初回船。阅本日文件。是日阅《选举考》五、六两卷,酌加批识,未毕。傍夕小睡。夜核批札各稿,二更后温韩诗七古十馀首。三点睡,三更成寐。

初九日(自靳口开船出黄河湾泊)

早饭后清理文件。自靳口开船,行三十里至安山闸小泊。阎中丞来久坐。旋又开船,行三十里至戴家庙,午正二刻即到,水深风顺故也。未正又开船,行十八里至申家口,出黄河湾泊。登岸小坐。见客,坐见者一次,立见者八次,刘印渠制军来久谈。灯后,坐见之客二次,皆直隶司道也。印渠又来,谈至三更。睡,不能成寐。是日在舟阅《选举考》四十馀叶,围棋二局,又小睡三次。

初十日(乘舟查阅黄河)

早饭后与印渠久谈。旋见客一次,卫晴澜谈片刻许。辰正开船,与印渠、丹初同查阅黄河,将由刘家堤以至张秋。行二十里,至刘家堤尚欠二里许,因逆风逆水,溜急异常,纤索屡断,竟不得上。未初即在该处湾泊,丹初请余与印渠小宴。甫登席而狂风乍起,至戌正方止，即在该处住宿。是日阅《选举考》四十馀叶，酌加批识。申刻见客，坐见立见各一次。酉正小睡良久。灯后，印渠来畅谈，至二更二点散去。三点睡，尚能成寐。

十一日

早饭后清理文件。开船行二十里，至大王庙上岸，将赴张秋。过渡三次，皆黄河之分汊也。辰正至张秋，余与印渠、丹初分住公馆三处。见客，坐见者六次，立见者三次。午初，至印渠公馆久谈，未初入席小宴，申初散。复过渡三次，回至申家口。围棋二局，坐见之客二次，阅本日文件。傍夕，至印渠船上小坐，旋小睡片刻。灯后，印渠、丹初来谈，二更二点始散。三点睡，三更后稍稍成寐。是日辰刻在舟次、轿中阅《选举〈考〉九》约二十叶。

十二日

早起，至印渠船上辞行。旋早饭毕，印渠来送行。开船即遇大雨，沈家口一带河窄水浅，舟屡搁浅。大雨如注，各勇下水拖舟，风大作寒，行路甚苦。午正始抵戴庙，风雨不止，遂不复行。在舟中阅《选举考》三十馀叶，酌加批识。申夫来久坐。中饭后，至丹初舟次少坐，旋回船。围棋二局，方存之来久谈。丹初中丞来久坐。酉刻阅本日文件。傍夕小睡。夜核批札信稿。二更三点睡，尚能成寐。

十三日

早饭后，自戴庙开船，行三十里至安山登岸。行十五里入东平州城，拜阎中丞，午初三刻到，即留余小宴，亦盛馔也。申初散。至公馆，围棋二局，观刘石庵手卷，与幕府一谈。阎中丞来谈极久，一更四点去。又见客一次，阅本日文件。二更后倦甚，不能治事。三点睡，不甚成寐。

十四日（是日将至泰安府登礼泰山）

是日将至泰安府登礼泰山。黎明自东平启程，阎中丞送至城外。行二十八里至须城围打一茶尖，又行卅二里至夏套围。巳正到，吃中饭。午初又启行，约行五十里至安驾庄住宿。未至安驾庄前十里有一山，不便行车，山西为东平州辖，东为泰安县辖。见客，坐见者一次。清理文件，围棋一局，阅本日文件。倦极，不能治事。灯后，小睡二次。二更三点睡，三更后成寐。二日阅《选举考》第十一卷，昨日仅阅八叶，本日仅阅二十叶，皆以神气昏倦，不甚清澈。又在舆中阅《泰安府志》十馀叶。

十五日（观岱庙）

黎明，早饭后启行，约五十五里至夏张打尖。巳正中饭。又行四十五里至泰安府，在考棚作公馆。清理文件，兼阅本日文件，围棋二局。剃头一次。

酉正到岱庙。头门凡五门：正中曰正阳门，左右曰掖门，又左曰仰高门，又右曰见大门。余入仰高门，院中左有《宣和碑》，右有《祥符碑》。二门曰仁安门，院中左右皆在乾隆御碑亭，馀碑甚多。正殿曰峻极殿。祀东岳大帝。后殿曰寝宫，祀大帝与碧霞元君。正殿丹墀之下，东有古柏如龙爪，有藤萝绕之；西有新柏如凤翼，有倒挂嫩枝，葱翠异常；又有一柏正当甬道，名曰独立大夫；稍南有一太湖石，甚奇，名曰扶桑石；其西院有环咏亭，自宋元以来题咏各碑环嵌壁间，李斯刻碑亦自山顶移嵌于此。其内为东岳帝之便殿，陈列朝所颁法物珍器于此。中有乾隆间颁镇圭，长三尺许，厚二寸许，上青、中白、下绀色，首为凉玉，邸为温玉。环咏亭之南有唐槐，苍古无匹。旋赴东院，有炳灵宫，宫前有汉柏六株，尤为奇古。又登仰高门、正阳门之楼一望岳色。暝时还寓，料理明日登岱各事。

十六日（登泰山）

黎明，早饭后与幕客六人登岱。出泰安北门三里许，过岱宗坊，旋至玉皇阁小坐。有孙真人化身。据道士云：孙某在此修炼，年九十四岁，康熙四十年化去，今年足皮骨尚在，

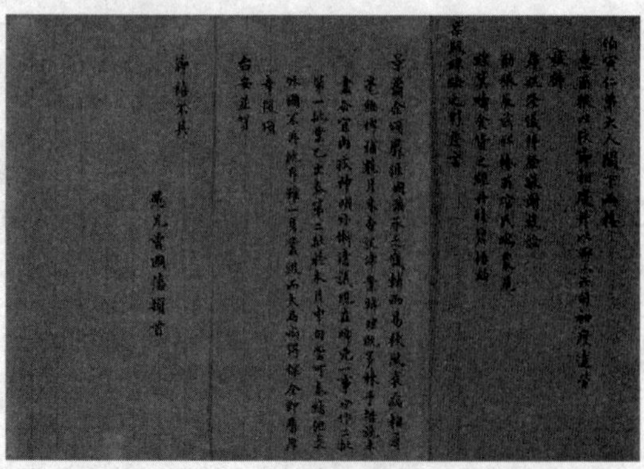
曾国藩信札

如干腊然，惟头系土塑耳。又至关帝庙小坐，有盐当会馆。旋过飞云阁，有孔子登临处坊。旋过万仙楼下，未登楼。旋至斗母阁小坐，水声清澈可听。旋过水帘洞，在大路之西，图中误刻于东。旋阅石经峪。峪在大路过溪之东，约步行小半里。其上为摩天岭，岭上泉流涧中，巨石铺于涧底，纵横五亩许，刻《金刚经》其上，字大径尺四寸许，中署三大字，曰暴经石。又有明汪玉者著论谈文，其子汪坦刻之石上，侧署二大字曰经正。旁一巨石曰试剑石。旋还大路，过一小桥，土人名曰东西桥。自此桥以下，路在溪之西，自此桥以上，路在溪之东矣。夹道翠柏成列，土人名曰柏洞。旋至壶天阁小坐。自城至此凡十八里。又过回马岭，至二虎庙。登岱程途，至此得半矣。该处路稍平夷，微有陟降，名曰快活三里。稍北为云母桥，该处有瀑布，名曰御帐坪。小坐，盖途中最胜之处也。遥望东边石壁，摩崖一碑，曰万丈碑。过朝阳洞，有元君殿，今颓毁矣。旋至五松树，小坐，有石坊曰五五[衍一五字]大夫松。秦时松久不可见，今亦有虬松数株。又北为对松山，溪之两岸，古松森列，与东西桥之伯洞皆岱岳茂林也。自此以上为慢十八盘，过升仙坊为紧十八盘，岱岳中最为险峻之处。至南天门小坐。旋折而东，行里许，为碧霞元君庙，又东北一百步许为东岳大帝庙。余即在此停住。卯初自城起程，午初一刻到此，不觉登陟之难，盖号为四十里，实不过三十二、三里。小憩片时，旋至两庙各行三跪九叩礼。因捻匪未平，发愿默为祈祷。中饭后，小睡片刻。旋与幕友步行登览各处。

先至岱顶，即所谓天柱峰也。中有玉皇殿，殿外有巨石陂陀，相传为山之巅顶。门外有无字碑，广二尺许，厚一尺五、六寸。高丈二、三尺，《志》称为汉时立石。顶之西南为青帝宫，又西为寝宫，内有元君卧像，门锁，未得启视。其南为北斗台，台上两石幢，高二尺许。寝宫之西为孔子殿。以上宫殿四处及北斗台皆已颓败。旋至岱顶之东，有乾坤亭，因纯皇帝书"乾坤普照"扁而名之也。又东为日观峰亭，亦有纯皇帝诗碑，其后一碑题"孔子小天下处"。此亭本可观日出，今已颓毁，上无片瓦，不如玉皇殿东轩看日出之便。又东南为舍身岩，改名爱身岩。岩之侧为仙人桥，两石壁之间，三石相衔，下临深谷，有如飞桥。又东为东神霄山，即日观峰迤东之耸起者，实一山耳。遥对西神霄山，即南天门迤西之耸起者。傍夕归，观东岳殿后唐明皇摩崖《纪泰山铭》。其旁小泉曰圣女池。凡岱顶之可观者，略尽于此。此外如丈人峰，不过三石，略具人形。东天门、西天门、北天门，不过各立二石而已。

大抵泰山自北而南，分两大支、一小支：西大支由西神霄峰而南，至卧马峰、傲来峰一带；东大支由东神霄峰而南，至乾坤山、老人寨、二虎山、摩天岭一带；中一小支自东支之二虎山分出，南至马蹄峪、水帘洞、白杨洞一带。东大支及中小支皆不甚长，惟西支自傲来峰以西绵亘三、四十里，重峦巨嶂，惜不及遍游也。水亦分两支：西支发源于南天门，目下干涸，至对松山始见流水，下经傲来峰出郡城之西门外，名曰黄西河，又名昳河；东支发源于二虎山，自二虎山以南大路皆在此溪之沿，名曰中溪，又曰环水。余粗识脉络于此，馀不及详。

是夕阴云作雨，闻贼又窜曹州，恐其渡运河而东，焦灼之至。睡不甚成寐。

十七日(严风微雨后竟得观泰山日出)

因昨夕阴云微雨,计五鼓断不能观览日出,遂高卧不起,而幕友黎纯斋及薛叔芸、王鼎丞、叶亭甥等四人登玉皇顶东轩。五更,严风微雨过后,竟得一睹日出之胜。乃知天下事未阅历者不可以臆测,稍艰难者不可以中阻也。

卯初二刻,起行下山,中过水帘洞、万仙楼,均小停登眺。至山麓王母池小坐,辰正一刻即入郡城。下山行走极速,盖登岱者别有一种山轿,长六尺许,两损弧而向上,如一弓小桥然。舁夫以皮带承肩,上下石磴,轿皆横行,舁夫面皆向前。以直行,则皮带正负在项后,横行,则皮带斜曳在肩侧也。在郡见丁方伯宝桢、鲍学使源深,又见长清令张曜。写昨日日记,约五百字,未毕。午初二刻又起程,行四十五里至夏张宿。途次,饱看傲来峰以西诸山。又写日记七百馀字,毕。围棋二局,阅本日文件。连日积阁批札等件甚多,夜间清厘数件。倦甚,竟不能全了矣,愧歉之至。

此次登岱所心赏者,在庙则为镇圭,为李斯碑,为汉柏、唐槐,为龙爪柏,为扶桑石;在山则为玉皇顶、无字碑,为《纪泰山铭》,为南天门,为御幛坪。外此虽有胜迹,非所钦已。

十八日

黎明,早饭后起行,四十里过汶河,二十里至冈山屯打尖,系宁阳县境。饭后行十馀里,滂沱大雨。冒雨行二十里,至宁阳城住宿。县令程西池,桐城举人,颇有循声。见客一次,写昨日日记,阅本日文件。闻贼复窜曹县、定陶,在曹、单攻破民寨多处,甚为猖獗,忧灼之至!核批札信稿,至二更未毕。疲倦殊甚,不复能治事矣,小睡刻许。三点后又核一信稿。睡不甚成寐,三更三点乃成寐。

十九日(回济宁城)

黎明饭后,因道路泥泞,改而坐车。行四十里至高梧桥打尖,系滋阳县境,兖州镇总兵及王守、彭令在此迎接。巳初中饭后,又车行四十里至马家井茶尖,系济宁县境。程牧等在此迎接,见客三次。旋坐轿,行二十里回济宁城。见客,坐见者一次,立见者二次。清理文件,并阅本日文件。小睡片刻。灯后,写零字颇多,核批札信稿,至二更四点未毕。睡不甚成寐。前所阅《选举考》十一、十二卷不甚仔细,昨日重看三十馀叶,本日重看二十馀叶,车中摇簸,殊费目力耳。

廿日

早饭后清理文件。见客,立见者三次,坐见者三次。围棋一局,又观人一局。徐琴舫编修自京师来,与谈颇久。又立见之客四次,坐见者二次。再围棋一局。将《选举考》末二卷酌加题识,未初毕。阅本日文件,核批札各稿,将途次停阁之件概为清厘。酉正复围棋一局,与幕友久谈。夜核信稿,尚未完毕。二更三点睡,尚能成寐。

廿一日(阅《鲁通父诗文集》)

早饭后清理文件。见客,立见者二次。围棋二局,又观人一局。潘琴轩来久谈。写少泉信一件,约七百馀字。左辅齿疼殊甚。与方存之久谈,渠携有《鲁通父诗文集》,翻阅良久。中饭后复阅二卷。见客一次。申正,因齿疼,久睡一时有馀。傍夕与幕府久谈。夜写沅弟信一件,核批札稿,二更后温韩诗七古。三点睡。

廿二日

早饭后清理文件。祝爽亭来久坐,围棋二局。齿疼殊甚。与申夫一谈,阅《文献通考·学校考》二十叶,写郭云仙信一件,约六百馀字,宗涤楼来谈颇久。中饭后至幕府一谈,阅本日文件,再围棋二局。核批札信稿颇多,途中积压之件为之一清。与幕友同至庙外圩墙一看。夜诵杜、韩七古颇多,似有会于古人沉郁顿挫之义。二更三点睡。是日得沅弟初五日信,知脚痛甚苦,殊为廑念。又接纪泽初一日信,安庆邮封太缓,可怪也。

廿三日

早饭后清理文件。围棋二局，又观人一局，见客一次，阅《学校考》二十叶，至幕府一谈。中饭后，齿疼殊甚，又围棋二局。阅本日文件甚多。新得李北海《灵岩寺碑颂》，石在长清，东平州所送，用油纸摹写一叶。申刻，坐见之客一次，核批札各稿。傍夕小睡。夜核信稿数件。二更后，朗诵韩诗七古十馀首，以畅襟怀。

廿四日

早饭后清理文件，习字一纸。围棋二局，又观人一局。徐琴舫来谈颇久，阅俞樾荫甫所著《群经平议》之十四卷论《考工记》世室、重屋、明堂之制，驳正郑注，思通鬼神，有超乎戴氏《考工记图》者。凡三十六叶，阅毕。见客，坐见者一次，立见者一次。午正小睡。中饭后至幕府一谈，阅本日文件，批识俞氏之书，改摺稿一件，又围棋二局。齿疼殊甚，与幕友一谈，小睡片刻。阅王甥叶亭所为《游泰山记》，条鬯雅润，深为喜慰。夜改片稿一件，核批札各稿未毕。二更三点睡。

廿五日（阅王鼎丞所为《游泰山》诗）

早饭后清理文件。见客，立见者二次，坐见者二次，围棋二局。旋改片稿一件，写澄、沅两弟信一件，写纪泽儿信一件，至幕府一谈。中饭后见客一次，谈颇久。小睡片刻。阅本日文件。遍身奇痒，甚觉不适。至幕府一谈，习字一纸，核批札各稿。傍夕与幕府一谈。阅王鼎丞所为《游泰山》诗七首，仿杜公纪行诗体，语有斟酌。夜背诵杜、韩七古十馀首。写零字颇多，悟北海上取直势，下取横势，左取直势，右取横势之法。大约直势本于秦篆，横势本于汉隶；直势盛于右军暨东晋诸帖，横势盛于三魏诸碑。唐初欧公用直势，褚公用横势，李公则兼用二势。二更后小睡。三点睡，迄不能成寐。颈项奇痒，小颗肿起，大者如桃，小者如豆。四更，举火视之，捉一蚤四虱，不知何以毒气甚重如此。

廿六日（命人捉得致余疼痒之大臭虫）

早饭后清理文件。围棋二局。因昨夕疼痒极苦，命人寻捉床铺，得大臭虫四、五，形扁而阔，比寻常臭虫大至倍许。或曰："此去冬蛰伏之虫，今年新出，故饥而悍也。"竟日遍身奇痒，不欲治事。阅李西沤所纂《清修宝鉴》，阅《学校考》二十叶。午正至王甥床上小睡。中饭后见客一次，又坐见之客二次，钱子密新来，谈甚久。阅本日文件，又阅《清修宝鉴》。齿疼殊甚，再围棋二局。傍晚写对联七付，小睡片刻。夜核批札稿，二更后温《汉书》数首，三点睡。

廿七日（阅《清修宝鉴》）

早饭后清理文件。围棋二局，坐见之客一次，阅《清修宝鉴》，阅《学校考》二十叶。午刻与钱子密久谈。小睡片刻。天气渐热，体痒心燥。习字一纸。中饭后至幕府一谈，阅《清修宝鉴》，阅本日文件甚多。写对联七付，笔败已久，殊不适意。至子密处久谈。核批札各稿。小睡片刻。灯后，齿疼弥甚，不欲治事。写霞仙信数行，因目昏停止。朗诵放翁七绝数十首。在庭院与方存之一谈。二更三点睡，差能成寐，在此月为美睡矣。

廿八日

早饭后清理文件，围棋二局，见客一次，习字一纸，写霞仙信一件，约八百字，阅《清修宝鉴》，至申夫处一谈。写刘省三信未毕，中饭后毕，约四百字。至幕府一谈，阅本日文件。牙疼殊甚，又围棋二局。近日围棋尤多，因寄心于棋则疼暂忘也。写对联七付，将《学校考》三卷酌加题识。倦甚，小睡时许，不寐。灯后，与友院中一谈。核批札信稿多件，温山谷七律。二更四点睡，虽遍身多痒，差能成寐。

廿九日

早饭后清理文件，围棋二局，习字一纸。见客，立见者二次，坐见者二次。阅《学校考》二十馀叶。午初小睡半时许。中饭后至幕府一谈。又围棋二局,阅本日文件,吴挚甫自桐城来久谈,核批札稿。傍夕与幕友一谈。夜核批札稿颇多,二更后诵杜、苏七律数十首。三点睡,三更后成寐。

卅日(与军门同至庙外观新麦登场)

早饭后清理文件。见客,坐见者二次。围棋二局。习字一纸,悟古人用笔之法,戏为诗二句云:"龙作欠身戏海水,鹰揩倦眼搏秋旻。"阅《学校考》二十馀叶。午刻小睡,成寐。午正,请子密、挚甫等中饭,饭毕热甚。阅本日文件,又围棋二局,黄军门翼升自金陵来久谈。旋核批札稿,未毕。军门又来,与之同至庙外观新麦登场,灯后便饭。潘琴轩来一谈。客去,改信稿数件,约三百字。二更三点睡。

## 五月

初一日

早饭前后见客,立见者七次,坐见者四次。清理文件。旋围棋二局,习字一纸,阅《学校考》第六卷,黄昌岐来一坐。午刻小睡半时许。中饭后至幕府一谈,阅本日文件,写对联八付。至申夫处,与昌岐久谈。旋核批札信稿。傍夕又睡数刻。日来牙疼殊甚,本日两次成寐,疼稍平矣。夜温抄本"传志类上",朗诵至二更,三点睡。竟夕大雨,心以麦收未毕为忧。

初二日(知纪泽母子已自湘来鄂)

早饭后清理文件,围棋二局,写字一纸,阅《学校考》二十叶,至幕府一谈。牙疼殊甚。午刻小睡。黄军门来。是日,潘琴轩请余与黄军门至太白楼小宴,因雨大不能去,乃移席来余公馆。午正二刻登席,余以牙疼不能饮食,强坐时许,殊以为困。饭后阅本日文件,又围棋二局。心有所寄,牙疼稍愈。旋将本日所阅《文献通考》酌加题识,《学校考》阅毕。改信稿二件,黄军门来久谈,又改信稿二件。傍夕小睡。夜改信稿七件,二更后温韩诗七古。三点睡,尚能成寐。接沅弟四月十八日信,知纪泽母子已到阳逻,纪瑞母子已自湘来鄂矣。

初三日(阅王而农《札记章句》)

早饭后清理文件,习字一纸。阅王而农先生《礼记章句》二十叶。先生著书三百馀卷。道光庚子、辛丑间,其裔孙王半帆刻二百馀卷,邓湘皋、邹叔绩经纪其事。咸丰四年贼破湘潭,板毁无存。同治二年,沅甫弟捐资,全数刊刻,开局于安庆。三年移于金陵,欧阳小岑经纪其事。四年冬毕工刷样本,来请予作序。余以《礼记章句》为先生说经之最精者,拟细看一遍,以便作序,因以考校对者之有无错误。旋围棋二局,至幕府一谈,又阅《礼记》十叶。午刻小睡时许。见客,坐见者一次。中饭后阅本日文件,至幕府久谈,写沅弟信一件,写对联七付。剃头一次。傍夕小睡半时。夜核批札稿信稿,二更粗毕。温韩文各传、志。二更三点睡。是日牙疼一二次,食地黄炖肉而稍愈。

初四日(至庙外场上观打麦)

早饭后清理文件,围棋二局,阅《礼记章句》十叶。出门拜黄军门,巳正归。牙疼殊甚,不能治事,又围棋二局,至幕府一谈。中饭后阅《礼记》十五叶,阅本日文件颇多,写意城、次青信,各添一叶,啸山信添数行,写对联四付。酉刻至庙外场上观打麦。小睡片刻。夜核批札稿,写零字甚多,二更后温韩文十馀首。接沅弟暨纪泽四月二十一日信。是日,以金银花、卜荷煎水服之,牙疼稍愈。

附记

○澄信送日记

○啸信送二对

沅弟言倪事

初五日

早间，本辕文武贺节。饭后，外间贺节者概谢不见。习字一纸，清理文件，围棋二局，黄军门来一谈。阅《礼记章句》十五叶。刘省三、张振轩来久谈。倦甚，午刻小睡。中饭，请黄军门小宴。旋阅本日文件，写澄、沅两弟信。现定逢三日写沅信，由驿递至湖北抚署，寄每旬日记；每月初四、五写澄、沅信，由专人送至湘乡本宅，寄每月日记；十四、五，廿四、五写两儿信，近则专人，远则驿递。计一月六次矣。再阅《礼记》十叶，微加批识。又围棋二局。见客，坐见者一次，立见者四次。傍夕小睡。夜核批札稿，温《古文·辞赋类》。二更三点睡，疲困殊甚，盖说话稍多即困，本性然也。

初六日（连日阅《礼记》）

早饭后清理文件。见客一次，又立见者一次。围棋二局，习字一纸，阅《礼记》二十六叶，与幕客一谈。午刻小睡。中饭后再围棋二局，阅本日文件，坐见之客一次，写对联九付，改信稿十馀件，夜又改十馀件。二更后温黄山谷七律、陶诗数十首。二更三点睡。

附记

张胜琪　张沛之铭军

○吴信要《仪礼》

初七日

早饭后清理文件，围棋二局。刘省三来畅谈。习字一纸，阅《礼记·檀弓》二十一叶，酌加批识。午刻小睡。中饭后阅本日文件，又围棋二局，至幕府一谈，核批稿十馀件、信稿十馀件。傍夕在院中与幕友久谈。夜核信稿数件。倦甚，小睡半时。二更三点睡，三更二点成寐。

初八日（闻河南诸军打败仗）

早饭后清理文件。旋围棋二局，黄军门来坐最久，阅《札记·章句》二十五叶，《檀弓上》毕。见客，坐见者一次，立见者二次。午刻，小睡半时。中饭后至幕府一谈，阅本日文件，又围棋二局。倦甚，不愿治事，在竹床上信手翻阅《清修宝鉴》，阅十馀叶。旋核批稿信稿十馀件，未毕。傍夕，李幼泉自丰县来久谈。客去，又改批稿数件。二更后温杜诗五古。因说话太多，疲困殊甚，三点睡。是日闻河南诸军四月廿八日在归德打仗败挫，宋庆、蒋希夷两军伤损尤多，为之焦愤。盖官兵挫一次，则贼焰长一次，势将燎原矣。而河南乃以胜仗入奏请奖，殊为可怪。

初九日

早饭后清理文件，阅《礼记》十五叶，围棋二局，又阅二十叶，见客二次。午刻小睡半时许。昨夕为臭虫所啮，本日又奇痒难耐。中饭后至幕府久谈，阅本日文件，又围棋二局。倦甚，不欲治事，与戈什哈李翥汉细问李希庵家事。酉刻核鲍营薪水、口粮单，未毕。李幼泉等来久谈。夜又核鲍营单，毕，二更后核批札稿未毕，温王摩诘五律十馀首。三点睡。是夕服人参二钱。

附记

松生百金、信

松岩百金并幛，交黄军门

初十日（闻厚庵具疏自请治罪）

早饭后清理文件。旋围棋二局，见客，坐见者三次，阅《礼记》二十一叶，《檀弓》阅毕。

又将鲍营薪水、口粮单一核。午刻小睡。中饭后写霞仙信二叶，见客，坐见者一次。接京信，见大考单，吾乡周荇农二等第二，馀三人皆三等。闻厚庵具疏自请治罪，另简贤能，甘肃事势日坏，殊为可忧。本日文件极少，颇为可喜，而不得清江捻股消息，又以为虑。再核鲍营清单，毕。写对联九付，核批札各稿未毕。傍夕与幕友小坐庭院一谈。夜核批札稿毕，写李眉生信二叶，温韩诗七古，朗诵十馀首。三点睡。

十一日

早饭后清理文件，写朱久香信一叶，围棋二局，黄军门来久坐，阅《礼记章句》十七叶，黄军门又来一谈。午刻小睡。中饭后，前云南提督傅振邦来久坐。阅本日文件，知刘仲良于三十、初一接战，刘寿卿初三日接战，获胜，文报皆梗阻未到。又围棋二局，写对联、祭幛等五件，写沅弟信一件，约五百馀字。李幼泉来来［衍一来字］久谈。傍夕与幕友久谈。夜写纪泽儿信，约三百字，核批札稿未毕，温韩诗七古。闻捻匪又至丰县，焦灼之至。二更三点睡。

十二日

早饭后清理文件，见客二次，李幼泉谈颇久，围棋二局。旋至幕府久坐。阅《礼记》廿四叶，中饭后酌加批识。阅本日文件，又围棋二局，写陈婿信一件，核批札稿甚多。傍夕倦甚，小睡半时。夜又核批札信稿。二更三点睡，三更末始成寐。

十三日（闻捻匪集于徐州城外）

早饭后清理文件，祝垲来久谈，围棋二局，黄、传二军门来一谈，颇久。阅《礼记》二十叶，《王制》毕。午刻小睡。中饭后又阅《中庸》二十叶。船山先生《大学》《中庸》皆全录朱注，而以己说衍之，仍第于《礼记》中，以还四十九篇之旧。余因先生说《礼》多通于性命之缘故，急取《中庸》阅之。阅本日文件，写对联七付，又围棋二局，核信稿三件，与幕友一谈，李幼泉来一谈。夜核信稿数件，二更三点睡。闻捻匪张、牛、任、赖两股均集于徐州城外，各军熟视而无如之何，焦灼无已！

十四日（潘琴轩将出队剿贼）

早饭后见客一次，谈颇畅。旋写竹如信五叶，渠于本年致仕，侨居山东之诸城县，方存之将往访视，故寄书候之也。围棋二局。阅《王制》二十叶。潘琴轩将出队剿贼，来谈颇久。又立见之客二次。午刻小睡。寓居庙内屋后有一小院封闭数月，本日启开，芟除芜峻，为之豁朗。又围棋二局，阅本日文件。天气骤热，余畏热年甚一年，不敢治事。小睡良久，不能成寐，在床看《戴东原文集》二十馀叶，酉刻始起。核批稿未毕。傍夕与幕友久谈。夜核批稿，至二更三点粗毕，信稿则积阁尚多。睡后不能成寐，三更后烧蚊数只，三更末始寐。

十五日（阅赫德所呈《时外旁观论》）

早，谢绝文武贺望各员。饭后见客二次，又坐见之客二次，黄昌期坐甚久。围棋二局，阅《月令》廿五叶。阅赫德所呈《时外旁观论》，系二月二十三日密谕中寄来者，共十八叶。小睡半时许。中饭后，阅本日文件，又围棋二局。阅威妥玛所呈《新议论略》，亦密谕中寄来者，共三十叶。见客三次。傍夕与吴挚甫一谈，见客三次。小睡片刻。夜在院中与幕友一谈。旋核批札信稿，未毕。二更三点睡，三更后成寐。

十六日

早饭后清理文件。旋围棋二局，见客二次。阅《王制》毕，阅《曾子问》五叶。午刻小睡。中饭后至幕府一谈，又围棋二局。阅本日文件，核批札稿，添黄恕皆、徐寿衡信各百馀字，又改信稿二件。傍夕与幕友庭院纳凉，久谈。又改刘开生信稿。二更后温韩文数首。三点睡。

十七日

早饭后清理文件。洪贞谦来一坐。旋与刘申孙围棋二局，又观人一局，阅《曾子问》二十叶。午刻小睡。中饭后阅本日文件。倦甚，小睡。核批札信稿多件。酉正与幕客庭院纳凉，久谈。夜又改信稿三件。二更后温《古文·辞赋类》，朗诵之下，气若不能接续，盖衰退之象也。三点睡。

十八日

早饭后见客，坐见者三次，立见者二次。清理文件，围棋二局，阅《曾子问》《文王世子》二十叶。午刻小睡。接澄、沅两弟四月初八、廿八日等信，并寄郭云仙、意城信。至幕府一谈，中饭后又一谈。阅本日文件，写对联十一付，李幼泉来一谈，核批札信稿。傍夕又与幕友院中久谈。倦甚，小睡。夜写零字甚多。旋温《史记》淮阴侯、季布栾布等传。是日因说话稍多，疲困殊甚。昨夕为臭虫所噬，是日搜捕一过，移床于西室。二更三点睡。

十九日（阅《文王世子》）

早饭后清理文件。旋见客，坐见者一次，立见者一次，围棋二局，至幕府一谈。倦甚，小睡半时。午正阅《文王世子》八叶，于"庶子之正于公族"章，探索良久。中饭后至幕府一谈，阅《礼运》廿二叶，写挂屏五叶，约三百馀字。至幕府一谈。傍夕与客纳凉廷院，久谈。夜核批札信稿，未毕。二更后倦甚，小睡。三点睡。酉刻幼泉来一坐。

二十日（诵《诗经》）

早饭后清理文件。见客，坐见者一次，立见者一次。围棋二局，至幕府一谈。小睡片刻。午刻阅《礼运》十六叶。中饭后阅《礼器》八叶，阅本日文件。又围棋二局。写挂屏三叶，核批札稿。剃头一次。又与幕友院中久坐。夜核信稿十件，二更后朗诵《诗经》二十馀章，并诵《九辨》《反骚》诸篇，似有所得。三点睡。

二十一日

早饭后清理文件。见客，坐见者二次，围棋二局，至幕府久谈。小睡半时。午刻阅《礼器》十二叶，中饭后又阅八叶。阅本日文件，又围棋一局。小睡片刻。改摺稿一件、片稿一件，约四百馀字。傍夕在庭院与幕友久谈。夜核批札稿，二更后温韩诗七古，三点睡。

廿二日

早饭后清理文件。见客，坐见者四次，前太原镇田在田坐颇久。围棋二局。小睡片刻。巳正阅《郊特牲》二十二叶。中饭后又围棋二局，阅本日文件，写沅弟信五叶。见客，立见者一次，坐见者一次。小睡片刻。核批札信稿多件。傍夕与幕友久谈。夜饭后，困倦殊甚，竟不能治一事。久睡，至二更三点乃起，洗脚，脱衣而再睡，幸能成寐。数年以来，未有灯后不治一事而长睡者。此次昏倦异常，盖由于夜短少眠，而日间亦未甚休息耳。

附记

礼三　兵四　小学四　诗文三

修齐三　经籍三

廿三日（念军中酷热难耐）

早饭后清理文件。旋围棋二局。小睡片刻。阅《郊特牲》《内则》共二十二叶，中饭后，将朴目记录少许。又围棋二局，阅本日文件，写扁二方、挂屏三叶，核批札稿。傍夕在庭院一谈。小睡片刻。夜核信稿数件，二更后温韩诗五古。三点睡，三更三点成寐。是日天气酷热，余在大屋高棚之中，尚可自适，军中则蒸灼难堪矣。余将有桃源、宿迁之行，亦畏难而不遽去。

廿四日

早饭后清理文件，围棋二局，阅《内则》十叶。小睡片刻。旋又阅十二叶。至幕府一谈。中饭后阅本日文件，又围棋二局，核批札各稿。天气郁热异常，与幕友一谈。酉初小雨，登床睡至灯初，不能成寐。雨势渐旺，是夕竟夜雷雨，倾盆不息，涤除郁炎，亦恰慰农家之望也。灯后，改信稿数件，二更后温杜、韩五古，三点睡。

廿五日（看《红楼梦》三卷）

早饭后清理文件。旋看《红楼梦》三卷，写纪泽儿信一封，阅《内则》十二叶。中饭后又阅小说十馀叶，阅本日文件，围棋二局，核批札稿。天气郁热殊甚。酉刻与幕友久谈。傍夕小睡。夜核信稿数件，二更后温《古文·序跋类》，三点睡。

廿六日

早饭后清理文件，阅《红楼梦》二卷，阅《玉藻》十六叶，围棋二局。中饭后至幕府久谈。见客，坐见者一次，立见者二次。阅本日文件，又围棋二局，杂记朴目约五百馀字，核批札信稿。傍夕小睡。夜又核批稿，毕。二更后温《古文·奏议类》，朗诵十馀篇。三点睡。是日天阴而郁热殊甚，夜间大雨如注，竟夕不停，直至次日辰刻乃止。

廿七日（阅书于古人衣冠韠笏之制若有所会）

早饭后清理文件。旋围棋二局，见客，坐见者二次，写少泉信约六百馀字。中饭后又围棋二局，阅本日文件，阅《玉藻》二十二叶，于古人衣冠韠笏之制若有所会。至幕府一谈。傍夕写筱泉信二叶。夜核批札稿，二更后温《古文·书牍类》。小睡片刻。三点睡，三更二点成寐。

曾国藩宴请会

廿八日

早饭后清理文件。见客，立见者四次，坐见者三次。围棋二局，阅《明堂位》《丧服小记》二十叶。午刻倦甚，小睡。中饭后又围棋二局，阅本日文件。困倦殊甚，久不得舒适。录朴目约三百馀字。见客，立见者一次，坐见者一次。与幕友久谈。

余近日每于早饭、中饭后，乏困异常，盖脾为食所困，阳气不能鼓荡运化也。勉强围棋之后，虽脾气稍得醒豁而疲困如故，看书会客皆十分勉强从事。申夫言饭后散步数千步，可以医卑困。因忆余于道光二十九年问陶凫香先生养生之法，渠言每日两饭后各行三千步，或早饭后有事耽搁，则中饭后补之；两饭后均耽搁，则傍夕或灯后补之。四十年未尝间断，故八十馀岁而壮健异常。余时癣疾正剧，偶尔效其所为，辄觉身轻体适。以后当日日遵行此法，并劝澄、沅两弟及子侄辈行之。与幕友久谈。夜在室中散步，竟不治事。二更后核批札各稿，未毕。四点睡，尚能成寐。

二十九日（读《古文·哀祭类》）

早饭后散步三千步。旋坐见之客一次，清理文件。旋围棋二局，阅《丧服小制［记］》《大传》二十五叶。小睡片刻。中饭后，散步三千步。是日大雨倾盆，自巳刻起至三更，未尝少息。室中黑暗闷甚，又围棋二局。阅本日文件，阅小说，就厅上天光稍明，申正室内亦明。写云仙信三叶，未毕，小睡。夜将云信写毕，约七百字。读《古文·哀祭类》，倦甚，不能朗诵，仅翻阅十馀首。二更四点睡，尚能成寐。

## 六月

初一日

是日谢绝贺朔之客。早饭后三千步，表上约三刻之久。清理文件。旋围棋二局，阅《大传》《少仪》二十三叶。午刻小睡。中饭后散步。阅本日文件，围棋二局，阅小说二卷，核批札各稿。傍夕与幕府久谈。小睡片刻。夜温《史记》数篇，目光益蒙。从此，夜间竟不复能看书，学有日退，无日进矣。接沅弟五月十六日信，知足疾已愈，为之大慰。二更三点睡。是日申刻，坐见之客二次。

初二日

早饭后清理文件，围棋二局，看小说一卷，阅《学记》《乐记》三十叶，至幕府一坐。午刻小睡。中饭后散步，与早饭后各三千步。阅本日文件，写沅弟信约四百馀字，写对联八付。见客，坐见者一次，立见者一次。至幕府一谈，写朴目杂记。傍夕小睡。夜核批札稿，二更后温《古文简本》。三点睡，竟夕不能成寐。是夜闻贼复回窜定陶，焦灼之至。

初三日

早饭后散步三千，清理文件，围棋二局，见客二次，看小说一卷。巳、午两时阅《乐记》三十叶。小睡片刻。中饭后散步。阅本日文件，又围棋二局，核批札各稿。与幕友庭院中久坐。旋小睡片刻。改信稿数件，温李、韩七古。二更三点睡，尚能成寐。

初四日（闻贼窜定陶之信不确，为之少慰）

早饭后散步，清理文件，围棋二局。见客，坐见者二次，立见者一次。阅《乐记》《杂记》二十馀叶。午刻小睡。中饭〈后〉散步，阅本日文件，围棋二局，记录朴目，核批札各稿。傍夕与幕友院中久谈。夜温李、杜七古。疲倦殊甚，目若无所见者。甚矣，老境之逼人也！因不复治事，上床小睡。二更三点后乃睡，幸能成寐，杂梦甚多。本日闻贼窜定陶之信不确，为之少慰。

初五日

早饭后散步三千，清理文件。见客，坐见者三次。围棋二局，阅《杂记》二十二叶。中饭后散步，阅本日文件，写澄弟信约六百馀字。体中觉有不适，两次至幕府久谈。傍夕小睡。夜核批札稿。体中若甚有病者，与吴挚甫一谈。二更三点睡，筋骨作疼，盖新棉被微觉轻适，或连日阴雨受寒之咎与？

初六日

早饭，病未愈，仅吃半碗许。是日不食油荤蔬菜，腹泻五次。近数年夏间，每患腹泻，盖病之颇轻者。不能健步，每次千步，分三次。午正散步始毕。立见之客三次。阅《杂记》二十二叶，清理文件。中饭后围棋二局，又观人一局，散步一千。夜又补一千。至幕府一谈，见客，坐见者一次，阅本日文件，核批札各稿。因腹泻困倦，屡在竹床小睡。傍夕在庭院小坐。夜又核批札稿，至二更三点未毕。连接沅弟两信、纪泽两信。沅弟脚疾全愈，洋人医药奇效，为之大慰，而又以其太速疑之。

初七日（由济宁起程至嘉祥县谒曾子林庙）

早饭后散步一千。清理文件，改信稿三百馀字。辰正，由济宁起程至嘉祥县，将谒曾子林庙。大雨之后，积潦盈途，行三十里至新开河茶尖。沿途见运河堤墙概行坍卸，忧虑之至，因思一律改为板筑，与程牧绳武商议良久。又行十八里至嘉祥县，未正始到，住嘉祥书院。见客，坐见者三次，立见者二次，在舆中阅《杂记》《丧大记》二十五叶。中饭后陆续散步三千，小睡半时许。记录朴目。酉初至宗圣庙叩谒，行三跪九叩礼。庙中规模扁小，朽败已甚。左，子思配享；右，曾子配享。后为启圣庙，名养志楼，尤朽敝不能庇风雨。旋至宗子五经博士广莆家一坐。其头二门及大堂等一概颓毁无存，内室亦甚残陋，即雍正间所赐“省身念祖”扁亦无悬挂之处，仅庋置于桌上。余前闻嘉祥圣裔式微，久思有以任恤之，本日捐祭产银千两，又赠广莆银四十两。及见此景况，则又愀焉不安，悖焉不忍，而非人力所能遽振也。傍夕归。阅本日文件，改信稿一件，再问［阅］王氏《礼记章句》，温近日所已看者。二更三点睡，尚能成寐。

初八日（拜谒宗圣庙）

早饭后散步二千。旋由嘉祥至南武山，本不过四十馀里，因路上处处隔水，绕道行五十馀里始至南武山，未刻到。巳正在纸坊集打尖，即住宗圣庙之东省身堂。庙在南武山下，山高约五十丈，一片顽石，不生草木，庙外内柏数百株，大约二尺围上下，殆嘉庆间所植。附近居民种五谷者少，皆种蓝及烟。曾氏均族人丁不过三百，贫苦特甚。文生曾毓鉴等来，备述窘状。

未正谒庙。先拜莱芜侯庙，在正殿之西，后有寝。旋拜宗圣庙，庙修不知始于何时，初系宗圣在前殿，莱芜侯在后寝殿明正统间重修，始改为宗圣在中，莱芜在西。至万历间重修，有太仆少卿刘不息碑记，载曾质粹之孙名承业者，承袭时兴讼事，碑立于万历七年，在庙庭之东南。至国朝雍正七年，请帑重修，规模始大。后有寝殿，前有御碑亭，刻纯皇帝《宗圣赞》。两庑祀弟子阳肤、乐正、子春，东西各五人。中有宗圣门，前有石坊三座。西刻谒林墓，在庙西南里许。北、东、西三面皆石山，墓在平地。今雨后，墓道被淹，石马、翁仲皆在水中，仅坟未淹耳。享堂及门颓败异常，几于片瓦无存。有碑曰“笈国公宗圣曾子之墓”，缘宗圣公墓久已佚亡，不知所在。明成化初，山东守臣奏：嘉祥县南武山有渔者陷入一穴中，得悬棺，有石镌“曾参之墓”。弘治十八年，山东巡抚金洪奏请建享堂、石坊，即今林也。余观山石顽犷，地势散漫，不似葬圣贤者，殊以为疑。薄暮归，补行四千步。是日在舆中阅《丧大记》《祭法》二十五叶。申刻写日记。夜在庭中纳凉。二更三点睡，不甚成寐。

初九日（自宗圣庙启行回济）

早饭后行千步。旋自宗圣庙启行回济。卯正成行，潦水盈途，舆马深厉浅涉，远或半里，近或数丈、数十丈。行四十四里，至午正始抵新开河。中饭后千步，旋又行三十里至济宁。是日天气郁热异常，在舆中有似釜甑炊爨之时。阅《祭法》《祭义》三十叶，盖不看书则心无所寄而愈热也。补行二千步。阅昨、今两日文件，写日记约五百字。至庭院中与幕友纳凉，久谈。夜饭后在竹床小睡，天热不能治事。二更三点睡，不甚成寐。

初十日（至韦驮棚看新筑之墙）

早饭后行二千步，午初补行千步。卯正见客，坐见者一次，立见者一次，清理文件。旋出门至韦驮棚看新筑之墙：高六尺，基厚一尺六寸，顶厚一尺二寸，长五丈馀。以河沿堤墙全塌，故欲改为板筑，令程牧先修数丈为式。观者以为筑成后半月不雨，可保三年也。辰正三刻归。围棋二局。天气奇热，至幕府一谈。阅《祭文》《祭统》二十叶。中饭后，两次散步三千，又阅书五叶。阅本日文件，围棋一局，观人一局，至幕府久谈。近四日未大解，体若不甚适者。奇热，忽转大风，懒于治事。傍夕看小说十馀叶，夜核批札稿。三日内积阁已多，至二更三点未毕。睡尚能成寐。

十一日

早饭后，两次散步三千。清理文件，围棋二局。见客，坐见者一次。阅《祭统》《经解》《哀公问》。小睡刻许。中饭后散步三千，阅本日文件，将五日内所阅之书酌加批识，记录朴目。申刻小睡。申正核霆营杂款单。傍夕与幕友久谈。夜核批札稿，改各信稿，约近千字。二更三点睡，尚能成寐。

十二日

是日先太夫人忌辰，斋戒一日。早饭后散步三千，清理文件，围棋二局。见客，坐见者三次，立见者一次。阅《仲尼燕居》《孔子闲居》《坊记》二十五叶。午刻，袁小午来久谈。中饭后散步二千。阅本日文件，写沅弟信一件。天气郁闷。阅本日文件，再围棋二局，补行五百步，核批札各稿。傍夕，方存之来，渠至诸城省视吴竹如先生，往返二千馀里，与之畅谈。夜改信稿十馀件，甚觉劳乏，目光昏暗。二更四点睡，不甚成寐。

十三日(是日雨如倾盆，恐伤稼菽)

早饭后，因散步三千太多，断难有恒，改为二千。清理文件，围棋一局，又观人一局，阅《坊记》《中庸》三十叶，至幕府一淡。中饭后散步二千，袁小午来圏谈时许，阅本日文件，改摺稿未毕。酉正小睡。夜改摺稿，至二更二点毕，约改六百字。倦甚，不能复治事。是日申刻写对联十付。二更三点睡，三更后稍能成寐。是日天气阴寒，至申酉间大雨竟夕，雨如倾盆，冷如深秋，北之粱菽，南之稻田，俱恐伤稼，深为焦虑。

十四日

早饭后散步二千。清理文件，围棋三局。天雨，闷甚。改片稿一件，约三百字，阅《中庸》二十二叶。见客，坐见者一次。中饭后散步二千。阎中丞自东平来济送行，久坐二时许。申正出门拜客，会者二家，酉正回。核批札稿，发报一摺、二片。夜又核批札稿，困倦殊甚，未能了者尚多。二更四点睡，似用心稍过，说话稍多，竟夕不能成寐。

十五日(乘舟往周家口)

早饭后散步一千五百。清理文件，核批札稿数件，见客二次。巳初启程，出城拜阎中丞，久谈，渠又至余舟久谈。中饭后开船，将自宿迁、桃源、临淮以达周家口也。见客，立见者三次，坐见者一次。旋泊船拜袁小午。在船与屠晋卿围棋二局。申刻至赵村闸观张锦芳、李昌乐所为堤墙式样，即在赵村泊宿。阅《中庸》《表记》三十叶。酉正与幕客一谈。夜核批稿，至二更三点毕。舟次颇热，加以劳乏，不甚成寐。

十六日

早饭后散步二千，船舱数尺之地，不能成步，略存其意而已。清理文件，阅《表记》《缁衣》三十叶。卯刻开船，行二十六里至新闸湾泊，因前系湖面，天气阴雨，恐有风暴也。写纪泽信一件，约四百馀件[字]。午刻围棋二局，又观人一局。请袁小午便饭，未正末散。因天气开朗，又行船三十六里，暝时至枣林闸泊宿。酉刻阅小说一卷。申刻散步二千，核批稿信稿。傍夕小睡。夜改信稿二件，内蒋申甫信改甚多，因来函作古文甚佳也，二更三点毕。四点睡。

十七日

早饭后见客一次，散步二千，清理文件。开船，行十二里至南阳镇，因风逆即行停泊。围棋二局，阅小说一卷，阅《缁衣》《奔丧》《问丧》二十六叶，至未正乃毕。中饭后散步二千，阅本日文件，将近三日所看书酌加批识，抄录朴目，又阅小说一卷。小睡片刻。核改信稿三件。至船楼顶上乘凉。夜又改信稿二件，添幼泉信二叶。洗澡一次。二更三点睡，三更后稍成寐。

十八日(因逆风舟至南阳镇停泊)

是日东南风大，竟日逆风，不能开船，在南阳镇停泊未动。早饭后散步二千，清理文件。围棋二局，又观人一局。阅《服问》《间传》《三年问》《深衣》，共二十六叶，阅小说一卷。郁热异常，小睡片刻。中饭后散步二千，又围棋二局。小睡半时。将《仪礼》《士丧礼》《既夕》《士虞礼》三篇与《读礼通考》一对。热甚，郁闷之至，不欲治事。见客一次，申夫来久谈。傍夕至船楼顶上乘凉。夜添毛寄云信二叶，核批札稿，二更后温韩诗七古、杜诗七律。二更三点睡，尚能成寐。

十九日（许缘仲解米进京来此久谈）

是日仍逆风，在南阳镇守风，不能开船。早饭后散步二千，清理文件。见客，坐见者一次，立见者一次。阅书，大雨入窗，打湿所看之书。日记则透湿如渍矣。少停一晌。旋阅《儒行》《大学》《冠义》，围棋二局，又观人一局。许缘仲观察解江北漕米四万进京，来此久谈。中饭后散步二千，又阅《昏义》，共阅四十七叶。添李幼泉信二叶，申夫等久谈。小睡半时许。申正后改信稿九件。傍夕至船顶乘凉，若将呕逆者然。盖久泊小河之中，虽水大异常而两面皆街，遏闭郁蒸，又周围皆水，无一寸干土可以登览，故感湿热而作恶也。夜背东坡七律，目光疲困，不耐久视，灯下尤以为苦。二更三点睡。

二十日（阅礼记校对错讹处）

早饭后散步二千。旋围棋二局，又观人一局。因风已平息，辰正开船。阅《乡饮酒义》《射义》《燕义》《聘义》。中饭后阅《丧服四制》，又补阅《投壶》，因昨日打湿晒干也，凡四十七叶。船山先生《礼记章句》校读毕。未刻散步二千。本日竟无文件，虽因舟行湖中，驿夫不测其所在，亦缘不作地方官，公事日少耳。核批稿数件，将近三日所看之书酌加批识，兼录朴目。傍夕泊船于宋家闸下八里之敞家口。是日凡行八十八里。与方存之在船顶久谈。夜又批《礼记》二条。余阅此书，本为校对讹字，以便修板再行刷印，乃复查全书，辩论经义者半，校出错讹者半。盖非校雠家之体例，然其中亦微有可存者，若前数年在安庆、金陵时，则反不能如此之精勤。此军营事简，老年差可慰悦之境；而流寇纵横，制敌无术，体衰目昏，学问无在，则又深为忧灼之境也。诵苏东坡、杜牧之七律二、三十首。二更三点睡，热甚，久不成寐。

廿一日

早饭后散步二千。开船行三十六里，至午刻抵夏镇湾泊。清理文件，围棋三局，阅王船山先生《四书稗疏》二十二叶。中饭后散步二千，申夫来一谈，阅《船山文集》中《先世行述》《九昭》等，约四十叶，又阅《六十自定稿》，约三十叶，涉猎而已。见客，坐见者一次，钱子密等来一坐。傍夕至河干散步，与袁小午等一谈。本日因风逆，不能过湖。溽暑蒸逼，酷热异常，时而骤雨，船窗不敢打开。夜间大雨数次，而酷热如故，不能治事，睡后亦不成寐，盖在今年为极热矣。

廿二日

早饭后散步二千。开船，行三十五里至赤山口，又三十五里至韩庄泊宿。在舟次围棋二局。巳刻阅《四书稗疏》二十三叶。中饭后散步二千。申正至韩庄。见客，坐见者二次，立见者十次。天气酷热，疲乏殊甚。未刻在船改信稿八件，阅本日文件颇多。傍夕在岸上草坪久坐，与申夫畅谈至二更后。郁热迥异寻常，风暴大雨，而无解于其热。夜睡不能成寐。

廿三日（乘舟沿途察看堤墙）

早饭后，申夫来久谈。渠将至徐州，即由鄂回蜀省亲，在此分手也。散步二千。至申夫处一谈。见客二次，围棋二局。巳正二刻开船，沿途察看堤墙，自韩庄以下东岸皆系砂砾，土质绝少，修筑难于坚实，且水涨丈馀，与平日情形迥异。所修之墙，坍塌大半，且无子墙可以立足，殊不可靠。登岸二次。阅船山《四书稗疏》《诗经稗疏》三十叶，至申刻毕。中饭后散步二千。申正至台庄湾泊。写沅弟信一件。见客，坐见者一次，立见者三次。酷热异常，不能治事，又围棋一局。傍夕在岸上乘凉，与客久谈。阅本日文件。二更三点睡，尚能成寐。

廿四日(东岸堤墙被淹者十分之六)

早饭后见客一次,旋即开船。散步二千,清理文件,围棋二局。阅《诗经稗疏》,陆续三十八叶,天气奇热,心不能入,涉猎而已。看视堤墙。自台庄以下,高者或二尺馀,低者或一尺或数寸;堤东亦有积水,至滩上以下十馀里,则堤身全淹,一片汪洋而已。过滩上四里许,船触堤埂,浅阻半时。欧阳利见来迎,一谈。适值逆风,即停泊二时许。中饭后散步二千,又与刘申孙围棋三局,汗出如洗。申刻又开船,行三十馀里至马家集泊宿。是日凡行八十九里,风虽逆而水尚流也。东岸堤墙被淹者十分之六,即未淹者亦须另行修筑,深为可虑。是日并无公事,即批札稿亦未能核,热极烦闷故耳。傍夕在岸上乘凉,与幕客久谈。南风甚大而无改于其热,在竹床睡至三更,始行登床,不甚成寐。

廿五日(登岸宿极乐寺)

早饭后散步二千,清理文件。开船,行十八里至窑湾停泊半时。见客,坐见者二次,立见者二次。旋又开船,行廿五里,逆风甚大,湾泊甚久。中饭后散步二千。又开船,行六十二里,酉正至宿迁停泊。是日巳刻围棋三局,馀阅《诗经稗疏》三十叶,阅小说一卷。酉刻见客,立见者三次,坐见者二次。天气郁热,连日体汗未干。欧阳健飞言:"宿迁极乐庵甚大,可假馆消停数日。"余因清江须换船入淮,雇船须数日乃齐。因于傍夕登岸住极乐寺,拟先派人至杨庄雇船,而在此小停二、三日。夜核批札稿,未毕。二更三点睡,身体之汗已干,然亦不甚成寐。

二十六日

是日住极乐寺。早饭后散步二千。旋围棋一局,又观人一局。见客五次,清理文件,将昨日公事办毕。阅《诗经稗疏》二十七叶,申刻始完。午刻,何敬之自湖北来,与之久谈。中饭后散步二千,又围棋二局。天气骤雨骤晴,湿热郁蒸,虽居岸上庙中尚觉不适。写纪泽儿信一封。酉刻与幕友一谈。疲困殊甚,傍夕小睡。灯上,夜饭后久睡,幸能成寐。二更三点后,洗脚复睡,俱得甘寝,近日所未有也。

二十七日(因军事不定心志怫乱)

早饭后散步二千。围棋二局。阅《诗经稗疏》,屡次共四十七叶。天气奇热,心绪烦躁,不能仔细,聊一涉猎而已。接山东咨文,言任、赖股匪又将河南回窜山东,焦灼之至。中饭后散步二千,又围棋一局,观人二局,阅本日文件稍多。傍夕又围棋二局。本日为棋所困,亦因军事不定,心志怫乱而为此也。接沅弟十三日信,贼尚未入鄂境。傍夕小睡。夜改信稿二件。小睡良久。二更三点睡,尚能成寐。

二十八日

早饭后散步二千。清理文件。围棋二局,又观人一局。阅《周易稗疏》,陆续四十五叶,至酉刻阅毕。见客,坐见者二次,立见者三次。午刻在竹床小睡。中饭后散步二千,至幕府一谈,又围棋二局。见客,坐见者一次,立见者一次。阅本日文件。酉刻与幕府久谈。夜核批札稿,将连日所阅《稗疏》检点一过。二更二点洗澡一次。三更后睡。是日立秋,夜雨微凉,尚能成寐。

二十九日(阅《张子正蒙》)

是日仍住宿迁。盖因天气太热,本思多歇几日,而阎中丞咨贼匪回窜山东,又不能不在此听候确信也。早饭后散步二千,清理文件,围棋二局,又观人一局。见客,立见者一次,坐见者三次。阅王船山所注《张子正蒙》三卷五十八叶。船山氏最推重《正蒙》一书,以余观之,亦艰深而不能显豁。其参两篇,言天地日月五行之理数,尤多障碍。中饭后散步二千,围棋一局,又观人一局,阅本日文件。酉初阅书毕。体中若不适者,小睡良久,呻吟,不甚成寐。夜饭后核批札稿数件。倦甚,不愿治事。二更三点睡,三更二点乃稍成寐。

## 七月

初一日(闻贼窜至睢州)

早间,见各贺朔之客。饭后,又见客……二千。阅《张子正蒙注》《神化篇》《动物篇》……七篇,酉刻始毕。巳刻围棋二局。湖……迤东道丁寿祺先后来见,谈均久。午正……谈极久。中饭后散步二千,又围棋……赖股匪窜至睢州,焦灼之……热异常。傍夕小睡。夜……

初二日

早饭后散步二千。清理文件……阅《张子正蒙注·诚明篇》……信一件。中饭后散步……道光丁未年六月初九、十等日……耐,以为生平畏暑……遭酷暑,此二日殆……正,改摺稿一件。酉正……札稿未毕。二更四点睡,……

初三日

早饭后散步二千。见客……局。阅《正蒙注·至当篇》。作……续阅五十一叶,至申刻止……狈,移于佛殿,席地而坐。中饭……申正阅本日文件,酉正粗毕……幕客久坐,二更二点始入。四点睡,略……

初四日

早饭后散步二千,围棋二局,清理文件……殿久坐。巳正,魏盘仲、左孟辛来一谈,午……《大易篇》毕,《乐器篇》阅二叶。中……天气奇热,申正客去,仍以热极不能……一片。又围棋二局,汗下如雨。傍夕至……不止。二更后微转北风。在竹床久睡……尚成寐。

初五日

早饭后散步二千,清理文件,围棋二……《王禘篇》《乾称篇》上、下,陆续阅五……十八卷,至是校阅完竣,约……过不能细也。巳刻写对联……之热汗下如沈。中饭后散……文件。傍夕至后院树下……外核批札稿,至二更二……甚成寐。

初六日(阅《周易内传》)

早饭后,申夫来……者七次,立见者二次。辰……仲兴之南岸数里,即桃……成子河看视。捻窜清江之……水路又不通,舢板遂不……里,至双兴闸泊宿,距杨庄……高邮、兴化、东台、盐城俱被水淹……在贼矣,不胜焦灼悚息。巳刻围棋……《周易内传》,王氏说"理"之书,每失之……《张子正蒙注》相同,因不果阅,改阅《读通鉴……五十叶,每段为之标题。午正散步……正,写澄弟信五叶。傍夕在堤上……亦来谈。风暴骤起,几于不能……去。三点睡,不甚成寐。

初七日

早饭后开船,行十二里至杨庄湾泊……见者一次,立见者三次。巳初,吴仲仙漕帅……二刻方散。又见客,坐见者二次,立见者四次……见者三次,立见者二次。阅本日文件,倦……通鉴论》陆续看四十叶,至二更始毕……成寐。

初八日(舟过洪泽湖)

早饭后散步二千。见客,坐见者……高梁涧过洪泽湖,因登岸……搬移。见客,坐见者三次,立见者……至二更方止。中饭后散步二千……二次。阅本日文件,核批札各稿……见客,坐见者一次,立见……书稍久,夜间不愿治……更后,渐觉竹簟太凉,命即……附记

○陈、李　○潘△

○脚下盘旋

初九日

早饭后开船，幸遇东北顺风，行九十……宿，因幕府及随员各船未到，等至申正……步二千。阅《读通鉴论·东汉》，陆续看五十叶……早饭后散步二千，围棋二局。钱子密来久谈……弟六月初一、初四、初六日三信。小睡二次。夜核……诵《杨子云传》诸文。三点后睡，疲乏殊甚，不……

初十日（阅《第一山碑》）

早饭后清理文件。自高良涧开船渡湖，行百△十里，午正已至△△。等候各船，至申正始到，遂在此湾泊。卯刻散步二千。阅《读通鉴论·东汉》凡六十叶，陆续阅至未初毕。中饭……者二次，立见者三次。申正围棋二局，阅本日文件。酉正登岸……章所书《第一山碑》。夜阅核批札稿，二更……在竹床小睡，三点登床睡，热甚……二点睡。尚能成寐。

十一日

早饭后散步二千。南风逆而甚……局。阅《读通鉴论》东汉、三国……止。天气奇热，汗出不止。中饭……庙前湾泊。打扫圣庙，入内……拜牌也。逢蒿没人，芟除时许……皆来庙乘凉，与之久谈，至更初……件。三点睡，尚热……

十二日

早起，至圣庙拜牌，遥祝慈安皇……甚顺，取横势尚可成行。行至午正……停。中饭后，未正复开船，行七……午正两次，各散步二千。阅《通鉴论》……至酉刻毕。自午正后，酷热不可耐，日……乘凉，二更始归本船。是日见……更，欲写一信与沅弟，竟以……睡，在外则南风过大，登床则热……以风大颠簸，竟夕不安，始觉行役太劳……

十三日（连日阅《读通鉴论》）

西南风逆，不能开船，即在双沟湾泊一日。此处无……奇热，竟日汗未尝干。早饭后散步二千。清理文件，围棋二局。阅《读通鉴论》东晋、宋，陆续看六十三叶，至酉初毕。中饭后又散步二千，围棋二局，幕友来谈二次。自……直至二更三点始回本船歇息，在舱……终不成寐，南风极大而炎焰不改……屡获胜仗，为之少慰。

十四日

早饭后，因西南风逆，未能开船。散步二千。……辰正三刻风稍顺，开船，行至△山口下搁……正，抵五河湾泊。阅《读通鉴论》……毕。中饭后散步二千。郁热……耐。酉初登岸，……一洗烦焰。夜与王鼎丞久……睡，在近日为佳眠矣。

十五日

（途中忽遇大风暴，有舢板翻沉二只）早饭后，自贺宅下河开船……件。围棋二局。阅昨日……陆续看至酉初始毕。巳……有馀。未正复开船，顺风……纤复行数里，因雨又暂难……北，屡次变换。余见客五次……鳌来见，坐最久，谭别去时已……隔十里，忽于酉正二刻大风暴……附近舢板翻沉二只，余船亦倾倒，……下水拖船上岸。大风将头篷二篷绳……中而船乃定。戌初二刻风稍息，乃庆……死矣。舢板覆溺八只，死者四人，各船在下……幸得保全。余生平经江湖风波之险，道路……安陆河中，与郭云仙、凌荻洲同舟，狂风竟夜。咸丰四年三月初七日带水师在岳州南津港，大风猛起，湖中各……中之水被风卷去，各船皆搁于干△凡二日……活，不谓老年又受此惊吓也。夜遣人……点睡，不能成寐。

十六日（至临淮湾泊）

早饭后开船，行十里至临淮湾泊。散步二千。……去年旧营所造之屋。见客，坐见者三次,……府诸人一谈。中饭后散步二千。围棋二局。……十叶,写沅弟信。小睡片刻。夜核批札……睡不甚成寐。

十七日

早饭后散步二千。清理文件。见客,坐见者……二局。阅《读通鉴论》隋、唐三十叶……围棋二局,出汗甚多。又小睡片刻……写少荃信未毕,与幕中……温李、韩七古。洗澡一次……而料理。雨渐微乃止,天气乍凉,一洗……

十八日

早饭后,坐见之客三次,立见者二次……二局。将少泉信写毕,约八百字,阅……至未正毕。中饭后又散步二千,又围棋……未及二件,而天已昏暝,盖秋阴始……夜核批札各稿,二更后温《易·系辞》……

十九日(余衰态弥增,实不能胜此巨任)

早饭后散步二千,清理文件,围棋二局,见客……二次,贺云舫谈最久。阅《读通鉴论》唐……至申初止。中饭后散步二千,围棋一局,眼蒙之至……撑不开。何敬之、张敬堂来,先后久谈。阅本日文件。核△△△未毕。傍夕小睡。夜核信稿数件,二更二点后温杜△△律。三点睡,疲困之至。今年大热之后,衰态弥增,实不能胜此巨任矣。

附记

○潘信批刘、杨暂扎河西

○刘、张亦暂扎河西

二十日

早饭后清理文件。散步二千。写纪泽信一件。见客,立见者四次,坐见者一次。又写潘琴轩信二叶,阅《读通鉴论》唐三十六叶,至未正毕。中饭后散步二千,疲困殊甚,阅小说十馀叶。阅本日文件,写对联、挽幛等三件,核批札稿,因中有账目△△,△吟△久,与莼斋久谈。小睡。夜,张敬堂来久谈,请渠看泳。今年出汗太多,精神委顿之至,此二日服大参三钱。参,李少泉所送,极上之品,因夏间稍霉坏,不甚有力,然本夜睡后略觉安神。敬堂亦以为汗多大伤精液,宜服大参,宜节劳,少看书。△△五月以来,阅王船山之书较平日稍多,以后△△△△减耳。

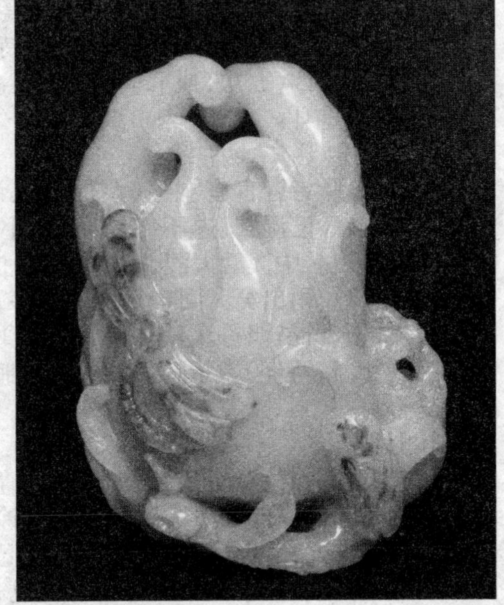

葫芦(福禄)把玩件 清朝

廿一日

早饭后散步二千。清理文件,围棋二局,见客一次,阅《读通鉴论》三十三叶。中饭后散步二千,围棋二局,阅本日文件,核批札信稿颇多。傍夕与幕友久谈。夜,张敬堂来久谈,二更去。核信稿二件。三点睡,尚能成寐。

廿二日(至谭春浦处吊唁)

早饭后,黄昌期来一谈。散步二千。清理文件。渡河至南岸拜张敬堂,遍阅敬字三营。至谭春浦处吊唁,巳正归。围棋二局。见客,坐见者一次,立见者三次。中饭后散步二千。阅本日文件。是日在△次阅《读通鉴论》三十五叶,陆续看至申刻毕。见客,立见者一次，坐见者二次。体中甚觉不适，筋骨酸疼，畏寒头疼，因加绵衣，盖两被。自酉正睡至四更，微汗，稍觉轻松。呻吟甚久，狼狈之至。衰病催迫，万难当此巨任矣。

廿三日

早饭后散步，未计数。清理文件，张敬堂、黄昌期来问疾，久坐。旋围棋二局。筋骨酸疼，畏寒如故，又加腹痛作胀，大溲又不爽快，常在床上歪睡。阅《读通鉴论》唐德宗以下三十三叶，陆续看至申正止。中饭后散步。申正围棋二局。酉正张敬堂来，劝服药一、二帖，因举方桂枝汤，渠亲自拣药煎药。至二更三点，守候余服药后乃去，昌期亦同来同去。夜觉身体稍为轻松，但腹胀如故。大解两次，俱不畅利。

廿四日（余病有增势）

早起，外感之寒稍觉轻松，惟腹疼作胀，筋骨尚痛。早饭后散步一千，清理文件，围棋二局。常在床上欹枕小睡，体气甚觉不适。阅《读通鉴论》，陆续看四十叶，至申刻止。枕边倦眼，病中朦胧，不甚清晰，涉猎而已。午刻写沅弟信一封。服桂支汤第二帖，服后觉发热腹疼，甚有瞑眩之象，至申刻乃稍平靖。傍夕，疲困之至。昌期、敬堂诸人均来候视。病有增加之势。夜二更三点后睡，幸能成寐，至五更乃醒，则病△△△减矣。乃知药之对病者亦须阅八、九个时辰，或酣睡一觉，乃能奏效也。五更后亦略成寐。

廿五日（本日接奉廷寄，阅之郁恼）

早起，觉病大减，诊脉亦平和。饭后散步千馀。清理文件，围棋二局。局终，大汗透湿重衣，虚弱不能用心，一至如此！汗后又觉烦躁。本日接奉廷寄，有朱学笃劾予之件，阅之不无郁恼。午刻，与钱子密久谈，阅《读通鉴论》唐末廿叶，至未正毕。阅本日文件甚多，内有沅弟六月廿二、七月初△及儿侄等信。翻阅时许，遂觉太劳，身体又大不适，坐卧靡宁。傍夕，昌期、敬堂诸人来视，余坚持不服药之说。夜小睡二次，俱略成寐。二更三点后睡，凡醒者四、五次，成寐者亦四、五次。尚不至一味烦躁不安，无唤人索火求茶等事，外症要不重耳。

廿六日

早起，诊脉者皆言有湿滞，余但请人诊视，而坚不吃药。饭后散步千馀，围棋一局。第二局未毕，汗已湿衣，遂不终局而罢，小睡片刻。阅小说十馀叶。僚友皆劝不宜看书，本日废书不观。中饭后大溲，粪中有冻一块如卵白者，似已转成痢疾。卯辰间两次粪俱黑，或胸腹积滞稍出矣。阅本日文件颇多，而神思清爽，不似昨日、前日未申间烦郁气象。酉初，张敬堂、黄昌期等久淡。晚饭，仅食姜及腐乳之类。客散后，因病渐轻减，朗诵陶诗、杜诗，并温《诗经》数十篇。二更三点睡，尚能成寐。除腹微疼外，似已无他病，但不知有反复否。

廿七日

早起，诊脉如故。饭后散步千馀。清理文件，围棋一局，看小说十馀叶。小睡半时许。午刻改片稿一件。中饭后散步两千馀，又改一摺、二片，至幕府一谈。小睡片刻。申正阅本日文件。核批札稿多件，至酉正止。自觉太劳，登时发热，病加重。张敬堂来诊，脉象不好。昌期、叶亭及从人等均有忧色，劝余服药。因又定服桂支汤，直至三更四点始煎好服之。睡不安神，四更四点始稍成寐。

二十八日（乔中丞自寿州至怀远来迎）

早起，昌期、敬堂等来见，诊脉。饭后冼道斌等来见，病势稍愈。辰刻登舟开行，顺风扬帆，行九十里，申初至怀远县。途次久睡。阅《读通鉴论》十馀叶。乔中丞自寿州至怀远来迎，会晤，申刻久谈，灯后又来谈。又见客，唐鹤九等二次。又张敬堂等来诊病，久坐时许。余以外病已去，仅有腹疼，寒在下焦，因议定服姜附，二更服之。是夜竟得酣睡，五更始醒。

二十九日

早饭后见客三次，唐鹤九等坐最久，又张敬堂、黄昌期先后来作别。辰正开船，沂涡河而上，顺风扬帆，申正三刻，至距蒙城以下十五里地为湾泊。名为一百三十里，实不止此数也。在舟中，上半日甚爽适，阅《读通鉴论》十六叶，下半日体中仍觉不适，腹中作疼，屡次小睡。夜饭，因事生气，叶亭甥在此久谈，二更方去。三点睡，穿两夹衣，未盖被。五更醒来殊觉其寒，恐其复感外邪，为之悚息。

卅日（余坚不服药，因药皆可伤人）

早饭后开船，节节浅阻，未刻行至蒙城上数里之七里沟地方，胶浅一时之久，因在该处湾泊。派人至上游探看，浅滩甚多，不能再进，乃于酉刻退回蒙城县外河下泊宿。或称宜退回怀远，仍由正阳沂沙河而上，或称宜在蒙城登陆，商议不定。见客，坐见者二次，立见者一次，幕府来谈者三次，叶亭甥两次谈甚久。是日阅《读通鉴论》唐末、五代，凡三十叶，未初毕。下半日，体中又小不适，盖馀邪之未净者。小睡多次。灯后，仍觉清爽。夜睡至三更四点，汗透衣襟，有似医家之所谓自汗者，盖三帖共服桂支一两八钱，为分太重之咎。乃知凡药皆可伤人，悔不坚守弗药之戒。

## 八月

初一日（改为登陆行走）

早起，议定以老湘营第十旗护卫者，改为登陆行走，腾出该营船只吃水少浅者，换给幕府及随从各员，檄调树字营车辆来亳州，迎接者改至雉河来迎，将笨重之物仍出怀远沂淮西上，余亦改坐小舟。自卯至午，各舟次第换毕。巳刻围棋一局。旋阅《读通鉴论》三十叶。未刻开船，至王家围子过沟滩，十分吃力，即昨日之七里沟地。自过此滩却不甚浅，行二十五里至小涧集泊宿。病体似已全好，馀邪略有未净，腹亦微胀。傍夕，叶亭甥来久谈。二更三点睡，尚属成寐，五更醒。

初二日

早饭后开船，行五十馀里，酉刻至雉河以下十里泊宿。涡水清深，并无浅阻之处。辰刻大溲甚畅，与寻常好人无异，从此腹胀等症或可除矣。阅《读通鉴论》三十八叶，陆续看至午正止。屡次小睡。中饭后，过高炉集小停，因闻有浅滩，故步队在此等候也。酉刻见客，坐见者三次，立见者三次，幕府诸人来谈者两次，叶亭甥久谈。夜核批札稿数十件。二更三点睡，五更醒。右上腭最后壮齿大动，即日当辞去矣。

初三日（开船行至雉河集）

早饭后清理文件，围棋二局。开船行十里至雉河集，登岸一看新涡阳县城基，即彭恬舫定澜所相视之处也，隍已浚而城未修。又至雉河街上西头新筑土圩，知县即住其中。旋回船开行，顺风行七十里，至白龙王庙以上十里地方泊宿，实逾八十里矣。阅《读通鉴论》二十五叶，凡三十卷阅毕，酷热之后继以疾病，涉猎一过，校出错字甚少。阅《宋论》十二叶，陆续看至未初毕。申刻写沅弟信一叶、纪泽信一叶。旋核批稿，盖十日内所积阁者。酉刻见客，立见者一次，坐见者一次。登岸散步良久。夜与叶甥一谈，默诵杜、韩诗数十首。二更三点睡，尚能成寐，五更醒。

初四日

早饭后开船，扯纤上行竟日，至酉正抵亳州北门外泊宿，约行七十里。自蒙至亳，水路实有二百五十里；自怀远至蒙城百五十里，凡行涡河四百里，惟蒙城上七里王家围子最浅,馀虽有浅处,尚可行走。巳刻围棋一局,英方伯翰来久谈。阅《读通鉴论》五十二叶。陆续看至未初止。旋温杜诗五古甚多。目光作疼,目力久衰,病后尤不耐多视。申刻以后,燥热如夏,迭次小睡。幕府来见者三次,又坐见之客二次,叶甥直坐至二更三点始退。是日各船多未到齐。

附记

党参膏 牛乳 桂元 米汤

初五日(闻鸿儿患背痛潮热等病,为之悬系)

是日因船未到齐,在亳州停住一日。饭后清理文件。旋进亳州城公馆小驻时许。见客,坐见者三次,立见者四次。午刻回船。阅《宋论》四十二叶,至未正毕。小睡片刻。围棋二局,汗透中衣,天固燥热,亦由病后全不能用心耳。料理陆行事宜,自为收拾书籍。酉刻剃头一次。阅本日文件,内有沅弟七月廿三等日信三件,盖已接余临淮受惊之信。近日来往信,此为最速矣。纪泽信言鸿儿患背痛潮热等病,为之悬系。于《论》《孟》中各择最切身心者朝夕默诵,遂将《论》《孟》全默识一遍,各选八章,与往年所书帐檐微有异同,默诵之时稍久。二更三点后又改信稿一件。四点睡,不甚成寐。

初六日

早饭后,卯正自亳州起行。周家口张镇派来迎接之大车、轿车共六十辆,又在亳州雇牛车数辆,夫五十馀名。行二十里,至十八里铺打茶尖。又行四十里,午正至鹿邑县住宿。名为六十里,实不足也。见客,坐见者三次,立见者二次。中饭后清理文件。在舆中阅《宋论》四十二叶。申刻围棋二局,至幕府久谈。傍夕,刘子恕来久谈。摺差王幼山自京回。阅京信多件,兼看邸报。二更三点睡时,颇觉疲劳,尚能成寐。三更末盗汗甚多,殊为不怿。

初七日(有号冤者闯入室内,不觉生怒)

早饭后,行二十五里至赵村集打尖,又行二十五里至石郎集,午初即到,在此住宿。清理文件。见客,立见者三次,坐见者三次。中饭后阅本日文件。在肩舆中阅《宋论》四十三叶。未正围棋二局。接奉廷寄,河南不愿办沙河、贾鲁河之防,谕旨允许,焦灼之至!有号冤者闯入室内,派员讯问,不觉生怒。幕友两次来谈。夜核批札稿。是日陈州府、县来接。二更三点睡,不甚成寐。

初八日

早饭后,起行三十六里至戴家集打尖,又行三十六里,至午正三刻抵陈州府。名为七十二里,实有八十馀里。见客,坐见者四次,立见者四次。在舆阅《宋论·高宗》四十四叶。申正出门,至袁端敏公祠行礼,与小坞久谈,酉正归。与幕友一谈,阅本日文件,闻张总愚捻股回窜许州,忧灼之至,办札调度。三更印发后睡,稍成寐。

初九日(筹思进退身世之宜百感交集)

早饭后,起行十八里至李集打茶尖,又行三十六里至周家口住宿。名为五十四里,实有六十五里。陈州路极蛮,俗称"走过陈州路,两步当一步",盖路之远相传久矣。在舆阅《宋论》四十七叶。至周〈家〉口见客,坐见者四次,立见者十次。中饭后清理文件,围棋二局。至营墙上周览一过。黄军门来久谈。傍夕小睡颇久。夜默诵《诗经》数十章。因抄本书四本未见,不觉恼怒。又反复筹思进退身世之宜,百感交集。二更三点睡,久不成寐。昨日在途见朱刻刘石庵所书"读圣贤书"十六字,本日又见其朱刻挂屏六幅,爱慕无已。

初十日

早饭后清理文件。见客,祝爽亭坐谈最久,又坐见之客四次,立见者三次,围棋二局。

阅《宋论》二十八叶,《宋论》十五卷阅毕。中饭后写澄弟信五叶、沅弟一片。见客,立见者二次,坐见者一次。阅本日文件,核信稿一件,改摺稿未毕。傍夕乏甚,小睡。夜将摺稿改毕,核批札稿,二更后温《孟子》数十章。三点睡,四更三点醒。

十一日(阅《声类》)

早饭后清理文件。见客,立见者三次,坐见者三次。围棋二局。又因小事自生恼怒,已而悔之。阅孔珪轩《声类》等书。中饭后写横披二幅,约四百字,改片稿二件,约二百字,阅本日文件。夜写零字甚多。眼疼殊甚,旋阅陶、谢诗。二更三点睡,四更三点醒。是日,阜阳令程兆和等开补药方,申刻服一帖。

十二日

早饭后清理文件。见客,坐见者四次,立见者一次,祝爽亭谈最久。围棋二局。改片稿一件。中饭后与幕友久谈。翻阅《微波榭丛书》,阅本日文件,写沅弟信,约四百馀字,阅本日文件。是日眼疼殊甚。傍夕与幕友等周视围墙,灯时归。夜疲乏殊剧,若有大病在身者然,小睡良久。二更三点睡,四更又盗汗。是日发报,已请假一月医调矣。

十三日

早饭后清理文件。见客,立见者二次,坐见者一次。围棋二局,写横披一幅,约百七十字。黄军门来久坐。中饭后阅本日文件,核改信稿十馀件,与幕友久谈。傍夕小睡。夜核批札各稿。眼疼殊甚,略阅《易·系辞传》,以不能久视而止。二更三点睡,尚能成寐。

十四日(焦虑未知贼踪何如)

早饭后清理文件。见客,立见者一次,坐见者二次。围棋二局。又见客,立见者二次,坐见者一次。写横披一幅,约二百字。中饭后写纪泽信一件、沅弟一片,阅本日文件甚多。日内久不得刘省三等信,未知贼踪何如,焦虑之至,屡与幕府久谈。眼疼,不敢看书。牙齿疼痛,浮火上烁,体中殊觉不适。食蒸梨数个,略好。夜核信稿多件,二更后朗诵杜公及各家七律,微有所得。三点睡,尚能成寐。

十五日(阅王渔洋选古诗)

早间,谢绝各贺节之客。饭后见客,坐见者一次,立见者二次。围棋二局,阅王渔洋选古诗。午刻请黄昌期便饭,添写朱久香信四叶。申刻添写李眉生信一叶。见客,坐见一次。阅本日文件,核信稿数件。酉刻至营墙上游览良久,与幕府久谈。灯后核信稿二件,温杜公七律甚久。二更三点后改批一件。四点睡,尚能成寐。

附记

宋庆祝三,行六

十六日(欣闻军事尚顺)

早饭后清理文件,坐见之客二次,围棋二局,核信稿批稿数件。接刘省三信,知朱仙镇一带安稳,贼未东窜;铭、鼎两军在汴梁以北代豫军修濠二千馀丈。又闻刘松山与豫军宋庆和好之至,为贼所畏。二者俱可欣慰。黄昌期来久谈。中饭后,阅本日文件甚多,见客二次,核批札信稿一时许,与幕友谈二、三次。薛叔耘新自无锡来,闻江以南甚丰稔也。夜核信稿五件。疲乏殊甚,温杜诗七律数十首,若不能成声者。与叶亭甥一谈衰病之状。睡不甚成寐。次早展视四体,两臂、两腿、腰脊,瘦去一半,膝以下更甚,断不能再服官矣。

十七日

早饭后清理文件,围棋二局,与幕友久谈时许。午刻写李少荃信,约四百馀字。中饭后见客一次,又围棋二局。阅本月文件甚多,核批札各稿。傍夕小睡。夜核信稿数件。旋温杜、韩诗。二更后接郭宝昌禀,当即办批办札行各处,四点办毕。睡尚能成寐。连日牙疼，上焦有浮火，多食蒸梨。本夜四更后，觉已稍愈。

十八日（闻贼东窜，虑防守前功尽弃）

早饭后清理文件，见客，坐见者三次，围棋二局，又坐见之客一次，与幕友久谈。因不能用心，遂不看书治事。中饭后阅本日文件，阅《周易传义音训》十馀叶，又围棋二局，与吴挚甫一谈。傍夕，得刘省三、潘琴轩信，贼于十六日夜二更自朱仙镇以上豫军余承恩所守汛地东窜。防河月馀，前功尽弃，大局益坏，忧灼之至。旋与幕友谈两次，办檄咨行各处，二更三点毕。睡后，竟夕不能成寐。内忧身世，外忧国事，有似戊午春不眠景况。

十九日

早饭后清理文件。见客，坐见者三次，刘仲良自朱仙镇来，谈最久。接沅弟及两儿信，知纪鸿儿于初十日子刻生一子，忧愁煎迫之时得抱孙之喜信，为之一慰。看人围棋二局。祝爽亭来久坐，与幕友谈三次。中饭，请刘仲良、黄翼升便饭。饭后阅本日文件，围棋二局。见客，立见者四次，坐见者二次。与幕友谈三次。夜核批札各稿，核信稿二件。二更后小睡，三点后睡，三更成寐。醒三次，尚算美睡。

廿日

早饭后清理文件。见客，坐见者三次，观人围棋二局，至幕府久谈。午刻，坐见之客一次。中饭后阅本日文件甚多。接奉廷寄，知霞仙业已开陕抚之缺。申刻核批札各稿。未刻，阅《文献通考·帝系考》三十叶。近因病不能用心，十一日后未尝看书，帝系、封建、物异等考，在《文献通考》中最为易看者，聊一涉猎，当作小说遮眼而已。酉刻改摺一件。灯后改密片一件，共改六百馀字，甚觉疲困。二更三点睡，颇成寐，而不甚甜适，四更末醒。

廿一日

早饭后清理文件。见客，坐见者二次，观人围棋二局，阅《帝系考》二卷二十二叶。见客，坐见者一次，立见者二次，与幕友谈二次。中饭后阅本日文件，围棋二局。筋骨酸疼，令剃头匠捶按一回。见客，坐见者二次。改片稿二百字。傍夕小睡。夜又改四百字，未毕。二更三点睡，尚能成寐，三更醒一次，四更末醒。昨夜改摺用心，今日牙疼殊甚，不愿再用心而无可如何也。

廿二日

早饭后清理文件。见客，坐见者一次，立见者三次，将昨夜之片作毕，共一千三百馀字。旋观人围棋二局，与幕府久谈，又坐见之客二次，阅《帝系考》三卷二十六叶。中饭后阅本日文件，坐见之客一次，写沅弟信三叶，写纪泽等信二叶。疲乏殊甚，不敢再治事，与幕友久谈。傍夕小睡。夜改摺稿一件，二更二点毕。温杜诗数十首。三点睡，四更末醒。

廿三日（欣闻家先大夫连添三孙）

早饭后清理文件。见客，坐见者二次，立见者二次。改片稿一件，又将昨日密片斟酌一番。围棋二局，写李少泉信五叶，阅《帝系考》第四卷二十五叶。中饭后与幕友久谈。见客，坐见者一次，立见者一次。阅本日文件，发报二摺、三片，核批札各稿。傍夕小睡。夜接沅弟信，知甲五侄于八月初一日辰时生子，科三侄于初四日申时生子，先大夫于十日之内得三曾孙，真家庭之幸也。又核批札稿。二更后温杜诗五律，疲乏殊甚，若不能举其声者。三点睡。

廿四日（阅《帝系考》）

早饭后清理文件。见客，立见者一次，坐见者二次。围棋二局，又观人一局，阅《帝系考》廿七叶。中饭后见客一次，与幕府久谈，阅本日文件。剃头一次。核批札各稿。傍夕小睡。夜写零字甚多，写沅弟信六叶，朗诵《诗经》二十馀篇。三点睡，尚能成寐，五更醒。

廿五日

早饭后清理文件。见客,立见者二次,观人围棋一局,自弈一局。又写沅弟信三叶,阅《帝系考》七、八两卷数十叶。七卷载开元礼、纳后纳妃仪,草草一翻,未细看也。中饭后与幕府久谈,黄军门来久谈,阅本日文件,又观人围棋一局,核批札信稿。傍夕小睡。夜核信稿甚多,二更后诵《古文·识度之属》,若有所得。三点睡。

廿六日(接奉廷寄,有御史参劾之章)

早饭后清理文件。见客,坐见者二次,立见者一次。围棋一局,又观人一局。阅《帝系考》八、九卷四十馀叶。又坐见之客一次,与幕友一谈。中饭后又与幕中一谈,阅本日文件,写对联六付,核批札信稿。傍夕小睡。夜又核信稿三件。二更后温杜诗七律二十馀首。接奉廷寄,有御史参劾之章,为不怿者久之。三点睡。

廿七日

早饭后清理文件,见客,坐见者二次,围棋二局,阅《帝系考》三十馀叶,与幕府㘞谈二次。中饭后阅本日文件,写对联七付,又与幕友久谈,核批札信稿。傍夕小睡。夜又核信稿二件,温陶、杜诸诗。三点睡。

廿八日

早饭后清理文件。见客,坐见者四次,立见者二次。围棋一局,又观人一局。午刻阅《帝系考》十九叶,《帝系考》十卷阅毕。又阅《封建考》十叶。中饭后与幕友久谈。写对联八付。阅本日文件。见客,坐见者一次,立见者一次。接澄弟七月卅日信,核批札各稿。傍夕小睡。夜阅《明史·熊廷弼传》,二更后温《古文·辞赋类》。三点睡。

廿九日(思余作字不专师一家,终无所成)

早饭后清理文件。见客,坐见者一次,立见者三次。围棋一局,又观人一局。阅《封建考》三十馀叶,与幕府㘞谈。中饭后阅本日文件,写对联六付,见客二次,刘松山谈最久。阅《明史》杨镐、袁应泰、袁崇焕等传。傍夕小睡。夜写零字甚多。因余作字不专师一家,终无所成,定以后楷书学虞、刘、李、王,取横势,以求自然之致,利在稍肥;行书学欧、张、黄、郑,取直势,以尽睨视之态,利在稍瘦。二者兼营并进,庶有归于一条鞭之时。二更后诵诗,气弱,在室中散步。三点睡。

三十日

早饭后清理文件。见客,坐见者三次。围棋一局,又观人一局。写楷书横幅三百馀字,阅《封建考》二卷。与幕友一谈。中饭后又与幕府一谈。阅本日文件,写对联六付,将所阅《封建考》酌加题识。见客一次,与幕府久谈。傍夕小睡。夜核批札稿极少。诵黄山谷七律,若有所得。三点睡。

## 九月

初一日(涉猎《封建考》)

早,谢贺朔之客。饭后,刘寿卿来谈甚久。清理文件。围棋一局,又观人一局。阅《封建考》五十三叶,略一涉猎,都不仔细。与幕府久谈两次。中饭后阅本日文件。疲倦,不愿治事,又围棋三局。见客一次,久谈。核批札各稿。傍夕小睡。夜核信稿六件,二更后温《汉书·霍金传》。三点睡,尚能成寐,四更末醒。

初二日

早饭后清理文件。见客一次。围棋一局,又观人一局。阅《封建考》七十馀叶,西汉王侯,平日尚熟,故涉猎较易也。中饭,请何敬之便饭,未正散。阅本日文件。偶思胡忠

简事，遂翻《宋史·胡铨传》一阅，并阅道学周、程、张、邵传。写对联五付，写沅弟信一件。傍夕小睡。夜核批札稿，温《孟子》、韩文颇多。二更三点睡。

初三日（夜温韩文、韩诗颇多）

早饭后清理文件。围棋二局，又观人一局，殊觉疲乏。阅《封建考》东汉二卷。见客，坐见者一次，立见者一次。中饭后与幕府一谈，阅本日文件，写郭云仙信一件。见客一次。谈颇久。核批札各稿，与幕友久谈。傍夕小睡。夜温韩文、韩诗颇多。二更三点睡，尚能成寐，四更三点醒。

初四日

早饭后清理文件。见客，坐见者一次，围棋一局，又观人一局。阅《封建考》魏晋二卷，习字一纸。中饭后与幕府一谈，见客，坐见者三次。阅本日文件，写对联三付、挂屏二叶。申正，李子和中丞来久谈，灯后始去。核批札稿。二更后温韩诗七古。三点睡。

初五日

早饭后清理文件。见客二次。旋出门拜李子和，久谈。归，围棋一局，又观人一局，阅《封建考》宋、齐、梁、陈一卷。中饭后，燥热殊甚，又围棋二局。阅本日文件，李子和来久谈。酉刻，尹杏农来久谈，灯后去。夜核批札稿。二更后倦甚，小睡。三点睡。

初六日（张子青漕帅来谈良久）

早饭后清理文件。旋围棋二局。巳刻，李子和、尹杏农来，先后久谈。与幕府一谈，写澄弟信。中饭后写泽、鸿二儿信，阅本日文件。接沅弟信，知二十六日已拜疏劾同事官相矣。与幕友谈良久，又添纪泽信三叶。酉刻，张子青漕帅来谈良久，灯后去。夜核批札信稿多件，疲乏殊甚。二更三点睡。

附记

吴元炳，编修，因得保开坊。光州人，现在京子青言

张鸿远，编修，现丁忧在籍。辛亥解元子青言

于锦堂，西华人，文园门人艮竹之徒来见

初七日（温《古文四象本》）

早饭后清理文件。出门至张子青处久谈。归，于锦堂来见，一谈。围棋一局，又观人一局，子青又来一谈。阅《封建考》北魏一卷。中饭后与幕友久谈，阅本日文件。申刻写对联一付、挂屏二幅，核批札稿。傍夕小睡。夜，倦甚，温《古文四象本》，旋选付钞手。二更三点睡，屡次梦魇，向来疲乏之后即有此病。

初八日

早饭后清理文件。见客，坐见者一次，立见者一次。围棋一局，观人一局。阅《封建考》齐、周、隋一卷，唐一卷。见客，坐见者二次。阅何腾蛟、瞿式耜传。中饭后阅本日文件，与幕友久淡，阅孙传庭、史可法传，核批札各稿。傍夕小睡。夜，眼蒙甚，不能治事，默坐良久。二更三点睡，尚能成寐。

初九日

早饭后清理文件。见客一次，坐谈颇久。围棋一局，又观人一局。阅《封建考》唐一卷。又坐见之客一次，与幕友一谈。中饭后又与幕友一谈。阅本日文件，得知刘省三、潘琴轩等初一日大获胜仗。写对联三付、挂屏两叶，约百馀字。改军船局告示稿，改片稿一件、摺稿一件，均未甚删润。核批札各稿。傍夕小睡。夜改信稿数件，因王鼎丞所作骈体信稿多不工稳，批令自为改正。疲乏殊甚，头眩目昏。二更三点睡，不甚成寐。

初十日

早饭后清理文件。坐见之客一次，围棋一局，又观人一局。阅《封建考》宋一卷，《封

建考》阅毕。中饭后，坐见之客一次，与幕府僶谈。阅本日文件，写对联二付、挂屏百馀字，又围棋二局，核改片稿二件。傍夕与幕友一谈。小睡片刻。夜核批札各稿，二更后温韩诗七古。三点睡，疲乏殊甚。

十一日（阅王船山《叶韵辨》）

早饭后见客一次。清理文件。围棋一局，又观人一局。核信稿二件，约改四百字。与幕友一谈，阅王船山《叶韵辨》。中饭后阅本日文件，写对联四付、挂屏四幅，核批札信稿。酉正至垒上眺览。傍夕小睡。夜核批札咨稿颇多，倦甚。二更后，诵义山七律，气若不能属者，辣衰征也。三点睡。

十二日

早饭后清理文件。旋围棋二局，又观人一局。见客，坐见者一次，立见者二次。核改信稿二件。中饭后写沅弟信一件，阅本日文件，挂屏写小字跋百馀字，核批札稿信稿甚多。傍夕与幕友一谈，小睡片刻。夜改摺稿一件、片稿一件，又核改批札各稿。二更后温《易·系辞》。三点睡，不甚成寐。

十三日

早饭后清理文件。见客，坐见者一次，立见者一次。围棋一局，又观人一局。又坐见之客二次，立见者一次。阅《明史》陈碹、宋礼、周忱传，核信稿札稿数件。中饭后阅本日文件，写对联五付、挂屏二幅，核批札稿颇多，发报三摺、五片，与幕友谈二次。傍夕小睡。夜核批札信稿，甚多，未毕。二更后倦甚，在室中徘徊偃仰，不复治事。三点睡。

十四日（知霆军在襄樊几因索饷而哗）

早饭后清理文件。旋围棋一局，又观人一局，习字二纸。阅《明史》杨嗣昌传，罗伦、舒芬等〈传〉，徐溥等传，未毕。立见之客二次。中饭后与幕友一谈，阅本日文件，写对联四付、挂屏一幅。旋核批札各稿。傍夕捶按一回。与幕府一谈。夜核信稿三件。接沅弟信，知霆军在襄樊初五夜几因索饷而哗；又所造二轮小车笨重窳脆，但愿以不便推行中途委弃，所失犹小，若仓促遇贼，车混队乱，因而败挫，则所失大矣。焦灼之至，不复治事。二更三点睡。

十五日（论贼决黄河事）

早间，谢绝文武贺望各客。饭后清理文件，围棋一局，又观人一局，见客一次。阅《明史》谢迁、王鏊、李东阳等传，李自成传。与幕府一谈。中饭后阅本日文件，见客一次，谈颇久。习字一纸，核批札信稿，又围棋二局，与幕友久谈。傍夕小睡。夜改李子和信稿一件。渠恐贼决黄河，与之反复究论。写零字甚多。二更后阅《王船山文集》。三点睡。

十六日

早饭后清理文件。见客，坐见者一次，立见者一次。观人围棋，一局未毕，袁小午来，久谈，刘省三、潘琴轩来，久谈。旋议守贾鲁河直至京水镇止，又改李子和信稿。中饭后围棋一局，又观人一局，阅本日文件，写对联三付、扁一帧、挂屏一叶，核批札各稿。傍夕小睡。夜再核信稿批稿，旋温《古文·识度之属》，朗诵十馀首。二更三点睡。

十七日

早饭后清理文件。围棋一局，又观人一局，刘省三来久坐，与幕友僶谈。阅《明史》杨、左等传。中饭后阅本日文件，与幕友一谈，写对联五付，坐见之客一次。写沅弟信四叶、纪泽信三叶，灯后始毕。傍夕小睡。夜作《王船山全书序》约二百馀字，未毕。二更三点睡，不能成寐，至四更始寐。昔在京每作诗文即不能寐，近年无复此病，本日以围棋看书稍多，而作文又稍吃力，故不寐耳。

十八日（作《船山遗书》序）

早饭后清理文件,围棋一局,又观人一局。作《船山遗书》序,申正毕,约六百馀字。午刻,坐见之客一次,与幕友谈二次。未刻阅本日文件。申刻写对三付。酉刻剃头。傍夕,雪琴来,谈至二更二点去。核批札各稿。三点睡。是日巳刻,阅严嵩、马士英传。睡时疲极,颇能成寐,四更末醒。

十九日

早饭后清理文件。见客,坐见者一次,立见者一次。观人围棋,未毕,彭宫保来久坐,直至中饭后始去。阅本日文件,围棋二局,改信稿五件,将寄京城。与幕府久谈。傍夕小睡。夜核批札各稿颇多,二更二点粗毕。温《古文·识度之属》。三点睡,尚能成寐,五更醒。

廿日(阅《刘孟涂文集》)

早饭后清理文件,拜发万寿摺,围棋一局。出城拜雪琴,久谈,归未久,雪琴旋来一谈,又坐见之客△△。阅《刘孟涂文集》十馀首,其子所送也。请雪琴便饭。申初客去,阅本日文件,围棋一局,添京信三叶。傍夕与幕友一谈。夜核批札稿甚多,二更后温《古文·气势之属》。二更三点睡。

廿一日

早饭后清理文件。围棋二局。见客,坐见者二次,立见者二次,雪琴来久坐,未刻始去。阅《仪礼·士丧礼》,以张稷若句读、张皋文图为主,而参看徐健庵、江慎修、秦味经诸书,申初止。阅本日文件,坐见之客一次,核批札各稿。傍夕小睡。夜阅《惜抱集》,核信稿多件。二更三点睡,甚能成寐。

廿二日

早饭后清理文件。见客,坐谈一次,围棋一局,又观人一局。阅《士丧礼》,中饭后止。阅本日文件,又围棋一局。雪琴来久坐,至灯后始去。写沅弟信一件。夜核批札信稿,二更后温韩诗。说话稍多,气若不能属者。三点睡,三更二点后乃克成寐。

廿三日(将《仪礼图》酌加批识)

早饭后清理文件。坐见之客二次,围棋二局,与幕府一谈。阅《士丧礼》,中饭后止。将张皋文《仪礼图》酌加批识,阅本日文件。申初,雪琴来久谈,灯后始去。核批札信稿颇多。二更后,与叶亭甥一谈。三点睡。

廿四日

早饭后见客一次,谈甚久。旋围棋一局,又观人一局,见客二次。午初阅《士丧礼》,至中饭后止。巳刻与幕府一谈,黎莼斋丁嫡母艰,将奔丧于黔,殊不易易。午初见客,坐见者一次。未刻阅本日文件。申刻雪琴来久谈,至夜始去。核批稿数件。小睡。二更三点睡。

廿五日

早饭后清理文件。旋围棋二局,又观人一局。阅《既夕》篇,将张皋文《图》酌加批识,至未正止。阅本日文件,雪琴来一坐,核批札各稿,与幕府久谈。夜改信稿数件,二更二点后温杜律数首。疲乏殊甚,三点睡。

廿六日(悬系湖北查案事件)

早饭后清理文件。祝爽亭来久谈,路渔宾来一谈。围棋一局。又观人一局,闻放星使锦尚书森、谭侍郎廷襄至河南查办事件。河南无事可查,想系至湖北查案,悬系无已。雪琴来久谈,中饭后始去。阅本日文件,阅《既夕礼》,申正毕。见客二次,曾恒德自口外买马回营,询问一切。写李少泉信三叶。傍夕小睡。夜又写李信三叶,毕,核批札各稿。二更三点睡,因食羊肉稍多,太饱,不能成寐。三更后成寐,四更末醒。

廿七日

早饭后清理文件。围棋一局，又观人一局，阅《既夕礼》。雪琴来久谈，中饭后始去。阅本日文件，又阅《既夕礼》。申正写对联五付，与幕府久谈。傍夕小睡。夜核批札信稿颇多，二更后温杜、韩七古。三点睡，尚能成寐，五更醒。

廿八日

早饭后清理文件。坐见之客一次，围棋一局，又观人一局。写册叶一幅。阅《士丧礼》及《既夕记》，未正毕。阅本日文件。雪琴来，观我围棋二局，申正去。改信稿一件，约改四百字。傍夕小睡。夜写沅弟信，核批札信稿多件，倦甚。二更二点后温《古文·识度之属》。三点睡，梦魇。

廿九日

早饭后清理文件。围棋一局，又观人一局。阅《读礼通者》《疾病》《正终》二卷，及《始死》《开元》《政和》《二礼》《书仪》《家礼》等，考证异同。阅《衎石斋记事稿》。中饭后与幕友一谈，阅本日文件。写扁三付，雪琴来久谈。傍夕小睡。夜核批札各稿，改信稿一件，二更后温《古文·识度类》，三点睡。接沅弟廿三信，知将以廿六日出省矣。

## 十月

初一日（将《古文四象》编成目录）

早饭后清理文件。围棋一局，又观人一局。将《古文四象》编成目录，以为三复之本。雪琴来久谈，又坐见之客一次。中饭后阅本日文件，阅《读礼通考》《中袭》及《小敛》《大敛》《后世各仪》，写对联七付。见客，坐谈颇久。傍夕接沅弟十九日信，内有密摺稿，阅之妥惬详明。焦灼弥月，至是始放心矣。夜核批札各稿，二更后清理《古文读本》，将“辞赋类”朗诵数过。三点睡，尚能成寐。

初二日（阅《宰相世系表》）

早饭后清理文件。旋围棋一局，观人一局。见客，坐见者一次，立见者一次。午初，雪琴冒雨步行来谈，中饭后去。阅《读礼通考》五叶，阅本日文件。写沅弟信，交专兵带去。周镇来一谈。傍夕小睡。夜，将作《彭氏谱序》，翻阅《湖海文传》中各家之文，又阅《宰相世系表》，遂忘作文之事矣。二更四点睡。

初三日（作《彭氏族谱序》）

早饭后清理文件。旋围棋一局，又观人一局，将《唐书·宰相世系表》细阅数族。雪琴来久谈。中饭后去。阅本日文件，写对联八付。申刻作《彭氏族谱序》，至二更四点毕，约五百馀字。至三更四点后乃稍成寐，五更初醒。向来偶作诗文即不能甘寝，此故态不足异也。

初四日

早饭后清理文件。围棋一局，又观人一局，雪琴来久谈。因昨夜不寐，精神困倦殊甚。中饭后客去，阅《丧服》，阅本日文件，与幕府久谈，核批札各稿。傍夕小睡。夜核批札稿信稿。二更与叶甥一谈。三点睡，尚能成寐。

初五日

早饭后清理文件。围棋一局，又观人一局，见客二次，阅《丧服》。余于古人冠服制度向未究心，故考核较难。雪琴来久谈，又坐见之客一次。中饭后与幕友一谈，再阅《丧服》。申正写对联六付。酉刻核批札各稿。傍夕小睡。夜再核批稿。旋温《汉书》严、徐、朱、王、贾等传，朗诵数过。二更四点睡，尚能成寐。

附记

取唐镜海先生行述

罗山文集、年谱

初六日

早饭后清理文件。围棋一局,又观人一局,至幕府一谈。写澄弟信一件。弟查季弟恤典,因将第二次恩旨加内阁学士衔者部文抄出付回;其第一次恩旨照接察使赐恤者,第三次恩旨子以直隶州补用者,部文未查出,因将谢恩摺抄出付回。阅《丧服》,雪琴来一谈,阅本日文件。《丧服》阅至申正止。将雪琴求作《谱序》以八分大行书书之,书二百字。旋核批札稿。夜又书《谱序》百字,核信稿十件。二更后温韩诗七古,朗诵十馀首。三点睡,不甚成寐。

初七日(阅《丧服》)

早饭后清理文件。围棋一局,又观人一局,与幕府一谈。午刻阅《丧服》,中饭后阅至申初止。阅本日文件,写《谱序》三百馀字,毕。易敬臣来一谈。傍夕雪琴来,夜深始去。倦甚,不能治事。核批札稿数件。二更后在室中散步游衍,阅欧文数首。三点睡,甚能成寐。

初八日(阅《学庸臆解》)

早饭后清理文件。围棋一局,又观人一局。见客,坐见者一次,雪琴来久谈。阅《丧服》至午正二刻,赴雪琴舟次便〈饭〉,申初归。阅本日文件,围棋一局,见客一次,与幕府一谈,核批札各稿。傍夕小睡。夜写册叶二开。日内作字,手甚吃力,拟用"跳欹注卷"四字诀为之,用力轻匀,或转可历久不变。温相如、子云各赋。二更五点睡,三更后成寐。一更后,阅桐城张承华蓉溪所为《学庸臆解》三十四叶,毕。其言《大学》,文须用古本而不烦补。"传义"须宗朱子而不取阳明,与余平日之说相合,馀亦多独得之见。

附记

张承华　阎承观新郑人

曹肃孙洛阳人　苏源生鄢陵人 方存之、张蓉溪说

徐廷英札县人,易斋

初九日

是日恭逢先大夫七十七冥寿,向在军不具馔设祭,今亦仍之。早饭后清理文件。见客,坐见者二次,立见者一次。观人围棋一局,雪琴来一坐,何绍彩来,坐谈片刻。阅《丧服》"齐衰不杖期"章。中饭后围棋二局,阅本日文件,核批札各稿。乔鹤侪来久谈,渠自寿州赴秦抚任,自此经过也。傍夕打辫子时,忽觉右腰肋微疼。夜核信稿数件,立见之客二次。二更后,欲温古文而疲乏殊甚,腰疼转剧。三点睡后,腰愈疼,不能成寐。四更二点用镇江膏药帖之,稍愈,亦仍不能酣睡,辗转床褥。五更后,因明日拜牌,客已至矣。

初十日(是日恭逢慈禧皇太后万寿)

是日恭逢慈禧皇太后万寿,五更三点起。乔鹤侪、彭雪琴俱在此一同行礼,黎明礼毕。早饭后见客,坐见者一次,立见者二次。阅本日文件,围棋一局,又观人一局,腰疼不止。阅《丧服》,张淥若〈本〉三叶,秦味经本二十叶。中饭后至幕府一谈,阅本日文件,见客一次。申刻出门,至洒干拜乔鹤侪,久谈,停夕归。雪琴来,与之夜饭,因腰疼,吃酒五杯。送客后,核批札信稿。临睡,又饮酒四锺。自来未饮酒如此之多,而腰疼似觉稍愈,睡后亦尚成寐。是夜阅彭咏我《松风阁诗》,二十五卷中约抽看二三卷。

十一日

是日为余五十六生日,各客一概不见。惟雪琴一早即来,在此同早饭,辰正归去;午

初又同来中饭。辰初清理文件，围棋一局，又观人一局，写沅弟信一件。又阅彭泳莪诗集。中饭后阅本日文件，写纪泽儿信一件，又围棋二局。傍夕小睡片刻。夜改摺稿一件，约五百馀字。二更三点睡，腰疼异常，三更三点愈疼愈紧。将镇江膏药揭去，另换张家口狗皮膏药。四更后略能成寐，五更醒。

十二日（去狗皮膏药，腰疼反稍减）

是日，本请乔中丞便饭，因腰疼恐难陪客，遣人辞之。早饭后清理文件，英中丞翰来久谈。请祝爽亭来诊脉，渠谓："腰疼，因用心劳伤，心肾不交，病在本源，非骤感风寒者。膏药追骨换搜风，过于霸道，故愈觉其疼。"因立将狗皮膏药拔去，而疼稍减。乃知药不对病，虽膏药且足为患，况煎药乎？雪琴来辞行，至申初去。阅本日文件。巳刻围棋一局，又观人一局。申刻写寿对一付，改摺稿二件。傍夕小睡。夜与叶甥及幕友久谈，议及具摺开缺事。又改片稿一件。二更三点睡，腰疼较前二夜稍减，尚能成寐。

十三日

早饭后见客，坐见者一次，立见者一次。围棋二局，英中丞来久谈。阅《仪礼·丧服》，至未正止。阅本日文件。出门至河干拜英西林，酉初归。核批札各件。傍夕与幕府一谈。灯后发报四摺、五片、一清单，内一摺请开各缺，一片请注销封爵。核各信稿。二更后温《系辞》，与叶亭甥一谈。三点睡，四更三点醒。

十四日（闻纪鸿将到，察看所住之室）

早饭后清理文件。围棋二局，英中丞来久谈。阅《丧服》至申正止。阅本日文件，核批札各件。闻纪鸿儿将到，察看其所住之室。剃头一次。夜核信稿多件，二更后温古文。文家之有气势，亦犹书家有黄山谷、赵松雪辈，凌空而行，不必尽合于理法，但求气之昌耳，故南宋以后文人好言义理者，气皆不盛。大抵凡事皆宜以气为主，气能挟理以行，而后虽言理而不厌，否则气既衰薾，说理虽精，未有不可厌者。犹之作字者，气不贯注，虽笔笔有法，不足观也。二更四点睡，四更四点醒。

十五日

早饭后清理文件。围棋一局，又观人一局。巳初，纪鸿儿来，问家常琐屑事。又立见之客二次，坐见者二次。阅《丧服》，至未正止。阅本日文件甚少，与幕友久谈，核批札各稿，见客一次，写少泉信一件。傍夕小睡。夜核信稿数件。与鸿儿一谈。说话微多便觉疲困，腰疼弥甚，深以为苦。二更三点睡，勉强成寐，四更三点醒。腰疼不耐更睡，披衣起坐约半时之久，又复倒睡，老病之态，近年所未见也。

十六日（阅《明史·文苑传》）

早饭后清理文件。观屠晋卿与薛叔耘围棋一局，又观纪鸿与叔耘一局。见客二次，谈均甚久。午初阅《丧服》，中饭后即不敢再阅，因医言腰疼由于用心太过也。与幕友久谈，阅本日文件，阅《明史·儒林传》一卷，核批札各稿。傍夕小睡。夜阅《明史·文苑传》一卷。盖读史本易于读经，而《丧服》尤经中之极精深者，是以病中阅之吃力。二更后核信稿数件，温《子虚》《上林》等赋。三点睡，三更后成寐，五更后醒，在近日为美睡矣。

十七日

早饭后清理文件。围棋一局，又观人一局，祝爽亭来久谈。巳正阅《丧服》，至中饭后毕。与幕友久谈，阅本日文件，写挽幛、对联。酉刻核批札各稿，与鸿儿一谈，与幕府一谈。夜阅《明史·儒林传》一卷，未毕，二更后温《古文·气势之属》。三点睡，三更甫成寐，片刻即醒，四更后成寐。是日腰疼略愈，而夜间仍不得熟睡。

十八日

早饭后清理文件。观人围棋二局。阅《丧服记》，至未正止。阅本日文件。鄢陵苏菊村，名源生，送所辑《中州文征》四函、《鄢陵文献志》二函，又《记过斋丛书》一函，内刻《读书录》《儒门法语》《省心纪》《严陵讲义》《圣学入门》书诸种，又《记过斋藏书》，则其所自著文稿。《省身录》《大学臆说》诸种，略一涉猎。见客，坐见者一次，立见者一次。旋将《儒门法语》细读一过，又将《读书录》阅一卷，此昔年曾阅之书，故翻阅较易。二更后温《古文·识度之属》。三点睡，四更四点醒。

十九日（是日余受严旨诘责，郁抑久之）

早饭后清理文件。观人围棋二局，见客二次，阅《丧服记》毕。中饭后阅本日文件。因《丧服记》"衽二尺有五寸"句，制度苦思不得，又命纪鸿及吴挚甫代为筹思。改信稿数件。夜将制衽法想出，挚甫亦另思得一法，各为记出。阅《明史》蔡懋德传、赵南星等五人传。是日接奉寄谕，严旨诘责，郁抑久之。二更三点睡，三更后成寐，四更四点醒。

二十日（阅《丧服四表》）

早饭后清理文件。观人围棋二局。见客一次，谈颇久。与幕府阅张皋文《丧服四表》。中饭后，金可亭来久谈，申正去。阅本日文件，核批札各稿，与幕友久谈。小睡片刻。夜间，心绪抑郁，茫然若无所向。阅《明史》卢象升等传。旋默坐，不作一事。二更后与王子云一谈。三点睡，四更四点醒。

二十一日

早饭后清理文件。见客，坐见者二次，观人围棋一局。出门拜金可亭，久谈，午正归。阅《士虞礼》，至申初止。阅本日文件。摺差归，阅京信数件、京报数十本。至幕府 久谈。傍夕小睡。夜核批札各稿，二更后温《古文·识度之属》。五点睡，尚能成寐，五更后醒。

廿二日

早饭后清理文件。观人围棋二局，见客 一次，写沅弟信一件，阅《士虞礼》。中饭后与幕友一谈，接澄弟、沅弟信，阅本日文件，坐见之客二次，阅《元史·儒学传》一卷。傍夕小睡；夜阅《湖海文传》十馀首，又借阅《通鉴纲目续编》十馀叶。二更三点睡，五更醒。

附记

《五礼通考》《文献通考》

《衍义补》《元明国朝兵食略》

《宋元明续鉴》

廿三日（与挚甫谈说经之法）

早饭后清理文件。见客三次，围棋一局，又观人一局，阅《士虞礼》并《记》，未毕。午刻，坐见之客一次。未初请金可亭便饭。畅谈，申正散。阅本日文件，立见之客二次，核批札稿。傍夕小睡。夜核批稿，观吴挚甫、张敬堂所为《明堂说》，又观《大戴礼·明堂》篇。二更后与挚甫久谈，教以说经之法。说话太多，舌端蹇滞。二更三点睡，四更末醒。

廿四日

早饭后清理文件。见客，坐见者一次，立见者二次。围棋一局，又观人一局。立见之客二次。阅《士虞礼》《特牲馈食礼》，至未正止。阅本日文件，写对联七付，与幕府一谈，核批札稿。傍夕小睡。夜核信稿数件。阅吕晚村所选八家文，阅纪鸿所读四书文本。二更三点睡，腰疼，不甚成寐。

廿五日（接奉廷寄令余进京）

早饭后清理文件。见客，立见者四次，观人围棋二局。阅《特牲馈食礼》。中饭后与幕友久谈。见客，立见者一次，坐见者一次。阅《特牲馈食礼》。接奉廷寄，令予进京，少荃暂署钦差关防。阅《仪礼》，申末毕。核批札各稿，与幕友久谈。夜与纪鸿儿一谈，二更后温《周易·屯卦》。五点睡，竟夕不能成寐。

附记

○沅弟信

纪泽信:带曾文煜《仪礼句读》

少泉信

廿六日(与鸿儿论八股)

早饭后清理文件。见客,张敬堂谈甚久,观人围棋二局。午刻见客,坐见者一次,立见者一次。阅《仪礼·特牲礼》,写少泉信。中饭后再阅《仪礼》。因昨夕不眠,看书不能入。写沅弟信一封、纪泽信一封,阅本日文件,核批札各稿,与幕府久谈。傍夕小睡。夜倦甚,与鸿儿一论八股。二更后阅《易》《屯卦》《蒙卦》。三点睡,四更三点醒。

廿七日

早饭后清理文件。围棋一局,又观人一局,祝爽亭、张敬堂先后久坐。阅《特牲礼》,至申初止。阅本日文件,核批札各稿,与幕府久谈二次。傍夕小睡。夜核咨稿,写纨扇一柄,二更后温《讼》《师》二卦。五点睡,四更五点醒。

附记

复霞仙信　复韫斋信

廿八日(闻东股贼回窜太康一带)

早饭后清理文件。见客,坐见者一次,谈颇久。围棋一局,又观人一局。阅《特牲礼》毕。中饭后,可亭步行来,久谈。阅本日文件,写对联三付、挂屏四幅,约二百馀字。与幕府一谈,核批札各稿。傍夕小睡。夜将桌上丛杂清理,良久乃毕,二更后温《易》《比》《小畜》二卦。是夕闻东股贼回窜太康一带。二更五点睡,四更末醒。

廿九日

早饭后,坐见之客二次,围棋一局,又观人一局,与幕友一谈。午刻阅《少牢礼》。中饭后阅本日文件,与幕客一谈,写对联三付、横披三张,约三百馀字,扁一幅。见客一次,谈颇久。傍夕与幕友一谈。夜核批札信稿,二更后温《易》《履》《泰》二卦。五点睡,四更五点醒。

卅日

早饭后清理文件。见客,坐见者三次,围棋一局,又观人一局,阅《少牢礼》,坐见之客一次。中饭后改信稿一件,约五百字。与幕友一谈,阅本日文件,写扁三幅,核批札各稿。傍夕见客,坐见者一次,立见者一次。闻贼匪自陈州来,距周家口仅二十馀里。营中戒严,各营于夜间出队截剿。核信稿五件,共改五、六百字。二更后温《易》《否卦》《同人》《大有》。四点睡,四更四点醒。

## 十一月

初一日

早间,谢绝贺朔之客。旋见客二次。早饭后清理文件,围棋一局,又观人一局,阅《少牢馈食礼》。中饭后至南圩外湖广会馆,名禹王宫,金可亭在彼陪同行礼。楚人在周家口者,黄陂人最多也。申刻归。阅本日文件,写刘韫斋信,写霞仙信。傍夕登圩墙一望。本日,杨少铭、张敬堂等出队获胜,贼已从下游渡沙河而南矣。夜改摺稿一件,杨、张等来久谈。二更后温《谦》《豫》二卦。四点睡,四更四点醒。

初二日(阅《明堂考》)

早饭后清理文件。见客,坐见者一次,观人围棋一局,改片稿一件,约改四百字。又

坐见之客二次，阅《少牢礼》。中饭后与幕友一谈，刘仲良来久谈。阅本日文件，又改片稿一件，写沅弟信一件，发报一摺、二片。傍夕与幕友久谈。夜核批札稿，写零字甚多，温《易》《随》《蛊》二卦，阅吴挚甫所为《明堂考》。二更四点，五更醒，是夕尚为美睡。

初三日（与刘仲良久谈）

是日为江太夫人八十二生日，在营历未设祭。见客，坐见者三次，立见者一次。清理文件，围棋一局，又观人一局，刘仲良来久坐，立见之客五次，坐见者一次。阅《少牢礼》毕，又阅《有司彻》，至申正止。中饭后与幕府久谈，阅本日文件。酉初写纪泽信一封，令其无庸来营。傍夕，灯后，坐见之客二次，谈甚久。夜核批札各稿，二更后温《易》《临》《观》二卦，温韩诗七古。四点睡，五更醒。

初四日

早饭后清理文件。见客，坐见者一次，立见者二次。围棋一局，又观人一局。阅《仪礼·有司彻》，至申正止。中饭后与幕府一谈，阅本日文件。申刻写对联七付、扁三幅。剃头一次。夜核批札信稿甚多，二更后，疲困之至，诵韩诗七古数首。二更三点睡，四更四点醒。

初五日

早饭后清理文件，见客一次，谈颇久。围棋一局，又观人一局。与幕府一谈。阅《仪礼·有司彻》，至未正止。阅本日文件。写澄弟信。申正后写扁字二十馀。傍夕小睡。夜写零字甚多，核批札各稿，温《易》《噬嗑》《贲》二卦，写少泉信二叶，未毕。二更三点睡，三更后成寐，五更醒。

初六日（接奉廷寄令余回江督本任）

早饭后清理文件。见客一次，围棋一局，又观人一局，阅《有司彻》，写少泉信一封。中饭后与幕府一谈，再阅《有司彻》，阅本日文件。接奉廷寄，令余回江督本任，仍拟恭疏辞之。写对联八付。傍夕小睡。再与幕友一谈。夜核批札信稿，写零字甚多，写册页二幅，百馀字，温《易》《剥》《复》二卦，温《太史公自序》。二更四点睡，四更五点醒。

附记

抄信与沅

初七日

早饭后清理文件。围棋一局，又观人一局，坐见之客一次，写沅弟信一封。阅《有司彻》，至申初阅毕。阅本日文件。金可亭求作《试律诗序》，申正为作一首，约三百馀字。旋写扁字十馀方，与幕府久谈。傍夕至圩墙一看。夜核批札信稿甚多，约改五、六百字，二更后温《易》《无妄》《大畜》二卦。是日治事太多，用心太劳，疲乏之至，腰疼心亦疼。三点睡后，深以为苦。三更后勉强成寐，四更四点醒，犹觉筋络疼痛。

初八日（本日因体不适与幕友闲谈）

早饭后清理文件。围棋一局，又观人一局。见客，立见者一次，坐见者二次。因体中不适，本日全不看书，不治事，但在室中偃仰，与幕友闲谈而已。中饭后阅本日文件。自申刻以后久睡，直至灯时始起。夜阅《五礼通考》中《宗庙时享仪》节，二更后不复阅看。三点睡，屡醒屡寐。四更末，觉病已减矣。

初九日

早饭后清理文件。围棋一局，又观人一局。阅《五礼通考·宗庙时享仪》一卷零十叶，至未正毕。阅本日文件，刘仲良、金可亭先后来久坐。傍夕小睡。夜核批札各稿，写册叶一幅。二更后，不作一事，在室间偃仰闲适，阅王船山《诗经稗疏》“裹将”“黄流在中”等条，心折者久之。三点睡，三更后梦魇殊甚。

初十日（阅《宗庙时享仪》）

早饭后清理文件。围棋一局,又观人一局。见客一次,久坐。阅《宗庙时享仪》一卷。中饭后,刘省三来久坐,阅本日文件,写扁字十馀方,与幕友久谈。傍夕小睡。夜核批札稿,写可亭回信,约二百馀字。二更后温《古文·识度之属》。三点睡,三更成寐,五更醒。

十一日

早饭后清理文件。围棋一局,又观人一局,彭笛仙来久谈,阅《宗庙时享仪》,仅五叶,见客一次。中饭后与幕友一谈,可亭来久谈,至傍夕始去。又与幕友一谈。夜阅本日文件。疲乏殊甚,因说话太多,舌端蹇滞。核批札各稿。二更后,偃息室中,不复治事。三点睡,四更四点醒。

十二日

早饭后清理文件。围棋一局,又观人一局。见客,立见者二次,王孝凤来久坐,又坐见之客一次。阅《宗庙时享仪》半卷。请彭笛仙便饭,久谈。阅本日文件,坐见之客一次,与幕府一谈。夜核批札稿,二更后温《易》《颐》《大过》二卦。三点睡,上腭右辅一壮齿久已将脱,仅挂一丝者又半年矣,至是脱去。四更醒,旋又微睡。

十三日

早饭后清理文件。围棋一局,又观人一局。见客,坐见者一次。阅《宗庙时享仪》十一叶。中饭后与幕友谈二次,与彭笛仙谈一次,阅本日文件,核批札信稿。夜,笛仙又来一谈,核批札信稿,二更后温《坎》《离》二卦。三点睡,三更后成寐,五更醒。

十四日

早饭后清理文件。围棋一局,又观人一局。见客,坐见者一次,阅《宗庙时享仪》午刻,刘仲良来久坐。中饭后与幕府一谈。阅本日文件极少。阅《宗庙时享仪》至酉刻毕,酌加题识。王孝凤来久坐。夜核批札信稿,二信约改四百馀字。二更后,温《易》《咸》《恒》二卦。倦甚,阅鸿儿在鄂所为文三首,小睡。三点睡,五更醒。

十五日(阅《制义》)

早,谢绝贺望之客。早饭后清理文件,围棋一局,又观人一局,见客,坐见者二次。阅《宗庙时享仪》,至中饭后毕。阅本日文件,刘仲良来久坐,阅钱楞仙《制义》十馀首,与幕府久谈。傍夕供帐,为明日拜牌之所。夜改摺稿一件,约改四百馀字。疲乏殊甚,二更后小睡。三更睡,幸尚成寐,四更三点醒。

十六日

早饭后清理文件。围棋一局,又观人一局。阅《宗庙时享》汉魏至齐梁,共三十三叶。中饭后与幕友一谈。金竺虔之世兄庆澜来见,一谈。阅本日文件,改摺稿一件。傍夕与幕友久谈。夜改片稿三件,约改三百馀字。二更后,疲乏殊甚,温韩诗七古二十馀首。二更三点睡。是日五更三点起,未明,行冬至庆贺礼。日间治事甚多,睡后幸尚成寐。四更一点即醒,为时太骤,老境益增矣。

十七日

早饭后清理文件。围棋一局,又观人一局,阅《宗庙时享》陈及三魏隋唐。与幕友一谈,中饭后又一谈。阅本日文件颇多,发报二摺、三片,核批札各稿。傍夕与幕友久谈。夜与彭笛仙一谈,核信稿多件,二更后温《古文·气势类》。三点睡,二更后成寐,五更醒,旋又微寐。

十八日(命纪鸿及叶甥抄读《制义》)

早饭后清理文件。围棋一局,又观人一局。见客一次,写少泉信一件,改信稿二件。中饭后与幕友久谈,阅本日文件。见客,立见者一次,坐见者二次。核批札稿,核信稿多件。傍夕与幕友久谈。夜写纪泽信一件,核批札稿。二更后温《易》《遁》《大壮》二卦。

旋选《制义》数首，将命纪鸿及叶甥抄读。

十九日（阅《士丧礼》）

早饭后清理文件。围棋一局，又观人一局。阅《士丧礼》，因前次未将张蒿庵本圈点，故此次补加圈点，未正毕。阅本日文件。将钦差大臣关防封好，派文武二员赍送徐州交李帅祗领。阅纪鸿所选《制义》三十篇，半多以辞掩意，柱义不明，廓大颟顸之作，拟另为选二三十首。傍夕与幕友久谈。夜核批札信稿，二更后温《易》《晋》《明夷》二卦。三点睡，四更一点睡[醒]，旋又小睡。

青花写意山水盘　清

廿日

早饭后清理文件。围棋一局，又观人一局，至幕府一谈，阅《既夕礼》。中饭后将《五礼通考·丧礼》题识一册，殊觉疲乏。核批札各稿。傍夕与幕友一谈。夜核信稿二件，二更后温《易》《家人》《睽》二卦。是日未刻阅本日来文，仅一件，闲适之至。惟看书稍多，略觉疲乏。夜间不愿多治事，向来用心过则梦魇。二更三点登床，甫成寐即梦魇矣，竟夕不得佳眠。

廿一日（查沅弟履历所奉谕旨）

早饭后清理文件。围棋一局，至幕府一谈。阅《既夕礼》并《记》，申初毕。阅本日文件，核批札稿，写沅弟信未毕，与彭笛仙一谈。灯后，李幼泉来一谈，将沅弟信写毕，并查弟履历所奉谕旨。旋温《项羽本纪》一过，二更后温《易》《蹇》《解》二卦，疲倦殊甚。三点睡，三更后成寐，五更醒。

廿二日

早饭后清理文件。围棋一局，又观人一局。见客，坐见者一次，立见者一次。与幕府一谈。阅《五礼通考》中《丧服》篇，补加题识。中饭后见客，坐见者二次，立见者二次。阅本日文件，与幕友久谈，阅《丧服》二十叶。傍夕打辫子。近每日暮时常打辫子，未及写记。每日早饭、中饭后，行走各千步，亦未写记也。夜核批札各稿，温《史记·荆轲传》，二更后温《易》《损》《益》二卦，阅路闰生文数首。二更三点睡，四更四点醒，旋又小寐片刻。

廿三日

早饭后清理文件。见客，坐见者三次，立见者二次。围棋一局，又观人一局。阅《丧服》篇，补加题识，至申正始毕。中饭后，刘仲良等来一坐，阅本日文件，写李少泉信一件。接澄弟十月三十日信、纪泽十一月初三日信，又接沅弟二十日信，内有筠仙一信，议论透快。傍夕与幕友久谈。夜核札信稿，写零字颇多，二更后温《易》《夬》《姤》二卦。三点睡，四更五点醒。

廿四日

早饭后清理文件。围棋一局，又观人一局。见客，坐见者一次，立见者一次。阅《丧服》篇，《丧礼或问》补加题识，中饭后毕。至幕府一谈。阅本日文件，写对联十付。申刻，幼泉、仲良、省三来，坐谈良久，傍夕去。又与幕友一谈。夜核批札稿信稿，疲乏殊甚。二更后温《易》《萃》《升》二卦，旋又阅小说十叶。三点睡，五更方醒。是夕，可谓佳眠。

廿五日（近觉小楷少有长进）

早饭后清理文件。见客，立见者三次，围棋一局，又观人一局。阅《大夫士庙祭》一卷廿九叶，中饭后始毕。与幕中一谈，计芾村来久谈，阅本日文件，写对联六付、横披一幅，核批札各稿。傍夕又与幕友一谈。夜写零字甚多,近觉小楷少有长进。改摺稿一件,即报销简明清单摺也,约改三百字。二更后温《易》《困》《井》二卦。三点后,稍能成寐,四更三点即醒。是夕睡殊不甜。

廿六日(纪泽来禀言全眷已平安到家)

早饭后清理文件。见客,立见者一次,围棋一局,又观人一局,坐见之客二次。阅《仪礼·特牲馈食》。将《五礼通考》二卷补加题识,至中饭后毕。与幕友一谈,阅本日文件,见客,坐见一次。阅时文二十馀首,将选与儿侄辈读。傍夕与幕府久谈。夜阅《墨选观止》二十馀首,旋核批札信稿。二更后温《易》《革》《鼎》二卦。接澄弟十一月十一日信,纪泽儿亦有一禀,知全眷于初十日到家,大小平安。三点睡。是日疲乏。夜间梦魇,仍无佳眠。

廿七日

早饭后清理文件。见客,坐见者一次,立见者二次。围棋一局,又观人一局。刘省三所作各体诗,求加题识,为题二百馀字于卷首。午刻,坐见之客一次,阅《少牢馈食》《有司彻》。中饭后酌加题识。阅本日文件,省三等来久坐。旋至幕府𪧘谈,写对联六付。傍夕阅时文数首。夜核批札信稿。二更后温《易》《震》《艮》二卦。问鸿儿,言每日多吐浓痰,为时已久,为之悬系。三点睡,改盖新厚被,因昨夕被略薄,本日不适也。

廿八日(郭子美在德安获一胜仗)

早饭后清理文件。摺差自京回,带有京信邸抄,细阅一过。内有御史穆缉香阿劾予之摺,奉旨为之剖晰。旋围棋一局,又观人一局,已午初矣。接沅弟信,知郭子美在德安获一胜仗。阅《大夫士庙祭》一卷。中饭后与幕友久谈,阅本日文件。写对联六付、祭幛二幅,写纪泽儿信一件。接奉廷寄,仍令余回江督本任。傍夕与幕友一谈。夜核批札各稿,彭笛仙来久谈,二更后温《易》《渐》《归妹》二卦。三点睡,不甚成寐。

附记

湖北抄祝、易

廿九日

早饭后清理文件。见客一次,围棋一局,又观人一局。阅《五礼通考》中《士大夫庙祭》十叶,未正毕。至幕府一谈,阅本日文件,与彭笛仙一谈,核批札各稿。傍夕与幕府一淡。夜改复尹莘农信,约五百馀字。申刻写册叶二幅,约二百字。二更后,温《易》《丰》《旅》二卦。三点睡,三更二点后始略成寐,后亦屡醒。

附记

○写笛仙横披

○开李翥汉回湘礼毕

○核铭保单

三十日(阅《士大夫家祭》)

早饭后清理文件。见客一次,围棋一局,又观人一局。阅《士大夫家祭》中《书仪》等篇十一叶。午正,坐见之客一次。未正阅书毕。接京信数封,与幕友一谈,阅本日文件,开单送礼数处,写彭笛仙横披一幅,约二百馀字。傍夕与幕友久谈。夜核批札稿,写内子信未毕,笛仙来一谈,核铭营保单毕。二更后温《易》《巽》《兑》二卦。三点睡,不甚成寐。新棉被太厚太硬,五更令人更换,仍未酣睡。

## 十二月

初一日(料理李翥汉回湘事宜)

早饭后见客一次。清理文件。围棋一局。又观人一局。阅《五礼通考》中《朱子家礼·祭礼》,至申刻始毕。午刻,坐见之客二次,将家信写毕。中饭后与幕府一谈,料理李翥汉回湘事宜,见客二次。阅本日文件,核批札各稿。傍夕又与幕友一谈。夜核保单二件,改摺稿一件,约改四百字。二更后温《易》《涣》《节》二卦。三点睡,尚能成寐。是日接沅弟信,郭军有四营小挫之说,为之忧灼!

初二日(闻郭军在皂市之战互有胜负)

早饭后清理文件。立见之客一次,围棋一局,又观人一局。阅《朱子祭礼》,至申正毕。午刻,坐见之客一次。中饭后与幕友一谈,阅本日文件,写沅弟信一件。又接沅信,言郭军廿六日皂市之战互有胜负,尚无妨碍。申正核批札各稿。酉刻与幕府邕谈。夜核改摺稿一件、片稿二件,二更后温《易》《中孚》《小过》二卦。三点睡,不甚成寐。

初三日

早饭后清理文件。围棋一局,又观人一局。阅《士大夫家祭》一卷,至申刻毕。中饭后至幕府一谈,阅本日文件,见客一次,核批札各稿。剃头一次。又与幕友邕谈。夜,发报二摺、三片、一保举单,阅四书文十馀首。二更后温《易》《既济》《未济》二卦。三点睡,尚能成寐,五更醒。

初四日

早饭后清理文件。见客一次,围棋一局,又观人一局。阅《五礼通考》中《冠礼》,至中饭后止。与幕友一谈,阅本日文件,写李少泉信,写沅弟信。又与幕友一谈,核批札各稿。夜阅四书文十馀首,二更后温《系辞上传》九章,三点睡。

初五日

早饭后清理文件。围棋一局,又观人一局。阅《冠礼》八叶。中饭,请唐焕章、金庆澜便饭。未刻阅本日文件,至幕府一谈,核批札各稿,写云仙信,未毕。傍夕又与幕友久谈。夜写云仙信毕,约五百馀字。旋阅江郑堂《汉学师承记》。二更二点后眼蒙,不能再看。三点睡,三更后成寐。

初六日

早饭后清理文件。围棋一局,又观人一 局。写澄弟信一封,阅《冠礼》毕,坐见之客一次。中饭后又坐见者一次,与幕府一谈。再阅《冠礼》,写对联八付。傍夕与幕友久谈。夜核批札信稿,二更后温《易·系辞上传》毕。三点睡,三更成寐,五更醒。

初七日(夜核报销简明清单)

早饭后清理文件。围棋一局,又观人一局。阅《冠礼》二十叶,疲困殊甚,神不清爽,看书不能入理。至幕府一谈。中饭后阅本日文件,又至幕府一谈,王孝凤来一谈,写对联八付,改信稿数件。夜核报销简明清单,又改信稿十馀件,二更后温《易·系辞下传》。三点睡,尚能成寐,四更三点醒。旋又小寐片刻,五更一点醒。

初八日(吴挚甫所作《读荀子》甚有识量)

早饭后清理文件。见客一次,围棋一局,又观人一局。阅《开元礼·皇帝及皇太子冠》,申刻始毕。仅阅十叶,盖余目光素钝,偶求精审,辄迟慢异常也。中饭后与幕府久谈,阅本日文件,写挂屏四幅,约三百字,写对联一副。傍夕与吴挚甫等一谈。渠本日作《读荀子》一首,甚有识量也。夜核批札信稿,核定送同乡京官炭敬单。二更后温《易·杂卦传》至末。祝氏所刻《程传》《朱义》《吕氏音训》,至是温一遍毕。闻祝氏此椟现存汉口,当多买几部遍给家中子侄。三点睡,四更末醒。

初九日

早饭后清理文件。坐见之客一次,围棋一局,又观人一局,已午初矣。甚矣,棋之费日力也。阅《冠礼》《开元礼》。见其所拟亦有与《仪礼》不合者，至申正毕。中饭后至幕府一谈，阅本日文件。申刻写对联四付，至幕府一谈。夜核批札各稿，再阅京官单，二更后温杜公七古。三点睡，不甚成寐。

附记

《五朝纪览》一岁　《五礼通考》二岁

《文献通考》一岁　《兵食考略》一岁

初十日

早饭后清理文件。围棋一局，又观人一局。阅《宋世冠礼》，酌加批识，至申刻始毕。中饭后与幕友久谈，阅本日文件，旋核批札各稿。傍夕又与幕友久谈，写少泉信一封。夜改刘寿卿信，改京信数件。二更后温《古文·气势之属》。二更三点睡，四更四点醒。是日始严寒，砚冰笔冻。望雪甚殷，漫天皆有雪意而竟不成雪。自八月至今，五个月无雨无雪，麦不能下种，明岁必大灾歉，忧灼曷极！

十一日

早饭后清理文件。围棋一局，又观人一局。阅《冠礼》十叶，至未刻止。中饭后至幕府一谈，阅本日文件。见客，坐见者二次，立见者二次。写寸大楷书百馀，因纪鸿字画不圆，故书以示之。添京信五封中或一叶或二叶，写对联三付，与幕友久谈。夜核批札各件，料理京信等事，二更后温《古文·辞赋类》。二更三点睡，五更醒。

附记

○伟勇一案　○密考式

十二日（虑弟名之日损又虑流寇日炽）

早饭后行礼，拜发元旦贺摺。清理文件，围棋一局，又观人一局，又添信一叶，清理京信二十馀件。见客，坐见者二次，立见者一次。中饭后至幕府冔谈，阅本日文件。接沅弟初七、初八及初九夜信，知郭子美军于初七日在安陆之臼口挫败，忧灼之至。既虑弟名之日损，又虑流寇日炽，不可收拾也。傍夕与幕客久谈。夜核批札各稿。倦甚，不能治事。二更后假寐，三点睡，三更二点成寐，五更醒。

十三日

早饭后清理文件。围棋一局，又观人一局。阅《五礼通考》中《冠礼》，至未正毕。中饭后见客一次，与幕府久谈。阅本日文件，核批札各稿。傍夕又与幕友一谈。夜写大楷壹百字，核批札信稿颇多。二更后疲乏，不愿治事。阅《古文·辞赋》数首。三点睡，四更醒，旋又成寐数刻。

十四日（忧灼陕西之贼由临潼至渭北）

早饭后清理文件。围棋一局，又观人一局。阅《昏礼》一卷，至未正毕，酌加题识。中饭后与幕友一谈。阅本日文件，知陕西之之[衍一之字]贼由临潼渡至渭北，忧灼之至。阅陆淳《春秋纂列》《苏辙集解》。傍夕又与幕府久谈。夜核批札信稿，写大楷百字，二更后温苏诗七律。四点睡，四更三点醒。

十五日

早饭后清理文件。围棋二局，又观人一局，午刻阅《仪礼·士昏礼》，至申初止，仅阅十叶。中饭后至幕府一谈，阅本日文件，写对联九付。傍夕与幕府久谈。夜核批札各稿，二更后温苏诗七律，写大楷一百。二更三点睡，三更二点成寐，四更末醒，旋又微成寐。

十六日（余以衰病辞位不获，从违两难）

早饭后清理文件。见客一次，谈颇久，围棋一局，又观人一局，与幕府谈二次，计芾村来久谈。中饭后阅本日文件，坐见之客一次。阅《士昏礼》，至申正毕。写对联三付，又与幕府久谈。大风,声震如吼,惊沙涨雾,一片迷漫。久旱六月,明岁荒歉,流寇又将日增。此岁诸军五万人入楚,合之鄂军将七万人,乃鄂军两次挫衄,而客军未及一战,深为可惜。而余以衰病辞位不获,从违两难。闻此风声震撼,百感交集,不能自安。夜核批札各稿,核老湘营保单,核片稿一件,二更后温苏诗七律。三点睡。

十七日

早饭后清理文件。围棋一局,又观人一局。见客,坐见者一次,阅《昏礼》二十叶。中饭后至幕府一谈,阅本日文件,核各保举单。傍夕与幕府久谈。夜写大楷一百字,核批札各稿,二更后温苏诗七律。四点睡,四更末醒。

十八日

早饭后清理文件。见客,坐见者一次。围棋一局,又观人一局。阅《昏礼》十馀叶。中饭后至幕府一谈,阅本日文件。抄《仪礼诂训类记》,见客一次。傍夕与幕府久谈。夜接十二、十三日两次寄谕,写信与沅弟,约五百馀字,核批札各稿,二更后温东坡七律。四点睡,竟夕不甚成寐。

十九日

早饭后清理文件。见客一次,围棋一局,又观人一局。阅《五礼通考》中《士相见礼》二十叶。中饭后与幕府一谈。阅本日文件,录《诂训类记》。傍夕与幕友久谈。夜核批札信稿甚多,二更后温苏诗七律。三点睡,尚能成寐,五更醒。秋冬亢旱五个月,天气过暖。昨日下雪寸许,本日始有寒意,夜间则严寒矣。

廿日(贼已东窜,下游空虚可虑)

早饭后清理文件。围棋一局,又观人一局。阅《士相见礼》。中饭后阅本日文件,至幕府一谈。接沅弟十三、十四日两信,云各军被围于沙港,焦灼之至。写复信一封。甫毕,又接十六日两信,云十一日鏖战获胜,为之少慰。然贼已东窜,下游空虚可虑,又写少荃信一封。傍夕与幕府一谈。夜改摺稿、片稿各一件,约改五百字,二更后温苏诗七律。三点睡,四更三点醒,旋又小寐。

廿一日(温苏诗七律毕)

早饭后清理文件。围棋二局。见客,坐见者一次,立见者二次。改信稿数件,阅《五礼通考》中《军制》,未能看清。中饭后,坐见之客三次,至幕府久谈,阅本日文件甚少,写对联九付,又与幕府久谈。夜核批札各稿,发报三摺、五片、一保单,温苏诗七律毕。东坡七律共五百馀首,向所选《十八家诗钞》中全数抄之,此次约选一百五十七首,将另行抄录,以为三复之本。二更后温《古文·识度之属》。三点睡,三更二点成寐,五更醒。

附记

○再与少泉信 ○抄复幼、鹤两信

廿二日

早饭后清理文件。围棋二局。阅《军制》数叶,写沅弟信一件。中饭后与幕府鬯谈,阅本日文件极多,写对联九付。傍夕又与幕府久谈。夜写大楷一百,核批札各稿,二更后温放翁七律。三点睡,尚能成寐,五更睡[醒]。

廿三日(改阅《乡饮酒礼》)

早饭后清理文件。围棋二局。写少泉信,约三百字,写纪泽信,约五百字。阅《军制》,于“遂人”“匠人”之说多不能通,改阅《乡饮酒礼》,于申初阅毕。至幕府一谈,阅本日文件。申正写对联六付,添郭意城信二叶。傍夕与幕府久谈。夜核批札各稿,二更后阅放翁七律。三点睡,四更热甚,大汗,旋又少成寐。

附记

改毕各信稿　作刘碑　〇定车单

廿四日(余常梦浅水行舟,知为涉世艰难之兆)

早饭后清理文件。围棋一局,又观人一局。见客,坐见者二次。阅《乡饮酒礼》,至申初止。请金世兄便饭。饭后阅本日文件。申刻写对联九付。傍夕又与幕府久谈。夜核批札各稿甚多,二更后温小杜七律,又选苏、陆二家诗之可为对联句者。三点睡,三更后成寐,五更醒。余数十年来,常夜梦于小河浅水中行舟,动辄胶浅;间或于陆地村径中行舟,每自知为涉世艰难之兆。本夜则梦乘舟登山,其艰难又有甚于前此者,殊以为虑。

廿五日

早饭后清理文件。旋围棋二局,阅《乡饮酒礼》毕。中饭后阅本日文件,阅十二月邸钞,与幕府久谈,写沅弟信,添毛寄云信,共五百馀字,写对联九付,又与幕友一谈。夜核批札稿,添朱久香信一叶,二更后温杜公七律。四点睡,尚能成寐。

廿六日

早饭后清理文件。旋围棋一局,又观人一局。见客,坐见者一次,立见者一次。阅《乡饮酒仪》。中饭前与幕前[友]久谈。饭后阅本日文件,写寸大楷字二百。又至幕府将车单细核,为正月移营之用。写对联十付。见客,坐谈者一次。傍夕又与幕友久谈。夜又写楷字二百。前写二纸与鸿儿,二纸与叶甥,以作摹本。本日所写四纸,寄瑞侄、官侄各二纸。核批札各稿颇多。二更后温杜公及王右丞五言律诗。三点睡,五更醒。

廿七日

早饭后清理文件。见客一次,谈颇久。围棋一局,又观人一局。与幕友久谈,阅《乡射礼》,至申初毕。中饭后阅本日文件。申刻写对联七付、横披一幅,约百馀字。傍夕与幕友久谈。夜核批札各稿。是日接沅弟廿一日信,言十九、二十日接仗获胜,为之一慰。午初复信,并将密考式专人送去。夜核信稿颇多,二更后温《文选·蜀都赋》。三点睡,三更成寐,四更四点醒。

廿八日(念捻匪猖獗,大局难挽,百感交集)

早饭后清理文件。坐见之客一次,围棋一局,又观人一局,接沅弟信,知张总镇树珊于廿一日阵亡,伤悼忧灼,不能自已。旋写信于少泉,约六百字。阅《乡射礼》,申刻毕。与幕友久谈,阅本日文件,阅刘印渠为其父母行述,未毕。见客一次,谈颇久。夜将刘家《行述》阅毕,信盛德长者也。将作墓志,眼蒙不能起草。核批札各稿。二更后不能治事。念捻匪猖獗如此,大局竟难挽回,百感交集。三点睡,五更醒,在近日可为美睡。

廿九日

早饭后清理文件。坐见之客三次,路朝霖谈颇久,淮宁令璜之子也。围棋二局。天已晏矣,未看书;写添李次青信三叶。中饭后与幕府久谈,阅本日文件。将作刘太公墓碑,久来下笔。勒少仲新送笔五支试开,写二寸大行书二百馀字。傍夕与幕友久谈。夜写零字甚多,作墓碑仅数十字。文思艰涩之至,不知偶然机滞耶,抑衰老而心血已枯耶?二更三点睡,四更末醒。

卅日(知鄂抚署中五福堂焚烧,幸人口无恙)

早饭后清理文件。围棋一局,又观人一局。接沅弟廿六、七日两信,知鄂抚署中五福堂于廿二日黎明焚烧,幸人口无恙,上房无恙,然受惊不小矣。旋作墓碑,至夜二更止,约作六百字,尚未完毕。中饭后阅本日文件,至幕府畅谈,写大楷百字。剃头一次。傍夕又与幕府畅谈。夜写零字颇多,二更后核批札各稿。本年治军毫无成效,捻匪较去冬之势更盛,殊为焦灼。惟一年看书未甚间断,《三礼》略有所得。二更三点睡,四更四点醒。

# 卷十七 同治六年

## 正月

初一日(秦兵几于全军覆没)

五更三点起,率僚属拜牌,黎明礼毕。文武来贺,见客二十馀次,辰初毕。早饭后试笔,清理文件。至幕府贺喜。围棋一局,又观人一局。写楷书一百字,又作墓碑,至二更毕,约六百字,共千二百馀字。中饭,请幕友两席。未刻阅本日文件,见秦兵于十二月十八日大败,几于全军覆没,贼势日盛,深恐其渡河窜晋,震惊京师。申刻,写零字颇多。二更后,不复治事。三点睡,五更醒。两日内作文甚觉艰难,而本夜尚能成寐,较之昔年每作诗文彻夜不寐者,犹觉稍胜。

附记

书籍样　挽幛银寄任尊叔　科九侄贺礼

初二日(作文写字均以神完气足为最难)

早饭后清理文件。见客,坐见者一次,立见者一次。围棋二局。出门拜年,午初归。阅《乡射礼》,至未正止。中饭后阅本日文件。未正,写沅弟信,约六百字。申正,写对联三付、挽幛一付,将寄家中挽任尊叔者。与幕府一谈。傍夕,小睡。夜,核批札各稿。未申之间,坐见之客四次。二更后温韩文志铭,悟作文写字二者均以神完气足为最难。疲倦殊甚。三点睡,尚能成寐。

初三日(背诵《诗经》二十篇)

早饭后清理文件。围棋一局,又观人一局。写少泉信一件,阅《乡射礼》。见客,坐见者二次。中饭后至幕府一谈。阅本日文件。坐见之客一次。写对联九付、横披二幅,约二百字。至幕府一谈。小睡片稿(刻)。夜核批札信稿甚多。二更后,背诵《诗经》二十馀篇。三点睡,三更成寐,五更醒。

初四日

早饭后清理文件。围棋二局。阅《乡射礼》,因心中杂事甚多,看书全不能入。写澄弟信一封,料理专人回家之件。中饭后阅本日文件。与幕府久谈。写对联九付。新作书架八个,指示木匠一切琐事。傍夕小睡。夜核批札各稿颇多。二更后温苏诗七律。三点睡,四更四点醒,旋又小成寐。

附记

愚公寨举人李长仁,周口东北隅。十二月廿二夜,勋左营百馀人哗言贼至。

初五日

早饭后清理文件。围棋一局,又观人一局。见客,坐见者五次,立见者二次。收捡各件,明日启行赴徐,有须亲为料理者。中饭后,坐见之客一次,立见者一次。阅本日文件。与幕府久谈,旋又清捡各件。写高丽纸横幅一件,约百六十字。夜,略核各稿。温《古文·气势之属》。二更三点睡。天气严寒,又因傍夕微雪,颇以行路为虑。

初六日(自周口起行赴徐州)

早饭后自周口起行,天气阴寒作雪,行四十五里至李家集打茶尖。又行十八里至陈州府城,未正到。见客,坐见者一次,立见者二次。中饭后,至城外太昊伏牺陵庙。傍夕,清理文件。在舆中阅《乡射礼》。灯下,将张皋文之图一为核对。眼蒙,不耐细看。二更后,路朝霖来见,久谈。路大令璜之子,号访岩,年廿三岁,聪明异常,送余五排五十韵,英器也。三点睡,尚能成寐,五更二点醒。

初七日(刘霞仙被革职)

早饭后,自陈州起行,行廿五里至临蔡城打尖。见客,坐见者一次。又行十馀里,天气微雪,道涂泥泞,因改而坐车,行五十五里至安平塞住宿。共行八十里,路甚蛮,实不啻九十里。是处属鹿邑管。鹿邑杨令来见,一谈。清理文件。中顿无大米饭,即以饼为饭,近亦颇惯食饼矣。习字一纸,阅本日文件。夜阅《乡射礼》,将本日在舆中所阅之《乡射》批点一过,《燕礼》则未点。二更三点睡,不甚成寐。是日,接奉廷寄,因十二月十八日秦兵之败,霞仙革职。业经告病开缺之员,留办军务,致有此厄,宦途风波,真难测矣,然得回籍安处,脱然无累,犹为乱世居大位者不幸中之幸。

初八日

早饭后,自安平寨起行。天气放晴,路仍泥泞难行。行四十里至柘城县中饭。县令余锦淮,号妙泉,广东人,辛丑进士。公馆有一联云:"江左依然怀谢傅,淮西从此识裴公。"即该令所作也。又行三十里至扶湘城住宿,共七十里,实不啻八十矣。见客,坐见者二次。清理文件。与幕府一谈。在舆将《燕礼》阅毕,阅《大射礼》十叶。夜,围棋二局。阅批稿数件。二更后写零字甚多。三点睡,五更醒。

初九日(自扶湘城起行至麻姑堆打尖)

早饭后清理文件。自扶湘城起行,行三十里至麻姑堆打尖。旋又行三十里,未刻至归德府住宿。在舆中阅《大射仪》,又阅公牍五十馀件。中饭后,与幕府久谈,围棋二局。傍夕小睡。风雨严寒,天气愁惨。夜,又阅公牍二十馀件,将《燕礼》过笔数叶。二更后,眼蒙殊甚,不能治事。三点睡,五更醒。

附记

陈州府刘拱宸,号伯瑗。己亥甲辰。江西新昌。

袁绳武,号镜堂。捐班。直隶。

归德府王祺海,号观亭。癸卯甲辰。山东诸城。

淮宁县路璜,号渔宾。壬辰乙巳。贵州。

鹿邑县杨维宗,号雪峰。广东。

商邱县孙嘉臻,号芑堂。其父在商丘殉难。世袭云骑尉。闽县。

柘城县余锦淮,号妙泉。壬辰辛丑。宛平,原籍山阴。

初十日

因昨夜雨雪,本日早间雪未断,遂小住一日未行。早饭后清理文件。见客,坐见者一次。围棋二局。核批札稿数件。将《燕礼》批点,中饭后又批,灯后方批毕。未刻,至幕府久谈。阅本日文件。写沅弟信一封,约四百馀字。二更后,眼蒙,不复能治事。三点睡,四更四点醒,旋又小成寐。天气奇冷,为去冬所未有。

十一日(至虞城县闻喊冤之辞)

早饭后，自归德启程，雨雪纷纷。坐车行五十里。至王集寨小坐。旋又行二十里至虞城县住宿，未正即到，小车及挑子等则到甚迟。在车不能看小字书，将《古文·气势之属》阅一过。清理文件。申正，虞城县令胡叔珊在庭中嚷闹，有喊冤之辞。询之，则谓戈什哈贺献臣撕其衣服。问其仆，则云："尚未撕，但执其衣耳。"遍问巡捕等，皆云："贺献臣开酒席单，语言不顺，将单撕碎，而无撕衣之事。"余以初七日车夫投诉被贺献臣所打，两次皆戈什哈不应管之事，遂行棍责革去。夜阅《大射仪》，又阅《古文·辞赋类》，又阅本日文件，核批札稿数件。二更三点睡，三更后成寐，严寒异常。

十二日

早饭后，自虞城起行。因道涂泥泞，仅行三十五里，即在大阳集住宿。路蛮，亦近四十里矣。清理文件，写沅弟信一件。中饭后，与客围棋二局。是日，在舆中将《大射仪》阅毕，申刻批点数叶。各幕友来，久谈。夜又批点数叶。二更后，眼蒙殊甚，不复治事。是日，早饭后呕吐，旧有此疾，近久不发，竟日胸膈作恶。三点睡，五更醒。

十三日（砀山饥民竟夹道乞食）

早饭后，自大阳集起行，至小阳集二十里，小坐。旋又行三十五里，至砀山县住宿，未初到。清理文件。见客，坐见者一次。立见者二次。中饭后围棋二局，与幕友久谈。是日，在舆中阅《古文·辞赋类》。夜，将《大射仪》批点数叶。胸膈间尚作恶，是以本日吃饭较往日略少。砀山去年水灾，居民穷苦异常，饥饿老幼夹道乞食。有一僧名明亮者，募化施主，养饥民一百一十七名。因每人给钱一百，以答该僧之意，又另发钱十五千，分给各难民，盖杯水车薪耳。二更三点睡，屡醒，尚能成寐。

十四日

早饭后，自砀山县起行，行四十五里，至唐家寨打尖。尖后，又行四十五里，至郝家集住宿。名为九十里，实不啻百里矣。署萧县令周力城来见，又立见之客二次。少时曾读《子虚》《上林赋》，未甚成诵，年来好看汉赋，亦未熟读。是日，在舆中戏将《子虚赋》细读，居然能背诵四遍。酉刻，始到止宿之处。夜，清理文件后，又读《上林赋》一段。二更三点睡，三更后成寐，屡醒。

十五日（在舆中读《上林赋》，略能成诵）

早饭后，自郝家集行三十里，至郝家寨打尖。徐州道李眉生及郜守高令等在此迎接，与之久谈。又行二十里至王家闸，李少泉宫保在此，丁雨生、陈心泉等司道均在此迎候，坐谈少顷。又行二十里，申正至徐州府城，仍住考棚之内。见客，坐见者二次，立见者数次。中饭后，少泉来坐甚久，二更始去。清理文件。是日，在舆中读《上林赋》千馀字，略能成诵。少时所深以为难者，老年乃颇能之，非聪时进于昔时，乃由稍知其节奏气势与用意之所在，故略记之。然衰年读书，不数月亦必忘矣。二更三点睡，三更梦魇，旋又成寐，五更醒。

十六日

早饭后见客，立见者九次，坐见者四次，谈均颇久。摺差自京回，阅邸报、京信等。巳正，至云龙山拜少泉，久谈，便饭，未正归。又阅京信各件。与幕府久谈。坐见之客一次，立见者一次。阅本日文件。夜，将《上林赋》温习。因日间说话太多，疲乏殊甚。二更后，眉生来谈良久。四点睡，不甚成寐。

十七日（伤痛锡嵘在西安阵亡）

早饭后清理文件。见客，立见者五次，坐见者五次。围棋二局。出门拜客多家，均未拜会。归，又坐见之客一次，立见者一次。中饭后，与幕府一谈。阅本日文件，写纪泽信一件。见客三次。将《上林赋》读毕。傍夕小睡。夜核批札各稿。二更温《古文·辞赋类》。阅禀报，张敬堂编修锡嵘于初六日在西安阵亡，痛伤之至！四点睡，不甚成寐。

十八日

青花花卉山水图将军罐　清

早饭后，李少帅来久坐，午刻始去。清理文件。又坐见之客三次。中饭后，坐见之客二次。围棋二局。阅本日文件，核批札各稿。与幕友久谈。傍夕小睡。是日，出题三个：一题作小讲，一题作提比，一题作一段，令纪鸿儿与叶亭为之。夜，略加批改。二更三点睡，尚能成寐，五更二点醒，近日无此美睡。

十九日（少泉谆劝余回金陵久任江督）

早起。饭后清理文件。见客二次。围棋二局。巳刻，李少帅处送来江督及钦差关防二颗、盐政印信一颗，行拜阙拜印各礼。文武僚属来贺，坐见者二次，立见者十馀次。潘琴轩来，谈甚久。中饭后阅本日文件。又坐见之客二次。申初，少泉来久坐，灯后始去，谆劝余回金陵久任江督，言皆准情酌理。夜核批札信稿。二更后，核奏稿一件。三点睡，尚能成寐。

廿日

早饭后清理文件。见客，坐见者二次，立见者一次，丁雨生谈甚久。围棋二局。午刻出门，至少泉处，贺渠得湖广总督之喜，未刻归。中饭后见客，坐见者三次，立见者三次。阅本日文件。是日巳刻，改片稿一件。傍夕，与幕友长谈。夜核改片稿三件，核批札各稿、信稿多件。与少泉通信二次。二更三点睡，四更醒。

廿一日

早饭后清理文件。见客，立见者一次，坐见者三次。围棋二局。李眉生来久坐，午正始去。中饭后，坐见之客二次，谈颇久。阅本日文件，核各科稿件，未毕。与幕府久谈。傍夕小睡。夜，再核各科稿件。二更后，温《汉书》《邹阳传》《苏武传》《子虚》《上林》二赋。三点睡，四更末醒。

廿二日

早饭后清理文件。见客，坐见者三次，立见者三次。围棋二局。写沅弟信一件，阅《大射仪》，批点五叶。中饭后，至幕府一谈。见客，坐见者二次，立见者一次，丁雨生谈甚久。阅本日文件。又与幕友久谈。夜核批札各稿，核信稿甚多。二更后温《古文·识度之属》，朗诵数首。二更三点睡，三更二点成寐，五更二点醒。

廿三日（略教纪鸿及叶甥作文之法）

早饭后，清理文件。见客，坐见者一次，立见者一次。围棋二局。巳初，少泉来久谈，因便饭，申刻乃去。阅本日文件。与幕府畧谈。核批札各稿，写祭幛二付。傍夕小睡。夜核信稿。二更后，略教纪鸿及叶甥作文之法。接奉部文，李小泉授江苏巡抚而暂署楚督、刘韫斋授湖南巡抚、丁雨生授江苏藩司。从此诸事可以顺手，而沅弟亦得安其位，为之喜慰。二更四点睡，四更二点醒，五更微得假寐。

廿四日（是日神乏，诵诗气弱不能成声）

早饭后清理文件。见客，坐见者一次，立见者一次。围棋二局。出门至少泉、雨生两处一谈，未初归。中饭后见客，坐见者二次，立见者一次。阅本日文件，批纪鸿、叶甥之文，倦甚，不能改一字。是日说话较多，舌端蹇滞，精神困乏。与幕客谈二次。傍夕小睡。夜核科房各稿。二更后，温诵韩诗，气弱不能成声矣。三点睡，尚能成寐，五更醒。

廿五日(闻纪鸿喉病又发,颇以为虑)

早饭后见客,坐见者一次,立见者一次。清理文件。围棋二局,尚斋又来一谈。又坐见之客一次。阅邸报,见官相处分,仅不作楚督而已。公道全泯,亦殊可惧。阅《大射仪》。中饭后,与幕友一谈。阅本日文件。剃头一次。核科房批稿。傍夕,与幕中久谈。夜核改各信稿。二更后温杜、韩七古。闻纪鸿喉病又发,颇以为虑。三点睡,五更醒。

廿六日

早饭后清理文件。围棋二局。见客,坐见者二次。少泉来坐甚久。又坐见之客一次。中饭后,阅本日文件,写霞仙信一件、沅弟信一件,共七百馀字。见客,坐见者一次,立见者一次。傍夕,与吴挚甫久谈。夜改片稿二件,改信稿三件,核科房批札稿多件。二更后,温杜、韩七古。疲乏殊甚。洗澡下身。四点睡,五更醒。

廿七日

早饭后清理文件。见客,坐见者二次,立见者二次。围棋二局。又立见之客一次,坐见者一次。阅《大射仪》六叶。中饭后,清理文件。见客,坐见者二次。与幕府久谈。体中甚觉不适,不能治事。写祭幛二幅、对联数付。夜核批札各稿,二更后温杜诗五律。三点睡,三更后成寐。

廿八日

早饭后清理文件。见客,坐见者一次,立见者一次。围棋二局。丁雨生来久坐。阅《大射仪》。午正,请少泉便饭,申正始散,阅本日文件,灯初始毕。与幕府一谈。核批札各稿,习字一纸。写小信二次与少泉。二更后,又核公牍。三点睡,四更末醒,旋又微成寐。

廿九日(心中郁郁,常思解去要职,以免疑谤)

早饭后清理文件。见客,坐见者四次。围棋二局。将《大射仪》阅毕,又阅《聘礼》六叶,至未正毕。中饭后,阅本日文件甚多。丁雨生来谈甚久,与幕府一谈。核科房批札稿。傍夕小睡。夜,申夫自京回,与之久谈。二更后,核批稿信稿。四点睡,不甚成寐。心中郁郁,常思解去要职,以免疑谤。不觉梦魇,声粗非常,从人皆为惊起。自是竟夜不得安眠,殊自惭学养之未深耳。

## 二月

初一日

早饭后清理文件。围棋三局。见客,坐见者二次,立见者二次。阅《聘礼》。午初,李宫保来久坐,便饭,申刻去。阅本日文件。又坐见之客二次,立见者一次。又阅《聘礼》五叶。与幕友久谈。夜核批札各稿,二更后批叶甥文章,又核稿数件。三点睡,五更醒。

初二日

早饭后见客,坐见者一次,立见者二次。围棋二局。又见客,坐见者一次,立见者二次。出门至李宫保处送行,渠于明日赴豫也。归,午正见客二次,谈稍久。中饭后,又见客二次,李眉生谈甚久,阅本日文件。阅《聘礼》三叶。李宫保来久坐,凌筱南来一坐。又立见之客一次。傍夕,与幕府一谈。夜阅子密所为先人年谱,阅核批札各稿。二更后,疲倦殊甚。因本日说话太多。遂若衰颓不堪者,盖自此学问德业日见其退矣!三点睡,五更醒。

附记

〇沈随李〇何随沅〇祝回直

〇钟回齐〇三司月摺月评〇各局旬报

〇胡、萧祠二张请恤各片

初三日(至城外送少泉出师赴豫)

早饭后出门,至城外二里之段家庄送李少泉出师赴豫,巳刻归。清理文件。围棋二局。见客,坐见者二次,立见者二次。写沅弟信一件。中饭后阅本日文件。见客,坐见者二次,立见者二次。阅《聘礼》二叶,核批稿。又坐见之客二次。傍夕小睡。夜核科房稿件,与幕友一谈。二更后,核信稿四件。三点睡,三更后成寐。

初四日(与申夫、眉生谈最久)

早饭后清理文件。见客,坐见者三次。围棋二局。巳初,申夫、眉生先后来,谈最久,在此便饭,申初散。阅本日文件。又见客,坐见者一次,立见者二次。核批札各稿。傍夕小睡。夜又见客一次,核摺、片稿二件,核信稿数件。二更三点睡,是日说话太多,疲乏之至,幸尚能成寐。

初五日

早饭后清理文件。见客,坐见者三次,立见者四次。围棋二局。又坐见之客[原稿脱字]。写澄弟信一件,约四百字。阅《聘礼》。中饭后,申夫来久坐。又坐见之客一次,立见者一次。阅本日文件极多,近日所仅见。又阅《聘礼》。傍夕,与幕友一谈。小睡片刻。夜核科房批札稿,二更后温《古文·辞赋类》。三点睡,不甚成寐。

初六日(见敬堂之子,感念敬堂,弥增伤悼)

早饭后清理文件。张敬堂之子志敦与其师五河县贡生凌允熙来久谈。感念敬堂,弥增伤悼。围棋二局。见客,坐见者一次,立见者一次。阅《聘礼》。是日戏读《羽猎赋》,陆续读至一半,夜间颇能成诵。盖余近年最好扬、马、班、张之赋,未能回环朗诵,偶一诵读,如逢故人,易于熟洽。但衰年读书,未必能久记耳。中饭后,与幕府久谈。阅本日文件。又阅《聘礼》。坐见之客[原稿脱字]。核批札各稿。傍夕小睡。与挚甫谈文。夜核信稿二十馀件,温《古文·辞赋类》。二更三点睡,虽屡醒,尚幸成寐。

初七日

早饭后清理文件。见客,坐见者一次,立见者一次。围棋二局。又读《羽猎赋》,阅《仪礼·聘礼》。午初,申夫来久谈,便饭,申初去。阅本日文件。与幕府久谈。又温《羽猎赋》。傍夕小睡。夜核科房批札稿甚多。二更三点睡,五更醒。是日,将明日摺弁事料理,三摺、四片、四清单校阅完毕。申正,写对联六付。

初八日

早饭后清理文件。见客,立见者二次。围棋二局。改京信稿二件,约改五百余字。阅《聘礼》。中饭后,阅本日文件,又阅《聘礼》。李眉生来久坐。核批札稿二件。傍夕小睡。夜核科房稿件甚多。二更甚倦。是日,陆续将《羽猎赋》读毕,又读《长杨赋》一半,默诵二遍,小睡。三点睡,不甚成寐。

初九日(知家修整堂屋浩费,深为骇叹)

早饭后见客,坐见者一次,立见者一次。清理文件。围棋二局。读《长杨赋》一半,毕。阅《聘礼》,毕。阅《公食大夫礼》。中饭后,写少泉信一件,阅本日文件,坐见之客一次。写对联九付。傍夕小睡。夜,申夫来久谈。旋核科房批札各稿。二更三点睡,三更后成寐。是日,接腊月廿五日家信,知修整富厚堂屋宇用钱共七千串之多,不知何以浩费如此,深为骇叹!余生平以起屋买田为仕宦之恶习,誓不为之。不料奢靡若此,何颜见人!平日所说之话全不践言,可羞孰甚!屋既如此,以后诸事奢侈,不问可知。大官之家子弟,无不骄奢淫逸者,忧灼曷已!

初十日

早饭后清理文件。见客,坐见者一次,立见者一次。背诵《羽猎》《长杨》二赋。围棋二局。又坐见之客二次。阅《公食大夫礼》。中饭后,与幕府一谈,方子可恺来一谈。阅本日文件,又阅《公食大夫礼》,核批札各稿,核信稿二件。写对联八付。傍夕。与幕府一谈。夜核信稿数件。二更后,批叶甥与鸿儿之文。鸿因病,仅作一小讲而已。三点睡,五更醒。

十一日(恐鄂境久被蹂躏,沅将渐失民望)

早饭后清理文件。见客一次。围棋二局。又坐见之客二次,立见者一次。写沅弟信一件,约四百馀字。接少泉信,言任,赖复窜麻黄。恐鄂境久被蹂躏,沅将渐失民望,深为忧灼!午刻,申夫、眉生来久谈,申初始去。阅本日文件,添陈舫仙密信一叶。欧阳定果自湖北来一谈。核批札稿甚多,夜始核毕。将叶亭文批毕。酉刻,写对联五付。二更后眼蒙,不复能作事,欲核摺片各稿,竟不克为之矣。三点睡,幸尚成寐。

附记

李安邦营务处　牛广烈　邱心坦

叶荣管帐

十二日

早饭后清理文件。见客,坐见者一次,立见者一次,围棋二局。改摺稿一件,约三百字。午刻阅《公食大夫礼》。中饭后,与幕府久谈。阅本日文件,又改摺稿一件。核批札各稿,未毕,灯后始毕,酉刻,写对联七付。夜,又改片稿一件。读《解嘲》四分之一,因近日读书颇能背诵,拟择汉文之尤者多读熟数篇,以资讽味玩索之乐。惟老年记书,微觉头晕,或因治公事太多,不能兼营与?二更三点睡,五更醒。

十三日(辗转焦思,深叹高位之不易居)

早饭后,将《解嘲》读毕,此篇本平日最好者,故尤易于成诵。清理文件。见客,坐见者一次,立见者三次。围棋二局。写纪泽儿信一件。午刻阅《公食大夫礼》。至李眉生署内赴宴,申夫在坐,申刻归。阅本日文件。阅邸钞,见御史阿凌阿劾余骄妄,虽蒙圣谕鉴原解释。而群疑众谤,殊无自全之道,忧灼曷已!改片稿一件,约三百馀字。凌晓南来一谈。夜又改片稿一件,五百馀字。二更后,核批札各稿。三点睡,天气暖热,久不成寐。三更末始成寐,五更即醒。念沅弟屡被朝旨诘责,而贼复蹂躏鄂省,久不出境,左右又无人赞助,所处殆如坐针毡。霞仙、云仙皆见讥于清议,而余又迭被台谏纠劾,进退两难,辗转焦思,深叹高位之不易居耳!

十四日(粗读《仪礼》毕,明儒穷此书者绝少)

早饭后清理文件。见客一次。围棋二局。阅《公食大夫记[礼]》,阅《觐礼》,至未正阅毕。自去年九月廿一日始读《仪礼》,至是粗毕。老年能治此经,虽嫌其晚,犹胜于终不措意者。昔张蒿庵三十而读《仪礼》,至五十九岁而通此经,为国朝有数大儒。余今五十七岁略通此经,稍增炳烛之明。惟蒿庵以前,明儒穷《仪礼》者绝少,能于荆棘荒芜之中独辟康庄,斯为大难。余生本朝经学昌明之后,穷此经者不下数十人,有蒿庵之句读、张皋文之图,康庄共由之道而又有人以扶掖之,则从事甚易矣。阅本日文件,发报三摺、六片,写对联六付。坐见之客一次。与幕友一谈。夜核批札稿。倦困殊甚。盖因昨日治事太多,夜未安眠,本日又用心稍过,遂觉衰惫不堪。二更三点睡,五更醒。

十五日

早饭后,眉生来久坐。清理文件。围棋二局。方元徵来一坐。写沅弟信一封。与幕府一谈。中饭后,出门至各处辞行,申初归。阅本日文件。清理积牍,核批札信稿多件,以明日将起行也。酉刻,坐见之客一次。傍夕,与幕友之谈。夜又核信稿数件,二更后批鸿儿、叶亭文稿。困乏殊甚,三点睡,一梦似佳。四更醒,旋又稍稍成寐。

十六日(子弟文理浅谬,余悔昔日未认真查察)

早饭后,自徐州起行,五十里至柳泉驿打尖。见客二次。中饭后,又行三十五里至利国驿打茶尖。见客一次。又行十二里至韩庄登舟。见客,坐见者三次,立见者八次。是日,在舆中背诵《诗经》,其记不确者则翻书一对,至《秦风》末。登舟后,又温诵至《豳风》末。清理文件。夜饭后,申夫、眉生来久谈,至二更三点始散,接家信,内有泽儿责鸿儿之信。余深用为忧。子弟文理浅谬如此,将为远近所笑,悔从前数年未认真查察也[上三句,石印本删去。据台湾本增补]。睡后,久不成寐,因与申、眉说话太多之故。三更末略成寐,五更初醒。

十七日

早饭后清理文件。见客,坐见者二次,立见者二次。开船,行八十三里至台庄小泊。见客,坐见者一次,立见者三次。旋又行三十五里至夹口泊宿。风暴大作,舟中昏暗,幸河小无大浪耳。辰正,围棋二局。巳刻温《小雅》。至二更后,温不能成诵处颇多,勉强记之。至二更二点后,疲乏极矣。三点睡,幸能酣寝,五更醒。

十八日

早饭后开船,行二十里至滩上,稍一停泊。见客一次。旋又开船行三里许,大风,不能复行,遂在此泊宿。竟日狂风,至四更始息,辰刻清理文件,旋将《小雅》背诵一遍。午初,申夫来久谈,共饭,未正始去。与客围棋二局。剃头一次。阅本日文件极多。酉正,温《文王之什》,灯后毕。核批札稿颇多,二更二点粗毕。三点睡,不甚成寐。

十九日(闻澄弟之孙元五殇亡,忧系之至)

早饭后开船,风不顺而微,下水扯纤。傍夕,至九龙庙以下湾泊,距宿迁尚近二十里。是日,行百二十馀里。辰刻背诵《诗经》,清理文件。旋围棋三局。巳正温《诗经》《生民之什》《荡之什》二十一篇,至酉初始熟,盖后半弥生矣。午刻,坐见之客一次,立见者一次。酉刻,坐见之客一次,立见者一次。接沅弟信,闻澄弟之孙元五于二月一日殇亡,忧系之至。家中人口不旺,又子弟读书全无法脉,深以为虑。夜,搬移一船,因至鸿儿等船上教以读书之法。旋归新移之船。申夫来久谈,二更四点始去。睡后梦魇,因说话太多也。尚能成寐。

附记

八本　八理　八情　八正　八疑

八德　八气　八趣　八哀　八滞

廿日(念余自北征以来,亲见民不聊生。更惭家奢)

早饭后开船,风仍不顺,扯下水纤行数里,风雨交作,不复能行,遂在此泊宿,距宿迁仍欠八九里许。辰刻,见客二次。背诵《大雅》三十一篇,旋温《周颂》三十一篇。午刻,围棋二局。中饭后,温《鲁颂》《商颂》,申刻毕。自二十岁后未尝背诵经书,老年将此经背诵一过,亦颇有温故知新之味。申夫来久谈,论吏治以听断、催科、缉捕三者为要务。傍夕,殴阳健飞来,谈及民间苦况。因念余自北征以来,经行数千里,除兖州略好外,其馀目之所见,几无一人面无饥色,无一人身有完衣,忝为数省军民之司命,忧愧实深。又除未破之城外,乡间无一完整之屋,而余家修葺屋宇用费数千金,尤为惭悚。夜核批札稿甚多。二更后,疲乏殊甚。三点睡,甚能成寐。

廿一日(石赞清由湖南藩司内召为太常寺卿)

早饭后清理文件。开船行四十里,午刻遇同年石襄臣赞清之船,渠由湖南藩司内召为太常寺卿，从此北上也。渠来船拜会，余往回拜，鬯谈时许。未刻复开船，行五十馀里，酉刻至众兴集驻泊。辰巳间，将《诗经》选八十篇，分为十种，每种八篇，以便讽咏玩味。午刻写沅弟信一封。中饭后，点诵《诗经》数十篇，核批札各稿。酉刻，坐见之客三次，立见者二次。傍夕，申夫来久谈。旋阅本日文件。二更后，又核批札稿，未毕。三点睡，尚能成寐。

廿二日

早饭后，登岸往看桃源防务，往返约六十里。先看成子河长圩，圩约十里，余看六里许，至南寨门止。去时由圩外行，回时由圩内行，至北寨门茶尖。出圩后，由奶奶庙旧路回。看五堤头长圩，圩约五里许，北抵运河南岸，南抵黄河南岸。成子河圩北抵卜家湖，南抵洪泽湖。午正回船。见客，坐见者二次。中饭后开船，灯时至杨家庄。途次，坐见之客三次，立见者一次。申酉间，核批札稿甚多，阅本日文件。未刻围棋二局。夜，张子青漕帅来迎，一谈。又坐见之客二次。立见者一次，已二更二点矣。将鸿儿、叶甥文略批。三点睡，劳乏殊甚。

二十三日（接信知泽儿生一女）

早饭后见客，坐见者一次，立见者一次。旋由杨庄登岸，行二十里至清江浦。先后拜钱楞仙、钱苕甫，皆久谈一时许。午初，至张子青署内中饭。饭后，至其西荷舫书院一坐，久谈。该处养四鹤，饲之以鱼，貌甚闲逸。申初散。至普应寺小坐。盖余登岸时，坐船即由杨庄下惠济、通济等闸，故在此小息，以候船到。旋至欧阳镇署内一坐。酉正登舟。见客，坐见者五次，立见者五次。灯时，吴竹如来久谈。渠于五年三月由户部侍郎告病开缺，寄居山东诸城，至是将回居江南也。又坐见之客一次。二更后阅本日文件。三点后睡，三更后稍稍成寐。接沅弟信，报泽儿于正月廿六早子时生女。泽儿自报之信，已于昨日接到矣。

廿四日

早饭后见客，坐见者三次，立见者六次。自清江开船，行三十馀里，巳末湾泊于淮安府城之南。围棋二局。见客，坐见者五次，立见者二次。中饭后清理文件。竹如来久谈，自未初至灯后方去。又坐见之客二次。核批札各稿，阅本日文件。二更三点睡，科房稿未核毕。睡后，尚能成寐。

廿五日（竹如七十五而精神强固，余则甚倦）

早饭后见客二次。开船行四十里，至宝应之下停泊。见客，坐见者三次，立见者二次，围棋二局。阅《潘四农全集》，八股最胜，诗次之，古文次之。中饭后，至竹如船上一坐。又开船行七十里，至马棚湾之上十里许湾泊。写纪泽信一封，核批札各稿。酉刻，坐见之客一次。傍夕，竹如来久谈。将二更时，申夫又来。因令二客对谈，而余自阅本日文件。三点时，客去即睡。竹如年七十五而精神强固，娓娓不倦，余则疲乏甚矣。是日未申间，将《仪礼》诂训钞记数条。

二十六日

早饭后清理文件。逆风甚大，勉强行十里至马棚湾，将出高邮湖内以行，风大不能去，即在此湾泊。去年六月廿九日清水潭决口，路马棚湾十里。程敬之观察国熙承修此工，于十月廿二日兴工，十二月初九日合龙，凡修运河西堤四百丈，实做埽工二百九十丈，余坐轿至该处验工。由西堤行走东堤，工程仅及三分之一，尚有深塘埽工未做，余始得见挂缆进占之法。阅毕，即在敬之处便饭，未刻回船。得[在]工次见客七次，坐见者三次，丁雨生来久谈。核批札各稿，未毕。阅本日文件，毕。傍夕，至竹如翁船上一谈。夜核批札稿极多，二更四点粗毕。睡后，不甚成寐。

二十七日（知有言官劾弟收馈送三千金之事，尤虑）

早饭后清理文件。见客，坐见者二次。大风，不能开船，仍在马棚湾守风一日。围棋二局。将《仪礼》诂训杂录二十馀条，申刻毕。巳刻，接少荃廿二日咨，知彭杏南十三营于十八日在黄州之六神口败挫，忧系之至。急作书与沅弟，稍慰安之。中饭后，接沅弟十七日信，知有言官劾弟收馈送三千金之事，尤为廑虑，再加写一片。未刻，坐见客一次，立见一次。阅本日文件，核批札各稿，未毕。竹如来久谈，说理论事皆中肯要，论及沅劾官相之事，渠不以为非也。灯后去，又核批札各稿，二更三点始毕。睡尚成寐。

二十八日（沅弟久处顺境，今忽遭败。不知能自持否）

早饭后清理文件。是日逆风尤大，守风一日，不能开船。见客，坐见者一次，立见者二次。围棋二局。将《仪礼》诂训杂钞十馀条。中饭后，申夫来谈二次，程敬之来谈一次，又立见之客二次。阅本日文件。核批札稿，未毕。酉刻，接沅弟十九日二信，知十八日又系大败，与去年十二月初六郭松林之败几同，表弟彭杏南暨葛承霖等阵亡。亲邻中在该军者甚多，想伤亡不知凡几。沅弟久处顺境，今忽处此非常拂逆之遭，不知能自持否，实深忧灼！捻势日盛，家国同患。灯后，与儿辈一谈，旋又核札咨，批信各稿，二更四点粗毕。睡后，虑及湖北事，竟夕不甚成寐。稍寐，辄即惊醒，有似怔忡者然。

附记

金信订陈〇招刘、朱来

江西练兵〇请少入鄂

〇张、朱对调〇质堂北征

练兵助鄂

二十九日

早饭后，发万寿本章，清理文件。见客二次。转西北风，开船出高邮湖，行三十里至高邮州。在湖中围棋三局。写少泉信一封。黄昌岐军门来见，又坐见之客三次。昌岐在此中饭。饭后又开船，行六十六里至邵伯镇泊宿。写沅弟信一封。行船时，见客四次，阅潘四农《李杜诗话》，钞《仪礼》诂训类记，至傍夕毕。见客，坐见者六次，立见者六次，皆自扬州、金陵来迎接者，至一更五点始休。接沅弟二十日信，忧危之状可虑，而字迹尚有精神。二更后，疲乏殊甚，不能治事，因昨夕未得熟睡也。三点睡，尚能成寐。

三十日（念湖北之贼恐难退出。忧灼之至）

早饭后，自邵伯开船，辰末至扬州。在舟见客三次，清理文件，又写沅弟信一叶。在扬见客，坐见者五次，立见者五次。派贺胜臣坐轮船至黄州看沅弟，稍慰其焦灼之怀。中饭后，出门拜客，会者二家，申刻归。又坐见之客六次，立见之客六次。舌强，不能说话，遂不复见客。阅本日文件。黄昌岐来一坐。夜阅本日文件，核科房各稿甚多，二更四点始毕。睡后，念湖北之贼恐难退出，祸无已时，忧灼之至。三更后成寐。

## 三月

初一日（至丁雨生家看藏书，其富申于江苏之绅）早饭后清理文件。见客二次。出门至官秀帅船上拜会，巳刻归。坐见之客六次，立见者一次。围棋二局。午初，至厉伯苻家一叙。午正，至丁雨生家吃饭。饭后，看渠所藏书。其富甲于江苏之官绅，最精者有宋刻世彩堂韩文、《东都事略》等书，渠欲以之饷余。余素不夺人之好，因取其次等者如明刻《内经》、东雅堂韩文、《笠泽丛书》三种，携之以归。酉刻，见客二次，均久谈。夜，黄吕岐在此便饭。阅本日文件，添舫仙信三叶，核批札稿，至二更三点未毕。是日，大雨严寒，自

廿九日过湖，雪雹，至是凝寒三日矣。睡，尚能成寐，五更三点乃睡[醒]。

初二日(行至新河，昔日荒江已为廛市楼阁)

早饭后，坐见之客二次，谈甚久。旋开船，因河窄船大，倒退以行。行七里许然后顺行，用小轮船拖带，未初至瓜洲。坐见之客三次，立见者三次。巳刻围棋二局。写沅弟信一封。中饭后，坐船至新河，看瓜栈及河堤、东坞、西坞。余三年二月至此议挖新河、设立瓜栈以过掣之地，其时尚是荒江寂寞之滨，今则廛市楼阁，千樯林立矣。舟去舆归，傍夕回船，往返约十八九里。又坐见之客二次。阅本日文件。申夫来久坐，二更三点始去。睡，三更后成寐，四更大汗，五更又成寐片刻许。

初三日

早饭后清理文件。见客二次，又坐见之客三次。围棋二局。午刻，李质堂来坐甚久，未正始去。逆风竟日，不能出瓜口溯江上行。登岸小步。核批札各稿甚多。酉刻，坐见之客二次。灯后，黄昌歧来一坐。夜接沅弟二十四日信，旋写复信一件。闻扬州、镇江均有轮船信局，二日可达湖北，因试在此寄去。二更后，读韩诗五古。三点睡，尚能成寐。

初四日

早饭后见客一次。清理文件。逆风甚大，不能开船溯江上行。又坐见之客三次。围棋二局。钞《仪礼雅训》二十馀条，约八百馀字，中饭后毕。守风太久，心绪不宁，因命火轮船拖带。申初开行，酉正至仪征泊宿。在舟习字一纸，读《离骚》百句，夜又读百句，均能背诵。写李少泉信一封。傍夕，坐见之客一次，立见者三次。二更三点睡，四更醒。出汗，天气已暖，非病也。

初五日

黎明，自仪征开船，行百四十里，申初至下关，申正至旱西门泊宿。在下关见司道。在旱西门，坐见之客八次，立见之客六次。早饭后，又诵《离骚》六十句。昔年本未成诵之书，勉强记诵，殊为吃力，心怔头眩，遂不复读之。习字一纸。中饭后，钞《仪礼雅训杂记》。夜，疲倦殊甚，不能治事，写零字百馀。二更三点睡，尚能成寐。

初六日(由水西门进城，民间以香烛爆竹迎接)

卯正，自旱西门登岸，由水西门进城。民间家家香烛爆竹迎接，殊觉内愧。至公馆见客，坐见者十一次，立见者三次。说话太多，舌强而津干，深以为苦。中饭后，又坐见之客三次，立见者一次。清理文件。诵《离骚》七十句，虽头目晕眩，而业已读熟大半，不能止也。傍夕小睡。夜，阅本日文件。二更后，因目疼不敢治事。三点睡，三更后成寐。

初七日(老年读生书成诵，稍补少壮之缺陷，亦一乐)

早饭后清理文件。见客，坐见者八次，立见者十一次。疲乏殊甚，围棋二局。诵《离骚》三十馀句，凡《离骚》三百二十四句诵毕。老年读生书成诵，稍补少壮之缺陷，亦一乐也。中饭后见客，坐见者二次，立见者二次，李季荃谈极久。疲乏殊甚。剃头一次。写澄弟信一件。傍夕小睡。夜核批札稿。日内积压科房稿件甚多，仅能核判十分之一。二更后朗诵《离骚》。目光不复能办公事，诵书聊省目力耳。三点睡，幸能成寐。

初八日

早饭后清理文件。摺差自京归，阅京信京报等件。见客，坐见者六次，立见者六次。巳正，彭雪琴宫保来久坐，又坐见之客二次。中饭后，李小湖、周缦云、陈虎臣三人先后来久坐。围棋二局。疲倦殊甚，小息片刻。旋核批札各稿。傍夕小睡。夜又核科房各稿至二更三点，仅核十分之四。睡不甚成寐。是日卯刻，背诵《离骚》一遍。

初九日(至湖南会馆，观方子恺所为大地球)

早饭后清理文件。见客，立见者八次，每次十馀人，皆佐杂及武职等；坐见之客一次。

围棋二局。彭雪琴来一坐。因与同至湖南会馆，观方子恺所为大地球，周览馆中各屋。旋至李少泉署中，与季泉一谈，并见其太夫人及诸后辈。又至雪琴船上一谈，午末归。中饭后见客，坐见者四次，立见者二次。阅初一至初五日文件，皆包封至途次而又折回者，直至夜二更始得阅毕。傍夕，小睡片刻。二更后翻阅《四书》。因明日考书院，久不理八股故业，故出题须略审慎。读宋玉《九辩》三章。三点睡。

附记

革吟差　慰梁忧　勖澄讼　勉春忠

太湖章　江西章　写绫幅

初十日

早饭后清理文件。见客，坐见者一次，立见者四次。围棋二局。出门拜客，会者四家。至朝天宫看新修文庙，午正回署。中饭后，吴竹如来久坐，申正始去。又坐见之客一次，立见者三次。习字一纸，阅本日文件，核科房各稿。傍夕小睡。夜又核科房各稿，二更二点粗毕。温韩诗七古。三点睡。

十一日（至城北拜将军及友朋）

早饭后清理文件。见客，坐见者三次，立见者三次。围棋二局。巳正出门，至城北拜将军，旋拜李小湖，又亲拜之客数家。未正归。中饭后，李雨亭来久坐。习字一纸，阅本日文件甚多。疲倦殊甚，未能核批札信稿。傍夕小睡。夜核科房稿甚多，半月内积压之件，至是打发净矣。二更后朗诵《离骚》。三点睡，三更后成寐。

十二日

早饭后清理文件。见客，坐见者四次，立见者二次。请庞省三、倪豹岑来阅书院甄别之文。巳正出门，至陈虎臣家拜寿，其母九十生日也。又拜客，会者二家，亲拜五家，未正归。中饭后，与豹岑等畅谈。李壬叔等来久谈。是日早间，贺胜臣自鄂归，闻沅弟体气尚好，民望未减，为之一慰。巳刻围棋二局。申刻写沅弟信一件，约五百馀字，核科房批札稿。傍夕小睡。夜又核批札稿，至二更三点后，疲乏极矣，尚未核毕。三点睡，幸能成寐。

十三日

早饭后清理文件。见客，坐见者二次，立见者二次。围棋二局。习字一纸，核信稿三件。疲倦殊甚，不能多治事。中饭后，见客三次，坐谈颇久。阅本日文件，核批札信稿，内刘韫斋、丁雨生各信沉吟良久。傍夕小睡。夜核科房批札稿，至二更三点未毕，尚馀三分之二。是夜，不甚成寐。

十四日（念两儿与诸侄体弱，颇悬系）

早饭后清理文件。见客，坐见者三次。围棋二局。核昨日科房批札稿，又核信稿二件。午刻，坐见之客二次。中饭后，与各阅卷者久谈。阅本日文件。周缦云来久谈。申正核批札稿甚多，至酉正三刻毕。傍夕小睡。夜改复鲍春霆信稿，至二更二点毕。鸿儿于初八九作三文一诗，十一二作经文五篇，本日作策三道。夜间腰疼头疼，如站立不稳者，因命其不必再作。又闻其日间不能吃饭，殊深忧灼。睡后，久不成寐。念两儿与诸侄体气皆弱，悬系之至。四更略睡，旋即醒。

十五日（出城迎刘韫斋中丞）

黎明，至文庙拈香，行三跪九叩礼。归，早饭后请李小湖、周缦云来书院课卷。与之久谈。清理文件。围棋二局。时至外间与诸君商定各卷。午刻核信稿数件。请小湖诸君小宴，未初散。昨日派轮船至瓜州接刘韫斋中丞，未刻出城迎接，申初同入吾署久谈，至酉正方散，即在署斋便饭。旋阅本日文件。傍夕小睡。夜核批札各稿。二更三点睡，三更三点成寐。

十六日

早饭后清理文件。见客,坐见者四次。围棋三局。又坐见之客一次,立见者一次。核信稿二件,未毕。请刘韫斋中丞小宴,未刻毕。阅本日文件甚多。纪鸿昨日睡不能起,本日服参、蓍、术、附等药,壮热大作,舌有芒刺。乃知前夕之病非仅因作经策太劳也,实有外感伏于其中。接涂阆仙、石芾南先后来症诊,略带疫症,尚不重耳。核李幼泉信稿,未毕,灯后始毕。又核科房各稿,二更后未毕。疲乏已极,不复能治事矣。三点睡,劳乏之馀,不甚能酣眠。

十七日

早饭后清理文件。见客一次。围棋二局。又坐见之客一次。出门至船上拜刘韫斋,久谈,巳正归。吴竹如来看鸿儿病,因在此中饭,谈至申正方去。阅本日文件。酉刻至幕府一谈。小睡片刻。夜核批稿,至二更三点未毕。三点睡,尚能成寐。

十八日(纪鸿病日重)

早饭后清理文件。见客,坐见者三次,立见者一次。辰正出门,至钟山书院送诸生上学。旋至风池书院一看,将留为竹如住眷属之地。又至缦云宅中,送尊经书院诸生上学,午初三刻归。围棋二局。中饭后,竹如来久谈,至申初始散。写纪泽信一封,写沅弟信一封,阅本日文件,核科房批稿。傍夕料理医药等事。夜又核批札各稿,二更毕。核摺稿一件。纪鸿之病是日加重,竹如以犀角、生地治之。傍夕,谵语壮热。夜服药二次,热微减而舌有芒刺。盖初病由于虚弱之症,用心太过,十六日误服参、蓍、术、附,遂致邪热日盛。深为焦灼!

十九日(鸿儿痘多而重,余至窗下听其无恙,少慰)

早饭后清理文件。见客,坐见者一次。围棋二局。刘伯山等来久谈。巳刻,请竹如来看鸿儿。遍身疹子发得极满,大便亦通。而壮热不退,舌苔不减。竹如谓须服石膏,因强令服一帖。李小湖来一谈。中饭后,韫斋来一谈。有一湘潭刘姓医来诊鸿儿之病,非疹也,痘也。余闻之尤为忧灼,盖悔此四日半之药无一不错也。旋请一老痘科刘叟来诊,果痘也。遍身无一隙地,舌上、喉中、发际皆有,各客纷纷来看。阅本日文件,粗粗一过。乃打扫屋宇,择花园中厅净室敬奉痘神。傍夕沐浴,灯后拈香行礼。核批札各稿,二更后写李少泉信一件。是日巳初习字一纸。申刻核片稿一件。二更三点睡。念鸿儿年已二十,体气素弱,此次错服诸药,痘多而重,竟夕不能成寐。四更后,至其窗下潜听,气息尚匀,为之少慰。

二十日(泽儿作诗力学义山,而崛强处颇似山谷)

客。早饭后清理文件。鸿儿之痘甚险,而尤可虑者在咽喉不能进饮食。盖一则毒火冲塞喉嗝间,二则舌上、喉内痘颗甚多,三则平日虚火,喉间双蛾多痰,此际蛾愈大而痰愈壅,以致药水难入,本日刘叟所开之药方,午刻灌入六匙。未刻,强服米汤半茶碗,咽喉微有疏通之意。酉刻,吃黄松鱼及鸭翅掌汤一茶碗,灯后又服米汤半茶碗,二更后吃干饭一杯,由是喉关稍通,渐渐有生机矣。早间痘色尚暗。午后渐觉红润,及至灯初,面上之暗而低者亦有起色,阖署为之稍慰。余竟日未甚治事。辰正、未正、共围棋四局。巳初习字一纸。未初阅本日文件。酉刻见客一次,核批札各稿,均草草了事,馀则绕室

青花福字盘　清

傍徨而已。巳刻发报二摺、五片。申刻接澄弟及纪泽信。泽儿寄七律十五首,力学义山,而单行崛强处亦颇似山谷。二更三点睡,三更三点成寐,五更醒。

二十一日

早饭后清理文件。见客,坐见者二次,立见者二次。围棋二局。出城至船上送刘韫斋。归,又见客三次,陈作梅谈甚久。习字一纸。中饭后至幕府一谈,阅本日文件。申正核批札各稿。傍夕小睡。夜温诵《离骚》及扬、马各赋。二更三点睡,五更始醒。鸿儿之痘,是日大有转机,自黎明至三更,凡吃饭一次,吃米汤三次,吃黄松鱼鸭翅汤二次,吃肉汤一次,吃药二次。前数次尚喉间疼痛,后数次渐觉其易。痘色一律红润饱满,已有五六分可靠。盖全赖神佑,非由人力,钦感无已。

二十三[二]日

早饭后清理文件。见客,坐见者一次,立见者一次。围棋二局。又坐见之客三次。中饭后至幕府一谈,写沅弟信一件、纪泽信一件,阅本日文件。申正核科房批稿。傍夕,黄军门来一谈。夜将《仪礼雅训杂记》录毕。是日,鸿儿痘症与昨日相似,渐渐灌浆。凡吃药一次,吃鱼汤一次、肉汤二次、米汤五次。色俱红润。余以二更三点睡,三更后成寐。

二十三日(鸿儿痘已灌浆四五分)

是日恭逢皇上万寿,寅初起,至贡院拜牌,寅正一刻行礼。贡院新添号舍二千八百间,因与司道同去查视一过,卯初二刻归。饭后清理文件。围棋二局。习字一纸。李雨亭来畅谈。午刻核信稿数件,中饭后又核二件。阅本日文件。申正核批札各稿。未正阅《五礼通考》中《飨燕礼》十叶。傍夕,小睡片刻。夜又核批札各稿。二更后温《古文·气势之属》。三点睡,甚能成寐,五更醒。是日,鸿儿之痘甚为稳顺,凡吃米汤四次,每次三茶碗,肉汤、鸽子汤四次,药一次,燕窝两次。各痘灌浆四五分,色俱红润。

二十四日(鸿儿痘症尚属平顺)

早饭后清理文件。见客,坐见者三次。围棋二局。习字一纸。午刻核改信稿二件,阅《五礼通考》中《飨礼》。又立见之客二次。中饭后,见幕府,一谈。阅本日文件,阅《昏礼》汉以后二十叶,核批札各稿。赵元青来一谈。傍夕小睡。夜核批札稿。昨日考惜阴书院诗赋经解,本日将各卷略一翻阅,凡翻百馀卷。二更后,温《古文·辞赋类》。三点睡,是日,鸿儿痘症尚属平顺。惟灌浆不甚饱满,又大便二次。医者以为不宜。凡吃米汤五次、肉汤四次、燕窝三次、药一次。胸中烦躁,不愿盖被,虽由天气本热,究因阴虚发躁耳,殊以为虑。

二十五日

早饭后见客,坐见者三次,衙门期也。清理文件。围棋二局。习字一纸。又坐见之客二次。午刻核信稿二件。中饭后至幕府久谈。阅本日文件。申正核批札各稿。又坐见之客一次。阅《昏礼》隋唐,未毕。傍夕小睡。夜核批札稿,阅《今体诗选》。二更三点睡,屡醒,不甚成寐。是日鸿儿痘症甚顺,吃粥五次,每次四茶碗,凡二十碗;燕窝三次,肉汤二次,每次半碗许;吃药一次,内有大参一钱及黄蓍,熟地等味。九日已满,余之忧系少释。惟日内未接鄂信,深为系念。

二十六日(朱星槛自临淮来,与之久谈)

早饭后见客,坐见者二次,立见者一次,围棋二局,清理文件。黎福保来,携其尊人樾乔侍御新刻诗集,与之久谈。客去,阅其诗数十首。习字一纸。午刻核信稿二件。中饭后,至幕府畧谈。旋坐见之客二次。阅本日文件。剃头一次。朱星槛自临淮来,与之久谈。核批礼咨稿。傍夕小睡。夜看《五礼通考·唐昏礼》,未毕。二更后温《古文·传志类》。三点睡。是日,鸿儿痘症甚为顺适,头面业已结痂,身上尚有灌浆者。吃粥四次,每次多少不等，燕窝、肉汤及补药与昨日同，已能嚼精肉，目光能开视矣。

二十七日

早饭后清理文件。见客，立见者一次，坐见者二次。围棋一局。又坐见之客三次，陈虎臣等坐甚久。习字一纸。午刻核信稿二件。又坐见之客一次。中饭后，至幕府一谈。旋阅本日文件。申刻核批札咨稿。庞省三来久坐。旋阅《昏礼》。傍夕小睡。夜阅《昏礼》隋唐毕。二更后，疲乏殊甚，不能治事。三点睡，甚能成寐。鸿儿痘症顺畅如常。是日食粥四次，每次五六碗不等，食肉汤、燕窝、补药均与昨二日同。

二十八日（派人至鄂看鲍军门之病）

早饭后清理文件。围棋二局。见客，立见者二次，习字一纸。接少泉信，内有宋国永等公禀，知鲍军门受病甚重，焦虑之至。核信稿数件。中饭后至幕府一谈，阅本日文件。申刻见客一次。核批札信稿多件。近日因忧煎太过，左下腭壮齿疼甚。酉正后，久睡大半时许。午刻及申刻，写沅弟及纪泽儿信二件。夜料理各信，将派人至鄂看鲍军门之病。二更后温东坡七古。三点睡，是日，鸿儿痘症平顺如常。食粥四次，凡二十碗，燕窝比昨日减一次，未服人参，换以洋参，肉汤、鸭汤均能食其精者，痘痂亦落十之一二。此次由至险而得至安，实初意所不到。一则赖痘神佑助，一则刘叟之老练精慎，叶亭之劳苦维持，均难得也。

二十九日（料理调娄云庆及专人至湖北各函牍）

早饭后见客，坐见者二次。清理文件。围棋二局。又立见之客一次，坐见者一次。写李少泉信四叶。料理调娄云庆及专人至湖北各函牍。中饭后至幕府一谈。坐见之客一次。习字半纸，阅本日文件。申刻会客二次，谈均甚久。核批札咨稿。牙疼殊甚，傍夕小睡。夜倦甚，不能治事，略看《刘随州集》。二更后小睡，三点果睡，竟夕熟寐。是日，鸿儿痘症平安，所食诸物与昨日同。

## 四月

初一日

早间，谢绝诸客。饭后清理文件，习字半纸。围棋二局。请缦云及诸君阅敬敷书院卷，与谈颇久。阅《昏礼》二十叶，至申刻毕。午刻，坐见之客一次。核信稿五件。中饭后，与阅卷诸君久谈，与幕府一谈，阅本日文件。申正阅核批札奏咨稿。倦甚，小睡，傍夕又睡。夜温《古文·辞赋类》。精神不振，二更后不复治事。三点睡，是日，鸿儿痘症平顺，所食诸物与昨日同，但改食干饭四顿耳。

初二日

早饭后清理文件。见客，坐见者三次，立见者一次。围棋二纸[局]。习字半纸。余近习字非求字佳。老年手指硬拙，有如姜芽，借古帖使运动稍活耳。季君梅来久坐。省三等来阅卷，与之久谈。李小湖代看惜阴书院课卷毕，余稍一翻阅。阅《五礼通考》中《昏礼》毕，陪阅卷者周、庞、倪诸公中饭。饭后，久谈。阅本日文件。李雨人来久坐。核科房批札各稿。将《五礼通考》近日所阅二册题识书面。傍夕小睡。夜将《九辩》末一首读熟。《文选》仅选前五首，余前亦仅熟前五首，兹添读末首，其六、七、八三首则不读之矣。二更三点睡，不甚成寐。鸿儿痘症平安如昨三日，唯业已十八日，尚不能起床坐立，盖其病极重，幸而医治得法耳。

初三日（今小民皆食草根，余骄奢若此，惭愧）

早饭后，坐见之客二次，立见者一次。清理文件。围棋二局。与阅卷者周、倪、庞诸公一谈，季君梅来久谈。阅《飨燕礼》中《仪礼》《燕礼》《戴记·燕义》。与周、倪诸君中饭后，阅本日文件。又坐见之客二次，立见者一次。核科房批稿，习字半纸，阅《春秋享燕礼》一卷毕，题识书面。李翥汉言照李希帅之样打银壶一把，为炖人参、燕窝之用，费银八两有奇，深为愧悔。今小民皆食草根，官员亦多穷困，而吾居高位，骄奢若此，且盗廉俭之虚名，惭愧何地！以后当于此等处痛下针砭。傍夕小睡。夜温《古文·识度之属》，温《书经》《尧舜典》《皋陶谟》。二更三点睡。是日，鸿儿痘症平安如常。仍服清润之药，未服补剂。

初四日（至河下拜季君梅、李雨人）

早饭后清理文件。见客，坐见者二次，立见者五次。围棋二次。出门至河下拜季君梅、李雨人，两处谈均久，巳正归。见客，坐见者三次，立见者一次。习字半纸。中饭后至幕府一坐，又坐见之客四次。阅本日文件。写对联七付，祭幛一悬，核批札各稿，未毕。傍夕小睡。夜又核批札咨稿，至二更二点始毕。温《离骚》《九辩》。二更三点睡，尚能成寐。是日，鸿儿痘症平安如常，各处痂已落毕，惟头面与脚板尚未尽落。

初五日（闻鄂中官民子弟并无怨言，似可慰）

早饭后清理文件。见客，坐见者四次。围棋二局。习字半纸。午刻阅《公食大夫礼》，写澄弟信一件。中饭后见客，坐见者二次，君梅辞行，谈甚久。阅本日文件，阅《汉唐飨燕礼》，写对联六付，白绫写“天地正气”等字五幅。核科房各稿，未毕。酉正，坐见之客一次。傍夕小睡。夜接沅弟廿二日信，观其字迹，手疼殊甚。人言弟精神气色好及每日看书，皆宽慰余之辞。昨黄冠北见余，亦言弟气色尚好，退而见朱心槛，则言弟容颇憔悴，焦灼之至！除贼退出境外，则别无可宽弟心之事也。唯闻鄂中官民于弟并无怨言，似可稍慰。核批札各稿毕，核奏稿一件。二更三点睡，三更四点成寐。

初六日

早饭后清理文件。见客，坐见者一次，立见者二次。围棋二局。料理各件，派人送信回湘。又坐见之客二次。习字半纸，阅《宋元明享燕礼》。中饭后，潘伊卿来久谈。至幕府一谈。阅本日文件，将《享燕礼》书面题识。申正核批札咨稿。酉刻至楼上一眺，又至幕府一谈。午刻核信稿。傍夕小睡。夜核改片稿一件。二更三点睡。是日，鸿儿之痘平安如常，面上痂尚未脱，亦未服药。

初七日

早饭后见客，坐见者二次，立见者一次。清理文件。围棋二局。旋又改片稿，习字半纸，阅《五礼通考》中《大射仪》《乡射礼》。至幕府一谈。中饭后见客，坐见者一次，立见者二次。阅本日文件。旋核批札稿。写对联、扁额，阅《经传》各射礼，题识书面。傍夕小睡。夜发报一摺、四片，再核批扎咨稿。二更三点睡，四更久醒，五更略睡。是日，鸿儿药中用辽参六分，以服清凉之剂太多，故补之。

初八日（余许以二千金修痘神庙，保永无痘灾）

早饭后清理文件。是日，礼送痘神。余作祭文一首，四言三十二句，令叶亭缮写：辰初读文，行四拜礼。金陵之俗，送痘娘娘者纸扎状元坊一座，扎彩亭三座，又扎纸伞、纸旗之类，亲友亦以伞旗及爆竹送礼。是日，送纸伞者三十馀把，爆竹十馀万。辰正礼送出门。余许以二千金修痘神庙，保金陵城内男女永无痘灾，亦于祝文中详言之：旋围棋二局。见客，坐见者二次。写沅弟信一件，习字半纸。午刻，请医生江宁刘叟蔚堂、湘潭刘竹村小宴，黄昌期、潘伊卿等同饮。李小湖来久谈。中饭后阅本日文件。旋至幕府一谈。申正，核批札咨稿。傍夕小睡。夜又补核各稿。淮扬呈请办淮水仍复故道大工，细将全案一阅，二更尚未阅毕。倦甚，小睡。三点睡。

初九日

早饭后清理文件。见客，立见者一次，坐见者一次。围棋二局。旋又坐见之客两次。写郭云仙信一封，习字半纸，阅《五礼通考》中《投壶礼》。倦甚，小睡。至幕府一谈。中饭后尤倦，不能治事。余向于夏月饭后疲乏不振，盖脾困也。至后园一闲游。阅本日文件。申正核批札咨信各稿，酉正粗毕。傍夕小睡。夜又核二稿，阅益阳民蒋于斯一冤狱案，复周缦云信，批定书局章程。二更后，温《古文·识度之属》。三点后睡，念鸿儿痘症用钱太多，恐情过于礼，蹈薄孝厚慈之讥，悚惕无已。

初十日（弟专望家中丁口繁盛，不知家运如何）

早饭后见客，坐见者三次，立见者二次。清理文件。围棋二局。习字一纸。接沅弟信，手疼尚剧，深为焦虑。弟亦专望家中各房丁口繁盛。不知家运如何，能如吾兄弟之期望否？又见客，立见者三次。将《射礼》《乡饮酒礼》一本阅毕，又阅《饮食礼》二十叶，申初阅毕。中饭后至幕府一谈。旋阅本日文件。申正微睡片刻，以息目力。盖看书稍多，目光蒙翳，甚苦也。旋核批札咨稿，至酉正三刻毕。傍夕小睡。夜核信稿数件。二更后，阅《古文·趣味之属》。三点睡。是日，鸿儿黴患腹泻，将满一月而面痂尚有一半未脱，盖脾虚气弱之故耳。

十一日（至楚军昭忠祠，察建御碑亭之所）

早饭后清理文件。验看江西武官二员。出门至楚军昭忠祠，察建立御碑亭之所，周视一番，巳正归。见客，坐见者三次，汪梅村等谈最久。围棋二局。阅《饮食礼》之《姓氏族》中饭后至幕府一谈。吴竹如来久谈，申正二刻始去。阅本日文件，核批札咨题各稿，习字半纸。傍夕小睡。夜又核批札信稿，内应道一信最有关系，二更二点核毕。疲乏殊甚。三点睡，三更三点后微成寐，竟夕不得安眠。

十二日

早饭后清理文件。见客，立见者一次，坐见者一次。围棋二局。习字半纸，写沅弟信一封，纪泽儿信一件。李壬叔来一坐。围棋二局。又坐见之客二次。阅《饮食礼》门中十五叶。中饭后，至幕府与缦云久谈。阅本日文件。见客一次，朱南桂遣其侄来此，欣然愿来带勇，为之一慰。申正后，核批札信稿，酉正二刻毕。傍夕小睡。夜将淮安举人丁显所陈《淮水复故道议》细阅一过。二更后倦甚，不愿治事。三点睡，极得酣眠。是日，鸿儿下床与郭慕徐坐谈大半日。

十三日

早饭后，坐见之客二次。清理文件。围棋二局。习字半纸。阅杨性农寄来所刻诗、古文，阅《饮食礼》门中《历代惇叙宗族》。摺差自京回。阅京报。中饭后至幕府一谈。见客，坐见者二次，李雨亭谈甚久。阅本日文件。申正阅核批札咨奏稿，酉正三刻未毕。傍夕小睡。吴竹如示以方植之先生所为《大意尊闻》，教子孙之言也。未申间阅数十条，夜又阅数十条。将批札各稿核毕。又阅淮南故道之案，二更后粗毕。眼蒙，不复能治事。三点睡，颇能酣眠。

十四日（李雨亭教求雨之法）

早饭后清理文件。见客，坐见者一次，立见者一次。围棋二局。旋坐见之客五次。习字半纸，阅《饮食礼》门中《宗法》。余素不信宗法之说，是日批于书眉。中饭后至幕府久谈。阅本日文件。申刻核批札咨稿，至酉正未毕。傍夕小睡。夜将各稿核毕。沐浴一次。李雨亭言求雨之法：亲笔书南方朱雀之神、风云雷雨之神两牌位，黄纸朱书；又亲笔朱书祈雨文，迎神于大堂，三跪九叩；旋即迎于净室，屏去从人，亲自读文，两跪六叩，每日早晚两次独自拈香行礼，馀仍照常办公。余是夜作祭文，六言，凡二百字，三更毕。睡后，不能成寐。

十五日(迎神求雨)

早间止院,不见各客。饭后,用黄纸亲写祭文,至大堂行九叩礼;迎神入花园之中厅,亲自读文,读毕,行六叩礼。旋见客,坐见者一次,立见者二次。围棋二局。习字半纸,阅《饮食礼》中《立后之属》。午刻见客,坐见者一次,立见者一次。中饭后至幕府一谈。核摺稿一件。坐见之客一次。阅本日文件,写对联七付。又坐见之客二次。核批札奏咨各稿,暝时毕。小睡片刻。灯后,对摺片各件,改信稿二件。二更三点睡。是日写楷书较多,做事甚繁,又以枯旱不雨,忧焦之至,不甚成寐。

附记

○沅信交瑞　○出门送行

○京信稿　○鸿写家信　黎陶林

十六日(闻奏贼锐意渡河犯,天又不雨,忧灼)

早饭后见客,坐见者一次,立见者一次。围棋二局。出门至李太夫人处送行,又至倪豹岑处一坐。巳正见客三次。习字半纸,核京信稿二件。陈虎臣来久谈。中饭后,会客一次,久谈。阅本日文件。至幕府一谈。申正写对联六付,核批札咨稿,闻奏贼锐意渡河犯晋,又天久不雨,忧灼之至。傍夕小睡。夜因焦虑过甚,倦乏,不能治事。吴挚甫来久坐。二更后小睡,三点后登床,尚能成寐。未正写沅弟信一件。

十七日

早饭后见客,坐见者二次,立见者三次。围棋二局。习字半纸,阅《立后》门。张春 皆自京来,陈作梅自苏回,先后谈甚久。中饭后至幕府一谈。见客,坐见者二次。阅本日文件。申正写对联四付,核改丁雨生信稿,凡改八百馀字,至灯后始毕。夜核批札各稿。二更后倦甚,不能治事。三点睡。

十八日(叶云岩送各项洋枪来看,阅验良久)

早饭后清理文件。见客,立见者一次,坐见者二次。围棋二局。习字半纸。又坐见之客二次,立见者一次。阅《立后》门,《饮食礼》阅毕。中饭后至幕府一谈,见客一次。叶云岩送各项洋枪来看,阅验良久。阅本日文件,核改总理衙门信稿,又核批札各稿,至二更三点始毕;傍夕小睡。三点睡,三更后微成寐,五更初醒。

附记

○解陕饷

十九日

早饭后清理文件。围棋二局。出门至小湖、竹如处畅谈,至新衙门一看,午正归。中饭后习字半纸。至幕府一谈。阅本日文件。见客二次。核批札咨稿。剃头一次。傍夕小睡。夜核信稿数件。二更二点温《离骚》。三更睡。

二十日

早饭后见客,坐见者二次,立见者三次。围棋二局。习字半纸。写少泉信一封。午刻,坐见之客二次。中饭后至幕府一谈。旋阅本日文件。坐见之客二次。写对联八付,阅核批札各稿。傍夕小睡。夜阅核信稿,二更后粗毕。温韩诗七古。三点睡,甚能成寐。

二十一日(至甘露庵求雨)

早饭后清理文件。见客,立见者一次,坐见者二次。围棋二局。习字半纸。作梅来久坐,又立见之客一次。阅《五礼通考》三叶。中饭后至幕府一谈。阅本日文件。坐见之客二次。写沅弟信一件。巳刻至甘露庵求雨。酉刻核批札各稿。傍夕小睡。夜核改淮复道批,二更三点毕。此案经营两月,至是始能定议行之。睡后,不甚成寐。

廿二日

早饭后，步行五里许至甘露庵求雨。归，清理文件。围棋二局。见客二次，又坐见者一次。戈什哈自湖北归，询及鲍春霆之病：久不能言，面色如炭，各伤皆发，头上一伤流黄水，沉重已极；唯尚能吃米汤少许，耳聋，二者微有生机耳。又询沅弟气色，尚好，须鬓与余极相似，霆营已至德安，军心愿归弟处，唯天旱而贼久不退，弟心焦灼殊甚云云。李壬叔来久谈，又坐见之客二次。习字半纸，阅《开元礼》《乡饮酒礼》。中饭后阅本日文件。至幕府久谈。写对联五付，核批札各稿。傍夕小睡。夜又核批札稿，温《古文·序跋类》，三点睡。

廿三日

早饭后，步行至甘露庵祷雨。归，清理文件。见客，坐见者三次，潘季玉、冯鲁川坐俱甚久。围棋二局。阅《五礼通考》中《学礼》一卷。中饭后再围棋二局。题识书面二本，写对联六付，核批札各稿，未毕，傍夕小睡：巳刻习字半纸。夜将批札稿核毕，温杜诗五古。二更三点睡，疲乏殊甚。

二十四日（步行至甘露庵祷雨，出门时业已微雨）早饭后，步行至甘露庵祷雨。出门时业已微雨，至庙中则大雨，归途尤大，直至未刻雨始停，约田中可长水四寸许。见客，坐见者四次，立见者二次。习字半纸。围棋二局。阅《学礼》一卷。中饭后至幕府久谈。阅本日文件。见客，坐见者二次。核批札各稿。傍夕小睡。夜改信稿一件。黄昌岐来一谈。二更后温《古文·情韵之属》。三点睡，三更三点成寐。

二十五日

早饭后，至甘露庵谢神惠。归后，清理文件。见客，坐见者二次，立见者二次。围棋三局，习字半纸，阅《学礼》二十叶。中饭后至幕府久谈。阅本日文件。潘伊卿来久谈。核批札各稿。倦甚，久睡。夜核信稿数件。二更后温韩诗数首。三点睡。明日移居，是日木器皆已搬空。诸不方便。

附记

报销奏　四条通饬

二十六日（今移居新衙）

早饭后清理文件，习字半纸。围棋二局。核改信稿甚多，阅《学礼》数页。午初移居新衙。本造为江宁府署，去年李少泉宫保借居，遂改作总督衙门也。谢绝各客，旋见客四次，坐颇久。中饭后，坐见之客二次。阅本日文件。至幕府并各处一看。傍夕小睡。夜核批札稿，温《古文·辞赋类》，朗诵甚久。二更三点睡，尚能成寐。

二十七日

早饭后清理文件。旋围棋二局。见客，坐见者五次，中如潘季玉、李雨亭、陈作梅三次谈均久。倦甚，吃零物小坐。又坐见之客一次，立见者一次。阅《学礼》八叶。午正，吴竹如来，何子永自京来，久谈。未初三刻，至黄昌岐处赴宴，申初三刻散。阅本日文件。疲倦殊甚。阅《学礼》十叶。傍夕小睡。夜核批札咨稿，二更后温杜诗五古。三点睡，尚能成寐。

二十八日（日内天旱，乡间不能插秧，焦灼之至）

早饭后清理文件。习字半纸。见客，坐见者二次，立见者二次。围棋二局。阅《学礼》。刘开生来久谈。又观渠与纪鸿儿围棋一局。午刻见客，立见者一次，坐见者二次，陈虎臣坐甚久。中饭后阅本日文件。坐见之客一次。将连日所阅《学礼》重阅一遍，题识书面。傍夕小睡。夜核批札各稿。二更后倦甚，小睡。三点睡，五点成寐，三更三点醒，旋又成寐。日内天气亢旱，虽有二十四日之雨，乡间尚不能插秧，焦灼之至！五更二点醒。

廿九日

早饭后清理文件。阅《学礼》十叶。围棋三局。是日人客极少，仅巳刻倪豹岑来，申刻潘伊卿来，及赵惠甫来署内住，三人久谈而已。陆续阅《学礼》五十叶，至未正毕，阅本日文件，习字半纸，写对联挂屏半时许，将书面题识。傍夕小睡。夜核批札咨各稿，二更后温《书经》数篇。三点睡，屡次警醒，不甚成寐。

## 五月

初一日（今二更后阴雨）

早间。谢绝贺朔之客。饭后清理文件。围棋二局。坐见之客一次。阅《学礼·汉唐取士》。何子永来久坐。午初习字半纸，写沅弟信一封。午正请竹如、子永等便饭，申初二刻客散。阅本日文件。天气燥热殊甚，枯旱已久，农事失望，忧灼之至。又阅《学礼》数叶，核批札咨稿。傍夕小睡。夜将批札稿核毕，二更后温《古文·诏令类》。三点睡。二更后阴雨，至三更雨止，尚未动檐水。

初二日（夜间牙疼异常，不复可忍）

早饭后清理文件。坐见之客二次，立见者一次。围棋二局。又坐见之客三次，立见者二次。习字半纸，阅《五礼通考》中《唐宋取士》门。是日步行祷雨，自署至甘露庵，仅四十步许，在庵候请龙水者约半时许，巳正行礼。中饭后，天气燥热，牙疼殊甚。阅《取士》门八叶，阅本日文件。至幕府久谈。酉正核批札各稿，戌初毕。傍夕小睡。夜间，牙疼异常，在于左辅下腭，而牵动各处皆疼，不复可忍。二更三点睡，三更后幸能成寐。屡次警醒，疼较灯初少愈。

初三日

因牙疼，晏起。黄军门来，等候已久，因同行至甘露庵祷雨。归后，清理文件。见客一次。习字半纸。围棋二局。又脱衣久睡，虽不成寐而不复用心，心息浮火。午刻，坐见之客一次。阅《取士》门十馀叶，中饭后毕。未刻，李雨亭来久坐。阅本日文件，写对联七付，核批札各稿，将《取士》门题识书面。自未刻下雨，至二更三点方住，为时甚久，惜雨太小，檐溜始滴而不成线成绳，可润新秧而不能栽插。傍夕小睡。夜温苏、黄七古。三点睡，三更二点成寐。

初四日

早饭后，至甘露庵祷雨。清理文件。见客，坐见者二次，立见者一次。围棋二局。习字半纸，阅《学礼·取士》门二十叶。坐见之客一次，立见者一次。中饭后阅本日文件。坐见之客二次。核批札咨稿。书局新刻之五经、四书、《公羊》《古今诗二选》，局中送二十部来，分送幕中诸友，因细翻一遍。又俞荫甫新刻《群经平议》三十五卷，请余作序，亦粗翻数处。至惠甫处一坐。傍夕小睡。夜将新刻姚培谦《左传》与鲍刻一对。倦甚，不能治事，在房久睡。二更三点登床睡，幸能成寐。

初五日

早饭后，步行祷雨。因天旱斋戒，谢绝贺节之客。清理文件。围棋二局。阅《学礼》《取士》门、《养老》门三十叶。午刻写澄弟信一件、夫人信一件，各约三百字。中饭后阅本日文件。小睡二次。见客一次。至惠甫处一坐。阅《学礼》，题识书面。习字半纸。又至幕府一坐。核批札各稿。傍夕小睡。夜阅苏、黄各七古诗。二更三点睡。

初六日（吴楚千里亢旱，余忧灼惭悚）

早饭后，步行祷雨。旋至旧时龙王庙、风神庙，草蔓瓦砾之中，了无遗迹可寻。又至关帝庙、昭忠祠一坐，巳刻归。汪梅村来久谈。又坐见之客二次。围棋二局。阅《学礼》二十叶。中饭后阅本日文件。至幕府一谈。阅《龚定庵文集》。立见之客二次，坐见者一次。牙疼殊甚，绕屋彷徨，不能治事，又围棋二局。用卜荷油擦于左辅下腭，又用热石膏涂于辅之内外，而疼不少止。夜间疼尤甚，至二更则疼极，不复可忍极。至三更疼微减，二点后稍稍成寐。是日闻贼出鄂境，略一宽慰。而吴楚千里亢旱，又忧灼惭悚，若无地自容者。

初七日（英国公使阿礼国来拜，从者三人）

早，因牙疼晏起。步行祷雨归，始早饭。清理文件。见客三次。围棋一局，又观人一局，未毕。英国公使阿礼国来拜，从者三人，与谈良久，巳正去。习字一纸。又坐见之客三次。阅《五礼通考》中《巡狩礼》。午刻小睡半时。中饭后至幕府一谈。阅本日文件，题识书面。申正写对联、挂屏。见客一次，久坐。核批稿二三件，天已暝矣。小睡。夜核稿批甚多，至二更二点止，仅核昨日之牍，本日之件尚未核也。三点睡。

初八日

早饭后祷雨毕，至将军处一谈。归，围棋一局，又观人一局。至惠甫处一坐。巳正小睡。午刻阅《巡狩礼》。见客，王庶常先谦来久坐，又坐见之客、立见之客各一次。中饭后阅本日文件，阅《巡狩礼》二十叶。至幕府一谈。核稿批甚多。傍夕小睡。夜又核稿批，两日积牍核毕。阅渔洋《古诗选》。二更三点睡，三更二点成寐。

初九日（今微雨如丝，时作时止）

早饭后，步行祷雨。归，清理文件。围棋一局，又观人一局。见客，立见者一次，坐见者二次。习字一纸，阅《巡狩礼》。巳正小睡。午初再阅《五礼通考》，中饭后阅毕，题识书面。见客，四川庶常汪叙畴来一谈。阅本日文件。至幕府久谈。申正写对联、挂屏。酉初核稿批。戌初小睡。是日自巳刻起，微雨如丝，时作时止，直至二更未动檐溜，弥深焦灼！夜再核稿批，至二更二点毕，温杜、韩七古。三点睡。

曾国藩书法

初十日

早饭后，步行祷雨。归，清理文件。围棋二局。习字半纸，阅《五礼·巡狩》。巳正小睡。见客二次。午刻阅《巡狩礼》毕。中饭后阅本日文件。至幕府久谈。申正写对联六付，核稿批。傍夕小睡。夜又核稿批，二更毕。温苏诗七古，朗诵十馀首。疲乏殊甚，三点睡。是日阴云竟日，微雨如丝，未动檐溜，夜则月出放晴，忧灼之至！

十一日（盐河无水，盐不能出场；运河无水，贼将窜至运东）

早饭后清理文件。步行祷雨。归，围棋二局。牙疼异常，竟日不能治事。见客，坐见者三次，立见者一次。巳午间屡次小睡。中饭后阅本日文件。至赵惠甫处一坐，至幕府久坐。屡次小睡。又围棋二局。本日晴日愈燥，大旱之象已成。盐河无水，各盐不能出场；运河无水，贼将窜至运东，寸心焦灼之至！牙疼愈甚。傍夕小睡，略坐数息。夜核各稿批，核信稿十馀件。二更三点睡，尚能成寐。

十二日

早饭后，步行祷雨。旋至何子永处久谈。归，清理文件。围棋二局。写少泉信一件。见客，坐见者二次，立见者五次。阅《观象授时》十叶。至惠甫处一坐。中饭后写沅弟信一件，阅本日文件。见客，坐见者二次。至幕府一谈。写对联六付、挂屏一幅，核稿批未毕。傍夕小睡。夜将稿批核毕。二更后倦甚，静坐片时。三点睡。是日亢晴燥热而无雨意，忧灼之至！

十三日（拟将诗分类钞）

早，五更三点起，至关帝庙率属行三献礼，旋步行至甘露庵祷雨，归。早饭后清理文件。见客，坐见者一次，立见者一次。围棋二局。又坐见之客一次，立见者二次。习字半纸，阅《观象授时》十五叶。至赵惠甫处一坐。中饭后坐见之客一次，立见者二次。阅本日文件。至幕府一谈。小睡片刻。改摺稿三件、片稿二件。傍夕小睡。夜核批札各稿。二更后温杜诗。拟将诗分钞四类，仿古文四象之类选钞一分。

十四日

早饭后，至甘露庵祷雨。旋至莫子偲处，观渠近年所得书。收藏颇富，内有汲古阁开化纸初印十七史，天地甚长；又有白纸初印《五礼通考》，其朱字相传系秦文恭公手校；又有通志堂另刻之《礼记释文》，又有明刻《千家注杜诗》，均善本也。归后，子偲以杜诗本见饷。嘉靖丙申玉几山人校刻，竟莫知为何人也。见客，坐见者三次，立见者三次。接奉廷寄，知已晋官大学士。正值军事棘手，大旱成灾，而反晋端揆，适以重余之不德耳。围棋二局，阅《观象授时》十叶，中饭后阅毕。阅本日文件。至幕府久谈。写对联六付、挂屏百馀字，核奏片稿，核批札稿。傍夕小睡。夜又核批札稿，二更毕。倦甚，三点睡。二更后，叶亭将进京，教训一刻许。

十五日（知湘乡有哥老会滋事，为之悬悬）

早饭后清理文件。见客二次。围棋二局。至甘露庵祷雨。是日又在灵谷寺请水。黄昌期来一会。倦甚，小睡。阅《观象授时》十二叶。中饭后与幕友一谈。阅本日文件。坐见之客三次。写扁、对、挂屏一时许，核信稿三件。接沅弟五月初十、十二日信，知湘乡有哥老会滋事，为之悬悬。核批札稿，校对摺件。灯时，发报三摺五片。小睡片刻。核批稿毕。核信稿二十馀件，二更四点毕。睡，不甚成寐。

十六日

早饭后，至甘露庵求雨。归，见客，坐见者一次，立见者二次。围棋二局。清理文件。旋坐见之客四次，李壬叔、刘开生等坐俱久。又叶亭甥进京禀辞，李载珪禀辞，均教之以格言。说话太多，遂觉神疲已极。阅《观象授时》，格格不入。中饭后，至子密处一谈。阅本日文件。困倦躁热，申初一刻睡，直至酉初三刻方下床。余向来畏热，虽未甚成寐，因不能治事，故久卧不起也。酉正核核[衍一核字]批札稿。傍夕又小睡片刻。夜将批札稿核毕，核信稿二件。二更后温《古文·识度之属》，朗诵数首。是日热甚而风不息，夜间皓月皎洁异常，全无雨意，焦灼之至！幸闻湖北于初九日已得大雨，苏、松、太等处初九、十日雨尤深透，为之少慰。

十七日

早饭后祷雨。旋至竹如处久谈。归，清理文件。围棋二局。坐见之客二次。午刻写纪泽信一件、沅弟信一件。中饭后与惠甫谈。阅本日文件，核批札各稿。见客一次。倦甚。阅《观象授时》，不能深入。傍夕小睡。夜核信稿二件，二更后温杜诗。三点睡。是日微雨，甫动檐溜即止。

十八日（至灵谷寺取水；至甘露寺行礼）

黎明出城，至灵谷寺取水，往返约四十里许。归，至甘露寺行礼毕，至巳正二刻矣。归署，清理文件。午刻，徐河清来，山东莱州人，壬子进士，贵州即用县，现为候补道，极为胡文忠所赏，余于咸丰四年曾经奏调。畅谈大半时。中饭后与惠甫一谈。阅本日文件。旋核批札稿，核总理衙门信稿，未毕。傍夕小睡。夜将总署信稿核毕，二更后温《古文·

辞赋类》。三点睡,三更二点成寐。

十九日(今他处必有大雨,惜金陵未沛甘霖)

早饭后,至甘露庵祷雨。归,坐见之客三次,立见者三次。清理文件。围棋二局。与赵惠甫一谈。巳正小睡。午刻阅《观象授时》十六叶,中饭后毕。未刻阅本日文件。至子密处久谈。申正核批札各稿。傍夕小睡。夜阅俞荫甫所为《经说》。申初,坐见之客二次,立见者一次。二更后朗诵韩、欧七古。昨日自灵谷山请水回,大风竟日,有倾墙拔木之力,江中断渡;昨夜皓月如画,绝无雨意。本日辰刻,阴云密布,旋得小雨,未得檐溜。自未刻至夜,钟山云气甚厚,雷电交作,他处必有大雨,惜金陵城中未沛甘霖,忧愧无已!二更三点睡。

二十日(吾家高爵显宦,为众人所侧目,思之悚栗)

早饭后,至甘露庵祷雨。议定明日夏至即行停止,不再渎求。归,清理文件。围棋二局。辰正即得大雨,直至未初始止,在吾乡约有五泼水。至惠甫处一坐。巳正小睡。午刻阅《观象授时》。中饭后至子密处久谈。阅本日文件,写对联八付。旋核批札各稿。傍夕小睡。夜核信稿二件。二更后温《古文·识度之属》,朗诵数首。二更三点睡,梦先考竹亭公着衣甚多,新鲜温厚。是日阅邸钞,御史佛尔国春参劾沅弟,以劾官相为肃党不实,例应反坐。虽经谕旨平反开解,而痕迹甚重。吾家高爵显宦,为众人所侧目,思之悚栗!

廿一日

早饭后,至甘露庵谢[原稿脱字]。将送神,因命以四千金将灵谷寺微加修葺。盖请水四次均有灵验:四月廿一日雨亭取水,五月十八余取水均得大雨;初二日省三取水,十五日晓莲取水均得小雨。相传此水即宝志和尚之八功德水也。归,见客,坐见者三次。围棋二局。小睡片刻。午刻,坐见之客二次。中饭后阅《观象授时》十叶。余于天文全无所解,故茫然不入,特好秦味经之条理井然,故须遍观一过耳。阅本日文件。至幕府一谈。写对联七付。核批札各稿。傍〈夕〉小睡。夜写沅弟信一件。是日闻湘乡会匪全数扫除,为之少慰。闻捻匪已渡运河,又为大惧。将批札稿核毕。阅曹子建诗,倦甚,不能朗诵。近日常疲困思睡,岂老年精力衰颓,果应服补剂耶?二更三点睡。

廿二日(欲作酬答诸人之贺雨诗,竟未能下笔)

早饭后清理文件。围棋二局。陈虎臣来久谈。吴葆仪自湖北来,商霆营统属之事。询及沅弟,容颜尚不甚憔悴。唯大旱已成,初九日之雨实不甚大,不能栽插,且芒种已过,即续得透雨亦无救矣,不似此间向例,夏至后犹可栽插也。又湖北欠饷太多,营不得力,遣散又苦无资云云。闻之不胜焦灼。沅弟公私不顺,宜其怫郁,度日如年也。阅《观象授时》十馀叶。至惠甫处久坐。中饭后,吴竹如、李雨亭来久坐。阅本日文件。申刻写对联八付,核批札各稿。傍夕小睡。夜又核一批搞。将作诗酬答诸人之贺雨诗,竟以神思疲困不能下笔。衰颓如此,可叹亦可惧也!三点睡。

廿三日(闻捻军渡运河后势将扩张,颇焦灼)

早饭后清理文件。见客一次。围棋一局,又观人一局。阅《观象授时》十馀叶。巳正小睡。午初阅书。午正请娄峻山、刘子眉等便饭。饭后阅本日文件。俞荫甫樾自苏州来,久谈,留在署中居住。旋至幕府一谈。傍夕小睡。夜核批札各稿。二更后核信稿,未毕。四点睡,直至四更始稍成寐。酉初写屏二百馀字,对联三付。巳初习字半纸。是日闻捻渡运河后径犯泰安,势将至济、青、登、莱数府,焦灼之至!大局日坏,恐不久吾又将奉命北征矣。

廿四日

早饭后清理文件。见客，坐见者三次，立见者一次。围棋二局。又坐见之客三次，立见者一次。朱星槛、潘伊卿先后来久坐。谈及湖北久旱，沅弟忧灼，恐怫郁之事太多，或致生疾。阅《观象授时》三叶。中饭后，彭丽生来，言及沅弟容颜憔悴，尤为廑虑。谈之甚久，即在署中居住。阅本日文件。酉刻至幕府一谈。旋又与丽生谈。写对联六付、挂屏二幅。傍夕小睡。夜核批札稿甚多。二更后将《戴氏丛书》清理，另行装订。四点睡。本日说话太多，幸尚成寐。

附记

○沅信　○筱信　○丁信

二十五日

早饭后清理文件。见客，坐见者二次，立见者一次，衙门期也。围棋二局。又坐见之客三次。巳正小睡。午刻阅《观象授时》六叶。江慎修纠正梅勿庵"岁实"之说，读之茫无所解。午正请俞荫甫便饭，陪者山长周缦云、倪豹岑二人，书局张啸山等六人及莫子偲等，凡二席。申初散。阅本日文件，写对联六付、挂屏两幅。与彭丽生一谈。核告示稿一件。傍夕小睡。夜，彭丽生与刘子梅先后来谈。二更后，因纪鸿明日回家，教训一遍。核批札各稿，直至二更五点始毕。三更登床，久不成寐。是日自午至三四更，大雨不息，深透极矣。唯天气太寒，又虞水潦为灾，亦殊虑之。

二十六日（纪鸿由轮船赴鄂回籍）

早饭后清理文件。见客二次，又立见者一次。写沅弟信一件，添筱泉信一叶。纪鸿儿禀辞，由轮船赴鄂回籍，料理诸事。围棋二局。巳正小睡。午刻阅《观象授时》，江慎修辨梅氏"平气""定气"之说，亦无所解。中饭后至惠甫处一谈。见客，坐见者二次。阅本日文件。至荫甫处一谈。申正写对联六付，核稿批多件。傍夕小睡。夜写丁雨生信二叶，核稿数件。二更后温杜、韩七古，高声朗诵。三更睡。是日阴雨竟日，时大时小，十分霑足，但嫌太寒耳。

二十七日（近老境摧颓，而诸事未了，歉然）

早饭后清理文件。见客，坐见者三次，立见者二次。围棋二局。至惠甫处一坐。巳刻小睡。午初阅《观象授时》中《冬至权度》，虽无所解，亦勉为细读一过。中饭后阅本日文件。至荫甫处一谈。改少泉信稿，写扁二方。核批札稿，未毕。傍夕小睡。夜与彭丽生一谈。将批札稿核毕。二更后温李、杜七古。三点睡，三更末始克成寐。近日，常觉疲乏不支，老境摧颓，而身所应了之事尚多未了，为之歉然。

二十八日

早饭后清理文件。旋坐见之客二次，立见者一次。围棋二局。又坐见之客三次。巳正小睡。午刻阅《观象授时》十馀叶。中饭后，坐见之客一次。阅本日文件。至幕府久谈。申正写对联六付，习字半纸。剃头一次。核批札稿，未毕。傍夕小睡。夜又核批札稿，二更三点毕。是日阴曀，申酉间有将霁之象，方以为喜，夜深又复大雨，凝寒有似深秋。时令失序，忧惧无已。

附记

郭信　英信　刘信

二十九日（在京买得《通鉴辑览》，读之心开目朗）

早饭后清理文件。见客二次。围棋二局。习字半纸。巳正阅刑案，现审二件批定。小睡片刻。午初阅《观象授时》十叶。至妙香庵，雨亭及两道公请赴宴，申初席散。旋至鼓楼一览，目极二三百里，殊为旷快。酉初归。阅本日文件。摺差归，阅京信、邸钞等件。核批札稿，未毕。小睡。夜又核批稿，二更后毕。温苏诗七古。在京买得大板《通鉴辑览》，书长尺二寸，宽七寸，每叶二十八行，每行二十五字。略加涉猎，殊觉心开目朗。

三十日

早饭后清理文件。旋见客，坐见者二次。围棋二局。习字半纸。巳正小睡。午刻阅《观象授时》十馀叶。中饭后见客一次。阅本日文件。至荫甫处一坐。竹如来久谈。核批札各稿。傍夕小睡。夜核信稿三件，约改四百字。二更后温《古文·识度之属》，朗诵数首。三点睡。是日屡次下雨，至夜尤大，三更后大雨如注，又虑淫霖为灾，殊切焦虑。

## 六月

初一日

黎明至文庙拈香。归，谢绝贺望之客。饭后围棋二局。见客一次，与彭丽生久谈。清理文件。巳正小睡。午刻阅《观象授时》。中饭后又阅数叶。坐见之客一次。阅本日文件。至荫甫处一谈。申正写对联六付。核批札稿，未毕。傍夕小睡。夜又核批札稿。二更后，温扬、马各赋，朗诵数首。三点睡。是日屡雨屡霁。灯后，彻夜大雨如注。

初二日（本日困惫尤甚，老景如此，不堪居高位）

早饭后清理文件。见客，坐见者二次。围棋二局。巳刻改信稿一件，约三百字。巳正小睡。午刻阅《观象授时》。伊卿来久坐。中饭后与丽生久谈。阅本日文件，写沅弟信一件，改李筱泉信一件。与荫甫一谈。写对联六付，核批札稿。傍夕小睡。夜又核批札稿，至二更二点毕。疲倦殊甚。是日甲七自家来，详询亲族各家。三点睡，屡次梦魇。余向来神思疲困则魇，惫极则屡魇。本日困惫尤甚，老景如此，不复堪居此高位矣。

初三日（观帖悟古人用笔之道）

早饭后清理文件。见客，坐见者一次，立见者一次。出门拜客，竹如处久谈。小湖处久谈，观渠所藏法帖：一曰褚书《孟法师碑》，笔意似虞永兴而结体绝似欧阳率更，与褚公他书不类；一曰丁道护书《启法寺碑》，隋碑，而字体有类晚唐，矮方而匀整，闻春湖侍郎以千金购之苏州陆恭家；一曰宋拓虞〈书〉《庙堂碑》即春湖侍郎曾经翻刻者也；一曰《善才寺碑》，名为褚河南书，实魏栖梧书，仿褚法耳；又有晋唐小楷共十一种，其中《乐毅论》《东方赞》绝佳，乃悟古人用笔之道如强弩引满，蓄而不发。归途作诗二句云："侧势远从天上落，横波旋向弩端涵。"又拜客八家，均未拜会。归，坐见之客二次。午刻阅《观象授时》六叶。中饭后至惠甫处久坐。阅本日文件。申刻写对联五付，核批札各稿，酉正三刻毕。傍夕小睡。夜温《古文·识度之属》，朗诵十馀篇。二更三点睡，梦兆不佳，深以陕中湘军为虑。

初四日

早饭后清理文件。见客，坐见者三次。围棋二局。旋又见客一次。小睡片刻。习字半纸。午刻看书二叶。莫子偲、潘伊卿先后来久谈。中饭后至荫甫处一谈。阅本日文件。坐见之客一次。写对联六付、挂屏三幅，约二百馀字。与赵惠甫久谈。天气甚热，将核稿而惮其难，在室中徘徊久之。傍夕小睡。夜核稿批甚久。二更三点睡。

初五日（半夜大雨如注，殊虑水涝为灾）

早饭后清理文件。见客，坐见者二次，立见者一次。围棋二局。又见客，坐见者一次。清泉举人刘端详送其父及外祖所为书，略看一过。巳正小睡。午刻，阅《观象授时·步天歌》。中饭后天气奇热。余畏热特甚，坐卧不安。阅本日文件。旋习字一纸。申正写挂屏三幅、对联三付。热极，骤雨。雨后，至惠甫处久谈。傍夕小睡。夜核札批各稿。二更后诵韩、欧七古。三点睡。半夜，大雨如注，殊虑水涝为灾。

初六日(沅弟来信言郁闷劳苦,不堪日日焦灼)

早饭后清理文件。见客,坐见者二次。围棋三局。写澄侯弟信一封,核信稿二件。巳刻,坐见之客一次。小睡片刻。午刻阅《观象授时》中之《推步法》《勾股割圆记》,一无所解,殊用为耻。中饭备八簋,请彭丽生、甲七侄便饭。未刻阅本日文件。至俞荫甫处一谈。作梅来一谈。核批札稿,酉正二刻毕。至惠甫处久谈,请渠诊脉,力劝余吃参。傍夕小睡。夜阅荫甫《经说》,将为之作序,久而无成。接沅弟二十六日信,将以二十八日请假一月。其信中多郁郁不自适者,劳苦过度之人,何堪此日日焦灼!引退未必允准,而其衙署实不宜久居,深为廑系。二更三点睡,三更三点后稍能成寐。

附记

荫经序　丽亲表　岳庙碑　宁忠碑

初七日

早饭后清理文件。见客二次,方伯谈颇久。围棋二局。习字一纸,又半纸。见客,坐见者二次。潘伊卿言沅弟干大事之人,虽有郁忧,亦不至太痴太愚,致损生机,其言殊足动听。核信稿十馀件,阅《观象授时》数叶。午刻小睡半时。中饭后与丽生久谈。阅本日文件。与惠甫一谈。见客二次,浙江庶常汪鸣銮谈甚久。申刻写扁五幅、对六付。酉正核批札稿,写云仙信一叶。傍夕小睡。夜核批札稿,二更二点毕。三点睡。

初八日(沅弟奉旨摘去顶戴,少泉亦有戴罪图功之责)

早饭后清理文件。见客,坐见者三次。围棋二局。习字一纸。疲倦殊甚,不愿治事。巳正小睡。午刻阅《观象授时》。中饭后与丽生久谈。阅本日文件。陈雪庐来一谈。阅邸钞,因贼窜青州,沅弟奉旨摘去顶戴,交部议处,少泉亦有戴罪图功之责。大局日坏,军势难振,不胜焦灼!请伊卿来一谈,嘱其至湖北一行。疲乏异常,行坐不安,在室中大凳偃卧良久。核咨札批稿。傍夕小睡。夜核摺稿一件、片稿一件。因疲惫不能治事,与惠甫、丽生先后谈病状。二更三点睡。

附记

韩叔起对

初九日

早饭后清理文件。围棋二局。见客,坐见者一次。习字一纸。疲乏殊甚,似有感冒,在室中徘徊。旋与荫甫、惠甫久谈,蔡贞斋来久谈。改谢恩摺,至午正毕。中饭后与丽生久谈。阅本日文件,写扁字二十馀个、对联三付、挂屏四幅,核批札稿。朱星槛自湖北归,问及沅弟不甚憔悴,为之一慰。阅家信等件。傍夕小睡。夜改摺稿一件、片稿一件。二更三点睡。是日本有小疾,勉强治事甚多,支撑过去。

初十日(阅陈雪庐所著《经说》)

早饭后清理文件。见客,立见者一次,坐见者五次。习字一纸。围棋二局。疲倦,不能治事。午刻,将陈雪庐所著《经说》略一翻阅。午正小睡。中饭后与丽生久谈,荫甫来一谈。阅本日文件,写对联、挂屏颇多。至幕府久谈。发报五摺、三片。傍夕小睡。夜核批札各稿。二更三点睡,三更成寐。

十一日(是日请幕友至元武湖看荷花)

早饭后清理文件。习字半纸。接寄谕二道。是日请幕友至元武湖看荷花。辰刻,余出门,先拜将军。巳初至太平门与诸幕客相会,同坐小船,每船约受三人,长约八九尺,穿行于荷花之中。自太平门外行三里许登麟洲一望,旋复下船。麟洲之西北为趾洲,为老洲;其西南为长洲,为新洲。洲上向有百馀家,乱后复还不及一半矣。行五里许,至神策门登岸进城。凡行荷中八里许。天气阴而微雨,既不湿衣,亦无烈日,宾主乐之。自神策门行至妙相庵,约十里许。午末置酒,申初散。送俞荫甫、彭丽生自此赴上海。诸客并回署中。阅本日文件。见客三次,与惠甫一谈。傍夕小睡。夜核批札各稿,温《古文·气势之属》,朗诵十馀首。二更三点睡。三更后大雨如注,直至次日辰刻未曾少停。深虑淫霖为灾,焦灼曷已!

十二日

是日为先妣江太夫人忌辰。弃养已十六年,不孝不承奉颜色者二十九年矣。早饭后清理文件。围棋二局。习字半纸。旋见客,坐见者四次,立见者二次。巳午之间,陈作梅、熊秋白先后来久坐。阅《观象授时》中《历代正朔》。中饭后至惠甫处一谈。阅本日文件,写沅弟信,料理轮船赴鄂应清各件,核批札稿甚多。又至幕府一坐。傍夕小睡。夜核信稿二件,二更后温韩诗七古。三点睡。是日早间大雨,直至巳正始止,下半日晴霁。

十三日

早饭后清理文件。习字半纸。围棋二局。见客,立见者一次,坐见者二次。疲病殊甚,小睡半时许。阅《观象授时》中《夏小正》二十叶。中饭后,绕室周步。阅本日文件。至幕府子密处久谈。归,病乏殊甚,行坐不安。再与叔耘围棋二局。写对联五付。登床久睡,幸颇成寐。夜核咨札批稿,二更后病困弥甚。刘开生等诊脉,甚虚,举方黄芪、熟地等味,煎好而不敢吃。恐有湿热风寒外症也。换大布衣裤,较之绸衣绸裤稍为适体,无凉怯萧索之意。睡后。亦颇成寐。

十四日(疲病殊甚,不能治事)

早饭后清理文件。习字半纸。围棋二局。疲病殊甚,不能治事,在上房偃卧避风。直至午刻,李朝斌、高梯先后来,始一见客,亦不迎送也。阅《观象授时》中《月令》三十馀叶。中饭后阅本日文件。旋与惠甫一谈,请其诊脉,虚弱中微有外感,头热肩疼亦似外感,久在室中偃卧。旋将本日札稿核毕。傍夕与惠甫久谈。灯后夜饭,旋复久卧,直至二更二点始起。三点复睡,三更后成寐。上身出汗,盖午刻吃葱姜煮面,至是始验病可解矣。天气太凉,与深秋相似,殊以岁事为虑。

十五日(是日病体未愈,禁风一日)

因病,谢绝贺朔[望]之客。清理文件。习字半纸。围棋二局。见客,坐见者一次,立见者一次。小睡半时。接小泉信,言倒守运河等策,因将地图、兵力细加筹度。午刻阅《观象授时》中之《读时令》条,《观象授时》门阅毕。素不晓天文算学,阅如未阅也。中饭后,李质堂、陈作梅先后来久谈。因畏风,皆在上房相见。阅本日文件。申正核咨札批稿。傍夕,惠甫来久谈。夜核信稿二件,二更后温东坡七古。三点睡。是日天气甚凉,病体未愈,禁风一日。申刻以后,治事甚多,亦尚足支持耳。

十六日

早饭后清理文件。习字半纸。围棋二局。与幕友一谈。写纪泽等信一件。小睡片刻。午正,阅《通鉴辑览》,从宋看起。因《五礼通考》义蕴较深,病中难于用心,故改阅史耳。阅十七叶。中饭后与惠甫久谈。外感渐轻,而疲困如故。阅本日文件。申刻写对联七付、挂屏一幅。接蔡贞斋入署居住,与之久谈。又与惠甫一谈。核批札各稿。傍夕小睡。夜疲困殊甚,竟不能作一事。背诵《诗经》数首。二更三点睡,幸能成寐。

十七日

早饭后清理文件。围棋二局。习字半纸。见客,坐见者二次,与贞斋等一谈。午刻阅《通鉴辑览》宋廿三叶。中饭后,雨亭来久坐。阅本日文件。旋写对联五付,核信稿六件,核稿批未毕。夜又核稿批。与惠甫一谈。核稿,直至二更二点粗毕。精神日惫,公牍日繁,实不能了。三点睡。

十八日(日内大雨,深以霖涝伤稼为虑)

早饭后清理文件。拜发万寿贺表。习字半纸。围棋二局。写叶亭甥信二叶。巳正小睡。午刻阅《通鉴辑览·宋纪》二十叶。中饭后与惠甫一谈。阅本日文件。见客,坐见者二次,立见者一次。写沅弟信二叶,核稿批未毕。傍夕小睡。夜将稿批核毕,温《古文·辞赋类》,朗诵数首。二更三点睡。是日病将全愈,幸以不药胜之。本日酷热,为今年所初见。骤雨二次,夜二更大雨,直至三更后未息,深以霖涝伤稼为虑。

十九日

早饭后清理文件。习字半纸。围棋二局。小睡片刻。作梅来一坐,又坐见之客一次。阅《通鉴·宋真宗》。午刻,竹如来,久谈一时半,申初始中饭。饭后阅本日文件。吴竹庄来久谈。困乏殊甚,又与惠甫一谈。傍夕小睡。夜核稿批,二更二点毕。是日说话太多,疲极,不复能自振。三点睡,尚能成寐。

二十日(是日酷热,与去年余在南阳湖时相似)

早饭后清理文件。见客,坐见者二次,立见者二次。习字半纸。围棋二局。旋又坐见之客二次。阅《通鉴》《宋真宗》《仁宗》二十三叶。午正小睡。中饭后阅本日文件。热甚,小睡。写对联八付,核稿批毕。小睡一时许。灯后,与惠甫久谈。旋改信稿十馀件。二更三点睡。是日酷热,与去年六月廿日余在南阳湖等处相似。

廿一日

早饭后清理文件。围棋二局。见客一次。习字半纸。赵惠甫来一谈。小睡片刻。午正阅《通鉴·宋仁宗》二十三叶。中饭后至幕中一谈。阅本日文件。坐见之客一次。申刻,写对联六付,核批札各稿。至贞斋处一谈。傍夕小睡。夜热甚,不能治事,与惠甫在院中乘凉。二更二点后写信一叶。三点睡。

廿二日(候迎上江学使朱久香先生)

早饭后清理文件。坐见之客二次。围棋二局。本日上江学使朱久香先生进城,余至渠公馆等候迎接,晤谈良久。旋至南门城楼一望,巳正二刻归。午刻阅《通鉴·宋仁宗》十八叶。中饭后,热,与子密、惠甫一谈。旋阅本日文件,习字半纸,写对联五付,核稿批颇多。傍夕至惠甫处一谈。夜热甚,不愿治事。温相如、子云赋四首,旋又温《古文·诏令类》。二更三点睡,直至三更四点乃克成寐。

二十三日

早饭后清理文件。见客,坐见一次。围棋二局。见安庆调来之委员一人、绅士四人,言安庆教堂事,糊涂一无所解,不觉生怒,喧责良久乃已。旋又见客,立见者二次,坐见者三次。小睡片刻。中饭后阅本日文件。李辅堂寄其父文恭公奏议、诗文集暨墓志、神道碑之类来,翻阅良久。写沅弟信,潘伊卿自湖北归,一谈。言沅弟胸次甚宽,去志甚决,为之少慰。阅《通鉴·宋仁宗》十八叶。傍夕与惠甫一谈。夜核批稿甚多。二更三点睡。

二十四日

早饭后清理文件。朱久香先生来久坐。程尚斋来畅谈。小睡甚久。午刻,阅《通鉴》《宋仁宗》《英宗》二十叶。中饭后至惠甫处一谈。阅本日文件。习字半纸。写对联五付、挂屏二幅,核稿批多件。傍夕小睡。夜核信稿。二更后温《史记》数首。三点睡。是日酷暑异常,殊以为苦。

二十五日(温《古文·辞赋类》,诵《离骚》)

早饭后清理文件。见客,坐见者二次。小睡片刻。习字半纸。阅《通鉴·宋神宗》二十叶,写云仙信一封。中饭后阅本日文件。惠甫来一谈。核批稿各件。天气奇热,绕室闲步,不能治事。傍夕,至后院乘凉,一睡。夜核信稿多件,夜温《古文·辞赋类》,朗诵

《离骚》。二更三点睡。酷暑有似上年在宿迁时,幸尚成寐。

二十六日

早饭后清理文件。旋坐见之客三次。阅《通鉴·宋神宗》十叶。小睡半时。又阅十叶。习字半纸。午初,吴竹翁、朱久翁来便中饭,直谈至申正方散。旋阅本日文件。天气奇热,不能多治事。傍夕,在后院竹床久睡。夜核稿批,二更后添丁雨生信一叶,温《史记》一首。三点睡,三更后成寐。

二十七日

早饭后清理文件。习字半纸。旋坐见之客四次,立见者一次。小睡片时。阅《通鉴》《宋神宗》《哲宗》二十三叶。中饭后阅本日文件。围棋二局。核批稿,又核薪水单一件。傍夕至蔡贞斋处一坐,又至惠甫处一坐。夜核信稿多件,二更后温《史记》《李广传》《儒林传》。三点睡,是日天气酷热,若再得半月不雨,岁事或可有秋。

二十八日(与吴竹庄、程尚斋谈皆极久)

早饭后清理文件。习字半纸。见客,坐见者三次,吴竹庄、程尚斋谈皆极久。小睡片时。巳正阅《通鉴·宋哲宗》二十三叶。中饭后,酷暑异常,不能治事,旋阅本日文件,写沅弟信一封。坐见之客二次。核批稿多件。傍夕在后院与客久谈。夜核信稿五件,二更二点毕。大暑侵入,疲乏殊甚,不复能温古文矣。三点睡,三更后成寐。

二十九日(念吾居广厦畏热如此,何况前敌军士乎?)

早饭后清理文件。习字半纸。坐见之客一次。小睡大半时。巳正阅《通(鉴)》《宋哲宗》《徽宗》二十五叶。中饭后,酷暑异常。阅本日文件。又在竹床上偃卧良久。旋核批稿,核信稿,粗毕。与蔡贞斋等在后院乘凉。夜饭后,仍至后院乘凉。二更入内室,犹苦热,不能治事。念吾深居广厦之中而畏热如此,前敌军士居一单布帐棚,锅灶均在其旁,防剿不能少休,其苦乐相悬何止千倍!深用愧悚。

## 七月

初一日(是日酷暑异常,有流金铄石之象)

早饭后清理文件。吴竹庄来久坐。在竹床小睡良久。阅《通鉴·宋徽宗》二十三叶。习字半纸。中饭后至惠甫处一谈。阅本日文件,旋核批稿。潘伊卿来久坐。是日酷暑异常,有流金铄石之象。傍夕至后院乘凉,直至二更方入内室。温杜、韩七古。三点睡,直至三更三点始稍成寐。

初二日

早饭后清理文件。坐见之客三次,立见者一次。酷热,在竹床久睡。陆续阅《通鉴·宋徽宗》二十四叶,午刻习字半纸。未初请客,吴竹庄等便饭,申初散。阅本日文件。又在竹床屡睡,令人摇扇。核批稿各件,写沅弟信一叶。傍夕至后院乘凉,与竹庄、惠甫久谈,直至二更方散。温《史记》三首。三点睡。

初三日

早饭后坐见之客三次。清理文件。天气奇热,屡在竹床小睡,令人摇扇。阅《通鉴·宋钦宗》二十五叶。午正习字半纸。中饭后阅本日文件。又屡在竹床久睡。极热神昏,若有病者。酉刻核稿批。傍夕至后院乘凉。夜在竹床久睡,不作一事。二更三点仍在竹床上睡。三更登床,苦热,不能成寐。四更三点复起,至竹床睡至天明。此二日之热,与上年七月十二三在盱眙、双沟等处相似,老年不能堪此。

初四日

早饭后清理文件。坐见之客二次。在竹床屡睡。阅《通鉴·宋高宗》三十二叶，习字半纸。中饭后阅本日文件。在竹床久睡。申正后，风云变色，似有雨意。暑气为之少减。核稿批各件。灯后，又核积压之稿数件。二更后温《古文·识度之属》。三点睡，天气清凉，差得佳睡。

初五日（拟出明日决科题目）

早饭后清理文件。见客三次，李小湖坐甚久。旋在竹床久睡。阅《通鉴·宋高宗》二十四叶，习字半纸。中饭后阅本日文件。又在竹床小睡。阅《方植之文集》钞本，核稿批各件。至惠甫处一谈。后院新作一楼，粗成，登高眺望。夜在竹床上久睡。拟出明日决科题目。二更后温左太冲、陶渊明诗，朗诵甚久。三点睡，是日，较之前三日，暑气已少退矣。

初六日

早饭后清理文件。坐见之客四次。习字半纸。在竹床小睡。阅《宋高宗》二十四叶。中饭后阅本日文件。与子密一谈。在竹床久睡，核稿批颇多。未毕，午刻写澄弟信三叶。申刻写纪泽信二叶，写少泉信二叶。与挚甫一谈。傍夕，与客登后院新楼。夜核稿批毕，二更后，温渔洋《五言古诗选》。

玉纳凉图笔筒　清

初七日（近日风大而不雨，虑田水将涸）

早饭后清理文件。屡在竹床小睡。阅《通鉴·宋高宗》二十六叶。见客一次。习字半纸。中饭后阅本日文件。体中小有不适，在竹床久睡。核稿批多件。傍夕，登后院楼中一眺。夜温《史记》，选“气势之属”八首，“识度之属”八首。三点睡。近日风大而不雨，田水将尽耗涸，殊以为虑。是日巳刻、申刻，阅方植之所为古文及桐城郑福照所为《姚惜抱年谱》《方植之年谱》粗涉一过。

初八日

早饭后清理文件。方存之、陈虎臣先后来一谈。庞省三，倪豹岑先后来代阅课卷，与之一谈。在竹床久谈[睡]。阅《通鉴·宋高宗》二十五叶。坐见之客一次。习字半纸。中饭，请庞省三等便饭。饭后阅本日文件。热甚，在竹床久睡。申刻写对联五付，旋又小睡。核批稿未毕。傍夕，登后院高楼。夜将稿批核毕，又核信稿三件，二更后阅《史记》，温诵三首。三点睡。是夕三更后颇凉。

初九日

早饭后清理文件。坐见之客一次。庞省三等来阅课卷，与之久谈。在竹床屡睡。围棋二局。阅《宋孝宗》二十二叶，习字半纸。中饭，请庞省三等小宴。阅本日文件。至惠甫处一谈。申刻写对联五付。旋核批札各稿毕。至后院楼上一览。与惠甫一谈。二更后温《古文·气势之属》。三点后大汗，四更后成寐。

初十日（阅杨朴庵所选四书文章）

早饭后清理文件。堂期，坐见之客二次，立见者一次。在竹床上小睡良久。阅《通鉴》《宋孝宗》《光宗》。午刻习字半纸。中饭后与贞斋久谈。阅本日文件。热甚，在竹床久睡。阅杨朴庵所选四书文中窦东皋各篇，核批札稿。至后院楼上乘凉。楼自六月初九日兴工，本日蒇事。惠甫、贞斋等俱来乘凉，直至二更始散。温《古文·识度之属》。三点睡。天气郁热，四更后屡醒。

十一日

早饭后清理文件。在竹床小睡片刻。刘开生来久谈。围棋二局。巳正阅《通鉴·宋宁宗》二十二叶。午刻习字半纸。中饭后奇热。阅本日文件。坐见之客一次。在竹床久睡，令人摇扇。申正写沅弟信一封，约三百字，核批札稿未毕。傍夕，至后院楼上乘凉，幕客来者甚多。夜在院中坐。二更三点，即在院外睡。三更后入室登床，久不成寐。天气郁热，四更末稍一成寐。

十二日（恭逢慈安皇太后万寿）

是日恭逢慈安皇太后万寿，五更三点至贡院率属行礼。旋阅视贡院修葺各处，登明远楼一望，辰刻归。早饭后，坐见之客一次，立见者一次。在竹床屡睡。巳正阅《通鉴·宋宁宗》二十四叶，习字半纸。中饭后阅本日文件。天气奇热，行坐不安，惟在竹床偃卧，使人摇扇不止。酉刻核批札稿，未毕。至惠甫处一坐。傍夕，登后院小楼乘凉，直至二更始下。将批稿各件核毕。在院中小睡，三更入室睡。酷暑侵逼，神魂不宁，梦魇两次。

十三日

早饭后清理文件。旋坐见之客三次。在竹床小睡良久。阅《通鉴》《宋宁宗》《理宗》二十三叶。习字半纸。中饭后散步甚久。阅本日文件。天气酷暑，在竹床久睡。核李朝斌不归本宗事批一件。吴竹庄送碧纱橱一架，置于上房西间。旋核稿批各簿。子密来久谈，同登后院小楼乘凉，灯后夜饭。客散后，余又登楼，直至二更方下，仍在庭院竹床上乘凉。三点入室，三更二点始得成寐。

十四日（念余窃高位大名，不能捍贼，甚忧愧）

早饭后清理文件。旋坐见之客三次。在竹床久睡。阅《通鉴·宋理宗》二十三叶。中饭后习字半纸，阅本日文件，核批札各稿。阅魏刚已所为诗，名耆，默深先生子也。在竹床久睡。得李少泉信，知胶莱河之守局不可恃，焦虑之至！傍夕，至后院小楼乘凉。夜在上房院中乘凉，久卧竹床。二更三点入室睡，尚能成寐。余性畏热，近来竟日昏睡，不能治事。念世变方殷，捻逆即将窜苏境为切肤之灾，而余忝窃高位大名，不能捍御，忧愧无已！

十五日

是日谢绝贺望之客。早饭后清理文件。在竹床屡睡。旋写李少泉信四叶，阅《通鉴·宋理宗》二十四叶。中饭后习字半纸，阅本日文件。申刻大风微雨，略能洒尘，未动檐溜，而炎焰之气为之一洗，室中清凉宜人。核批札各稿。酉刻核信稿多件。傍夕登后院小楼，与子密久谈。更初，写张子青信，至二更四点方毕。是日治事稍多，睡后亦能成寐。

附记

○青口二周案　查张

○张、蒋先单禀　○林植棠

○丁、张、胡案　○蔡、谭、○熊

十六日（朱守谟来，历诉冯邦棣之坏）

早饭后清理文件。见客三次，朱守谟坐颇久，历诉冯邦棣之坏。在竹床小睡。旋阅《通鉴·宋理宗》十八叶。鲍花潭学使来久谈。午初，出门回拜鲍学使，午正二刻归。中饭后补阅《通鉴》三叶，阅本日文件。酷暑郁闷，围棋二局。习字半纸。申正阴风，略觉清凉。核批札稿，未毕。傍夕登楼乘凉，已觉秋气袭人。夜将批稿核毕，又核信稿数件，二更后温《诗经》《离骚》，朗诵良久。三点睡。

附记

郜金崔蔚宁国县　孔荐毕差

十七日

早饭后清理文件。在竹床小睡数次。阅《通鉴》《宋理宗》《度宗》《帝显》共二十八叶。午初习字半纸。中饭后阅本日文件。围棋二局。天气郁热，累日云雷而不成雨，殊以高田为虑。核批札各稿。傍夕至幕府一坐。不赴幕中中［衍一中字］将一月矣。夜核改信稿三件，二更后阅渔洋《五古诗选》中之唐五家。三点睡，三更后略能成寐。

十八日（鸿儿将赴省乡试，为其悬虑）

早饭后清理文件。在竹床屡睡。见客，坐见者二次，立见者二次。习字半纸，阅《通鉴》《帝显》《元世祖》，共二十三叶。中饭后，坐见之客一次。阅本日文件。在室中绕屋散步，又在竹床久睡。阅《湖海文传》十馀篇。围棋二局。核批札稿。是日酷热异常，真觉金石欲流，土山皆焦。傍夕登楼，亦不觉其清凉。接澄弟等六月廿二日家信，知鸿儿将以七月初四日赴省乡试，盖未接余六月十六之信。深虑其不能完卷，或文理纰缪，见笑于人。夜，热极，不能治事，至惠甫处久谈。二更三点睡。天晴不雨者又一月矣，闻沿江亢旱，求雨甚切，忧灼之至。

十九日

早饭后清理文件。在竹床屡睡。阅《通鉴》廿三叶。午刻习字半纸。中饭后热极，得骤雨一阵，虽不甚宽广而颇觉深足，约二寸许。旋坐见之客一次。阅本日文件。至惠甫处一谈。酉刻核批札稿。傍夕登楼乘凉。夜改刘砚庄信稿，约千三百字，二更四点毕。睡，尚成寐。

二十日（本日仍酷热，余忧久旱成灾）

早饭后清理文件。见客，坐见者四次，立见者三次。小睡二次。阅《通鉴·元世祖》二十二叶。中饭后习字半纸，阅本日文件。至惠甫处一谈。在竹床久睡乘凉。围棋二局。核批札各稿。傍夕登楼乘凉。夜改信稿一件，约四百字，二更后温韩文各碑铭。三点睡。本日业已出伏，尚酷热令人难堪。闻安、庐、滁、和一带旱象已成，江宁府属高田，亦必歉收；里下河虽得中稔，不知十五日开车逻坝后为水所害否，忧系之至！

二十一日（派人分送沅弟之《船山全书》）

早饭后清理文件。见客，坐见者四次，潘季玉、朱久香谈俱〈久〉，巳正散。小睡片刻。阅《通鉴·元武宗》二十三叶。中饭后阅本日文件。天气酷热侵人，围棋二局。旋习字半纸，写李宫保信一件。将沅弟所分送各友之《船山全书》三十部派人分送。至惠甫处久谈。傍夕小睡。夜核批札各稿。旋温韩文碑志。在院中竹床小睡。二更三点入室，三更登床，炎蒸之气犹不少减。

廿二日

早饭后清理文件。见客，坐见者三次。围棋二局。阅《通鉴》《元仁宗》《英宗》《泰定帝》二十三叶。中饭后阅本日文件。热极后，阴云微雨，少觉清凉。至惠甫处少谈。写沅弟信三叶，约三百馀字，核批札各件。傍夕与子密一谈。夜接沅弟及纪鸿儿信，添沅信一叶，写儿子信二叶，二更后温《古文·序跋类》。三点睡，尚能成寐。

廿三日

早饭后清理文件。李雨亭来久坐，又坐见之客二次。在竹床小睡良久。巳正阅《通鉴》《元明宗》《文宗》《顺帝》二十三叶。中饭后，热甚。阅本日文件。在室中偃卧旁皇，不胜酷暑之侵逼。习字半纸。酉刻核批札各稿，未毕。惠甫来久坐。夜核批札稿毕，改京控案摺稿，未毕，二更后温《古文·杂记类》。三点睡，尚能成寐。

附记

○复松生信

二十四日(夜改京控案摺稿)

早饭后清理文件。见客,坐见者二次。小睡数次。阅《通鉴·元顺帝》二十四叶。中饭后酷热异常。阅本日文件。又坐见之客二次。在室中坐卧不宁,畏暑特甚。至惠甫处一谈。申正风云变色,酉刻大雨倾盆,连宵达旦,十分深透。近日江宁各属望雨极切,得此可望有年,为之欣慰;而淮安里下河一带又恐雨多堤决,为之忧系。夜核批札稿毕,改京控案摺稿,至二更四点改毕。睡后,不甚成寐。是日未正,习字半纸。

二十五日

早饭后清理文件。见客一次,旋又见客二次,衙门堂期也。出门拜潘季玉、朱久香,两处坐谈颇久。又值大雨,巳正二刻归。阅《通鉴·元顺帝》二十二叶。中饭后,阅本日文件。围棋二局。在室中偃卧良久。核批札各稿。傍夕至惠甫处久谈。夜倦甚,拟改摺稿而竟不能下笔,因在室中徘徊久之。二更后将温古文,亦以疲倦不能成诵,盖衰态也。二更三点睡,三更后稍能成寐。

二十六日(连雨三日,虑有涝灾)

早饭后清理文件。见客,坐见者六次。说话太多,疲乏已极,旋在竹床小睡。将娄县尹鋆德所呈文集一阅。午初阅《通鉴》元末明初十六叶,中饭后又阅五叶。阅本日文件。小睡片刻。改摺稿一件,约改二百馀字。傍夕与蔡贞斋等一谈。夜核批札稿。申刻会客一次,谈颇久。二更后疲困殊甚,不能更治事矣。三点睡,不甚成寐。本日又大雨。连雨三日,又虑淫涝为灾,廑系之至。

附记

○送各元卷

二十七日(令人将贡院各棚一概拆去)

早饭后清理文件。旋出门至贡院一看,令将对棚及各棚遮眼之物一概拆去,以便点名时轩敞宏阔。旋又至吴竹如处一谈,巳正归。彭丽生自苏浙回,与之一谈,又坐见之客一次。阅《通鉴辑览·明太祖》十一叶,中饭后又阅十叶。阅本日文件。疲倦殊甚,至惠甫处久谈。旋核批札各稿。傍夕与丽生久谈。夜改摺稿一件,约三百馀字,尚未毕。二更后温《古文·辞类纂》中之《赠序类》。三点睡。本日又复阴雨,天气已凉,秋色萧然矣。

二十八日

早饭后清理文件。旋赴鲍学使处,会考拔贡、优贡,出题《德不孤》二句,《子路曰:"愿车马"》二节。巳初回署。围棋二局。坐见之客一次。阅《通鉴》《明太祖》《建文帝》十五叶,中饭后又阅七叶。阅本日文件。李雨亭、魏荫庭先后来久谈。改摺稿后半,至灯初毕。又将织造各案再三检核。疲困之至,因至惠甫处一谈,而本日批稿各簿竟不能阅核矣。旋在室中偃息。二更后小睡。三点睡,尚能成寐,特以用心太过,困乏殊极耳。

二十九日

早饭后清理文件。见客,坐见者四次,立见者二次。改片稿一件,将昨日应核之稿批各簿核毕。旋围棋二局。疲乏殊甚,请开生诊脉。中饭后与丽生一谈。阅本日文件。申正,写对联八付。疲倦之至,本日不能看书。傍夕,荫亭来久谈。夜偃息,不能治一事。将摺件核对,拜发四摺、三片。三点睡,三更后稍能成寐。

## 八月

初一日

早,谢绝各客。饭后清理文件。坐见之客二次。将昨日应该批稿核毕,阅《通鉴·明成祖》二十二叶,中饭后毕。阅本日文件。鲍学使来久坐。写对联七付。又立见之客一次,坐见者一次;至惠甫处一谈。傍夕小睡。夜将本日稿批核毕,二更后温杜、韩七古。三点睡。是两夜服补药一帖。

初二日(至学院处会考帘官)

早饭后清理文件。见客,坐见者一次,立见者一次。出门至学院处,会考帘官,出题《有教无类》两章。巳正归署。见客,立见者二次,坐见者三次。写叶亭信一件,阅《通鉴·明成祖》十一叶。中饭后阅本日文件。见客,坐见者三次,立见者二次。说话太多,疲乏之至。傍夕与贞斋等一谈。夜核批稿各件,二更后毕。劳困殊甚,心若粉碎,气若不能接续者。三点睡,尚能成寐,五更醒。

初三日

早饭后清理文件。见客,坐见者三次。写沅弟信一封,改陈松生信,又添一叶,阅《通鉴》《明仁宗》《宣宗》十一叶。小睡片刻。午刻,魏荫亭来久坐。中饭后阅本日文件。坐见之客二次。围棋一局。写对联四付、挽幛一付。潘伊卿来一谈。傍夕与客登后楼。旋小睡片刻。夜核批稿各件,二更后毕。眼蒙殊甚,不能治事。三点睡。

初四日(山东胶莱河之防被贼突破)

早饭后清理文件。见客,坐见者二次,立见者一次。接咨文,知山东胶莱河之防被贼溃围冲出,焦虑之至!阅《通鉴》《明宣宗》《英宗》二十三叶。中饭,清魏荫亭、熊秋白等便饭。阅本日文件。疲倦殊甚。将考帘卷阅看数本。写信与鲍学使。李雨亭来久坐。剃头一次。傍夕登楼一看。见客一次。夜核批札各稿,二更后将《张皋文词选》二卷一阅。三点睡,三更后成寐。

初五日

早饭后,司道接见,谈颇久。旋至贡院演试新作灯旗,四处周视良久,巳初归。清理文件。见客,坐见者一次,立见者二次。阅《通鉴》《明英宗》《景帝》二十二叶。中饭后阅本日文件。明日,主考来本署入帘宴,照料委员等铺设诸物。写澄弟信一封,约四百馀字。至惠甫处一谈。旋又与子密久谈。傍夕小睡。夜核批札各稿,二更后阅《张皋文词选》二卷,略为讽诵。三点睡,五更醒。

初六日(主考来本署入帘宴)

早饭后清理文件,阅《通鉴》《明景帝》《英宗》十二叶。辰正,鲍、朱两学使来;巳初,刘镌山通副有铭、王玉文编修荣琯两主考来。余与学使、司道在大堂迎接,恭请圣安。旋陪至二堂,当中平列五席,两边八字分列七席,司道陪坐。因系斋戒期内,人帘宴无酒肴,仅有果碟。献茶三道毕,陪主考至花厅小叙,更换朝衣。旋又至大堂谢恩,望阙行三跪九叩礼。主考、学使复至花厅小坐。即送之入贡院,送朱学使回公馆,午初毕。又阅《通鉴》十一叶。中饭后阅本日文件。小睡片刻。酉刻核批札各稿。旋与惠甫久谈。傍夕小睡。夜改少泉信稿一件,二更后温韩诗七古。疲困殊甚,三点睡。四更三点醒,五更后又略成寐。

附记

○宋撤委　○朱、吴中秋

○复彭书交熊　○朱、欧信寄

初七日(接奉廷寄,严旨少泉咎重)

五更二点起,至文庙丁祭行礼,辰初归。早饭后清理文件。见客,坐见者一次,立见者一次。前日会考之拔贡、优贡俱来禀见,分作两次接见。阅《通鉴》《明英宗》《宪宗》七叶。陈作梅来久坐。倦甚,小睡。中饭后阅本日文件。熊秋白来久坐。小睡半时。接奉八月初二日廷寄，严旨诘责少泉，有"糜饷殃民，其咎甚重"等语。写对联八付。至惠甫处久谈。小睡片刻。夜核批札各稿，核信稿一件，二更后诵《古文·识度之属》。三点睡，尚能成寐，五更醒。

附记

○书银、吴信寄扬　○仲仙信托事

初八日（是日贡院点名）

早饭后清理文件。旋见客一次，谈颇久，又立见之客一次。阅《通鉴·明宪宗》二十三叶。午刻核信稿二件。中饭后阅本日文件。是日贡院点名，屡派人看视。因新添高竿灯旗，全不拥挤。惟点进时甚为迟延，自寅初至未正仅点一半，因两次写信催之。自申刻至亥正，比前半较为迅速，三更点毕封门。申正核批札各稿，未毕。傍夕登楼一览。夜又核稿，至二更始毕。疲倦殊甚。朗诵。三点睡。

初九日

早饭后清理文件。旋阅《通鉴》《明宪宗》《孝宗》二十叶。巳初至太平门请吴竹如、朱久香同看荷花，至长洲、新洲登岸，在民家小坐。该处二洲中又有小湖，上有小山。旋回船。午正，骄阳正炽，燥热殊甚。未初在城楼中饭，久香学使即席作七律一首。申初席散，回署。阅本日文件。申正，李雨亭来久坐。闻贼已于廿八日至赣榆，入江苏境，焦灼之至。至惠甫处一谈。夜核批札稿，二更后核信稿一件，约改三百馀字。三点睡，三更二点成寐。

附记

○松信钞吴稿

初十日（至教场考验都司一员）

早饭后见客一次，谈颇久。清理文件。又立见之客一次。又至教场考验都司一员。阅《通鉴·明武宗》十八叶。陈虎臣来久坐。中饭后至将军处赴宴，将军与织造二人公请也。未正，将所造书画取出赏玩。陪客为周缦云、李小湖两山长。旋入席，罗列珍羞，在近年之金陵为罕见矣。酉正始散，到家已上灯时候。阅本日文件。旋核批札各稿，二更三点粗毕。睡后幸能成寐，四更末醒。

十一日

早饭后清理文件。旋见客，坐见者三次，陈作人、汪梅村谈颇久。阅《通鉴·明世宗》二十三叶。午刻，作梅来一谈。中饭后清理本日文件。天气炎燥，不能治事，至惠甫处一谈。贺胜臣自京师归，阅京信及邸报等件。写信一件，复朱学使，核批札稿未毕。傍夕登楼乘凉。夜核稿毕，二更后温《系辞》上下传，似有所会。三点睡，五更醒。

十二日

早饭后清理文件。旋见客，立见者一次。晏同甫、彭雪琴先后来久坐。写沅弟〈信〉一件、陈生信一件，添尧阶信二叶，三共约五百字。赵蔗泉来一谈。本拟作彭丽生尊人之墓表，因天气太热，不能下笔。阅《通鉴·明世宗》十三叶。中饭后，坐见之客一次，立见者一次。阅本日文件。酷热如前三伏，时在竹床小睡。围棋二局。李凤章来久坐。傍夕登楼乘凉。夜核批札各稿，二更后疲乏殊甚，在竹床小睡。三点睡。

十三日（拟作彭丽生墓表）

早饭后清理文件。旋见客，坐见者一次。围棋一局。次局未终，彭宫保来久坐，直至中饭后，余不能久陪，中在竹床小睡一次。又坐见之客二次。未刻阅本日文件。燥热殊甚，不能治事，在竹床久睡。申正核批札，酉正毕。写扁字十馀个。傍夕与丽生等久谈。夜热甚。二更后拟作墓表，甫起草三四行，即二更三点矣。睡后，尚能成寐。五更醒，旋又小寐。

十四日

早饭后清理文件。坐见之客一次。作彭太翁墓表。天气热甚，在竹床屡睡。中饭后阅本日文件。又作墓表，至酉刻未毕。登楼乘凉。夜核批札各稿，二更写复朱学使信。烦热疲乏，不复能治事。三点睡，不甚能成寐。

十五日（腹稿将墓表及铭辞作毕）

早，谢绝各贺节之客。饭后见客一次。旋出门拜客，彭雪琴、晏彤甫二处，巳正始归。雪琴旋来一坐。午正又作墓表数行。中饭，清蔡贞斋等小酌。饭后阅本日文件。天气奇热，在竹床屡睡。不少成寐，头稍昏晕。申正后疲甚，不能治事。旋将本日稿批各簿核毕。酉正二刻请幕府诸友，在楼上置酒。月出已高，为云所掩，势将雨而未成，凉风颇劲，稍息炎蒸之气。一更五点散。二更后又作墓表数行，未毕。三点睡，久不成寐。燥热异常。三更后，在枕上思及墓表，反复不辍。昔在京每作诗文彻夜不眠，今又蹈此病矣。旋腹稿将墓表及铭辞作毕。四更二点始得成寐。

十六日

早饭后清理文件。旋见客，坐见者三次，立见者三次。将夜来文稿缮出。巳正阅《通鉴·明世宗》廿一叶。中饭后阅本日文件。雪琴来畅谈。是日余请雪琴便饭，朱久香请余与竹如便饭，约移酒肴至余署。因议定余与朱二人为主，吴与彭二人为客。申刻，朱因痔病不能来，使人送肴馔，余与吴、彭三人共饮，申正入坐，酉正散。散后，登楼乘凉。灯后客去。余至惠甫处一谈。旋核批稿各簿毕。疲倦殊甚，二更后小睡。三点睡，幸能成寐。

十七日

早饭后清理文件。旋见客，坐见者三次。阅《通鉴》《明世宗》《穆宗》。又坐见之客二次。阅书共二十一叶，中饭后毕。旋阅本日文件。雪琴来辞行，久观余写扁，又请余作渠祠中扁联，书之。魁将军来一坐。雪琴至灯时始去。夜核批稿各簿。二更后小睡。三点睡，三更二点成寐。

十八日（梦先大夫之灵柩将发而被阻）

早饭后清理文件。见客，坐见者三次。阅《通鉴》《明穆宗》《神宗》二十七叶。中饭后阅本日文件。李雨亭来一坐。写朱久香复信一件。申正围棋二局。核批札各簿。傍夕至幕府久谈。夜，疲乏殊甚，阅欧阳公、王介甫所为墓铭至二更三点睡。四更三点醒，旋又成寐。梦先大夫之灵柩将发引，而为数百红桌凳所拦阻，不得出门，又未将大杠早为修整，仓卒恐不成礼，忧恐而醒。

十九日

早饭后，清理文件。见客，坐见者二次。围棋二局。阅《通鉴·明神宗》二十三叶。中饭后，与惠甫一谈。阅本日文件。朱久香翁来，久谈。核批稿各簿，未毕。小睡。夜，核批稿毕，核信稿一件。二更后，阅王介甫“墓铭”数首。三点睡，屡寤屡寐。

附记

丁信荐俞院　应信托俞子

二十日（是日风寒阴雨，秋色苍然）

早饭后清理文件。坐见之客四次。围棋二局。惠甫来一谈。阅《明史·神宗》十七叶。中饭后阅本日文件。丁雨生自苏州来，未正晤谈，直至酉末方散。舌端蹇涩，深以多言为苦。傍夕小睡。夜核批稿各簿，二更后，阅欧阳公碑铭，朗诵数首。三点睡，五更醒。是日风寒阴雨，秋色苍然矣。

附记

两论沙田事倪　漕折酌减事

廿一日

早饭后清理文件。坐见之客二次。围棋二局。阅《通鉴·明神宗》二十七叶。至惠甫处一坐。中饭后阅本日文件,未毕。丁雨生来久谈。旋将文件阅毕。精神疲困,若不胜事者,又至惠甫处一坐。戴子高来一谈。核批稿各簿,未毕。傍夕小睡。夜将批稿核毕,又核信稿数件,二更后温《古文辞〈类纂〉·序跋类》。三点睡,四更四点醒。

廿二日(本日因食腐乳而大吐)

前闻彭丽生言,用驴皮胶蒸老母鸡,服之七八次,而积年阴亏虚弱之症全愈。余以未能熬黑驴皮胶,昨日买龟胶蒸母鸡服之。汤太浓而胶太腻,午饭、夜饭两次食之太多,胸膈间已觉作恶。又向来恶食腐乳,本日早饭因食腐乳而触动昨日胃膈,遂大呕吐,不适者良久。围棋二局。阅《通鉴》《明熹宗》《庄烈帝》廿七叶。中饭后,丁雨生来署小住,与之畅谈。阅本日文件,写纨扇一柄,写沅弟信一件,核批稿各簿,未毕。坐见之客二次。傍夕小睡。夜核批稿毕,温《古文·碑铭类》。疲乏之至,二更三点睡。

廿三日

早饭后清理文件。与雨生一谈。围棋二局。出门拜朱久香学使,巳正归。阅《通鉴·明庄烈帝》数叶。李雨亭来,与雨生同中饭。饭后阅本日文件,阅《通鉴》又十馀叶。疲倦殊甚。买《六十家词》一部,翻阅一过。至惠甫处一谈。核批稿各簿。傍夕小睡。夜阅苏、辛及晏小山各家词。二更后倦甚,小睡。三点后睡,不甚成寐。

附记

○叶亭信买小信封　○藕龄信

○皮小龄信言报销事

廿四日

早饭后清理文件。与雨生一谈,渠即日归去。旋坐见之客四次。围棋三局。又阅《通鉴·明庄烈帝》二十叶。疲倦之至。又坐见之客一次。中饭后阅本日文件。愈加疲乏,盖昨夕不甚成寐,而本日下棋太多,遂觉委顿不堪。见客,坐见者一次,立见者一次。至惠甫处一谈。在室中偃仰久之,将改摺稿而不能下笔。傍夕小睡。夜核摺稿一件,核批稿各簿。二更后小睡。三点睡。

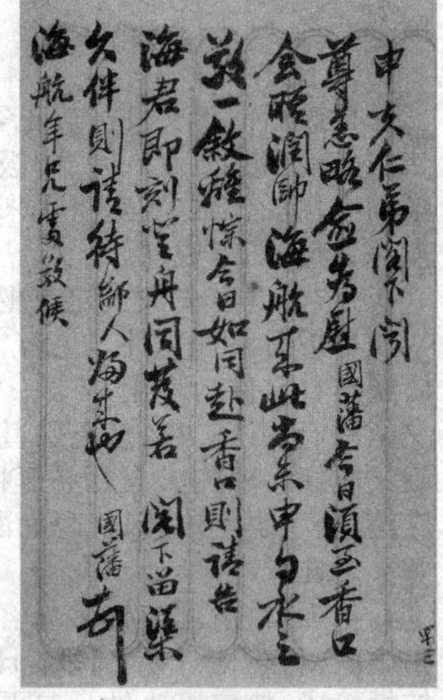

曾国藩书法

二十五日(拟修祠令三祠并列)

五更二点起,至昭忠祠行礼。礼毕,即与司道在祠早饭。饭后,遍阅祠中。将就倾圮,拟拆后四栋,改修两进两厢;又拟于东边修金陵官绅昭忠祠,祀向、和部下将领及扬州、镇江两军之死事者,癸丑破城官绅之殉难者;又于西边修楚军水师昭忠祠。三祠并列,庶春秋祀典可垂永久。巳初回署。见客,坐见者一次。核信稿二件,阅《通鉴·明庄烈帝》二十叶。中饭后,宋国永来久谈。阅本日文件。至惠甫处一谈。申正后倦甚,小睡极久。夜核批稿各簿,核信稿二件,二更后阅《易学启蒙》,温《古文·识度之属》。三点睡,屡寐屡寤。

二十六日

五更三点起,至大程子祠行礼。礼毕,至新造之布政司衙门看视工程,归。早饭后清理文件。见客一次,围棋二局。阅《通鉴·明福王》十一叶。中饭后阅本日文件极多。至惠甫处一谈。魁将军、李小湖、吴竹如先后来谈极久。写王叶甥信一件,写对联九付。暝时,至贞斋处一谈。小睡片刻。夜核批稿各簿,二更后阅稼轩词。疲困已极,三点睡。

二十七日(老来记性愈坏,掩卷仍自茫然)

早饭后清理文件。坐见之客三次,立见者一次。围棋二局。阅《通鉴·明福王》十三叶。《通鉴辑览》自宋初至明末阅毕。自六月十六日起,至是七十一日矣。老来记性愈坏,掩卷仍自茫然。中饭后阅本日文件。朱久香来谈最久,申末去。写对联五付。与贞斋等一谈。傍夕小睡片刻。夜核批稿簿极多,改告示稿一件,二更后温古文数首,高声朗诵。眼蒙殊甚,不能开视。三点睡。

二十八日(廷寄有责少泉处,于余亦有微辞)

早饭后清理文件。见客,坐见者三次,立见者一次。围棋二局。拟阅《五礼通考》,而惮其难。旋小睡片时。中饭后阅本日文件。至惠甫处一谈。写对联五付、挂屏一幅。见客,坐见者三次,倪豹岑谈颇久。傍夕小睡。夜核批稿各簿,又核信稿一件,改四百馀字,二更三点毕。温韩、欧七古十馀首。四点睡。接廿二日廷寄,责少泉处辞气殊为峻厉,于余亦有微辞。又闻人言,淮勇近日骄惰骚扰,实不可用。大局日坏,而忝居高位,忧灼曷已!

附记

○沅信寄朱书交宋

二十九日(始阅《五礼通考》)

早饭后清理文件。见客二次。围棋二局。阅《五礼通考》卷首序例及作述源流三十一叶,写沅弟(信)三叶。午刻在室中偃仰少息。又坐见之客一次。中饭后阅本日文件,写对联九付。至子密处一谈。核批稿簿,未毕。坐见之客一次。至惠甫处一谈。傍夕小睡。夜核批稿毕,核信稿十馀件,二更二点粗毕,小睡。三点睡,三更后成寐。

附记

○朱托盐官朱　○买碗　○借张书

○送刘赙　　　○寄丹阁叔奠

三十日

早饭后清理文件。坐见之客一次。围棋二局。出门拜客,朱久香、吴竹如、李小湖三家皆久谈,本日遂不能看书。午正二刻归。中饭后阅本日文件极多。倦甚,至惠甫处一坐。陈虎臣来一谈。写对联九付。酉刻剃头一次。傍夕小睡。夜核批稿各簿,核信稿五件。疲乏殊甚,静坐片刻。二更三点睡,甚能成寐。醒已五更二点矣。

## 九月

初一日

早饭后,谢绝各客。辰正。鲍华潭来久坐。围棋二局。巳正改信稿一件,约改四百字。午初阅《五礼通考》中《礼经述作源流》。中饭后阅本日文件。至惠甫处一谈。写对联九付。至蔡贞斋、钱子密处先后晤谈,疲甚,不愿治事故也。夜核批稿各簿,又核信二件,约改四百字。二更后倦甚,上床小睡。三点睡,屡寐屡醒,体中总觉孱弱,不能自适。

初二日(与友至妙相庵小饮)

早饭后清理文件。旋见客,坐见者三次。阅《五礼通考》卷首《礼制因革》十四叶。巳初出门拜鲍华潭,久谈。旋至久香学使处,因渠子逌然得顺天分房差,戏索喜酒,渠即请余与竹如、豹岑、孝凤同坐船至妙相庵小饮也。由南门登舟经过贡院、东水关、复成桥等处，约舟行十里馀，至通贤桥登岸，又陆行二里许至妙相庵中饭，申初归。阅本日文件。写祭幛二件、对联二付。与贞斋、惠甫等先后一谈。傍夕小睡。夜核稿批簿，甚觉劳心。二更后，不复能治事，登床小睡。三点睡，直至五更方醒。

初三日

早饭后清理文件。坐见之客一次。拜本，行三跪九叩首礼。围棋二局。出门至刘伯山家作吊，巳刻归。改信稿三件，阅《礼制因革》十三叶。吴竹如来久谈，至未正方散。中饭后阅本日文件。至惠甫处一谈。申正写对联十付。欲治他事，而天已暝矣。小睡半时。灯后核批稿各簿。温《古文》论著类、词赋类，朗诵十馀首。小睡片刻。二更三点睡，屡醒屡寐。天气燥热，体中觉小有不适。

初四日（闻李雨亭生一毒，殊以为虑）

早饭后清理文件。见客一次。围棋二局。改信稿十馀件。午初阅《礼制因革》《圜丘祀天》二十叶。请万石臣吃便中饭。饭后阅本日文件。至惠甫处一谈。写扁字十馀字。至挚甫处久谈。傍夕小睡。夜核批稿各簿。温《汉书》公孙贺、杨王孙等传。倦甚，小睡。二更三点睡，屡寐屡醒。闻李雨亭生一毒，甚剧，殊以为虑。

初五日

早饭后清理文件。见客，坐见者三次。旋至箭道考验。围棋二局。写澄弟信一封，改信稿四件。午初阅《圜丘祀天》二十叶，至未正止。阅本日文件。至惠甫处一谈。渠近作《书怀》五章，又录旧作词十调见示，皆才人之笔也。旋又写扁、对十馀件。傍夕至贞斋处一谈。小睡片刻。夜核批稿簿甚多，温《汉书》二卷。二更三点睡，三更后成寐。

初六日

早饭后清理文件。见客一次。旋出门至雨亭处看病，渠于小腹左股间生一毒，名曰股阴疽，其势甚重。巳刻归。围棋二局。又坐见之客二次。甫看《圜丘祀天》。而牙疼殊甚，不能治事，在室中徘徊偃仰而已。中饭后阅本日文件。至惠甫处久坐。因牙疼，不敢用心，写对联六付，又至幕府一谈。傍夕小睡。夜核批稿各簿，温《汉书》二卷。二更三点睡，不甚成寐。

初七日（今年三月所许痘神庙至是落成）

早饭后清理文件。见客，坐见者三次。围棋一局。法国天主教司铎雷遹骏来，坐谈片刻。辰正出门，至痘神祠拈香，今年三月所许新修之庙至是落成。其庙与吴竹如住宅相接，旋至吴处晤谈，午初二刻归。阅《圜丘祀天》十四叶。中饭后阅本日文件。周缦云来久谈。旋又与惠甫一谈。写对联五付、寿幛一幅。天气阴雨，接沅弟及李筱泉信，襄河大水成灾，气机甚为不顺，而群捻久萃海州一带，势将窜入里下河，殊深焦虑。旋与子密久谈。傍夕小睡。夜核批札各稿甚多，二更温《古文·识度之属》，朗诵数首。三点睡，夜长睡早，反不得熟睡，老态往往然也。

初八日

早饭后清理文件。见客，坐见者一次。立见者一次。围棋二局。添黄莘农信二叶、文辅卿信二叶，写郭云仙信三叶，未毕。午初方看书二叶，而牙疼殊甚，因至惠甫处久谈。午正二刻，请鲍花学使小宴，山长三位陪之，至申初散。阅本日文件。申正写对联六付。至子密处一谈。又添写云仙信二叶毕，约共五百字。夜核批稿各簿，二更后温《古文·识度之属》。眼蒙，不能看字，因默坐背诵杜诗七律。是日接澄弟及纪泽等七月廿六日信。三点睡，尚能成寐。

初九日（拜倪豹岑之祖母寿）

早饭后清理文件。坐见之客一次。倪豹岑之祖母九十寿日，前往拜寿吃面。归。坐见之客四次，曹西垣、朱久香谈均久。说话太多，倦甚，不能治事。中饭后阅本日文件，改信稿二件，写沅弟信一件。至惠甫处一谈。晡时，登台一览，小睡片刻。夜核稿批各簿，二更后，将温古文而小有不适。晡时食二梨，觉腹中不胜生冷者，遂不复治事，在室中徘徊良久。三点睡，幸能成寐，五更方醒。

初十日（惠甫劝余接家眷来署）

早饭后见客，坐见者三次，衙门期也。旋围棋二局。阅《圜丘祀天》二十叶。中饭，请惠甫便饭，渠将赴湖北也。阅本日文件，写对联八付，核批稿各簿，核信稿十馀件。傍夕至子密处一谈。夜，惠甫来久谈，力劝余接全眷来署，一则万无新开缺仅驻防一处之理，一则湖南必非安静之土。反复详言，颇多中肯之处。余深恐妻子从官既久，将来即不还故里，轻去其乡，而于渠所言亦深以为然，辗转不能自决。二更后朗诵《易·系辞》。三点睡，四更四点醒，不复寐。

十一日

早饭后清理文件。见客，坐见者一次，立见者二次，辰正，至南门外西洋炮局观制造各机器，皆用火力鼓动机轮，备极工巧。其中如造洋火铜帽，锯大木如切豆腐，二者尤为神奇。午初归。阅《圜丘祀天》十八叶。中饭后阅本日文件。坐见之客一次。习字一纸。写对联七付。至惠甫处一谈。傍夕小睡。夜核批稿各簿。二更后倦甚，喉间若不适者，因闭目静坐片刻。三点睡，三更成寐，四更四点醒，旋又稍寐。

十二日

早饭后清理文件。见客，坐见者三次。说话太多，已觉疲困，又因浮热，喉间微疼。围棋二局。又坐见之客一次，尤觉乏甚，不能治事，在室中偃仰良久。中饭后阅本日文件，改信稿二件，约改四百馀字，又亲书丁雨生信一叶。至惠甫处一谈，李采臣运使来一谈。写对联四付。傍夕，登台与惠甫论后院太宽，将来若作花园，经营凿池堆山种树造屋之所，惠甫因绘一图。夜核稿批各簿。二更后倦甚，不能治事，静坐颇久。三点睡，四更四点醒。

十三日（入贡院写榜）

早饭后清理文件。辰正入贡院。是日与写榜，余与鲍花潭监临，朱久香学使俱入内帘。巳初写榜，至午正写一百名，即吃中饭。饭后，余与久香学使倦甚，即在内监试房中小睡，填至一百四十名始再出上座。共二百八十五名，至灯初填毕。又吃夜饭，饭后，余与久香又小睡。外间填副榜，共四十七名。将毕时，余二人始再归座，旋将五魁填毕。解元颜驯，系扬州人。亥正二刻，一律事毕。又候二刻，至子初始行放榜，余随榜出闱。三更二点睡，五更二点醒。

十四日

早饭后，清理文件。见客一次，谈颇久。围棋二局。旋又见客三次，蒋莼卿、黎莼斋谈均久。倦甚，气若不能属者，因不复治事。至惠甫处一坐。中饭后阅昨日及本日文件。又坐见之客一次。核昨日批稿各簿。傍夕小睡。夜核本日批稿各簿。试将榜上某府中若干名一数，数过五府。二更后温《古文·趣味之属》。三点睡。天气燥热，连日体中小觉不适，每饭常欲呕吐。

十五日（明年与英换和约，余加签条呈）

早间，谢绝贺望之客。饭后清理文件。坐见之客一次。围棋二局。在室中偃仰良久。午初核通商稿件。明年与英吉利换和约，令各关将应行筹议之事分条拟呈，而余加签于其上。至未正二刻，将沪关应道之册核毕。阅本日文件。至惠甫处久谈。坐见之客一次。写对联七付。天气燥热异常，几欲尽脱汗衣，登楼乘凉。旋至幕府一谈。核批稿各簿。傍夕小睡。夜温《诗经》二十馀篇。二更三点睡，竟夕不能成寐，不知天气太燥与？体中有疾与？

十六日（出门拜两主考）

早饭后清理文件。立见之客一次。两主考及朱学使先后来拜，谈均久。天气燥热，体中殊觉不适，在室中偃仰良久。阅《圜丘祀天》二十叶。午正，坐见之客一次。中饭后阅本日文件。旋出门拜两主考，申正归。核批稿簿甚多。与惠甫一谈。傍夕小睡。夜核摺稿一件，二更毕。因翻卷稍多，疲甚，不复能治事，略温杜诗五律。三点睡，幸得佳眠，五更方醒。

十七日

早饭后清理文件。旋改信稿一件、摺片稿三件。见客，坐见者四次。巳正，鲍、朱两学使来，午初，刘、王两主考来，司道及十八房皆来，在署鹿鸣宴。新举人仅到二名，副榜一名而已。午正二刻散。中饭后阅本日文件。坐见之客一次，旋与惠甫久谈。申正，方拟治事而天阴，窗间已暝黑矣，小睡半时。夜添少泉信二叶，核批稿各簿。二更后困倦殊甚，鼻塞，腹上发热，又时咳嗽，盖伤风也。三点睡，三更成寐，四更末醒。

十八日（纪瑞侄文笔松秀，当为科目中人）

早饭后清理文件。围棋二局。惠甫来看予病，久谈，旋又至幕府久谈。拜发慈禧皇太后万寿本，又发四摺、六片。天气阴雨作寒，鼻塞发热等症未愈。中饭后阅本日文件。李小湖、吴竹如先后来，均在上房见之，谈甚久。在室中偃仰良久。傍夕小睡，直至二更三点始起，脱衣再睡。热尚未退，野梦颇多。五更醒，不复能卧矣，即在床上久坐，直至天明。是日接纪瑞侄信，寄到三文一诗，文笔松秀，当为科目中人，为之一慰。

十九日

早饭后清理文件。病势稍加，竟日不能治一事。辰刻，庞省三来上房一坐。因有京察案须过堂，请渠来代为过堂也。下半天见客一次，馀均在床偃卧时多。请惠甫看脉举方，傍夕服药，二更后稍觉轻减，出汗少许，发热头疼等症均愈，惟咳嗽未愈。三次吃饭，各吃稀粥锅粑之类。未刻阅本日文件，惟批稿各簿则两日未核矣。

二十日

早间，觉病比昨日较松。饭后清理文件。请惠甫看脉。围棋二局。又服药一次。午初核九江、江汉等五关条款。因派孙道士达进京，不能再迟，故勉力核正，约一时之久。未关窗户，微觉受风。中饭后阅本日文件。陈作梅来一谈，李眉生来久谈，遂觉疲困已极，坐卧不宁。夜再看脉，二更后服药。竟夕不能成寐，咳亦竟夕不止。四更时，上身出汗颇多，然未能解散表邪，但觉病势已增，深以为苦。

二十一日（得见《湖南题名录》）

早饭后清理文件。见客一次。请刘竹汀来看病，即上半年为纪鸿儿看出痘症者也。主方服附子、干姜之属。服药后，屡次睡卧。中饭后阅本日文件。旋又屡睡。是日睡时极多，坐时甚少，惟见子密一次，见惠甫四次，见孙士达等一次。接沅弟信，得见《湖南题名录》，湘乡中者三人。夜饭粥一碗、锅粑一碗。旋又久睡。二更三点脱衣睡，尚能成寐。病似少减。

二十二日

早饭后清理文件。见客一次。旋刘彤皆、朱久香先后来，皆久坐。幕府诸人来看病，先后一坐。在室中偃仰久之，不敢竟卧。午刻服药一次。中饭后阅本日文件。旋核五日内积压之批稿簿，约一时许核毕。潘伊卿来一坐。写沅弟信一封。傍夕，惠甫来久谈。夜静坐，不能治事。两日来服附子、干姜等药，微嫌其燥，咳嗽屡作不止。二更三点睡，竟夕咳嗽不停，偶尔成寐，遘一恶梦，顷刻而醒。中间披衣坐半时许，馀皆转侧咳嗽，甚以为苦。

二十三日（奉发预筹具奏）

早饭后清理文件。旋围棋二局。咳嗽不止。坐见之客一次。午刻，请竹如来诊，开方甚好，余畏服药，遂不服之。中饭后，惠甫来谈。旋阅本日文件。又坐见之客二次。因咳嗽，勉强静坐数息，果有效验，可停一二刻不咳。静坐良久，间以偃卧，直至灯时，觉咳疾微减矣。夜饭后接奉廷寄，言明年各国换和约，令各省预筹具奏。惠甫来久谈。旋阅《左传》三本。二更三点睡，尚能成寐，五更醒。

二十四日

早饭后，清理文件。围棋二局。局罢，咳嗽殊甚，在室中散步良久乃稍定。见客，坐见者一次。将《左次[传]》七、八、九三本一阅。中饭后阅本日文件。李眉生来久谈。咳嗽不止，在室中往来行走。是日早饭、中饭皆吃稀粥一碗、干饭大半碗，夜饭则专吃稀粥。惠甫来久谈。旋核批稿各簿，二更二点止，尚未完毕。三点睡，竟夕不能成寐。咳嗽不止，三更二点，即穿衣起坐。嗣后屡坐屡睡，展转不安。咳嗽太多，舌枯异常，起吃开水者二次。昨日、今日坚不服药，意病势或可渐减，不谓今夜狼狈若此，殊深焦灼！

二十五日（新买《御选语录》）

早饭后清理文件。在室中偃仰久之，咳嗽不断，竟日不作一事，时卧时起而已。惠甫诊脉，言外感而肺家受有风邪，固咳嗽之所由来；阴虚而用心太过，心火上灼，肺金受克，亦病源也。二者必须兼治，固须服疏散之剂以祛寒邪，亦不可用燥上之品使阴分益亏。余深以其言为然。盖余自中秋前后久觉心火上炎，肝脾俱若受伤，此次风寒虽发于肺家，而自觉脾家亦已有病，故饮食俱不知味。中饭后，眉生搬寓署中，与子密先后来谈。惠甫来谈，辞行，将赴武昌沅弟署中。申刻，静坐数息片刻，旋服惠甫方药。竟日咳嗽，至酉刻稍减。夜饭后偃卧良久。新买《御选语录》，阅之则眼疼殊甚。二更三点睡，幸能成寐，四更四点醒，旋又略寐。咳嗽十馀声，尚不甚剧。是日巳刻改信稿一件，未刻阅本日文件。

二十六日（是日竟不甚咳嗽，病将愈矣）

早饭后清理文件。两主考来辞行，即在卧室中见。朱久翁来久坐，其长子朱朗然与第三子新举人朱衍绪皆来一谈。在室中偃卧行走，不治一事。咳嗽时作，尚不甚剧。中饭后，阅本日文件新买《御选语录》，偶一翻阅。眉生、莼斋先后来谈。写对联四付。咳嗽较上半天又减，静坐数次。夜饭后，将屡日批稿簿一核。二更后在室中行走。三点睡。是夕竟不甚咳嗽，病将愈矣。五更醒。

二十七日

早饭后清理文件。与眉生久谈，邵二世兄来一谈，又坐见之客三次，谈均久，遂若疲乏之至。午正登床一坐，又觉发热，中饭时食又不知味。旋阅本日文件。静坐良久，至申正始觉病体轻减。核批稿各件。子密来一坐。夜又核批稿。旋温读杜诗五律，又温《古文·奏议类》，高声朗诵。病后声略沙澌[嘶]，气不甚属，然已能成声，知外感将去尽矣。二更三点睡，颇得佳眠，五更醒。

二十八日（今尤觉喘不可遏，此老境之最著者）

早饭后清理文件。见客，立见者一次，坐见者三次。尚在上房，未衣冠也。巳正登床静坐。近来微觉气满，若有气从胸膈上逆作喘者，此次感冒咳嗽，尤觉喘逆不可遏抑，此老境之最著者。午初阅《五礼通考·西汉郊祀》一卷廿馀叶。中饭后阅本日文件。未正核信稿四件。申正写对联三付。潘伊卿来一谈。傍夕静坐。夜核批札稿，阅《汉书·谷永传》，二更后温《古文·识度之属》。三点睡，五更醒。连夕皆得佳眠，病自此大愈矣。

二十九日

早饭后清理文件。旋坐见之客二次，又与眉生久谈。巳正静坐数息。午初阅东汉至宋《祀天》一卷二十叶。中饭后，因病已大好，出至外层与眉生久谈。旋阅本日文件。又坐见之客一次。核改信稿四件。申正写对联四付。旋又静坐数息，约半时许。夜饭后核批稿各簿甚多。眼蒙殊甚，几于一无所见，遂闭目不治一事，衰老甚矣！二更三点睡，尚能成寐，五更醒。

## 十月

初一日（温诵韩文有所心得）

早饭后清理文件。见客，坐见者三次，谈均久，又与眉生久谈。午刻阅《齐梁祀天》十五叶。又坐见之客一次。中饭后再与眉生一谈。阅本日文件，核信稿多件。坐见之客二次。说话太多，倦甚。本日在中厅会客，又至楼上一望，晡时若仍发热者，不知何以孱弱若此！闭目静坐良久，乃得少安。夜核批稿各簿。旋温韩文，高声朗诵十馀首，似有所得。大约古来诗家、文家、书家皆有所谓笔阵者，厚蓄于阵之初，而不必究极于阵之终，阵将酣时又已另作变态矣。二更三点睡，屡醒屡寐。

附记

〇久翁：对一、〇百金

〇三世兄：四十金

初二日

早饭后清理文件。坐见之客三次，旋与眉生久谈。午初，朱久翁来，渠之三子衍绪新中浙江乡试，余前阅文，决其必中，索饮喜酒，本日渠治具就余署设宴也。午正，吴竹如来，饮至申初二刻方散。余病新愈，饮啖颇多，疲倦殊甚。阅本日文件。晡时，改说帖稿一件，旋静坐二刻许。夜饭后核批稿各件，二更毕。疲困之至，闭目久坐，昏息衰迈可叹也！作对一首送朱久香。三点睡，甚能成寐。

初三日（疲乏之至，深觉衰老不堪任重）

早饭后清理文件。见客，坐见者二次，立见者一次。旋至箭道考验武员。又坐见者[衔者字]之客三次，张友山、李质堂谈均甚久。写沅弟信一件，四叶。又坐见之客一次。与眉生、质堂久谈。倦甚。写对联六付。中饭后，吴竹如来久谈。阅本日文件。魁将军来一谈。写直幅一件，约百馀字。傍夕，疲倦殊甚，静坐三刻许。夜饭后核批稿各件，至二更后毕。困乏，不能治事，斜倚椅上，深觉衰老不堪任重。三点睡，四更四点醒，旋又成寐。

初四日

早饭后清理文件。旋坐见之客二次，立见者二次。围棋二局。又坐见之客一次。出门拜朱久香，送行。又至雨亭处一坐，午刻归。见客，坐见者一次，立见者一次。中饭后与眉生、质堂久谈。阅本日文件。又坐见之客一次，立见者一次。写对联五付、挂屏一幅，约百馀字。与子密一谈。料理一切，明日将入武场校射。剃头一次。夜核批稿各件。二更后，阅《江醴陵集》。三点睡，竟夕不甚成寐，幸病已全愈，不甚以为苦。

初五日（至小教场为武乡试监临）

早饭后出门，至小教场为武乡试监临。主试亦仿主考入闱之式，仪从颇盛。率文武先祭关帝，行三跪九叩礼；旋祭大纛，行三叩；旋入内厅少息。巳初升坐。中闱，余与李质堂军门朝斌会考，杜小舫协阅；东闱，庞省三与周汉英会考，潘伊卿协阅；西闱，王晓莲与朱永发会考,杨子穆协阅。甫看旗生十馀人,而发马迟缓异常。细查,则马道之下有水,面上浮泥甚软。铺以老糠,垫以煤渣,而马之怯如故。乃暂停不考,调湘勇队另修一新马道,约两时之久而成。未正乃续行校阅,至申正二刻止,仅校阅一百人耳。当停考之际,余阅《瀛寰志略》四十叶。盖久不看此书,近阅通商房公牍,各外洋国名茫不能知,故复一涉览耳。傍夕写澄弟信,灯后毕,约五百馀字。又写沅弟信,约百馀字。申正阅本日文件。二更核批稿各簿。旋温《古文·杂记类》。三点睡,三更成寐,五更醒。

窑变双耳尊 清

初六日

早饭后,始及黎明。本欲早阅马射,不料忽下大雨,竟日不能考阅。见客二次。清理文件。旋写李少泉信一封,约五百字。围棋二局。李眉生来久谈,未正始去。阅《瀛寰志略》十六叶。阅本日文件,核信稿五件,改四百馀字。傍夕小睡。夜核批稿各簿,二更毕。疲困异常,几欲颠坠,旋即小睡。三点解衣睡,幸尚成寐,三更醒一次,旋复成寐。

初七日(校阅马射)

早饭后清理文件。昨夜大风,今日幸得晴霁。辰正升坐,校阅马射,看七十人。至巳正,余退堂少息,阅《瀛寰志略》三十六叶。中饭后复出阅射。自未初至申初,看六十人,复退堂休息。令质堂、小舫代看,至日入止。是日共校射三百七十人,余所阅不过三分之一耳。申刻阅本日文件,改信稿一件,未毕。傍夕小睡。夜改信稿约二百字,核批稿各簿甚多,二更毕。旋与质堂一谈。温《古文·碑志类》。三点睡,屡醒屡寐。

初八日

早饭后,始及黎明。旋出升座,校阅马箭,约一时许,看九十人。退堂少息。至午初,马箭已毕,重修马道。中饭后,校阅地球。余看一时许,计百四十人。退堂少息。质堂、小舫等看至日入止,共阅地球三百五十人。余于上半日休息之时,阅《瀛寰志略》二十叶,写丁雨生信三叶。下半日休息之时,阅本日文件,看书七叶,小睡片刻。傍夕与质堂等久谈。夜核稿批各簿。二更后,眼蒙疲倦,不能治事,衰态可愧!三点睡,尚能成寐。

初九日(温《古文·书说类》)

早饭后,甫及黎明。升座,校阅地球。看一时许,退堂少息。清理文件,阅《瀛寰志略》十四叶。午初,又出阅步箭。阅一时许,看四十人,未初退堂中饭。饭后,坐见之客二次,李眉生谈最久。申初二刻又升座,校阅三十馀人,酉初一刻散。夜饭后阅本日文件,核批稿各簿。二更后,温《古文·书说类》。三点睡,五点成寐,三更醒一次,馀俱得佳眠。是日恭逢先大夫七十八冥诞之辰,以家室不在此间,未修祀事。

初十日(细筹昭忠祠修造之法)

是日恭逢慈禧皇太后万寿,黎明率属即在校场行礼。饭后阅看步箭,看一时许。至昭忠祠与潘伊卿、桂香亭细细筹画修造之法。至午正,仍回校场。清理文件。中饭后,因大风将座次帐棚吹倒,收拾整顿,耽搁半时。未正升座,阅看一时许,眼蒙殊甚,退堂少息。阅《瀛寰志略》十九叶,至灯后止。未正阅本日文件。夜核批稿各簿,二更后温《古文·序跋类》。三点睡,屡醒屡寐。

十一日

是日为余五十七生日，谢绝诸客。饭后清理文件。请质堂、小舫先行校阅，余在内少息，阅《瀛寰志略》十六叶。眉生来久谈。巳正二刻，入座校阅。午正一刻，子密来一谈。旋请质堂、小舫、子密、眉生等小宴，未正散。请李、杜先出校阅，余阅本日文件，又看《瀛寰志略》八叶。申正升座校射，酉初二刻毕。傍夕小睡。夜写沅弟信三叶，未毕，核批稿各簿。三点睡，四更末醒。申初，陈虎臣来一谈，颇畅。

附记

○复朱信两家之眷　○写朱对寄沪

○复张信　○加织造廉

○拜时若　○札李会办金陵厘

○阅《秦书·朝聘》《魏书·丧聘》寄冯赙百廿至院

十二日（出座看技勇）

早饭后黎明，即出外升座，阅看步箭。分作两靶，质堂、小舫各看一靶，余中坐，不甚作主。阅一时许，巳初退堂少息。清理文件，再写沅弟信三叶。阅《瀛寰志略》十三叶。巳正，江西主考朱修伯来，子密与之同来，即留之中饭小宴。未正二刻，客去。阅本日文件。申初，出座看技勇，至申正二刻先散。夜核批稿各簿。二更后倦甚，不能治事。三点睡，三更醒一次，四更末醒，不复成寐。

十三日

早饭后黎明，出外升座，阅看技勇一时许。退堂，写朱久香信一件。见客，立见者一次，坐见者两次。阅《瀛寰志略》十七叶。中饭后，又出外升座，阅看技勇一时有馀。退堂，阅本日文件，改复张子青信稿，约三百馀字。夜核批稿各簿，二更后与质堂杂谈。三点睡，二更末成寐，屡醒屡寐。近来每夜小解二次，黎明起又须小解，亦衰征也。

十四日（出门至魁将军处拜会）

黎明早饭，出外入座。是日看技勇，分两边：请质堂看西边，小舫看东边。余在中，全不作主，看一时许即退堂。见客一次。清理文件。旋出门至魁将军处拜会，久谈，午正归。中饭后，阅本日文件，阅《瀛寰志略》十三叶。与质堂久谈。夜，料理明日复试及出草榜等事。写信三件，分致司道。旋核稿批各簿。二更后，疲倦殊甚，不能治事。小睡片刻。三点睡，四更三点醒，旋又成寐。一梦甚长，盖佳眠也。

十五日（商议复试单）

未明早饭，与杜、庞、王诸君商出复试单，并出草榜准入内场者。辰初，余出升座复试。东闱抽复二十九人，西闱抽复三十人。每人试步箭三支、弓一把，至午初复毕。阅《瀛寰志略》七叶。中饭后，守将草榜写毕。未正回署。阅本日文件。幕府诸君来谈者四起，郭慕徐来谈一次。夜核批稿各簿。二更后，倦甚，不复治事。三点睡，五更醒。

十六日

早饭后清理文件。见客，坐见者一次，立见者二次。围棋二局。陈作梅、倪豹岑来久谈。作梅又丧第二子，相对欷歔。幸有四孙，略足自解。又坐见之客三次。阅《瀛寰志略》，陆续阅二十八叶。中饭后阅本日文件。申正后，与幕客共观后园新作篱笆，辟菜畦，叙话良久。傍夕眼疼，静坐良久。夜核批稿各簿，温《古文·趣味之属》。因写零字，偶有所悟，知欧、虞用笔与褚相通之故。书家之有欧、虞、褚及李北海，犹诗家之有李、杜、韩、苏，实不祧之祖也。二更三点睡，四更三点醒。

附记

○丁信、○客差　○张信商杜、王

○刻好　○汤太太信寄湘

〇俞书局　〇核武试录序　核钱序

十七日

早饭后清理文件，习字一纸。见客，坐见者三次，立见者一次。围棋二局。阅《瀛寰志略》，至未正陆续看三十叶。午刻，坐见之客一次。中饭后阅本日文件。申初，坐见之客一次，谈颇久。写对联六付。至后园散步。傍夕静坐。夜核稿批各簿，二更后，将《古文·气势》等四类应增钞者开一单。三点睡，三更后成寐，五更醒。

十八日

早饭后清理文件。旋见客，坐见者三次，立见者二次。围棋二局。李壬叔来久谈。阅《瀛寰志略》十二叶。中饭后阅本日文件。因武闱于明日考内场，料理入贡院事件。又批案一件。申初入贡院，与杜、庞、王各司道挑单双好，直至三更始粗完。当诸君缮清单之时，余陆续阅《瀛寰志略》十八叶。三更二点睡，四更末成寐，五更初醒。

十九日（武生乡试放榜）

黎明起。早饭后，与司道同至衡鉴堂定单好，昨夜只戳双好印也。旋定留堂单，又造留堂点名册。午初，各武生默写《武经》毕出场，留堂共二百二十九人。午初坐堂，复看硬弓，至未初二刻看毕。未正饭毕后，与司道决定去取。杜、庞、王等将所定双好去数人，单好中拔中十馀人。余先定前十五名，次定全榜名次，天已暝矣，尚未写草榜，即坐堂写正榜。因名次有重复差误者，上、下江有多少一二名不符者，清理大半时，始得头绪。余倦甚，写至四十四名少停，一面清查错误，一面入内夜饭。休息片刻，旋又将卷尾名数填毕。写至九十四名，又有错误二处，均经查出。余又入内少息，直将写五魁时再出坐堂。三更三点放榜。睡后，五点成寐，五更初醒。是日治事甚多，乃知平日真虚掷光阴也。

附记

〇王少岩之父挽联

〇何镜海之母挽联

二十日（书法专从“侧、横、刷、换”上用功）

黎明，自贡院回署。饭后清理文件，将昨日所到公文一阅，习字一纸，似有所会。因就前所作诗二句增二句云：“侧势远从天上落，横波杂向弩端涵。刷如丹漆轻轻抹，换似龙蛇节节衔。”自此专从“侧、横、刷、换”四字致力，不复以他妙杂萦吾虑矣。见客，坐见者二次，立见者一次。午刻阅《瀛寰志略》，陆续看二十三叶。中饭后阅本日文件。见幕府，久谈。申初三刻，写对联十付。至后园一览。夜核昨、今两日批稿簿，二更后毕。倦甚渴睡，二更三点睡，四更三点醒，旋又微能成寐。

二十一日（虑澄弟在家为众怨所归）

早饭后清理文件。旋见客三次，谈均之。围棋二局。午刻，坐见之客一次。阅《瀛寰志略》五叶，阅此书一遍毕。习字一纸。中饭[疑缺后字]织造、将军先后来拜，一谈。阅本日文件。因《瀛寰志略》关系现办通商事件，拟再看一遍，又将首卷看二十叶。写对联七付。至后园一览。接筠仙信，言澄弟在家为众怨所归，深以为虑；第四女于九月廿五日举一子，又以为慰。傍夕静坐片刻。夜核批稿各簿，二更后温《古文·情韵之属》将《蜀都赋》朗诵数遍。三点睡，三更成寐，五更醒。

二十二日（率同司道等谢恩）

早饭后清理文件。习字一纸。坐见之客一次。辰正率同司道及武闱执事人等谢恩，武举人亦到七十馀名。望阙行礼，旋武举向余等叩谢行礼。因案卷无存，未设鹰扬宴。客散，阅《瀛寰志略》二十三叶，将书面题写。中饭后与子密一谈。阅本日文件，写作梅信一件，写沅弟信一封，约四百馀字，写对联三付、挽幛三付。傍夕至后园一览。夜核稿批各簿,甚多。二更后倦甚,不能治事。三点睡,五更始醒,在近日极为酣眠。二更,摺差自京回,阅京信数件。

二十三日

早饭后清理文件。见客二次,谈颇久。习字一纸。又坐见之客一次。围棋二局。阅《瀛寰志略》十八叶,将南洋群岛图将蓝色填画,未正毕。中饭后,庞省三来一谈。阅本日文件。王叶亭甥自京师归,与之久谈。申刻写对联七付。傍夕至后园一览。夜又与叶甥一谈,核批稿各簿。二更后温韩文志铭。三更睡,屡醒屡寐。

附记

○李信催水师履历

二十四日

早饭后清理文件。见客,坐见者二次。围棋二次。习字一纸。陈作梅、李雨亭先后来,谈均极久。作梅又丧次子,其境遇殊为难堪,幸有四孙,少足自慰。雨亭病久,恐难痊复。旋又坐见之客一次。仅看《瀛寰志略》五叶。中饭后阅本日文件,未毕,竹如来,久谈一时有馀。旋将文件阅毕。写对联六付。至后园一览。夜核批稿簿甚多,二更后阅杜诗五古。是日因说话太多,倦极。二更三点睡,久不成寐,三更二点成寐,四更四点醒。

二十五日

早饭后清理文件。坐见之客二次。写李宫保信一封。又坐见之客一次。阅《瀛寰志略》三十叶。未初,请将军、织造小宴,甲正方散。阅本日文件。至幕府一谈。夜核批稿各簿,核信稿十馀件,又写李宫保信一封,因本日之信漏写二事故也。二更后阅杜诗五古。三点睡,三更一点成寐,五更醒。是日辰正习字一纸。

二十六日(在余署补做武闱考卷封红号)

早饭后清理文件,习字一纸。见客,坐见者二次。前日武闱内场卷未用弥封红号,及填写中箭技勇号头等,本日各执事人员、监试、提调等均来余署补做,与之商定一切。巳正,至倪豹岑家吊丧,渠祖母于廿二日去世也。归,坐见之客一次。阅《瀛寰志略》,陆续看二十五叶,申正始毕。中饭后阅本日文件,写各武生卷,每卷填一"中"字,又将应换之卷三十馀本添注名次。复杜小舫信。闻东河有决口之信,焦急之至。傍夕至后园一览。夜核批稿各簿,二更后温韩诗七古,朗诵二十馀章。三点睡,虽屡醒,尚得佳眠。

二十七日(调湘勇将李秀成之府挑尽瓦砾)

早饭后清理文件。习字一纸。坐见之客二次。围棋二局。阅《瀛寰志略》,陆续看三十叶,至未正止。中饭后阅本日文件。申刻核信稿四件,写扁二方、对联四付。傍夕至后园一览。自昨日起,调湘勇队将后园瓦砾挑成二山。园系贼中伪忠王李秀成之府,围墙极大,周围约三里许。虽盖知府、二府、三府衙门于中,而空地尚有三分之二,故欲挑尽瓦砾,以栽竹而种菜也。夜又习字一纸,核批稿各簿,二更后温《史记》《田单传》《荆轲传》。三点睡,四更四点醒,不复成寐。

廿八日

早饭后清理文件。习字一纸。见客,立见者二次,坐见者一次。巳初出门拜客,鲍花潭、吴竹如两处,与竹如谈甚久,归巳午正矣。阅《瀛寰志略》五叶。中饭后又阅十五叶,阅本日文件。围棋二局。写对联六付。傍夕至后园一览。夜核批稿各簿,二更后阅韩文数首,将添钞入《古文·气势之属》。三点睡,四更四点醒。

廿九日(天气新寒,砚水已冰)

早饭后清理文件,习字一纸。围棋二局。见客,立见者一次,坐见者一次。阅《瀛寰志略》二十五叶,至未刻止。中饭后阅本日文件。至幕府一谈。旋改摺稿一件、片稿二件。申正写对联六付。傍夕静坐片刻。夜核批稿各簿。砚水已冰，天气新寒，老年若有不胜者。二更后温《幽通赋》，温韩文数首。三点睡，五点成寐，五更醒。

卅日

早饭后清理文件。见客一次。习字一纸。围棋二局。阅《瀛寰志略》，陆续阅三十叶。兼画其图，钞其节略，直至申正始毕。中饭后阅本日文件。酉初剃头一次。夜核批稿各簿，改信稿一件，约三百馀字。二更后温《古文·气势之属》，朗诵数首。三点睡，三更末醒，旋又成寐，五更醒。

## 十一月

初一日

早饭后清理文件。谢绝贺望各客。习字一纸。围棋二局。阅《瀛寰志略》三十叶。中饭后阅本日文件。李迪庵之子来，名光久，又与黄名归同来，与之久谈。旋又会客一次，少时旧友朱名大之子也。傍夕至后园一览。静坐片时。夜核批稿各簿，写零字颇多。又与李光久一谈，二更二点散。温《古文·气势之属》。三点睡，醒二次，而甚得佳眠，五更醒。夜太长，宜不能再睡矣。

初二日（闻湖北火药局轰裂）

早饭后清理文件。见客，坐见者三次。围棋二局。习字一纸。旋又坐见之客二次，谈颇久，巳午正二刻矣。中饭后阅《瀛寰志略》二十五叶。闻湖北火药局轰裂，失去药三四十万斤，伤人千馀，坏屋甚多。旋接沅弟信，果然，为之惊悸。又闻沅弟业准开缺，不知有责言否？廑系之至。傍夕至后园一览。夜核批稿簿。二更后与李世兄久谈。温《项羽本纪》，朗诵二遍。四点睡，四更四点醒。

初三日（贼酋任柱已被打死）

早饭后清理文件。旋拜发冬至本章。习字一纸。围棋二局。移居中厅一层，腾出内一层作上房，儿侄等挈眷将至也。至幕府久谈。李雨亭来一谈，陈作梅来一谈。是日请李世兄等便饭，因留作梅同席，未正散。阅本日文件。知刘省三收一降将，临阵将贼酋任柱打死，从此贼有可灭之机矣。阅《瀛寰志略》十八叶。傍夕至后园一览。夜核批札稿，改信稿约三百馀字，温《易经·系辞》，朗诵至二更四点。睡，四更四点醒。是日恭逢先妣太夫人八十三岁冥诞，未设祀。

初四日

早饭后清理文件。昨日课书院，本日请缦云等阅卷，与之久谈。旋见客一次。习字一纸。考验武员马步箭。围棋二局。阅《瀛寰志略》二十五叶，陆续至申初始毕。中饭，邀缦云、晓莲、省三等小酌。饭后，同看后园土山。又坐见之客一次。阅本日文件，见郭远堂调鄂抚，知沅弟果已开缺。核信稿一件。傍夕至后园一览。夜核批稿簿，又核信稿多件，二更后温《古文·情韵之属》，朗诵良久。四点睡，四更三点醒，旋又略能成寐。

念吾平日以“俭”字教人，而吾近来饮食起居殊太丰厚。昨闻魁时若将军言，渠家四代一品，而妇女在家并未穿着绸缎软料。吾家妇女亦过于讲究，深恐享受太过，足以折福。

初五日

早饭后清理文件。旋见客，坐见者一次，立见者一次。缦云、省三等来阅课卷，与之一谈。习字一纸。围棋二局。写澄弟信一件。午刻，李世兄来久谈。陪诸君中饭。阅本日文件。阅《瀛寰志略》十叶。至后园一览。夜核批稿各簿，核信稿一件，二更后温《古文

·趣味之属》。四点睡,四更四点醒。

初六日

早饭后清理文件。坐见之客三次,立见者一次。习字一纸。写雪琴信一封、沅弟信一封,约共六百字。阅《瀛寰志略》二十四叶。中饭后阅本日文件。李壬叔等来久谈。写对联六付、横披一幅,约百馀字。至子密处一坐,觉心神恍惚,如将颠坠者然。傍夕静坐。夜核批札各稿,二更后温《古文·趣味之属》。因疲倦甚,不敢治事,静坐片刻。李健斋来一谈,其诗文、字俱有可观,欣慰之至。

初七日(后园瓦砾堆山、挖池将竣工)

早饭后清理文件。见客,坐见者一次,立见者一次。习字一纸。围棋二局。阅《瀛寰志略》十二叶。第二遍阅毕。记性本坏,老尤健忘,虽看两遍,犹茫然无所记忆也。旋阅《圣武记》十叶。中饭后阅本日文件。李小湖来久坐。写中堂大幅二,约共三百馀字。傍夕至后园一览。瓦砾堆成二山,又开挖二池,次第将竣工。每日湘勇七百人,已兴作十二日矣。夜核批稿各簿,核信稿一件,改二百馀字。二更后温东雅堂韩文,朗诵六篇。四点睡后,困倦之至,气若不能续者,心神恍惚。唤人起寻人参,三更时嚼三分许,二点成寐,五更醒。

初八日

早饭后清理文件。旋见客,坐见者二次,立见者一次,程尚斋谈颇久。习字一纸。阅《圣武记》二十叶。方存之来一谈。中饭后阅本日文件。将钟山、尊经两书院课卷各看五本。初二日课题"揖所""与立"两节。已请缦云等评定甲乙,余稍复视前列而已。倦甚,静坐片刻。申刻写对联九付。傍夕又静坐。夜核批札稿簿。因连日疲乏殊甚,不复温书。二更后,静坐颇久。四点睡,五更醒后,又稍稍成寐。

初九日(惊悉李镇祥在宜川阵亡)

早饭后清理文件。旋坐见之客一次。习字一纸。出门至昭忠祠审度工程,午初归。阅《圣武记》二十叶,至未刻止。阅本日文件,惊悉李镇祥于十月十八日在宜川洛河阵亡,惋惜无已。至后园一览。写对联六付。至子密处一谈。申末,纪泽儿来,与之一谈,夜饭后又与一谈。旋核批稿各簿。二更后又与纪泽一询家事。旋温《古文·情韵之属》。四点睡,三更后成寐,四更末醒。

初十日(偶思作字之法可为师资者作二语)

早饭后清理文件。见客,坐见者二次,立见者一次。旋习字一纸。与泽儿一谈。至后园看营中挑山浚池挖沟,将竣工矣。阅《圣武记》十馀叶。午刻,儿妇辈及纪渠侄、王甥兴韹等到署。中饭后阅本日文件。疲困殊甚,行坐不适,不知衰老逼人与?抑饮食稍多,脾困不能自舒与?竟不能治一事,静坐数次,至后园两次。夜核批札稿簿,二更后温《古文·识度之属》。四点睡,三更后成寐,四更末醒。

偶思作字之法可为师资者,作二语云:"时贤一石两水,古法二祖六宗。"一石谓刘石庵,两水谓李春湖、程春海;二祖谓羲、献,六宗谓欧、虞、褚、李、柳、黄也。

十一日(阅泽儿所著《分韵说文解字》)

早饭后清理文件。坐见之客一次。习字一纸。又坐见之客二次。围棋二局。午刻阅《圣武记》十馀叶,申刻始毕。中饭后阅本日文件。与儿侄辈一谈。傍夕至后园一览。是日,泽儿呈所著《分韵说文解字》,略一翻阅。其法用《广韵》之次第,《佩文韵》之字数,钞录许氏注及大徐翻切。其有申明原注之说,则以夹行注之;其于注外别有陈说,则于翻切之下夹圈以别异之;其《佩文韵》所有《说文》所无者,则有楷文而无篆文,仍用篇韵各说以注之;其《佩文韵》所无《说文》所有者,则别为补编,仍依翻切,以分东、冬、钟、江各韵。夜核批稿各簿,又观泽儿呈出近日所作诗篇。二更后,询儿侄辈家中杂事。三点睡,四更醒后，又略一成寐。

十二日

早饭后清理文件。旋坐见之客二次，立见者一次。习字一纸。出门拜春芝田、吴竹如两家，午刻归。万篪轩自浙江来，久谈。中饭后阅本日文件。旋阅《圣武记》二十叶，写对联、条幅等六件。至幕府，与友同至后园一览。夜核批稿各簿，二更后与纪渠侄一谈家事。旋改摺稿二百馀字，未毕。四点睡，三更二点成寐，四更末醒。披衣起坐片刻，旋又睡，不复成寐矣。

十三日（与纪泽儿谈诗）

早饭后清理文件。见客，坐见者二次，立见者一次。习字一纸。改摺，甫二行许，万篪轩来久谈，汪梅村又来一谈。旋改摺，至申初毕。阅本日文件。至后园一览。酉刻与纪泽谈诗。夜核批稿各簿，又核一摺一片。二更后倦甚，不能治事，在椅上假寐。三点睡，虽屡次警醒，而甚得佳眠。

十四日（本日说话太多，舌根不能旋转自如）

早饭后清理文件。见客，坐见者二次，立见者一次。习字一纸。围棋二局。旋又立见之客一次，坐见者三次。中饭后又见二次，茹芝、潘伊卿谈均甚久。阅本日文件，阅《圣武记》十馀叶。申刻，携孙女至后园一览。夜核批稿各簿。本日说话太多，舌根蹇涩，不能旋转自如。二更后温《古文·传志类》。三点睡，颇觉甜美。四更末醒。

附记

初五澄　十五鸿　廿五沅

十五日

早至文庙拈香。饭后清理文件，习字一纸。万篪轩来久坐。又立见之客三次。围棋一局，疲倦殊甚。中饭后阅本日文件。至幕府一谈。阅《圣武记》十馀叶。傍夕，至后园一览。困倦，不能治事。夜核批稿各簿。闭目久坐。二更后，李世兄来一谈。三点睡。是日，发报二摺、二片。

十六日

早饭后清理文件。旋见客，坐见者一次，立见者一次。习字一纸。围棋二局。陈作梅来一谈。又立见之客一次。阅《圣武记》十六叶。中饭后阅本日文件，写对联五付。吴竹如来，命纪泽陪客，余出门至织造春芝田处赴席。申初到，略看书画，酉初散。精神疲乏，席上勉强支持，散后行路须人扶掖。归来，静坐片刻。核批稿各簿，写零字甚多。二更后朗诵《易·系辞》。三点睡，四更末醒。

十七日（篪轩百万之富而日用极俭）

早饭后清理文件。旋习字一纸。围棋一局。方存之来一谈。写纪鸿儿信一件，阅《圣武记》陆续二十叶，傍夕始毕。中饭，请万篪轩、程尚斋小宴，申初散。与篪轩偶谈家常，渠家百万之富，而日用极俭。其内眷终年不办荤菜，每日书房先生所吃之荤菜，馀剩者撤下则室内吃之；其母过六十后，篪轩苦求，始准添荤菜一样。今乱后而家不甚破，子孙俱好，皆省俭所惜之福也。余有俭之名而无俭之实，深为愧惧。阅本日文件。与幕府一谈。见客一次。至后园一览。夜核批稿各簿，二更后用宋本《汉书》将《司马相如传》校阅一过。三点睡，四更末醒。

十八日

早饭后清理文件。见客，立见者一次，坐见者二次。习字一纸。围棋一局。雨亭来久坐。阅《圣武记》十八叶，至未刻毕。中饭后阅本日文件。虎臣来一坐。写少泉信五叶。旋写对联七付。傍夕至后园一览。夜核批稿各簿，又核《武乡试录序》。头晕身困，稍立,则如欲坠者,不知何以一衰至此!在椅欹坐三刻许。三点睡,幸能成寐,四更末醒。

十九日

早饭后清理文件。坐见之客一次。习字一纸。围棋一局。看书二叶,而疲困殊甚,因不复看。至纪泽处一谈。遍身骨疼,似受风寒者,椅上欹坐良久。中饭后稍愈。篪轩来一谈,省三来一谈。阅本日文件,写祭幛二具、对联四付。旋至幕府久谈,至后园一览。因病,不复治事。夜核批稿各件,写零字颇多,二更后阅洪氏《府厅州县志》。三点睡,五更醒。

二十日(徐寿衡学使来谈极久)

早饭后清理文件。见客二次,司道谈颇久。习字一纸。围棋二次。赵惠甫自湖北归,一谈。万篪轩、刘叔俯先后来一谈。写郭意臣信一封。中饭后徐寿衡学使来,谈极久。申正阅本日文件。旋至后园一览。夜核批稿甚多,二更后阅新刻成之《小学》。四点睡,四更二点〈醒〉,旋又微成寐。日内略有感冒,两夜熟睡即痊矣。

附记

○复应信带扁　○托寄闽信

廿一日

早饭后清理文件。旋坐见之客二次,立见者二次。习字一纸。出门至河下拜徐寿衡。归后,篪轩来久坐。中饭后,坐见之客一次。阅本日文件,写扁二方、对联三付、横披一幅。至幕府久谈。日内因疲困殊甚,三日不看书矣。夜核批稿各簿,与纪泽略谈诗文。二更后写零字颇多。三点睡,尚得佳眠。

二十二日(拟出书院诗赋经古题)

早饭后清理文件。见客,坐见者二次。习字一纸。围棋二局。阅书四叶而客至,篪轩来久坐,竹如来一坐。请寿衡小宴,李小湖适至,自未初至申正方散。寿衡旋又独坐一谈。傍夕至后园一览。夜阅本日文件。旋核批稿各簿。二更后拟出书院诗赋经古题,踌躇良久而后定。三点睡,三四更屡醒,旋寐。

廿三日

早饭后清理文件。习字一纸。围棋二局。阅《圣武记》,陆续阅四十叶,至申正止。中饭后阅本日文件甚多。刘印渠制军革职,交官秀峰制军差遣,效力赎罪。阅邸钞,郁郁不自适。未正写对联四付、挂屏一幅。傍夕至后园一览。夜核批稿各簿。旋将纪泽所作近体诗圈批二十馀首。二更三点睡,四更末醒。

附记

○再办亩捐与司道商

○霭人劝农局

二十四日

早饭后清理文件。旋见客四次,尚斋、梅村谈均久。习字一纸。围棋二局。阅《圣武记》,陆续至申初止二十叶。中饭后阅本日文件。申刻写对联八付、挂屏二幅。至后园一览。夜核批稿各簿,二更后批纪泽诗册。三点睡,四更末醒。

二十五日

早饭后清理文件。见客二次,衙门堂期也。习字一纸。围棋二局。又坐见之客二次,季君梅谈甚久。将纪泽诗册圈批毕。中饭后阅本日文件。作倪豹岑之祖母挽联一付,旋即写好。又另写对联三付。至后园久览。与纪泽一谈。夜核批稿各簿,又核信稿五件,约改六百馀字。二更四点睡,梦魇殊甚,五更醒。

附记

○核闽洋事　○写总署信寄丁议

二十六日(作一联赠季君梅)

早饭后清理文件。习字一纸。坐见之客二次。围棋二局。又坐见之客一次。写沅弟信一件,约五百字。中饭后阅本日文件。季君梅来久谈。写扁二幅、对四付。作一对赠君梅云:"先德重光,肯堂肯构;古庐再造,卜宅卜邻。"渠近于常熟修拓先人之旧庐,将移居也。添李申夫信一叶。至后园一览。夜核批稿各簿,二更后核新案一件。旋阅王、孟诗集。三点睡,屡醒屡寐。

二十七日(至清凉山看新修之翠微亭)

是日立冬,黎明率属至贡院拜牌。行礼毕,归。饭后清理文件,习字一纸。见客,坐见者一次,立见者一次。出门至河下拜季君梅。旋至清凉山看新修之翠微亭。览观形势,城实太大,西北闲地荒田太多。若将城缩小,由鸡鸣山起,西至鼓楼,迤南至小仓山,顺蛇山之脊以至汉西门,当不满十里,而神策、金川、仪凤、定淮、清凉五门均割截于城外,局势当稍紧耳。午正归。中饭后至惠甫处一谈。阅本日文件。见客一次。阅《圣武记》二十叶。至后园一览。夜核批稿各簿。二更后疲乏,不能治事。三点睡,尚能成寐。

附记

○炭敬单　京信单　○周宅赙仪

○各摺片　○买物单

二十八日(出门至倪豹岑处)

早饭后清理文件。见客二次。习字一纸。旋出门至倪豹岑处,渠本日开吊也。归,围棋二局。陈作梅来久坐。中饭后阅本日文件。至后园一览。旋核改京信稿七件,约四百馀件[字]。傍夕至幕府一坐。夜核批稿各簿,二更后改李筱泉信稿,约四百字。三点睡,屡醒屡寐。

二十九日

早饭后清理文件。习字一纸。见客一次。围棋二局。至后园观览颇久。改丁雨生信稿,约四百馀字。中饭后阅本日文件。至惠甫处久谈。旋写雨生信二叶,改摺稿一件、片稿一件。剃头一次。夜核批稿各簿,二更后核改摺稿一件、片稿一件。疲乏殊甚。三点睡,屡醒屡寐。五更初,不复成寐矣。

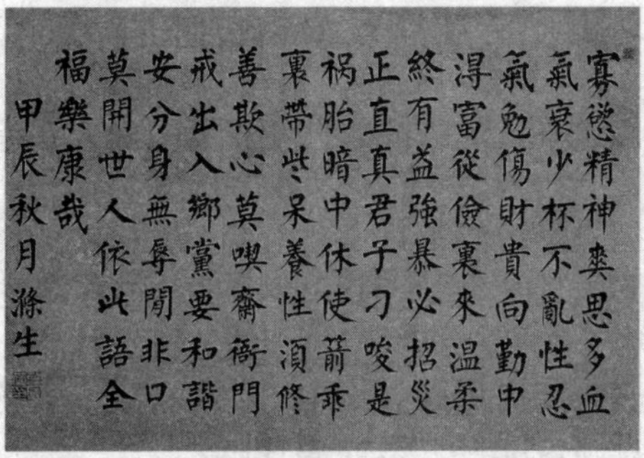

曾国藩书法

三十日(至李小湖处观藏帖)

早饭后清理文件。习字一纸。旋出门至竹如处久谈。又至李小湖处久谈,观其所藏法[帖]:一、唐拓虞书《庙堂碑》;一、褚书《孟法师碑》;一、丁道护书《启法寺碑》;一、魏栖梧书《善才寺碑》。余于褚书尤爱不忍释。又观《大观帖》三卷,亦旧拓也。展玩良久。归已午正三刻矣。李雨亭来一坐。中饭后,坐见之客一次。阅本日文件。至后园一览,因至幕府一谈。核改摺稿一件。夜核批稿各簿,二更后又改摺稿一件,约改三百馀字。改毕,疲乏殊甚。三点睡,屡醒屡寐。五更后不复成寐。

## 十二月

初一日

早,谢绝贺朔之客。饭后清理文件。见客一次。习字一纸。围棋二局。午刻核改信稿。中饭后阅本日文件。至惠甫处一谈。申刻写对联十付。至后园一览。傍夕静坐片刻。夜核批稿各簿，二更后核信稿五件。与纪泽一谈家常事。三点睡，尚得佳眠，五更初醒。

初二日

早饭后清理文件。旋见客，坐见者一次，立见者一次。习字一纸。围棋二局。阅《圣武记》至申正止，陆续阅三十叶。中饭后至惠甫处一谈。阅本日文件。潘伊卿来一谈。申正，对明日应发摺件。傍夕静坐片刻。夜核批稿各簿，二更后核京信各件，填写黄恕皆、皮小舲信各一叶。三点睡，颇得佳眠，五更醒。

初三日（昭忠祠俱将毕工）

早饭后清理文件，习字一纸，拜发元旦贺本。巳刻出门至昭忠祠一看。三正殿三处两庑俱将毕工。午刻，李雨亭、鲍花潭先后来一谈。中饭后阅本日文件。围棋二局。前有对联二付，下款跋数十字。至幕府一谈，夜核批稿各簿。倦甚，不能治事。二更后与纪泽略谈。三点睡，屡醒，而尚得佳眠。

初四日

早饭后清理文件。习字一纸。见客，坐见者三次，立见者二次。围棋二局。将李世兄所作文策略加批点。午正请朱南桂便饭，朱云章、潘伊卿等作陪，未正三刻散。阅本日文件，又批点文一首，核信稿二件。至后园一览。傍夕静坐片刻。夜核批札稿簿，二更后温《古文·识度之属》。三点睡，屡醒屡眠，五更后不复成寐。

初五日（灵谷寺龙王庙落成）

早饭后见客，立见者三次，坐见者三次。清理文件，习字一纸，阅《圣武记》二十叶，陆续阅至申刻止。灵谷寺龙王庙落成，将以初七安设神位，作一对云："万里神通，度海遥分功德水；六朝都会，环山长拥吉祥云。"又扁云："德纯施普。"中饭后与惠甫久谈。阅本日文件。傍夕静坐片刻。夜核批稿各簿。申正写澄弟信一件。是日，李健斋起行进京，派人送至黄河以北。二更后温《易·系辞》。三点睡，尚能成寐。

初六日

早饭后清理文件。见客一次。习字一纸。围棋二局。阅《圣武记》十二叶。中饭后阅本日文件，写对联四付、扁一方，即龙王庙扁对也。至幕府久谈。核信稿一件。坐见之客一次，立见者一次。傍夕静坐片刻。未刻观纪泽揲蓍一次。夜核批稿各簿，写零字甚多。二更后阅《欧阳公文粹》，观《易》《春秋》各论，不信"三传"、《系辞》，似有至理。三点睡，凡醒三次，尚属佳眠。

初七日

早饭后清理文件。习字一纸。看书三叶。巳初出东城至灵谷寺安设龙神之位，午初一刻到，率司道府县等行礼。旋看新修屋宇及志公之塔、八功德之水，即在庙中饭，归途遇雨，到署已申正矣。阅本日文件，阅《圣武记》数叶。傍夕静坐片刻。夜，莫子偲自苏杭归来，一谈。核批札各稿簿。二更后温韩文数首，温赵广汉等传。三更二点成寐，五更二点醒。

附记

拜○鲍、○吴　○迈对、银　○英幛、银

○刘、○张、○郭三信

初八日

早饭后清理文件。旋坐见之客二次，立见者一次。习字一纸。围棋二局。阅《圣武记》十三叶。中饭后阅本日文件。写挽幛、对联等件。至惠甫处一谈。改信稿一件，约改四百字。傍夕静坐片刻。夜核批稿簿，又核信稿三件，约改三百余字。因昨夕未得酣睡，疲乏殊甚，在椅上欹坐休息。三点睡，屡醒屡寐，惜寐时太短耳。

初九日（闻官军在寿光弥河大胜，擒斩万计）

早饭后清理文件。习字一纸，阅书五张。出门拜鲍花潭、吴竹如，谈均颇久，午初三刻归。坐见之客一次，立见者一次。阅书五叶。中饭后阅本日文件。官军于十一月廿七、八在寿光弥河大获胜仗，擒斩万计，全股仅馀数百人。捻患即日可平，欣慰无已。坐见之客二次。又阅《圣武记》十馀叶。傍夕至幕府一坐。夜写李少泉信二叶，核批稿簿毕。疲乏殊甚。二更后温《文选》各诗，似有所会。三点睡，不甚成寐。

初十日

早饭后清理文件。见客二次，谈颇久。习字一纸。围棋二局。阅书数叶。中饭后阅本日文件。眼蒙殊甚，至纪泽书房一谈。旋又阅《圣武记》十馀叶。是日，赵惠甫归去，辞送谈过两次。傍夕静坐片时。夜核批稿各簿。旋阅朱竹垞《曝书亭集》。二更四点睡。

十一日（至白下寺迎郭远堂中丞）

早饭后清理文件。见客，坐见者一次，立见者一次。习字一纸。围棋二局。阅《圣武记》十叶。中饭后阅本日文件。周缦云来一谈。未正二刻出门，至白下寺迎接郭远堂中丞。渠自苏州来，本日由句容启程入城也。申正归。又阅书六叶。傍夕静坐片刻。夜核批稿各簿，写零字颇多，二更后朗诵《诗经》。似微有感冒者，鼻塞片刻。绕屋行走，以舒其气。三点睡，三更四更醒两次，尚属佳眠。

十二日（闻贼已至扬州，甚忧）

早饭后清理文件。习字一纸。见客，坐见者二次，郭中丞坐甚久。旋阅《圣武记》数叶。午初出门，回拜郭中丞，午正三刻归。请郭与鲍学使小宴，申初散。阅本日文件。贼于初八早窜过六塘河至清江一带，忧灼殊甚。又阅书数叶。至幕府久谈。夜核批稿簿甚多。二更后接禀报，贼已至扬州，尤为忧灼！余本拟明日赴扬，兹不复去矣。办文书一件。四点睡，三更后成寐。

十三日（知官军在扬州大获胜仗，生擒赖汶光）

早饭后清理文件。郭中丞来久谈。习字一纸。围棋二局。司道来一谈。阅《圣武记》十叶。见客，坐见者一次，立见者一次。中饭后阅本日文件。李小湖来久谈。又看书数叶。绕室彷徨，以扬州贼股为虑。又立见之客二次。写复作梅信一封，复将军信一封，皆问贼情者也。傍夕小坐。夜核批稿各簿。二更后接禀，知扬州大获胜仗，全股扑灭，生擒赖汶光，欣慰无已。旋将来禀批发。四点睡，不甚成寐。

十四日

早饭后出门，至水西门送郭中丞下河。巳刻归。清理文件，习字一纸。围棋一局。阅《圣武记》数叶。中饭后，鲍学使来久谈。阅本日文件，阅《圣武记》二十叶。至子密处一谈。傍夕小坐。夜核批稿各簿，二更后写一信与雨亭。三点睡，三更后成寐。

十五日

早起，谢绝贺望之客。饭后清理文件，习字一纸。围棋二局。阅《圣武记》三十六叶。见客一次。中饭后阅本日文件，又阅书十四叶。写纪鸿信四叶，接家眷明年来署。傍夕小坐。夜核批稿各簿。二更后倦甚，欹椅小睡。旋阅渔洋《五古诗选》。三点睡，不甚成寐。

十六日

早饭后清理文件。见客一次。习字二纸。围棋二局。刘开生、陈虎臣先后来久坐。阅《圣武记》二十五叶。中饭后阅本日文件。李雨亭来一坐。阅书又十九叶。至幕府一谈。摺差萧崇林自京归，灯后阅京信三封、京报十馀本。知蒋芗泉降二级调用，已开缺矣。接李幼泉文，六墉河运河以北业已肃清，任、赖全股似俱清矣。核批札各稿。二更后疲倦，不复治事。三点睡。

附记

送本城公车费　薛公车费

十七日（陕西之贼已渡黄窜晋，殊虑）

早饭后清理文件。习字一纸。围棋二局。阅《圣武记》二十叶。见客，坐见者一次。中饭后又坐见之客一次，潘伊卿来一坐。阅本日文件，知陕西之贼于十一月廿三日渡黄窜晋，殊为焦虑。至后园一览。傍夕小坐。夜核批稿各簿，二更后核信稿三件。倦甚，小坐。三点睡。天气寒甚，不甚成寐。

十八日（将日内所看书于目录下标识一二）

早饭后清理文件。习字一纸。见客，坐见者三次。围棋二局。阅书二十三叶，《圣武记》又阅一遍毕。中有嘉庆川、湖、陕靖寇记八篇未阅，以昔年在京阅过，嫌此八篇叙事冗乱也。中饭后阅本日文件，又将日内所看书于目录下标识一二。至幕府一谈。说话稍多，倦甚，欹椅小坐。至后园一览。傍夕小坐。夜核批稿各簿，核信稿一件，二更后温太白七古。三点睡，尚属佳眠。

十九日

早饭后清理文件。习字一纸。出门至圣庙勘视泮池、崇圣祠、明伦堂、尊经阁、飞云阁等基地。与书局张啸山、李壬叔等一谈。归已午初二刻。将《圣武记》目录标识完毕。中饭后阅本日文件。吴竹如来久谈。莫子偲、彭雪琴来，俱久谈。灯后，吴长庆来一谈，核批札各稿簿。二更后温李太白七古。三点睡，醒两次，馀尚酣寝。

二十日

早饭后见司道府县二次，又坐见之客一次。雪琴来，与之久谈。清理文件，习字一纸。黄昌岐之少君来，留之与雪琴同中饭。饭后，坐见之客一次，阅本日文件。围棋二局。写云仙信一封。夜核批札稿颇多。二更后倦甚。旋阅太白及永叔七古。三点睡。

廿一日

早饭后清理文件。见客一次。习字一纸。围棋二局。又坐见之客一次。核信稿三件。中饭后阅本日文件。后园新栽树木，前往看视。与幕客谈甚久。傍夕小坐。夜核批稿各簿，核信稿一件，约改四百字。二更后倦甚，不能治事。三更睡，竟夕未小解，亦近年所无之事。

廿二日

早饭后清理文件。见客，坐见者一次，立见者一次。习字一纸。围棋二局。阅核信稿二件。中饭后坐见之客二次。阅本日文件，阅戴子高校正《管子》十六叶。至后园一览。傍夕小坐。夜核批稿各簿，核信稿四件。二更后温东坡七古。是日午刻，写信与缦云，言书局事，约四百字。三点睡，竟夕不甚成寐，然亦未小便。

二十三日（阅《李空同集》）

早饭后清理文件。习字一纸。坐见之客一次。围棋二局。阅戴子高所校《管子》，陆续至申刻止，阅二十馀叶。中饭后阅本日文件。见客，坐见者一次，立见者一次。阅《李空同集》，偶翻二十馀叶。傍夕小坐。夜核批稿各簿，核信稿四件。因阅《管子》劳乏，遂困惫不复能治事。二更三点睡，尚属佳眠。

二十四日

早饭后清理文件。习字一纸。围棋二局。刘开生来久坐；甘芋亭、孙雨农自广德回，一谈;萧士林等进京来,一谈,因留之便饭;又坐见之客一次;中饭后,周缦云来久坐。阅本日文件。至后园一览。改人送阅古文一首,以其用余名作传也。夜核批札稿信稿多件。二更后与纪泽论诗。三点睡,三更后成寐。

二十五日(阅《乐府诗集》)

早饭后清理文件。见客二次,衙门期也。习字一纸。围棋二局。又立见之客一次,坐见之客一次。至后园一览。阅《乐府诗集》约二十馀叶。中饭后阅本日文件,写对联七付、挂屏约二百字。傍夕小坐。夜核批稿各簿。二更后与纪泽谈诗。旋温《古文·杂记类》。三点睡,三更后成寐。

附记

〇写沅信　〇陈宅挽幛

杜要《比兴笺》

二十六日

早饭后清理文件。见客,立见者一次,坐见者一次。习字一纸。围棋二局。又坐见之客一次。写沅弟信四叶,约四百字。写吴竹如信一叶。洪琴西来久坐。中饭后阅本日文件。又坐见之客一次。申刻至幕府一谈。至后园一览。与纪泽一谈。夜核批稿各簿,二更后温《古文·情韵之属》,朗诵数首。三点睡,尚得佳眠。

二十七日(夜翻《文选》,择其有韵者钞之)

早饭后清理文件。见客,坐见者二次。习字一纸。围棋二局。阅《苏诗》首卷本传、墓志之属二十馀叶。潘伊卿、陈虎臣先后来久谈。中饭后,立见之客一次。阅本日文件。至后园一览。写挽幛一幅、挂屏六叶,约四百馀字。傍夕小坐。夜核批稿簿。接澄弟等十二月初五信。二更后温《古文·情韵之属》,再翻《文选》,择其有韵者添钞之。四点睡。

二十八日(至汉西门验通州送来之八团舢板)

早饭后清理文件。见客,立见者一次。习字一纸。出门至汉西门验通州送来之八团舢板,将照造以为海中捕盗之船。旋至圣庙丈量泮池、照壁等处,午初归。围棋二局。潘伊卿来久坐。中饭后,李雨亭来,陈茂来,先后一谈。阅本日文件。至后园一览。剃头一次。夜核批稿各簿,核信稿数件。二更后与纪泽一谈。三点睡。

二十九日

早饭后清理文件。旋见客一次。习字一纸。围棋二局。核公牍二件。盐卡之勇与水营之勇斗殴送来,余亲自验伤讯供。午刻阅苏诗七古,酌加圈批。余在京钞成《十八家诗》,阅今十有六年,虽常携行箧,不时温习,然未能校对错误,略加批识。其中有各家自注及必须有注而其义乃明者,亦宜补钞小注。兹将细阅一遍,以作定本。中饭后,省三,作梅先后来一谈。阅本日文件。再阅苏诗,共十五叶。傍夕小坐,夜核批札稿信稿,批营勇卡勇一案。二更后倦甚,不能治事。三点睡,三更后成寐。

三十日

早饭后清理文件。见客一次。习字一纸。围棋二局。午刻阅苏诗七古,陆续阅十七叶。至申正止。中饭后阅本日文件。申正至后园一览。与蔡贞斋久谈。傍夕小坐。夜核批札各稿。二更后,疲困殊甚,不复治事。念匆匆又过一年。毫无长进,唯捻匪东股荡平,天下将自此复睹嘉道之盛,为之一慰。而余之作书似较昔年差胜,亦聊以怡老怀耳。三点睡,三更成寐,四更末醒。

# 卷十八　同治七年

初一日

黎明至贡院拜牌。旋归，家人行礼毕，见客多次。吃饭后，又见客十馀次，直至巳正，见客始毕。清理文件，习字一纸，阅苏诗。中饭，请幕友两席，未正散。阅苏诗七古十馀叶。至后园一览。傍夕小坐。夜温《史记》二首。与纪泽谈出处之宜。二更三点睡，极得甘寝。

初二日（米利坚人蒲安臣来拜）

早饭后清理文件。见客一次。出门拜客数十家，惟黄军门及湖南会馆一坐，午初归。习字一张，阅苏诗七古。坐见之客二次。中饭后，米利坚人蒲安臣来拜。本在京充公使五六年，今将回国，皇上又派令至外国出使，与军机章京志刚等同使英、法等国，将由上海来此一见，坐半时许。又立见之客一次，坐见者一次。阅本日文件，校对苏诗七古十六叶。傍夕与纪泽一谈。夜核批札稿簿，倦甚。二更后，温《古文·传志类》。三点睡，五更醒，亦佳眠也。

初三日（至下关洋人船工回拜蒲安臣）

早饭后清理文件。见客一次。旋出门至下关洋人船上回拜蒲安臣，坐良久。渠令正月水、陆兵操演，请余阅看。午初起行，进城拜李稚荃，因留便饭，观渠厂中制造各器之所，饭后回署，往返约五十里，未正归。坐见之客二次。习字一纸，写对联四付。傍夕小坐。夜核批稿各簿，二更后朗诵《古文·情韵之属》。三点睡，五更醒。近日常得美睡，或体气稍佳耶！

附记

○年终密考摺单　速办报销奏

○水师补缺摺件　○另觅善书接居

初四日（知沅弟添孙，喜慰无已）

早饭后，坐见之客二次，彭雪琴谈最久。清理文件。旋又立见之客三次，坐见者六次。习字一纸。中饭后阅本日文件。又立见之客二次，坐见者三次，鲍学使谈颇久。阅苏诗七古数叶。至后园与蔡贞斋久谈。夜核批稿各簿，二更后与纪泽一谈，阅《刘随州诗集》。三点睡，三更后成寐，五更醒。夜间，接沅弟信，知于十二月十一日辰时生孙，喜慰无已。

初五日

早饭后清理文件。见客，立见者三次，坐见者二次，衙门期也。习字一纸。陈作梅、彭雪琴先后来一谈。巳正三刻，出门拜将军，久谈。午正二刻至李雨亭处赴席，渠与庞、王、杜公请也，申初散。归，坐见者二次，立见者三次。阅本日文件。酉刻与幕府同至后园一览。夜核批稿各簿颇多，二更后阅《刘随州诗集》。三点睡，三更后成寐，五更醒。

初六日

早饭后清理文件。旋见客,立见者三次,坐见者三次。习字一纸。巳正至水西门送鲍学使还京,寄请圣安,午正散。至雪琴处坐,旋与同看圣庙,未初归。请雪琴及同乡诸君春酌,申正散。阅本日文件。晡时,与纪泽儿一谈。夜核批稿各簿,二更后,阅阮文达《揅经室集》。三点睡,颇得佳眠。

初七日

早饭后清理文件。见客,立见者二次。坐见者五次。习字一纸。围棋二局。阅苏诗七古,陆续看十五叶,申刻毕。中饭后阅本日文件。申正,坐见之客一次。酉刻至幕府久谈。夜核批稿各簿。是日午未间,写澄弟信一件,嘱其来金陵一行,老年兄弟,欢聚一次。二更后与纪泽一谈,阅《揅经室集》。四点睡,四更末醒。

初八日(吾家人口蕃衍,兄弟当专意教育子孙)

是日恭逢祖考星冈公九十五冥寿,未及设祭。早饭后清理文件。旋见客,坐见者五次,立见者三次。习字一纸。又立见之客一次,坐见者三次。疲乏殊甚,懒于治事。围棋二局。中饭后阅本日文件。又坐见之客一次。阅苏诗七古数叶。申正后,体中小觉不适,与纪泽儿久谈。傍夕得家信,内有沅弟寄纪泽之信,字迹秀润异常,当有后福。夜核批稿各簿,内批昭忠祠册,沉吟最久。二更后写信与沅弟。吾父于丙、丁两年得四曾孙,当是人口蕃衍之象。吾兄弟当专意教育子孙,以期家声不坠。

初九日(至黄军门处赴席)

早饭后清理文件。旋见客,坐见者四次,李质堂谈甚久。习字一纸。围棋二局。添沅弟信一叶。午刻至黄军门处赴席,申正归。阅本日文件。懒于治事,写零字颇多。傍夕至幕府一坐。夜核批稿各簿,二更后核信稿二件。四点睡,三更后成寐,五更醒。

初十日

早饭后清理文件。接见司道,谈甚久。旋立见之客五次,坐见之客三次。习字一纸。围棋二局。因说话稍多,疲惫殊甚,不能治事。中饭后阅本日文件,写少泉信二叶、雨生信一叶。共三百馀字,阅苏诗七古六叶。傍夕小坐。夜核批稿各簿,二更后核信稿一件,阅《刘梦得诗集》。三点睡,三更成寐。梦魇殊甚,五更醒。

十一日

早饭后清理文件。习字一纸。见客,坐见者四次,谈甚久。围棋二局。阅苏诗七古毕。中饭后阅本日文件。见客一次。写李眉生信四叶。至幕府一谈,后园一览。夜核批稿各簿,办年终密考单。二更后与纪泽谈诗。旋又核密考单。四点睡,四更末醒。

十二日(阅江苏水师营制事宜)

早饭后清理文件。习字一纸。坐见之客三次。围棋二局。阅苏诗七律五叶。午刻阅杜小舫等所拟江苏水师营制事宜。午正请李质堂及司道等春酒,共三席,十五人,申初散。阅本日文件。阮文达之孙恩海送《雷塘盦主弟子记》,即文达之《年谱》也,阅数十叶。又坐见之客一次。夜核批稿各簿,又阅《阮文达年谱》。二更后与纪泽一谈。办年终密考单。四点睡,五更醒。

十三日

早饭后清理文件。习字一纸。见客,坐见者三次,立见者二次,谈甚久。围棋二局。午刻见客,坐见者一次,立见者一次。阅《东坡年谱》,将其生平出处分为五节,以便读诗。中饭后阅本日文件,又阅《东坡年谱》并七律。至申正止。旋核批稿各簿。傍夕小坐。夜阅《阮文达年谱》。二更后办密考单。五点睡,三更二点成寐,五更醒。

十四日(夜将年终密考单办毕)

早饭后清理文件。见客,坐见者三次。习字一纸。围棋二局。莫子偲来,论袁漱六所送《汉书》景佑本之伪，久谈。中饭后阅本日文件，旋阅苏诗七律二十叶。申正核批札各稿簿。傍夕静坐片刻。夜将年终密考单办毕。二更后核改摺稿二件。三点睡，三更后成寐，四更末醒，旋又稍寐。

附记

○钟瑜　韦长清　○回周信，书局事

○与鸿信　○鄂信言子彬

十五日

是日贺节者皆辞不见。其远来拜年者，仍与相见。早饭后清理文件。坐见之客五次，立见者一次，厉伯苻谈最久。旋围棋二局。何子永来，谈极久。中饭后，因说话太多，困惫殊甚。阅本日文件，习字一纸，阅苏诗七律十叶。申正后核批稿各簿。蔡贞斋来一谈。傍夕静坐片时。夜改摺稿二件。营中龙灯来署一戏。三更后与纪泽一谈。倦甚，不复能治事。三点睡，三更后成寐。

十六日

早饭后清理文件。见客，坐见者三次，立见者二次。习字一纸。围棋二局。又见客二次，谈甚久。阅苏诗七律十叶。中饭后阅本日文件。坐见之客一次。写纪鸿儿信一件，写对联四付。傍夕小坐。夜核批稿各簿，作片稿一件。湖北商贾龙灯入内，至后园一看。二更后阅白香山闲适古调。四点睡，四更末醒，旋复微寐。

十七日（吾家子侄辈须力戒其骄）

早饭后清理文件。见客，立见者三次，坐见者二次。习字一纸。核对各摺片。专差发年终密考等摺。围棋二局。阅苏诗七律十二叶。午正出门，拜客三家。至竹如处一谈，至春织造处赴宴，申正归。阅本日文件。至幕府一谈。摺差自京归，接京信多件。阅十二月邸钞，核批稿各簿。四点睡，三更成寐，四更末醒。是日阅张清恪之子张懿敬公师载所辑《课子随笔》，皆节钞古人家训名言。大约兴家之道，不外内外勤俭、兄弟和睦、子弟谦谨等事。败家则反是。夜接周中堂之子文翕谢余致赙仪之言，则别字甚多，字迹恶劣不堪。大抵门客为之，主人全未寓目。闻周少君子日眼孔甚高，口好雌黄，而丧事潦草如此，殊为可叹！盖达官之子弟，听惯高议论，见惯大排场，往往轻慢师长，讥谈人短，所谓骄也。由骄字而奢、而淫、而佚，以至于无恶不作，皆从骄字生出之弊。而子弟之骄，又多由于父兄为达官者，得运乘时，幸致显宦，遂自忘其本领之低，学识之陋，自骄自满，以致子弟效其骄而不觉。吾家子侄辈亦多轻慢师长，讥谈人短之恶习。欲求稍有成立，必先力除此习，力戒其骄；欲禁子侄之骄，先戒吾心之自骄自满，愿终身自勉之。因周少君之荒谬不堪，既以面谕纪泽，又详记之于此。

十八日（围棋二局，阅苏诗七律）

早饭后清理文件。见客，坐见者二次，立见者一次。习字一纸。围棋二局。阅苏诗七律十三叶。中饭后，竹如来坐，久谈。阅本日文件。坐见之客二次。写对联七付。至幕府一谈。夜核批稿各簿，二更后核信稿三件。三点睡，是夕甚得佳眠。

十九日

早饭后清理文件。坐见之客三次。习字一纸。围棋二局。阅苏诗七律十八叶，至申正始毕。午正请吴竹如、厉伯苻、何子永等春酌，未正散。阅本日文件。酉刻至幕府久谈。核批稿各簿。夜核信稿二十馀件。二更温《孟子》，朗诵数十章。三点睡。

二十日（穗孙新得优贡，可喜也）

早饭后，坐见之客[脱漏次数]，立见者二次。戴醇士之长子有恒、季子穗孙来见，尚能世其家学。穗孙新得优贡，气宇轩昂，可喜也。清理文件，习字一纸。围棋二局。阅苏诗七律十四叶毕，又阅七绝七叶。中饭后阅本日文件。见客一次。至幕府一谈。申正核批稿各簿。傍夕小睡。夜核信稿六件，二更后温《古文·气势之属》。三点睡，三更后成寐，五更醒。

廿一日

早饭后行开印礼。清理文件。习字一纸。坐见之客二次。围棋二局。阅苏诗七律三十四叶，至申正止。中饭后阅本日文件。申刻写对联五付、挂屏四幅，约三百馀字。傍夕小坐。夜核批稿各件。三更后核定刻字法式四条、书局章程八条，约改三百馀字。五点睡，三更四点成寐，五更三点睡[醒]。

附记

○京信托买《伊阙颂》　乔信托拓碑

廿二日

早饭后清理文件。坐见之客三次，立见者一次。习字一纸。围棋二局。雨亭、省三来坐，久谈。写沅弟信一封，以新会陈氏所刻廿四史寄弟收藏。余本有两部，兄弟分藏，俾子侄得以分看也。午正三刻至魁将军处赴宴，酉正归。阅本日文件。与子侄辈一谈。夜核批稿各簿。二更后阅《唐宋诗醇》中之白香山诗。三点睡，虽醒过两次，而是夕睡极酣美。

廿三日

早饭后清理文件。习字一纸。见客，坐见者六次，立见者二次。围棋二局。阅苏诗七律毕。中饭，请张石朋、戴世兄便饭。饭后阅本日文件。将苏诗补遗中七绝之未钞者百四十首阅一过。至幕府一谈。傍夕小坐。夜写李小泉信一件，改信稿二件，核批札各稿簿。二更后温《古文·辞赋类》。三点睡，屡醒，而尚属佳眠。

廿四日(选钞苏诗五古)

早饭后清理文件。见客，坐见者三次，立见者一次。习字一纸。围棋二局。选苏诗五古，盖余昔年所钞苏诗未钞五古，兹提其尤雅者，拟选为一帙，另钞之。坐见之客一次。未初请魁将军、春织造及两山长春酌，申正散。阅本日文件。坐见之客一次。傍夕小坐。夜核批札各稿簿，二更后温《文选》赠答诗。三点睡。

廿五日(至箭道阅收标人员马箭)

早饭后清理文件。至箭道阅收标人员马箭，巳正即入。其步箭，请黄军门与庞省三阅看，申刻始毕。习字一纸。围棋二局。选苏诗五古。中饭后清阅本日文件，阅戴醇士诗文集，题识两纸，约二百字。剃头一次。至幕府一谈，后园一看。傍夕小坐。夜核批稿各簿，核信稿四件。二更三点睡，三更后成寐。

二十六日

早饭后清理文件。见客，坐见者三次，立见者一次。习字一纸。围棋二局。又坐见之客三次。选苏诗五古毕。不过四十馀首耳。中饭后阅本日文件。旋写对联十付，写扁字四十馀个。傍夕写纪瑞侄信，灯后毕。又写沅弟信一叶，共约六百馀字。核批稿各簿。倦甚，二更后不复能治事。三点睡，甚得甘寝。

二十七日

早饭后清理文件。见客，坐见者一次，立见者二次。习字一纸。围棋二局。苏诗看毕，又看杜诗。余在京所钞十八家诗，惟杜、苏二家最多，故先校核此二家，馀亦将次第校阅也。午刻，坐见之客三次。中饭后将《杜公年谱》阅一过，阅本日文件。申初写横披、直幅二件，约百八十字，写对联三付，写扁字三十馀。傍夕至后园一览。夜核批稿各簿。二更后将雪琴所咨水师补缺单一核。三点睡。

二十八日

早饭后清理文件。见客，立见者三次，坐见者二次。习字一纸。围棋二局。阅杜诗五、七古，用钱笺本、玉句草堂本、卢刻五家评本校余钞本，至未正止，仅校十叶。午刻，坐见之客二次。中饭后阅本日文件。天气骤热，烦躁之至，不能治事。核信稿十馀件。申刻写对联八付、扁字数个。钱子密来一谈。接正月初四日澄弟等信。至后园一览。夜核批札各稿簿，改信稿五件。二更后不能治事。三点睡，不甚成寐。

二十九日（吾家后辈之兴衰，关键在纪鸿、纪瑞）

早饭后清理文件。见客，坐见者三次，立见者一次。习字一纸。围棋二局。校杜诗至未正止，仅校十叶，批识稍多。中饭后阅本日文件。接沅弟信，知纪官侄子正月初九日申刻生子，欣慰之至。吾兄弟共得五孙，丁口渐盛。只望儿侄辈读书，少有所成，将来孙辈看作榜样，便是世家好气象。若儿侄辈不能发奋用功，文理不通，则榜样太坏，将来孙辈断难成立。此中关键全在纪鸿、纪瑞二人。吾家后辈之兴衰，视此二人为转移也。申刻写对联九付。至后园一览。连日将园中瓦砾再挑子山上，渐增高矣。傍夕小坐。夜核批稿各簿。二更后核水师补缺一案。三点睡，三更后成寐。

## 二月

初一日（出题为明日考书院之用）

早饭后清理文件。见客，坐见者二次，立见者二次。习字一纸。围棋二局。校杜诗五七古，至未正止。钞本十二叶，钱笺则二十三叶。中饭后阅本日文件。申初写对联十付，旋写零字，令刻工试手。至后园一览。夜核批稿各簿。二更后核水师补缺一案。出题，待明日考书院之用。四点睡。天气奇冷。三更二点始稍成寐，四更四点即醒。

初二日（叹老境日逼而学术无成）

早饭后清理文件。坐见之客一次。围棋二局。习字一张。雷雨大作，严寒异常，雨竟日不息。巳正阅校杜诗五、七古，陆续至申刻止，校十六叶。中饭后阅本日文件。申刻，因愁霖阴惨，寸心郁闷，老境日逼，而学术无成，欷歔者久之。申正核批稿各簿，核信稿四件。傍夕小坐。夜，眼蒙殊甚，不能治事。二更后核雪琴咨中水师补缺案一条。四点睡，五更后醒，在近日为佳眠矣。

附记

○送家信，搭郭船　○李船厂分黄银

初三日（扬州监生马铸为余画小照）

早饭后清理文件。习字一纸。围棋二局。阅校杜诗五、七古十叶。坐见之客一次。午刻，张石朋带来之扬州监生马铸，字蓉汀，善画小照。余生平未画过一次，因命之画。马与余对坐，张石朋与王子云陪坐。约大半个时辰画毕。持与家人，以为颇肖也。中饭后阅本日文件。阴雨严寒，愁闷殊甚。写沅弟信一件。申刻后即未治一事。傍夕坐睡片刻。夜核批稿各簿。二更后核信稿六件，核水师补缺一案事宜，清单尚未核毕。三点睡，不甚成寐。雨至黎明未息。自初二早至初四早，大雨两日两

青花陶瓷　清

夜未少停止，深恐淫潦为灾，有伤岁事，忧系无已。

初四日

早饭后清理文件。唐鹤九来一谈。习字一纸。围棋二局。批校五、七古，至未正止，共二十叶。中饭后阅本日文件。至幕府与子密及贞斋等一谈。申正写对联七付。傍夕小坐。夜核批稿各簿，核水师补缺一案，粗毕。二更后阅白香山闲适诗。四点睡，天气奇寒，尚得佳眠。夜间阅苏诗，有二语云："治生不求富，读书不求官。"余为广之云："修德不求报，能文不求名。"兼此四者，则胸次广大，含天下之至乐矣。

初五日

早饭后，坐见之客四次。清理文件，习字一纸。围棋二局。午刻批校杜诗至未正止，共十三叶。中饭后阅本日文件。坐见之客一次。申刻写对联十一付、扁一方。倦甚，不复能治事。至后园一览。傍夕小坐。夜核批稿各簿。旋阅白香山诗。二更三点睡，三更成寐。

附记

○事宜添一条，水师归本地辖

初六日（将内江水师补缺单核对填写）

早饭后清理文件。习字一纸。围棋二局。坐见之客一次。批校杜诗十二叶，至未正止。中饭后阅本日文件。坐见之客一次。申初写对联十二付。旋至幕府久谈。傍夕小坐。夜核批稿各簿。二更后，将内江水师补缺单核对填写，皆雪琴所拟定者也。三点睡，三更后成寐。是日雨止，申刻略见太阳，而寒冷尚如深冬。久不闻直隶军事消息，殊为悬系。

初七日

早饭后清理文件。习字一张。围棋二局。立见之客一次，坐见者一次。写澄弟信一封，约五百字。批校杜诗仅三叶许，未正毕。中饭后清理文件，写对联十付。困倦殊甚，不能治事，至纪泽书房一坐，至后园一览。傍夕与朱洪章一谈。夜核批稿各簿，二更后眼蒙殊甚，不办一事。三点睡，颇得安眠。

初八日

早饭后清理文件。见客，坐见者三次，立见者一次。习字一纸。围棋二局。又坐见之客四次，李小湖、雨亭两次，谈甚久。中饭后阅本日文件，批校杜诗三叶，写对联七付。至后园久览。是日园中种竹，又于山上盖一茅亭。因本日见客说话太多，即在园中散闷。夜核批稿各簿，核长江水师事宜一条，约三百馀字。二更三点睡，三更后成寐。屡醒，不得酣眠。

初九日（率僚属至圣庙行释奠礼）

是日丁祭，黎明至圣庙，率僚属行释奠礼。雨不甚大，尚能成礼。礼毕，则雨大矣。归署，早饭后清理文件。习字一纸。围棋二局。见客，立见者一次，坐见者二次，李幼泉谈甚久。批校杜诗十三叶，申正毕。中饭后阅本日文件。坐见之客一次，立见者二次。大雨竟日，申正稍息。至幕府久谈。傍夕小睡。夜核批稿各件，又添长江水师事宜一条，约二百馀字。二更后阅姚选《今体诗钞》。三点睡，五更醒，颇得佳眠。

初十日

早饭后清理文件。见客，坐见者二次。习字一纸。围棋二局。巳正，郭远堂中丞来，久谈。又坐见之客一次。是日，将军、织造及司道等在余署公请郭中丞。午初，各客到齐，午正入座，未正二刻散。阅本日文件。坐见之客一次，立见者一次。出门至粮道署内，回拜郭中丞。至后园一览。夜核批稿件各簿。二更后倦甚，偶阅《周易述闻》。三点睡,四更末醒。

十一日

早饭后清理文件。习字一纸。坐见之客三次。围棋一局。出门至河下送郭远堂之行,午刻归。阅批杜诗,至未正毕。中饭后阅本日文件。坐见之客一次。写对联十八付、扁一幅、直幅一帧。至后园一览。天气甚寒,有似深冬。夜核批稿各簿,二更后毕。倦甚,闭目稍坐。旋看《经义述闻》数叶。三点睡,三更后成寐,五更醒。今年匆匆又过四十一日,老境日催,而学术无成。不胜感叹!

十二日(是日将书院甄别榜发出)

早饭后清理文件。见客,坐见者五次,立见者一次。习字一纸。围棋二局。阅杜诗,批校五、七古毕。又坐见之客一次。中饭后阅本日文件,坐见之客一次。天气奇冷。旋写对联七付、扁二方。至后园一览。傍夕小睡。夜核批稿各簿,阅《经义述闻》数叶。二更后温《古文简本》。四点睡,不甚成寐。是日将书院甄别榜发出。

十三日(闻山东之兵在直隶败溃)

早饭后清理文件。旋见客,坐见者二次,立见者二次。习字二纸。围棋二局。又坐见之客二次。批校杜诗五律,至未正止,仅校十一叶。中饭后阅本日文件。申刻写对联九付。天气奇冷,过于严冬。后园茅亭将盖毕,屡次去看。傍夕小睡。夜核批稿各簿。二更,陈作梅、李幼泉来谈。闻山东之兵在直隶败溃,刘松山之勇疲极多逃者。杨鼎勋、郭松林之勇亦纷纷遁逃,不愿渡黄。恐张总愚一股又将大振,忧灼无已!三点睡,尚能成寐。

十四日

早饭后清理文件。习字一纸。见客,坐见者三次。围棋二局。批校杜诗五律十一叶。中饭后阅本日文件。李壬叔来久谈,又与之围棋二局。旋写对联四付、挂屏四张,约二百馀字。傍夕至后园茅亭一览。夜核批稿各簿。三更后倦甚,默诵《诗经》。三点睡,三更后成寐,五更醒。

十五日(德以满而损,福以骄而减矣)

未黎明,至大程子祠主祭,祭毕回署。早饭后清理文件。见客,坐见者二次,雪琴坐甚久。习字一纸。围棋二局。批校杜诗至未正毕,凡十二叶。中饭后清理文件。至后园一览。写对联五付、挂屏二幅,约二百字。申正核批稿各簿。傍夕小睡。夜核订水师未尽事宜一条,将本辕人员斟酌补缺毕。二更后核信稿各件。心绪憧憧,如有所失。念人生苦不知足,方望溪谓汉文帝之终身,常若自觉不胜天子之任者,最为善形容古人心曲。大抵人常怀愧对之意,便是载福之器、入德之门。如觉天之待我过厚,我愧对天;君之待我过优,我愧对君;父母之待我过慈,我愧对父母,兄弟之待我过爱,我愧对兄弟;朋友之待我过重,我愧对朋友,便觉处处皆有善气相逢。如自觉我已无愧无怍,但觉他人待我太薄,天待我太啬,则处处皆有戾气相逢。德以满而损,福以骄而减矣。此念愿刻刻凛之。三点睡,通夕不甚成寐。

十六日(至黄昌岐处道生子之喜)

早饭后清理文件,习字一纸。坐见之客一次。围棋半局。至钟山书院送诸生上学。旋至尊经书院送上学。旋至黄昌岐处道喜,渠于十四日生子也,午刻归。坐见之客一次。雪琴搬至署内来住,与之一谈。中饭后阅本日文件,批校杜诗四叶。坐见之客一次,写对联九付、屏一幅,约百馀字。申正核批稿各簿,傍夕小睡。夜,至雪琴房中一坐。旋核水师补缺一案。二更后温《书经·皋陶谟》。三点睡,昨夕,微雪兼雨,本日大雨,竟日不止。天气奇寒,深恐伤麦,忧系无已。是夕颇得酣寝。

十七日

早饭后清理文件。习字一纸。坐见之客四次,与雪琴一谈。围棋二局。又坐见之客一次。说话太多,舌尖滞涩。批校杜诗四叶。中饭后,周缦云、吴竹如先后来久谈;刘印渠来久谈,因留在署中居住。说话太多,疲倦殊甚。傍夕始将本日文件一阅。夜饭后又与印渠、雪琴一谈。旋核批稿各簿。二更与印渠一谈,疲倦小睡。三点睡,三更后成寐,醒二次,尚属佳眠。

十八日

早饭后清理文件。与印渠、雪琴一谈。习字一纸。围棋二局。坐见之客四次,立见者一次,又与印渠久谈。午刻清理水师铸印单。中饭,请印渠等小宴。坐见之客一次。阅本日文件。至后园一览。写纪鸿儿信一件。傍夕与幕府久谈。夜核稿批各簿。二更至印渠处一谈。倦甚。三点睡,颇得佳眠。

十九日(阴雨太久,深恐伤麦,焦灼之至)

早饭后清理文件。与印渠、雪琴一谈。习字一纸。旋坐见之客五次。围棋二局。黄昌岐来一谈。午刻将水师续定事宜核毕。留昌岐与印、雪等便饭。饭后阅本日文件,写对联四付、直幅一件,百馀字。又与印渠等一谈。本日大雨,竟日夜不息。阴雨太久,深恐伤麦,焦灼之至。傍夕小坐。夜写王静庵、陈舫山各信一件,核本日批稿各簿。二更后阅梅伯言所选《古文辞略》。四点睡,四更三点醒。

二十日(闻李眉生之堂兄石兰因梦魇而死)

早饭后清理文件。坐见之客二次,立见者一次,衙门期也。旋与印渠、雪琴一谈。习字一纸。围棋二局。午刻与印渠久谈,渠告辞回籍矣。又坐见之客一次。批校杜诗七叶,至申初始毕。中饭后阅本日文件。坐见之客一次。闻李眉生之堂兄号石兰者,于舟次梦魇,百呼不醒,竟于次日午刻死去,亦异闻也。写对联十付、挂屏一幅。至后园久览。剃头一次。傍夕小睡。夜核批稿各簿。与纪泽、雪琴先后一谈。二更后拟改摺稿,经营半晌而不果。三点睡,三更后成寐,五更醒。是日晴霁,稍以为慰。

二十一日

早饭后清理文件。见客,坐见者二次。习字一纸。围棋二局。又坐见之客三次。午刻改摺稿一件。中饭后阅本日文件。与雪琴一谈。写对联四付,又改摺稿一件。傍夕小坐。又改摺稿一件,核批稿各簿。二更后困倦殊甚,阅《古文辞略》。三点睡,五更醒。是日清晨,红日照窗,方以为喜。辰正转风,大雨竟日,宵深不止,奇寒而怖,殊以岁事为忧。

二十二日(为明日考惜阴书院课出题)

早饭后清理文件。习字一纸。围棋二局。坐见之客一次。批校杜诗十二叶,至未正止。中饭后阅本日文件极多。申刻写对联五付、屏二幅,约百七十字。至幕府与子密等一谈。傍夕小睡。夜核对水师补缺各摺片。二更后核批稿各簿。出题,为明日考惜阴书院课之用。是日巳刻阅敬敷书院卷十本。二更四点睡,三更后略成寐,不得酣眠。

附记

○川笋　○蛏蚶　李阅卷

二十三日

早饭后清理文件。习字一纸。围棋二局。坐见之客一次,与雪琴一谈。批校杜诗五律十一叶,至未正毕。中饭后阅本日文件。写对联六付、挂屏一幅。至后园一览。酉初改摺稿一件、片稿一件,灯后核毕。核批稿各簿,二更后又核片稿一件。未正见客,坐见者一次,立见者一次。三点睡,三更后成寐。

二十四日

早饭后清理文件。习字一纸。见客,坐见者二次。立见者二次。围棋二局。批校杜诗五叶。又坐见之客一次,立见者一次。午刻请客小宴,四川癸卯门生在此者五人,请一便饭,未正散。又坐见之客一次。阅本日文件。申初,丁雨生中丞来久谈。傍夕,去与雪琴一谈。夜核批稿各簿,二更后阅杜公五言长排,疲困殊甚。三点睡,极得酣眠。

二十五日

早饭后清理文件。见客,坐见者二次。习字一纸。围棋二局。又坐见之客二次,立见者一次。批校杜诗十叶。五律校毕。中饭后坐见之客一次。出门拜丁雨生中丞,久谈。旋又拜富副都统,酉初归。阅本日文件。至幕府一谈。傍夕小坐。夜核批稿各簿,写沅弟信二叶,未毕。二更后温《古文·传志类》中之《史记》。三点睡,尚能成寐。是日午后晴霁,麦稼或不大伤,深以为慰。

二十六日(请丁雨生、陈心泉等小宴)

早饭后清理文件。见客,坐见者二次,立见者二次。习字一纸。围棋二局。写沅弟信又三叶毕。批校杜诗十三叶。中饭,请丁雨生、陈心泉等小宴,申初毕。雨生即在署中居住。阅本日文件。疲倦殊甚,不能治事。傍夕小睡。夜核批稿各簿。写刘岘庄信一件,核改各信二件。二更三点睡,不甚成寐。是日上半日晴霁,申酉间又复下雨。麦稼恐将伤损,深以为忧。

二十七日

早饭后清理文件。与雨生一谈。习字一纸。围棋二局。雨生来久谈。核信稿三件,约改四百馀字。中饭后阅本日文件。批校杜诗八叶。雨生来久谈。写对联三付。傍夕小坐。夜核批稿各簿。二更后添信件两片。三点睡,尚能酣眠。是日大雨竟日,深以伤麦为忧。

附记

〇总署信　〇御碑　〇机器扁

二十八日(因陈舫仙发新疆赎罪感宦途之险)

早饭后清理文件,习字一纸。围棋二局。见客,坐见者五次。改信稿一件,批校杜诗六叶。中饭后阅本日文件。丁雨生来久谈。阅邸钞。陈舫仙发新疆效力赎罪,深为骇叹!宦途崄巇,良可危惧。而闻舫仙在防,私自回省。当贼匪渡黄之日,即该司到省之日,又未尝无应得之罪也。添写许仙屏信三叶。是日辰刻行礼,拜发万寿本。申刻料理摺差进京信件。傍夕小坐。夜核批稿各簿,改刘省三信稿约五百字。二更四点睡。

二十九日(书"居官四败、居家四败"以自惕)

早饭后清理文件,习字一纸。坐见之客一次,与雪琴、雨生一谈。旋陪雨生至会馆看地球,又同至昭忠祠一看,午正归署。中饭后阅本日文件。添刘省三信二叶,写对联五付、挂屏六幅。与雨生一谈。围棋二局。傍夕小睡。夜核批札稿。雨生来久坐。二更三点后将稿核毕。四点睡。本日天气晴霁,麦稼或不大伤。

昔年曾以居官四败、居家四败书于日记,以自儆惕。兹恐久而遗忘,再书于此,与前次微有不同。居官四败:曰昏惰任下者败,傲狠妄为者败,贪鄙无忌者败,反复多诈者败。居家四败:妇女奢淫者败,子弟骄怠者败,兄弟不和者败,侮师慢客者败。仕宦之家不犯此八败,庶有悠久气象。

三十日

早饭后,因内人生日,雪琴、雨生及黄昌岐约来拜寿。旋清理文件。出门至白下寺送雨生之行,又至水西门河干送雪琴之行,归。习字一纸。围棋二局。坐见之客二次。批校杜诗七律七绝,至申刻止,杜诗校毕。惟五排、五绝,在京时本未钞此二种,遂未校也。

未正阅本日文件,甚少。申正写对联八付。陈杏生远谟来久谈。旋至幕府久谈。摺弁自京归来。傍夕小坐,夜核批稿各簿。二更后核片稿一件,约改四百字,未毕。四点睡。

## 三月

初一日

早,谢绝贺望之客。饭后清理文件,习字一纸。围棋二局。旋坐见之客二次。批校《韩诗》,将传、序等一阅,仅校《南山》一首而已。中饭后阅本日文件,写对联九付,写昭忠寺御碑,因纸坏未果写。与陈杏生同至后园久谈。傍夕小睡。夜核批稿各簿,二更后温韩文。三点睡,尚得佳眠。

初二日

早饭后清理文件。见客,坐见者一次,立见者一次,习字一纸。围棋二局。批校《韩诗》五叶。中饭,请杏生小酌,适唐焕章来,因请其入座,未正散。陈作梅来一谈,又坐见之客一次。阅本日文件,写对联七付。天气阴雨微寒,不似三月景象,深为廑虑。身体亦觉萧索颓散,不愿治事。傍夕小睡。夜核批稿各簿。旋拟改复总理衙门信稿。二更三点睡,尚未改及小半。竟夜大雨,寒如严冬。岁事可忧之至,不甚成寐。

初三日(将外海水师及各国条约检查数处)

早饭后清理文件,习字一纸。见客一次。围棋二局。将外海水师及各国条约检查数处。批《韩诗》。六叶。中饭后阅本日文件,改复总理衙门信稿,至二更三点止,共千馀字,尚未改毕。未刻,雨亭来久坐。是日阴雨凝寒,深以岁事为忧。四点睡,尚能成寐。

附记

○蔡国祥　○雨生信

初四日(将总理衙门回信改毕)

早饭后清理文件。坐见之客一次。将总理衙门回信改毕,约三千字。习字一纸。围棋二局。批《韩诗》四叶。午正请两山长及省三、晓莲等小宴,酬其衡文之劳也,申刻散。旋阅本日文件,又批《韩诗》六叶。至后园与纪渠侄久谈。夜核两日之批稿簿,将水师补缺及各摺片清单核对一过,明日将发报也。二更后朗诵《古文·识度之属》十馀首。四点睡。是日阴晴各半,凝寒如故。

初五日(诵《哀王孙》而如欲堕泪)

早饭后清理文件。坐见之客二次。习字一纸。围棋二局。批校《韩诗》十叶。接澄、沅两弟信,澄弟许以四月来此。中饭后阅本日文件。易光莲来久坐。写丁雨生信一件。至幕府久谈。旋写御碑,因纸笔俱不适意,不果写。傍夕至后园与纪渠侄一谈。夜核批稿簿。温杜诗七古,朗诵十馀首。诵《哀王孙》,如欲堕泪。又诵《离骚经》。二更三点睡,三更后成寐。

初六日

早饭后清理文件,习字一纸。坐见之客四次,立见者二次。围棋二局。批《韩诗》七叶。中饭后写澄弟信一封。坐见之客一次。阅本日文件,写对联六付、扁字十馀个。酉刻倦甚,小睡,傍夕至后园与纪渠一谈。夜核批稿各簿,二更后诵杜诗数十首。三点睡,极得甘寝。近日晴霁两天,麦稼或尚可望,稍为一慰。

初七日

早饭后清理文件。坐见之客一次,立见者一次。习字一纸。围棋二局。批校《韩诗》十一叶,中饭后毕。阅本日文件。申刻核稿件十馀件,写对联七付。旋又核信稿三件。

傍夕与渠侄一谈。夜核批稿各簿；又核信稿一件。二更后倦甚，不愿治事。三点睡，尚能酣寝。

初八日

早饭后清理文件。坐见之客三次，立见者二次。习字一纸。围棋二局。添李少荃信二叶，又核保单寄去。坐见之客二次。批校《韩诗》七叶。中饭后阅本日文件。天气阴雨，麦稼将伤，愁闷之至，不能治事。至幕府子密、贞斋处先后久谈。傍夕小睡。夜核批稿各簿。二更后阅王、李、高、岑七古。三点睡，三更后成寐，屡醒，不得酣眠。

初九日

早饭后清理文件。坐见之客一次。习字一纸。围棋二局。批阅《韩诗》十三叶。中饭后，坐见之客一次。阅本日文件。小睡片刻。核改信稿五件。傍夕至后园与陈杏生一谈。钟山之云甚厚，本日雨多，麦已全坏，再不放晴，岁事将不可问，忧灼之至。夜核批稿各簿，二更后温《古文·叙记类》。三点睡，尚能酣眠。

初十日

早饭后清理文件。坐见之客三次，衙门期也。习字一纸，围棋二局。批校《韩诗》八叶。午正，坐见之客一次。中饭后阅本日文件。坐见之客一次，谈甚久。天气阴雨，愁闷殊甚。至幕府与黎莼斋久谈。写沅弟信一封。雨中至后园亭一览。傍夕小睡。夜核批稿各簿，二更后温《古文·论著类》。三点睡，尚能成寐。

附记

○庞商霆案　○雨商江阴供友

十一日(是日大晴，麦稼或尚可救全几分)

早饭后清理文件。见客，坐见者一次，立见者一次。习字一纸。围棋二局。批校《韩诗》，五、七古及联句校毕，律句则本未钞也。中饭后阅本日文件。观邸钞，有大不适于心者，郁闷久之，坐睡片刻。申刻写对联七付。酉刻，坐见之客二次。至后园观览良久。是日天大晴明，麦稼或尚可救全几分。夜核批札稿簿。二更后倦甚。旋阅《周易》两卦。三点睡，三更后成寐。

十二日(悔余好以“俭”教人而自家不能俭)

早饭后清理文件，习字一纸。出门拜省三、作梅、竹如三家，皆会晤久谈，午初二刻归。阅太白诗五叶。阅棋一局。中饭后阅本日文件。见客一次。至幕府一谈。旋坐睡片刻。申正剃头一次。旋写对联七付。至后园一览。余盖屋三间，本为摆设地球之用，不料工料过于坚致，檐过于深，费钱太多，而地球仍将黑暗不能明朗，心为悔慊。余好以“俭”字教人，而自家实不能俭。傍夕与纪泽谈，令其将内银钱所账目经理，认真讲求俭、约之法。夜核批稿各簿。二更后阅《乐府诗集》。三点睡。

附记

○申商植卿

十三日

早饭后清理文件，习字一纸。坐见之客二次。围棋二局。太白之诗见于郭茂倩《乐府诗集》者凡百有八篇。余将批校太白诗，因将目录钞一遍。巳正至后园亭中与蔡贞斋一谈。午正，李雨亭来一谈。中饭后阅本日文件。批校太白诗四叶。小睡片刻。申正写对联七付。旋核信稿一件，颇长。傍夕小睡。夜核批稿各簿，二更后温《古文·情韵之属》。三点睡，甚得酣眠。

十四日

早饭后清理文件。旋见客，立见者一次，坐见者一次。习字一纸。围棋二局。李幼泉来久谈。批校《太白乐府》。中饭后，坐见之客一次。阅本日文件，又校《乐府》二叶。坐睡片刻。申正写对联七付。酉刻添申夫信四叶，约四百馀字。夜核批稿各簿，核信稿一件，二更后温《古文·辞赋类》。三点睡，不甚成寐。

十五日（至小校场祭先农坛，行耕籍礼）

早饭后清理文件，习字一纸，批校李诗三叶。围棋二局。巳初二刻出门，至小校场祭先农坛，行耕籍礼，午正一刻归。见客一次。中饭后阅本日文件。刘南云自湘乡来此，久谈。小睡片刻。申正写对联七付。酉刻核批稿各簿。傍夕至后园一览。夜核改信稿一件。二更后阅《江南通志》之《寺观门》。四点睡。

十六日（批校《太白乐府》）

早饭后清理文件，习字一纸。坐见之客二次。围棋二局。又坐见之客二次，谈颇久。批校《太白乐府》。中饭后阅本日文件。王子蕃来一谈。旋至杏生处一谈。又批校《太白集》。申正写对联四付，疲困殊甚，睡颇久。夜核批稿各簿。二更后，将缪刻《太白乐府》与郭茂倩集一对。四点睡。是日阴雨，岁事殆不可问矣，忧叹无已！

十七日

早饭后清理文件，习字一纸。围棋二局。坐见之客二次。批校《太白乐府》。午刻，坐见之客一次。中饭后阅本日文件，批校太白诗。坐见之客二次。吴竹如谈最久。写对联七付。傍夕至后园一览。小睡片刻。夜核批稿各簿，写对蒋莼卿信二叶。二更后温《古文·序跋类》。三点睡，三更后成寐。

十八日（九江税务司康发达来见）

早饭后清理文件，坐见之客二次。习字一纸。围棋二局。又坐见之客二次。批校《太白乐府》，每日仅校二十首或十馀首。盖余于乐府向未用功，兹稍一措意，全无入处也。中饭后阅本日文件。九江税务司康发达来见，又坐见之客一次。小睡片刻。申正写对联七付。旋核批稿各簿。至幕府一谈。傍夕小睡。夜，将作《龙神庙碑》，翻阅各书，尚未下笔。二更四点睡，尚能成寐。是日上半天大晴，至申酉间，变为阴雨，傍夕又晴霁，初更时星月皎洁，二更后雷雨交作，风势亦狂，夜深雨止，又见星月。黎明，朗月当空，又晴明矣。

十九日

早饭后清理文件，坐见之客二次。习字一纸。围棋二局。又坐见之客二次。批校《太白乐府》毕。中饭后阅本日文件。与杏生一谈。小睡片刻。申刻写对联五付。至后园观览。酉刻核批札稿簿。傍夕小睡。夜作《龙神庙碑》数行，写零字颇多。二更四点睡。是日上半天晴明，未申间大雨，夜间星月甚朗，又有晴象，而麦稼已坏矣。

廿日（作《龙神庙记》毕）

早饭后清理文件，坐见之客二次。习字一纸。围棋二局。批校太白诗十叶。坐见之客二次，陈虎臣坐甚久。中饭后阅本日文件。至后园久览。小睡片刻。申刻写对联七付。酉刻核批稿各簿。旋又至后园一览。傍夕小睡。夜写零字甚多，作《龙神庙记》粗毕。二更三点睡，三更后成寐。

廿一日

早饭后清理文件，习字一纸。围棋二局。坐见之客二次，立见者一次。批校太白诗十叶，未正毕。中饭后阅本日文件。至后园一览。小睡片刻。申正写对联八付，核批稿各簿，核信稿一件。傍夕小睡。夜写零字颇多，将《龙神庙记》再为修改。二更后温《古文·情韵之属》。三点睡，尚能成寐，四更末醒。是日大雨，深以麦稼为忧。

廿二日

黎明至昭忠祠行礼，共三祠：一为湘军陆师昭忠祠，居中；一为金陵军营官绅昭忠祠，居东；一为楚军水师昭忠祠，居西。余与昌岐、雨亭三人各祭一祠。祭毕，在庙早饭。饭后同登鸡鸣山，望玄武湖。旋寻关帝庙旧址。归家，坐见之客三次。清理文件。习字一纸。围棋二局。又见客一次。午刻批诗甫一叶，蔡贞斋来久坐。中饭后阅本日文件，批校太白诗十叶。申正写对联八付。接澄弟等三月初信。至后园久览。傍夕小睡。夜核批稿各簿。二更后，将沅弟金陵一军前后奏案略一翻阅，将作《昭忠祠碑记》，恐有遗误也。三点睡，五更醒。

廿三日（是日为皇上十三岁万寿，余至贡院行礼）

是日为皇上十三岁万寿，黎明至贡院行礼。旋至关帝庙阅看，归。饭后清理文件。见客一次。习字一纸。围棋二局。批校太白诗七叶，中饭后又校四叶。阅本日文件。至后园一览。小睡片刻。申正写对联八付。酉刻核批稿各簿。傍夕至后园一览。夜核信稿二件，约改三百馀字。二更后又将金陵一军奏案翻毕。三点睡，三更后成寐，五更醒。

廿四日

早饭后清理文件，习字一纸。围棋二局。立见之客一次，坐见者三次，赵惠甫谈甚久。午刻批校太白诗。中饭后又批校二叶，阅本日文件。小睡片刻。至幕府一谈。申刻写对联八付，核批稿各簿，至后园久览。傍夕小睡。夜再将金陵一军奏案摘录一二。二更四点睡。连晴三日，麦稼或有可望，稍为一慰。

廿五日（善学者于古人之书须虚心涵咏）

早饭后，坐见之客二次，衙门期也。旋清理文件，习字一纸。围棋二局。阅太白诗至未初止，批校十一叶。午刻，立见之客一次，坐见者一次。中饭后阅本日文件。小睡片刻。申正写对联七付。至后园一览。核批稿各簿，核信稿一件。傍夕小睡。夜将金陵一军奏案摘录。二更四点睡，三更后成寐。是夜与纪泽论为学之道不可轻率评讥古人，惟堂上乃可判堂下之曲直，惟仲尼乃可等百世之王，惟学问远过古人乃可评讥古人而等差其高下。今之讲理学者，动好评贬汉唐诸儒而等差之，讲汉学者，又好评贬宋儒而等差之，皆狂妄不知自量之习，譬如文理不通之童生而令衡阅乡试、会试之卷，所定甲乙岂有当哉？善学者于古人之书，一一虚心涵咏，而不狂妄加评隲，斯可矣。

廿六日（将金陵一军奏案摘录完毕）

早饭后清理文件。见客，坐见者一次，立见者一次。习字一纸。围棋二局。阅太白诗，批校十一叶。午正见客一次。中饭后阅本日文件。小睡半时许。至幕府一谈。申正写屏幅一件。朱星槛自湖南来，与之久谈，又坐见之客一次。酉刻核批稿各簿。与赵惠甫至后园一览。夜核改信稿二件。二更后将金陵一军奏案摘录完毕。四点睡，三更二点成寐。是日又雨，真有一暴十寒之忧。

廿七日

早饭后清理文件。坐见之客二次，立见者二次。习字一纸。围棋二局。批校太白诗十三叶，未正毕。中饭后阅本日文件。坐见之客一次，谈颇久。小睡半时许。申正写对联八付。旋核批札稿，未毕。傍夕小坐。夜又核批稿簿，二更三点毕。三点睡。三更末，大雨如注，寸心忧灼。一则麦稼全坏，岁事可虑；一则纪泽今日辰刻出城迎母，未刻坐小船至上游，风大雨大，不知果宿何处，辗转不能成寐。

附记

○寄许银至仙屏处　○沅信言舒黄事

廿八日

早饭后清理文件，习字一纸。围棋二局。见客，坐见者一次，立见者一次。批校《太白集》十三叶。中饭后，立见之客二次。是日大雨如注，自辰正至午未停。未刻，内人率儿孙媳妇到署，与之一谈。黄军门来一谈。阅本日文件。小睡片刻。申正写对联三付、扁二方。写沅弟信一件，约四百字。傍夕入内室一谈。夜核批稿簿。三更后倦甚，小坐，不能治事。三点，改信稿一件。四点睡，三更后略得成寐，五更醒。

廿九日

早饭后清理文件，习字一纸。围棋二局。坐见之客四次，立见者一次。批校《太白集》五叶。小睡片刻。中饭后阅本日文件。坐见之客一次，因请南云等便饭，未正二刻始散。散后倦甚，又小睡半时许。酉刻，添陈舫仙信二叶。夜核批札稿簿。二更后小睡，三点入内室睡，三更后成寐，四更末醒。

卅日（夜核霆营闹饷摺稿）

早饭后清理文件，习字一纸。围棋二局。见客，坐见者一次，立见者二次。批校李诗十一叶。凡坐见之客三次。阅书，时作时止，至未刻毕。中饭后，又坐见之客二次。小睡半时。阅本日文件。申正写对联八付。旋核批稿簿。傍夕小睡。夜写零字甚多，写信复陈作梅。旋将霆营闹饷摺稿一核，未毕。二更三点睡，三更后成寐，五更醒。

## 四月

初一日（因苦雨伤麦，步行至城隍庙求晴）

早饭后，步行至城隍庙求晴，因苦雨伤麦也。归来，坐见之客二次。清理文件，习字二纸。围棋二局。批校太白诗。午正倦甚，小睡片刻。中饭后阅本日文件，又阅李诗四叶，《太白集》批校一过毕。家仅有缪刻，无注本。借莫氏张齐贤、萧士贇本，又太模糊，无善本可校，以意批点而已。李小湖来久坐。申刻写对联五付。剃头一次。核批稿各簿，未毕。傍夕小睡。夜将批稿核毕。旋改霆营摺稿毕。二更三点睡，三更二点成寐。是日幸晴，二更微雨。

初二日（再校《白香山乐府》）

早饭后清理文件。坐见之客一次，立见者三次。黎明步祷至城隍庙，卯正归。习字一纸。围棋二局。校白太傅《新乐府》。巳正，南屏自湖南来，谈最久，又坐见之客一次。中饭后阅本日文件，再校《白香山乐府》。小睡片刻。至惠甫处与南屏一谈。申刻写对联七付。天气热甚，至后园一览。酉刻核批札簿，未毕。傍夕小睡。夜又核批稿簿，旋核信稿四件。二更三点睡，三更后成寐，五更醒。

初三日

早饭后至城隍庙行礼，辰正归。坐见之客二次。清理文件，习字一纸。围棋二局。校白太傅《新乐府》毕。小睡片刻。中饭后阅本日文件。天气奇热，仅着一汗衫而犹嫌烦躁。小睡片刻。申刻写对联八付。酉正核批稿各簿。傍夕小睡。夜核信稿四件。二夜[更]后诵杜诗七律。三点睡，三更后成寐。

初四日

早饭后至城隍庙行礼，旋至报销局迎接李筱泉等，俟良久，未到，辰正归。清理文件，习字一纸。见客，坐见者四次，立见者二次。李筱泉来久坐。中饭后阅本日文件。立见之客一次。围棋二局。申刻写对联八付。旋核批札稿。傍夕小睡。夜阅吴南屏所著《诗国风原指》。二更三点睡，三更后成寐。

初五日

早饭后至城隍庙步祷。旋李至筱泉处回拜。归，见客，坐见者五次。清理文件，习字一纸。围棋二局。阅白香山诗四叶。倦甚,小睡。中饭后阅本日文件,写澄弟信一件。约四百字。小睡半时许。写对联五付,核批稿各簿,未毕。傍夕小睡。夜核批稿各簿毕,写竹庄信一叶,核京信稿二件。二更三点睡,三更后成寐。是日,自巳刻微雨,至夜不息,阴寒殊甚,岁事可忧之至。

初六日(派戈什哈回湘迎澄弟)

早饭后至城隍庙步祷。归,坐见之客五次,立见者二次。清理文件,习字一纸。围棋二局。改片稿一件,约改二百字。阅校白香山七古。中饭后阅本日文件。阴雨连绵,愁闷之至,不愿治事,小睡片刻。申刻写对联七付。是日派戈什哈回湘,迎接澄弟,料理一切。核改京信稿五件,傍夕小睡。夜又核信稿三件,核批稿各簿,二更三点睡。

初七日

早饭后清理文件。坐见之客一次。习字一纸。围棋二局。又坐见之客一次。李筱泉来久坐。午刻,请吴南屏、陈作人等便饭,申初散。阅本日文件。申正写对联七付。酉刻小睡。夜核批稿各簿。二更,阅吴南屏所为《春秋三传义求》。三点睡。

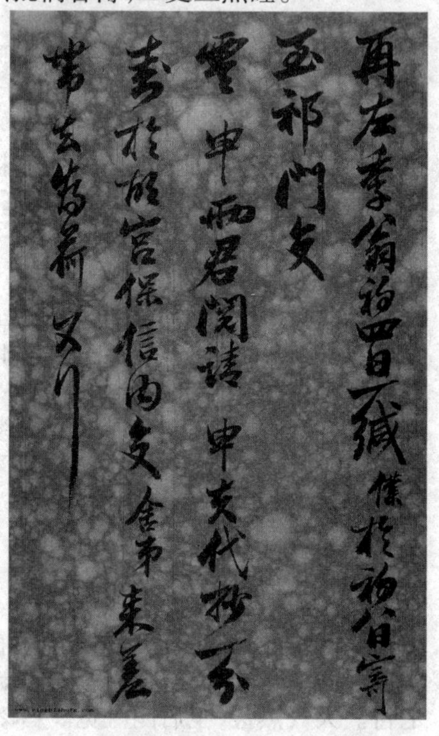
曾国藩书法

初八日(将地球移入新屋)

早饭后至城隍庙步祷。归,坐见之客三次,立见者一次。清理文件,习字一纸。围棋二局。巳正,陈作梅来一谈,又坐见之客一次,立见者一次。午刻校白香山七古,中饭后粗毕。阅本日文件。未正,李筱泉来久坐,至酉初始去。说话太多,不能治事。至后园一览。新屋三间已成,将地球移入其中。夜核批稿各簿。二更后,核信稿一件,约改三百字。四点睡。

初九日

早饭后,步行至城隍庙。因天气晴明,即行撤坛。礼毕,至汪梅村家一坐。归,坐见之客二次,立见者一次。清理文件,习字一纸。围棋二局。阅校黄山谷诗七古、七律二种。将任、史两谱一阅,批校三叶许。午正请筱泉小宴,黄昌岐、陈心泉等陪之,申初二刻散。阅本日文件。申正,李眉生来久谈,陪至后园茅亭一坐。雨大,不能遽归。傍夕归,小睡。夜核批稿各簿。二更后阅吴南屏所著《孟子考义发》。三点睡,三更后成寐。

初十日(闻贼又窜运河以北)

早饭后,坐见之客二次,衙门期也。清理文件,习字一纸。围棋二局。立见之客一次,坐见者一次,李筱泉来久坐。午刻阅黄山谷七古、七律,批点仅及三叶。中饭后阅本日文件。李眉生来久谈。申正写对联九付。酉正小睡。夜核批稿各簿。二更后改信稿一件,约三百字。拟作一诗酬吴南屏,久索未得。四点睡。是日阴雨竟日,夜间雨尤大。麦稼既已无望,尤恐大水为灾。本日闻贼又窜运河以北,至东昌一带,焦灼之至。第二孙女患病,啼哭竟夕,亦增愁闷。

十一日

早饭后清理文件,习字一纸。围棋二局。坐见之客一次。写丁雨生信二叶、筱泉信一叶，批校山谷诗。午正，吴南屏来一谈，与同中饭。饭后，同至昭忠祠一看，申正归。阅本日文件，写对联六付、横披一幅，约一百字。榜夕小睡。夜核批稿各簿。二更后拟作诗而久未就。四点睡。

十二日

早饭后，坐见之客三次，立见者二次。清理文件，习字一纸。围棋二局。拟校山谷诗。中饭后又校二叶，阅本日文件。小睡片刻。坐见之客一次。申正写对联五付、挂屏四幅。酉刻核批稿各簿。戌刻小睡。夜作诗二十馀句，未结。二更三点睡，三更后成寐。

十三日（李筱泉来辞行，久谈二时许）

早饭后清理文件。习字一纸。围棋二局。批校山谷诗甫一叶许，李筱泉来辞行，久谈二时许。中饭后，雷鹤皋来一谈。未刻出城送筱泉之行。归，与眉生久谈。阅本日文件。申正，写对联六付、挽幛一付。酉刻核批稿各簿。傍夕小睡。夜作诗十馀句，《喜吴南屏至》七古一首作毕。二更三点睡，三更后成寐。

十四日（夜阅吴南屏所为《经说》）

早饭后清理文件，习字一纸。围棋一局。将昨日〈诗〉录写送南屏处。批校山谷诗。立见之客一次，坐见者一次。午正倦甚，小睡。中饭后阅本日文件，核信稿一件。至南屏处一坐，昨日搬入署内也。与幕府同至后园新屋久谈。申刻写对联四付。李雨亭来久谈。傍夕小睡。夜核批札稿簿，阅《姚惜抱诗集》。二更后，阅吴南屏所为《经说》。三点睡。

十五日

早饭后清理文件，习字一纸。围棋二局。立见之客一次，坐见者三次。批校山谷诗四叶。中饭后阅本日文件。眉生来一谈，省三来久谈。申刻写对联七付，核批札稿簿。傍夕小睡。夜，南屏来久谈，二更二点始去。三点睡。

十六日

早饭后清理文件，习字一纸。围棋二局。坐见之客一次，立见者二次。钱子密来久谈。批校山谷诗四叶。中饭后阅本日文件。小睡片刻。出门拜雷鹤皋、吴竹如二家，谈均久，酉正归。至后园与吴南屏久谈。夜核批稿各簿。二更后，阅梅伯言所选《古文辞略》。三点睡。

十七日

早饭后清理文件，习字一纸。围棋二局。立见之客一次，坐见者一次。批校山谷诗四叶。惠甫来久谈。小睡片刻。中饭，请吴南屏来便饭。饭后阅本日文件。小睡片刻。眉生来一谈。申正写对联七付、屏一幅。酉刻至后园看栽竹。核批稿簿，未毕，灯后核毕。写零字甚多。二更后温《古文·传志类》下。二更四点睡，三更后成寐。

十八日（翻阅李次青所撰《国朝先正事略》）

早饭后清理文件，习字一纸。围棋二局。坐见之客三次，立见者二次。写灵谷龙神庙一通，约四百馀字。批校山谷诗甫一叶，周寿山来久谈。又坐见之客一次。中饭后，吴竹如来久谈，许缘仲来一谈。阅本日文件，写对联七付。摺差自京归，阅京信数件。人有送李次青所撰《国朝先正事略》，略偶翻阅数篇，天已黑矣。夜核批稿各簿，又阅《先正事略》。二更后温《古文·序跋类》。三点睡。

十九日

早饭后清理文件，习字一纸。围棋二局。前后坐见之客六次。批校山谷诗二叶。小睡片刻。午正一刻，请李眉生、雨亭小宴，申刻散。周寿山与作梅来久谈。阅本日文件。剃头一次。傍夕小睡。夜核批稿各簿，又阅《先正事略》。二更后核信稿一件，未毕。四点睡。

附记

可买者，交价定契后，不得再有异说，不可买者，直接回复总信。有身家而卖地与教堂者，百不得一；明书卖与天主堂者，五不得一。阻挠三等：正派，附和、贪利，痪毙、浮收，驱民从教。固民心为弭外患之本，明是非，任劳怨，为清吏治之本丁信。

二十日（出城至河下看八团舢板）

早饭后清理文件。见客，坐见者三次，立见者一次。习字一纸。围棋二局。巳初出门，至文庙一看工程。旋出城至河下看八团舢板，午正归。热甚。阅《先正事略》。中饭后，坐见之客二次，周寿山谈最久。申初小睡片刻。申正写对联、挂屏及福、寿字之类。天气奇热，不复能治事，小睡片刻。夜间大雨如注，虽少解炎熇之气，而麦收又恐伤损。夜核批稿各簿。旋核信，复丁雨生信稿，约改三百馀字。二更三点睡。

附记

○戴嘉玉小湖所托

二十一日（校毕山谷诗《内集》）

早饭后清理文件。坐见之客一次。习字一纸。围棋二局。批校山谷诗三叶，《内集》校毕。午刻见客三次，谈均颇久。中饭后阅本日文件。与眉生谈诗。又立见之客一次。写对联二付。雷鹤皋来，久坐一时许。余说话稍多，疲惫极矣，小睡片刻。夜核批稿簿，二更二点阅《先正事略》。四点睡。

二十二日

早饭清理文件。坐见之客一次。习字一纸。围棋二局。戴子高来久谈。批校山谷《外集》诗。午正倦甚，小睡。中饭后清理本日文件。至幕府与吴南屏久谈。申正写对联七付。至后园一览。酉刻核批稿各簿。傍夕小睡。夜阅南屏所著《论语》。二更四点睡。

附记

○阅销册　○拜吴、李

○写沅信　○送雷礼

廿三日

早饭后清理文件。见客，坐见者二次。习字一纸，围棋二局。许缘仲来久谈。批校《山谷诗集》。中饭后阅本日文件。小睡片刻。王少岩等来一坐，李眉生、庞省三先后来一坐。酉刻核批稿各簿。傍夕小睡。夜核信稿七件。二更三点睡。

廿四日（接廷寄责成李少泉月内剿贼）

早饭后清理文件，习字一纸。围棋二局。坐见之客三次。巳正出门，至吴竹如处一谈。归，坐见之客一次。中饭后料理出城。余奏明至上海查阅外海水师事宜。未正启程。至汉西门外上船。坐见之客四次，立见者五次，皆文武送行者也。申正开船，行二十里。至下关湾泊。黄昌期、李眉生先后来久谈。酉刻在船阅山谷诗。夜核批稿簿，写沅弟信一件。是日接奉廷寄，责成李少泉一人剿贼，限一个月不灭，则重治其罪。克期剿贼，是明末之弊政。既为大局虑，尤为少泉危，忧系无已。二更三点睡，不甚成寐。

廿五日

早饭后清理文件。天气阴寒，细雨竟日，逆风不能开船，即在下关停泊一日。习字一纸，阅校山谷诗。南屏、惠甫等来船久谈。又校批山谷诗。中饭后批校半时许，目蒙殊甚。至眉生、南屏等船上久谈，申正归。再校黄诗，写信与钱子密。傍夕小睡。夜温《古文·气势之属》，朗诵二首，又览《文选》各诗。二更三点睡。梦魇甚恶，非君子所应有之梦，深以为愧。

廿六日

早饭后清理文件。立见之客一次，坐见者一次。逆风渐息，开船行走，用小轮船拖带。行八十里至东沟口停泊，待后至之船，约停一时许。习字一纸，批校山谷诗。与南屏久谈。午正后开船，申刻至瓜洲口湾泊。坐见之客八次，立见者三次。酉刻，坐小船至六濠口瓜栈行走一次，即在程敬之处晚饭，往返约二十里，归至瓜口已二更矣。阅《古文·气势之属》。三点睡。

廿七日(至荣福桥观其工程坚实否)

早饭后开船。清理文件，习字一纸，批校山谷诗。巳初至扬州，泊钞关门外。入城至公馆。坐见之客五次，立见者一次。午初出门拜客三家。午正至运司李采臣署内小宴，未正散。出东门至荣福桥一阅。桥为去年所修，特往观其工程坚实与否，酉初归，船往复三十馀里。坐见之客一次，立见者一次。倦甚小睡。夜，坐见之客一次，核批稿各簿。二更三点睡。

廿八日(至湖南会馆一览)

早饭后清理文件，习字一纸，批校山谷诗。见客，坐见者四次，立见者二次。巳正进城，至运司衙门搬库。午初至湖南会馆一览，即盐商包家之棣园，吾乡业盐者买之以为会馆。雕楹刻栋，佳木异石，穷极工巧。午正至厉伯苻家，渠与晏彤甫公请便饭，申初归。至南门观去年所修横墙，工程尚坚实。乔鹤侪来久谈。风逆，不能开船。酉正开船，行十馀里，至宝塔下红桥湾泊。坐见之客二次。阅缉香堂所刻《山谷集》。核批稿、信稿。二更三点睡。

廿九日(拟再钞近古诗亦分四属)

早饭后开船，行三十馀里至瓜洲少泊。待后帮船至，再行渡江一游金山，看东坡所留玉带。在船清理文件，习字一纸，批校《山谷集》三叶。自金山回船。中饭后至焦山一游。常镇道蔡世俊乂臣置酒于此。酒后登山，天气极热。酉初下山，登舟行十馀里，进丹徒口。夜与眉生久谈，核批札稿件。二更后倦甚，小睡。余昔年钞古文，分气势、识度、情韵、趣味为四属，拟再抄古近诗，亦分为四属，而别增一机神之属。机者，无心遇之，偶然触之。姚惜抱谓文王、周公"系易"、"彖辞"、"爻辞"，其取象亦偶触于其机。假令《易》一日而为之，其机之所触少变，则其辞之取象亦少异矣。余尝叹为知言。神者，人功与天机相凑泊，如卜筮之有繇辞，如《左传》诸史之有童谣，如佛书之有偈语，其义在于可解与不可解之间。古人有所托讽，如阮嗣宗之类，或故作神语，以乱其辞。唐人如太白之豪，少陵之雄，龙标之逸，昌谷之奇，及元、白、张、王之乐府，亦往往多神到、机到之语。即宋世名家之诗，亦皆人巧极而天工错，径路绝而风云通。盖必可与言机，可与用神，而后极诗之能事。余钞诗拟增此一种，与古文微有异同。二更三点睡，燥热殊甚。

## 闰四月

初一日

早饭后，见客三次。开船，行七十里至丹阳县停泊片刻。又行五十里，至吕城泊宿。在船批校山谷诗十八叶，又将《外集》《别集》中未钞之七古、七律粗阅一过。黄诗校对已毕，草草读过，不能细也。在丹阳见客一次，夜间又见客一次。傍夕在岸侧乘凉，与南屏、惠甫等久谈。灯后核批札稿簿，又核一告示稿，未毕。辰刻清理文件，习字一纸。申刻阅本日文件。二更四点睡。天热，不甚成寐。

初二日(是日将所抄诗用《文选》本校对)

早饭后，开四十里至常州府。见客，坐见者二次，立见者二次。上岸至刘开生家一坐，旋即回船。开行数里，李质堂来迎接，与之久谈。酉正二刻至罗山泊宿。坐见之客三次，立见者一次。是日将所钞五古曹、阮、陶、谢、鲍、谢六家，用《文选》本校对，约校三叶半。夜核批札稿簿。二更后倦甚，小睡。三点睡。是日燥热异常，在船赤体不着衣，尚觉烦闷。午刻在常州骤雨，下半日燥热未解，夜间大雨如注，顿觉凉爽，而又以麦收为虑矣。

初三日（游小金山，观惠山）

早饭后清理文件。开船行三十里，至无锡，停泊黄浦墩，登岸一观。小金山四面临水，中一园亭，约径六丈，围十七八丈许。楼上地下，周围窗槅，纯庙题诗甚多。旋至惠山观昭忠祠及第二泉。巳正回船。旋又开行，轮舟顺风，行七十里至浒墅关。丁中丞及司道前来迎接。又行二十里至苏州胥门登岸，以新臬台衙门作公馆。是日卯正习字一纸。见客，坐见者二次。至无锡，见客三次。在舟中批校阮嗣宗诗四十首。到苏后，夜见客三次，丁中丞及童薇砚坐甚久。二更三点客退，儿侄辈始赶到。四点睡，不甚成寐。

初四日

早饭后清理文件。坐见之客十次，立见者七次，疲乏极矣。午初出门拜客，会者二家。未初至丁中丞署内中饭，申正散。回寓后，立见之客二次，坐见者三次。傍夕小睡。夜与李质堂、李眉生先后久谈。二更后核批稿各簿。三点睡。

初五日（至拙政园、狮子林一观）

早饭后清理文件。坐见之客九次，立见者三次。习字一纸。巳正出门拜客，会者三家，不会者二家。未初，至李质堂处中饭，申初毕。申正至拙政园、狮子林一观，酉初归。困倦殊[甚]，小睡片刻。夜核批稿各簿，核批札稿簿，核阮嗣宗诗数首。二更三点睡。

初六日

早饭后清理文件。见客，坐见者五次，立见者三次。巳正倦极，小睡片刻。写澄弟信，未毕。午初出门拜客，会者二家，未会者三家。未初至程公祠，苏州绅士公请小宴，共三席。酒罢，周览园林之胜。该处旧为倪方伯良耀寓居，今为安徽会馆，右边即程学启之祠也。申正散。至丁中丞署内听客弹琴，又遍阅其楼上所藏书籍。旋又拜客三家，傍夕归。与眉生一谈。夜阅本日文件，核批稿各簿。二更后写澄弟信一件，写纪鸿儿信一件，三点睡。

初七日（约与友、绅同游太湖）

早饭后清理文件。见客，立见者一次，坐见者一次。辰初出城。将往游太湖，约丁中丞、李军门及官绅等十馀人同游。定以初七日游木渎、范坟等处，初八日游东西洞庭，阅视应设水师之所。开船行二十五里至木渎，至许缘仲所寓葛园，一览水石之胜。旋肩舆至灵岩山，登绝顶极览。归，至端园中饭。饭后，肩舆至天平山，步行登山。有下白云、一线天、中白云、上白云四名，实则从山脚至山顶，尚不及二里。余陟其巅，同行丁中丞等五人，俱中道而止。下山后，往谒范坟。西为高义园，因范文正公之义田而立，纯皇帝题扁及诗碑在焉。东为范坟，文正公之高祖、唐丽水县丞名□□之墓在焉。墓在天平山之左胁，山质皆石无土，群石矗立，士人名曰万笏。朝天结穴之处，有土方数十丈。其后山石壁立，亦不似吾乡。堪舆家所称老山抽嫩枝及落脉举顶云云者，不知何以贵盛久远如此。旋肩舆行三里许，至无隐庵。盖天平山为最高之主峰，南向，其东贴近左胁为范氏先墓。又东曰牛头山，中有御路，为纯皇帝入幸范坟所由之道。又东迤逦而南，凡五峰，中一峰稍高者曰朱家山，即支硎山也。天平山之西，迤逦而南，凡四峰，其第三峰曰马鞍山，与东边之朱家山相对，即无隐庵之后山也。其第四峰较高，即灵岩山也。东西两嶂，俨立相对。中间大壑相距二里许。酉正三刻回木渎登舟，往返约三十二三里。舟行将赴胥口，乃该处市镇中间轿密而岸窄，余舟太大，节节逼隘，至一桥下，两岸夹立石壁，良久不得过。更后，余登岸至许缘仲家住宿，而令各船次第倒行，退出三里之下。丁中丞及司道等来会，游兴为之顿减。因改议明日不复游洞庭东、西山，但至胥口一览而已。二更三点睡，久不成寐。

初八日（赴胥口查阅太湖形胜，登香山之嘴）

早，在许寓早饭。饭后，令人探水。与丁中丞、李质堂同赴胥口，查阅太湖形胜，同登香山之嘴。在胥口之西，其后为小周山、大周山，最高者曰穹窿山。胥口之东曰清明山，亦曰胥山。其山脚拖入湖中者曰菱湖嘴。其迤而东北者曰尧峰。尧峰之尾曰七子山。其与胥口相对横亘于北者曰横山。其内日横塘，此皆滨临太湖之山也。其湖中之山，东洞庭距胥口约二十里，西洞庭距胥口约三十馀里。长沙山约距十里许，此目中所见者。其极北之马迹山，极西之大雷、小雷，皆不见也。太湖若立水师，宜分三营。以一营驻东洞庭，辖苏州吴、长、江、震四县湖面。而西洞庭亦驻船数号，与浙会办。以一营驻马迹山，辖常州阴湖、无锡、宜兴、荆溪四县湖面。以一营驻大雷山，辖湖州长兴、乌程两县湖面。阅毕，回至木渎。中饭后开船，自木渎回苏州。丁中丞、李军门在船久谈。写昨日日记。申正至苏州湾，泊盘门之外。清理文件。阅邸报，余补武英殿大学士、朱凤标补体仁阁大学士。随从人等纷纷道贺，两司及幕府等谈最久，又坐见之客一次。傍夕登岸，在桥上久坐，与南屏等一谈。丁中丞来道喜，即在桥上一谈。归船夜饭后，坐见之客二次。旋核批稿簿，至二更四点睡。

初九日（因吃枇杷太多，腹胀不能治事）

早饭后开船，行八十馀里至昆山之上停泊，待后至之船。申正又开船。行二十馀里，泊宿在昆山之下约十五里。辰刻清理文件，习字一纸，批校阮嗣宗咏怀诗。两次小睡。未初将阮诗校毕，写丁中丞信一封，约三百字。辰刻，坐见之客一次。申刻，坐见之客二次。阅《潘文恭公年谱》，又阅其子《功甫年谱》，未毕。傍夕，登岸与南屏一谈。夜因二日吃枇杷太多，腹胀不能治事。改刘省三信稿一件，约二百字。二更四点睡。

初十日（李眉生诗俊拔而有情韵）

早饭后清理文件。开船行七十里，至黄渡湾泊，等候各民船。坐见之客三次。南屏等来久谈。停二时许，申初又开船。行三十馀里，至野鸡墩以上三里许泊宿。辰刻习字一纸，批校五言古诗陶、谢诸家。两次小睡。申正阅《潘功甫诗集》。辰刻观李眉生诗，爱其俊拔而有情韵，将来必为诗人。纪泽前后作次筵字韵诗二首，韵稳而脉清，吐属亦当名贵，将来或亦为诗人，殊以为慰。夜核批稿各簿。二更后，眉生来久谈。三点睡。

十一日

早饭后开船，行四十里。午初至新栅登岸，肩舆过洋泾滨、黄浦江等处，凡十八里许，至上海南门外新造铁厂居住，未正到。在舟中与丁中丞等久谈。清理文件，习字一纸，阅《文选·乐府》，批校鲍、谢等诗。小睡片刻。中饭后见客，坐见者八次，立见者三次。疲乏殊甚，小睡片刻。夜，坐见之客一次，与丁中丞久谈。旋核改摺稿二件，约改三百馀字。三更二点睡。近年从无似此夜深始睡者，幸尚能成寐。夜接家信，欣悉纪官侄得取县案首。县令考试甚严，当可免于物议，甚以为慰。吾每虑吾兄弟功名太盛，发泄殆尽。观近年添丁之渐多，子弟之向学，或者祖泽尚厚，方兴未艾，且喜且惴惴也。

十二日（至机器局观制造机器）

早饭后清理文件。坐见之客四次，立见者二次。旋出门至机器局，观一切制造机器，屋宇虽不甚大，而机器颇备。旋观新造之轮船，长十六丈，宽三丈许。最要者惟船底之龙骨，中间龙骨夹层两边，各龙骨三根。中骨直而径达两头，两边骨曲而次第缩短。骨之下板一层，骨之上板一层，是为夹板，板厚三寸。龙骨之外，惟船肋最为要紧，约每肋宽厚三寸有奇，皆用极坚之木。计此船七月可下水。巳正回寓，坐见之客一次。写家信一件。小睡片刻。改片稿一件。中饭后，英、法等领事来见，凡坐见者三次，又坐见之客二次，立见者一次。看丁中丞带来之洋镜内山水画图，甚为奇丽。与南屏等一谈。小睡片刻。夜间，南屏、惠甫等来看洋镜画。旋阅本日文件。二更三点睡。

附记

○催省片　○写筱信

○撤质营　○送南仪

十三日(至洋泾滨回拜法国领事白来尼)

早饭后清理文件。见客，坐见者七次。改片稿一件，颇费经营。午初出门，至洋泾滨回拜法国领事白来尼，倾诚款待。虽其母其妻之卧室，亦预为腾出，引余与中丞、军门阅看。所居楼阁四层，一一登览。玉宇琼楼，镂金错彩，我中国帝王之居殆不及也。旋备酒席小宴。又至英国领事温思达处回拜，亦备酒相款。未正，至城隍庙，应敏斋等招饮，申末散。城内观者如堵。旋回拜刘融斋，谈甚久，归时已晡矣。因事生气，久而未解。周寿山来久谈。夜与丁中丞、眉生等久谈。二更后写李筱泉信一封。三点睡，三更后成寐。

十四日(与丁中丞会查吴淞江海口)

早饭后清理文件。坐见之客二次，立见三次。发报二摺、四片，与丁中丞会衔。旋下河登天平轮船，将回金陵。与丁中丞同坐一船，会查吴淞江海口。丁以为提督当建牙于宝山也。申正过狼山，福山。夜二更泊宿于江阴口外。中丞在此换小船，由内河回苏州。是日在船未治一事，仅阅杜牧之诗约六七十首。小睡数次，馀皆与中丞畅谈而已。二更三点睡，四更四点醒。轮船即于是时开行，不复成寐矣。

附记

○复沅信　○复少泉信

○复印渠信　复二郭信

十五日

寅初开船，自江阴口启行，凡行四百二十里。酉初，至下关。酉正，自下关坐小轮船，至汉西门以下三里湾泊。在舟中将《杜牧之集》粗阅一遍毕。登岸后，行四里至官厅，与司道相见一谈。灯时入署，与家人一谈，与幕府一谈。二更后小睡。三点睡，三更二点始略成寐，未至五更而又醒矣。

附记

钱粮向具堂报清册呈查。现饬具四柱简明摺，每月呈送。其拨解军饷、核作放收，亦另开一摺呈报。

十六日

早饭后清理文件。坐见之客十三次，立见之客五次。说话太多，疲乏极矣。中饭后，燥热异常，上半日已湿透汗衣，更换三次。未申间，郁热更甚。围棋一局。又坐见之客一次。热甚烦闷，不复能治事矣。将《帅子文集》翻阅数叶。酉刻，立见之客一次，谈甚久。至后园亭中小坐。小睡片刻。夜核批稿各簿甚多，二更后作告示稿一件。三点睡。睡后雨甚大，而燥热未减，竟夕不得善眠。

十七日

早饭后清理文件，习字一纸。围棋二局。坐见之客四次，立见者二次。将雷鹤皋所送诗文集略一翻阅。小睡片刻。中饭后阅本日文件。坐见之客一次，李小湖谈甚久。申正后，小睡甚久。酉正写沅弟信，未毕。雨大天暗，旋即昏黑，又复小睡。夜将沅弟信写毕,核批稿各簿极多,未毕。二更三点睡。是日屡次骤雨,天尚郁热。

十八日(批阅汉魏六朝六家诗)

早饭后清理文件,习字一纸。围棋一局。见客,坐见者四次。说话稍多,倦甚,不能治事,小睡二次。中饭后阅本日文件,批阅汉魏六朝六家诗。天气阴寒,雨势不止,身体若不适者,因多着衣服小睡。夜核批稿各簿。二更后小睡。三点入内室睡。是夜大雨倾盆,声如惊风怒涛,又如百万甲马。余以小病,睡梦中神魂不安,今岁必为淫潦所苦,忧灼之至。

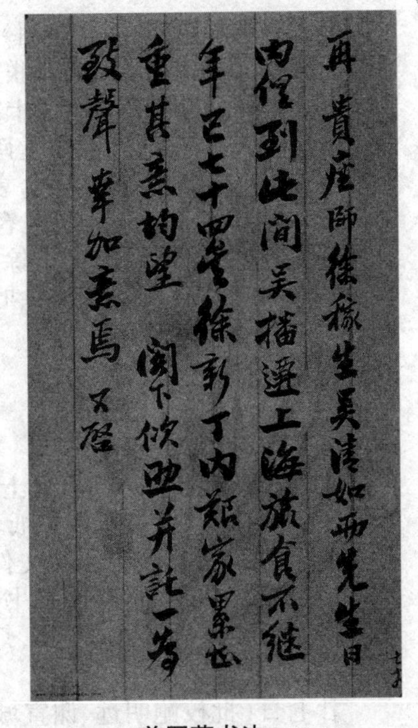

曾国藩书法

十九日

早饭后清理文件。见客,坐见者一次,立见者一次。习字一纸。围棋二局。身体微有不适,小睡颇多。将六家诗与《乐府诗集》校对批阅。中饭后阅本日文件,写李宫保信一封,约四百字。坐见之客一次。申刻至幕府一谈。自昨夜至本日,倾盆大雨,迄未少息,直至申刻始止。酉刻写俞荫甫信一封。傍夕小睡。夜核批稿各簿,二更三点毕。睡后,尚能成寐。

二十日(令纪鸿与叶甥背诵时文)

早饭后清理文件。见客,坐见者二次。习字一纸。围棋二局。出门拜客,会者三家,午正二刻归。中饭后阅本日文件,校对六家诗。申正后剃头一次。坐见之客一次。酉初二刻,令纪鸿与叶甥背诵时文。傍夕小睡。夜核批稿各簿。二更后,清理新钞古文目录,朗诵古诗。三点睡。三更后成寐。本日阴寒。夜间复大雨不止。

二十一日(阅小说《儒林外史》以散闷)

早饭后清理文件。见客,立见者一次,坐见者三次。习字二纸。围棋一局。批阅曹、阮等六家诗,与《乐府诗集》核对,甚费心神。阅小说《儒林外史》以散闷。午正三刻,请刘养素小宴,李山长及江西三道陪之,申正散。阅本日文件。酉刻,课纪鸿、叶甥等谈文。旋写云仙信二叶,未毕。傍夕小睡。夜又写云仙信三叶毕,核批稿各簿,二更后毕。温诵古文三首。三点睡,三更后成寐。

廿二日

早饭后清理文件,习字一纸。围棋二局。看小说书三刻许。小睡刻许。批校陶诗七叶。中饭后,吴竹如来久谈,又坐见之客二次。申正写对联五付、直幅一件。酉初,听儿甥辈背书,又阅小说,倦甚,小睡。夜核批稿簿。二更后温古诗十馀首。三点睡,三更后成寐。

廿三日

早饭后,坐见之客一次,立见者一次。清理文件,习字一纸。小睡片刻。看小说十馀叶。坐见之客一次。批校陶诗七叶。中饭后,坐见之客一次。阅本日文件。出门拜将军、都统,申正归。小睡片刻,又阅小说十馀叶。酉末,阅核批稿各簿。傍夕小睡。夜阅小说数叶,温《古文·气势之属》。二更三点睡,三更成寐。

廿四日

早饭后清理文件,习字一纸。围棋二局。看小说二十馀叶。刘子迎来久谈,陈作梅来一谈。午初阅陶诗，批《述酒》《拟古》等篇。中饭后阅半时许，仅批三叶。阅本日文件。小睡片刻。写扁字十馀方、对联五付。课儿甥背诵经书。酉未核批札稿。傍夕小睡。夜拟作诗，久不得句。又看小说十馀叶。将睡，始成诗数〈句〉。二更四点睡。是日，何子贞寄到新刻诗集，名曰《东洲草堂诗草》，屡次翻阅数十首。

廿五日（夜欲为诗而不成，衰态见矣）

早饭后清理文件。坐见之客二次。习字一纸。围棋二局。阅批陶诗毕。小睡片刻。中饭后阅本日文件，阅小说十馀叶，写对联九付。小睡片刻。听儿甥辈背书。核批稿各簿。小睡片刻。夜阅小说十馀叶。二更后，欲为诗而不成，精神惝恍，衰态见矣。四点睡。

附记

○大通卡应查　○沅信

○彭笛仙事

廿六日（《儒林外史》极诋士人之丑，亦用自儆）

早饭后清理文件，习字一纸。围棋二局。见客，立见者一次，坐见者一次。批校大谢及鲍明远诗。中饭后阅本日文件。至幕府一谈。倦甚，小睡。酉初，课儿甥辈诵时文。阅小说《儒林外史》十馀叶，是书极诋士人多穿窬之行，丑态百出，览之足以解颐，亦用自儆。傍夕阅核批稿各簿，未毕，灯后核毕。又核吴竹庄信一件，约改四百字。二更三点睡，三更后成寐。

廿七日（批校鲍明远、谢宣城诗）

早饭后清理文件，习字一纸。围棋二局。小睡片刻。批校鲍明远诗毕，又校谢宣城诗。立见之客一次，李雨亭来谈甚久。小睡片刻。中饭后清理文件。阅小说数叶，写眉生信二叶、雨生信一叶、竹庄信二叶，写扁二方、对七付。酉初听儿甥辈背书。以后，凡三、八课外之四日，以二日背四书、经书，以一日背时文，以一日背诗、赋、古文。余每日以一二刻许听其背诵，庶后辈于眼前之书不至茫然不能举其辞。并拟令沅弟以此法课瑞、官两侄。酉正阅核批稿簿，未毕。傍夕小睡。灯后核稿毕，作诗十馀句。二更四点睡。是夜大雨，彻宵不息，今岁水灾可虑。

廿八日

早饭后清理文件，习字一纸。见客，立见者二次，坐见者二次。小睡半时许。巳正后，坐见之客三次，刘养素坐甚久。中饭后阅本日文件，校谢宣城诗数叶，写沅弟信一件，约五百字，写对联五付、挂屏三叶。小睡片刻。核批稿各簿。夜写零字颇多，作诗数句。二更四点睡，三更后成寐。是日午后放晴，差为一慰。

廿九日

早饭后清理文件，习字一纸。坐见之客二次。出门拜春织造、吴竹如、李小湖三处，谈颇久。巳正二刻归。小睡片刻。午初将谢宣城诗校毕，又校王右丞五律，中饭后接校，共七叶。阅本日文件。见客，立见者二次，坐见者一次。申正写对联七付、挂屏一叶。酉初课儿甥辈背书。酉正核批稿各簿毕。傍夕小睡。夜作诗数句，《金山观东坡玉带》七古一首作毕，殊无佳句。二更四点睡，三更三点成寐。昔在京时，每作诗辄不成寐，是以辍不复作，今此病似又复发。老年本不欲以诗鸣，听之而已。

## 五月

初一日（登楼望署内凉篷，自惭居处之优）

早饭后清理文件,习字一纸。立见之客三次。围棋二局。将昨所作之诗用笺纸誊写一过,共三百字。坐见之客二次,立见者一次。小睡片刻。校王右丞五律毕。旋校孟襄阳五律,中饭后又校五十馀首。阅本日文件。申初二刻写对联十一付。酉初听儿甥辈背书。酉正核批札稿簿毕。傍夕登楼眺览,见署内搭凉篷五六处,自惭居处之优崇。默诵古诗颇多。小睡片刻。夜阅欧公七古,阅《何子贞诗集》。二更三点睡,三更后成寐。

初二日

早饭后清理文件。坐见之客二次,汪梅村谈甚久。习字一纸。围棋二局。又立见之客二次,坐见者一次。出门拜客,会者三家,午初归。校对孟襄阳五律。中饭后阅本日文件,又阅校孟律粗毕。写对联七付。至后园眺览。课儿甥辈背书。酉正核批稿各簿。傍夕阅《何子贞诗集》。小睡片刻。灯下又阅《子贞集》。二更温杜、韩七古。三点睡,临睡写澄弟信,派轮船赴鄂迎接。

初三日(澄弟改订八月来金陵)

早饭后清理文件,习字一纸。围棋二局。见客,坐见者二次,立见者二次。阅小说十馀叶,再将孟襄阳五律检点一番,校杜牧之七律。小睡片刻。中饭〈后〉又校小杜七律,阅本日文件。天气奇热,郁闷殊甚,不能治事。写对联七付,阅小说数叶。小睡片刻。至后园一览。与幕府一谈。核批稿各簿。夜太热,不愿治事,翻阅《曝书亭集》。接澄弟信,目下不能来金陵,改订八月为期。余本拟节后派轮船赴鄂迎接,因恐其于闰月廿四业已启程,改于今早派船往迎,计已行数百里矣。二更三点睡。

初四日(阅放翁七古,眼蒙几不能辨字)

早饭后清理文件,习字一纸。见客,立见者二次,坐见者二次。雷州举人陈乔森谈甚久。陈号逸山,许仙屏有书极赞其文行不群也。小睡半时许。巳正移至后园新屋之内,阅校杜牧七律。午初,赵惠甫来久谈。中饭后阅本日文件。陈虎臣来一谈。改摺稿一件、信稿二件。申正写对联六付、挂屏二叶。酉初课儿甥背书。酉正核批稿簿。傍夕至后园亭与贞斋一谈。夜疲乏殊甚,不能治事。阅放翁七古,眼蒙,几不能辨字,老境颓然著矣。摺弁归,接阅京信、京报。二更四点睡,通宵不甚成寐。

初五日

早间,谢绝贺节之客。饭后清理文件,习字一纸。围棋二局。立见之客二次。小睡颇久。巳正至后园新屋内阅书,校小杜七律二十馀首。中饭,与署中客黄子钧等及子侄辈小宴,未正三刻散。阅本日文件。坐见之客二次。申正二刻写对联、挂屏。酉初二刻课儿甥辈背书。酉正刻批稿各簿。傍夕小睡。夜核信稿一件,二更后温姚选七律。三点睡,三更后成寐。

附记

〇丁信、寄宁属密考簿

〇许、李等信

彭杏南谥忠壮,李祥和谥武壮

初六日

早饭后清理文件,习字一纸。围棋二局。坐见之客四次,谈均颇久。小睡片刻。巳正至后园新屋一坐,阅杜牧之七律,校对粗毕,阅《李义山年谱》。中饭后阅本日文件,写澄侯弟信一件。申正写对联六付。酉初课儿甥辈背文。酉正写丁雨生信二叶,核批稿各簿,未毕。傍夕写莼斋久谈。夜核稿毕。再将复雨生各信料理一番。将改复京信稿,而神气疲困,不能治事。二更后略诵古诗。三点睡,三更后成寐。雨又太大,深以为虑。

初七日(闻潘伊卿在扬州病重)

早饭后清理文件,习字一纸。见客,坐见者二次,立见者一次,闻潘伊卿在扬州病势甚重,悬系之至。小睡大半时,核片稿一件。巳正,坐见之客二次,立见者一次。阅校李义山七律,仅批数首。中饭后阅本日文件,核信稿五件,约改五百字,疲乏殊甚。酉初课儿甥辈背书。酉正核批稿各簿。傍夕小睡。夜又补核批稿簿。明日派摺弁进京,校对各摺,谢恩摺中有复字,酌改良久未妥。二更后朗朗[衍一朗字]诵杜诗七古。三点睡。

初八日

早饭后清理文件,习字一纸。围棋二局。坐见之客二次,立见者一次。拜发谢恩摺行礼毕。又坐见之客一次,立见者一次。小睡片刻。批校李义山七律,中饭后止仅校四叶。阅本日文件。申正写对联七付、挂屏一幅。酉初小睡片刻。酉正核批稿各簿。灯后核复贺节信稿,二更后粗毕。诵太白七古数首。四点睡。

初九日(课儿甥辈背书)

早饭后清理文件,习字一纸。围棋二局。坐见之客二次。小睡半时。批校义山七律。中饭后阅本日文件。又小睡大半时。申正写对联六付,课儿甥辈背书。酉正核批稿各簿,未毕。灯后,又核批稿簿,疲乏殊甚。二更后温《古文·气势之属》,朗诵数首。三点睡。

初十日(大雨不止,深以岁事为忧)

早饭后,坐见之客二次,衙门期也。清理文件,习字一纸。立见之客二次,坐见者一次。小睡片刻。批校义山七律四叶。中饭后阅本日文件。围棋二局。小睡片刻。写对联七付。惠甫来一谈,同至后园一览。酉初三刻课儿甥辈背书。酉正二刻核批稿各簿,未毕,灯下核毕,又核信稿一件。温杜诗五古,朗诵数首。二更三点睡,三更后成寐。昨夜大雨,直至本日午未间始息,深以岁事为忧。

十一日

早饭后清理文件,习字一纸。坐见之客三次,立见者一次。小睡片刻。巳正阅批李义山七律四叶。中饭后阅本日文件。小睡片刻。至幕府一谈。申正写对联七付。酉初课儿甥辈背文。旋剃头一次。酉正三刻核批稿各簿,未毕,夜始核毕,又核信稿四件。二更后诵《羽猎》《长杨赋》。三点睡。

十二日

早饭后清理文件,习字一纸。围棋二局。见客一次,谈颇久。小睡片刻。巳正批校义山七律五叶,中饭后又校二叶,义山诗校毕。阅本日文件。李小湖来一谈。申正写对联七付。酉初课儿甥辈背文。坐见之客一次。核批札稿簿。傍夕小睡。夜核信稿五件。二更后温太白七古。三点,在书房睡。

十三日

未明起,至关帝庙行祭生日礼毕,卯初二刻归。饭后清理文件,习字一纸。坐见之客三次。小睡片刻。围棋二局。阅元遗山诗、序例、年谱等。午刻,坐见之客一次。中饭后阅本日文件。小睡片刻。将《遗山年谱》节钞,约四百馀字。酉初写对联六付。酉正核批稿各簿,未毕。夜核各簿毕,又核信稿一件。二更朗诵义山七律。三点睡,三更二点成寐。

十四日

早饭后清理文件,习字一纸。围棋二局。坐见之客二次。小睡片刻。批校元遗山七律,将其交游、名字略一疏记,以便翻阅。午刻,请陈乔森逸山及书局诸君中饭,未正散。阅本日文件。申正写对联六付、挂屏二幅。酉初课儿甥辈背书。酉正核批稿各簿。傍夕小睡。夜写刘岘庄信一叶、印渠信二叶,核信稿十馀件。二更后诵左太冲等诗。三点睡,三更后成寐。

附记

〇吴寄朱信

十五日(闻潘伊卿已气绝)

早间,谢绝贺望之客。饭后坐见之客三次。闻潘伊卿病重,昨日辰刻在扬州上轮船,昨夕亥刻进旱西门,甫到公馆,即已气绝。在舟次昏迷已久,四肢已冷,特一息尚延,到家始属纩耳。闻在工甚吃辛苦,近年才识俱长,物望渐隆,遽尔徂谢,深可悼惜。清理文件,习字一纸。出门至潘家吊唁,见伊卿之父已七十,其子四人、孙一人,哭泣之声,至不忍闻。巳刻至昭忠祠看新修之花园,又至台城看从前府学地基,今拟改修武庙,即前明南雍旧址也。午刻归。坐见之客二次。批校遗山七律。中饭后阅本日文件。昨夕略受风寒,右肩疼痛,天又郁热,不愿治事,围棋二局。陈乔森来久谈。小睡片刻。酉初课儿侄辈背书,核批稿各簿,灯后始得核毕。将陈乔枞所著《今文尚书考》翻阅数十叶。二更三点睡。

十六日

早饭后清理文件,习字一纸。刘养素来一谈。天气阴雨,寒意颇重。左肩又复疼痛,在床久睡。又坐见之客一次。午刻批校元遗山七律四叶。中饭后阅本日文件。围棋二局。申正写对联七付。酉初课儿甥辈背文,核批稿各簿。傍夕睡颇久。天寒,用厚棉被覆盖,稍觉自适。日内,三妇一女次第感冒,余亦微患伤风。夜核信稿二件。二更后朗诵姚选七言律诗。三点睡。

十七日(五更时雨如洪涛泻瓦)

早饭后清理文件,习字一纸。围棋二局。批校元遗山七律五叶。中饭后阅本日文件。小睡片刻。薛抚屏来久谈。申刻写扁、对七件。酉初课儿甥辈背书。至内室一谈,诸妇病未愈。傍夕又小睡。夜核批稿簿。二更后改摺稿数行。四点睡。是日阴雨,下半天雨渐大,竟夜不止,至五更则如洪涛泻瓦。今年必有水灾,忧灼之至。

十七[八]日(作联挽潘伊卿)

早饭后清理文件。围棋二局。习字一纸。见客,坐见者一次,立见者一次。批校元遗山七律七叶,午正阅毕。中饭后阅本日文件,再将遗山诗清理一过,写沅弟信一件,约四百馀字。酉初作挽联,挽潘伊卿云:"还家便永诀,痛高堂七十岁,倚门倚闾,知九原定呼憾事;治水甫成功,念下河百万户,已饥已溺,拚一死永奠生民。"旋将此联写好,并写祭幛。至后园一览。是日大雨如注,竟日不息,傍夕少停。遂不复治事。夜核批稿各簿,将遗山七绝阅看数十首。二更四点睡。

十九日(将放翁生平踪迹开一纸代年谱)

早饭后,至城隍庙步祷求晴。归后见客,坐见者三次,立见者二次。清理文件,习字一纸。围棋二局。批校陆放翁诗十二叶。又坐见之客一次。中饭后阅本日文件。将放翁生平踪迹略开一纸,以代年谱。莫子偲来久谈。申正写对联五付。酉初课鸿儿背书,夜间,叶甥补行背诵。傍夕至后园一览。夜核批稿各簿。二更三点睡。

二十日

早饭后清理文件。出门至城隍庙步祷。旋至潘伊卿家吊奠。归,坐见之客二次,立见者一次。习字一纸。围棋二局。又坐见之客二次。批校放翁七律、七绝七叶。中饭后,吴和甫侍郎同年存义来,久谈,申正始去。阅本日文件,写对联七付。酉初三刻课儿甥辈背书。至幕府一谈,与诸幕〈友〉至后园眺览。夜核批稿各簿。因本日说话太多,不能更治事,神气自觉昏息之至。二更三点睡。三更又雨,可虑之至。

附记

杨洪绪　金　和　朱世兄

廿一日

早饭后，至城隍庙步祷。旋出城至河下拜吴和父，辰正归。清理文件，习字一纸。李方伯来一坐。批校陆诗七律、七绝凡九叶。中饭后阅本日文件。围棋二局。坐见之客一次。小睡片刻。申正写对联九付。酉初课儿甥辈背文。旋核批稿各簿。傍夕小睡。夜改复朱久香信一件，又自写何子贞信，约四百字，未毕。二更四点睡。是日未申后下雨，夜，雨尤大，自叹德薄，祈祷无灵。

廿二日（为考惜阴书院出题）

早饭后，至城隍庙步祷。旋归署，清理文件。至箭道考验武弁。习字一纸。围棋二局。见客，坐见者二次，立见者一次。阅校放翁七律、七绝七叶。中饭后，吴和父来，久谈二时许，直至酉初二刻方去。余最怕久坐久谈，大为所困。课儿甥辈背诗。阅本日文件。至后园一览。傍夕小睡。夜核批稿各簿，添写何子贞信四行，始毕。出经解百馀字，及诗、赋题，明日将考惜阴书院也。二更朗诵古诗。三点睡。

廿三日（阅《何子贞诗集》）

早饭后，至城隍庙步祷。旋归署，清理文件，习字一纸。坐见之客一次，立见者一次。阅校放翁诗钞本十二叶、刻本三卷。小睡一次。中饭后阅本日文件。围棋二局。小睡。旋阅《何子贞诗集》。惠甫来久谈。写对联六付。至后园一览。傍夕小睡。夜核批札各稿簿，核信稿二十馀件，二更二点粗毕。旋温东坡七古。三点睡。

廿四日

早饭后，至城隍庙步祷。归署，见客，坐见者二次，立见者一次。清理文件，习字一纸。在竹床小睡。又坐见之客三次。阅校放翁七律、七绝，至申刻止。钞本校十二叶、刻本四卷。中饭后清理本日文件。在竹床小睡。申正写对联六付。酉初课儿背书，添朱久香信二叶，添应敏斋信数行。至后园一览。是日入初伏，晴明可喜，然热甚矣。傍夕小睡。夜核批稿各簿。二更后写妇女功课单。三点睡，三更后成寐。

廿五日（将妇幼功课单后添四语）

早饭后，至城隍庙谢神，因已畅晴也。归署，将妇幼功课单后添四语云："家勤则兴，人勤则健；能勤能俭，永不贫贱。"清理文件，习字一纸。围棋一局。坐见之客二次。批校放翁诗至未正，钞本阅九叶，刻本阅二卷，亦仅七律、七绝二种，馀未悉阅也。午正，坐见之客二次。中饭后阅本日文件。热极，在竹床久睡。申正写对联五付，写极大扁字八个。酉初课儿背书。酉正核批稿各簿。傍夕，至山上茅亭与幕府久谈。夜，热甚，不能治事，久睡。二更后，温诵《诗经》，三点睡。

二十六日

早饭后清理文件，习字一纸。围棋二局。阅李次青所作《国朝先正事略》。巳正批校陆放翁七律七绝，钞本校七叶，刻本阅三卷。中饭后再阅《先正事略》。坐见之客一次。申正写对联六付、扁二付。酉初课儿甥辈背文。旋核批稿各簿，未毕。至后园亭上与蔡贞斋一谈。夜核批稿簿毕。温《诗经》，微吟，不觉将《国风》《小雅》温毕，《大雅》温至《生民》。二更三点睡。是日畅晴，甚热，殊以将变为虑。

二十七日

早饭后清理文件。坐见之客二次，立见者二次。习字一纸。围棋二局。阅《先正事略》。旋校陆诗七律七绝，钞本校十一叶，刻本则校四卷，未正毕。中饭后阅本日文件，又阅《先正事略》。申正写对七付。酉初课儿甥辈背书。热甚，至后园一览，与子密久谈。夜核批稿各簿，二更后毕。倦甚。温曹、陶五古，朗诵十馀首。三点睡。

二十八日（核一外海水师事宜批）

早饭后清理文件，习字一纸。见客，坐见者二次。阅《先正事略》。在竹床小睡。旋坐见之客二次。巳正阅校放翁诗七首七绝钞本六叶，刻本已阅廿六、七、八、九四卷。中饭后阅本日文件。围棋二局。又小睡片刻。阅《先正事略》四篇。申正写对联七付、扁一幅。酉刻核批稿各簿毕，至后园小山一览。夜，疲困殊甚，小睡，而甚不适。二更后核一外海水师事宜批，未毕。三点睡，三更二点成寐。是日上半天微阴，午后幸又畅晴。

二十九日

早饭后清理文件，习字一纸。坐见之客三次，何廉昉谈最久。阅《先正事略》。小睡片刻。巳正阅校放翁七律七绝钞本，仅校六叶，刻本校卅及卅一、二、三等四卷，中饭后校毕。午正，坐见之客一次。观薛抚辰所为古文数首。未正阅本日文件。申初围棋二局。申正剃头一次。酉初课儿甥辈背书。酉正核批稿各簿，未毕。至后园一览。灯后核稿毕，旋又核复丁中丞信稿，二更二点毕。朗诵苏诗数首。三点睡。是日骤雨三次，幸俱不大，畅晴如故。傍夕天清山朗，夜间繁星满天。不料五更大雨，天又变矣。

三十日（知乡间哥老会平安无事）

早饭后清理文件。坐见之客三次，熊仲山同年家彦谈甚久。习字一纸。围棋二局。阅《先正事略》数篇。巳正校阅放翁七律七绝，钞本校六叶。刻本校卅四、五、六、七四卷，未正校毕。阅本日文件。在竹床小睡。申正写对联九付。酉初课儿甥辈背书。酉正核批稿簿，未毕。纪鸿儿又举一子，小大平安。至后园一览。未刻，周缦云来一谈。傍夕小睡。夜核批稿各簿毕。接澄、沅两弟信，知澄于五月十六日到省，乡间哥老会平安无事，不久必可来金陵相会，深以为慰。又核信稿十馀件，温欧公七古数章。二更三点睡。本日骤雨数次，尚不失为晴天。

## 六月

初一日（自问此生不能复有所为，颇为歉然）

早间，谢绝贺望之客。饭后清理文件，习字一纸。围棋二局。小睡片刻。与叶亭甥一谈。阅《先正事略》数篇。巳正校阅放翁七律七绝，钞本校六叶，刻本校卅八、九、四十、四十一等卷。中饭后阅本日文件。写澄、沅弟信一件。申正写对联六付。酉初课儿甥辈背文。旋核批稿各簿，未毕。傍夕，至后园与子密一谈。夜将批稿核毕。天气郁热，不愿治事。余拟改报销摺稿，迁延弥月，尚未动手，颓衰甚。本日沅弟信中有“古文国手”之说，自问此生不能复有所为，颇为歉然。二更四点睡。

初二日

早饭后清理文件，习字一纸。小睡片刻。坐见之客四次。午刻，孙儿三朝，告祖行礼。校放翁七律七绝钞本仅二叶、刻本三卷。中饭后阅本日文件。天气酷热，在竹床睡卧良久。申正写对联五付、挂屏四幅。酉初二刻，叶甥背书。鸿儿夜间补背。核批稿各簿，未毕。至后园一览。夜将批稿核毕，改摺稿约三百字。二更四点睡。

初三日

早饭后清理文件，习字一纸。围棋二局。在竹床睡甚久。巳刻校放翁七律七绝，钞本校十叶，刻本校四十五、六、七、八、九、五十等卷，至中饭后校毕。阅本日文件。阅《何子贞诗集》。天气酷热，在竹床久睡。申正写对联五付、大“寿”字三幅。在室中间行，冀却暑气。核本日批稿各簿。傍夕至后园亭上乘凉，与幕府诸君久谈。夜，说话太多，困惫殊甚，久睡。二更后温《古文·气势之属》。四点睡。

附记

邱心坦　熊焕南　彭登埠　彭宗洛

初四日

早饭后清理文件，习字一纸。吴竹如来久谈。围棋二局。小睡片刻。巳正，校放翁七律七绝，钞本校六叶，刻本校四卷。中饭，请熊仲山同年家彦及何廉昉、薛抚屏小宴，申初散。阅本日文件。天气酷热，不能治事，在竹床小睡。酉初课儿甥背书。旋核批稿各簿毕。至后园亭上久坐，与蔡贞斋一谈。夜饭后，又独至山亭小睡。二更后入室，三点后睡，热极，不甚成寐。

初五日（阅校放翁七律七绝）

早饭后清理文件。见客二次，谈颇久，衙门期也。习字一纸。围棋二局。小睡片刻。巳正阅校放翁七律七绝，钞本校四叶，刻本校五十五、六、七、八等卷。中饭后阅本日文件。彭雪琴来久谈，酉初始去，课儿甥辈背书。旋核批稿各簿，未毕。傍夕至后园山上乘凉，与赵惠甫久谈。夜将批稿核毕。热甚，不愿治事，小睡片刻。二更后温《古文·序跋类》。三点睡。天气酷暑，竟夕不甚成寐。

初六日（因湖南会馆死人，累次议者谓宜修改）

早饭后清理文件，习字一纸。至湖南会馆与雪琴一会，因馆中死人，累次议者谓宜修改也。雪琴旋随余至署。又会客二次，洪琴西、莫子偲谈最久。写家信一件。酷热如蒸，仅写二叶，因日记极详也。留雪琴中饭。饭后，席地乘凉。客去，阅本日文件。至内室套间稍凉，小睡片刻。申正补校放翁七律七绝，钞本校三叶，刻本校五十五、六、七三卷。酉初，课儿辈背书。旋核批稿簿，未毕。傍夕至后园山上乘凉。夜将批稿核毕，又核信稿数件。二更后朗诵李、杜七古诗。三点睡。

初七日

早饭后清理文件。出门至河下拜雪琴。归署，习字一纸。立见之客二次，坐见者一次。陈虎臣来，谈甚久。雪琴来辞行。小睡片刻。校放翁七律七绝，钞本校四叶，刻本（校）六十二、三、四、五等卷，未正校毕。中饭后阅本日文件。至内室阴凉处久睡。酉初课儿甥辈背书。旋核批稿各簿，未毕。至后园亭上与钱子密久谈。夜将稿簿核毕。二更后温韩、白七古。三点睡。

初八日

早饭后清理文件。坐见之客三次。习字一纸。围棋一局。伍嵩生编修来，鬯谈。小睡片刻。巳正阅放翁七律七绝钞本五叶，刻本六十六、七、八、九等卷，中饭后毕。阅本日文件。酷暑不能治事，至内室套间乘凉，久睡。申正出，微一治事，旋又小睡。酉正核批稿簿，未毕。傍夕至园亭久坐。夜将批稿核毕，又核信稿。二更后温《赤壁赋》。四点睡。

初九日（至河下看新钉之领江船及莫愁湖）

早饭后清理文件，习字一纸。坐见之客二次。出门至汉西门河下看新钉之领江船，旋看莫愁湖。回署后，围棋二局。小睡片刻。午初校放翁七律七绝七十、七十一卷。中饭后又校七十二卷。阅本日文件。酷热，实不能堪，小睡片刻。申正改信稿，未毕。坐见之客一次。酉初课儿甥辈背书。旋核批稿簿毕。傍夕至园亭久坐。夜核信稿二件，约改四百字。二更后倦甚，不能治事。四点睡。

初十日

早饭后，坐见之客二次。清理文件，习字一纸。围棋二局。小睡片刻。阅校放翁七律七绝钞本五叶，刻本七十三、四、五、六、七卷，至未正毕。中饭后阅本日文件。是日酷热，不克治事。未刻食西瓜。久睡。至酉初二刻方起。课儿甥辈背书。旋核批稿簿，灯

下始核毕，又核信稿一件。二更四点睡，幸尚成寐。

十一日（阅陈广敷所批《史记》数首）

早饭后清理文件。立见之客二次，坐见者二次。习字一纸。围棋二局。伍嵩生来久坐。旋校陆放翁七律七绝钞本六叶，刻本七十八、九，八十，八十一、二等五卷，至未刻毕。中饭后阅本日文件。酷暑异常，不愿治事，至内室久睡，郁燥不能成寐。酉初课儿甥辈背书。旋核批稿，未毕。酷热多汗，至后园山上乘凉。夜核批稿毕。阅陈广敷所批《史记》数首，及所录朱子、陆象山、王阳明语。是日寄书四种于沅弟，均稍难购觅者，又配以笔墨信笺之属，写信一叶。二更三点睡。是夜大雨如注，稍解炎热之气。

十二日（《放翁全集》阅毕）

是日为先妣江太夫人忌辰，未设祭席。早饭后，坐见之客二次，立见者一次。清理文件，习字一纸。围棋二局。小睡片刻。坐见之客一次。阅放翁七律七绝钞本四叶，刻本八十三、四、五卷，《放翁全集》阅毕。余于咸丰元年在京粗阅《放翁集》一过，仅钞七律。同治元年在安庆粗阅一过，仅钞七绝。其于五古、七古、五律、五绝等体，不过涉猎一二而已。此次校七律、七绝两体，于各体仍未细阅，殊以为愧。中饭后，将《陆集》略数每卷每体若干首。阅本日文件。热甚，至内室久睡。酉初课儿甥辈背书。旋核批稿各簿。至后园山上乘凉。夜核改摺稿一件。二更后，温东坡七古。三点睡。

曾国藩书法

十三日

早饭后，出门至吴竹如、李小湖两处久谈，巳正归。清理文件，习字一纸。见客一次。又将《陆集》前十六卷数明若干首，略考某卷为某年所作，至申刻粗毕。中饭后，热甚。阅本日文件。申初，久睡。酉正核批稿各簿。傍夕至山上茅亭乘凉。夜核摺一件、片二件。二更后温《古文·识度之属》。三点睡。

十四日（钞陆诗约八分之一）

早饭后清理文件，习字一纸。陈心泉来，坐甚久。围棋二局。又坐见之客一次。将陆诗再数十馀卷。中饭后，又命纪泽数十馀卷，约计不足九千一百首。余所钞者，七律五百三十四首、七绝六百四十三首，约八分之一耳。未刻阅本日文件。旋阅《指月录》十馀叶。在竹床小睡。酉初课儿甥背书。旋核批稿簿，未毕。傍夕至园亭与子密一谈。夜核批稿毕，朗诵《书经》数篇。二更三点睡。

十五日

早，谢绝贺望之客。清理文件，习字一纸。围棋二局。汪梅梅［衍一梅字］村来久坐。小睡片刻。将放翁诗中应行补钞者逐注于上，凡二十四首，《陆集》粗治一过毕。中饭后阅本日文件。酷热，不愿治事，至内室久睡。多食西瓜。酉初课儿背书，叶甥于夜间补背。旋核批稿簿。未毕。傍夕至后园乘凉，与渠侄久谈。夜核批稿簿，又核摺稿一件、片稿二件。二更后温《古文·序跋类》朗诵数首。二更四点睡。

十六日

早饭后清理文件。坐见之客三次，立见者一次。习字一纸。围棋二局。又坐见之客一次。小睡片刻。巳正阅《五礼通考》中《宗庙制度》首卷廿七叶。中饭后阅本日文件，写沅弟信一封。热甚，汗下如雨。至上房久睡，不能成寐。酉初课儿甥辈背书。旋核批稿簿，未毕。至后园乘凉，与渠侄一谈。夜将批稿核毕，又核信稿数件。二更后温《古文·

辞赋类》。三点睡。三更后凉甚，似有秋意。

十七日（阅秦文恭所辑《宗庙制度》）

早饭后清理文件。坐见之客二次。习字一纸。围棋二局。小睡片刻。阅秦文恭所辑《宗庙制度》二十叶，午正二刻请伍嵩生便宴，雨亭等陪之，申初散。阅本日文件。酷暑异常，有流金铄石之象。至内室小睡。申正核信稿二件，添黄恕皆信二叶。酉刻课儿甥辈背书。酉正至后园乘凉。多食西瓜。夜核批稿各簿。二更始吃夜饭。旋核信稿一件，温曹子建诗数首。四点睡。

十八日（至箭道考阅二员）

早饭后，雪琴来谈。饭后，与渠同拜万寿本章。旋至箭道考阅二员。清理文件，习字一纸。立见之客二次。小睡片刻。与雪琴久谈。巳正二刻送渠去后，阅秦书《宗庙制度》十叶。午刻，熊仲山来一谈。中饭后阅本日文件。酷热不能治事，至内室久睡，申正起。核信稿二件，约改四百馀字。多食西瓜。酉正核批稿簿。傍夕至后园乘凉。夜再核信稿一件，二更温杜诗五古。四点睡。

十九日

早饭后写对联八付。见客一次。清理文件。围棋二局。坐见之客二次。小睡片刻。阅《宗庙制度》卷十八叶，《傩》《酺》等一卷十叶。中饭后阅本日文件。酷暑如焚，至内室久睡，申正出。核丁雨生信稿。酉初课儿甥辈背书。旋再核信稿。傍夕剃头一次。灯后夜饭。至后园乘凉。又核丁信稿，二更后毕，约改五百字。摺弁自京归，接阅京信各件。四点睡。是日立秋，奇热，不甚成寐。

二十日（分类选钞各体诗）

早饭后清理文件。坐见之客三次。习字一纸。围棋二局。小睡片刻。又坐见之客一次。阅秦书《盟诅衅礼》廿三叶。中饭后阅本日文件。立见之客一次。至上房久睡，因内室有风扇，司略避暑也。酉初课儿甥辈背书。旋核批稿簿毕。傍夕至后园乘凉。夜，分"气势""识度""情韵""机趣""工律"五者，选钞各体诗，将曹、阮二家选毕。二更四点睡，暑气稍减。四更尽微雨。

廿一日

早饭后清理文件。坐见之客一次。立见者二次。习字一纸。围棋二局。至内室小睡。自辰至未，雨不歇，天气阴凉宜人。阅秦书《宗庙制度》二十七叶。中饭后阅本日文件，将日内所阅《五礼通考》四卷，题识于书之面。至幕府久谈，近天热，久未与幕府一叙也。酉初课儿甥辈背文。旋核批稿各簿，未毕。傍夕小睡。夜将批稿核毕，核陈舫仙信一封，约改四百字。二更二点后温李、杜七古，朗诵十馀首。四点睡。

二十二日

早饭后清理文件，方伯雄来久坐。又坐见之客一次，立见者一次。习字一纸。至内室小睡片刻。巳正阅《五礼通考》中《宗庙制度》一卷二十七叶。中饭后，酌加批识。阅本日文件。小睡片刻。观《阅微草堂笔记》数叶。酉刻课儿甥辈背书。旋核批稿各簿，未毕。傍夕，至后园山上与渠侄久谈。夜将批稿核毕。申刻写陈舫仙信二叶。二更后温陶、谢诗，约选一过。四点睡。是日天晴，而暑气骤退，夜有凉意。

二十三日（仍观《阅微草堂笔记》）

早饭后清理文件，习字一纸。围棋二局。坐见之客一次。小睡片刻。观《阅微草堂笔记》。巳正阅《五礼通考·宗庙制度》三十叶。中饭后阅本日文件。小睡片刻。写郭意城信一件，约四百字。酉正核批稿各簿，未毕。至后园乘凉。夜核稿簿，至二更始毕。疲倦殊甚。温诵《顾命》《吕刑》二篇。三点睡。是日巳刻写对联五付、扁一方，又写周缦云信一件。

二十四日(念澄弟两年连殇二孙,殊不可解)

早饭后清理文件。立见之客二次。习字一纸。围棋二局。小睡片刻。巳正接沅弟信,知纪渠侄之子元十于六月初四日殇亡,殊为感怆。至内室久谈,相与欷歔久之。旋出,阅《五礼通考·宗庙制度》二十叶。念澄弟昔年于骨肉根本之地,尽心尽力,而两年连殇二孙,殊不可解。闻弟近年好帮官司,好罚人出钱,好送人关班房,岂有损于阴德耶!抑闻侄妇有不敬其姑之处,神示之儆耶!辗转思念,实深焦灼。继又思澄弟今年方四十九岁,较之余五十六岁抱孙时,尚小八岁,虽殇两孙,尚有一孙,何足挂怀。渠侄今年方二十六岁,纪泽长三岁,尚未得子。余生纪泽时,亦二十九矣,又何足忧虑哉!旋再阅书十叶,阅本日文件,将《五礼通考》酌加题识。请客,李云桥、邓良甫等中饭,申刻散。酉初课儿辈背书。惠甫来久谈。傍夕小睡。夜核批稿各簿。二更后将鲍、谢诗酌选一过。三点睡。

二十五日

早饭后,清理文件。坐见之客二次,衙门期也。习字一纸。围棋二局。又坐见之客二次。小睡片刻。巳正,阅秦书《宗庙制度》三十二叶,草草涉猎,不能细也。中饭后阅本日文件。倦甚。阅纪文达《笔记》十馀叶。酉初,课儿甥辈背书。旋核批稿各簿,未毕。小睡。夜,核批稿毕。二更,将《诗经》分类钞读。四点睡。二日内,天气阴凉,可以着绵。

二十六日

早饭后,清理文件。习字一纸。坐见之客一次。小睡片刻。写澄弟信一件。巳正阅《五礼通考·宗庙制度》三十二叶。中饭后,酌加题识。阅本日文件。围棋二局。阅纪文达公《笔记》数叶。酉刻课儿甥辈背书。旋核批稿各簿,未毕。傍夕小睡。夜核批稿簿,至二更始毕。温《诗经》,将"兴、观、群、怨"等分类选之,将汇钞,以便诵读。三点睡,三更四点尚未成寐。

二十七日(公私事堆积,此心如欠恶债)

早饭后清理文件,习字一纸。坐见之客一次。阅纪文达《笔记》。倦甚,久睡。巳正阅《宗庙制度》二十叶。雨亭来久坐。中饭后阅本日文件,又阅纪文达《笔记》。围棋二局。酉初课儿甥辈背书。旋核批稿各簿,未毕。至后园一览。夜核批札稿,至二更后粗毕。困倦已极,而应了之大事尚有四五件积压未了。私事则应作之文,必不可再缓者,亦有数件未了。此心如欠恶债,如负重疚,不知何日能偿?默诵《诗经》十馀篇,目光不复能开也。四点睡,不甚成寐。

附记

顶下八分　三线之上八分

二十八日(李雨亭请余至后湖看荷花)

早饭后清理文件,习字一纸,阅《五礼通考》二十一叶。辰正二刻出门,李雨亭请至后湖看荷花,至太平门与竹如、省三、崧生、子密等会。旋登舟游湖,至长洲坐竹间乘凉。旋回太平门。未初至昭忠祠宴集。申正二刻归署,阅本日文件。旋将秦书酌加批识。傍夕小睡。夜核批稿各簿,直至二更四点始毕。睡后,不甚成寐。

二十九日

早饭后清理文件,习字一纸。至箭道考验。坐见之客四次。小睡片刻。午初阅秦书二十叶,中饭后毕。阅本日文件。何廉日昉、伍崧生先后来久坐。酉初课儿甥辈背书。旋核批稿簿,未毕。蔡贞斋来一谈。夜再核批稿簿毕。将《诗经》分列"兴、观、群、怨"之属,胪为八类,共八十篇,开单将钞出,以备讽咏。二更三点睡。

## 七月

初一日(中饭后日食,未正复圆)

早饭后清理文件,习字一纸。围棋二局。阅陈祥道《礼书》,览其图象,考其条例,涉猎一过,至申刻草草翻毕。中饭后日食,午正三刻初亏。行礼,三跪九叩。未初食甚,未正复圆,又行礼二次。阅本日文件。天气酷热,至上房久睡,以有风扇可乘凉也。申正、写扁、对数件。酉初课儿甥辈背书。热甚,大雨,不能治事。小睡片刻,夜核批稿各簿。二更后与纪泽谈小学。旋朗诵杜诗七律。四更睡,不甚成寐。

初二日(家道之兴,全在"肃、雍")

早饭后清理文件。立见之客二次,坐见者二次。习字一纸。围棋二局。小睡片刻。阅《五礼通考》中《冕服》之属,天热,仅看六叶。坐见之客一次。中饭后阅本日文件。接家信,知元十之殇,澄弟夫妇尚能排遣,渠侄夫妇亦不至因忧生忿,殊以为慰。盖家道之兴,全在"肃、雍"二字。肃者,敬也;雍者,和也。而人丁之盛,尤以雍和一边为重。故乖戾之家,未有不丁口衰耗者。弟家既能处之坦然,和顺如故,不久又将添丁矣。将沙洲告示一案细加批语。湿热异常,至内室久睡。酉正核批稿簿,未毕。傍夕至后园山上乘凉后,再核批稿毕。儿甥今日游后湖,夜间补背书课。二更后温诵《诗经》选钞之八十篇。三点睡。

初三日

早饭后清理文件,习字一纸。坐见之客一次,立见者一次。小睡片刻。写少泉信一件,约四百字。巳正阅秦书《宗庙制度》门二十三叶,中饭后二刻毕。阅本日文件。天气郁热,久睡。申正改信稿一件,未毕。惠甫来一谈。廉昉送来黄左田先生所画《岁朝图》展玩良久。又坐见之客一次。傍夕至后园乘凉。夜核信稿毕,核批稿各簿,二更后毕。背诵义山、东坡七律。三点睡。

初四日

早饭后清理文件,习字一纸。围棋二局。汪梅村来久谈。小睡片时。巳正阅《五礼通考》二十二叶,中饭后毕,旋加题识。阅本日文件。热甚,至内室小睡。申初二刻核沙洲一案,细加考究。酉初课儿甥辈背书。酉正二刻,吴南屏自浙江归,与之久谈。夜饭后,核批稿各簿。二更后温《书经》《尧典》《舜典》《皋陶谟》《益稷》四篇。三点睡。

初五日

早饭后,坐见之客二次,衙门期也。清理文件,习字一纸。小睡片刻。巳正阅《五礼通考·宗庙制度》二十八叶。中饭后,阅本日文件。热甚,不能治事,至上房一睡。申初二刻,将沙洲一案细加核对。酉初课儿甥辈背书。又坐见之客一次。傍夕至后园乘凉,与纪渠侄久谈。核批札稿簿,未毕,夜核至二更始毕。是日,吴南屏移入署内,巳初与之一谈。夜与吴挚甫一谈。二更后与纪泽一谈。背诵东坡七古。四点睡,四更末醒。

初六日(阅湘阴县志稿)

早饭后清理文件,习字一纸。围棋一局。坐见之客二次,何廉昉谈最久。小睡片刻。巳正二刻阅《五礼通考》中四代庙享之乐。余于音律,素无所解,遮眼而已。中饭后阅本日文件。将《五礼通考》中《冕服》批识半时许。小睡片刻。酷热,不复可耐。申正写澄弟信一件。接云仙信,寄湘阴县志稿十三卷,略一翻阅。酉初课儿辈背文。旋核批稿簿毕。傍夕至后园亭上乘凉,与幕府诸君久谈。夜饭后,南屏来谈,又同至后园山上久谈。二更入室,不能治事。将《刘宾客集》略一翻阅。三点睡。

初七日(将沙洲告示逐细批识)

早饭后清理文件,习字一纸。见客,坐见者一次,立见者二次。围棋二局。小睡片刻。翰林黄瑟庵晋洺来久谈。原名中瓒,留馆,先告假出京也。又坐见之客一次。阅《宗庙制度》二十叶。中饭,请吴南屏便饭。阅本日文件。天气酷热。申初二刻,将沙洲告示逐细批识,约批三百馀字,未毕。酉初课儿辈背诗、赋。旋核批稿簿,未毕。至后园亭上乘凉。夜将批稿簿核毕。又至山上乘凉。二更后温诵东坡七古。三点睡。热甚,不可耐。

初八日

早饭后清理文件,习字一纸。围棋一局。周缦云来久坐。小睡三刻。巳正阅《五礼通考》中《律吕门》八叶。余素不能音乐,殊以为愧。中饭后阅本日文件。至南屏处一坐,范搏九太守来久坐。小睡片刻。申刻二刻。将沙洲告示稿批毕,约共批千馀字。旋写丁雨生信一件,约四百馀字,傍夕至后园乘凉。夜核批稿各簿。二更后倦甚,不愿治事,背《诗经》十馀篇,三点睡。

初九日

早饭后清理文件,习字一纸。围棋二局。坐见之客一次。小睡片刻。旋阅《五礼通考》中《黄钟律》数〈首〉,了无所解。午正,邓守之来一谈。中饭后阅本日文件。旋题手卷二件。雨亭来久坐。酉初课儿甥辈背书。酉正核批稿簿,未毕。傍夕至山亭与子密久谈。夜批批稿毕。倦困殊甚,不能治事,在竹床久睡,如有病者。二更三点睡。

初十日(灯后迎奉先祖,吾乡所谓接公婆也)

早饭后,坐见之客四次。立见者一次,衙门期也。清理文件,习字一纸。围棋二局。又坐见之客一次。小睡片刻。午刻,将乐律之不能通者,令纪泽细看,渠略通算法,持珠面算,谈论二三刻。旋又小睡。中饭后阅本日文件。至南屏处一谈。剃头一次,阅纪文达《笔记》。酉初课儿甥辈背书。旋核批稿各簿,未毕。至后园山上楼上观览良久。灯后,焚香行礼,迎奉先祖,吾乡所谓接公婆也。饭后核批稿簿毕。倦甚,不复能治事。二更后与纪泽一谈。三点睡。

十一日

早饭后清理文件,习字一纸。坐见之客二次,立见者一次,围棋二局。小睡片刻。巳正阅《五礼通考》《黄钟》之属,即昨日所阅者,本日略能通晓。中饭后阅本日文件。黎竹林来久坐。小睡片刻。核批二件,约二百馀字。酉初课儿甥辈诵文。旋核批稿簿,未毕。邓守之、吴南屏来谈,两君皆住署内也。夜将批稿簿核毕。倦甚,懒于治事。二更后与纪泽略谈钟律,阅纪文达《笔记》数叶。眼蒙作疼,闭目小坐。三点睡,三更后成寐。

十二日(今至贡院朝贺慈安皇太后万寿)

黎明,至贡院朝贺慈安皇太后万寿,卯正归。饭后清理文件,习字一纸。坐见之客二次。辰正一刻至湖南会馆,因演戏三日。余去敬神,即入座观戏三出,巳正二刻归。小睡片刻。午刻阅秦书黄钟等说,凡三叶,略有所会。坐见之客一次。中饭后再阅黄钟之说。阅本日文件。小睡片刻。酉刻课儿辈背诗赋。旋核信稿一件,约改七百字。傍夕至南屏、守之处䜩谈。两君一七十四岁,一六十四岁,皆好学君子也。说话太多,疲甚。夜核批稿簿,二更毕。温《诗经》选钞之八十篇,背诵不及一半。三点睡。

十三日(至箭道考验七员)

早饭后清理文件。坐见之客一次。至箭道考验七员。又立见之客一次。习字一纸。坐见之客一次。李壬叔来,与之围棋二局。小睡片刻。刘伍崧来一谈。小睡片刻。阅秦书黄钟等说四叶,中饭后再阅一遍。阅本日文件,倦甚。至幕府久谈,说话稍多,舌根不适。小睡。核批稿各簿，未毕。至后园山上与纪泽一谈，商具摺引退之事。夜将批稿核毕。小睡良久，终觉不适。二更三点睡，尚能成寐。

十四日

早饭后清理文件。见客，坐见者一次，立见者一次。习字一纸。围棋二局。小睡片刻。巳正阅秦书《黄钟、真度》六叶。中饭后阅本日文件。坐见之客二次。小睡片刻。申初二刻写对联八付、大厅幅一张。酉初课儿甥辈背书。旋核批札稿簿，未毕。傍夕与南屏久谈。夜核批稿，二更毕。背诵义山、东坡七律。三点睡。

附记

○李师濂托先扶柩回家

○俞荫甫托其子

十五日

早饭后清理文件。坐见之客二次。习字一纸。为黄石泉写横披一幅，约百七十字。为南屏写横披，已三百字，尚未及一半。巳正，阅秦书，因《律吕》略有所解，拟为表以明之。午刻见客一次，谈颇久。中饭后阅本日文件。小睡片刻。申初二刻写对联十四付。酉初课儿甥辈背书。旋核批稿簿，未毕。至后园一览。小睡片刻，夜饭后，与南屏久谈。旋核批稿各簿毕。倦甚，不能治事。二更后背诵杜诗七律十馀首。三点睡。

十六日（写《律吕表》）

早饭后清理文件。坐见之客二次。习字一纸。围棋二局。黎竹林来，谈颇久。巳正小睡。旋阅秦书，将《律吕表》略写。坐见之客二次，立见者一次。中饭后阅本日文件。再写《律吕表》。余本不善算，强为法算之，殊以为困。申正写对联八付。酉初课儿甥辈背文。旋以所算未毕，令鸿儿代为一算。傍夕疲极，却不能睡。夜核批稿簿毕。疲困如有大病者，小睡颇久，不适如故。二更三点直至〈四〉更点[点字衍]方觉稍适。乃悟似病者，因本日未曾小睡休息，老年衰惫之象也。五更又颇成寐。

十七日（闻黄河决口，计徐、淮将添巨患）

早饭后清理文件，习字一纸。立见之客一次。写吴南屏横披一帧，约三百馀字。小睡片刻。午初写《律吕表》。中饭时，所写甚少，而精神已疲倦。饭后阅本日文件。莫子偲、李壬叔来一谈。说话稍多，乏甚，小睡。申正写沅弟信一件，约三百馀字。酉初课儿甥辈背诗赋。至后园散步。入室小睡。夜核批稿各簿。闻黄河决口，自郑州夺溜南趋，计徐、淮又添巨患矣！添沅弟信一叶。惫甚，若有病者。二更三点睡，遍身似有所苦者，幸尚成寐。

十八日

早饭后清理文件，习字一纸。坐见之客一次。小睡片刻。因《律吕》一卷阅十日未毕，作表亦三日未毕，本日思强为毕事，自已初二刻起，至午正二刻止，竭力将表写毕。将秦书酌加批识，中饭后粗毕。小睡半时许，不能成寐，在竹床翻阅书十馀叶。阅本日文件。申正写对联三付、挂屏四幅。酉初后，似有重病，行坐不安，遍身不适。至南屏处一谈。至山上一览。傍夕至内室一睡。夜核批稿簿毕。惫病殊甚，屡睡屡起。二更三点睡。略嚼参支以补气，幸能成寐。

十九日（次青言极感沅代谋饷十万之德）

早饭后清理文件，习字一纸。围棋二局。前后坐见之客三次，钱调甫坐最久。馀则因病在内室久睡一时有馀，差能成寐。中饭后阅本日文件。遍身不适，头亦作痛，又至内室久睡，不复成寐。酉初课儿甥辈背书。又在书房一睡，又至后园一行。傍夕与吴挚甫一谈。夜核批稿各簿。与南屏一谈。二更又小睡。是日不治一事，而病恙如故，或举方服发表之剂，未之服也。三点睡，幸能成寐。至四更初大汗，或外感已去，身体似轻松些。酉刻接沅弟信，内有李次青信，极感沅代谋饷项十馀万之德。余每有薄德缺憾，沅弟常设法弥缝之，于次青则弥缝者大矣。

附记

〇解让泉交代

二十日（商扬州民人打入教堂一案）

早饭后清理文件。病已霍然全愈矣。习字一纸。见客，立见者三次，坐见者二次。因扬州民人打入教堂之事，作一札与领事官，斟酌良久，午初始毕。小睡片刻。送吴南屏回湘。写信一封。托雪琴派船照料。中饭后阅本日文件。因扬州一案，传藩司及首府县扬州知府来，熟商一切。旋改摺稿一件。傍夕小睡。夜核批稿各簿，二更后毕。倦甚，不能治事。三点睡。

二十一日

早饭后清理文件，习字一纸。见客，坐见者三次。围棋二局。改摺一件、片一件，又坐见之客一次。钱调甫送其父所著诗集，刘少涂送其父孟涂开所著《广列女传》，均求作序，翻阅各数叶。小睡片刻。中饭后阅本日文件，周缦云来，因至幕府，与之久谈，李壬叔来，又与围棋二局。课儿甥辈背文。旋核批稿簿，未毕。傍夕小睡。夜核批稿毕。闻李小泉拜协揆太保之命，为之一喜。核信稿三件。二更四点睡。

二十二日

早饭后清理文件，习字一纸。坐见之客三次，立见者一次。围棋二局。改信稿一件，阅梁茝林所为《制艺丛话》二卷。中饭后阅本日文件，又改信稿一件，阅《制艺丛话》又二卷。申正小睡。酉初课儿甥辈背诗。旋核批稿簿。未毕。傍夕小睡。夜核批稿簿，至二更毕。旋温《古文·识度之属》。三点睡。

二十三日（闻英领事在扬州蛮横无理）

早饭后清理文件，习字一纸。坐见之客三次，钱调甫等坐颇久。围棋二局。阅《制义丛话》。又坐见之客一次。再将昨批细改。中饭后，庞省三、李小湖先后来久坐。阅本日文件。说话太多，疲甚，小睡。至后园一览。核批稿簿，未毕。傍夕小睡。夜核批稿毕。接扬州禀，知英国麦领事在扬蛮横无理，殊为焦虑。又核公事数件。二更后倦甚，不能治事。三点睡。

二十四日（虑英领事带兵船来金陵）

早饭后清理文件，习字一纸。坐见之客二次，立见之客三次。围棋二局。写澄、沅两弟信一件。前因渠侄之子元十殇亡，渠侄妇欲回籍省视，以解姑忧。余心欲留之，而又因其动于孝思，不忍拂之，踌躇月馀。近日，渠侄亦思归省亲。二十二日接渠侄与渠信，累言母病，余乃决计令渠率妻子归籍省亲。信中并言渠侄到家后，即请澄弟速来金陵相会。李云桥来一谈，即留之中饭。饭后阅本日文件。坐见之客二次，谈甚久，疲甚。至内室一坐，阅《制义丛话》。酉初课儿甥辈背书。旋核批稿簿。未毕。傍夕至亭上与吴挚甫等久谈。夜核批稿毕。闻英领事麦华陀强扬州孙守同来金陵，带有兵船，殊深焦虑。二更后温《古文·气势之属》，朗诵数首。三点睡。

二十五日

早饭后，坐见之客三次，衙门期也。清理文件，习字一纸。围棋二局。因本麦领事来见，恐其无礼。预为焦虑。阅《五礼通考·五音门》十一叶。午初，麦华陀与其兵官布守威、翻译施维祺三人来见，其不通姓名而入座者又四人，伸论良久。余恐其引动忿气，或致喧哗，仅以平言和气答之，午正三刻辞去。于扬州之事，尚未说妥。中饭后阅本日文件。坐见之客二次。旋阅李次青所为《先正事略》。小睡片刻。酉刻课儿甥辈背书。旋核批稿簿,未毕。至后园一览。夜核批稿簿。念领事之蛮横,洋人之猖獗,焦郁无已。二更后温《古文·气势之属》。三点睡。

附记

○速复丁信示稿

二十六日

早饭后清理文件。坐见之客二次。扬州之事,业经蔡道与洋人说妥。稍以为慰,又以办法太软弱为歉。习字一纸。围棋二局。阅《先正事略》十馀叶。小睡片刻。中饭后,郭慕徐在京回,来谒,一谈。阅本日文件,再阅《先正事略》。申初写对联十一付。旋坐见之客二次,方存之谈颇久。酉刻课儿甥辈背文。旋至后园与子密畧谈。夜核批稿簿。二更后温《古文·识度类》。四点睡。

附记

○陆祠记　水祠记　官绅记

○报销摺　○外海章　会馆记

○莫卷题　○朱卷题　○应札银

○复岘信　○解○文　○邱坦保

○别季祠　○钞陆联　○善后捐奏奖

○陈卷题

二十七日(余调补直隶总督)

早饭后清理文件,习字一纸。坐见之客一次。接奉谕旨,余调补直隶总督,马新贻调两江总督。围棋二局。与家人论南北行止事宜。坐见之客三次。改复丁雨生、李筱泉两信稿,约改四百字。中饭后阅本日文件。周缦云来久谈。小睡片刻。申刻写丁、李二人信,各添二叶。酉刻课儿甥辈背文。傍夕至后园一览。小睡良久。夜核批稿各簿毕。至纪鸿房中,见桌有縠牌,而身在他处下棋,天分本低,又不能立志苦学,深为忧虑,闷坐良久,不能治事。二更三点睡。

二十八日(钱子密、黎莼斋先后来久谈)

早饭后清理文件。坐见之客三次。立见者一次。习字一纸。围棋二局。又坐见之客二次,雨亭谈甚久,午正,吴〈竹〉如来,久谈一时许。中饭后,魁时若、李小湖来久谈,未正二刻散。阅本日文件。申初写对联十付、寿字二个。钱子密、黎莼斋先后来久谈。核批稿簿未毕。傍夕小睡。夜,惠甫来一谈。核批稿毕,改报销摺稿约三百字,未毕。二更四点睡。

附记

○带人单　○遣散住支单

○木器公私单

二十九日(改报销摺毕)

早饭后清理文件。坐见之客二次。习字一纸。围棋二局。坐见之客三次。改摺稿未毕。中饭后阅本日文件。何廉昉来久谈,与之围棋一局。写对联一付。课儿甥辈背书。改报销摺毕。傍夕,莫子偲来,与之至后园一谈。夜核批稿簿,倦甚,不能复治事。二更三点睡。

附记

○刻八百钤记　○朱入善后局

○许信

## 八月

初一日

早饭后清理文件。立见之客一次。习字一纸。围棋二局。写刘岘庄信一件，改者百馀字，亲笔又写三百馀字。汪梅村来久谈。中饭后阅本日文件。坐见之客一次。写莫子偲手卷一，约二百馀字。申初二刻写对联八付，又写零件十馀件。酉初课儿甥辈背书。剃头一次。傍夕在后园与渠侄一谈。夜，陈作梅久谈。旋核批稿簿，二更后毕，倦甚，不复治事。三点睡。

附记

○复李信

初二日（嘱泽儿看理学书）

早饭后清理文件。立见之客二次，坐见之客二次。习字一纸。围棋二局。写李少泉信一封，约五百字。又坐见之客三次，雨亭坐颇久。中饭后阅本日文件。陈虎臣来久坐。旋至幕府一谈。写对联七付、扁三付。酉初课儿甥辈背文，核批稿未毕。傍夕至后园与渠侄一谈。夜核批稿毕。倦甚。二更后与纪泽一谈，嘱其看理学书，俾志气日趋于刚大，心思日入于沉细。三点睡，不甚成寐。

初三日

五更三点起，至文庙丁祭，黎明行礼。礼毕，看新成之泮宫照壁、明伦堂等，信为伟观。归，饭后见客。坐见者二次，立见者一次。清理文件。习字一纸。围棋二局。李质堂自苏州来久谈。又坐见之客二次，立见者一次。中饭后阅本日文件。倦甚，小睡。申初三刻写对联十一付，写李忠武公祠联、旁跋大楷百字。旋核批稿簿，未毕。至后园与渠侄一谈，于勤俭孝友之教，似能悉心听受，夜核批稿簿毕。二更后，改谢恩摺稿一件、片一件，改百馀字。四点睡。

附记

○官横披　○渠横披　○桥程仪

初四日（书格言六条为纪渠座右之箴）

早饭后清理文件。坐见之客二次。习字一纸。围棋二局。夏子松正詹来久谈。又坐见之客一次。午刻钱子密来一谈。莫子偲来一谈。中饭后阅本日文件。倦甚，小睡片刻。申初写对联五付，写横披一帧。自篡格言六条，书之为纪渠侄座右之箴。吴挚甫来一谈。酉初课儿甥辈背书。旋核批稿簿，未毕。傍夕至后园与纪泽一谈。夜将批稿核毕，改摺稿一件。二更后，作《湘军陆师昭忠祠碑记》百馀字。二更三点睡，梦刘文清公，与之周旋良久，说话甚多，都不记忆，惟记问其作字果用纯羊毫乎？抑用纯紫毫乎？文清答以某年到某处道员之任，曾好写某店水笔。梦中记其店名甚确，醒后亦忘之矣。

初五日（李小湖所藏法帖皆天下至宝）

早饭后，坐见之客三次，衙门期也。唐鹤九坐颇久。清理文件，习字一纸。李质堂来久谈。出门至竹如处久谈，又至李小湖处看其所藏法帖，如欧书《化度寺碑》、褚书《孟法师碑》、虞书《庙堂碑》，皆天下之至宝也。又有魏栖梧书《善才寺碑》丁道护书《□□□碑》，蔡伯喈书《夏承碑》，亦皆上品。归，中饭，略备酒肴，为渠侄饯行。阅本日文件。见客一次。改片稿一件。申正，写横披一帧寄纪官侄。酉初课儿甥辈背书。酉正核批稿簿。傍夕至后园与吴挚甫一谈。夜核批稿簿毕。二更后作《昭忠祠碑》，翻阅奏稿旧案。四点睡。

初六日(送纪渠侄起行回籍)

早饭后见客,坐见者四次,立见者一次,李质堂坐甚久。清理文件,习字一纸。送纪渠侄起行回籍,观妇女涕泣依恋之状与老少拜别恭敬之容,尚是吾家好气象。旋写澄、沅两弟信。午刻,坐见之客一次,立见者一次。中饭后阅本日文件。倦甚,至内室小睡。申刻写扁四幅、小横披二幅、对一付。酉初课儿甥辈背文。核批稿簿,未毕。夜将批稿簿核毕。倦甚,不能治事,在室中枯坐。二更三点睡,三更酣眠。

初七日

早饭后见客二次。清理文件,习字一纸。围棋二局。旋又见客四次,雨亭及陈虎臣谈最久。中饭后阅本日文件。陈缦云来,谈甚久。申初二刻写对十付。酉初课儿辈背文。旋核批稿簿,未毕。至后园一览,遇子密一谈。夜将批稿核毕。二更后,与纪泽论"终食之间,违仁处境""仁"字之理。旋将金陵一军元、二年战功各案一核。盖昭忠祠作牌,不能不细核一遍也。

曾国藩书法

附记

○陆祠各员略节　○刻两江忠义录

初八日

早饭后清理文件。习字一纸。坐见之客三次,立见者一次。围棋二局。陈作梅来久坐。午刻再阅金陵战守各摺底。中饭后阅本日文件,又阅各摺底,申刻粗毕。申正写对联十付。至后园一览。傍夕小睡。夜核批稿簿毕。二更后与纪泽一谈,温《古文·气势之属》。三点睡。

初九日

早饭后清理文件。见客,坐见者四次。习字一纸。围棋二局。拟作碑文而不果。中饭后阅本日文件。小睡片刻。申刻写对联七付。旋课儿甥辈背书。旋核批簿,未毕。傍夕小睡。夜核批稿簿毕。旋作《昭忠祠碑》,约百馀字,二更四点睡。

附记

○奏刘松山成婚不奏

○刘、李、张三人谥

○方牧署缺　○梅守补缺

初十日(作一联赠何廉昉)

早饭后清理文件。坐见之客二次,衙门期也。习字一纸。围棋二局。改吴竹庄信稿,又添写一叶,回缦云信一叶,作《昭忠祠碑》约百许字。中饭后阅本日文件。至内室一坐。申初写对联七付。作联赠何廉昉,良久乃成,云:"万顷太湖,陶朱艇子忘身世;二分明月,何逊梅花迭主宾。"已写成矣。夜,又改云:"万顷太湖,鸥与陶朱同泛宅;二分明月,鹤随何逊共移家。"傍夕至后园一览。小睡片刻。课儿甥辈背书。夜核批稿各簿甚多,二更后又作《昭忠祠碑》百许字。四点睡。

十一日(新得邵二云《南江文钞》)

早饭后清理文件。习字一纸。见客,坐见者一次,立见者一次。围棋二局。坐见之客一次。作《昭忠〈祠〉碑》百许字。中饭后阅本日文件颇多。至内室一谈。新得邵二云《南江文钞》,阅数首。申刻写对联六付、扁一方。冯竹渔来久谈。酉正课儿甥辈背文。傍夕小睡。夜核批稿各簿。二更后作《昭忠祠碑》百许字。三点睡。

十二日

早饭后清理文件。见客二次，谈甚久。习字一纸。围棋二局。李眉生来，谈最久，渠耳重听，高声言之，而余复舌蹇矣。中饭后，刘开生等来一谈。阅本日文件。又坐见之客二次。申正写扁五方、对五付。酉初课儿甥辈背文。傍夕小睡。夜核批稿簿，倦甚。二更后小睡。旋作《昭忠祠碑》数十字。三点睡。

十三日（喜看中国初造第一号轮船）

早饭后，出门看上海新造之火轮船，名曰恬吉轮船。至汉西门，闻雪琴已进城矣，因在舟次候之，请其同行。由汉西门坐小轮船至下关，已恬吉轮船。巳正二刻开行，行至采石矶下之翠螺山，凡十二刻，行九十里。又自翠螺归至下关，凡六刻，行九十里。下水速于上水者一倍。中国初造第一号轮船，而速且稳如此，殊可喜也。申刻，自下关坐小轮舟至汉西门，酉正归署。阅本日文件。至后园一览。夜核批稿各簿。是日在舟中略作《昭忠祠碑》，二更后写出，凡二百许字。三点睡。

十四日

早饭后清理文件。坐见之客七次，立见者三次。习字一纸。围棋二局。午刻，坐见之客三次。中饭，留李眉生、雪琴便饭，饭后一谈。阅本日文件。又与眉生一谈。申刻，何子永、黄昌期来久谈。说话太多，疲乏极矣。酉刻课儿甥辈背书，至后园一览。小睡片刻。夜核批稿各簿。二更后作《昭忠〈祠〉碑》数十字毕，共千馀字。作此碑及翻阅案卷十一日矣。或作或辍，枝枝节节为之，不能工也。三点睡。

附记

○李兴云间木簰　○雪琴保粮台片

○雪保二人咨寄李处　○带书单

○子偓书单核算渠尚欠余百六十馀金，议买书见还

十五日

早饭后，谢绝各客，而雪琴、昌期等先后来坐，又坐见之客二次。清理文件，习字一纸。巳刻坐见之客二次。阅《汤文端公集》。中饭后阅本日文件，阅《汤敦甫集》。申正写对联十付。旋课儿甥辈背书，至后园一览。傍夕小睡。夜核批稿各簿。二更后温《古文·气势之属》。三点睡。

附记

○李仙源，号则来

十六日（为少泉父家庙作联）

早饭后清理文件。坐见之客七次，立见者一次。习字一纸。围棋二局。又坐见之客一次，立见者一次。改信稿三件。中饭后阅本日文件。李眉生来久坐。旋至幕府久谈。申初二刻写对联四付。李小泉、少泉兄弟为其父玉泉同年修造家庙，小泉专弁来求一联，云："庭训差同太邱长，子肖孙贤，已迈元方季方而上；碑文虽逊鲁国公，功高德厚，实在郭庙颜庙之间。"寄来之旧宣纸，亦不可多得也。酉初课儿孙辈背文。至后园一览。小睡片刻。夜核批稿各簿，倦甚。二更后略温《古文·情韵之属》，气若不能属者。三点睡。

十七日（阅《经义斋集》）

早饭后清理文件。雪琴来久坐。又立见之客[漏字]，坐见者二次。习字一纸。围棋二局。又与雪琴一谈。改复李筱泉信稿一件，又自写一叶。中饭后阅本日文件，写沅弟信一件，约四百字。与吴挚甫一谈。申正写对联八付。何廉昉来久坐。傍夕课儿甥辈背诗。登后园小山一览。夜核批稿簿，倦甚。旋阅熊文端公赐履《经义斋集》。二更三点睡。

十八日（洋人翻译官为扬州教堂事来见）

早饭后清理文件。坐见之客三次。习字一纸。围棋二局。洋人翻译官施维祺来见，又自称为副领事，范泥光为仪注事争辩，良久始入，为扬州教堂事，赍总理衙门一函而来，未与深言而去。午初雪琴来，与同至园亭久坐，并邀子密同谈。旋黄昌期来一谈。留彭、黄二人中饭，眉生亦来同饭。申初客退，阅本日文件。申正至河下拜雪琴，酉正归。写零字数十。傍夕小睡。夜核批稿各簿。二更后又核要批数件。四点睡。

十九日

早饭后清理文件。坐见之客一次。习字一纸。围棋二局。至将军处拜会，午刻归。坐见之客二次，何子永坐甚久。写《昭忠祠碑》数行。中饭后阅本日文件。俞荫甫来久坐，王子蕃来一坐。写《昭忠〈祠〉碑》十馀行。申正写对联八付。酉初课儿甥辈背文。旋又写碑数行。是日共写二十四行，每行十二字。傍夕小睡。夜核批稿各簿。二更后核改与洋人札复文件。四点睡。

二十日

早饭后见客二次，衙门期也。旋又见客一次。清理文件，习字一纸。围棋二局。刘省三来坐，久谈，写《昭忠祠碑》，是日陆续共写五百字，屡作屡辍。中饭后，朱心槛来一坐。阅本日文件。俞荫甫来久坐。酉初课儿甥辈背书。接澄弟二信、沅弟一信，知纪瑞侄取古第五，一等第三，可望补廪；纪官侄入学。第十二名，欣慰之至。年来，专盼家中添丁，望后辈读书有成，闻此信，心神为之一畅。此后，望科九、鼎三继起，不知能如愿否？傍夕阅批稿未毕，夜间核毕。又核与洋人札稿，约改六百字，尚未完毕。二更四点睡。

二十一日

早饭后清理文件。坐见之客三次。习字一纸。围棋二局。俞荫甫来久坐。陈虎臣来，吴竹庄来，坐皆颇久，又坐见之客二次。将昨夜札稿改毕。中饭后阅本日文件。坐见之客一次。改总理衙门信稿一件，约改三百字。写碑记，写至傍夕，约写三百馀字。酉刻课儿甥辈背书。傍夕小睡。夜核批稿簿。旋又写碑百数十字，二更写毕。是碑共千三百馀字。三日内，众宾纷来，匆匆一写，或作或辍，大小不匀，殊不称心，二更后温《古文·气势之属》。三点睡。

附记

○赵廷铭　○王厚庄

廿二日(至河下送魁将军入觐)

早饭后清理文件，习字一纸。坐见之客三次。巳初二刻出门，至河下送魁将军入觐。率僚属寄请圣安，行礼毕后回署。坐见之客二次。午末，请吴竹庄便饭，何廉昉在坐，申时二刻散。阅本日文件，写扁二方。课儿甥辈背书。傍夕至后园一览。小睡片刻。核批稿各簿。二更后，再将洋人扬州教堂一案核改札稿、信稿。二更三点睡。

二十三日(将领事之札、总理衙门之信办毕)

早饭后清理文件。坐见之客二次。习字一纸。围棋二局。将领事之札、总理衙门之信办理完毕，经营已四日矣。坐见之客二次。巳正，刘省三来久坐，又立见之客一次，坐见者二次，疲乏殊甚。中饭后阅本日文件。吴竹庄来，坐极久。坐[作]扁、对数件。至后园一览。傍夕小睡。夜核批稿各簿。二更后阅《吴竹如文集》。方存之代为编出者，计十三卷，粗阅数十叶。于儒释、朱陆之辨，剖析最精。二更四点睡。

二十四日(喜张廉卿入古文甚深)

早饭后清理文件。坐见之客三次。围棋二局。习字一纸。出门至吴竹庄处，久谈。归，见客一次。莫子偲拓金陵城外梁碑三通、唐碑一通，与之共披阅、评论。中饭后阅本日文件。与张廉卿久谈。申刻写扁字二十馀个。酉初课儿甥辈背书。按纪瑞侄信，知沅弟已挈眷于八月四日回湘。傍夕小睡。夜核批稿各簿。阅张廉卿近所为古文,喜其入古甚深,因为加圈批五首。二更四点睡。

二十五日

早饭后清理文件。见客,坐见者二次,衙门期也。习字一纸。围棋二局。刘省三来久坐,又坐见之客一次。中饭后,何子永来久谈,吴竹庄来久谈。阅本日文件,写对联十一付。课儿甥辈背书。傍夕,与张廉卿至后园谈论古文。渠所作古文十馀首,余于昨夕及本日午刻圈批一过矣。夜核批稿各簿。二更阅姚惜抱《经说笔记》。三点睡。

二十六日

早饭后清理文件。见客二次。习字一纸。围棋二局。何子永来,谈甚久。将复丁中丞信。核沙洲摺稿一件。坐见之客一次。中饭后阅本日文件。至幕府久谈。写扁五方、对联六付。至后园一览。傍夕小睡。夜核批稿各簿,改丁中丞、何小宋二信。二更四点睡。

二十七日

早饭后,吴竹庄来辞行,一谈。旋坐见之客三次。清理文件,习字一纸。围棋二局。又坐见之客二次,立见者二次。曹燮湘自京归,谈颇久,镜初之弟也。中饭后,立见之客一次。阅本日文件。剃头一次。申正写直幅一帧。酉刻课儿背文。叶甥之妻病十一日,沉笃殊甚,本日令其停课。傍夕至后园与子密等久谈。夜核批稿簿毕。将核外海水师章程,因原议大处有阙,又复置之。温《古文·识度之属》,朗诵数首。二更四点睡。

附记

吴崇寿　何廉昉　○澄、沅信

二十八日(核新成轮船摺稿,未就)

早饭后清理文件。坐见之客二次,立见者一次。习字一纸。围棋二局。坐见之客四次,如蒋莼卿、李雨亭及攸县庶常刘常德号雨峰者,谈均久甚,殊形疲乏。中饭后,坐见之客二次。阅本日文件。午刻写澄、沅两弟信,约三百馀字。申刻写纪官侄信,约五百字。庞省三来一坐。申正写对联九付。至后园一览。傍夕小睡。夜核批稿簿,核雪琴信一件,又代渠核片稿一件。二更后,核新成轮船摺稿,未就。将张啸山校订之《史记》与王板《史记》略一核对。三点睡。三更后闻叶亭甥妇病重,起往看视。旋复睡,久不成寐,四更后成寐。

附记

○新成轮船摺

二十九日(虑内人病颇重)

早饭后清理文件。坐见之客二次。习字一纸。围棋二局。与方存之、张廉卿一谈,与钱子密一谈。午刻,何镜海来久谈。中饭后阅本日文件。申刻写对联七付。课儿子背书。至后园一览。傍夕小睡。夜核批稿各簿。二更后与纪泽谈文。旋核轮船摺稿,未毕。四点睡。内人咳嗽,病颇沉重,殊以为虑。

卅日

早饭后清理文件。坐见之客三次,立见者一次。习字一纸。围棋二局。又坐见之客三次。将轮船摺稿改毕。午刻,吴竹如来久坐。因请其诊治王甥妇之病,未正三刻去。中饭后阅本日文件,清理零事甚多。申正写对联五付,内一付给余宣,系余自撰。酉刻课儿背书。至后园一览。小睡片刻。夜核批稿各簿,核片稿一件。二更后温《古文·情韵之属》。三点睡。

## 九月

初一日

早饭后清理文件。谢绝贺朔之客。旋坐见之客二次。习字一纸。围棋二局。摺差自京归,阅京信各件,改片稿三件。中饭后阅本日文件。李眉生、戴子高先后来久谈,至幕府一谈。申正写挂屏四幅,约三百字,对联一副。傍夕小睡。夜核批稿各簿。二更后倦甚,不愿治事。至张廉卿房一谈。三点睡。五更时因内人咳嗽病甚,余移至外书房一睡。

初二日(知武穴坏盐船极多)

早饭后清理文件。立见之客二次,坐见者一次。习字一纸。围棋二局。巳刻,坐见之客二次。核改京信稿四件。午刻,吴竹如来,请看王甥妇之病,与之久谈。中饭后,唐义渠自直隶回,与之久谈。又坐见之客一次。阅本日文件,改刘岘庄寄来会奏折稿,粘签于上。又因摺差进京,料理零事颇多。至方存之处一谈。申正写对联七付。酉初课儿子背文。阅公牍,知八月十三夜武穴坏盐船极多。纪渠侄虽幸保全,不知平安至汉口否?廑念之至。小睡片刻。夜核批稿各簿。二更后,与纪泽久谈。读《古文·识度之属》。三点睡。

初三日(阅《论语注》)

早饭后清理文件。坐见之客二次,立见者二次。习字一纸。围棋二局。改信稿数十件。午初,唐义渠来久谈。午饭后阅本日文件。与张廉卿一谈。申刻写对联、挂屏七件。至后园一览。傍夕小睡。夜核批稿各簿。二更后阅戴子高所为《论语注》,翻阅《经义述闻》。是日早,闻王甥妇昨夜又复下血,危症,时时惦念,屡去省问。而内人病亦不轻,殊为焦灼。三点睡。

初四日

早饭后清理文件。坐见之客四次。习字一纸。围棋二局。巳午之间,立见之客一次,坐见者五次,疲倦甚矣。中饭后清理本日文件,核信稿数件。申刻写对六付、屏二幅,约百八十字。课儿背书。至后园一览。夜核批稿各簿。二更后,温《古文·气势之属》,朗诵数首。四点睡。

初五日(拖带盐船之轮船仍未至汉口)

早饭后清理文件。坐见之客二次,立见者一次。习字一纸。围棋二局。新买《周易述》及《查初白诗集》,各翻阅十馀叶。午刻,坐见之客一次。请吴竹如来看病,与之畧谈。午正,请唐义渠、富都统、黄军门小宴,申初散。阅本日文件。至幕府一谈。申正二刻写对联三付、挂屏一幅,约百馀字。课儿子背书。傍夕小睡。夜核批稿各簿。二更温《古文·识度之属》,四点睡。是日接韩殿荣禀,知纪渠侄又有信令轮船前去拖带,渠廿三日拟在武穴开行,计此时尚未至汉口,焦灼无已。

附记

主簿吕廷选吕九霞　○赵墓表

钱家传　学宫记

初六日

早饭后清理文件。见客,坐见者四次,立见者一次。习字一纸。围棋二局。阅《周易述》数叶。巳正,坐见之客一次。出门至黄昌岐宅拜唐义渠,与之久谈。旋与之同看圣庙,午正三刻归。中饭后阅本日文件。写澄、沅两弟信。李季泉来久谈。申正写扁二方、对联四付、挂屏幅半，约百七十字。傍夕课儿子背书。夜，眉生来一谈。核批稿各簿毕。二更后，阅《周易折中纲领》。三点睡。

初七日（坐堂将四五品官中可恶者予以枷杖）

早饭后清理文件，习字一纸。见客，坐者一次，立见者一次。围棋二局。巳初，坐堂审案二次。因四五品官中有痞棍可恶者，予以枷杖，巳正散。坐见之客二次。中饭后阅本日文件，阅《先正事实[略]》数篇。坐见之客二次。至幕府一谈。申正，出城迎接学使童薇研同年，酉初二刻归。课儿子背文。携孙儿至后园一览。小睡片刻。夜核批稿各簿，二更后温韩诗七古。三点睡。是夕闻刘彤皆病重，深以为虑。

初八日

早饭后清理文件，习字一纸。见客，立见者二次，坐见者三次。接纪渠信，知新患吐血之症，侄妇在黄州小产，殊深焦灼。澄弟信，拟以八月二十一日起行来金陵，计当与渠侄中途相晤。围棋二局。坐见之客二次。阅《先正事略》数篇。中饭后阅本日文件。出门拜童薇研学使。旋拜雨亭、眉生，归。申正写对联十付。至后园一览。傍夕小睡。夜核批稿各簿。二更后阅《先正事略》。三点睡。

初九日（料理甥妇丧事）

早饭后清理文件。见客，坐见者二次，立见者一次。闻刘彤皆于寅刻去世，而叶亭甥之妇亦于巳正去世，心怀焦闷之至。是日竟日不能治事。辰正习字一纸。围棋二局。又坐见之客一次，立见者一次。阅《先正事略》数篇。料理甥妇棺木等事。中饭后阅本日文件。照料棺木，用沥青作里，事初买松香十二斤、桐油二斤半。未碾成面，渣滓太多，两墙太薄。又令添买松香九斤、油二斤，细碾溶化涂之。阅《先正事略》数篇。摹《颜家庙碑》二纸。傍夕小睡。夜课儿子背书。核批稿各簿。二更后阅《先正事略》数篇。三点后，料理甥妇入棺等事。四点睡。

初十日（阅外海水师章程）

早饭后清理文件，习字一纸。坐见之客二次，余备酒席至甥妇灵前奠酒。巳正出殡。灵柩由头二门之西门出，儿辈送至船上。阅《先正事略》。午正，坐见之客二次。中饭后阅本日文件，写澄侯弟信一封，写程颖芝挽联一副，写对联五付。课儿子背书。傍夕小睡。夜核批稿各簿。小坐二刻。二更后核湖北撤勇稿并信稿，阅外海水师章程。四点睡。

十一日

早饭后清理文件。坐见之客一次。习字一纸。围棋二局。阅《先正事略》。午刻见客一次。中饭后阅本日文件，阅《先正事略》。申正写对联六付。见客一次。课儿子背文。傍夕与方存之一谈。夜核批稿各簿。二更后核外海水师章程。四点睡。内人咳嗽殊甚，屡醒屡寐。

十二日

早饭后清理文件。坐见之客二次，立见者一次。习字一纸。围棋二局。又坐见之客一次，立见者一次。巳正核外海水师章程。刘省三、陈虎臣先后来久坐。中饭后阅本日文件。李眉生、钱子密来久坐。申初，黄昌岐、庞省三来。纪泽之长女许字李季荃之子，是日定聘，黄、庞为媒。申正后客退。写挂屏二叶、对联三付。课儿子背诗。傍夕小睡。夜核批稿各簿，改外海水师章程。二更三点睡。

十三日

早饭后清理文件。坐见之客三次，习字一纸。围棋二局。斟酌外海水师章程，披阅各图。吴挚甫来一谈。坐见之客一次。中饭后阅本日文件，又核水师章程。申正写挂屏二幅、对联四付，酉初，王子蕃自苏州归，一谈。傍夕小睡。夜核批稿各簿，又改水师章程。二更四点睡。内人病甚，搅醒，不甚成寐。

十四日（请李季荃来会亲）

早饭后清理文件，习字一纸。围棋二局。核外海水师章程一条。坐见之客二次。午正，请李季荃来会亲，及媒人等，凡五客。余陪坐片刻，旋命纪泽陪宴。中饭后阅本日文件。摺差自京归，无信，阅京报等件。核外海章程。申正写对联九付。课儿子背书。傍夕至子密处一坐。夜核批稿各簿。倦甚。二更后与纪泽谈文。旋温《古文·辞赋类》，朗诵数首。四点睡。

附记

○武补缺摺　○邹钟泉摺

○刘松山转运片　○梅泗州摺

○报销摺　○外海摺

○参造办处片　○吕朝瑞片

○武补缺章程摺

十五日

早饭后清理文件，习字一纸。围棋一局。见客，坐见者二次，立见者二次。改外海水师章程二条。中饭后阅本日文件。李小湖来久谈。申正写对联七付，内有长联一付，系自撰者。课儿子背书。傍夕至后园一览。小睡片刻。夜核批稿各簿，改京信稿三件。二更后温《左传》数首。四点睡。

十六日（又闻洋人欲来，叹高官不宜久居也）

早饭后清理文件。何镜海来久谈。又坐见之客二次，立见者二次。拜发慈禧皇太后万寿贺表。习字一纸。围棋二局。李雨亭来久坐，又立见之客二次。中饭后阅本日文件。坐见之客一次。改摺稿一件，约三百字。核外海章程一条，未毕，因与长江章程处处妨碍，焦灼之至。又闻洋英领事将以扬州之案带兵船来此生事，尤为焦闷。在室中散步踌躇，叹高官不宜久居也。申正写扁四方、对联七付。酉正课儿子背文。傍夕与廉卿、存之久谈。夜核批稿各簿。二更后温《左传》，疲倦殊甚。四点睡。四更三点醒，五更二点又稍成寐。

十七日

早饭后清理文件。坐见之客二次。习字一纸。围棋二局。至幕府久谈。坐见之客二次。核外海水师章程。中饭后阅本日文件，再核外海章程，至申正核毕。写扁六方。对联三付。课儿子背书。傍夕出城接丁中丞，未遇。归时，丁已在余署矣，与之久谈。旋核批稿簿。二更后温《左传》《孟子》，朗诵数篇。三点睡。四更三点醒，五更后又略成寐。

十八日日（诵《古文·识度之属》）

早饭后清理文件。见客二次，出门拜丁中丞，久谈，旋至季弟靖毅公祠一坐，旋至吴竹如处久谈，午初归。坐见之客二次。习字一纸。中饭后阅本日文件。围棋二局，申初，李季泉来久谈。旋李眉生、丁中丞先后来谈，直至一更四点方散。核批稿各簿。二更后，倦甚，不能治事。旋朗诵《古文·识度之属》。四点睡，直至五更方醒，近日美睡也。

附记

○刻宁属及皖省图　○何劳绩分宁

十九日（核外海水师营制）

早饭后清理文件。坐见之客二次。习字一纸。围棋二局。巳刻见客一次。午初，丁中丞、李方伯来久坐。未正方散。丁与余便饭，李因饭未久，不与也。中饭后，坐见之客四次,立见者一次。申初二刻写对联十一付。剃头一次。灯后课儿子背书。核批札各稿。二更核外海水师营制,窒碍之处甚多,焦灼之至。三点睡。

二十日

早饭后清理文件,习字一纸。立见之客二次,坐见者一次。与钱子密久谈。巳正出城,至叶亭甥船上一坐。至官厅接马谷山制军,午正客到,率属行礼,恭请圣安。归署时,谷山同来,久坐,申初始去。请丁雨生、李季泉便饭,酉初散。阅本日文件。课儿子背书。傍夕小睡。夜核批稿簿毕。至方存之房中一谈。借王昆绳所批《公》、《穀》一阅。二更四点睡,直至五更三点。近来美睡,此为最矣。是日接澄弟在长沙开船之信,而不知渠侄信息,深以为虑。

二十一日

早饭后清理文件,习字一纸。见客,坐见者二次,立见者二次。围棋二局。又坐见之客二次。与黎莼斋、钱子密先后久谈。将改外海水师摺稿,沉吟良久而不果改。中饭后阅本日文件。出门拜马谷山,久谈,申初二刻归。丁中丞来,久谈一时有馀,直至酉正方去。课儿子背书。小睡片刻,夜核批稿各簿。二更后阅《刘端临遗集》,写册页半叶,阅《王批公羊》。四点睡。

二十二日(新图为中国有地图以来最精矣)

早饭后清理文件。坐见之客二次。习字一纸。围棋二局。核改海水师摺稿,未毕。午正,刘开生因与同观苏、松、常、镇、太五府州新图。东西十九号,每号十格。南北十四排,每排十格,每格见方二里半。中国自有地图以来,以此为最精矣。坐见之客一次。中饭后阅本日文件。邓守之来一谈,王子蕃来一谈。申正写条幅一纸约百馀字、对联六付。课儿子背书诗。傍夕在室中散步。夜核批稿各簿,改外海水师摺毕,共千馀字。二更后温《古文·识度之属》。四点睡。是日,接澄弟十九日信,知已抵汉口,廿五六可到金陵,为之一慰。

廿三日(麦领事带兵船来寻衅)

早饭后清理文件。李雨亭来久坐,又坐见之客三次。习字一纸。围棋二局。丁中丞来久谈。闻扬州教堂一案,麦领事带兵船五个前来寻衅,殊以为虑。午正,请马制军小宴,丁、李陪之,申初散。阅本日文件。申正写对联九付,核水师章程。傍夕小睡。夜核批稿各簿,核外海水师章程将次完毕。四点睡。

廿四日

早饭后清理文件。见客,坐见者三次,丁中丞坐最久。习字一纸。将水师章程改毕。坐见之客三次。中饭后阅本日文件。李眉生来久谈。写对联八付、直条一幅。应敏斋等来一谈。课儿子背书。傍夕至幕府一谈。夜核批稿各簿。二更后,念长江水师章程费钱太多,深为焦灼。与纪泽一谈。又阅邓完白篆、隶各书。三点睡。

廿五日(因扬州教堂等事与洋人反复辩论)

早饭后坐见之客二次,衙门期也。清理文件。丁中丞、马制军先后来久坐。旋应道、蔡道来久坐,等候洋人。巳正另会客一次。习字一纸。午初,洋人来。领事麦华陀、兵官亨理祺、戈师门、副领事阿林格、翻译施维祺,又委员七人,共十二人,久谈,为扬州教堂事及淮关事反复辩论。麦领事桀骜而兼糊涂,殊堪愤懑!未正三刻方散。中饭后阅本日文件。未末,恽次山来久坐,又坐见之客一次。申正写对联四付。酉初,课儿子背书。傍夕小睡。夜核稿各簿。二更后与纪泽一谈。又将江苏水师章程一核。三点睡。

附记

○清信稿　○扫案头　○捡书籍

写图目 ○写邵铭 ○题陆像

二十六日

早饭后清理文件。马谷山、丁雨生来,李雨亭、应敏斋、蔡义臣来,久谈,皆为洋人要挟之事。又坐见之客二次,立见者二次。习字一纸。巳刻后,坐见之客二次。再将外海水师章程核改二条,粗稿完毕。巳刻交卸送印与马谷山。中饭后,坐见之客一次,立见者一次。李眉生来久谈。申正出门至谷山处道喜,至雨生处送行,归已黑矣。夜课儿子背文。清理各件,将为起行之计。朗诵《左传》数篇。二更四点睡。内人病重,彻夜不寐,殊为焦灼。

二十七日

早饭后出门至白下寺送丁中丞回苏,辰正归。坐见之客一次,立见者二次。清理文件,习字一纸。围棋二局。陈作梅来久谈。午刻请恽次山便饭,请子密、元徽、惠甫等陪之,申初始散。因洋人要挟事,郁闷竟日。申正写对联八付。酉初课儿子背文。酉正应敏斋来一谈,二更又来,均为洋务事件。夜接澄弟信,知廿五夜乘洋船过金陵,不能停泊,已至镇江矣,且慰且虑。二更后温《左传》,朗诵十馀篇。二更前与眉生久谈。是日说话太多,倦甚。二更三点睡。

二十八日(稍慰洋人事似已办妥)

早饭后清理文件。坐见之客二次。习字一纸。围棋二局。核信稿多件,改摺稿一件,未毕。莫子偲、庞省三来久坐。中饭后将摺稿改毕。马谷山来一坐。闻洋人之事似已办妥,不至决裂。稍为一慰。申刻澄侯弟到,十一年之别,喜慰无已。兄弟久谈,直至二更四点,余即携被与弟同宿。说话虽多,尚不甚困。五更二点醒。

二十九日(看吴城之拖罟船)

早饭后清理文件。出门至河下拜恽次山,旋至旱西门看吴城之拖罟船,松木为桅,殊不适用。进城拜方伯雄。归,坐见之客二次。习字一纸。与澄弟久谈,与弟小宴。饭后吴竹如来久谈,又与钱调甫一谈。写对联四付。傍夕与澄弟久谈。夜写沅弟信一件,约四百字。课儿子背书。二更后与澄弟共封家信。久谈,二更四点睡。仍襆被同宿。

附记

○《五种遗规》 ○名臣言行录

## 十月

初一日

早饭后清理文件。立见之客二次,坐见者一次。习字一纸。围棋二局。坐见之客一次。核改摺稿三件、片稿一件,至未正改毕。坐见之客二次。申正写对联七付。课儿子背书。傍夕与澄弟谈,夜又久谈,直至二更三点分手,各睡。

初二日(请童薇研学使小宴)

早饭后清理文件。坐见之客二次。习字一纸。围棋一局。坐见之客又两次。午正,请童薇研学使小宴,陪客为两山长及吴蔼人同年,申正散。立见之客一次。写对联八付。课儿子背文。傍夕与澄弟久谈,直至二更三点始散。各睡。

附记

○写御碑跋

初三日

早饭后清理文件。与澄弟一谈。立见之客一次,坐见者一次。习字一纸。围棋二局。又坐见之客二次。改摺稿一件。中饭后，坐见之客一次。将案头零碎事件料理数起。申正写对联八付。傍夕与澄弟久谈，将至二更乃散。略核批札稿件。二更后又清理零件颇多。朗诵放翁七律。四点睡。

初四日

早饭后清理文件。见客，坐见者一次，立见者一次。习字一纸。围棋二局。核改信稿三件。又坐见之客二次，立见者一次。中饭后出门，至城外送学台，旋归。与澄弟一谈。改信稿一件。申正写对联七付。课儿子背书。傍夕小睡。旋与澄弟共饭，一谈。又改信稿一件，核批稿数件。二更后清理各零件。三点后温放翁七律。四点睡。

附记

○阅郭志

○远　○楞　○岘　○尧　○琴

○彤　○穆　○晓　○克　○申

初五日

早饭后清理文件，习字一纸，改信稿二件。午刻，刘开生来，与之一谈。围棋二局。中饭后，坐见之客三次，马谷山坐颇久。又核信稿一件。申正写对联六付。旋课儿子背书。傍夕与澄弟久谈，夜写沅弟信一件。二更后将案头积压之件一为清理，信稿未核者约四十件，检出应复者十件，馀皆销毁不复矣。三点后温《左传》数叶。又与澄弟一谈。四点睡。

初六日（王晓莲送册求题已年馀，始还）

早饭后清理文件。坐见之客三次，雨亭坐颇久，立见者一次。习字一纸。围棋二局。张啸山等来一坐，陈作梅来一坐。将作《题陆清献公遗像诗》，未果。中饭后与澄弟久谈。旋作诗十馀句。申正写对联六付。课儿子背书。傍夕与澄弟久谈，夜谈颇久。旋又作诗十馀句，因缮写于册页之上。王晓莲送此册求题已年馀矣，至是始还，殊以为愧。二更后温韩诗五古。三点后与澄弟一谈。四点睡。内人病甚，彻夜咳嗽，深为焦灼。

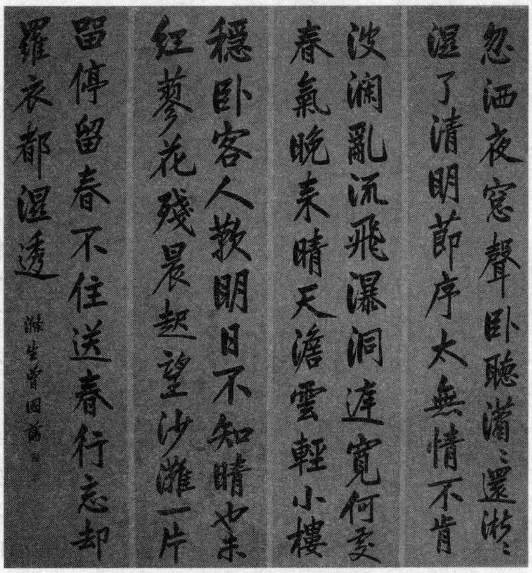

初七日（阅校《湘阴县志》）

早饭后清理文件。与澄弟一谈。习字一纸。围棋二局。坐见之客一次。核信稿三件。中饭后又核二件。未正课儿子背赋。申正写扁六方。傍夕小睡。夜核批稿簿数件。将郭云仙寄来之《湘阴县志》阅校第一卷、三卷、四卷。二更三点，澄弟自外宴饮归，与之一谈。四点睡。

曾国藩书法

初八日

早饭后清理文件，习字一纸。见客二次，李雨亭来坐颇久。巳正出门拜马谷山、吴竹如，坐均久，归。中饭后与澄弟一谈。旋围棋二局。李眉生来谈颇久。天雨阴森，已有雪意。酉初与澄弟谈，直至二更三点，说话极多，疲甚。中讲《孟子》中也养不中一章，弟深能领会，殊有和乐且湛之趣。四点睡。是日竟日未办一事，愧歉之至。

初九日（将作赵厚子《神道碑》，阅其行述）

是日恭逢先大夫七十九岁冥诞。早间，与澄弟及家中内外行礼叩祝。饭后清理文件，习字一纸。围棋二局。与澄弟久谈。将作赵厚子《神道碑》，阅其行述。中饭后改信稿一件。黎莼斋来一谈，与澄弟一谈。申正写对联六付。课儿子背书。夜与澄弟畅谈。又阅赵厚子行述。二更四点睡。

初十日

是日恭逢慈禧皇太后万寿，黎明至文庙旁明伦堂行礼，归。早饭后与澄弟一谈。清理文件。习字一纸。坐见之客二次。围棋二局。中饭后核改信稿二件。坐见之客一次，戴子高、柳宾叔来久谈。柳名兴恩，丹徒壬辰举人，七十六岁。精于《穀梁》之学。曾在阮文达家课读十馀年，学术颇有家法也。申刻写对联九付。傍夕课儿子背书。夜，预祝之客数人，余避不见。省城现任各官作寿屏一付，朱星槛及各营作寿屏一付，忠义局作寿屏一付，余阅其文，均合作也。澄弟与余谈甚久。接纪渠侄信，知已于十七日到长沙，为之一慰。二更四点睡。

十一日

是日余五十八生日，各客皆谢不见。早间，澄弟及妻子妇女行礼。饭后清理文件，习字一纸。作赵厚子《神道碑》，前后约作四百字，屡作屡辍。申刻，彭雪琴来久谈，因留夜饭。二更三点睡。

十二日（新织造广顺来谈颇久）

早饭后，坐见之客三次。清理文件，习字一纸。围棋二局。与澄弟屡谈。作赵《神道碑》约百馀字。中饭后，新织造广顺来谈颇久。写对联十二付。傍夕课儿子背书。夜作《神道碑》，至二更四点毕，约近千字，尚未作铭。是日，内人病势增重，殊以为虑。

附记

柳　○钱　○王　薛　洪

十三日（闻澄弟有狎邪之游，忧之）

早饭后清理文件。彭雪琴来一谈。作《神道碑》之铭词，未毕。出门拜客、谢寿。将铭词作毕。午正归，请雪琴与潘季玉、李质堂小宴，申刻散。阅李少泉信及各处文件。剃头一次。夜，清理带去之人、应支银数单，核批稿各件。二更后，澄弟自外宴归，与之久谈。闻有狎邪之游，心实忧之。老年昆弟，不欲遽责之也。三点后温《古文·传志类》下，朗诵数首。四点睡。

十四日

早饭后清理文件。与澄弟一谈，马谷山来久谈，汪梅村来一谈，又坐见之客一次。吴清卿庶常大澂来一谈。巳正出门谢寿，拜客十馀家，拜新织造广顺，一谈。至昭忠祠一坐，未正归。雪琴、质堂在署久候，一谈。申刻写对联十付、横幅四字。傍夕与澄弟久谈，直至一更四点。核批稿各簿。课儿子背书。二更后，写信与雪琴。接沅弟信，知纪渠侄率妻子于九月廿三日到县矣。三点又与澄弟一谈。四点睡。

十五日

早饭后清理文件。立见之客一次，坐见者两次。习字一纸。围棋二局。谭文卿来谈甚久。又坐见之客一次，立见者一次。中饭后阅本日文件。申刻写对联十付。傍夕至后园一览。夜核批稿簿，核扬州教堂案咨一件、信一件。三更四点末睡。

十六日

早饭后清理文件，习字一纸。周缦云来久坐，又立见之客一次，坐见者一次，李质堂来一坐。写李少泉信一封，约四百字。立见之客一次，坐见者二次。午正，李雨亭、眉生具酒肴来署，请余与澄弟小宴，未正散。阅公文十馀件。申刻写对联十二付、小扁二幅。课儿子背书。与澄弟久谈。夜写册页一开，约百三四十字，核摺稿清单一件。疲乏殊甚。温《古文·识度之属》，朗诵数首。与澄弟久谈。二更四点睡。

十七日

早饭后清理文件。习字一纸。坐见之客四次，立见者二次，马谷山谈甚久。核改片稿一件。钱子密来谈颇久。午正至下江考棚赴涂朗轩招饮，申初散。归，坐见之客二次，陈虎臣谈颇久。酉初写对联四付、小横幅二件。傍夕小睡。夜核批稿数件，核摺一件、事宜单一件，二更三点睡。

十八日（细阅粤省地图，精当绝伦）

早饭后清理文件，习字一纸。围棋二局。坐见之客四次，立见者一次，陈作梅、莫子偲谈均甚久。改信稿三件。中饭后阅本日文件。坐见之客二次，春芝田坐颇久。与澄弟久谈。写对联十付。傍夕小睡。夜核批稿一二件，核外海水师营制。写册叶一开，约百馀字。广东咨到全省地图，细阅一过，精当绝伦。二更四点睡。

附记

○江北州县报销片

○李，寿对　○程，栈对

十九日（欣闻纪泽生一女）

早饭后清理文件。坐见之客三次，习字一纸。又坐见之客一次，午正至藩署赴宴，司道十二人公请，共三桌。周缦云、李小湖作陪，申初散。归，阅本日文件。申正写对联十二付。傍夕与澄弟久谈。夜核批稿数件，又核外海水师事宜摺。二更四点睡。是日黎明时，纪泽来报，卯刻得生一女，大小平安，并报母病小愈，昨夕安眠，差为一慰。

二十日

早饭后清理文件。坐见之客三次，马谷山坐最久。核信稿一件。赵惠甫来一谈。午刻，坐见之客一次。午正至湖南会馆赴宴，同乡公请，东家阳小秋、张晖庵等十四人，又附湖北同乡郭阶、袁熙二人，请黄昌岐与朱星槛作陪，申初散。至春织造处送行，一谈。申正写对联九付、扁一方。傍夕与澄弟久谈。夜核批稿数件，又核外海水师事宜单。二更后，改江北州县报销交代摺稿。四点睡，四更四点醒。

二十一日（阅城中名流之诗，佳构甚多）

早饭后清理文件，习字一纸。坐见之客一次。将交代摺稿改毕。午刻，坐见之客一次。是日，孙女三朝，告祖行礼。中饭后，钱子密等来言，定二十五日起程，在于下关以下与李相舟次相会。文武露立江干，伺候数日，诸多不便。不如在城内会聚，迟行数日。因改于十一月初四日启程。写李少泉信一件。周缦云送册叶一部，皆城中名流所作送行诗文，翻阅一过，佳构甚多。申正与李眉生一谈。旋写对联四付，将作一联而未成。与澄弟久谈。坐见之客一次。夜核外海水师营制摺毕，再阅送行诗文册。二更三点睡。

附记

昭忠祠三扁　昭忠祠三对

○批张廉卿文

廿二日（听澄弟、纪泽吹笛奏乐）

早饭后清理文件，习字一纸。围棋二局。坐见之客三次，立见者二次。将桌上零件清理一番。午正至贡院赴马谷山小宴，申正散。归，见客一次。写对联九付。傍夕至后园屋内听澄弟、纪泽吹笛及各乐器。夜与澄弟久谈。二更二点，阅《国语》数叶。四点睡。

廿三日

早饭后清理文件。见客，李雨亭等谈颇久。习字一纸。围棋二局。午刻至黄昌岐处赴宴。渠与富将军二人作东也。饭后至文庙一看工程。申初二刻与澄弟久谈。申正写对联七付、直幅一张，约百六十字。傍夕与澄弟一谈。夜核批稿簿，批张廉卿文七首。二更三点睡。

附记

○澄弟箴言挂屏

廿四日

早饭后清理文件，习字一纸。坐见之客二次，立见者一次。围棋二局，魏荫庭来久坐，孙琴西来久坐。中饭后阅本日文件。李眉生来久坐，以《灵岩山碑》赠之。与澄弟一谈。申刻写对联十付。傍夕小睡。夜作《箴言》以规澄弟，约作四百馀字，未毕。二更四点睡。五更醒。

附记　顾祠

秦炳文无锡　仪亭　王　轩洪洞　霞举
董　麟洪洞　鲍　康歙县　子年
阎汝弼秦阳　梦岩　王应学河阐　信夫
汪元度乐平　泉孙　戴燮元丹徒　肖梅
刘应熔盐山　星岑　王　堃仁和　小铁
端木埰上元　子畴　张师劬泾阳　念慈
许其光番禺　涑闻　孙勋烈无锡　伯瑜
董文灿洪洞　云龛　徐士銮天津　苑卿

二十五日（作《箴言》六条勉弟）

早饭后清理文件，习字一纸。围棋二局。朱云章来，与同至后园一览。作《箴言》六条与澄弟，至中饭后作毕，约千馀字，与弟细看，将用高丽纸书之。黄军门来一谈。写昭忠祠扁二十来字，写对联三付。作雨亭寿对云："申伯于蕃，诗赓降岳；益州奉使，士庆聚星。"傍夕与澄弟至后园久谈。夜核批稿、摺稿，阅孙琴西近作诗文二十馀叶。二更四点睡，三更二点成寐。

二十六日

早饭后清理文件，习字一纸。李雨亭来久坐，又立见之客二次。围棋二局。写澄弟《箴言》二张。用高丽纸，每张十行，每行约二十字。中饭后，出城接李少泉揆帅，申初接到，因同行至余署，久谈，灯时始去。夜与澄弟一谈。旋写地图之目，仅写一叶，约近四百字。二更三点睡。

二十七日（于枕上作就瓜栈对联）

早饭后清理文件，习字一纸。坐见之客三次。巳刻将出门，周缦云来一谈。巳正二刻至李揆帅处一谈，午正二刻归。中饭后写澄弟《箴言》屏二幅，约近四百字。又坐见之客三次，何子永坐最久。傍夕与澄弟一谈。明日将唱戏，公请李相，本日在余署供张也。夜核批稿簿数件。作瓜栈对。久不能就，直至二更三点睡后，三更后始在枕上作就，对云："两点金焦，劫后山容申旧好；万家食货，舟中水调似承平。"

二十八日

早饭后清理文件。坐见之客四次，立见者五次。习字一纸。巳正二刻开戏。午初，余出厅听戏。是日余与马谷山及将军、织造、提督、司道等公请李少帅。客于午正二刻到，共六席，未正开席，申正三刻客散。余写澄弟《箴言》挂屏毕。傍夕小坐。李帅散席拜幕府，旋拜澄弟，久坐，二更始去，余亦陪坐良久。二更始，兄弟同吃夜饭。饭后，倦甚，兄弟久谈。三点睡。

二十九日

早饭后清理文件。见客,坐见者四次,立见者三次。写澄弟《箴言》挂屏毕。午初至外厅听戏,是日公请李相及其两弟、幕府,并请余及谷山之幕府与澄弟、泽儿辈。余听戏大半时,午正三刻入内,未与宴也。中饭后写扁字十四个。小坐片刻。又写对联九付。申正,少泉入内来畅谈。谷山旋亦入内一谈,同吃夜饭,复同至外厅听灯戏,二更后散。澄弟与余久谈。三点睡。

三十日(文武官绅公饯余之行)

早饭后清理文件。见客,坐见者五次,应敏斋坐颇久。午刻,吴竹如来一坐。是日李揆帅合安徽全省之文武官绅公饯余之行。午初三刻出厅听戏,入座。至傍夕始散,入内。夜与澄弟久谈。二更后,李帅由幕府出,至余处一谈,二更三点去。睡后,久不成寐,三更二点成寐。四更二点醒一次。

## 十一月

初一日(傍夕与澄弟久谈)

早饭后清理文件,习字一纸。出门拜客,会者李少泉、吴竹如、李小湖及将军王晓莲等处,不会者数处,未初归。中饭后,坐见之客一次。写对联六付,内纂句者二付、直幅一张,约百四五十字。傍夕与澄弟久谈。夜核批稿各簿,核片稿一件。四点睡,屡醒,不甚成寐。

初二日

早饭后清理文件。坐见之客三次。出门拜客辞行,拜会者五家,未初归。中饭后,坐见之客一次,立见者二次。吴竹如来久坐,马谷山来久坐。酉刻,李少泉来久坐,直至一更四点始去。说话太多,疲倦极矣。改片稿一件,核批稿各簿。二更三点睡,三更后成寐,四更末醒。

初三日(至幕府辞行)

是日为先妣太夫人八十四冥寿,率澄弟儿子等行礼。饭后清理文件。坐见之客五次,立见者二次。余旋至幕府辞行,在子密等房一坐,又同至凌晓岚处一坐。归,立见之客二次。中饭后,立见之客一次,坐见者一次。写高丽纸楷书一纸送吴竹如,约百六十字。又坐见之客三次,立见者三次。写对联六付、扁一方。申末,李少泉来谈,至二更始去。核批稿数件。与澄弟久谈。三点睡。

初四日(是日余启程北上入觐,饯行颇隆)

是日,余启程北上入觐。早饭后清理文件。见客二次。将邵位西墓志写本另写十馀字,改信稿四件。剃头一次。巳正二刻启行。途中观者如堵,家家香烛、爆竹拜送,戏台、酒席路饯者,在署之西为盐商何公远旗等一席,在水西门之外为合城绅士方伯雄等一席,又有八旗佐领等及船户等各设彩棚为饯,午正至官厅。少泉、谷山及文武等送别,寄请圣安。余旋登舟,见客五次。吃中饭后,又见客三次。开船,行至下关,少泉、谷山送至下关,久谈。吴竹如亦至下关,与三人久谈。而满城文武士友皆送至下关,坐见之客十馀次。夜饭后,潘季玉、李眉生等先后来谈,澄弟一谈,疲倦极矣。二更三点睡。申刻行船时,曾将郭云仙所著《湘阴县志》一阅。睡后,不甚成寐。念本日送者之众,人情之厚,舟楫仪从之盛,如好花盛开,过于烂漫,凋谢之期恐即相随而至,不胜惴栗。又接湖南咨文,不愿出长江十六万一款,其事仍办不成,殊以为虑。

初五日

早饭后见客二次。开船行七八里，误行大江之中，旋用轮船拖回，改行草鞋夹中。行至燕子矶以上之八斗山，看船厂。地方居民跪求不愿卖此地，其意不过欲多得钱耳。看毕，出口。仍用轮船拖带。申正至瓜洲，坐见之客四次，立见者二次。即在瓜洲住宿。自午刻后，在舟中看云仙所著《湘阴县志》。夜写丁雨生信一封，与澄弟一谈，万篪轩来久谈。二更后再看筠仙所作县志。三点睡。

初六日

早饭后清理文件。开船，用小轮舟拖带，午初至扬州。见客五次。年正三刻至李运司署内中饭，陪客为晏同甫、厉伯苻辈，申正散。至魏荫亭家一坐。归船，会客数次，至一更四点客去。阅云仙《湘阴县志》。二更四点睡。

附记

○复与吾信，退燕菜三斤

○令昌岐寄李、马信，弥缝湖南事

○写泽信，言缉私费事

初七日（送行者依恋不舍，余亦不忍别）

早饭后清理文件，见客数次。辰正三刻出门拜客，会者三家，亲拜者八家。在湖南会馆坐甚久。午正一刻，至何廉昉家小宴、观剧，酉初一刻散。归船后见客六次。写郭云仙信一封，将《湘阴县志》寄还。与澄弟久谈。二更四点睡。日来送行者，多依恋不舍之情，本日如万篪轩、李眉生、黎莼斋尤为倦倦，余亦黯然不忍别也。

附记

○跋包手卷还吴　○考河事商之张

初八日（与鸿儿论《易经》程传，颇能领悟）

早饭后清理文件。见客三次，又立见者一次。写沅弟信一封。与澄弟久谈。写纪泽信一封。巳正开船。与澄弟话别，依依不忍分离，弟船仍出瓜洲，坐轮舟赴鄂，余船则北上赴淮。分手后，行至五台山小泊，与黄昌岐、李质堂话别，又坐见之客二次。申初开船，用快利轮船拖带行二十馀里，傍夕至瓦窑泊宿。竟夕水激如箭，河声如吼。下半日在舟中阅《国语·周语》。夜写马谷山信一封，近四百字。二更后与鸿儿论《易经》程传，颇能领悟。乍与澄弟别，怅怅如有所失，二更三点睡。

附记

○再录图目

初九日（澄弟临别以火狐马褂送我）

早饭后清理文件。鸿儿禀称，澄弟临别以火狐马褂送我，盖眉生述杜小舫之言，谓天下之最暖者莫如火狐，胜于紫貂、玄狐云云。余曾两次述此言与澄弟听，或弟意疑我畏寒，遂解己所着衣以赠我耶？余本有貂马褂、猞猁马褂，而弟归途少此御寒之具，寸心十分不安。开船行二十里，午初至邵伯镇湾泊。坐见之客三次，雪琴坐甚久。中饭后又开船，行三十里，酉初至露筋祠泊一宿。坐见之客三次，立见者二次。夜，倪豹岑来久谈。是日在舟中阅《国语·周语》三卷、《鲁语》二卷。夜阅《齐语》未毕。二更三点睡，三更后成寐。

初十日

早饭后清理文件，习字一纸。开船行至三十三里，至高邮州，雪琴来船上久谈。申刻，程敬之来船上久谈。旋至清水潭，与敬之同步行，观去年工程。又至马棚湾观今年工程。共行五里许。后回船，行八九里，至六安闸泊宿。是日共行七十里。在舟中阅《齐

语》毕，阅《晋语》一、二、三卷，又阅第四卷，未毕。夜核批稿二三件。二更后，倦甚，不能治事。三点睡。

十一日

早饭后清理文件。开船行一里许，旋又停泊，候莫子偲。张廉卿再来久谈。巳初又开船，顺风行八十里，至宝应泊宿，灯后始到。巳刻习字一纸，阅《晋语四》毕，又阅五卷、六卷。中饭后将各图之未清者重写目录，其不堪用者弃之，申正写毕。钱楞仙请作骈体文序，去年令吴挚甫代笔为之，本日始为删改，至灯后改毕。酉刻，坐见之客二次，雪琴来久坐，一更四点散去。写钱楞仙信一件。二更鸿儿背书，与之一谈。骤与澄弟别，忽忽如有所失。三点睡。

十二日（与邵位西交深，悯其死之惨）

早饭后，坐见之客一次。开船，顺风行二十馀里，即拉纤行五十馀里，至杨家庙泊宿，距淮安府城尚欠六里许。在舟中，辰正清理文件，习字一纸，阅《国语·晋语》七、八、九三卷，《郑语》一卷，《楚语》二卷，《吴语》一卷，傍夕始毕。午刻，坐见之客一次。酉刻，坐见之客一次。灯后，坐见之客二次，张子青漕帅谈颇久。将另写邵位西墓志，自画格子一张，写楷书百馀字。余与位西交深，而悯其死之惨，乃写渠墓志，辄不称意，殊惘惘也。二更三点睡。

十三日

早饭后清理文件，习字一纸。开船行数里，至淮安小泊。入城拜张子青、丁拓唐，坐均久。午刻回船，开行，行四十里，酉初至清江。中饭后阅《越语》二卷，《国语》阅毕。旋将训诂分类记之，约写四百字。午正，坐见之客一次。酉刻，坐见之客十一次，立见之客四次，雪琴、挚甫来一谈。另用高丽纸再写位西墓志，写二百馀字而眼蒙。二更后不复治事。三点睡，三更后成寐，四更四点醒。

十四日（写邵位西墓志铭）

早饭后清理文件。陆续坐见之客凡十六次，其中如钱楞仙、吕廷芷、张子青等起，坐谈甚久，又立见之客二次。是日写丁雨生信一封、纪泽信一封。写邵位西墓志铭约七百字，至一更四点写毕。客来如织，忽写忽停，又墨冻殊甚，申正以后正大雪，故写完甚不称意。余作此铭，凡写二次，聊以报故人耳。二更后倦甚，不复治事，略温《古文·气势之属》。三点睡，屡醒屡寐。

十五日

早饭后清理文件。立见之客一次，坐见者一次，雪琴来久坐。改信稿一件，写少泉信二叶，未毕。巳正进城拜客，拜会者三处，馀俱亲拜。午正至张子青处赴宴，申正归。黎友林来久坐，雪琴及王子蕃来久坐。二更写李少泉信四叶毕，计七百馀字。倦甚，不复治事。三更睡，寒甚。

十六日

早饭后清理文件。旋见客，坐见者三次，立见者一次，钱楞仙坐颇久。午刻，刘省三来久坐，又坐见之客一次，立见者一次。料理明日开车起行事件。中饭后，郭松林来一坐。旋至雪琴船上一坐。纷纷捆箱装车，船上俱不闲也。李少泉送后档车一辆，试坐行二三里。雪琴来一坐。夜核公牍二件。天气奇冷，不能作字，二更三点睡。

十七日

是日自清江登陆成行。早饭后见客二次。辰初二刻起行，行二三里许，张子青率司道等寄请圣安。行三十里，至渔沟打尖，李采臣备席。魁时若自京回，在此相会，与之畅谈。未初夏行四十里，至仲兴集住宿。见客，坐见者六次，立见者四次。夜写信给钱子密，取历年奏稿三十本。冻甚，殊不能作字。是日在轿中阅《战国策·秦策》一、二、三三卷。二更三点睡，三更成寐，四更末醒。

十八日（箧箱未到，余念箱中《十八家诗钞》）

五更三点起。饭后起行。行五十里至仰化集打尖，皆系坐车。中饭后，坐轿行六十里，至顺河集住宿。坐见之客七次，立见者四次。是日在仰化集遇王惕来甥自京来，与之一谈。甥旋回车送余至顺河集，夜间屡与之谈。二更闻箧箱未到，内有余批圈之《十八家诗钞》殊为惦念。是日在轿中阅《秦策》四、五两卷，《齐策》一卷。二更三点睡。

十九日

是日大站百二十里。余嫌其太远，又因雪琴、调甫辈送余太远，言明日再送一日。只走半站，六十里。余黎明始起。饭后，因箧篓未到，在店久候，因将《秦策》题识五卷。巳正，箧篓到，始起行。行六十里，至峒峿住宿，雪琴又已前途去矣。在轿中阅《齐策》二、三、四三卷。到店后，申正中饭。饭后写近三日日记。见客，坐见者二次。夜因腹饱腰胀，在店散步，不作一事。二更，将《齐策》第一卷酌加题识。三点睡。

二十日（余思撤邳州李牧以惩之）

黎明起，饭后起行。行四十八里，至邳州所属之牛马庄（即新安镇）打一茶尖。又行十二里，至山东郯城所属之红花埠住宿，午正二刻即到。中饭与雪琴同饭。饭后见客二次，钱调甫坐颇久。是日，在轿中阅《齐策》五、六二卷《楚策》第一卷，阅总理衙门长信。写信与李雨亭，因宿迁包令办差草率，邳州李牧并未出迎，颇思撤委以惩之，又以蔡道事，遂写至六百字之多。申刻，至雪琴店内久谈时许，傍夕归。雪琴又来余店，久谈二次，依依不忍言别。又吴长庆等三镇送四日，亦来一谈。欧阳利见、钱调甫等均来叙别。二更三点睡。梦王考星冈公，一月以来，两次梦见王考，殊增感慕，屡醒屡寐。

二十一日（与友涕泪作别）

五更三点起。黎明，与雪琴、调甫、健飞三君作别，三人皆涕泗交流，余亦凄然不忍离也。坐轿行四十五里，至郯城县南关外打尖。午初复行，坐车行五十里，坐轿车十五里，凡六十五里，至李家庄住宿，系兰山县地面。在轿中阅《楚策》二、三、四三卷。名虽三卷，实仅十九叶耳，因重阅一遍。在车上将《古文·气势之属》温十馀篇，申正见客，坐见者二次，与挚甫一谈。傍夕清理文件。夜与挚甫久谈。二更后写零字甚多。三点睡。

附记

郯城　李溭满山直隶满城人

新泰　李溱鉴塘宝坻人

兰山　王其慎敬斋宝坻进士

沂州府　豫山东屏满州

沂水　韩光鼎俊伯浙江人

廿二日

早起。饭后行三里，过沂河后天乃明。行四十五里，沂州府南关外打店，坐见之客一次。午初又启行，行四十五里，至半城住宿，仍在兰山境内也。在轿中阅《赵策》一、二、三三卷，凡四十二叶。申正剃头一次。酉初将《齐策》题识二卷。夜饭后，与纪鸿儿久谈。又将《齐策》题识二卷。疲倦殊甚，二更后小睡。三点睡，三更后稍能成寐，而不酣畅，四更末醒。

廿三日（行至沂水县境）

早饭后，黎明起行。行四十五里，至青它寺打尖，仍系兰山县境。午初又启行，行四十五里，至垛庄住宿，沂水县境也。闻县城去此一百八十里，故县令未能赶来。在轿中阅

《赵策》第四卷、《魏策》第一卷。因昨日看书疲困，故今日不敢多阅，亦老态也。念前作《湘军金陵昭忠祠碑》，久未接沅弟信，恐弟不以为然，萦念良久。又念澄弟不知过洞庭否，亦反复不释也。夜将《齐策》六卷、《楚策》一卷酌加题识。又觉用心太劳者，二更后不治一事。三点睡。

廿四日

黎明起。早饭后启行，行五十五里，午初三刻至龚家城。山路崎岖，因惜马力，即在此住宿。其地系蒙阴管，县令福曜，河南驻防系倭艮峰相国之胞侄、福新伯观察咸之堂弟，字焕臣，颇雅饬，有循吏风。在轿中阅《魏策》二、三两卷。中饭后清理文件。将《楚策》第二、三、四卷酌加题识。申末，墨冻，不复能作字，即在店中清坐。屡次小睡，夜饭后又小睡。二更温《古文·气势之属》，细绎《李广列传》。三点睡，屡醒屡寐。

廿五日（于途中见题壁诗，第九首盖讥余者）

五更三点起，早饭。黎明，坐轿行五十五里，至嶅阳打尖，巳正三刻到。未初又起行，行二十五里至新泰县住宿。是日本拟至翟家庄住宿，因该处店少，故少行二十五里，即在县城宿也。自前日在青它寺打尖后，即见大道之西有一大山，盖蒙山也。前日、昨日皆见此山并大路而北，本日自龚家城行十五里，至蒙阴县，大道转向西行，似即蒙山北头尽处矣。至嶅阳大道之西。有一石山，土人称曰青云山，即嶅山也。在轿中阅《魏策》第四卷，《韩策》一、二两卷。申正与挚甫久谈。夜饭后将《赵策》一、二、三卷酌加题识，又将胡刻地图批识数处。写小字太多，眼蒙殊甚。二更三点睡，屡寐屡醒。是日在嶅阳旅店见题壁诗十一首，乙丑八月所作，第九首盖讥余者。惯闻訾言，得此即药石矣。

廿六日（行将至泰山）

五更三点早饭。饭后，坐轿行六十五里，至羊流店，俗书杨柳店，盖羊叔子故里也。午正二刻又起行，坐车行二十五里，坐轿行二十里，至崔家庄住宿。是日共行百一十里。山石荦确，车行殊不易也。出新泰城北，望见一山，土人曰莲花山，一曰新甫山。过羊流店后，望见西北大山，即徂徕山。将至崔家庄，则徂徕山将尽，泰山在目前矣。是日在羊流店，摺差刘高山到，报销摺未交部覆议，批云："着照所请，该部知道。"实旷典也。在轿阅《韩策》第三卷、《燕策》第一卷。下半日在车中温《子虚》《上林赋》。日光甚烈，燥热异常。傍夕，与吴挚甫至野观泰山、徂徕诸峰。夜因眼蒙，不复看书。二更即睡，以明日赴泰安，从人多思登岱也。未至二更三点而解衣登床者，近年无之矣。

廿七日（灯后，纪鸿等自登泰山归来）

五更二点起。早饭后起行，行七里而天明。巳初二刻即至泰安府，凡行五十五里，潘琴轩在此等候已二日矣，来谈甚久。又坐见之客一次，立见者三次。在轿阅《燕策》二、三两卷。午刻写纪泽儿信。中饭后至岱庙回拜潘琴轩，坐颇久。归寓，王伯尊来久谈。小睡片刻。灯后，纪鸿等自登泰山归来，与之一谈。夜将《赵策》第四卷、《魏策》一卷酌加题识，未毕。眼蒙殊甚，二更三点睡。

廿八日

黎明饭后，起行。行三十里至新庄镇打尖，系泰安县境。午初，又行四十五里至湾头镇住宿，系长清县境。因山路荦确，故少行数十里，非正站也。辰巳间，在轿阅宋、卫、中山策二卷，《国策》三十三卷，粗阅一过毕。余昔尝苦《国策》讹舛不可读，意谓宋板或当胜。此次阅黄刻南宋姚宏本，而其不可通如故也。午刻阅《周本纪》十馀叶。申刻，挚甫来久谈。夜将《魏策》一卷之半及二卷酌加题识。牙疼眼蒙，不敢多治事。二更三点睡，五更醒。

廿九日

黎明起，饭后成行，行三十五里至章夏打尖。大道循河而行，询之土人，此河名葛乙河。其源自汶水分出而杂以泰山各溪壑之泉，下游入大清河也。尖后，再行五十五里，至杜家庙住宿。毛寄云之子承桂来见。此间去山东省城仅三十馀里耳。辰巳间，在轿阅《周本纪》《秦本纪》。未申间，阅《魏世家》《韩世家》。昨夜小雨，本日燥热，恐天将变矣。傍夕，吴挚甫来鬯谈。夜将《魏策三》《中山策》酌加题识。二更三点睡，四更末醒。次早起，雪落已半寸许。

卅日（过黄河至齐河县住宿）

黎明起。饭后行三十五里过黄河，至齐河县住宿。坐见之客一次。丁中丞自省城来此迎候。与之久谈时许。渠办酒席在此同饭，未正散。辰巳间，在轿中阅《东周》《西周策》二卷。申初出门拜丁中丞，久谈，申正归。将《周策》二卷酌加题识。夜改复马谷山信，未毕。二更三点睡。

## 十二月

初一日（将《魏策》四卷酌加题识）

黎明起。饭后，坐见之客一次。旋起行至齐河北关外，丁中丞在此一谈。渠旋寄请圣安，行二十五里至堰城打尖。朱星槛等自清江起行后，即在前一站、半站先行，至此始等候一见。朱与杨云帆、刘瑞芸、魏春农、邓良甫凡五人，随余同行也。尖后，坐车行五十里，至禹城县北六里之禹城桥住宿。途中温《左传》，襄公二十二年起，凡四十四叶。申刻见客一次。酉刻将《魏策》四卷酌加题识。夜改马谷山信稿，约改千馀字。二更三点睡。

附记

泰安府　锡　惠二泉

泰安县　杨宝贤慎斋　天津人

长清县　仇恩注叔俞　山西人

齐河县　何毓福松亭　似良吏　汉军　徽州籍

禹城县　德　铨法三

济东道　萧培元质斋　云南　翰林

济南府　龚易图谒人　福建　庶常

初二日

五更三点起。早饭后，黎明起行。坐车行四十五里。巳初三刻至平原廿里铺打尖。尖后坐轿行五十里，至曲鹿店住宿。在平原城之北三十里，平原辖境也。在途中温《左传·襄公》三十叶，温《易·系辞》上传。到店将《韩策一》《宋卫策》题识。吴挚甫来，久谈大半时。夜至纪鸿户外，视其气象萎靡之至，心实忧之。二更三点睡，三更后成寐，四更末醒。

曾国藩书法

初三日（阅纪鸿信，写作极劣，忧念无已）

黎明起。饭后行五十里，至德州打尖。坐见之客三次，立见者四。德州城守尉富明寄请圣安。尖后行二十里，至刘智庙住宿。坐见之客三次，立见者十馀次。在途中温《左传·昭公》四十五叶。申酉间将《韩策二》《燕策三》酌加题识。夜写纪泽信一封,改信稿四件。阅纪鸿所与兄信件,写作极劣,忧念无已,二更诃责之。旋料理发金陵信、发保定信。二更三点睡。是日用心太过,又因临睡生气,不复成寐,心气跳动。三更末稍成寐,四更末醒。

初四日(至景州登景州塔)

黎明饭后,行四十里至景州,巳正即到。因昨夜体中不适,即在此住。亦因直隶派来之巡捕、戈什等不能多收,令其先归,恐挤在一处,州县难供夫马也。下半日见客,坐见者六次。内李茂斋、孙海岑谈甚久。填写官秀峰信二叶。登景州塔,盖余住开福寺,塔在寺内,共十二层,天下著名也。见所传办差溜单支应极繁,因令巡捕与州县共拟一溜单,余核定发行。是日全不看书,略养老年心气。二更三点睡。

附记

改摺稿　阅李单

平原县　朱　熔陶庵　北通州人

德州　赵　新晴兰　天津人

景州　王　谔瑞浦　山东掖县人　行一　监生

前景州　石元善小愚　宿松人　行六　监生

阜城县　褚　瑨文轩　江夏人　行一　举人

故城县　张学权稚仪　江宁人

李传黻辅臣　候补府　庚戌朝考门生

交河县　朱绍谷吉园　二　监生　会稽人

初五日(思古圣王制作之事,大抵本于六者)

黎明,早饭后起程。行五十里至阜城县打尖。巳正二刻。午初三刻再行,行四十里至富庄驿住宿。将到之时,北风甚大,改坐后档车。到后微雪,旋止。在途阅《左传·昭公》四十叶。申刻,将《燕策一》酌加题识。傍夕与纪鸿一谈。夜,小睡良久。日内,思古圣王制作之事,无论大小精粗,大抵皆本于平争、因势、善习、从俗、便民、救敝。非此六者,则不轻于制作也。吾曩者志事以老庄为体,禹墨为用,以不与、不遑、不称三者为法,若再深求六者之旨而不轻于有所兴作,则咎戾鲜矣。二更三点睡,冷甚,至三更后不能成寐,亦因轿中假寐太多也。

初六日(接金陵信,将余稿箱付来)

黎明,早饭后起行,行四十里至献县打尖。见客,坐见者一次。尖后,行三十里至商家林茶尖。府县等来迎,一谈。旋又行三十里至河间府住宿。坐见之客三次。朱星槛等在此等候,来谈颇久。在轿阅《左传·昭公》,至"景王作无射"止。是日接金陵各信,将余奏折稿本箱付来。轿中阅函牍颇多。夜将《韩策三》酌加题识,殊觉劳倦。二更四点睡,久不成寐。

初七日(改由河间至保定之道)

早饭后,黎明起行,四十五里至边渡口打尖。尖后坐车,行四十五里至高阳县住宿。此系由河间至保定之道,非进京之东大道也。因赵北口积潦未消,故改由此路。名为九十里,实则百馀里。车行如飞,未正即到。尖时,坐见之客一次。至高阳。坐见者三次。在轿阅《左传》八叶。酉刻将《燕策二》酌加题识。《国策》题识粗毕。夜见客二次。二更三点睡。

附记

献县陆时言绶生　六　似才吏　江苏监生

河间府灵　杰蔚生　大　芗生兄
河间县朱　溥小岩　二　浙江监生
东光县项桂轮少琴、三　安徽监生
任邱县郭令昌李文清之弟子　景熙　一　似良吏　河南举人
保定府恩　福云峰　一　户部　曾任浙江知府
高阳县张恩煦墨林　一　太老实　山东进士
河间协恩　崇峻峰　二　大门侍　卫标
中军冷　庆景云　五　蓟州人　六十岁　老滑

初八日(至安肃县住宿)

早饭后,黎明行五十五里,午初至臧村打尖。中间行二十五里,至边邬村打茶尖一次,系安州管。保定城守尉及司道等皆在臧村迎候,谈甚久。未刻起行,行四十里至安肃县住宿。在轿阅《左传》廿八叶。到店,坐见之客三次,立见者二次。改京信稿三件。清理书籍,查不应带者即留于涿州矣。二更三点睡。

附记

布政司卢定勋午峰　三　江西进士
按察使张树声振轩　一　合肥廪生
清河道费学曾幼亭　常州
候补道荫德泰槐庭　二
候补道杨咏春云芗　二
候补道柏　春东辅　二
清苑县何崧泰骏生　一　合肥进士
保定城守尉丰陞额乐吾　一
安州清　俊湘浦　一　四川驻防　似有瘾
安肃县程光滢小韩　一
定兴县赵秉恒子长　一　南丰监生
候补府李孟平铁帆　二　鹤人之弟
高邑县徐　霖润苍　一　江苏籍　住湖南
望都县吴士铨衡轩　一
候补道李廷瑞仲宣　五　扬州举人　尊化军翼长

初九日(阅直隶地图,略考水道)

黎明起、早饭起行。行三十里至固城镇打尖。尖后,午初起行。行三十里,未初一刻至北河店住宿。在轿中温《左传》三十八叶。在固城店内将直隶地图细阅,略考水道,约直隶大河不由东西淀而入海者凡三:曰南运河,其源为山西之清漳水、浊漳水,河南之卫河,山东分汶北流之运河,径流至天津入海;曰滦河,其源出蒙古,过承德府,至永平府之滦州入海;曰北运河,其源出于古北口、独石口外,至密云合流,又汇以昌平州之水,玉泉山之水,南海子之水,至天津入海。由东西淀而入海者凡四:曰滹沱河,其北源出山西之代州,南源出平定州,至衡水县分为两支,均经东淀而入海;曰猪龙河,其源为无极灵寿之滋河,阜平新乐之沙河,浑源灵邱之滱河,至祁州合而为一,经西淀、东淀而入海;曰白沟河,其源出于房山涞水,又汇易州之易水,乃经西淀、东淀而入海;曰桑干河,其北源出于蒙古,经过宣化,其南源出于朔平大同,至保安州合而为一,至怀来县入关,经东淀而入海。本年桑干河决于卢沟桥以下,至今未塞,故雄县积水未消也。至宿店再一考核。夜改四六摺稿一件。二更三点睡,竟夕不甚成寐,似亦用心太过之故,从此衰老,不复能看书任事矣。

初十日(行至涿州)

黎明,早饭后起行。行三十五里至高碑店打尖,系新城县境。尖后又行四十五里,至涿州住宿,未正二刻即到。上半日在轿阅书十一叶。申刻,涿州牧送其祖郝兰皋懿行所著《尔雅义疏》《春秋比》《春秋说略》等书,略一翻阅,又阅近数日京报。夜将车减去五辆,箱子减去三十口,寄于涿州。料理一切。二更三点睡。

附记

涿州郝联薇近垣,三,山东柄霞,其祖父郝懿行著书甚富。祖母王,亦著《列女传补注》等书

新城县吴光鼎熙之,一,武进壬辰举人

十一日

黎明,早饭后起行,行四十里至窦店打尖。尖后,午初又起行,行三十里至良乡县,出南门外三里,在寿因寺住宿,未正即到。天晴已久,灰尘坌起,咫尺不能见人。在轿温《左传》四十八叶,至"西狩获麟"止。申刻剃头一次。酉刻将李少荃在京用钱大数开一目录,夜约略计算。写澄、沅两弟信,未毕。二更三点睡。

十二日

黎明,早饭后起行,行二十五里至长新店打尖。坐见之客三次。饭后,陈小舫自京来,与之久谈。又行四十里,至彰义门外天宁寺住宿,未正即到。许仙屏、黄晓岱、敖甄父、皮小舲、何镜芝等五人在此迎候。旋坐见之客六次。是日在轿中温《左传》二十五叶,《哀公》温毕。傍夕,与五人者闲步庙中。旋诸君备席,小宴至一更五点,又谈至二更二点散。三点睡。

十三日(抵京至金鱼胡同贤良寺寓居)

黎明,早饭后,与各客稍谈。起行,至彰义门、顺成门。巳初至金鱼胡同贤良寺寓居。会客,坐见者十馀次,至申正三刻始息。疲倦殊甚。旋又与仙屏畧谈。开单分派各事。夜清理文件。一更五点睡。

十四日(答皇太后之问)

五更起,寅正一刻也。饭后趋朝。卯初二刻入景运门,至内务府朝房一坐。军机大臣李兰生鸿藻、沈经笙桂芬来一谈。旋出迎候文博川祥、宝佩衡鋆,同人一谈。旋出迎候恭亲王。军机会毕,又至东边迎候御前大臣四人及惇王、孚王等。在九卿朝房久坐,会晤卿寺甚多。巳正叫起,奕公山带领余入养心殿之东间。皇上向西坐,皇太后在后黄幔之内,慈安太后在南,慈禧太后在北。余入门,跪奏称臣曾某恭请圣安,旋免冠叩头,奏称臣曾某叩谢天恩。毕,起行数步,跪于垫上。太后问:"汝在江南事都办完了?"对:"办完了。"问:"勇都撤完了?"对:"都撤完了。"问:"遣撤几多勇?"对:"撤的二万人,留的尚有三万。"问:"何处人多?"对:"安徽人多。湖南人也有些,不过数千。安徽人极多。"问:"撤得安静?"对:"安静。"问:"你一路来可安静?"对:"路上很安静。先恐有游勇滋事,却倒平安无事。"问:"你出京多少年?"对:"臣出京十七年了。"问:"你带兵多少年?"对:"从前总是带兵,这两年蒙皇上恩典,在江南做官。"问:"你从前在礼部?"对:"臣前在礼部当差。"问:"在部几年?"对:"四年。道光廿九年到礼部侍郎任,咸丰二年出京。"问:"曾国荃是你胞弟?"对:"是臣胞弟。"问:"你兄弟几个?"对:"臣兄弟五个。有两个在军营死的,曾蒙皇上非常天恩。"磕头。问:"你从前在京,直隶的事自然知道。"对:"直隶的事,臣也晓得些。"问:"直隶甚是空虚,你须好好练兵。"对:"臣的才力怕办不好。"旋叩头退出。回寓,见客,坐见者六次。是日赏紫禁城骑马,赏克食。斟酌谢恩摺件。中饭后,申初出

门拜客。至恭亲王、宝佩衡处久谈，归已更初矣。与仙屏等久谈。二更三点睡。

十五日（入养心殿见皇太后）

黎明起。早饭后写昨日日记。辰初三刻趋朝。在朝房晤旧友甚多。巳正叫起，六额驸带领入养心殿。余入东间门即叩头，奏称臣曾某叩谢天恩。起行数步，跪于垫上。皇太后问："你造了几个轮船？"对："造了一个，第二个现在方造，未毕。"问："有洋匠否？"对："洋匠不过六七个，中国匠人甚多。"问："洋匠是那国的？"对："法国的。英国也有。"问："你的病好了？"对："好了些。前年在周家口得病，去年七、八月便好些。"问："你吃药不？"对："也曾吃药。"退出。散朝归寓。见客，坐见者六次，中饭后又见二次。出门，至东城拜瑞芝生、沈经笙，不遇。至东城拜黄恕皆、马雨农，一谈。拜倭艮峰相国，久谈。拜文博川，不遇。灯初归。夜与曹镜初、许仙屏等久谈。二更后略清理零事。疲乏殊甚，三点睡，不甚成寐。

十六日（答皇太后面谕）

黎明起。早饭后，写昨日日记。辰正趋朝。巳正叫起，僧王子之伯王带领入见。进门即跪垫上。皇太后问："你此次来，带将官否？"对："带了一个。"问："叫什么名字？"对："叫王庆衍。"问："他是什么官？"对："记名提督，他是鲍超的部将。"问："你这些年见得好将多否？"对："好将倒也不少，多隆阿就是极好的，有勇有谋，此人可惜了。鲍超也很好，勇多谋少。塔齐布甚好，死得太早。罗泽南是好的，杨岳斌也好。目下的将材就要算刘铭传、刘松山。"每说一名，伯王在旁叠说一次。太后问水师的将。对："水师现在无良将。长江提督黄翼升、江苏提督李朝斌俱尚可用，但是二等人才。"问："杨岳斌他是水师的将，陆路如何？"对："杨岳斌长于水师，陆路调度差些。"问："鲍超的病好了不？他现在那里？"对："听说病好些。他在四川夔州府住。"问："鲍超的旧部撤了否？"对："全撤了。本存八九千人，今年四月撤了五千，八、九月间臣调直隶时，恐怕滋事，又将此四千全行撤了。皇上如要用鲍超，尚可再招得的。"问："你几时到任？"对："臣离京多年，拟在京过年，朝贺元旦，正月再行到任。"问："直隶空虚，地方是要紧的，你须好好练兵。吏治也极废弛，你须认真整顿。"对："臣也知直隶要紧，天津、海口尤为要紧。如今外国虽和好，也是要防备的。臣要去时总是先讲练兵，吏治也该整顿，但是臣的精力现在不好，不能多说话，不能多见属员。这两年在江南见属员太少，臣心甚是抱愧。"属员二字，太后未听清、令伯王再问，余答："见文武官员即是属员。"太后说："你实心实意去办。"伯王又帮太后说："直隶现无军务，去办必好。"太后又说："有好将尽管往这里调。"余对："遵旨，竭力去办，但恐怕办不好。"太后说："尽心竭力，没有办不好的。"又问："你此次走了多少日？"对："十一月初四起行，走了四十日。"退出。散朝归寓。中饭前后共见客[漏字]，坐见者七次，沈经笙坐最久。未正二刻，出城拜李兰生，归寓已灯初矣。饭后与仙屏诸君一谈。旋写日记。二更三点睡。

十七日（至黄恕皆家赴宴）

黎明早饭后，与许仙屏等一谈。旋见客四次。出门拜客，董酝卿处会晤，馀多未会。午正归。中饭后又出门拜客数家，未会。申初，至黄恕皆家赴宴，瞑时散。归，核信稿四件。二更后与晓岱等一谈。料理诸琐事。三点睡。

十八日（至翰林院到任）

黎明早饭后，写纪泽儿信，并填写马谷山等信，交金陵摺弁带去。又发澄、沅两弟信。见客七次。午初出门，至内阁到大学士任。先至诰敕房更衣，在公案一坐，次至满本房公案一坐，次至大堂一坐。横列六案，满，东三案，汉，西三案。余在西之第一案一坐，画稿两件。侍读、中书等数十人来三揖，余答揖。回忆丁未六月在此堂到内阁学士之任，今已廿二年矣。旋至翰林院到任。先在典簿厅更衣,次至大堂一坐,次至圣庙行礼,次至典簿厅更衣,次至昌黎庙行礼,次至清秘堂一坐。学士、编检等以次来三揖,余答揖后回寓。中饭后,未正二刻又出门,拜客四家,皆会。文博川处谈颇久,归已更初矣。与晓岱等一谈。二更三点睡,三更后成寐。

十九日(悯塔军门亲房无可承继之人)

黎明早饭后清理文件。旋见客三次。出门拜客十馀家,会晤者王荫堂、全小汀、崇文山。又至塔军门事,直延入上房,具酒相待。其母八十岁,相对涕泣。其弟咸丰四年已死,其次弟本年八月十三日死,其两弟妇寡居,并出拜见。三兄弟皆无子,仅塔军门一女,次弟阿陵布四女。亲房无可承继之人,实为可惨。其妹其女并出拜见,泣求提拔其婿等。未正归。中饭后会客三次。申正再出,拜沈经笙,灯初归。陈仲鸾来久谈。旋与吴挚甫久谈。二更后小睡。三点睡。

廿日

黎明早饭后清理文件。见客四次。令巡捕等收拾行李,搬出城外。余在城内拜东北城及皇城内之客,出西安门拜西城客数家,出顺成门至法源寺住。中饭后,坐见之客三次。出门拜客数家,罗椒生处谈颇久。酉刻见客五次,二更散。小睡片刻。三点睡。

附记

陆尔熙廖说　端木埰袁说　胡宅

沈源深倭　袁说　吏部　袁保龄子久

朱逌然肯夫　李用清平定州人

崇绮文山

陶　模秀水庶吉士　方之　崇说

张振新忻州　工部　绍铭　崇说

廖寿丰谷士　中书　倭说　恒

廖寿恒翰林　仲山

贵　成浙江驻防　癸卯　蒙古　镜泉　兵部　崇说

伯　桢著之　满洲　吏部　崇说

李如松虎峰　北通州　吏部　崇说

陈彝六舟　翰林　来说

陆奭堂憩云　刑部　廖说

谢维藩临伯　巴陵　翰林

曹耀湘镜初　长沙

廿一日(至湖广馆赴同乡之宴)

黎明早饭后,清理文件。旋见客,坐见者十馀次,如袁子久、罗椒生等,坐均甚久。自辰初至午正客方散。中饭后,至湖广馆赴同乡之宴,听戏、饮酒至酉刻,倦甚,入内宝善堂稍一休息,又听灯戏二出,归寓已一更四点。与挚甫一谈。二更三点睡。纪鸿于三更后始自湖广馆归。

廿二日(至文昌馆看灯戏)

黎明早饭后,清理文件。旋见客,坐见者八次。巳刻出门拜客,宋雪帆、潘伯寅、鲍花潭、庞宝生、毛煦初等处俱会,未初回家。中饭后,又出门至文昌馆赴宴,系各科门生公请。一日癸卯四川乡试,二日丁未汉教习,三日巳酉顺天乡试复试,四日庚戌朝考阅卷,五日庚戌拔贡朝考阅卷,六日庚戌考学正学录阅卷,共三十馀人。听戏至酉刻,倦甚,因至粉房琉璃街黄晓岱家一坐。灯后,复至文昌馆看灯戏,归寓已一更四点矣。二更三点睡。

附记

钟佩贤伯寅　恶其出胜门六　浙江原籍　庚戌进士　英　直隶人　袁说

曾金章印若　内阁　熟地理　李如松说

端木埰圾子畴　江宁　祁文端保　袁说

夏子鐊路门　扬州　山西主考　仙屏说

蒋绍和户部　江宁府人　端木埰说

廿三日

黎明早饭后,清理文件。见客六次。午初二刻中饭。饭后,出门拜周荇农、贺云湖。皆会。又亲拜数家。未正至文昌馆听戏,甲午、戊戌两科同年公请,又直隶京官之大者公请,两处各吃一顿。酉初至许仙屏家歇息。灯后又至文昌馆听灯戏,至一更五点归寓。二更三点睡。是日蒙赏"福"方纸十张、各色绢笺四十张、湖笔三十支,名曰春帖子赏。凡内廷王、军机大臣,弘德殿、上书房、南书房大学士皆与焉。

廿四日(至内阁预筹修约事宜)

黎明早饭后,清理文件。见客四次。巳初,出门拜客三家,即至内阁,因总理衙门奏请派亲郡王、大学士、九卿会议预筹修约事宜。午初至,未正散。至前门内大异馆吃饭。饭后出城,至文昌馆,系江苏通省公请。酉初至李健斋处一歇。夜复至文昌馆听灯戏,归时将二更矣。与吴挚甫久谈。三点睡。

廿五日

黎明早饭后,见客四次。巳初再至内阁议事,午末议略定,公议万藕舲改定摺稿,申初二刻散。仍至大昇馆吃饭。饭毕,至愿学堂赴宴,系倭、朱、瑞三相国公请。饮酒至酉初二刻,余出城回寓。夜阅王少鹤所作《祁公神道碑》。朱修伯、周荇农先后来久坐。二更三点睡。

廿六日

黎明早饭后,见客二次。是日因内阁衙门奏事,辰正趋朝,巳初到,巳正散朝。至东草厂十条胡同拜长沙会馆、上湖南馆各客,未初归。饭后,曹镜初等来。与谢立夫围棋二局。谭竹崖等来一谈。因巡捕人等接待宾客过于疏忽,生气训斥,良久乃息。夜,见客二次,陈小舫谈最久。二更三点睡。早饭后写澄、沅两弟信一封,交湖南摺差带去。灯后改一信稿,约改四百字。

廿七日(拜骡马市大街之客)

黎明早饭后,见客三次。出门拜客,拜骡马市大街以南各胡同,拜会者六家,亲拜者数十家,午正归。萧芑山等送席来,因留同饭。饭后会客一次。出门拜骡马市大街以北之客,会者五家。上半日,在轿上阅穆相国《彰阿年谱》。下半日阅《李篁仙诗集》。晡时归。与曹镜初等久谈。清理文件。二更三点睡。

李朝仪藻舟　贵州　广干府　云湖说

刘秉琳昆圃　湖北　深州　小舫说

陈兰斌荔秋 刑部 广东 癸丑庶吉士 仙屏说

刘锡鸿云生　广东举人　刑部　仙屏说

李文田若农　南书房　广东　仙屏说

萧世本廉甫　四川　癸丑庶吉士改刑部　耿鰝臣之妹夫　仙屏说　甄甫说

廿八日(至穆帅相旧宅,深有感怀)

黎明早饭后见客二次。出门至景运门,是日会奏,议复修约事宜一摺。巳正二刻散。

至穆帅相旧宅,见其七世兄萨善、九世兄萨廉,不胜盛衰今昔之感。又拜客数家,午正归。中饭后见客二次。未正至陈小舫家赴宴,渠与单地山、贺云湖、彭昆之四人公请也,酉初散,归。夜与邓良甫一谈。倦甚,小睡。二更三点睡。

廿九日(出门趋朝谢昨日赏荷包之恩)

五更起。早饭后,卯初出门趋朝,谢昨日赏荷包之恩。往年在外,荷包与"福、寿"字均由驿递出,今年"福、寿"字存于奏事处,初到京之日即已领到。荷包则昨日与诸大臣同赏也。辰初,皇上由乾清宫坐轿至保和殿筵宴,余与诸王、大臣在阶下西边叩头。巳正归寓。清理文件。小睡片刻。午刻,请同县欧阳崇如、朱心槛、李健斋、刘瑞云等过年便饭。饭后,文博川来久谈。旋又坐见之客三次。酉刻剃头一次。夜料理明日朝贺事件。一更四点睡。天气甚热,不能成寐。

# 卷十九　同治八年

## 正月

初一日(随皇上行庆贺皇太后礼)

寅初一刻起,饭后趋朝。卯初一刻至景运门,旋过隆宗门,捧庆贺皇太后表文,进至慈宁门之东阶案上,内监接入。同事者阁学宋晋从内阁捧表,礼待温葆深、李鸿藻前引也。旋在工部朝房等候。辰初,随同皇上行庆贺皇太后礼。皇上在慈宁门行礼,一、二品大臣在长信门外行礼。礼毕,至太和殿。辰正皇上升殿受贺。余与朱同轩相同在殿门正中阈外展表,太常寺司官宣读表文。皇上退,余与有差诸大臣补行三跪九叩礼。巳初散朝,归寓。与吴挚甫等一谈,会客二次。中饭,请幕府小宴。下半日倦甚,屡次小睡。夜温《左传·襄公》十二叶。旋又小睡,盖连日辛苦,而昨夕未能成寐,故困甚也。二更三点睡。四更末醒,旋又成寐。在近日极为佳眠矣。接纪泽禀,知内人目疾日剧,殊以为虑。丸药方至三十四味之多,亦绝非良方耳。

初二日

早饭后清理文件。旋出门拜客,会者三家,亲拜二十馀家。午初归,料理各项琐事。中饭后,曹镜初来一谈。未正出门,至财盛馆赴满、汉军机章京之招,看戏两时许,酉正归。傍夕小睡。夜写《无慢室记》约三百馀字。二更三点睡,直至五更三点醒,真美睡也。

初三日

早饭后清理文件。辰正二刻出门。巳初,至倭相处,渠廿九日面约至彼处畅谈,直谈至午正方散。又拜客数家,会者一家,未正归寓。中饭后,许仙屏来久谈。酉正写对联四付。写回周荇农信,回宋雪帆信各一件。夜写《无慢室日记》二百馀字。温《左传·襄公》二十六叶。二更三点睡。

附记

查六人坐衔　○查忠愍　查修约始末

初四日(至江右乡祠听灯戏)

早饭后清理文件。旋见客多次,直至午刻未歇。午正中饭。仙屏来一谈。出门拜客五家。未正二刻至江右乡祠,江西通省公请也。听戏至晡时暂归。朱修伯来久谈。更后,再至江右乡祠听灯戏,三更二点方归。略阅本日文件。三点睡。

初五日(至内阁集议驱洋人之法)

早饭后清理文件。见客二次。辰正一刻出门,至倭艮翁处一坐。旋与之同趋朝,至长安门外下轿,同步行至内阁,盖醇郡王有一摺,议驱除洋人之法,谕旨饬醇王与大学士会议具奏,本日同至内阁集议也。王与朱相先到,瑞相后到。王摺共六条:第一条,因马

谷山密函有和议无事，则维持大局责在王、大臣；和议决裂，则维持大局责在各督抚等语。请旨询问，该督是否确有把握，并请垂询各筹制夷之法。第二条，请令王、大臣各抒所见，以济时艰。第三条，请令督抚激厉绅民打毁天主堂。第四条，请将大内各洋货颁赏，屏弃异物。第五条，请召见宿将以备防御外夷。第六条，请将在京洋人稽查出入数目。议论良久，将办摺复奏，余推倭相见草，王及三相推余起草。午正构思，及申初二刻脱稿，共千六百馀字。申正二刻散朝。晡时到寓。夜饭后，与吴挚甫等久谈。写《无慢室日记》。清理零事甚多。二更三点睡。四更末醒。

初六日

早饭后清理文件，见客五次。午初吃饭后，即至内阁校对昨日所缮之摺。旋拜客一家。未初二刻至宝佩蘅家，渠预备酒席，两人对酌至申正三刻方散，到寓已黑矣。黄晓岱来久谈。写《无慢室日记》约三百字。二更后倦甚，不复治事。三点睡，颇得佳眠。

初七日

早饭后清理文件，见客一次。辰正出门趋朝。初五日在内阁会议之摺，本日具奏也。午初散朝。拜客数家，惟王芷汀得会。旋至菜厂胡同聚丰堂买便饭吃之。小睡片刻。未初二刻至谭竹岩家，渠与董酝卿公请，陪客为宝佩衡、文百川，吃至酉初方散。夜与吴挚甫久谈。写《无慢室日记》。二更后与邓良甫一谈。三点睡。

附记

核别敬单　作请训摺　送三处礼

初八日（在京远不如外省自由）

早饭后清理文件。会客数次。核公事数件。中饭后料理琐事。申初，出门拜客十馀家，在景剑泉、许仙屏家一谈。酉初至毛煦初家，渠与罗椒生、鲍花潭、庞宝生四人公请，陪客为万藕舲、潘星斋、宋雪帆，饮至亥初方散。归寓，料理杂事。二更三点睡。在京酒食应酬虽不甚多，而每日疲精以徇物，远不如外省之得以自由。自问胸次，添出许多鄙俗之念，殊无谓也。

初九日（至琉璃厂火神庙）

早饭后清理文件。出门至琉璃厂火神庙，观买书籍、字画、玉器各店，旋又至文英堂、宝文堂两家书店一坐，午正归。中饭后拜客数家。未末至周荇农家赴宴，渠与欧建吾、涂心畬、李篁仙四人公请，陪客为欧阳崇如、张竹汀等九人同坐。酉正散，归。夜，清理杂事，写《无慢室日记》。二更三点睡。

初十日

早饭后清理文件。旋写《无慢室日记》，写对联七付、挂屏一张。会客二次。午正中饭后，至外拜客三家。旋至文昌馆赴宴。礼部六堂全小汀、万藕龄、察[原稿空格]杭阿、李兰生、绵佩青宜、温明叔为主，陪客则朱、瑞二相及贺云湖也。申正散。至湖广公馆团拜，听戏良久。傍夕至宝善堂后，少为歇息。夜听灯戏至亥初，归寓已二更三点矣。睡后甚得佳眠。是日，单地山尚书于席间盛称余所作《江忠烈神道碑》，背诵如流，老辈好善不可及也。

十一日

早饭后清理文件，写《无慢室日记》。见客四次，许仙屏来久谈。写对联七付。午初二刻，出门至城内拜客四家，奕楚江公湘处拜会。未末至文博川家赴宴。无陪客，宾主对酌，至酉初二刻散，归寓已天黑矣。曹镜初、黄翰仙来久谈。二更后小睡。阅新到文件颇多。三点睡。

十二日

早饭后清理文件，写《无慢室日记》。见客六次，周荇农坐最久。写对联七付。午末中饭。未正，出门拜会贾筠堂相国。旋至文昌馆，安徽全省公请听戏，直至天黑方散。归寓，朱修伯来，久谈，至二更方去。清理杂件颇多。三点黑，通夕不能成寐，因说话太多，而又有不怿之事滞于心中也。接纪泽十二月廿六日信，内有澄弟初六日信，叶亭甥尚未到长沙，殊以为忧。

十三日（叹京师势利之薮，人情有冷暖）

早饭后清理文件。写《无慢室日记》。见客七次。写对联八付。中饭后出门拜客，晤温明叔。未初二刻至陶然亭赴宴。景剑泉、马雨农、许仙屏等五人公请也。饮至申正方散。拜朱修伯，久谈。灯后归，清理杂事。黄晓岱、曹镜初来，久谈。二更后，疲倦殊甚，小睡。阅来文公事。三点睡，竟夕不能成寐，惟三更二点至四更二点得寐耳。余生平于酬酢之际，好察人情之顺逆厚薄。京师势利之薮，处处皆有向背冷暖之分，余老矣，尚存于心而不能化。甚矣，余之鄙也！

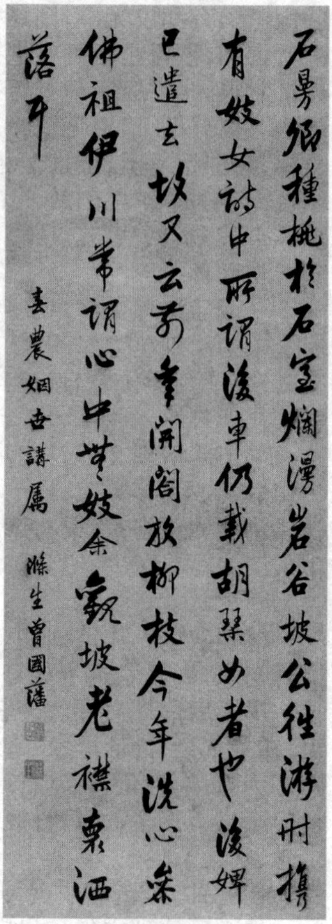

附记

十四〇至许家作摺　〇赴万、王召

〇定别仪码

十五〇至保和殿与宴　〇赴张、龚等召

拜东头客　〇再核摺、核单

十六〇至乾清宫与宴　〇写对联

〇定分送各单

十七〇入内请训

〇出拜沈、瑞、恭、倭、黄

十八〇赴朱席

曾国藩书法

十四日（至江右乡祠赴宴）

早饭后清理文件，细查各杂事。辰正至许仙屏家，与之久谈。旋小睡。即在渠家作一摺稿，约千馀字。在渠家便饭，未正归寓。旋至江右乡祠赴宴，应万藕舲、王荫堂之招，直至酉正始散席。归，小睡。袁子久来久谈。旋核别敬单。二更四点睡，三更二点成寐，以后颇佳眠。

十五日（至保和殿赴太晏）

早饭后，卯正二刻上轿趋朝。皇上定于辰初二刻入座，筵宴外藩。余起行太晏，因由顺成门进西长安门。余步行三里至保和殿，甫到半刻，皇上已升殿矣。此宴系赐蒙古、高丽各藩，而大学士尚书之入座者，不过陪侍之意，故赐奶茶、赐酒皆仅及外藩王，而大臣不与焉。余于道光廿六年曾以讲官在正大光明殿侍班，与于此宴，分隔廿四年矣。辰正三刻宴毕，散朝。归，清理文件。作应调人员清单，至申正始毕。至湖广馆赴宴，应张竹汀等六人之招也，灯后散席，归。夜写信与朱修伯商事，核别敬单。二更三点睡。

十六日（是日廷臣宴）

早饭后清理文件。辰正二刻起行趋朝。是日廷臣宴。午正入乾清门内，由甬道至月台，用布幔帐台之南，即作戏台之出入门。先在阶下东西排立，倭艮峰相国在殿上演礼一回。午正二刻皇上出，奏乐，升宝座。太监引大臣入左、右门。东边四席，西向。倭相首座，二座文祥，三座宝鋆，四座全庆，五座载龄，六座存诚，七座崇纶，皆满尚书也。西边四席，东向。余列首座，朱相次之，三座单懋谦，四座罗惇衍，五座万青藜，六座董恂，七座谭廷襄，皆汉尚书也。桌高尺许，升垫叩首，旋即盘坐。每桌前有四高装碗，如五供之状。后八碗亦鸡、鸭、鱼、肉、燕菜、海参、方饽、山楂糕之类。每人饭一碗，杂脍一碗，内有荷包蛋及粉条等。唱戏三出，皇上及大臣各吃饭菜。旋将前席撤去。皇上前之菜及高装碗，太监八人轮流撤出，大臣前之菜，两人抬出，一桌抬毕，另进一桌。皇上前之碟不计其数。大臣前，每桌果碟五、菜碟十。重奏乐，倭相起，众皆起立。倭相脱外褂，拿酒送爵于皇上前，退至殿中叩首，众皆叩首。倭相又登御座之右，跪领赐爵，退至殿中跪。太监易爵，另进杯酒，倭相小饮，叩首，众大臣皆叩首。旋各赐酒一杯。又唱戏三出。各赐奶茶一碗，各赐汤元一碗，各赐山茶饮一碗。每赐，皆就垫上叩首，旋将赏物抬于殿外，各起出，至殿外谢宴、谢赏，一跪三叩。依旧排立，东西阶下。皇上退，奏乐。蒙赏如意一柄、瓷瓶一个、蟒袍一件、鼻烟一瓶、江绸袍褂料二付。各尚书之赏同一例也。归寓已申刻矣。中饭后，见客二次。写对联十付。剃头一次。坐见之客二次。朱修伯来久坐。二更三点睡。

十七日（是日请训，答皇太后）

早饭后，辰初二刻趋朝。是日请训，递封奏一件也。在朝房久坐。午初召见。皇太后问："尔定于何日起身出京？"对："定廿日起身出京。"问："尔到直隶办何事为急？"对："臣遵旨，以练兵为先，其次整顿吏治。"问："你打算练二万兵？"对："臣拟练二万人。"问："还是兵多些？勇多些？"对："现尚未定。大约勇多于兵。"问："刘铭传之勇，现扎何处？"对："扎在山东境内张秋地方。他那一军有一万一千馀人，此外尚须练一万人，或就直隶之六军增练，或另募北勇练之。俟臣到任后察看，再行奏明办理。"问："直隶地方也不干净，闻尚有些伏莽。"对："直隶山东交界，本有枭匪，又加降捻游匪，处处皆有伏莽，总须练兵乃弹压得住。"问："洋人的事也是要防。"对："天津、海口是要设防的，此外上海、广东各口都甚要紧，不可不防。"问："近来外省督抚也说及防海的事否？"对："近来因长毛、捻子闹了多年，就把洋人的事都看松些。"问："这是一件大事，总搁下未办。"对："这是第一件大事，不定那一天他就翻了。兵是必要练的，哪怕一百年不开仗，也须练兵防备他。"问："他多少国连成一气，是一个紧的。"对："我若与他开衅，他便数十国联成一气。兵虽练得好，却断不可先开衅。讲和也要认真，练兵也要认真。讲和是要件件与他磨。二事不可偏废，都要细心的办。"问："也就靠你们替我办一办。"对："臣尽心尽力去办。凡有所知，随时奏明请示。"问："直隶吏治也疲玩久了。你自然也都晓得。"对："一路打听到京，又问人，也就晓得些。属员全无畏惮，臣到任后，不能不多参几人。"问："百姓也苦得很。"对："百姓也甚苦，年岁也不好。"问："你要的几个人是跟你久了的？"对："也跟随臣多年。"太后顾带见之意郡王云："叫他就跪安。"余起身走数步，复跪奏云："臣曾某跪请圣安。"是日太后所问及余所奏，皆初七公摺及本日摺中事也。退朝，拜客数家，沈经笙、黄恕皆处谈颇久，归寓已申初矣。饭后，见客数次。写对联二付。夜与仙屏核别敬单。二更后，张竹汀等来一谈。三点睡。

十八日（至恭亲王邸久谈）

早饭后清理文件。见客五次，仙屏坐甚久。写十六、十七日记，约二千馀字。写对联四付，又下款多付。中饭后，出门拜客一家。旋至恭亲王邸，久谈约六刻许。系为请令倭相仍管部务，遂泛论他事也。出城，酉初二刻至朱修伯家赴宴。陪客为黄孝侯、翁叔平，畅谈至二更方散。清理各件，二十日将出京也。二更四点睡。

十九日

早饭后清理文件，核别敬单三纸。旋见客多次。料理城内送礼各事。中饭后见客，直至二更未曾停止。是日会客二十馀次，深以为苦。二更后，写澄、沅弟信一封，添应敏斋信一叶。小睡片刻。三点睡，三更后成寐。

二十日

早饭后，至间壁谢公祠一坐。核别敬各单。旋归，会客三次。巳初，起行出东。先拜罗椒生，一谈。未初，至长新店，许仙屏亦送至此，与之畅谈，共饭。饭后，见客五次。傍夕小睡良久。夜饭后，与仙屏畅谈。二更三点睡。四更末醒，旋又成寐。

廿一日（从长新店起行将看永定河工）

早饭后，从长新店起行，将看永定河工。行十一里，至玉皇庙茶尖。旋行三里许，至灰坝看减河。减河原所以减泄正河之盛涨，近因正河之身高于减河之堤，遂致减河反夺正河之全溜，而正河干枯，积沙日高，减河下游亦淤塞矣。旋看南上泛第九号，该处为前裘文达公拟开减河之处，距灰坝仅八九里。如灰坝、减河修复，则此间不必再开矣。旋至南泛上十五号阎仙岱看决口，该处于戊辰七月溃决至百五十馀丈之宽，已于去冬修筑，现存口门七十馀丈，须于二月兴工，三月底合龙，乃为得时。旋回至南上泛署打尖。尖后行二十馀里，至龙王庙南下泛署内住宿。中间过小清河一道，深仅尺许。又于下游过河，即永定河决口以下之流也。在轿中，温《左传》“桓”、“庄”四十四叶。到店后，将《永定河志》号识书面。写信复纪鸿儿。夜写《无慢室日记》。二更三点睡。四更末醒。

廿二日（察金门闸工程）

早饭后，风极大，尘沙涨天。坐车看工。行二里许，至南下工十号，看去秋新堵闭之缺口，盖去年七月初七日在该处决口。是日又在上游阎仙垡决口，此口无水，旋即修堵。余嫌其单薄，须加培也。辰正，至南二工十四号打尖。清理文件。见客二次。中饭后看金门闸，系乾隆三年建，亦滚水坝也。旋至南三工十三号看已废之草坝。该处本不应有工，惟十一号两边坑塘甚深，余虽未下车，心忧其险。旋过乾河，至北岸三工看已经堵闭之旱口。该处紧靠北堤，有一深沟，正河分溜窜入，沟不能容，以致溃决，颇难施工。旋至第十二、十三号。该处河如“之”字，初向北，则十三号当其冲，折而向南，则南四泛当其冲，故两岸皆险也。午刻在金门闸龙王庙拈香行礼。申正在十五号龙王庙拈香行礼。旋过乾河，至南四泛署住宿，该处至固安县八里。见客五次。接纪泽正月七日信。倦甚，小睡。是日在车看《永定河志》四卷。夜清理文件，写纪泽信一封，约六百字。二更三点睡。夜不甚成寐。

廿三日（至南五工十七号看险工）

早饭后，至龙王庙、将军庙先后拈香。看南四工四号险工，即昨所看之“之”字河也。旋至九号看堤。自九号至十二号，河身极窄，切逼南堤。河中隆起高土如埂如山，高过南堤，宽则数十倍过之。若非铲除河中大埂，南堤三四里极可危也。旋至十七、八号打茶尖。看大坝。该处于上年三月决口，四月堵塞，将合龙而不成。八月，上流决口，此处河干，乃筑大坝，避坑塘之深，弃原堤不用而于河中另筑一堤，约五里许。开一引河，余嫌其浅窄也。自南四泛二十号起，至南五泛十三号，堤卑不过三四尺，宽不过三尺许，土牛高不过二尺许，真同儿戏。至十四号泛署打尖。饭后，至南五工十七号看险工。至南六工十二号双营住宿。是日共行五十七里。申刻倦甚，小睡。旋见客三次。与徐道、蒋道畅谈工务。傍夕小歇。夜清理零件甚多。是日在车中阅《左传》庄、闵二公毕。二更三点睡。四更末醒，旋又成寐。近日无此佳眠。

廿四日（勘视旗民贪占淤河处）

早饭后，至南六工十七号，该处无工可查，但旗民贪占淤河沃饶之地，纷纷至户部呈报升科，据为己业，亦一勘视。旋至南七工四号，该处为上年决口之处。内外坑塘甚深，河身中有一大洲隆起，其高过于南堤。土胶而坚，洲之南堤之北，仅十丈馀，不足以容河身，又曲折，迎溜顶冲，极可危也。再下二三里，看六、七号新开之引河。于河身坚土中生开一河，底宽仅四丈五尺，面宽仅十二丈，深仅一丈四尺，断不能容永定河之全溜。闻此下十六里并无河影，纯仗生开新河。十六里以下虽有河影，而节节高仰。计永定一河非处处开挖河身，别无良法。甚可忧也。看至此止。旋回小惠家庄打茶尖。行二十五里，至永清县城外打尖。尖后行三十里，至牛坨住宿，系固安境。是日共行七十五里。在车上温《左传·僖公》毕，计八十五叶。接澄弟十二月廿一日信，知平安到家，沅弟饮食大进，叶亭甥亦到家，大慰，大慰！小睡颇久。见客二次，谈甚久。夜写澄、沅二弟信，未毕。二更三点睡。

附记

邵志在桂《说文》之内

廿五日（察看新桥）

早饭后，行十八里，至礼乡村打茶尖，系固安、新城交界。旋又行三十里，至新桥打尖。该桥本琉璃河之水，今永定河于南上泛十五号决口，窜入琉璃河内，又时时泛溢民地，如新桥附近则泛溢颇宽。轿子绕越而行。行二十馀里，至新城县住宿。是日温《左传》文、宣二公毕，计九十一叶。在轿中微受风寒。申酉间久睡，灯后方起。饭后会客一次，清理文件。二更三点睡，三更后成寐。

廿六日

早饭后，行五十里至北河打尖。自新城至北河。路湾而又因积潦绕越，故名为四十里，实逾五十矣。纪鸿及吴挚甫等在此等候，其辎重车则已于本日竟[迳]赴保定也。尖后行三十里，至固城镇打茶尖。又行三十里，至安肃县住宿。是日共行一百一十里，申刻到。微雨作寒。见客一次。在轿中温《左传·成公》毕，凡六十八叶。傍夕小睡。夜见客一次，写《无慢室日记》。二更三点睡。

廿七日

早饭后，行二十五里，辰正至漕河慈航寺。保定司道等在该处迎候。见客一次，谈颇久。巳正再起行，行廿五里，午正至省。官相及司道等在城外迎候，跪请圣安。余进城，先拜官相，旋至公馆。公馆在莲花池，圣祖及高宗驻跸之行宫也。未初中饭。饭后。坐见之客五次。旋周览公馆中名胜。申正出门拜客。至山长李铁梅处久坐。傍夕归，小睡。是日在轿中温《左传·襄公》上五十四叶。灯下又温廿三叶。去岁腊月在途温《左传》四本，此数日内又温六本毕，凡温一过。老年记性日坏，温时怡然涣然，过数日又茫然矣。写《无慢室日记》。二更三点睡。

廿八日（作州县官厅联）

早饭后清理文件，写信与许仙屏。辰正见客，同通州县，每十人为一班，凡见十一班，直至午初二刻方毕。官秀峰旋来一谈。客散。倦极。中饭后，至莲花池藻泳楼。一为游览。令纪鸿将寓中碑帖随时收拾，并留心金石文字之学。旋将《彭咏莪文集》略一流览。李铁梅来，久谈半时许。剃头一次。张月卿寄来《父糊十子诗》，中有朱伯韩、龙翰臣、李小庐诸诗，因浏览二三卷。夜，张振轩来久谈。二更去。写《无慢室日记》。清理零件颇多。三点睡，枕上作州县官厅联，云："长吏多从耕田凿井而来，视民事须如家事；吾曹同讲补过尽忠之道，凛心箴即是官箴。"作毕后，又沉吟更改，以致久不成寐。三更二点乃成寐。

廿九日（向来作诗苦吟不辍，盖由才钝之故）

早饭后，清理文件，辰正见客。补见提镇、各武职一起，补见同通州县二起，见实缺教官一起，见佐杂十四起。每起十人，末起八人。前四起坐见，佐杂立见。直至午正方毕，殊以为苦。中饭后，至莲花池射圃各处游览。在藻泳楼与挚甫、廉甫谈甚久，申正方归。阅《乂湖十子诗》。旋以昨夜所撰之联不惬于心，改作一联，云："念三辅新离水旱兵戈，赖良吏力谋休息；愿群寮共学龚黄召杜，即长官藉免愆尤。"沉吟良久，至夜方定。又与挚甫等久谈。向来作联作诗，每每苦吟不辍，盖由才思迟钝之故，亦过于爱好也。睡后仍反复思之，缠绕不休，以致不得酣眠。次早初起，又作一联，云："随时以法言巽语相规，为诸君导迎善气；斯民当火热水深之后，赖良吏默挽天心。"旋又另改矣。

卅日

早饭后清理文件。见客，坐见者三次。旋出门拜客，藩、臬及清河三处拜会，谈颇久，馀皆亲拜。午正归。中饭后至幕府一谈。将对联又改一次。至藻泳楼等处一览。写澄、沅两弟信。酉初即小睡，约睡一时许乃起。老年疲困，非睡不能自持也。申正习字一纸。夜写密件与沅，约八百字。二更二点将《古文·气势之属》温三篇，略加圈点乙识。三点睡，幸得酣眠。

## 二月

初一日（至浙绍公馆赴宴）

早饭后清理文件。坐见之客二次，司道谈甚久。写《无慢室日记》，检点零件，习字一纸。午初三刻中饭。饭后至浙绍公馆，赴官相及司道府厅之招。余与官相各一席，司道以下四席。午正二刻入座听戏，直至酉初一刻，余始先散。归来疲倦殊甚，与廉甫、挚甫在莲花池绕池沿周行一遭。夜，小睡两次。下关请赵荣为刑名幕友、刘应堉为钱谷幕友，皆前任所请者也。写纪泽信一封。二更三点睡。

初二日（因检点零件用心太过而不成寐）

早饭后清理文件，写《无慢室日记》。巳初接印行礼。见客四次。午刻改信稿二件，与廉甫、挚甫鬯谈。中饭后又改信稿三件。申正写对联五付，内二付是官厅之对，各十七八字。见客二次，贺麓樵谈甚久。傍夕小睡。夜阅本日来文。添写信与钱调甫，约三百馀字。二更三点睡，久不成寐。因本日检点零件太多，用心太过也。

附记

两日内阅永定河估册

初三日（至官相署内拜幕友）

黎明起，至文昌庙行礼。与司道一谈。归寓。饭后清理文件。司道来见，谈颇久。又见州县二班，系禀辞回任者。清查九人履历良久。又坐见之客二次。写纪泽信四叶。约四百字。填写谷山密信一叶，约百六七十字。中饭后，遣施占琦回金陵。料理零件甚多。小睡片刻。阅本日来文。至官相署内回拜，因同看上房院落，又同拜刑、钱两幕，酉初归。见客一次。写对联三付。傍夕与挚友一谈。夜清理零件甚多。小睡片刻。将直隶书办所拟章程核批一过。二更三点睡。竟夕不能成寐。

附记

九人略节　中军各摺　徐道各摺
盐院事宜　须知册　江苏海运章
藩司各摺　行忠憨文　行严撤委文
保易致麟

初四日

早饭后清理文件。司道来见，谈颇久。又坐见之客二次，立见者一次。再填写纪泽信数行。午刻写《无慢室日记》。中饭后小睡片刻。阅本日文件，写对联六付、挂屏一幅。傍夕又小睡。夜改摺一件，作片稿一件，约四百馀字，未毕。二更三点睡。

初五日（夜再核永定河勘估册）

五更三点起，至文庙丁祭。乐章、佾舞甚好，胜于各省。卯正二刻归。早饭后清理文件。欧阳崇如等来见，谈颇久。又坐见之客一次。写《无慢室日记》，习字一纸。巳正核各房稿簿。午初后小睡颇久。中饭后清理零件，阅本日文件。至吴挚甫处久谈。核永定河勘估册，写对联五付。傍夕小睡。夜再核永定河勘估册约四百馀字。二更三点睡。

初六日

早饭后清理文件，习字一纸。坐见之客三次。检查零件颇多。巳正核各科稿簿，未毕。午初一刻中饭。至浙绍会馆公请官相听戏、饮酒，如初一日之式。申初二刻散。归，阅本日文件。申正一刻再阅各科稿簿，酉初二刻毕。与挚甫、廉甫久谈。傍夕小睡。夜批徐道所呈清摺三件，系领岁修等银两。余欲改为大工之用，不交厅泛之手，反复批诘。又写信与司道公同酌核。传张振轩来一谈。二更后倦甚，不能治事。三点睡。

附记

巳正以前写日记二种、见客、习字、小睡

巳正以后核各科批稿簿

申正以前阅本日文、写信

申正以后办难事、写对联

灯后看书、诵古文

取揭参疏防职名由提转，取履历不必由提转

初七日（写《邵位西诗册跋》）

早饭后清理文件，写《无慢室日记》约六百馀字。见客二次。习字一纸。小睡片刻，巳正核各科批稿簿，午正毕。中饭后，官相来辞行，一谈。旋又见客一次。阅本日文件。与幕府诸君久谈。写《邵位西诗册跋》，约二百馀字。写许仙屏信，约三百字。酉初写对联五付。欧建吾丁忧，在此经过，戌刻，余出城一吊，未会。夜温《治安策》，朗诵二过，酌加圈识。二更三点睡，竟夕不甚成寐。

初八日（拟写信教两侄温经）

早饭后清理文件，写《无慢室日记》，习字一纸。拜发到任日期本及谢恩摺。见省标各将官一次。见司道一次，说河工事，不觉生气。出门至官相处送行，午初归。见首府县一次。看各科批稿簿。未毕。中饭后，又核批稿簿，未正二刻毕。与幕友谈颇久。阅本日文件，申正毕。见客一次，任道熔谈颇洽。倦甚，小睡，直至灯初方起。温《古文·气势之属》汉文三篇。二更后，课纪鸿背《左传》十叶。自上年闰四月起至今，始将四书及《诗》《书》《易经》温毕。而《左传》《礼记》则更生，未知尚可温熟否？念纪瑞、纪官两侄皆少年秀才，经书亦生，深为悬虑，近日当写信教之温经。二更三点睡，尚能酣眠。

附记

义馆厘捐每年约三万金

大关约十七八万

紫竹林新关约卅万

洋药捐约十馀万

初九日

早饭后清理文件，写《无慢室日记》。坐见之客二次，立见者一次。习字一纸。小睡片刻。巳正核各科批稿簿。午初一刻至城外送官相还京，寄请圣安，午正二刻归。中饭后再核批稿簿，至申初方毕，合之饭前，共核稿一个半时辰。至幕府一谈。旋阅本日新到文件。出门至总督署内看屋，内外遍行阅视。便至刑、钱二幕处一谈。归，又小睡。夜温《古文·气势之属》二篇。二更后课纪鸿背书。写信与杨树屏及藩司各一叶，约二百字。三点睡。

初十日

早饭后清理文件，习字一纸。立见之客一次，坐见者三次，司道谈甚久。旋检点零件。巳正核科房各批稿簿，午正二刻毕。中饭后至幕府一谈。看匠人拓帖。阅本日文件。小睡片刻。申刻写纪瑞、纪官两侄信，未毕。酉初写联对八付。傍夕小睡。夜将两侄信写毕，教之温背经书，约六百馀字。旋又核批稿一件。二更后课纪鸿背书。旋温《羽猎》《长杨》二赋。三点睡。

十一日

早饭后清理文件，写《无慢室日记》，习字一纸。坐见之客一次。立见者一次。至幕府一谈。巳正核批稿各簿。午刻，贺麓樵来久谈。中饭后，续核批稿簿，未正毕。阅本日文件。申刻，司道来久坐，李黼生来一谈。酉初二刻，写澄、沅两弟信，未毕。傍夕小睡。夜再写两弟信，毕。检查各件，钞与弟阅。二更后，课儿背书。因明日考书院，将出题目，沉吟良久。二更二点睡。

十二日（至考棚巡视号舍）

早饭后清理文件，习字一纸，将书院题目写好。见客一次。巳正核批稿簿。二刻至考棚。费道将书院生童名点毕，余亦至号舍巡视一过，旋将题目交费道，令渠扃门监试，余即回寓。核各科稿簿，中饭后至未正二刻核毕。阅本日文件。至幕府一谈。小睡片刻。申正，至书院与山长李铁梅侍郎一谈。蒋养吾来一谈。傍夕批新收呈词三张。小睡片刻。夜又批呈词八张。二更后，课纪鸿背书。检点寄澄、沅两弟信中各钞件。朗诵杜诗五、七古各数篇。三点睡。

十三日（今从莲华池移居总督衙门）

早饭后，卯正一刻，从莲华池移居总督衙门，将设坐置榻等事位置一番。清理文件，习字一纸，写《无慢室日记》。巳正核各科批稿簿，中有札永定河道办工稿，核改六百馀字，经营良久。中饭后，未正三刻，各稿核毕。司道来久谈。旋阅本日文件。申末小睡片刻。酉初二刻写对联五付。傍夕小睡。夜检点零件甚多，疲乏殊甚，懒于治事。与邓良甫一谈。二更后，课纪鸿背书。旋朗诵汉文二首。三点睡。

十四日（夜翻阅书院各卷）

早饭后清理文件，习字一纸，写《无慢室日记》。坐见之客二次，立见者一次。巳正核科房各稿簿毕。中饭后阅本日文件。至幕府吴挚甫等处久谈，又至刑、钱两幕一谈。申正小睡。酉初写对联九付，内有寿联二付，且作且写。作朱久香寿联云："吴楚衡文，名高北斗；郊祁接武，春满南陔。"傍夕小睡。夜将书院各卷略一翻阅。三更后，课纪鸿背书。温韩文二首。三点睡。

十五日

是日武庙大祀。五更三点起，至庙率属行礼。礼毕，至官厅与司道一谈。归，饭后清理文件。见客二次。请州县五人来看书院各卷。写《无慢室日记》。巳初小睡。巳正核各房批稿簿毕。中饭后习字一纸，阅本日文件。至吴挚甫等处久谈。与阅文之州县一谈。申正剃头一次。酉初写对联六付、下款三付。傍夕小睡。夜将刘印渠所定直隶练兵规条细阅一过，并加批识。二更后，课纪鸿背书，温韩文二首。三点睡。

十六日（至大校场看操）

早饭后清理文件。出门至大校场看操。初看中军所统之练军千人，即自隶六军之一也。凡演急战阵、藤牌阵、连环阵三图，每图六七变，皆花法也。次阅赵喜义所带之义胜后营，系洋枪队，而间用长矛者。次阅李德英所带之义胜前营，队伍不甚整齐，末操杂技亦平平，无足观。辰初升座，午初毕。归，核各科批稿簿。中饭后，坐见之客一次。再核批稿簿，未正二刻毕。阅本日文件。坐见之客一次。申正后，疲倦之至，骨节酸疼，盖因在校场危坐太久，而本日公事又太多也。小睡片刻。酉初见客一次，谈颇久。写对联五付。傍夕小睡。夜阅潘文恭公《思补斋笔记》。二更后，课鸿儿背书，温《古文·识度之属》数篇。三点睡。

十七日

早饭后清理文件，习字一纸。见客，坐见者二次，立见者二次。巳初坐二堂，囚犯过堂讯供凡十三起，中有一起翻供。午初退堂。核各科批稿簿。中饭后毕。看文章，各州县昨日未毕，本日又来，余出与之一谈。阅本日文件。至幕府吴挚甫处一谈。申正小睡。酉初写对联六付。旋又核公牍四件。傍夕与良甫一谈。夜，山西学使王晓崖编修昕来一谈。饭后核新状批词五件。二更后，课鸿儿背书，温《古文·识度之属》数篇。三点睡。

十八日

早饭后清理文件，习字一纸。坐见之客二次。请贺麓樵来阅文，因昨请州县阅书院卷，恐有不当，故请麓樵与挚甫、廉甫辈再一复校也。余将各卷清点一番，略阅数卷。巳正小睡三刻许。核各科批稿簿。中饭后，幕府陈荔秋比部兰彬自京来，癸丑庶常，许仙屏所荐也，与之一谈。旋将批稿簿核毕，又阅本日文件。至幕府与阅文诸君久谈。写纪泽儿信一件。将十三日新状批毕。倦极，不能治事，小睡颇久，不能成寐。傍夕清理零事数件。夜画格，为直隶清讼四柱册。二更后，课纪鸿背书，温《古文·识度之属》，朗诵五首。三点睡。

附记

直隶练军器械二十三万六千七百十六两有奇

营房四万零五十五两有奇

买马二万七千二百五十一两有奇

十九日（清理直隶积讼）

早饭后清理文件，习字一纸。旋坐见之客三次。巳初二刻小睡。巳正一刻核各批稿簿，中饭后至未初二刻核毕。阅本日文件，未正二刻毕。至幕府与陈荔秋等久谈。申正见客一次。小睡片刻。酉初写对联八付。旋又小睡。夜，将清理直隶积讼，拟作十条，通饬合省大小衙门。沉吟良久，始定十条规模。二更后，课纪鸿背书，作清讼事宜一条。三点睡。

二十日（阅陈荔秋所送之书）

早饭后清理文件。坐见之客三次，司道谈甚久。立见者一次。习字一纸。巳正小睡片刻。午刻核批稿各簿。坐见之客一次。中饭后将批稿簿核毕，阅本日文件。至邓良甫处一谈。申刻小睡。将陈荔秋所送之陈兰甫澧著《声律通考》一种、《汉书地理志水道图说》一种略一翻阅，服其精博。酉初写对联四付。李黼生来久谈。傍夕，接纪泽初六日信。夜作清讼事宜一条，二更四点毕。睡后，尚能成寐。

二十一日

早饭后清理文件。至内箭道看箭。旋坐见之客二次，立见佐杂二班，凡廿二人。习

曾国藩书法

字一纸。小睡三刻。巳正核各科批稿簿，午正核毕。中饭后核本日文件，至幕府一谈。核改信稿六件。又写陈舫仙信，未毕。酉初写对联五付。酉正与邓良甫一谈。傍夕小睡。夜作清讼事宜一条。二更后，课儿背书。纪鸿近习《灵飞经》，字颇长进，殊以为慰。小睡片刻。三点睡。

二十二日

早饭后清理文件，习字一纸。坐见之客四次。小睡片刻。巳正三刻核批稿各簿毕。中饭后阅本日文件。申初至陈荔秋处一谈。核信稿二件，检点明日应发摺片。申正睡半时许。酉初，杨树屏毓坍自大名来，渠已告病，因留在署内住。谈至灯后，饭毕始散。旋作清理事宜一条。二更后，课儿背书，又作事宜一条，未毕。四点睡。竟夕不甚成寐。

二十三日

早饭后清理文件，写黄恕皆信一封，又添许仙屏信二叶，约二百馀字。坐见之客一次，立见者一次。习字未毕，杨树屏与余久谈。巳正二刻小睡。午初核各科批稿簿。中饭字阅本日文件，再核批稿簿，申正毕。与树屏同至幕府啓谈。习字一纸。是日摺差进京，发五摺、五片。傍夕，张振轩来久谈。夜与树屏一谈。二更后，课儿背书。作昨日未毕之清讼事宜一条，三点作毕。睡后不能成寐，以公事太多故也。

二十四日（囚犯过堂者中有一内旗人翻供）

早饭后，坐见之客三次，两司坐甚久。习字一纸。与杨树屏一谈。至书院送诸生上学。旋归，囚犯过堂者十五案，内旗人承租公府地者翻供，午初毕。清理文件，核科房批稿各簿，至未初三刻毕。请树屏与幕府诸君便饭，申正散。阅本日文件，核上次放告各呈批稿，直至二更始行核毕。傍夕小睡。二更后，课儿背书，与树屏一谈。三点睡，竟夕不甚成寐。

二十五日（闻湘营哥老会在陕作乱）

早饭后清理文件。坐见之客三次，坐谈均久。习字一纸。与杨树屏一谈。巳正小睡。午正核科房批稿簿。中饭后与树屏谈，贺麓樵来一谈。阅本日文件，核批稿簿，申正毕。小睡半时。酉初二刻写对联五付，内作一付。旋与树屏及幕府诸君久谈。夜饭后倦甚。写零字甚多。接胡莲舫信，言老湘营中哥老会在陕作乱，忧闷者久之。旋勉作清讼事宜一条。课儿背书。二更三点睡，久不成寐。耳鸣头晕，心间怔忡，老年用心太过，便万不能支矣。

二十六日（核庞省三长江事宜）

早饭后清理文件。坐见之客二次，立见之客二次。巳正小睡半时许。午初核科房各批稿簿毕。中饭后核庞省三长江事宜详三件，尚未拟批。阅本日文件。申初至幕府久谈。申正小睡。酉初二刻写横披一幅，约百五十字，写对联二付。傍夕小睡。夜作清讼事宜一条，约五百字。课儿背书。二更三点睡，尚能成寐。本日小睡颇久也。

二十七日

早饭后清理文件。立见之客三次，坐见者一次。习字一纸。巳初倦甚，小睡。巳正二刻核批稿各簿，午刻，坐见之客一次。中饭后，坐见之客二次。将批稿簿核毕，阅本日文件。至刑、钱二幕处一坐。申正，小睡半时许。旋改与李少泉信稿。酉正三刻写对联四付。傍夕又小睡。夜作清讼事宜一条，课儿背书。二更三点〈睡〉，尚能成寐。

二十八日

早饭后清理文件。坐见之客五次。习字一纸。小睡片刻。巳正二刻核各科批稿簿。中饭后，坐见之客二次。再核批稿簿，阅本日文件，申初二刻毕。至幕府一谈。小睡片刻。将作清讼事宜中之缉捕一条，沉吟良久未就。傍夕小睡。夜作缉捕一条毕，约五百馀字。二更三点睡，幸能成寐。近来夜夜作文，尚能酣寝，似反胜于昔年，或寿征耶？

二十九日（申夫声名狼藉盖因平日不恤人言所致）

早饭后清理文件。作清讼事宜一条，十条作毕。旋出门，至教场阅赵宗道所带马队三营、步队五营，巳正二刻毕。小睡片刻。习字一纸，阅科房批稿簿。中饭请刑、钱二幕便饭。饭毕，围棋二局。阅本日文件，核批稿各簿，酉初毕。至幕府久谈。傍夕小睡。夜核臬司详批三件。二更后，课儿背书。又将批核毕。三点睡。是日接少泉信，得阅李申夫参案。声名狼藉至此，亦其平日不恤人言之流弊所致也。

卅日

早饭后清理文件。再将十条核改一遍，发钞。坐见之客二次。写了少泉信，未毕。坐堂虑囚十五案，巳初三刻过堂毕。将少泉信写完。至幕府一谈。巳正小睡半时。午初核科房批稿簿，中饭后未初三刻核毕。阅本日文件，申初毕。又至幕府一谈。申正核上一告呈词各批。酉正小睡。本日将清讼事宜办毕，发出。案头尘牍，为之一清。夜将杜、苏、义山三家七律朗诵数十首，略有读书之乐。数月以来，无此况味矣。二更三点睡。

## 三月

初一日（愧余老而无成）

早饭后清理文件。坐见之客二次，立见者二次。旋习字一纸，写《无慢室日记。》小睡片刻。巳正二刻核科房批稿簿，中饭后核毕。阅本日文件，未正一刻毕。至幕府与陈荔秋等久谈。申初二刻小睡。申正二刻，坐见之客二次。核信稿三件。酉初写对联一副，而刑幕找余围棋一局，暝时毕。夜阅《五礼通考》中《祀天门》十叶，盖自去年七月二十八日起至是，不看书者凡七阅月矣。簿书鞅掌，老而无成，真可愧耳。旋温放翁七律、少陵五律，各朗诵数十首。三点睡，直至五更三点方醒，诚佳眠也。

初二日（至箭道考验武员）

早饭后清理文件。坐见之客一次。至箭道考验武员二名，又点保定练军千人名一次。习字一纸，写《无慢室日记》。小睡半时。巳正三刻核科房批稿各簿。中饭后，山长李铁梅来，谈半时许。旋将批稿簿核毕，阅本日文件。至幕府一谈。申正二刻核信稿三件，写对联六付，写纪泽信，未毕。傍夕小睡。夜阅《祀天门》十二叶。二更后，课儿背书。朗诵《孟子》数十章。三点睡。

初三日

早饭后清理文件。坐见之客二次。习字一纸，写纪泽信毕，添李雨亭信二叶，添丁雨生信一叶。围棋二局。午初核科房批稿簿毕。中饭后阅本日文件。至幕府与挚甫等久谈。将廿八日放告呈词核批，写对联五付，又核批四件。傍夕小睡。夜又核批二件毕，阅

《祀天门》十九叶。二更后,课儿背书。倦甚,小睡。三点睡。

初四日

早饭后清理文件。见客,坐见者一次,立见者一次。习字一纸,写《无慢室日记》。巳初二刻至城隍庙求雨。委员自一亩泉请水归来,率司道跪迎神水。旋上香,行二跪六叩礼。午初归。核科房批稿簿。中饭后,孙莲堂侍郎来,久谈大半时。又核批稿簿,阅本日文件,直至申正毕。小睡片刻。酉初写对联七付,改新状批辞二件。夜又阅新状三件,阅《祀天门》第三卷十四叶。二更后课儿背书。倦甚,小睡。三点睡。

初五日

早饭后,步行至城隍庙祷雨。旋归,清理文件,习字一纸。围棋二局。写《无慢室日记》。小睡片刻。午初一刻阅批稿各簿。见客一次。中饭后又阅批稿簿毕,阅本日文件。申初至幕府半时许。申正剃头一次。小睡片刻。酉正写对联三付。夜将清讼事宜十条再一核改,课儿背书。二更三点,核清讼事宜毕,明日可发刻矣。睡,不甚成寐。

初六日(至南门外看修府河工程)

早饭后清理文件。行至城隍庙祷雨。旋至南门外看修府河工程,看小圣庙闸工,又拜孙莲堂侍郎,巳初归。习字一纸。巳正小睡半时。午初阅《五礼通考·祀天门》十四叶。中饭后核科房批稿各簿,阅本日文件,申初二刻毕。至幕府一谈。申正,小睡大半时。酉初二刻写横披一幅、挂屏一幅,约近二百字。傍夕又小睡。夜将清讼事宜中司道所拟之限期功过章程核改数条。二更后,课儿背书。背诵义山诗十馀首。三点睡。

初七日

早饭后清理文件。至城隍庙步祷。归后,坐见之客一次,立见者一次。习字一纸。围棋二局。填写彭雪琴信二叶、黎莼斋信二叶,阅《祀天门》十一叶。中饭后核各科稿批簿,阅本日文件。坐见之客一次。至幕府一谈。申正小睡。酉初再核改限期功过。傍夕小睡。夜又核改数条。二更后,课儿背书。又核改一条。三点睡。

附记

劾案十六前　六军复奏　胡令案复奏

初八日(细阅张世沅绞犯案)

早饭后清理文件。至城隍庙步祷。归,坐见之客一次。习字一纸。再将限期功过清单核改毕。改信稿二件。巳正小睡。午初阅《五礼通考·祀天门》十七叶。中饭后核各科批稿簿,阅本日文件,申初三刻毕。出门吊夏提吾之丧。归,至幕府一谈。酉初核上次告期呈词三张,又清理零件颇多。与邓良甫一谈。傍夕小睡。夜将张世沅绞犯案细阅一过,思欲由缓改实,沉吟良久。写一信与臬司商之。二更后,课儿背书。旋温韩诗五古数首。三点睡。是日接沅弟信,尚赞申夫之贤,不知其革职也。内有瑞、官两侄与鸿儿信,字均秀润可喜。

初九日(五言古诗有两种最高之境)

早饭后至城隍庙步祷。旋归,清理文件,习字一纸。坐见之客一次,立见者一次。围棋二局。午初小睡片刻。旋阅《祀天门》十一叶。中饭后,崇地山自天津来,久淡。阅本日文件,核批稿各簿,申正毕。又坐见之客一次。至幕府一谈。出门拜崇地山,久谈。酉正归,小睡。阅《汤文正公语录》。夜核改批一件,清理零件甚多。二更,课儿背书,旋朗诵曹、阮诗。五言古诗有两种最高之境。一种比兴之体,始终不说出正意。如《硕人》,但颂庄姜之美盛,而无子兆乱已在言外;《大叔于田》,但夸叔段之雄武,而耦国兆乱已在言外。曹、阮、陈、张、李、杜,往往有之。一种盛气喷薄而出,跌宕淋漓,曲折如意,不复知为有韵之文。曹、鲍、杜、韩,往往有之。余解此二境,而曾未一作此等诗,自愧亦自惜也。

三点睡。

初十日（拟作参劾劣员摺）

早饭后，坐见之客二次，立见者二次。清理文件，习字一纸。又坐见之客一次。巳正小睡。午初核各科批稿簿，午正三刻毕。请崇地山及两司小宴，未初到齐登席，申正散。阅本日文件，写贺云甫信一叶。至幕府久谈。酉正倦甚，久睡。是日巳初阅《汤文正集》中奏疏。夜又阅其书牍。旋拟作参劾劣员摺。二更后，课儿背书。作参摺清单数行。三点睡。

十一日

早饭后清理文件，习字一纸。旋崇地山来，久谈大半时。巳初，虑囚过堂，凡十五案，巳正毕。与幕友围棋二局，午初二刻毕。阅《汤文正集》，惟传状、碑铭之类不惬吾意，馀如语录、告谕、书牍之属，皆有诚意，挟正气以行，学问本极渊博，讲学又甚公允，不可及也。中饭后核科房批稿簿，阅本日文件，申正毕。至幕府一谈。小睡片刻。阅林芗溪《射鹰楼诗话》甚久。夜又阅数叶，拟作参劾劣员清单。三更后，课儿背书。又核清单。三点睡。

十二日

早饭后清理文件。崇地山来久谈，又坐见之客一次。习字一纸。旋作参劾劣员清单。巳午间，坐见之客二次。又作清单，毕。中饭后阅本日文件，核各科批稿簿。申正至幕府一谈。出门拜崇地山，送行。酉正归，小睡半时。夜拟作摺，不果。将清单再核一过。阅孙文焕自诉补署被屈之禀。二更后，课儿背书。诵韩诗七古、杜诗五古各数首。三点睡。

十三日

早饭后，出北门城外送崇地山。归，清理文件。见客，立见者一次，坐见者一次。习字一纸。围棋二局。午初作参劾摺，未毕。中饭后阅本日文件，核科房批稿各簿。申初至幕府一谈。申正小睡，旋将参劾摺作毕，约五百馀字。傍夕小睡。夜，因张臬司调山西，作一摺留之，约八百字，二更四点毕，中课儿背书一次。睡后，不甚成寐。

十四日（至城外看挑河工）

早饭后清理文件。两司来久谈。习字一纸。出门至城外看挑河工，往返约二十里。归，至莲华池拜刘岘庄坤一，渠进京陛见。由此经过也。午初小睡。岘庄来久谈。中饭后阅本日文件，核科房批稿各簿。申正至幕府一谈。小睡片刻。酉正核改京信稿，至夜二更改毕，凡六件。课儿背书。将参劾各员细核一过。三点睡。

十五日（将参劾案中添劾刘振中一员）

早饭后清理文件。坐见之客一次。将参劾案中添劾刘振中一员，将其全卷一阅。又保列十员，开一清单。辰正，请刘岘庄来小宴，巳正二刻散。又将参摺细细查核。午初出门，至城外送岘庄之行。归，中饭后阅本日文件，核科房批稿各簿。申正至幕府一谈。旋小睡片刻。改初八告期呈批五件。傍夕与邓良甫一谈。夜将明日应发七摺、二片细细核对。旋添倭相等信中各一片，共添四片。二更后，课儿背书。又将应发摺件查核，连日为此事疲弊精力，恐有差失也。三点睡。三更二点成寐。

十六日

早饭后清理文件。坐见之客二次。派摺差进京，发摺七件、片三件。习字一纸。至城隍庙求雨。归，围棋二局。午初小睡。阅怡亲王各疏。中饭后，阅本日文件，核各科批稿簿。至幕府一谈。坐见之客三次，黄翰仙谈甚久。傍夕小睡。夜将各文件清厘一番。二更后课儿背书。自立龙神之位于署中西院，更后行礼安神拈香。旋温《古文·识度之属》。三点睡。

十七日（过堂之狱十五起）

早饭后，至城隍庙步祷。归，清理文件，习字一纸，阅《汤文正集》数叶。见客一次。过堂之狱十五起。巳正小睡。午初阅西汉《祀天》十四叶。中饭后阅本日文件，核科房批稿簿，申初二刻毕。坐见之客一次，至幕府一谈。申正一刻小睡。酉初二刻，写对联四付、挂屏二幅。傍夕与客一谈。至西院行礼。灯后核限期功过章程。二更后课儿背书，温《古文·识度之属》。三点睡。

十八日

早，至西院龙神处拈香。饭后至城隍庙步祷。归，坐见之客一次，立见者一次。清理文件，习字一纸。巳初，写澄、沅两弟信一封，因湖南摺差在此经过也。围棋二局。小睡片刻。午初阅西汉《祀天》十二叶，中饭后毕。阅本日文件。核各科批稿簿。申初二刻至幕府贺麓樵、吴挚甫两处一谈。旋小睡片刻。酉初二刻写对联六付、挂屏一幅。傍夕在院中闲游。夜阅《林艿溪诗话》。二更后课儿背书，温《古文·辞赋类》。三点睡。

十九日

早起，至西院神位拈香。饭后至城隍庙步祷。归，清理文件，一字一纸。坐见之客四次，立见者一次。巳正阅东汉、魏、晋《祀天门》二十叶。午初二刻小睡。午正二刻中饭。饭后阅本日文件，核各科批稿簿。申初二刻至幕府久谈。黄翰仙新搬入署小住，与之鬯谈。旋小睡片刻。酉初二刻核上次告期呈词，至灯后核毕。二更后课儿背书，温《古文·辞赋类》。三点睡。

二十日（与各员议狱四件）

早，至西院拈香。饭后，首府递议狱节略四件，细阅一过。旋出与两司及府县局员议狱四件。议毕，清理文件。旋出坐堂，将讼棍孟喜林重责枷号。旋习字一纸。巳刻，阅《五礼通考》梁、陈、魏、齐《祀天门》。午初二刻小睡。午正二刻，请贺麓樵、黄翰仙等便饭，未正三刻散。阅本日文件，核各科批稿簿，申正三刻毕。小睡片刻。写对联三付、横额四字。傍夕又小睡。夜与黄翰仙久谈，二更后散。课儿背书。略温陶诗，即已三点矣。睡后，不甚成寐。

二十一日（至内箭道阅射四人）

早起，西院拈香。饭后，至内箭道阅射四人。旋立见之客一次，坐见者二次。清理文件，习字一纸，写《无慢室日记》，阅北周、隋、唐《郊天门》至中宗时，凡二十六叶。摺差归，阅京报、京信等件。中饭后阅本日文件，核各科批稿簿。申正至幕府一谈。旋小睡片刻。写对联六付。傍夕又小睡。夜，朗诵杜、韩五古，又诵所钞《诗经》八十篇。二更后，课儿背书。再温《诗经》。三点睡。三更后成寐。

二十二日

早，至西院拈香。饭后清理文件，习字一纸。坐见之客二次，立见者二人。写《无慢室日记》。围棋二局。小睡片刻。午初阅《开元礼民郊祀仪》十八叶。坐见之客二次。中饭后阅本日文件，核科房批稿。至幕府久谈。小睡片刻。写对联六付。傍夕剃头一次。夜，黄翰仙来久谈。二更后，课儿背书。温诗杜五古数首。三点睡。

附记

四种四柱式再改　押犯牌告示

廿三日

是日恭逢皇上十四岁万寿。五更三点起，黎明至万寿宫行礼。归，早饭后清理文件。两司来一谈。习字一纸，写《无慢室日记》。黄翰仙来告别，一谈。小睡片刻。阅唐肃宗以后至五代《郊天》。中饭后阅本日文件，核科房批稿簿。坐见之客一次。申正二刻，至幕府谈半时许。小睡片刻。酉初二刻写对联八付。旋核改上次告期呈词四张。灯后又核改五张。朗诵《诗经》八十章。二更后课儿背书。再诵《诗经》。三点睡。

廿四日

早饭后清理文件。坐见之客一次，立见者一次。习字一纸，写《无慢室日记》。围棋二局。午初阅宋初《郊天门》，凡二十叶。午正二刻，请李铁梅山长便饭，久谈至申正三刻方散。阅本日文件，核科房批簿、稿簿。酉正至幕府一谈。灯后吃饭。因说话太多，不能治事。将清讼事宜再核二事。小睡。二更后课儿背书。又小睡。是日巳刻写纪泽信一件，坐见之客一次。三点睡。是日，两次将雨而未成，深以为虑。

廿五日（阅沧州回民丁秀东案说帖）

早饭后清理文件。首府递沧州回民丁秀东案说帖一件，细阅一遍。旋出，见司道，并与府县局员议狱一次。又坐见之客二次，立见者一次。习字一纸，写《无慢室日记》。小睡片刻。阅宋真、仁、英、神四朝《郊天门》，凡十五叶。中饭后阅本日文件，核科房批稿各簿。至幕府一谈。申正后倦甚，小睡。酉初见客一次。核信稿三件。夜又核信稿三件。二更后，课儿背书。温《古文·情韵之属》。三点睡。

二十六日（觉《祁文端公诗集》多可取者）

早饭后清理文件，习字一纸。坐见之客一次。写《无慢室日记》。围棋二局。阅《庭训格言》。午初，阅宋《郊天门》元丰、元祐议分祭天地等文。中饭后阅本日文件，核科房批稿，未毕。祁子和世长来拜，祁文端之少君，服阕入京也。旋将批稿核毕。出门回拜祁子和，归已酉正。至幕府久谈。夜，将《祁文端公诗集》阅二三卷。昔年深不以公诗为然。兹多阅数十百首，其中多可取者。二更后课儿背书。再阅祁诗。三点睡。是日全未小睡，困乏殊甚。

二十七日（大抵直隶水患有二）

早饭后清理文件。费道送到所勘新城、雄县、文安等处河道图说，阅看良久。旋出，与费道久谈。大抵直隶水患有二：北则永定河决口，窜入大清河，而新城、安州、雄县受其害；南则滹沱河改道，不入子牙河而窜入滤水，而深州、饶阳、任丘、文安等处受其害也。闻麦稼已坏，无可挽救。水旱并灾，民困已极，焦灼之至。旋习字一纸，阅李次青《先正事略》，将为作序。中饭后阅本日文体，核批稿簿。坐见之客一次。至幕府一谈。申正二刻小睡。再阅《庭训格言》。眼蒙殊甚。傍夕，在庭院散步。夜核公事数件。阅丁中丞信，中奏稿一件，切中事理。二更后课儿背书。旋作序稿百馀字。三点睡。

二十八日

早饭后清理文件。因眼蒙遂不习字，核稿二件。围棋二局。午刻见客二次。谈颇久。写信一封与丁中丞，派人前往迎接。小睡片刻。中饭后阅本日文件，核批稿各簿。至幕府一谈。小睡片刻。见客二次。作序三百字，至二更止。课儿背书。又将《庭训格言》阅一遍。眼蒙殊甚，四点睡。竟夕不成寐，盖昔年作文后之旧病也。

二十九日

早起。丁雨生中丞自江南进京，过此畅谈，与共早饭，饭后一谈。渠出门拜客，余清理文件。见客二次。看箭七人。过堂录囚凡十二案。雨生旋归，又与久谈，中饭后谈至申初。渠出门，余阅本日文件，核批稿各簿，酉初毕。至幕〈府〉畅谈。傍夕小睡。夜又与雨生久谈，二更三点散，即睡。尚能成寐。

三十日

早起，与丁中丞一谈。略吃饭少许。卯正二刻，请丁与其幕友林岩南便饭，辰正三刻毕。司道来久谈。清理文件。又与雨生久谈。巳正出城,送雨生进京。归,写澄、沅两弟信一件,添郭云仙信一叶。说话太多,疲倦之至,小睡片刻。在床作《先正事略序》。中饭后阅本日文件,核批稿各簿。申正至幕府久谈。旋又小睡。在庭院小睡。即作序文。灯后,将序文稿写出,约千馀字,二更毕。课儿背书。核二十三日呈词,四点毕。睡后,久不成寐,三更四点始寐。

## 四月

初一日(起行至永清收验永定河工程)

早饭后料理零事甚多,发题本,发奏折,至幕府一行。辰初三刻起行,将至永清一带收验永定河工程。司道在城外八蜡庙公送。行二十五里,至阎庄打一茶尖。又行四十里,午正至黑龙口中饭,容城县境也。饭后行六十里,至白沟店住宿,申正二刻始到。午刻、申刻见客各一次。在轿中阅王荆石本韩文。酉刻,默诵《孟子》。是日在途中见麦稼为旱所伤,高不过二三寸,节气已届收割而吐穗极少,间有用人力施水灌溉者,高或六七寸,色青而穗亦可观。嵇康所云:"一溉者后亡。"信人力足以补天事之穷。然百分中不过二三分,馀则立见黄槁。纵三日之内大雨,亦无救矣。目击心伤,不忍细看。傍夕写昨日日记。夜写本日日记,核批稿簿。二更后小睡。三点睡。凉甚,盖不雨之象也。

初二日(自白沟河起行至霸州)

早饭后,自白沟河起行,行四十里至新城之孔家马头小歇。因时仅辰正,遂未打尖。旋又行三十五里,至霸州之岔河镇打一茶尖。又行十五里至霸州。凡行九十里,午末始到。中饭后,坐见之客四次。是日在轿中阅《庄子》《达生》《山木》《田子方》等篇。因风甚大、日甚燥,不愿治事。申酉间,阅韩文碑志十馀篇。小睡甚久。灯后,会客一次。小睡。每念所撰《先正事略序》,沉吟字句之间,恋恋不已,亦向来之习气也。二更三点睡。

初三日(种种悬念令余不胜焦灼)

早饭后,卯初三刻起行。行六十里,巳初二刻至小惠家庄。坐见之客二次。在轿中感受风寒,体中甚觉不适,多着棉衣三件,又多盖被。自午初睡至未初三刻起。中饭后,阅衙门寄到包封文件。将《先正事略序》微加删改。日内苦旱而风极大,羊角旋转,最易生疾。余以老年吃斋,风中行路,殊非所堪。又念百姓麦稼已失,稷粱不能下种,将成非常之灾。又念纪泽儿在运河一带,风大河浅,家眷各船,胶滞难行。又念施占琦运书箱在海中,恐有不测。种种悬念,不胜焦灼。下半日睡最久。夜写一信与纪泽。又小睡良久。体中甚不适,小便黄赤色。二更三点睡,幸尚成寐。

初四日(至南七工四号验收引河工程)

早饭后,由小惠庄行四里许,至南七工四号验收引河工程。正月所看这坑塘已填,隆起之沙洲已裁去鸡嘴。又在洲旁挑一引河,使大溜不得直薄南堤。第一段引河一百四十五丈,口宽十二丈,底宽八丈,深九尺。自第二段以下,大约口宽九丈五尺至十丈不等,底宽三丈九尺至四丈五尺不等,深一丈二三尺不等。凡行二十里许,至十五段工程,丈尺均与第二段相同。至龙王庙拈香行礼。又行一里许,看十五段之末一截,则口宽仅九丈,底宽仅四丈矣。至十六段,则口宽仅六丈,底宽仅三丈六尺矣。自此以下,余因病不能往,闻十九段底宽仅三丈,口宽仅二丈,不复成其为引河矣。旋回小惠家庄公馆,往返约五十里。中饭后,接署中包封。阅澄、沅两弟,瑞、官两侄信。因病,屡睡不能成寐。核批稿数件。夜仍屡睡。二更三点睡。

初五日

早饭后起行，看南六工十三号，南五工十七号两处工程。至南五工十四号泛署打尖。旋看南四十八号以下之引河。大约口宽八丈，底宽三丈二尺，深一丈五尺。如此者七里许。以下再开沟工七里，则更窄更浅。以上至引河头，则口宽底宽各加二丈许。旋看十八号大坝，颇为坚实。又看十二号工，切坎尚如法，南岸做挑水坝二座，亦尚得力。又看九号工，靠河北坎裁去鸡嘴，开挖引河。申正二刻，至南四大公馆住宿。坐见之客二次。剃头一次。小睡。夜，徐、蒋、任道来久坐，摺弁自京来此，阅京信、京报一二件。写本日日记。二更三点睡。

初六日（至民间捐办决河）

早饭后，坐见之客一次。旋起行。行三十五里，至彭家庄打一茶尖。又行三十五里，至新桥打尖，即正月廿五日打尖之地也。饭后，迂行五里许，至民间捐办决河，亦于初七日合龙，约夫役三千人，费钱万串内外，不发官帑，余因赏钱四百串。旋又行二十五里，至新城县住宿，申正到。小睡颇久。燥热已不可耐。阅署中包封、公牍各件。灯后核科房批稿簿。二更后，又阅署中包封、公牍。是日在轿中温《古文·识度之属》。三点睡。

初七日（“独有臭虫忘势利，贵人头上不曾饶。”）

早饭后，自新城起行四十里，至北河打尖。即正月廿六记所称，实近五十里也。杨海琴翰在此等候，与之久谈。午初中饭后，又行三十里，至固安镇打一茶尖。又行三十里，安肃县住宿。在轿中，阅《古文·气势之属》。到店后小睡。灯后，燥热殊不可耐。核批稿数件。二更三点睡，为臭虫所齧，不能成寐，因改白香山诗作二句云：“独有臭虫忘势利，贵人头上不曾饶。”

初八日

早饭后，行二十五里，至漕河打一茶尖。坐见之客二次，立见者一次。旋又行二十五里至省。司道在城外官厅迎接，一谈。至署，与幕府一谈。午正至幕府久谈。中饭后阅本日文件。旋与幕友围棋二局。小睡片时。申正二刻核批稿簿，傍夕毕。与纪鸿儿一谈、良甫一谈。夜饭后倦甚，小睡。二更后，课儿背书。三点睡。

初九日

早饭后出城，至南门外龙王庙求雨。前派员至邯郸县井中请铁牌，初一日请到，余已出省，今始拈香行礼也。旋步行看新修闸工。归，过李铁梅山长，一谈。回署，坐见之客二次，立见者一次。围棋一局。小睡，阅《北学编》。中饭后阅本日文件。申初至幕府久谈。申正后核批稿各簿。酉正，李黻生来久谈，灯后去。夜核藩司及费道说帖二件。二更后，课儿背书。再核说帖。温苏诗七古。二更三点睡。

初十日（阅南宋《郊天门》）

早饭后出城祷雨。归，坐见之客二次。清理文件。围棋二局。小睡片刻。将桌上零杂之件清理一番，核案二件。午初，阅南宋《郊天门》十四叶。中饭后阅本日文件。至幕府一谈。小睡片刻。申正核科房批稿簿，酉正二刻毕，小睡。夜核批稿二件。二更后，课儿背书。温诵《古文·序跋类》。三点睡。

十一日

早饭后，至南门外求雨。归，清理文件。坐见之客五次。疲倦殊甚，小睡片时。阅《黄树斋诗集》，本日其子来新送也。旋清检案头公牍数件。午初阅南宋《郊天》廿叶。中饭后阅本日文件。至幕府久谈。小睡片刻。核科房批稿各簿。天大雷风，似将大雨，竟仅一洒而止。会客一次。小睡片刻。围棋一局。傍夕与良甫一谈。灯后，张臬司来久谈。二更后，课儿背书。改片稿一件。四点睡。

十二日

早饭后清理文件。出门至南门外求雨。归,见客。坐见者三次,立见者一次。倦甚,小睡。巳初二刻核改片稿一件、摺稿一件。旋又小睡。午初,阅南宋、辽、金《郊天礼》。中饭后阅本日文件。至幕府久谈。旋围棋二局。核科房批稿各簿。傍夕阅陈舫仙来信。与良甫一谈。旋与纪鸿儿久谈。夜,温诵《中庸》一遍。二更后课儿背书。又诵上《论》,至《里仁》止。三点睡。

曾国藩书法

十三日(接纪泽信,知次孙亭三因痘而亡)

早饭后清理文件。出门,至北门外龙母宫求雨。归,署内设龙王神位,下圈虾蟇于土匡之内,令其口含黄纸一卷,纸上朱书火字四十八个,又行礼。旋坐见之客一次。旋至内箭道看二员马步箭。旋坐堂,录囚过堂之案十起。小睡片刻。旋改信稿二件。午初三刻,阅金元《郊天门》十二叶,中饭后毕。接纪泽信,知次孙亭三于十一日殇亡,皆由点牛痘之后,服克伐之药太多,在济宁又连服大黄,故遂伤生,亦由余久做大官,不无损阴德之处也。未刻,阅本日文件。旋又核信稿二件。小睡片刻。申正核科房批稿各簿。旋将明日应发之八摺、二片核对一过。傍夕与纪鸿一谈。夜阅河间人所著兵书曰《窥妙引》者,阅数十叶。二更后,课儿背书。温上《论》两篇。三点睡。

十四日

早饭后清理文件。出门至北关外求雨。归,又至后院行礼。旋坐见之客三次。核改信稿一件。围棋二局。小睡片刻。午初阅元《郊天门》三十三叶。粗一涉猎,实未深入,过目已全忘矣。中饭后阅本日文件。至幕府久谈。天气炎蒸,小睡。申正三刻又至后院行礼。核科房批稿各簿。傍夕小睡。夜核改陈元禄禀批,约改三百馀字。课儿背书。旋又改一批。二更三点睡。

十五日(与著《窥妙引》者王荫谷久谈)

早饭后清理文件。至北关外祷雨。归,至后院行礼。见客,举人王荫谷,即著《窥妙引》者,与之谈甚久。旋两司来见,掣员缺之签。旋小睡颇久。巳正,将藩司所送通省历年出入大数,细阅一过。写一信与藩司,约近三百字。又小睡片刻。午初,阅元末明初《郊天》廿五叶,中饭后毕。阅本日文件。未正至幕府久谈。申初二刻小睡。申正核科房批稿簿,直至酉末方毕。夜又核信稿、批稿各二件。倦甚,不能治事,心目俱劳瘁矣。二更后,课儿背书。至后院露坐。三点睡。

十六日

早饭后清理文件。出门至北关求雨。归,坐见之客二次,谈颇久。又坐见者一次,立见者一次。小睡片刻。坐堂录囚,凡九案。又小睡片刻。改信稿一件,约二百馀字。又改一件,未毕。午初,刘岘庄出京来此。久谈,因留便饭,未正始去。阅本日文件,将信稿一件改毕。至幕府一谈。观荔秋所画直隶图,纵一丈,横八尺六寸,铺于院中久看。申正二刻核批稿各簿。酉正,出城拜刘岘庄,久谈。归,灯后阅良甫所作制艺四首,与之一谈。二更后,课儿背书。温杜诗五古,观其笔陈伸缩吐茹之际,绝似《史记》,忆古人有谓杜少陵似太史公者,不记是东坡之言乎?抑他人之言乎?三点睡。

十七日(越南国陪臣三人来见)

早饭后清理文件。坐见之客二次，李文敏谈甚久，立见者二次。习字一纸。又坐见之客一次。巳初小睡半时。巳正写《无慢室日记》。午初阅明《郊天门》二十叶。中饭后阅本日文件。至幕府一谈。未正二刻，越南国陪臣三人来见，一翰林直学士黎峻，字叔嵩，号莲湖，一鸿胪寺卿阮思僩，字恂叔，号云麓，一翰林院侍读黄并，字偕之，号云亭。与之笔谈良久。又令阮恂叔录其近作《过张桓侯故里》五律一首。申初二刻去。小睡片刻。申正核批稿各簿。酉初三刻写对联五付、扁三幅，黎、阮、黄三人面求，故书以赠之也。至夜始书毕，倦甚。二更后，课儿背书。温杜诗十馀首。三点睡。

附记

温洪传原本　先正事略序钞苏源生文

两月日记

申夫信　五侄信　清讼事宜

十八日(许仙屏放贵州主考)

早饭后清理文件。见客，坐见者二次。阅王伯申《经义述闻》中《通说》。围棋二局。小睡片刻。巳正二刻写《无慢室日记》。午初一刻，阅明世宗以后《郊天门》十七叶。中饭后阅本日文件。至幕府久谈。坐见之客一次。小睡片刻。申正后核批稿各簿。酉初二刻后，写对联八付。立见之客一次。因许仙屏放贵州主考，又至幕府一谈。灯后，写零字颇多。温李、苏七言律诗。二更后，课儿背书。又温诵律诗。三点睡。

十九日

早饭后清理文件。坐见之客一次。小睡片刻。围棋二局。阅王氏《通说》。又小睡三刻许。阅刘印渠六军章程。午初，阅《通考·祈谷门》十七叶。中饭后阅本日文件。至幕府久谈。旋小睡。阅王氏《通说》数叶。申正二刻核科房批稿各簿。傍夕小睡。是日写祖先神位，安于厅中，未刻行礼，以明日家眷可到也。夜温《古文·识度之属》。二更后，温五古。三点睡。

二十日(内人病后失明)

早饭后清理文件。坐见之客三次，立见者一次。辰正后，送眷属来者陆续进署，巳正，全眷俱到。内人病后失明，孙儿元七、孙女宝秀俱有小疾，既喜室家之团聚，亦因此增郁损也。与妻子等久谈。午初，阅《祈谷门》十七叶。中饭后阅本日文件。至幕府刑、钱两处一坐，又至挚甫处一坐。小睡片刻。申正三刻，将核批稿而王霞轩到，久坐，傍夕去。夜核批稿簿。二更后，核十三日呈状词批六件。三点睡，三更后成寐。

廿一日

早饭后清理文件。旋至箭道考验四员。见客，坐见者二次，立见者二次。辰正后，围棋二局。巳初二刻，核改信稿八件。巳正一刻小睡。午初，阅《五礼通考·大雩门》十五叶。中饭后阅本日文件。小睡良久。申正核科房批稿簿。酉正，李黼生来久谈。傍夕又小睡。核批稿二件。夜温放翁、山谷七律。渴睡殊甚。二更后，课儿背书。又温律诗。三点睡。

廿二日(阅直隶六军始末卷)

早饭后清理文件。围棋二局。见客，坐见者二次，立见者一次。小睡片刻。阅直隶六军始末卷。午初，阅《大雩门》二十五叶。中饭后阅本日文件。至幕府与挚甫等久谈。坐见之客一次。是日，因孙儿元七、孙女宝秀患病，屡入内室探问，寸心焦闷。申初小睡。申正，核批稿各簿。酉正又小睡。核信稿一件。夜温《古文·识度之属》。二更三点睡。

廿三日

早饭后清理文件。坐见之客三次，立见者一次。自辰正至巳正，迭次小睡，迭视孙儿女之病。旋核信稿五件,阅直隶六军全卷。午初,阅《大雩门》二十叶。中饭后阅本日文件。小睡颇久。申正核批稿各簿。酉正写对联八付。夜温《古文·序跋类》。二更后,课儿背书。心绪不安,屡次小睡。三点后睡。

廿四日(孙儿四肢冰冷,举家惶惧,旋少愈)

早饭后清理文件。旋围棋二局。两司来谈一次。因孙儿、孙女痢疾,忧闷殊甚。迭次小睡,在床阅《经义述闻》《黄树斋诗集》之类,心绪甚不安也。添写申夫信三叶。巳正写澄、沅两弟信三叶。午初阅《大雩门》《明堂门》,凡十六叶。中饭后阅本日文件。小睡良久。孙儿四肢冰冷,举家惶惧,旋又少愈。申正核批稿各簿。酉刻写对联三付、扁一方。夜又阅《经义述闻》,借以遣愁。二更三点睡。

廿五日

早饭后清理文件。坐见之客三次。围棋二局。摺弁过此,发家信及湖南信三封。小睡。阅《经义述闻》。午初,阅《明堂门》十二叶。中饭后阅本日文件。唐竟海之子尔藻来久谈。旋至幕府久谈。申正,李壬叔来久谈。核本日批稿各簿。闻孙儿、孙女之病少愈,为之少慰。写对联三付、挂屏一张,约百馀字。傍夕小睡。夜温《古文·序跋类》。二更后,课儿背书。又温古文三首。三点睡。

廿六日

早饭后清理文件。旋围棋二局。昨日孙儿孙女之病少愈,今日又翻,焦闷之至。小睡片刻。巳初二刻阅《明堂门》,至午正三刻,阅三十八叶。中饭后阅本日文件。丁中丞雨生来久谈,申正去。旋又核科房批稿簿。唐世兄来一谈。屡至内室探问病状。傍夕小睡。灯后,雨生又来久谈。二更后,课儿背书。旋阅唐竟海先生所著《朱子学案》。三点睡。

二十七日(李采臣自京陛见来久谈)

早起,微吃饭即至丁中丞处一谈。归,坐见之客二次,立见者一次。旋请丁中丞来便饭,久谈。巳正,送渠回江南。坐堂录囚八案,午初毕。阅《明堂门》十叶。中饭后阅本日文件。与李壬叔围棋二局。小睡片刻。申正核批稿各簿。李采臣自京陛见回江南,过此久谈。旋写对联五付。傍夕小睡。是日孙儿孙女之病微愈。夜阅《朱子学案》。二更后,课儿背书。又阅《学案》。三点睡。

二十八日

早饭后见客,坐见者三次,立见者一次,围棋二局。小睡。阅《朱子学案》。午刻阅唐《明堂门》三十叶。中饭后阅本日文件。郭远堂中丞来久坐。至幕府一谈。申正核批稿各簿。孙儿病势增剧,深以为忧。酉刻至远堂处回拜。夜小睡。二更后,课儿背书。温诵《论语》。三点睡。

二十九日(孙儿少愈,孙女发热殊甚)

早饭后清理文件。为孙病占一卦。郭远堂来一坐,旋送之至城外。归,因天气久旱,人口多病,焦闷之至,不治一事,屡次小睡。巳正后,改摺稿一件。中饭后阅本日文件。余向在军遇极焦闷之时,或竟日昏昏倦卧,盖由精力不足,志难帅气。近二日亦有此景况。申初小睡。申正核批稿各簿。酉正写对联数付。孙儿少愈,而孙女发热殊甚。傍夕小睡。夜将直隶六军全卷细阅。二更后课儿背书。又看卷数件。三点睡。

## 五月

初一日

早饭后，清理一[文]件。坐见之客三次，立见者一次。又阅六军卷宗。午刻，坐见之客一次。是日，孙儿病不如昨日之轻，孙女更剧，深以为虑。中饭后阅本日文件。小睡片刻。屡入内室视小儿病状。申正核科房批稿簿。酉刻写对联七付。傍夕小睡。夜阅六军全卷，草草阅毕。二更三点〈睡〉。是日午后小雨，陆续下至傍夕，夜间略大，二更后尤大，约计得雨三寸计。公事可以少慰，惟小口多病，焦闷无已。

初二日(秋审过堂)

早饭后清理文件。立见之客一次。卯正，秋审过堂。余坐大堂，两司及史臬司傍坐。顺天、保定、永平等府州次第过点。每点一名，余私赏钱五百，又官备赏大包子八个。约一个时辰点毕。旋又见司道，久谈。巳正围棋二局。小睡。午初阅宋《明堂门》十八叶，中饭后毕。阅本日文件。申初小睡。申正见客一次。核批稿各簿。酉正写对联五付。傍夕又睡。孙儿本日小愈。夜核对写好之摺多件。二更后，课儿背书。旋核批一件。三点睡。

初三日(老迈如此，官事未毕，安能著述?)

早饭后清理文件。李壬叔来一谈，回京。又坐见之客一次。小睡一次。余夏间饭后，脾困不能治事，由来已久。旋阅《朱子学案》十馀叶。核信稿一件。巳正，阅南宋《明堂门》三十七叶。因孙儿女病久不愈，又念余日衰老而学无一成，应作之文甚多，总未能发奋为之。忝窃虚名，毫无实际，愧悔之至！老迈如此，每日办官事尚不能毕，安能更著述耶？中饭后，阅本日文件甚多。坐见之客一次。至幕府一谈。申正核批稿各簿。酉正写对联五付。夜看公事数件。二更后，课儿背书。温《古文·书牍之属》。三点睡。

初四日

早饭后清理文件。坐见之客一次，立见者一次。困倦，小睡。念祖父三代墓道之文未撰，寸心焦灼，如有芒刺在背。阅《朱子学案》十馀叶。巳末阅宋末及明《明堂门》《五帝门》。见客一次。中饭后阅本日文件。申初小睡。阅《朱子学案》。申正核各科批稿簿，傍夕毕。夜核廿八日呈词批。二更后，课儿背书。阅丁雨生所刻牧令书。三点睡。

初五日(法国传教士徐博理来见)

早饭后，傔从人等叩贺节喜。清理文件。小睡两次。阅《牧令书辑要》。巳刻写《无慢室日记》。午刻阅《五礼通考》《五帝门》《寒暑门》。中饭后阅本日文件。又小睡。申初，法国传教士徐博理来见。申正核批稿各簿。酉刻，坐见之客一次。小睡。是日，孙儿病微剧，孙女病尤翻复，焦闷之至。夜阅《牧令书》。旋温《古文·序跋类》。二更后，课儿背书。又温《序跋类》。三点睡。

初六日

早饭后清理文件。倦甚，小睡。旋坐见之客二次，立见者一次。巳初，坐堂审案。过堂者九起。旋小睡。阅《牧令书》。巳正二刻，阅《五礼通考·日月门》二卷四十一叶，略一涉猎，全未入理。中饭后阅本日文件甚多。旋又小睡。申正，坐见之客三次。皆湖南人出京过此者，钟仲甫、李建斋谈甚久。旋核本日批稿簿毕。孙儿女病无甚起色，焦闷之至。夜，将《江南北大营纪事本末》阅一过，杜小舫寄来者也。二更后，课儿背书。温《古文·序跋类》。三点睡。

初七日

早饭后清理文件。两司来久谈，又坐见之客二次。小睡片刻。午刻。坐见之客二次，谈颇久。阅《五礼·星辰门》三十二叶。中饭后阅本日文件。至幕府一坐。旋又小睡。申正核批稿各簿。酉初二刻，写扁一方、对五付。以孙儿女未痊，焦闷之至。夜，阅《江南大营纪事本末》。二更后，课儿背书。三点睡。

初八日

早饭后清理文件。许仙屏放贵州主考，自此经过，入署来，与之久谈，又同至幕府一谈。旋坐见之客二次。小睡良久。巳正又与仙屏久谈。午初，阅《五礼·九宫贵神太乙门》。中饭，请许仙屏与李健斋便饭，未正散。阅本日文件。小睡片刻。申正，核批稿各簿。旋又小睡。疲困殊甚。夜，仙屏又来久谈，渠即在幕府一宿，明日四更起行前进也。二更后，阅《江北大营纪事本末》。三点睡。是日公牍中有乐亭人史梦兰所著各种书，略一翻阅。

初九日(是日，家人生病，满室呻吟)

早饭后清理文件。闻孙儿昨夜冷汗甚多，焦虑之至。占卦一次。陈心泉出京过此，久谈。小睡。巳初写《无慢室日记》。午初阅《五礼》《风师雨师门》《方泽祭地门》。中饭后阅本日文件。小睡数刻。申正，坐见之客一次。核批稿各簿。酉初二刻剃头一次。孙儿女之病未愈，是日内人又病，纪泽亦病，满室呻吟，殊觉愁闷。夜核初三日呈词各批。二更后阅《江北大营纪事本末》。温《项羽本纪》。三点睡。

初十日(令人带队至深、冀剿捕)

早饭后清理文件。坐见之客二次。司道谈颇久。巳刻，陈心泉来久谈。小睡片刻。写《无慢室日记》，将深泽、衡水两县所禀各匪查核一番。赵宗道来一谈，令其带队至深冀剿捕。午刻，杨石泉来久谈。渠由浙藩陛见过此也。中饭后阅本日文件，阅《五礼·方泽祭地门》。申正核批稿各簿。酉初三刻，回拜杨石泉，久谈。傍夕小睡。夜，李黼生来谈。二更后，课儿背书。三点睡。

十一日(初到直隶，恐负众望)

早饭后清理文件。坐见之客三次，立见者一次。小睡片刻。巳正阅《五礼·方泽祭地门》，核改信稿四件，写《无慢室日记》，将州县所收地粮考核一番。午正，请杨石泉便饭，直至申正方散。阅本日文件。旋核科房批稿簿。酉刻写对联五付。傍夕小睡。夜拟改摺稿，未果。阅发信件。二更后，课儿背书。日来因旱象已成，家人多病，焦灼之至。念生平稍致力于古文，思欲有所述作，今老惫而一无所成，深用自伤。又初到直隶，颇有民望，今诸事皆难振作，恐虎头蛇尾，为人所笑，尤为内疚。于心辗转惭沮，刻不自安。三点睡。

十二日

早饭后清理文件。见客，坐见者二次。考验武官弓马五人。旋改信稿十馀件，辰正二刻毕。拟作《金陵官绅昭忠祠碑记》，构思良久，至午正而未成一字。中饭〈后〉阅本日文件。未正申初，又拟作文而不果。申正核科房批稿簿。酉正仍反复构思，至灯后终无所成。余之文思钝拙固如此耶？抑老年衰惫、近日心绪不佳乃致然耶？本日因纪泽病颇重，尤为悬系。夜温《史记》三篇。二更后，课儿背书。三点睡。

十三日

早起，至关帝庙祭祀，旋归。饭后清理文件。坐见之客一次。小睡片刻。辰正围棋二局。巳初，拟作复奏直隶练军摺稿，构思良久，亦至午正未成一字，与昨日相同。中饭后阅本日文件。旋作摺稿百馀字。申正核批稿各簿，李佛生来一坐。酉刻小睡。灯后，作摺约五百字，未毕。二更三点睡。

十四日(坐堂审案十起)

早饭后清理文件。见客，坐见者二次，立见者一次。旋坐堂审案，过堂者十起。又作摺稿，沉吟久之无成，以练军之事最难筹办，心无成竹，故文不克就耳。中饭后阅本日文件。未正三刻至李铁梅山长处一谈，因昨日书院馆课，诸生多不交卷，一哄而散也。归，核批稿各簿，又作摺稿百馀字。夜作三百馀字，二更完毕。事之条理与文俱不称意。课儿背书。核初八日呈词批稿。三点睡。

十五日

早饭后清理文件。旋坐见之客二次，立见者一次。司道谈甚久。旋小睡片刻。巳初核改信稿三件。巳正改片稿一件，午正毕。中饭后阅本日文件。申初小睡。申正核批稿各簿。酉刻久睡。夜阅《朱子学案》。二更后，课儿背书。又阅《学案》数叶。三点睡。

十六日

早饭后清理文件。见客，立见者一次，坐见者一次。旋阅《朱子学案》。小睡。添李少泉信二叶，写张振轩信二叶。午刻阅《朱子学案》。中饭后阅本日文件。蒋养吾来久谈。至幕府一谈。李铁梅来久谈。核科房批稿各簿。旋又小睡。傍夕与纪泽一谈。夜阅《古文·传志类》下编。二更后，课儿背书。又阅古文二首。三点睡。

十七日（余到任百日，而于盐务全未讲求）

早饭后清理文件。史绳之来一谈。阅《长卢盐法志》，大致涉猎一过。盖余到任百日，而于盐务全未讲求，故略一翻阅。旋写刘霞仙信一件，澄、沅两弟信一件。小睡两次。中饭后阅本日文件。坐见之客一次，立见之客一次。小睡片刻。申正核科房批稿簿。酉刻写对联七付。傍夕小睡。夜改昨日摺稿、片稿。二更后，课儿背书。温《古文·识度之属》。三点睡。

十八日（本日补行斋课，余亲送考也）

早饭后清理文件。坐见之客二次，立见者一次。至书院一坐。前日诸生一哄而散。本日补行斋课，余亲送考也。归，小睡良久。写《无慢室日记》，将同治四年挑挖下口工程全卷一阅。旋拟作古文，久不能动笔，在床上转侧不安。中饭后阅本日文件。申初又小睡颇久。申正核批稿各簿。酉正又睡，盖思作《金陵官绅昭忠祠碑》而不能成，遂竟日昏睡，如醉如痴，向来习态如此。而数十年因循不肯苦学作文，至今已衰老，悔无及矣。夜阅《古文·叙记类》。二更三点睡。是日阅朱子诗数十首。申初，得雨寸许，为之小慰，犹不能救旱灾也。

十九日

早饭后清理文件。坐见之客一次。坐堂审案，凡过堂者十一案。旋小睡片刻。巳正改摺稿一件、片稿一件。中饭后阅本日文件，阅《彭咏莪文集》。申正核科房批稿各簿。大雨将及一时，约二寸许，为之少慰。傍夕小睡良久。夜将明日应发摺片各件细细校对。二更后，课儿背书。又作片稿一件，二百馀字。三点睡。

二十日

早饭后清理文件。坐见之客三次，立见者一次。旋至幕府与张振轩一谈。改信稿三件。翻阅《李茶陵文集》。午刻小睡。中饭后阅本日文件。李佛生来一谈。申正核科房批稿各簿。酉刻迭次小睡。夜作《金陵官绅祠记》百馀字。二更后，课儿背书。观其所作制艺，略有清气。四点睡。较寻常略迟二刻许，便不能成寐，四更后始成寐。

二十一日（至内箭道看箭一次）

早饭后清理文件。见客一次。至内箭道看箭一次。上半日不治他事。作《官绅祠记》二百馀字。中饭后阅本日文件。萧廉甫来一谈。阅《先正事略》。申正核批稿各簿。酉初小睡。再阅《先正事略》。夜作文，起草数十字。二更后，课儿背书。朗诵古文三首。三点睡。是日发七摺、四片。

二十二日

早饭后清理文件。两司来一见。李雨亭方伯进京过此，久谈。旋又见客一次。将作文而不能成。屡阅《先正事略》，屡次小睡，不觉混过一日。余生平光阴似此耗去者多矣。中饭后阅本日文件。申刻核科房批稿各簿。酉刻写扁四方、对四付。傍夕又与雨亭一谈，留陪夜饭。二更后，课儿背书。略阅《汤文正语录》。三点睡。

二十三日（作《官绅祠记》）

早饭后清理文件。见客，坐见者一次，立见者二次。作《官绅祠记》约四百字，午刻毕。叙次甚乱，文气散温，竟不成文，愧恧之至。小睡片刻。中饭后阅本日文件，阅《先正事略》数篇。申正核批稿各簿。酉刻写扁二方、对五付。傍夕小睡。夜阅《古文·奏议类》。将十八日吴状之批核毕。二更三点睡。

二十四日

早饭后清理文件。见客，坐见者四次，立见者一次。赵惠甫自江南来，谈甚久。旋又阅《先正事略》。屡次小睡，未能治一要事。中饭后阅本日文件。申初，幕府萧廉甫来一谈。申正核科房批稿各簿。旋翻阅《五代史》。夜，阅《古文·叙记类》。二更后，课儿背书。又阅古文数首。三点睡。

廿五日

早饭后清理文件。坐见之客三次，立见者一次，堂期也。旋送萧廉甫进京，一谈。以直隶公事生疏，拟将《畿辅通志》细阅，旋将京师一卷阅毕。又阅田赋、河渠、盐政、兵制诸卷，均不甚了了，不知作者果未得要领乎？抑余不善阅乎？雍正间所修之志，至今情形亦多不合矣。中饭后阅本日文件。旋阅《湖海文传》，申正核批稿各簿。酉刻阅《曝书亭集》，盖江南书箱初到，故一涉猎，亦学无归宿之咎也。傍夕与纪泽一谈。夜复阅《曝书亭集》。二更后，课儿背书。温《古文·识度之属》。三点睡。

廿六日（闻永定河决口，忧愤愧悚）

早饭后清理文件。旋见客，坐见者二次，立见者一次。小睡片刻。起，将钞《盐法志》而闻永定河北下四漫口，廿一日甫经奏报合龙，廿二日即已决口，忧愤愧悚，不能自释。彷徨绕室，不能治事。旋将张文端公《聪训斋语》温一过。中饭后阅本日文件。小睡片刻。申正核批稿各簿。酉刻写对联五付，见客一次。傍夕小睡。夜改陈右铭信稿。二更后，课儿背书。四点睡。前因久不下雨，孙儿女多病，心绪恶劣。近闻蝗蝻间起，永定河决口，尤为焦闷。为疆吏者，全仗年丰民乐，此心乃可自怡，若事事棘手，则竟日如在桎梏中矣。

廿七日

早饭后清理文件。见客，坐见者一次，立见者一次。将陈右铭信稿改毕，与之论古文之法。巳正小睡。午初阅《叶水心文集》。中饭后阅本日文件。旋至幕府久谈。申正核批稿簿。旋阅《惜抱轩集》。夜，仍阅《惜抱轩集》。二更后，课儿背书。诵《古文·奏议类》数首。三点睡。

廿八日

早饭后清理文件。坐见之客一次，立见者一次。彭楚汉旋来见，一谈。小睡片刻。阅《白香山集》。因近日胸襟郁结不开，故思以陶、白、苏、陆之诗及张文端之言解之也。巳正，阅《五礼通考·方泽祭地门》。午刻，赵惠甫来久谈。中饭后阅本日文件。写澄、沅两弟信，写至一半，接澄弟信，知科九侄纪湘取县案首，深为喜慰。又以吾家子侄取县首者四人，恐惹乡人讥评，亦不能无隐虑。申正核批稿各簿。酉刻剃头一次。戌初小睡。夜阅《古文·书说类》。二更后，密咏《孟子》。四点睡。

附记

现职：日查四人　考核一事

常以批教　常派员访

后务:月作二艺　料理二通

酌批熟书　阴托端士

廿九日(温《孟子·滕文公》上、下篇)

早饭后清理文件。坐见之客一次。旋坐堂审案,过堂者十二起。陈作梅、李勉林等自江南来,与之久谈。巳正小睡。又坐见之客一次。午刻阅《方泽祭地门》三十叶。中饭后阅本日文件,阅《白香山集》。小睡。申正核批稿各簿。酉初写对联五付。傍夕又睡。夜核廿三日呈词各批。二更后,课儿背书。温《孟子·滕文公》上、下篇。四点睡。

初一日(请陈作梅、李勉林五人宴)

早饭后清理文件。见客,坐见者二次,立见者一次。写《无慢室日记》。辰正小睡。巳刻阅《五礼通考·社稷门》并《祭地门》之末二十七叶。又小睡片刻。午正二刻请陈作梅、李勉林等五人吃饭,申初散。旋阅本日文件。申正核批稿各簿。旋又小睡。写对联五付。夜阅《姚惜抱文集》。二更后,课儿背书。温《孟子·离娄》上、下篇。四点睡。

初二日(写《无慢室日记》颇多)

早饭后清理文件。坐见之客一次。写《无慢室日记》颇多。小睡片刻。巳正将所阅《五礼通考》中之目标写于另本之书面,仅写一本,自觉费力,盖老惫竟不能作楷矣。午刻阅《汉书·高纪》二十叶。取此书略熟,较之《五礼通考》易于毕业也。中饭后阅本日文件。坐见之客一次。李佛生来此久谈。申正核批稿各簿。酉刻倦甚,小睡。夜温《万章》上下篇、《告子》上篇。二更后,课儿背书。阅韩文十馀篇。四点睡。

初三日

早饭后清理文件。旋写《无慢室日记》约六百字。巳初小睡。巳正阅《汉书·高纪》三十五叶。小睡片刻。中饭后阅本日文件,阅赵与时《宾退录》。申正核科房批稿簿。旋又小睡。因纪泽患病,为之系念。灯后,见客一次。将《论语》中言仁处汇书一纸,分为子目四条。二更后温《告子》下篇。四点睡。

初四日

早饭后清理文件。旋至龙母宫率属行礼,送铁牌还邯郸县。归途至陈作梅、李勉亭等处久谈。归署,见客一次。巳正,将《李忠武公行状》等细阅一遍。午初,阅《汉书·孝惠纪》。中饭后阅本日文件。小睡片刻。申正核批稿各簿。旋至幕府两处久谈。傍夕又小睡。夜拟作《李忠武神道碑》,仅作百馀字。二更四点睡。念年老而一无所成,又生平过刚,结怨不少,愧悔无已。反复焦闷,竟夕不能成寐。此近年所未有也。

初五日(买新书《朱子百选》)

早饭后清理文件。坐见之客二次,立见者一次。小睡半时。巳刻,易光莲来久谈。旋作《神道碑》数行。陈作梅来久谈。中饭后阅本日文件。有买新书,曰《朱子百选》,选朱子之古文也。翻阅一过。小睡片刻。申正核批稿各簿。酉刻阅《圣祖庭训格言》。又小睡颇多。夜再作《神道碑》,约作三百馀字。二更四点睡,尚能成寐。

初六日(作《神道碑》,感文思大退)

早饭后清理文件。坐见之客三次,立见者一次。旋李勉林、黎莼斋来久谈。小睡半时许。作《神道碑》百馀字。中饭后阅本日文件。小睡片刻。阅《宾退录》,阅杨忠愍公谏马市、劾严嵩二疏原稿。申正核批稿各簿。酉刻小睡良久。夜又作《神道碑》二百馀字。枝枝节节而为之,竟无一字是处。不知何以文思大退、精力大减至于如此。“少壮不努力,老大徒伤悲”。信有然矣。二更四点睡。尚能成寐。

初七日

早饭后清理文件。作客座示僚属四条。旋传见州、县二员，与之久谈。又坐见之客一次。小睡半时。巳正改摺稿一件。午初阅《宾退录》，阅朱子书数首。中饭后阅本日文件。见客一次。作《神道碑》百馀字，粗毕。申正核批稿各簿。酉刻写对联七付。傍夕小睡。夜作铭辞百馀字，未毕。二更四点睡。

初八日

早饭后清理文件。旋立见之客二次，坐见者二次。小睡片刻。核信稿一件。午刻，英西林中丞来久坐。作铭辞数十字。中饭后阅本日文件。又作铭辞百馀字，毕。申正，核批稿各簿。酉刻，李佛生来久谈。傍夕小睡。夜，因所作碑、铭，铭辞差可，而序太劣，思欲酌改而难于下笔。沉吟久之，微改数处。二更后，阅韩，欧文数首。四点睡。睡后出汗甚久，天已热矣。

初九日

早饭后清理文件。旋传见州、县二人，谈颇久，又立见之客二次。辰正坐堂录囚，过堂者凡十二起。退堂后，小睡半时。午初阅《汉书·高后纪》七叶、《孝文纪》二十叶。中饭后清理文件。旋阅《朱书百选》。小睡片时。申正，张振轩来一谈。旋核本日批稿簿，傍夕毕。小睡。夜，温诵韩文。二更四点睡。热甚。

初十日（知外舅欧阳福田已逝）

早饭后清理文件。旋见司道一次、首府等一次，坐均颇久，又传见之州，县一次。小睡半时。巳正改信稿三件。莫善徵、黎莼斋来久坐。阅《汉书·景纪》七叶。中饭后阅本日文件。又阅《景纪》三叶、《武纪》十叶。小睡片刻。申正核各科批稿。酉刻料理明日发摺，将各件校对一过。傍夕小睡。夜接家信，知外舅欧阳福田先生于五月初九日弃世，年八十四矣。温诵《孟子·尽心篇》上、下。二更后，温《古文·情韵之属》。四点睡。不甚成寐。

十一日

早饭后清理文件。旋坐见之客三次，谈均颇久。立见者一次。小睡半时。巳正二刻阅《汉书·武帝纪》二十叶。中饭后阅本日文件，阅《昭帝纪》三叶，阅赵忠毅公所著《史韵》。申正核批稿各簿。酉刻翻阅《先正事略》数首。小睡良久。夜阅《朱子学案》十馀篇，温《古文辞类纂》。二更后，与鸿儿讲《西铭》。旋又温古文三篇。四点睡。竟夕大雨如注，农田得此堪慰，而永定河及各处低田又堪忧矣。

十二日（将纪泽所作文批毕）

是日为先妣太夫人忌辰。早饭后清理文件。旋见客，坐见者一次，立见者一次。小睡半时。巳刻，坐见之客一次，阅《汉书·昭帝纪》七叶、《宣帝纪》二十六叶。午刻，莫善徵、黎莼斋来久谈。小睡片刻。中饭后阅本日文件，核改信二件。申正核科房批稿各簿。酉刻核复吴竹如信稿，约改三百字。傍夕小睡。夜将纪泽所作文批毕。二更后，温《古文·论辩类》。四点睡。

十三日

早饭后清理文件。小睡片刻。坐见之客一次。立见者一次。又小睡半时，盖余夏间有脾困之症，饭后则脾倦思睡，往往于会客之时渴睡不可忍。虽云病症，亦不能主敬以支撑之，可愧也。巳初阅孝元、孝成本纪三十二叶。午刻阅《朱子集》牒谕之属。中饭后阅本日文件。赵惠甫来一谈。申正核科房批稿各簿。酉刻在室中徘徊良久。深以精力衰老、学问无成为恨。小睡片刻。夜阅纪泽所作诗。旋温《古文·论辩类》，酌加圈识。二更五点睡。

十四日（坐堂录囚，过堂者十二案）

早饭后清理文件。旋坐见之客二次。坐堂录囚，过堂者十二案，补秋审者三案，巳初一刻毕。坐见之客一次。小睡片刻。巳正一刻阅《汉书》孝哀、孝平二纪，阅《陈胜传》。中饭后阅本日文件，将《陈胜传》阅毕。李佛生来一坐。申正核批稿簿。酉刻改信稿一件，约改二百字。四川臬司英祥来久谈。傍夕小睡。夜核六月初八日吴词批。旋温《古文·论辩类》。二更四点睡。

十五日

早饭后清理文件。旋坐见之客三次，司道谈甚久，立见之客二次。小睡半时许。巳正，作梅、勉林来久谈。阅《汉书·项羽传》廿三叶。中饭后毕，阅本日文件。申初阅《朱子学案》中敬字一门各文。申正核批稿各簿。酉刻又阅《朱子学案》。小睡颇久。夜，月蚀，自灯后初蚀，一更末食甚，二更末复元。凡行礼三次。派知府四员及武营等随同行礼。阅《性理精义》中学类一门二卷，约七十馀叶。三更睡。

十六日（近常以衰老而学问无成为恨）

早饭后清理文件。小睡。见客一次，谈颇久。旋又小睡颇久。巳初阅《汉书》《张耳陈馀传》《三蘖传》《韩信传》，共三十三叶，中饭后毕。阅本日文件。申初至幕府一谈。申正核批稿各簿。酉初剃头一次。傍夕小睡。夜温《古文辞类纂·论辩类》十叶、"序跋类"十叶。近来，常以衰老而学问无成为恨，数日内又有腹泻之疾，疲困之极，常常思睡。二更三点睡。

十七日

早饭后清理文件。坐见之客一次，立见者一次。李山长来久坐，主事崇文来一坐。小睡半时。巳正，阅《汉书》《彭、英、卢、吴传》《荆燕吴传》，中饭后良久乃毕。阅本日文件。小睡片刻。申刻核批稿各簿。酉刻写扁二幅、联四付。夜，温《古文〈辞〉类纂·序跋类》二十八叶。二更四点睡。

十八日

早饭后，坐见之客三次，坐[立]见者一次。清理文件。小睡半时。巳正，写欧阳牧云兄弟信一封，阅《楚元王传》三十二叶，未毕。中饭后阅本日文件。旋阅《性理精义》。小睡片时。申正核批稿簿，核毕，天已暝，盖昼晷渐短矣。傍夕小睡。夜，左脚膝后作疼，不知系受风欤？抑老年所谓脚转筋者欤？温《古文·序跋类》十二叶。脚疼而精力疲惫，不能治事，在室中徘徊而已。二更三点睡。

十九日

早饭后清理文件。旋坐见之客一次。小睡半时。旋阅《李勇毅公行状》，将为之作《神道碑》。状甚长，细阅二遍。中饭后阅本日文件。旋作《神道碑》百馀字。申正核科房批稿簿。酉刻写对联六付。傍夕小睡。夜又作《神道碑》二百馀字。二更三点睡。

二十日

早饭后清理文件。坐见之客四次，立见者一次。旋小睡半时许。巳正作《神道碑》百馀字。中饭后阅本日文件。小睡片刻。申正核科房批稿各簿。酉刻写扁一方、对六付。傍夕小睡。夜作《神道碑》二百数十字。二更三点睡。

廿一日

早饭后清理文件。坐见之客一次，立见者一次。小睡片刻。辰正一刻，坐堂审案十二起，至巳正止，中有一起翻供。作《神道碑》百馀字。午初，有蜀人黄启愚，字静甫者，学识俱优，来此久谈大半时。中饭后阅本日文件，作《神道碑》文毕。申正核科房批稿各簿。旋作铭辞。傍夕小睡。夜又作铭辞，至二更四点作毕，约千七百字。虽文无足观，而三日作毕，较上次已略速矣。睡后尚能成寐。

廿二日（拟改碑文）

早饭后清理文件。坐见之客三次，立见者一次。辰正小睡颇久。偶翻赵高邑、顾端文等传一阅，思将李忠武、勇毅两碑修改一过，而良久不就。中饭后阅本日文件，阅《惜抱轩文集》。申正核批稿各簿。酉初写对联六付。傍夕小睡颇久。夜又思改碑文而不果。阅《姚惜抱文集》。二更四点睡。

廿三日

早饭后清理文件。坐见之客二次，谈颇久。小睡片刻。将改所作碑铭而不果。写朱修伯信二叶，添萧廉甫信一叶。巳正二刻阅《刘歆传》《季布等传》《高五王传》二十四叶。中饭后阅本日文件。陈作梅来久谈，李佛生来久谈。核科房批稿各簿，旁夕始毕。小睡片刻。夜阅《近思录》，旋温《古文·奏议类》。二更四点睡。

廿四日

早饭后清理文件。坐见之客三次，蒋养吾谈颇久。小睡片刻。巳初三刻，阅《汉书》《萧曹传》《张陈王传》，凡三十三叶。中饭后阅本日文件。小睡片刻。至幕府久谈。申正核科房批稿各簿。酉刻写对联七付、阅《近思录》数叶，写目录于书皮。傍夕小睡。夜温《古文·奏议类》，疲倦殊甚，昏昏欲睡，不知何以衰惫若此。念学术一无所成。欲为桑榆晚盖之计，而精力日颓，愧恨无已。二更三点睡。

廿五日（湘潭主事周庆思自湘来见）

早饭后清理文件。坐见之客二次，衙门堂期也。旋又坐见之客四次，立见者一次。湘潭主事周庆思自湘来见，谈甚久。巳初一刻客散，小睡。巳正阅《周勃传》《樊郦滕灌传》二十二叶，中饭后毕。阅本日文件。未正二刻，惠甫来一坐。旋至刑、钱幕友处一坐。申正核科房批稿簿。小睡片刻。写对联五付。夜温《古文·奏议类》三十四叶，以熟习之文循诵一过而已。二更四点睡。

二十六日

早饭后清理文件。坐见之客四次，立见者二次。旋坐堂审案二十起。核秋审题稿。每起书一缓字或实字，不能细阅也。午初阅《汉书》《傅靳周传》《张周赵任申屠传》，中饭后毕，凡十一叶，阅本日文件，核秋审题本。申正核科房批稿簿，又核秋审题本。夜又核二本。二更后，阅《古文·奏议类》二十叶。是日，孙儿元七又病，殊为焦闷。

二十七日（李雨亭将赴山西巡抚）

早饭后清理文件。坐见之客一次，立见者一次。核秋审本。辰正，李雨亭到此久谈。渠将赴山西抚之任，由此经过也。巳正，坐见之客一次。旋阅《汉书》《郦陆朱娄[刘]叔孙传》《淮南厉王传》，中饭后毕。凡二十六叶。阅本日文件。未正至雨亭处回拜，久谈申正归。核科房批稿簿，傍夕毕。小睡片刻。夜阅《古文·奏议类》。二更三点睡。

二十八日（衰迈之年当“敬静纯淡”）

早饭后清理文件。坐见之客三次，立见者一次，王霞轩谈最久。旋拜发万寿贺本。小睡片刻。巳初三刻写澄、沅两弟信五叶，约六百字。湖南摺差六月初十过此间，今已十六日，尚未出京过此回湘。余久未复两弟信，殊愧歉也。午初写毕。阅《汉书》《淮南王安传》。午正请李雨亭、陈作梅中饭，申初散。阅本日文件，阅《衡山王济北贞王传》。狂风骤雨，折树撼壁，约一时馀乃定。核科房批稿各簿。疲倦殊甚。核头小睡。夜阅《古文·奏议类》王介甫文三首，二十一叶。二更四点睡。念余生平虽颇好看书，总不免好名好胜之见参预其间。是以无《孟子》“深造自得”一章之味，无杜元凯优柔厌饫一段之趣，故到老而无一书可恃，无一事有成。今虽墓齿衰迈，当从“敬静纯淡”四字上痛加功夫，纵不能如孟子、元凯之所云，但养得胸中一种恬静书味，亦稍足自适矣。

二十九日

早饭后清理文件。坐见之客四起，立见者一起，司道及绅士两起谈甚久。辰正，至箭道看箭。倦甚，小睡良久。巳正二刻阅《汉书》《蒯五江充传》十五叶。中饭后阅本日文件。申刻，王霞轩来，久谈大半时。申正二刻核批稿各簿。傍夕小睡。夜阅奏议董子三策。渴睡殊甚，二更四点睡。

三十日

早饭后清理文件。坐见之客四次，傅振邦坐最久。小睡片刻。改片稿一件、批稿一件。巳正二刻，阅《汉夫[书]》《息夫躬传》《万石君等传》《文三王传》，凡二十六叶，中饭后毕。阅本日文件，改信稿二件。李雨亭来久坐。申正核科房批稿，未毕。王晓莲自天津来，久坐。将批稿簿核毕。傍夕至幕府一谈。夜阅东坡制科对策。是日，人送来《朱伯韩诗文集》，将文集涉猎一过。二更四点睡。

## 七月

初一日（阅漕务、盐务册）

未明即起，至城外送李雨亭赴晋。归，早饭后清理文件。坐见之客三次。出门拜傅提督振邦。归，倦甚，小睡。王小莲来久坐。午初二刻阅《汉书·贾谊传》廿二叶。中饭后阅本日文件。小睡片刻。申正核科房批稿簿。傍夕写李雨亭信，未毕，灯后写毕。又核改信稿一件。阅《古文[辞]类纂》苏氏《策论》十八叶。二更四点睡。是日，刘道树堂自天津归，呈所为漕务、盐务各略节一本，时为翻阅。

初二日（将《贾谊传》阅毕）

早饭后清理文件。旋坐见之客四次，立见者一次。倦甚，小睡。巳正将《贾谊传》阅毕。阅《袁盎晁错传》凡三十叶。中饭，请王晓莲、王霞轩小酌，申初散。阅本日文件。旋核科房批稿簿。小睡。核信稿数件。傍夕又睡。夜阅苏子由《策论》书说类数首。二更四点睡。

初三日

早饭后清理文件。王晓莲、霞轩来辞行，久谈。旋出门至二处送行。归，坐见之客二次。辰正小睡。巳刻填写李少泉信二叶，约三百馀字，写李眉生信一叶，约二百馀字。坐见之客一次。阅《汉书·张冯汲郑传》十四叶，中饭后毕。阅本日文件，改信稿二件。核盐务稿，将复奏部文十条也。旋核科房批稿簿。是日，内人目疾，午刻请医生用针挑拨。申刻，接澄、沅两弟信，知纪官侄之妇欧阳氏于五月廿八日生女，六月初四日病故。近年家中人口不旺，深为焦虑。傍夕小睡。夜，阅《古文〈辞〉类纂·书说类》二十叶。二更四点睡。

初四日

早饭后清理文件。至内箭道看箭五员。坐见之客二次，立见者一次。旋坐堂审案十二起。小睡半时。阅《北学编》，将作《劝学》文，告直隶士子也。中饭后阅本日文件。作《劝学篇》百馀字。申刻核批稿各簿。酉初剃头一次。写扁三方。又作《劝学篇》百馀字。傍夕小睡。夜作文二百馀字。二更四点睡。共作五百馀字。

初五日（见司道议狱事）

早饭后清理文件。见司道一次，谈甚久，因有议狱事也。旋坐见之客三次。辰正二刻小睡，巳正始起。将作文而不果。旋写澄、沅两弟信，约四百数十字。中饭后阅本日文件。作《劝学篇》数行。申正核批稿各簿。旋核廿八日呈状各批。傍夕小睡。夜作文三百馀字。二更四点睡。

初六日（作《劝学篇》）

早饭后清理文件。坐见之客一次，立见者二次。小睡颇久。巳正作《劝学篇》百馀字。中饭后阅本日文件，又作文二百馀字，作毕，约千四百字。复视芜浅，殊不足观。申正核科房批稿簿。酉刻批阅纪泽所作文。旋至幕府一谈。傍夕小睡。夜阅《姚惜抱文集》。二更四点睡。

初七日

早饭后清理文件。旋坐见之客三次，立见者二次。旋阅《惜抱轩文集》。小睡颇久。巳正，阅贾山等传数叶。黄静轩来久谈，至午正去。又阅《贾邹传》共二十叶，至中饭后三刻毕，阅本日文件。将昨日所作之文细阅，将删改而不果。赵惠甫、李佛生先后久谈。申末刻，阅科房批稿簿。傍夕小睡。夜改昨日所作文。二更后阅《古文·书说类》六叶。四点睡。

初八日

早饭后清理文件。旋见客，坐见者三次。小睡片刻。又坐见之客一次。巳正，阅《汉书》《枚路等传》《窦田灌韩传》，凡三十一叶，至中饭后二刻毕。阅本日文件，阅《朱子学案·明辨之属》。申正核批稿各簿。酉刻，坐见之客一次。小睡颇久。夜，将初三日之呈状批辞细核一过。二更后，阅《古文·书说类》，朗诵《报任安书》。四点睡。

初九日

早饭后清理文件。坐见之客三次。阅《国史·文苑传》。小睡片刻。巳正，阅《汉书·景十三王传》。旋阅《李广传》五叶，至中饭后二刻毕。阅本日文件。两司来见。久谈。核科房批稿簿，傍夕毕。小睡。夜阅《古文·书说类》中韩文数首。二更四点睡。近以衰老日逼，学问无成，日日忧郁，若无地自容者。细思圣人"发奋忘食，乐以忘忧"，二者并进；固未尝偏于忧愤，穷年戚戚也。今虽一无所得，亦当求所谓乐者以自适。上而孔、颜之乐，次而周、程、邵、朱之乐，又次而陶、白、苏、陆之乐。勉而企焉，以扩吾之襟抱，且愤且乐，以终吾身，犹愈于终日郁闷者耳。

初十日（夜阅《声韵考》）

早饭后清理文件。坐见之客二次。小睡片刻。阅《先正事略》。巳正，阅《李陵苏武传》《卫青传》，至中饭后二刻毕。阅本日文件。陈作梅来久谈。小睡片刻。申正核批稿各簿，傍夕毕。在祖先位前行礼，即吾乡所谓接老客也。夜阅戴氏《声韵考》。旋温韩、柳书牍数首。二更四点睡。

十一日

早饭后清理文件。坐见之客三次，立见者一次。至内箭道看弓箭二员。巳初小睡。巳正阅《霍去病传》《董仲舒传》，凡三十五叶，至中饭后二刻毕。阅本日文件。旋阅《古韵标准》。小睡。申正核科房批稿簿。在室中徘徊，将出题，明日考书院；又将作对联寄湖广会馆，应乡人之嘱也。良久乃成，夜，温《古文·赠序类》二十二叶。二更四点睡。

十二日（至公所贺慈安皇太后万寿）

是日为慈安皇太后万寿，早，至公所率属行礼。归，饭后清理文件。见客一次。辰正二刻至书院考试官课。归，小睡半时许。巳正阅《汉书·司马相如传》三十七叶。中饭后阅本日文件。在室中宴坐良久。申正核批稿各簿。旋阅梁茝林《楹联续话》，灯下复阅之。二更后温韩文赠序类十叶。四点睡。

十三日

早饭后清理文件。坐见之客二次。旋又看《楹联丛话》。巳初小睡。巳正阅《汉书·

司马相如传》毕，阅《公孙弘卜式儿宽传》《张汤传》，至中饭后二刻毕。阅本日文传[件]。旋阅《范文正公传》《司马温公传》，革草翻阅。申正，贺麓樵来一谈。核科房批稿簿，未毕。傍夕小睡。夜将批稿簿核毕，又核初八日呈词批。二更后，阅韩、欧赠序。四点睡。

十四日

早饭后清理文件。坐见之客二次。将《畿辅义仓图》与《洪志》一对，批校三县。旋阅《楹联丛话》。巳正，阅《汉书》《张安世传》《杜周传》二十六叶，中饭后毕。阅本日文件。倦甚，阅《楹联丛话》。小睡。申正核批稿各簿。看烧衣包。雷雨交作，阴黑，不克治事。傍夕小睡。夜阅《古文》赠序类，诏令类二十叶。二更四点睡。

十五日

早间，随从人等叩贺。饭后，立见之客三次，坐见之客四次。清理文件。将《洪志》与《方图》一对。巳正，小睡片刻。旋阅《汉书·张骞李广利传》十三叶。中饭后阅本日文件。倦甚，小睡。见客一次，刘苳臣之弟、徐寿衡之弟过此，久谈。申正核科房批稿各簿。酉初写对联六付。傍夕小睡。夜阅诏令类、传状类二十叶。三更四点睡。

十六日（坐堂审案十二件）

早饭后清理文件。坐见之客三次，中有二客谈最久，立见者一次。至幕府一谈。巳正坐堂审案十二件。午正阅《汉书·司马迁传》廿二叶。中饭后阅本日文件。李勉林来久坐。写郭意臣信一封，添刘韫斋信二叶。申正核科房批稿簿。傍夕，写澄、沅两弟信，未毕，灯后写毕。阅《古文·传状类》十四叶。二更三点睡。

十七日（远虑日久不雨，近忧学问无成）

早饭后清理文件。坐见之客二次。将书院课卷翻阅，仅能看阅者之批，不能多看诸生之文，殊自愧其草率。巳正小睡。旋阅《汉书·武五子传》。巳初，添彭雪琴信一叶，将《洪志》与《方图》一对。中饭后阅本日文件。天气燥热，小睡良久。申正核批稿各簿。李绂生来久坐。傍夕又睡。闻近来又因日久不雨，田禾枯槁，近省一带尤甚，为之焦灼忧郁。又以学问之事，一无所成，愧恨无已。夜，〈改〉摺稿一件，阅《古文》传状类、碑志类八叶。二更三点睡。

十八日（日后当“乐天知命”）

早饭后清理文件。旋坐见之客三次。小睡片刻。巳初将《洪志》与《方图》一对。巳正阅《汉书·严朱吾丘严徐等传》三十四叶。中饭后阅本日文件。陈作梅来久谈。申正核科房批稿簿毕。吴挚甫来一谈。写扁一方、对联五付。傍夕至幕府一谈。夜温《古文·碑志类》上十四叶。二更三点睡。近日见纪泽牙疼，孙儿小疾，每以家中人口为虑。又惦念南中诸弟各家，竟日营营扰扰。偶思咸丰八年四月葛罣山扶乱，即已预知有是年十月三河之败、温甫之变。天下万事皆有前定，丝毫不能以人力强求。纷纷思虑，亦何补耶？以后每日当从“乐天知命”，四字上用功，治事则日有恒课，治心则纯任天命。两者兼图，终吾之身而已。

十九日（自愧心如废井无水可汲）

早饭后清理文件。旋坐见之客二次。将作《金陵水师昭忠祠碑记》久不能下笔，而神思昏倦，小睡片刻。中饭后阅本日文件。旋作记数行。申正核科房批稿簿，又作记数行，酉正久睡。夜又作记数行，核片稿一件。二更四点睡。作记共三百馀字，全无是处，心如废井，无水可汲，深以为愧。

二十日

早饭后清理文件。坐见之客四次，立见者一次。旋小睡片刻。拟作文而久不能成。午正见客一次，谈颇久。中饭后阅本日文件。旋作记数行，约二百馀字。申正核批稿各簿。酉刻写岳父祭幛一幅，将写挽联而不能撰就。傍夕小睡。夜，明日将发折，将各折、片细细一对。二更后，又作记两三行。四点睡。

二十一日

早饭后清理文件。立见之客一次，坐见者二次，刘子务谈甚久。坐堂审讯十二案。写朱修伯信一叶。午刻，作记数行。中饭后阅本日文件。又作记两行，毕，约共八百字，全不称意。申正核科房批稿簿。酉刻，作联挽外舅欧阳福田公。写毕，又写对四付。傍夕小睡。夜，将十三日呈词细核批稿。温《古文·碑志类》下编十六叶。二更四点睡。

二十二日

早饭后清理文件。将《洪志》与《方图》一对。旋坐见之客二次，立见者一次。片刻。巳正，将昨日所作之记核改润色，阅《汉书》《贾捐之传》《东方朔传》，凡三十一叶。中饭后阅本日文件。旋阅《先正事略》一卷，又阅《朱子文集》一卷。申正核科房批稿各簿。见客一次，剃头一次。傍夕小睡。夜温碑志类十九叶。二更四点睡。

二十三日

早饭后清理文件。将《洪志》与《方图》一对。旋坐见之客二次，立见者一次。出门至城外拜刘子务，又至马队营中，午初二刻归。惠甫来一谈。中饭后阅本日文件，内有送鹿忠节诸书者，因将其《四书说约》阅数十则，中多警辟之论。小睡片刻。申刻核科房批稿各簿，细核司详二件，又阅《四书说约》。夜核十八日呈词批稿。二更后温《古文·碑志类》十六叶。四点睡。纪泽牙疼已久，日见消瘦，殊以为虑。

二十四日（出城迎郑小山司马）

早饭后清理文件。将《洪志》与《方图》一对。旋坐见之客四次。小睡片刻。巳正阅孙高阳《车战百八叩》数叶。旋阅《汉书》《杨恽传》，阅《杨胡朱梅云传》，共二十四叶。中饭后阅本日文件。小睡。出城迎接郑小山司马，渠自山西进京也。归署顷刻，郑即来拜，谈及天黑始去。小睡片刻。夜核科房批稿簿毕。温欧阳公碑志十五叶。二更四点睡。

二十五日

早饭后清理文件。坐见之客三次，衙门期也。出门拜郑小山，久谈，午初始归。写信一件，前寄小山信，渠嘱我亲笔一写也。阅《汉书·霍光传》六叶。未初，请郑尚书小宴，酉初始散，谈甚畅。阅本日文件。傍夕，李佛生来一谈。小睡片刻。夜核批稿各簿。二更后，温欧阳公碑志三篇。四点睡。

二十六日（念老年读书如灌枯苗）

早饭后，出城送郑小山尚书。归，清理文件。见客，坐见者三次，立见者一次。坐堂审十二条。小睡片刻。阅《汉书·霍光金日磾传》毕，共二十叶。中饭后阅本日文件。陈作梅来久坐。阅鹿忠节《四书说约》，写澄、沅两弟信。申正核科房批稿各簿。傍夕小睡。夜核信稿三件。温欧阳公碑志四篇。课儿背《礼记》。二更四点睡。念老年读书，如旱苗叶已枯槁而汲井以灌溉，虽勤无益。古人所以戒进过而后学也，然果能灌溉不休，则禾稼虽枯而菜蔬或不无小补耳。

二十七日（因闻直隶练习折事心绪作恶）

早饭后清理文件。立见之客一次。将《洪志》与《方图》一对五县。旋阅《四书说约》，添李雨亭信二叶。小睡片刻。赵惠甫来久谈。巳正三刻，阅《汉书·赵弃国辛武贤传》二十一叶。中饭后阅本日文件，阅《朱子文集·箴铭之属》。萧廉甫自京来，久谈。申末核批稿各簿。因闻直隶练兵折为诸津要所不悦，痛加驳斥，心绪作恶。傍夕小睡。夜温欧、王碑志类数篇。二更后，眼蒙殊甚。阅《近思录》数叶，取其字大而书熟也。四点睡。竟夕不甚成寐。

附记

与司商劾一大十一吏

二十八日

早饭后清理文件。坐见之客三次,立见者一次。将《洪志》与《方图》校对五县。小睡片刻。巳正三刻阅《汉书·傅介子等传》二十四叶。中饭后阅本日文件。小睡片刻。至幕府久谈。申正,蒋养吾来久谈。旋核批稿簿,未毕。孙雨农一谈。傍夕小睡。夜,将近日所见州县履历一为清理。温王介甫碑志类十三叶。二更四点睡。

二十九日

早饭后清理文件。旋开一单,将欲参劾数员,传两司来一商。小睡片刻。巳正二刻阅《汉书·隽不疑等传》,又阅《王吉传》,共二十四叶。中饭后阅本日文件,写罗研生信三叶,阅《近思录》十馀叶。申正核批稿各簿。酉初写对联三付。弄孙一刻许。傍夕小睡。夜将应保各员开一单。二更后阅《近思录》数叶。四点睡。困乏之至。未及四更即醒。

## 八月

初一日(将应劾、应保人员开单注考)

早饭后清理文件。坐见之客三次,司道等谈甚久。小睡片刻。巳正见客一次,谈颇久。午刻,将应劾之员开单注考。中饭后阅本日文件。旋又注考,兼查履历。申正核批稿各簿。酉初写对联四付。至幕府久谈。夜将应保人员开单注考。二更后课儿背书,阅王介甫碑志十二叶。二更四点睡。

初二日(尤悔德学无成)

早饭后清理文件。坐见之客三次,立见者二次。阅《四书说约》。小睡片刻。李佛生来久谈。午刻阅《汉书·贡禹两龚传》十三叶。中饭后阅本日文件。李勉林来久坐。申正核批稿簿。旋坐见之客二次,谈颇久。将批稿簿核毕。傍夕小睡。夜,核十三日呈词批二件。二更后,课儿背书。温《古文》碑志类、杂记类十二叶。四点睡。日月如流,倏已秋分。学业既一无所成,而德行不修,尤悔丛集,自顾竟无湔除改徙之时,忧愧曷已!是日阅匡援所作《毛诗异义》《尚书伏马义》等书,盖山东学者流寓此间。此书久已送来,而未一寓目,真可愧耳。

初三日

早饭后清理文件。坐见之客一次,立见者三次。改摺稿三件,写一信与首府。小睡片刻。巳正阅《汉书·鲍宣等传》八叶。午初出城接贺云湖学使,率属恭请圣安。归来,中饭后阅本日文件,作片稿一件。申正核批稿各簿,未毕。有广西刑部主事刘有科来见,一谈。再核批稿,毕。傍夕小睡。夜核七月二十八日呈词批。二更后,温韩、柳杂记类十二叶。四点睡。

初四日

早饭后清理文件。两司来见,久谈。又坐见之客一次,立见者一次。拟作《苗先路墓志铭》,因将渠所著《说文声打》《说文声读表》《毛诗韵订》《建首字读》等书细阅一过,摘钞少许,以便采择入文。中饭后阅本日文件。又阅苗君所著《集韵经存》《说文声读考》二种,皆未刻者。申正核批稿各簿。坐见之客一次。又阅苗君所刻诗片。傍夕小睡。夜阅顾氏《音学五书》,审其与苗君异同之处,摘录一二,以备采摭。二更四点睡。

初五日(阅《古音标准》以便作苗君墓志)

早饭后清理文件。坐见之客二次,立见者一次。司道谈甚久。旋改片稿二件。巳正

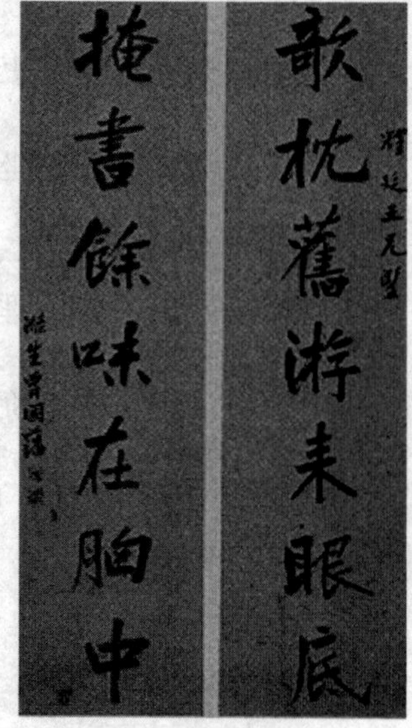

曾国藩书法

小睡片刻。午初,陈作梅来久谈。中饭后阅本日文件,阅《音学五书》。申正核科房批稿各簿。又阅《音学五书》,毕。傍夕小睡。夜,填写黄恕皆、倭艮峰信,共五叶。约五百字。阅《古音标准》,将考诸家音学之得失,以便作苗君墓志。二更四点睡。

初六日

早饭后清理文件。坐见之客二次,立见者一次。巳刻,坐堂审案十二起。旋阅段茂堂《六书音韵表》。午刻,会客一次。中饭后阅本日文件,又阅孔檒轩《诗声类》、王怀祖《古音廿一部》。天气燥热,昏昏欲睡。赵惠甫、贺麓樵、吴挚甫诸人来久谈。核科房批稿簿,未毕。傍夕小睡。夜将批稿核毕。旋拟作苗君墓志铭,未果动笔。二更后,课儿背书。四点睡。是日未刻发摺片九件。

初七日(作《苗仙簏墓志》)

早饭后清理文件。坐见之客一次。旋作《苗仙簏墓志》。午刻,坐见之客二次。中饭后阅本日文件。又作墓志。申正核科房批稿簿。酉刻,写扁一方、对联五付。傍夕小睡。夜又作墓志。是日共作八百馀字,未毕。二更后,课儿背书。纪泽作《音学考》,约近五千字,于考古及审音二者均有所得,为之一慰。三点睡。

初八日(细阅余作之墓志竟无一字是处)

五更三点起,至文庙丁祭。黎明,率属行礼。归,早饭后清理文件。坐见之客二次。小睡片刻。巳正作苗君墓志。中饭后阅本日文件。旋又作墓志。申正核科房批稿各簿。酉刻将墓志铭作毕。细阅竟无一字是处。昔余终年不动笔作文,而自度能知古文之堂奥,以为将来为之必有可观,不料今年试作数首,乃无一合于古人义法,愧郝何极!傍夕小睡。夜阅《呻吟语》,因贺云湖新送《吕新吾全集》也。二更四点睡。

初九日

早饭后清理文件。坐见之客二次,立见者一次。小睡片刻。巳正二刻,阅《韦贤元成传》《魏相传》。中饭后阅本日文件,翻阅《朱子全集》数首,将纪泽所作《音学考》批点一过。申正核科房批稿簿。天气细雨凝凉,酉正暝色已深,日渐短矣。傍夕小睡。夜核初三日吴词各批。二更后,课儿背书。阅《古文·杂记类》十六叶。二更四点睡。

初十日

早饭后清理文件。坐见之客三次,司道谈颇久。巳正核复丁中丞信稿。午初阅《汉书》《丙吉传》《眭孟两夏侯京房传》。中饭后阅本日文件。小睡,阅《吕新吾集》。蒋养吾来久谈。核科房批稿各簿。傍夕至幕府一谈。夜填写丁中丞信二叶,阅欧、曾文杂记类。二更后,课儿背书。四点睡。

十一日(愧恨余坐视民灾不能补救)

早饭后清理文件。坐见之客三次。小睡片刻。午初,坐见之客一次。阅《翼奉李寻传》。中饭后阅本日文件。旋阅《吕新吾集》。小睡片刻。坐见之客二次。申正核批稿各簿。酉刻剃头一次。是日,客有自河南来者,言大、顺、广旱灾甚重,又有自雄县等处归者,言滹沱河水无去路,文、大、雄、任、饶阳、安平一带水灾甚重,深为焦灼。忝任卦圻,坐视斯民之灾厄不能稍为补救,愧恨何极!夜阅《古文·杂记类》苏、王各家廿七叶。二更后,课儿背书。四点睡。

十二日

黎明，率属祭关帝庙。归署，早饭后清理文件。见客，坐见者三次，立见者一次。阅《皇朝经世文编》中《畿辅水利》数篇。小睡片刻。巳正二刻阅《汉书·赵广汉尹翁归张敞韩延寿传》廿三叶。中饭后阅本日文件。将作赞，题《杨忠愍公遗疏草手卷》，而不果。赵惠甫、薛季怀先后来久谈。旋核科房批稿簿。傍夕，贺麓樵来一谈。夜作《杨椒山疏稿赞》四言诗二十四句。二更后，课儿背书。阅《古文·杂记类》。倦甚，四点睡。

附记

书赞　买谷米　议河道　改信稿

十三日

早饭后清理文件。坐见之客五次，两司谈颇久。写《杨愍公遗疏赞》于手卷，字极劣，阅之生憎。小睡片刻。阅《汉书·王尊王章传》。十四叶。中饭后阅本日文件。坐见之客二次，范楣生坐颇久。改信稿四件。李佛生来一谈。核批稿各簿，未毕。傍夕小睡。夜又核批稿簿。毕。核初八日呈词批。二更后，倦甚，阅吕新吾《呻吟语》。三点睡。

附记

○勇粮摺　练兵摺　○竹庄信论买书　蒋道署事片

滹沱河大概情形片　杂说

十四日（细阅兵丁趁火抢劫之案）

早饭后清理文件。赵宗道来一谈。铭军马队中营三哨，怨其统领陈凤楼克扣饷项，带勇数十人申诉来辕，因传三哨官面询一切，又传营务处、张臬司处断此事。坐见之客四次，立见者一次。旋坐堂审案十二起。有兵丁苑泳盛趁火抢劫之案，极口呼冤，又将全卷细阅一过。小睡片刻。午初阅《汉书·诸葛丰等传》十五叶。中饭后阅本日文件。蒋养吾来久坐，又小睡片刻。申正核科房批稿簿。傍夕至幕府一谈。夜见张臬司等，将勇丁申诉事办毕。又见客一次。温《古文》杂记类、箴铭类、颂赞类，凡二十二叶。二更后，课儿背书。朗诵《离骚经》二遍。四点睡。

十五日（阅《畿辅水利》数篇）

早起，署内人等叩节行礼。饭后清理文件，阅《经世文编》中《畿辅水利》数篇。幕友等来叩节贺喜。余旋至各幕回候，一谈。小睡片刻。巳正二刻阅《汉书·萧望之传》十七叶。中饭，请幕友小宴，未末散。阅本日文件。旋见客一次，谈颇久。小睡片刻。申正核批稿各簿，核信稿未毕。傍夕小睡。夜核信稿二件。温《古文·辞赋类》中屈、宋各篇。二更四点睡。

附记

程答黎河帅北方水利六不便

十六日

早饭后清理文件。坐见之客二次，立见者二次。阅《经世文编》中《畿辅水利》三十馀叶。巳正小睡片刻。旋阅《汉书·冯奉世传》十馀叶。中饭，请幕友刑、钱等小宴，未末散。阅本日文件。申正核批稿各簿。添写吴竹庄信二叶，未毕。傍夕小睡。夜添写竹庄信一叶，又写李少泉信二叶，改摺稿一件。二更四点睡。

十七日

早饭后清理文件。两司来见，久坐，又坐见之客二次，立见者一次。阅《经世文编》中《畿辅水利》十馀叶，阅《汉书·宣元六王传》。巳午间，坐见之客二次。中饭后阅本日文件，将《宣元传》阅毕，核信稿十馀件。申正核批稿各簿。酉初写对联八付。傍夕小睡。夜温《古文·辞赋类》。二更后，课儿背书。四点睡。

十八日(翻寻《直隶通志》中记碑各文)

早饭后清理文件。坐见之客三次,立见者一次。阅《经世文编》中《水利》数篇,翻寻《直隶通志》中记碑各文。巳正阅《汉书》《匡张孔马传》《王商史丹传》。中饭后阅本日文件。旋又阅《傅喜传》。是日共阅三十九叶。小睡片刻。作梅来久谈。申正核科房批稿各簿,将改滹沱河摺稿而不果。傍夕小睡。夜核十三日呈词批。二更后温《古文·辞赋类》扬、马各篇。三点睡。疲倦殊甚。

十九日

早饭后清理文件。坐见之客三次。将改拟修治滹沱河摺稿,先将《直隶河渠志》等书一阅。中饭后阅本日文件。又将滹沱河各处禀件一阅。李佛生来久谈。阅核科房批稿各簿,未毕。傍夕小睡。夜将批稿核毕。改滹沱河摺约四百字,未毕。二更四点睡。

二十日(念久居高位而无成,后世将讥议交加)

早饭后清理文件。坐见之客三次,司道坐甚久。旋改滹沱河摺稿,将《畿辅通志》等书一翻。午初,贺云甫学使来久谈。中饭后阅本日文件。旋至莲花池,与司道府县等公请学使。未正上席,直至灯时始散。归,核科房批稿各簿。二更后,课儿背书。旋将摺稿改毕,约改千馀字。四点睡。是日在席中愀然不乐。念生平所作事,错谬甚多,久居高位而德行学问一无可取,后世将讥议交加,愧悔无及。

廿一日

早饭后清理文件。旋见客一次,谈颇久。巳刻,坐堂审十二案。旋将改直隶练军章程摺,沉吟之久,未能下笔。中饭后阅本日文件。出门拜贺云甫,久谈。归,作摺稿数行。申正核科房批稿各簿。酉初写对联三付。傍夕小睡。夜作摺稿约四百字。二更后,课儿背书。四点睡。

廿二日

早饭后清理文件。旋见客,坐见者二次,立见者一次。辰正出城送学使。归后,作摺稿百馀字。费道来久谈。中饭后阅本日文件。旋又作摺稿。申正核科房批稿簿。旋又作摺稿。夜又作摺。二更后,课儿背书。四点睡。是日作摺约八百字,未毕。

廿三日(欣闻科九侄府试长案第三)

早饭后清理文件。旋坐见之客一次,立见者一次。至箭道考试三员。旋将昨日摺稿作毕,共约千六百字。小睡片刻。改信稿十馀件。中饭后阅本日文件。李勉林来久谈。小睡片刻。申正核科房批稿各簿。昨日接沅弟信,本日又接澄弟信,又见瑞、官两侄与儿辈信,知科九侄府试长案第三,甚以为慰。至幕府两处久谈。夜核呈词批一件,温《古文·辞赋类》扬、班各篇。四点睡。

廿四日

早饭后清理文件。旋坐见之客二次,立见者一次。小睡片刻。阅《近思录》数叶。巳正阅《汉书·薛宣朱博传》。中饭后阅本日文件。旋又阅《近思录》,改片稿一件。申正核批稿各簿。傍夕小睡。夜阅张平子《两京赋》。眼蒙殊甚,疲倦不堪。天气已短,而疲困若此,盖老景摧颓甚矣。二更三点睡。

二十五日(核天津青县京控案)

早饭后清理文件。坐见之客四次,立见者一次,司道及作梅谈颇久,客散已巳正矣。将昨日摺稿再核一过。午初阅《汉书·翟方进传》。中饭后阅本日文件。坐见之客一次。核信稿一件,写澄、沅两弟信。又坐见之客一次。核科房批稿簿,天黑未毕。小睡。夜将批稿簿核毕,又核天津青县京控案。二更后,课儿背书。旋温上《论》《子罕》《乡党》。四点睡。

二十六日

早饭后清理文件。坐见之客一次。旋坐堂审案十二件。翻阅《先正事略》数篇。小睡片刻。李佛生来一谈。巳正三刻阅《汉书·谷永传》二十叶。中饭后阅本日文件。坐见之客二次，作梅谈颇久。申末核批稿簿，暝时毕。申初核信稿一件。傍夕小睡。夜对各摺，明日将发者十一件。二更后，课儿背书。旋温《古文·辞赋类》二首。四点睡。

二十七日（写李雨亭及申夫信）

早饭后清理文件。坐见之客四次，立见者一次。将本日应发摺片检点一番，京信亦加校对。自写吴挚甫信一叶。巳正小睡片刻。午初阅《汉书》《杜邺传》《何武传》。中饭后阅本日文件。旋阅张文端《聪训斋语》，写李雨亭及申夫信，各添二叶。申正核批稿各簿。傍夕至幕府久谈。夜核批稿二件。温《古文》辞赋类、哀祭类。二更后，课儿背书。又温古文数叶。三点睡。

二十八日（因家中琐事不顺心绪郁闷）

早饭后清理文件。坐见之客四次。阅《经世文编》中《直隶水利》二篇。巳正三刻阅《汉书》《王嘉传》《师丹传》，又《扬雄传》七叶，凡二十五叶。因内人病势加重，屡次省视。中饭后阅本日文件。以家中琐事不顺，心绪郁闷，室中徘徊者久之。核改信稿二十馀件。申正核科房批稿各簿。傍夕小睡。夜阅《古文·哀祭类》。二更后，与纪泽久谈。四点睡。

二十九日

早饭后清理文件。坐见之客三次，立见者二次。阅《经世文编》中《畿辅差徭》数篇。小睡片刻。巳正二刻阅《扬雄传》上。黎莼斋等自京来，久谈。中饭后阅本日文件，写何子贞信数行，未毕。惠甫来诊脉，久谈。申正核科房批稿各簿。傍夕小睡。夜将《古文·哀祭类》温毕。阅《近思录》首卷《道体》四十八叶。二更后课儿背书。四点睡。

## 九月

初一日

早饭后清理文件。坐见之客一次，坐见者二次，又京官来见者一次。内人病势加重，屡次存问。小睡片刻。午初阅《汉书·扬雄传》下，阅《儒林传》六叶。中饭后阅本日文件，将何子贞信写毕，填写李筱泉信二叶。申正核批稿各簿。酉刻剃头一次。夜阅《近思录》第二卷四十二叶，填写王睡莲信一叶。二更后，课儿背书。四点睡。

初二日

早饭后清理文件。坐见之客三次，立见者一次，薛季怀、黎莼斋等谈甚久。坐堂审案十件。小睡片刻。阅《汉书·儒林传》毕。中饭后阅本日文件，写树堂信一封。申正核批稿各簿。贺麓樵来一谈。傍夕小睡。夜，阅放翁七绝，恬吟而密咏之。二更后，课儿背书。阅《近思录》第二卷二十叶，毕。二更四点睡。

初三日（傍夕与幕客一谈）

早饭后清理文件。坐见之客四次，立见者一次，钱调甫谈最久。至内箭道阅箭三员。小睡片刻。内人病势增重，常入存问。阅《汉书》《循吏传》《酷吏传》，未毕，凡二十五叶。中饭后阅本日文件。旋写澄、沅二弟信一件，叶亭甥信一件。申正核批稿各簿。傍夕与幕客等一谈。夜阅《近思录》第五卷毕，又阅第三卷毕。看得草草，不甚仔细。二更四点睡。

附记

优:王养寿　王茂壎　朱锡庆

劣:徐本衡　李传馨南四

郑衍恒北至,徐之亲

蔡铎前署南八下汛把总,又署南岸千总,现署北岸协备。善于钻营

初四日

早饭后清理文件。坐见之客三次,立见者一次,谈俱甚久。将作《湘乡县昭忠祠记》,小睡片刻,午初起,久不下笔。中饭后阅本日文件。心绪郁闷,围棋二局。申正核批稿各簿,天气日短,稿未毕已暝黑矣。傍夕见客一次。小睡。夜作《昭忠祠记》约五百字。二更后,课儿背书。四点睡。内人病势增重,通夕不寐。

初五日

早饭后清理文件。坐见之客三次,司道谈甚久。摺差回,阅京信、京报等件。巳正小睡。午初,坐见之客一次。将作《昭忠祠记》而不果。中饭后阅本日文件,阅新买之《击壤集》《白沙集》,添黄晓岱信一叶。申正核科房批稿簿。傍夕小睡。夜作《昭忠祠》百馀字,甚不称意。二更后,课儿背书。四点睡。日内因内人病重,心绪郁闷。

初六日(作《昭忠祠记》毕)

早饭后清理文件。坐见之客三次,立见者一次,江良臣谈甚久。旋作《昭忠祠记》数行。小睡片刻。午刻又作《祠记》。中饭后阅本日文件。是日发摺差摺、片八件。旋又作《祠记》。林方伯之望来久谈。核科房批稿簿,未毕。傍夕小睡。夜将批稿簿核毕。旋将《昭忠祠记》作毕,约千馀字。二更后,课儿背书。四点睡。

初七日(将昨日所作记文沉吟删改)

早饭后清理文件。坐见之客三次。坐堂审案十二件。小睡片刻。午初将昨日所作记文沉吟删改。出门拜客一次。中饭后阅本日文件,将记文再一删改。阅《邵子诗集》。申正核科房批稿簿,暝时毕。夜核改信稿二件。二更后,与纪泽一谈,课纪鸿背书。阅《近思录》第四卷,未毕。四点睡。

附记

永定河摺　练军章程　盐务摺

初八日

早饭后清理文件。坐见之客三次。小睡片刻。巳刻,陈作梅来久谈。午刻坐见之客一次。核改信稿十馀件。中饭后阅本日文件。将金陵《两汉书》应行分送者,开一清单寄南。申正,核批稿簿,未毕。傍夕小睡。夜将稿核毕。二更后与纪泽一谈。旋温《古文·识度之属》。四点睡。内人病势日重,竟夕呻吟,深为焦灼。

初九日

早饭后清理文件。坐见之客一次。将核改练军章程而不果。阅《击壤集》。小睡片刻。巳正阅《汉书·酷吏传》毕,阅《货殖传》,共二十叶。中饭后,钱调甫、蒋养吾先后来久谈。阅本日文件。申刻核批稿各簿。酉刻,张振轩等来久坐。夜阅《近思录》两卷。二更后,课儿背书。三点睡。

初十日

早饭后清理文件。坐见之客二次,立见者一次。阅《击壤集》。小睡片刻。巳正二刻阅《汉书·货殖传》毕,《游侠传》《佞幸传》未毕,共二十五叶。中饭后阅本日文件,阅《击壤集》。见客一次。申正核批稿各簿。傍夕小睡。夜阅《近恩录》一卷馀,眼蒙殊甚。二更后,课儿背书。温《孟子》《公孙丑下》《滕文公上》。四点睡。

十一日(内人病重,官事亦难着手)

早饭后清理文件。立见之客二次。因内人病重，而官事如练兵，治河，俱难着手。在室中徘徊久之。旋小睡片刻。巳正阅《佞幸传》毕，阅《匈奴传》，共二十六叶。中饭后阅本日文件，阅练军卷，将另立章程而不果。李佛生来一谈。核科房批稿簿，未毕，灯后核毕。傍夕，与邓良甫一谈。夜改练军章程至二更四点，未毕。睡，四更后醒，不复成寐。

十二日（将练军章程再一核改）

早饭后清理文件。旋将练军章程再一核改。巳初小睡。巳正，贺麓樵、黄静轩来一坐。午初，陈作梅来一坐。阅《匈奴传》仅三叶。中饭后阅本日文件。赵惠甫、薛叔耘来久坐。申正核批稿各簿。傍夕小睡。内人病重，甚为焦灼。夜，将练军章程核改粗毕。二更后，课儿背书。旋温《古文·气势之属》。四点睡。

十三日（坐堂审案十二件）

早饭后清理文件。坐见之客二次。丁乐山谈甚久。坐堂审案十二件。小睡片刻。巳正阅《汉书·匈奴传》十七叶。中饭后阅本日文件。旋借阅《楞严经》，竟不能入。又阅《邵子诗集》。申正见客一次，谈甚久。核科房批稿簿，未毕，夜间核毕。又核练军章程，毕。二更后阅放翁七律，阅《近思录》末二卷毕。四点睡。内人病日沉，焦虑之至。

十四日

早饭后清理文件。坐见之客二次，钱调甫谈甚久。小睡片刻。张振轩来坐颇久。巳正二刻阅《匈奴传》十二叶。中饭后阅本日文件，核改信稿十馀件，又改复莫子偲信。申正核批稿各簿。傍夕小睡。夜将作永定河摺稿，沉吟久之，尚未下笔。核初八日呈词批。二更后，课儿背书。温《古文·论著类》。四点睡。

十五日

早饭后清理文件。是日止院不见各客，惟饶阳绅士五人来见一次。旋出门拜客。至钱调甫、史绳之两处一谈。归，阅《匈奴传》毕，凡二十一叶。中饭后阅本日文件，又一阅《匈奴传》。申正核科房批稿簿，未毕。傍夕小睡。夜将批稿簿核毕。核改永定河办工摺稿。二更后，课儿背书。又改摺稿，未毕。四点睡。昨日接沅弟及纪瑞侄信，知瑞侄、官侄俱取一等，瑞兼取古学官，可补廪，纪湘侄进学本房，厚七亦进学，深为欣慰。本日又接欧阳牧云信，请余作墓志铭，寄到节略也。

附记

派员办洋务

十六日（作永定河摺稿）

早饭后清理文件。坐见之客三次，立见者一次。小睡片刻。巳刻二刻写对联七付。巳末阅《西南夷南越王传》十八叶。中饭后阅本日文件。惠甫来一谈。填写莫子偲信二叶。张振轩、费幼亭来久谈。核批稿各簿。傍夕小睡。夜作永定河摺稿、片稿。二更后，课儿背书。又作片稿，共作千三四百字，未毕。四点睡。微觉用心太过，不甚成寐。

十七日

早饭后清理文件。坐见之客一次，将昨夜永定河片稿改毕。小睡片刻。巳初写对联八付，巳正二付。阅《汉书》《东越朝鲜传》《西域传》，共阅二十叶。中饭后阅本日文件。旋翻阅白乐天、欧阳公两家诗。申正核批稿各簿。傍夕至幕府一谈。夜核改信稿一件。旋温《古文·气势之属》。二更后，课儿背书。与纪泽一谈。又温古文数首。四点睡。

十八日

早饭后清理文件。坐见之客二次，立见者二次。在室中徘徊良久。午初阅《汉书·西域传》十三叶。中饭后阅本日文件。坐见之客二次，作梅谈甚久。申正核批稿各簿，未毕。傍夕小睡。夜核稿簿毕，核改应发摺片各件，阅韩、欧二家碑志文。二更四点睡。是日内人病重。余回忆生平,愆尤丛集,悔不胜悔。而精力疲惫,自问更无晚盖之方,焦灼无已。

十九日(思莫悔往咎,休怕后灾)

早饭后清理文件。坐见之客一次,立见者二次。坐堂审案十二件。又坐见之客一次。将作唐镜海先生墓志,久不下笔。因近日每悔往事,乃作一联,云:"莫苦悔已往愆尤,但求此日行为无惭神鬼;休预怕后来灾祸,只要暮年心气感召祥和。"午初小睡。中饭后阅本日文件。坐见之客一次。将作墓志而不克下笔,在室中徘徊久之。申正核批稿各簿,未毕。晡时小睡。夜核批稿簿毕。将作墓志而仍未下笔。二更后,课儿背书。四点睡。

二十日

早饭后清理文件。坐见之客六次,已巳正矣。旋写对联四付、扁一方。午初核改信稿二件。小睡片刻。中饭后阅本日文件,拟作墓志而不果,改信稿二件。申正核科房批稿簿毕,对明日应发摺件。李佛生来一谈。夜作唐公墓志约三百馀字。二更后,课儿背书。四点睡。

二十一日(法国主教白振铎来见)

早饭后清理文件。坐见之客一次,立见者一次。写曹镜初信二叶。巳初,法国主教白振铎来见,一谈。又坐见之客一次。午初小睡。作墓志数行。中饭后,阅本行文件。翻阅《理学宗传》,作墓志数行。申正核批稿各簿。傍夕至幕府一谈。夜又作墓志。是日共作五六百字。二更后,课儿背书。四点睡。

二十二日(作铭辞不如人意)

早饭后清理文件。坐见之客三次。略阅《理学宗传》。小睡片刻。午初作墓志数行。中饭后阅本日文件,又作墓志数行,核科房批稿各簿。傍夕小睡。夜作铭辞,二更三点作毕,复视无一是处,乃知吾昔年自诡为知文而曾不一动笔为之,全不可恃也。天下事知得十分,不如行得七分,非阅历何由大明哉。四点睡。是日家中寄到《罗山集》,略一翻阅。

二十三日

早饭后清理文件。坐见之客三次。翻阅《罗山全集》。小睡片刻。午初,欲改昨日所作墓志而不果。中饭后阅本日文件,阅《罗山集》。稍改昨所作墓志,大局平庸,虽改字句亦无益耳。申刻,唐世兄来久谈,即确慎公之子也。旋核本日批稿各簿。傍夕小睡。夜核十八日呈状批。二更后,温《古文·情韵之属》。四点睡。

二十四日

早饭后清理文件。坐见之客二次,立见者三次。又阅《罗山集》,写对联六付。午初阅《汉书·西域传》毕,计十七叶。中饭后阅本日文件。旋坐见之客二次,谈均久。申正核科房批稿簿,未毕。傍夕小睡。夜核批稿毕,将长芦盐务部议考校一番。二更后,课儿背书。温《孟子》,朗诵至《公孙丑下》止。四点睡。内人病势日重,殊以为虑。

二十五日

早饭后清理文件。坐见之客三次,立见者二次。倦甚,小睡。午初阅《汉书·外戚传》三十三叶。未毕。中饭后阅本日文件,阅《罗山集》中《人极衍义》。小睡。申刻,陈小帆来久谈。核科房批稿簿。未毕,灯后核毕。阅王荆石刻本韩文。二更后,与儿子谈处逆境之道。惟《西铭》"无所逃而待烹,申生其恭也,勇于从而顺全者伯奇也"等句,最为亲切。再阅韩文数首。四点睡。不甚成寐。

二十六日(阅《理学宗传》)

早饭后清理文件。立见之客一次,坐见者一次。添彭雪琴信二叶。巳初写对联五付。巳正阅《汉书·外戚传》毕，计廿一叶。中饭后阅本日文件，核信稿十馀件。申正核批稿各簿。傍夕小睡。夜阅《理学宗传》程、邵、朱、陆各家。二更后，课儿背书。旋温《论语·颜渊第十二》，至《卫灵公》止。四点睡。

二十七日

早饭后清理文件。坐见之客一次，立见者二次。至箭道考验一员。旋写《无慢室日记》。巳正二刻阅《汉书》《元后传》《王莽传》十叶，凡二十九叶。中饭后阅本日文件。小睡片刻。核信稿一件。申正核批稿各簿。傍夕小睡。夜，添吴竹如信二叶，阅《姚姬传文集》二十馀叶。二更后，课儿背书。阅《理学宗传》中董江都、王仲淹诸家。四点睡。

二十八日（阅《国朝文录》）

早饭后清理文件。坐见之客三次，立见者二次。旋写《无慢室日记》。午初阅《王莽传》二十六叶。中饭后阅本日文件。小睡片刻。核改信稿一件，约改四百字。申正剃头一次。傍夕小睡。夜核批稿各簿。二更后阅姚春木所选《国朝文录》。四点睡。内人病重，殊为焦灼。

二十九日

早饭后清理文件。坐见之客二次。旋坐堂审案十二起。巳正写《无慢室日记》。午初坐见之客一次。阅《王莽传》十一叶。中饭后阅本日文件。赵惠甫来一谈。阅姚春木《国朝文录》。申正核批稿各簿。傍夕至幕府一谈。夜阅《国朝文录》。旋温所钞《诗经》八十篇。二更后课儿背书，温《诗经》数十篇。四点睡。

三十日

早饭后清理文件。坐见之客四次，李勉林谈甚久。添孙琴西、庞省三信各二叶。午刻坐见之客一次。阅《王莽传》十一叶。中饭后，陈作梅来一谈。阅本日文件。小睡片刻。又坐见之客一次。核批稿簿，未毕。因内人病重，焦虑殊甚。傍夕小睡。夜将批稿核毕，核廿三日呈状批，阅《国朝文录》数首。旋温《书经》《尧典》《舜典》。二更后课儿背书，四点睡。

## 十月

初一日

是日止院谢客。早饭后清理文件。旋写澄、沅两弟信。近日因等候湖南摺差，久不写信矣。旋阅《国朝文录》。巳正二刻阅《王莽传》二十八叶。中饭后，见客一次。阅本日文件。倦甚，小睡。申正，核批稿各簿，未毕。傍夕小睡。夜，将批稿簿核毕，阅《国朝文录》。二更后，课儿背书。又阅《国朝文录》。四点睡。

初二日（温《孟子》微有所得）

早饭后清理文件。旋坐见之客二次，立见者一次，许缘仲谈最久。阅《国朝文录》数篇。巳正二刻阅《汉书·王莽传》十九叶。中饭后阅本日文件。旋阅《国朝文录》中朱梅崖文数首。小睡片刻。申正核科房批稿各簿。傍夕小睡。夜，阅罗忠节公《人极衍义》一过。旋温《孟子》，自"墨者夷之"章至"至于禹而德衰章"止。恬吟密咏，微有所得。二更后，课儿背书。四点睡。

初三日

早饭后清理文件。旋坐见之客二次，立见者三次，陈小蕃谈最久。至内箭道考试二员。阅《国朝文录》。巳正二刻阅《王莽传》毕。将王怀祖《杂志》一对。中饭后阅本日文件，阅《国朝文录》。申正核批稿各簿，傍夕毕。夜，又阅《国朝文录》志铭、传志二类。二更后，温韩文十馀首。四点睡。

初四日（拟作《罗忠节公神道碑》）

早饭后清理文件。坐见之客三次，立见者一次。旋坐堂审案十二件。午后，拟作《罗忠节公神道碑》，将其《年谱》又阅一遍。中饭后阅本日文件。旋又阅忠节公所著《人极衍义》等书。申正核批稿各簿。傍夕小睡。夜又阅忠节公所著《读孟子札记》，欲作碑而讫未下笔。四点睡。内人病重，竟夜咳嗽，余亦竟夕不寐。

初五日

早饭后清理文件。坐见之客三次，立见者一次。旋写扁一方、对五付。又坐见之客一次。阅倭艮峰道光二十七年日记。将作罗忠节碑文而不果。中饭后阅本日文件。坐见之客二次。申刻核批稿各簿。傍夕小睡。夜，坐见之客一次。旋作罗公碑二百馀字。二更四点睡。

初六日（内人病重，头上肿一大包）

早饭后清理文件。坐见之客五次，客散已午初矣。作碑文仅一二行。中饭后阅本日文件。旋写澄、沅两弟信，因摺差过此也。见客一次。申正核批稿各簿。傍夕，作碑文二三行。夜作碑文数行。是日共作三百馀字。夜添澄、沅两弟信一叶。二更后，课儿背书。四点睡。内人病重，本日头上肿一大包，医云风火也。

初七日

早饭后清理文件。立见之客一次，坐见者二次。旋作碑文数行。中饭后阅本日文件。坐见之客二次。作梅谈颇久。申正核批稿各簿。作碑文数行，夜又作数行，是日共作五百字。二更后，课儿背书。作碑至五点方睡。

初八日

早饭后清理文件。坐见之客四次，立见者二次。江良臣谈颇多。午刻，又坐见之客一次。作碑文数行。中饭后阅本日文件。陈小帆来久谈。旋核科房批稿簿，未毕。傍夕小睡。夜作碑文铭辞至二更四点毕，约一千三百字。睡，不甚成寐。

附记

○复吴信　○上告呈批　○清盐卷带

欧阳状带　马队章带

初九日

早间，以恭遇先大夫八十冥诞，率儿辈行三跪九叩礼。饭后，坐见之客三次，立见者一次。清理文件。坐堂审案十二件。又坐见之客二次，黄静轩坐甚久。中饭后阅本日文件。坐见之客二次。吴挚甫自京归，与谈甚久。核科房批稿簿。傍夕至幕府一谈。夜将批稿簿核毕，核信稿一件，核呈辞批阅《国朝文录》。料理琐事，明日将出门也。二更后，课儿背书。四更睡。

初十日（至万寿宫朝贺慈禧皇太后寿辰）五更三点起，至万寿宫朝贺慈禧皇太后寿辰。归署，早饭后，坐见之客二次。家人因余今日出门，为余预祝明日生日。旋料理起行。至北关外，司道等送行，小坐。午正二刻至安肃县

曾国藩书法

中饭。饭后又行三十里，至固城镇住宿。坐见之客二次。是日在轿中阅《畿辅水利》初案、二案、三案。夜将初案、二案酌加题识。二更三点睡。不甚成寐。

十一日

是日为余五十九生日，自嗟老大无所成就。早饭后行三十里，北河打尖。清理文件，将《畿辅水利》三案酌加题识。中饭后行四十里，至新城县住宿。在轿中看《水利》四案。夜将四案酌加题识，未毕。申正，见客一次。二更三点睡。

十二日（悬系永定河合龙而未闭气）

早饭后，行四十里，至新立庄打尖。清理文件，将《水利》四案酌加题识。尖后，行十馀里，至彭村打一茶尖。又行二十五里，至固安县住宿。是日午前在轿阅《水利》四案。午后阅《水利附录》。申正后见客二次，黄子寿自湖南来。在此久谈。夜至子寿店内畧谈。写纪泽信一件。闻永定河合龙而未闭气，甚为悬系。将衙门包封公事略为料理。二更三点睡。

十三日（阅《福建票盐志略》）

早饭后清理文件。因北四下泛合龙后，未经闭气，心为悬系，在固安听信。料理封摺、发摺等事。阅吴彤云所刻《福建票盐志略》。午初中饭。饭后，出门至北四下汛，行至中途，闻本日巳刻已闭气矣。至石佛寺渡河北岸，旋至合龙处，所见工程尚属认真。到处审视。旋至工次附近五里许之曹各庄住宿。坐见之客二次。夜将署中包封公事粗了，写纪泽信一封。旋拟作盐务复奏折，仅作数行。二更四点睡。

附记

再给九百金

徐于抢险项下省三千九百

存报销费一千　赏项六百金省二百

蒋南上存款九千金，此次又有存款

李柯可署缺

十四日（暮年旅夜听雨，凄清甚难为怀）

早饭后，由曹各庄起行，至北下四合龙处所再一细看。旋过河，由南岸行走，顺引河而下，看中泓新挖之处，即摺中所称张家坟一带中洪也。原河极为弯曲，今皆挖为直河，约二十里许。沿河验看至午初，在南五工十四号汛署内打尖。坐见之客二次。清理二［文］件。中饭后起行，顺道看南六头号、八号裁弯工。行三十七里，至小惠庄宿。是日共行七十里许，看中泓引河各工尚属可靠。傍夕小睡。夜，蒋养吾来久坐。又坐见之客一次。作盐务摺三条。二更三点睡。三更末早醒。竟夜小雨淅沥。暮年旅夜听雨，凄清甚难为怀。

十五日

早间，雨雪不止。蒋道春元力阻本日不宜看工，遂在小惠庄停住一日。早饭后清理文件。见客二次，谈甚久。作盐务摺二条。中饭后至南七大坝看工。酉初后回小惠庄住宿。剃头一次。夜写儿子信一件。核衙门包封文件。又改盐务摺三条。二更四点睡。

十六日

五更二点起。饭后起行，行六里许始天明。在南七六号看坑塘，即前此之废河，昨日所看新大坝之后身也。又行十馀里，至龙王庙拈香行礼。又行十馀里，至南七二十七号看新改挖之河，亦截湾取直之工也。巳正至陶河打尖，凡行五十里。见客二次。尖后又行四十里，至双口宿。天津县境地。本拟看窦店窑等处工程，因被水所隔，不得去。运司及道府等来双口迎接。见客，坐见者四次。出门看永定河入凤河汇流之处。夜又见客一次，写纪泽信一件，核署中包封文件。改盐务摺一条，此摺作毕。二更四点睡。

十七日（顺永定河而下巡）

未明起。早饭后，黎明登舟。顺永定河而下，行十馀里，与大清河相汇。崇地山侍郎厚来舟次迎接，与之久谈。至船头同看与北运河相汇，旋又与子牙河相汇，入天津之圩围。又与客人舱一坐。旋至望海楼，与南运河相汇，两河同向北流，名曰海河。入海河四箭许登岸，先拜崇侍郎，久谈。旋至公馆，已未初矣。中饭后，坐见之客七次，疲甚，小睡。夜饭后，写钱调甫信一件、纪泽等信一件，阅《回澜纪要》，将盐务摺再一核改。二更四点睡。

十八日

黎明起。早饭后见客，坐见者三次，立见者五次。巳正出门拜客，拜会者四家，亲拜者五家。旋至盐关看过掣之处，又至盐炁看改捆之处。午正三刻，至崇地山处赴宴，陪客为德荫，号景融，前奉天府府尹。酉初散归。坐见之客一次，立见者一次。灯后，将盐务摺稿再改数行，阅《古文辞类纂》。二更四点睡。夜写纪泽信一件，核包封稿。

十九日（至南门外看操）

早饭后，至南门外看操。洋枪洋炮队千五百馀人，甚为整齐。又天津镇标步队七百馀人，马队三百馀人，共二千六百馀人。巳正操毕。回寓，立见之客一次，坐见者一次。阅《回澜纪要》。中饭后，坐见之客五次。出门至崇侍郎处辞行。归，夜饭后，坐见之客二次。看本日包封公事，写纪泽信一件。二更后，温《古文辞类纂》。四点睡。

二十日（自天津起行回保定）

早饭后，黎明，自天津起行回省。出城，出圩之北关，崇侍郎在西沽送。行二十里许，司道府县在琉璃口送，即在该处渡大清河也。又行四十里许，至王庆托打尖，系武清境。坐见之客二次。中饭后，未初起行。行五十里，至信安镇住宿，系永清及霸州管辖。共行一百一十里。在轿中拟作《欧阳福田先生墓志铭》而不果。温《古文辞类纂》十馀首。夜写两日日记，将作墓志，沉吟久之，未能下笔。二更三点点〈睡〉。

廿一日

早饭后，黎明起行，行五十里至霸州打尖，坐见之客一次。午刻，又行四十里至孔家马头住宿。在轿中阅《古文辞类纂》。申正写纪泽信，料理包封文件。小睡片刻。夜作《欧阳福田先生墓志》三百馀字。二更四点睡。

廿二日

早饭后，黎明起行。行三十五里至白沟河打尖，容城所辖地也。午初，中饭后又起行。行三十里至容城县住宿。进城拜谒杨椒山、孙夏峰两处祠堂。旋至南门公馆，仅未正耳。在轿中思作墓志而不果，下半天将墓志作毕。夜作墓辞十馀句。未毕。二更三点睡。

附记

○查灾歉赈济事例　○定盐摺

○合龙摺

○写各府信，令出密考。

廿三日

早饭后，黎明起行。行四十里至安肃县打尖。首府县及中军在此迎候。饭后，午初又起行，行五十里至省。在途次拟作铭辞，久不能就。申初至城，司道在北关外迎接，一谈。入署后，见幕府诸人。申正，倦甚，小睡。旋至西、东两幕府一谈。夜，因有人送《苏诗集成》，翻阅良久。二更后，将盐务摺再一核改。旋将《欧阳福田先生墓志铭》作毕。四点睡。

二十四日

早饭后清理文件。坐见之客八次，中如方存之、吕廷芷坐均甚久，不能复作他事矣。中饭后阅本日文件。又坐见之客一次。李佛生来谈甚久。傍夕，请黎竹舲为余诊脉。夜核批稿各簿，二更后毕。旋温《古文辞类纂》数首。四点睡。

廿五日（阅《四库书简明目录》）

早饭后清理文件。坐见之客五次，立见者一次，如司道及向光浚等谈均甚久。旋将各属班车札府稿一核。中饭后阅本日文件，阅《四库书简明目录》。幕友二人来一谈。小睡片刻。见客一次。申正核科房批稿簿，未毕。傍夕小睡。夜将批稿簿核毕，核班车札府稿。二更后，课儿背书。温《古文·识度之属》。二更四点睡。

廿六日（出门拜李铁梅山长）

早饭后清理文件。坐见之客四次，立见者一次。再将班车札稿一核，未毕。中饭后阅本日文件。出门拜李铁梅山长，久谈。归，申正核批稿各簿。傍夕粗毕。夜再核班车稿，未毕。温《诗经》《节南山》至《巧言》八篇，翻阅注疏。二更四点睡。黎竹舲言内人脉息大有起色，而病症却未见退，殊以为忧。

廿七日

早饭后清理文件。见客二次，谈均甚久。又立见之客一次。将班车札稿核毕，核信稿十馀件，核傅梅村信，约改三百字。中饭后阅本日文件，写《无慢室日记》。申正核批稿各簿，未毕。傍夕小睡。夜再核批稿簿。温《书经》《夏书》《商书》《禹贡》起，至《微子》止。二更后，课儿子背书。四点睡。四更末醒。

廿八日（古人妙处于造句之法变幻无穷）

早饭后清理文件。写《无慢室日记》。坐见之客三次，立见者二次。巳正二刻阅《汉书·叙传》，至申刻毕，凡五十二叶。中饭后阅本日文件。坐见之客二次。核班车札稿，核信稿。申正核科房批稿各簿。傍夕，至黎竹舲房中一谈。夜核信、札稿等件，阅《理学宗传》中罗念庵、王阳明两卷。旋阅杜诗五古。古人妙处，只是造句之法变幻无穷，故终身无一复句，犹之《毛诗》无相袭之调也。昔尝以作古文宜用杜诗造句之法，近来久未温习及此矣。二更四点睡。

廿九日

早饭后清理文件，写《无慢室日记》。坐见之客三次。旋坐堂审案十二件。午初见客一次。阅《汉书·表》二篇，未毕。中饭后阅本日文件。倦甚，小睡片刻。旋核对各摺，明日将拜发。申刻核批稿各簿。傍夕小睡。夜将批稿核毕。写澄、沅两弟信，又料理明日应发摺件。二更后，课儿背书。温《古文·论著类》。四点睡。四更末醒。

## 十一月

初一日

早饭后清理文件。是日止院谢绝诸客。写《无慢室日记》，直至巳正始毕。旋阅《汉书·表》三卷。中饭后阅本日文件。坐见之客一次。申正料理发摺，凡摺片十二件。核科房批稿各簿。傍夕，马价樵来一谈。夜温《古文》气势之属、识度之属。二更五点睡。

初二日

纪泽三十一岁生日，衣冠来叩。日月易迈，儿壮而余老矣。早饭后清理文件。见客，坐见者三次，立见者一次。写《无慢室日记》。巳正二刻阅《汉书·表》二卷。方存之来久谈。中饭后阅本日文件。坐见之客一次。申正核批稿各簿。傍夕小睡。夜阅《周易传义音训》。二更后温《万章》下、《告子》上、下三篇,课儿背书。五点睡。

初三日(率儿辈恭逢先妣冥诞)

是日恭逢先妣江太夫人八十五岁冥诞,率儿辈行礼。未定礼节,仅三跪九叩而已。早饭后清理文件,写《无慢室日记》。巳刻,坐见之客二次。午刻阅《汉书·百官公卿表》。中饭后阅本日文件。又坐见之客二次。邸中有四川查办各件,阅之良久。天气甚短,未治一事已暝矣。内人病重,深为焦虑。夜核批稿各簿。旋温韩文二十馀篇。二更五点睡。

初四日(至城外阅铭军操演)

早饭后清理文件。出门至城外,阅铭军操演,自辰正起,至巳正三刻阅毕。至彭楚汉、史济源两练军营内一阅。旋至丁乐山寿昌营内,渠留吃便中饭。饭毕,未初进城,至栖流所一阅。每十人共屋一间,屋宽方丈,实不足以容也。归,阅本日文件。坐见之客一次。核科房批稿各簿。傍夕小睡。夜,新买京城书店各书,稍一翻阅,阅《张曲江集》,将《千秋金鉴录》阅一过。倦甚,二更四点睡。

初五日

早饭后清理文件。坐见之客二次,立见者二次。新买书有《宋元学案》,略一翻阅。拟作《王考星冈府君墓表》而不果为。中饭后阅本日文件。坐见之客三次,谈均久。核科房批稿簿,阅《宋元学案》。灯下又阅《宋元学案》至二更二点,课儿背书。三点后,略作《王考墓表》数行。五点睡。

初六日(作《星冈府君墓表》)

早饭后清理文件,阅《宋元学案》。巳刻,李铁梅山长来久谈。因早饭呕吐,体中小有不适。阅《学案》时,渴睡殊甚。将作《墓表》而不果为。中饭后阅本日文件,添写马谷山信一叶,又阅《宋元学案》。申正核科房批稿各簿。内人病重,殊为焦虑。夜作《星冈府君墓表》三百馀字。二更后,课儿背书。五点睡。

初七日

早饭后清理文件。坐见之客三次,立见者四次。至内箭道阅马步射二名。阅《宋元学案》。将作《墓表》而久不能下笔,读《宋元学案》,遂至渴睡,几成寐矣。中饭后阅本日文件,未毕。蒋养吾、应敏斋先后来久谈。又立见之客一次。申正核科房批稿各簿。傍夕核廿八日吴词批。夜作《墓表》二百馀字,皆叙常事。阅之无一字当意者。二更后,课儿背书。五点睡。

初八日

早饭后清理文件。旋坐见之客二次,立见者一次,方存之来久坐。吴彤云送所作《诗文集》。阅《宋元学案》中朱子一卷。坐堂审案十二件。中饭后阅本日文件,阅《吴彤云集》。李佛生来久坐。申正核科房批稿各簿,未毕,夜间阅核粗毕。作《星冈府君墓表》粗毕,竟无一字可用,愧汗无似。二更五点睡。

附记

○雨亭钞密考　○合龙正摺

○李柯换吴凤标　○盐务减科则摺

○复奏史司摺

初九日

早饭后清理文件。立见之客一次。阅《宋元学案》。巳正二刻阅《汉书·律历志》。中饭后阅本日文件。坐见之客二次。申末阅核科房批稿簿,未毕。傍夕小睡。夜核批稿簿毕。温《古文·气势之属》《史记》数首。朗诵不能成声,中气不足也。二更后,课儿背书。五点睡。

初十日(涉猎《汉书·律历志》)

早饭后清理文件。坐见之客二次,立见者二次。写《无慢室日记》。午刻阅《汉书·律历志》,全无所解,忽忽涉猎而已。中饭后阅本日文件。宝名堂书店送书二车来,余略为翻阅。本日请李佛生、吴挚甫等一看。会客一次,谈甚久。核科房批稿各簿,未毕,夜间核毕。将作盐务减科则摺,至二更五点未毕,睡。

十一日

早饭将毕,呕吐特甚,良久乃稍平复。清理文件。不愿治事。阅《朱文正公年谱》。午初阅《汉书·礼乐志》,中饭后毕。阅本日文件。疲倦殊甚。阅户部则例中蠲恤事宜。申正核批稿各簿。傍夕小睡。夜改盐务减科则摺,二更五点毕。即睡。

十二日(阅《汉书·刑法志》)

早饭后清理文件。坐见之客二次,立见者一次。改批一件,约三百馀字。改信稿一件,约百馀字。阅《汉书·刑法志》,未毕。中饭后,黄静晅来久谈。又坐见之客一次。阅本日文件。申正核批稿各簿。傍夕小睡。夜改摺稿二件。二更后,课儿背书。温《古文·辞赋类》。灯初,添写钱调甫信二叶。五点睡。

十三日(作韵语以自箴)

早饭后清理文件。坐见之客二次。乐亭县举人史梦兰学问淹博,来谈甚久。旋考验武职弓马一员。写《无慢室日记》。午初阅《汉书·刑法志》毕,阅《食货志》数叶。中饭后阅本日文件。坐见之客一次。倦甚,眼蒙,小睡片刻。剃头一次。天气奇短,已将黑矣。傍夕小睡。夜核本日批稿各簿,作摺稿一件,约三百字,改信稿一件。二更后阅杜、韩五言古诗。五点睡。偶作韵语以自箴,云:"心术之罪,上与天通。补救无术,日暮道穷。省躬痛改,顺命勇从。成汤之祷,申生之恭。资质之陋,众所指视。翘然自异,胡不知耻。记纂遗忘,歌泣文史。且愤且乐,死而后已。"

十四日

早饭后清理文件。坐见之客四次。写《无慢室日记》约四百字,阅《汉书·食货志》数叶。陈作梅来一坐。中饭后阅本日文件。坐见之客二次。李勉林来久坐。接澄、沅两弟信。澄劝送眷回籍,沅拟以晚女许聂家,皆有肫切顾恤之意。久宦于外,疾病相寻,如舟行海中不得停泊,惟兄弟骨肉至亲能亮之也。料理日内发摺事件。夜核科房批稿各簿。二更后温《古文·识度之属》。五点睡。

十五日

早饭后清理文件。是日止院谢绝诸客。将宝名堂送来之书审量一番,分别或买或否。写李雨亭信二叶。陈作梅、方存之先后来谈。写《无慢室日记》。午正,请游子岱、方存之等便饭,申初散。阅本日文件,阅《梅伯言文集》,其子新送来者。坐见之客一次。傍夕小睡。夜,坐见之客一次。核科房批稿各簿。二更后,课儿背书。温《古文辞类纂·序跋类》。五点睡。内人病势日增,殊为焦灼。

十六日(阅中军所统保定练军两营操演)

早饭后清理文件。坐见之客一次,立见者一次。出门至城外阅中军所统保定练军两营操演,午初始毕。祝爽亭来久坐。中饭后阅本日文件。旋写扁一方、对三付,改信稿一件,核科房批稿簿,未毕。傍夕至幕府一谈。夜核批稿簿毕,核信稿一件。二更后,课儿背书。温《古文·奏议类》。五点睡。

十七日

早饭后清理文件。坐见之客三次,谈甚久,立见者一次。阅《梅伯言文集》。午刻,坐见之客一次。阅《汉书·食货志》十五叶。中饭后阅本日文件。眼蒙殊甚,小睡片刻。将明日应发摺件校对一过。申正核批稿各簿。未毕。傍夕,与黎竹林一谈。夜将批稿簿核毕。阅《梅伯言文集》,温《古文·碑志类》。二更五点睡。

十八日(阅《李二曲集》)

早饭后,阅宝名堂送来之书,分别应买、应退。旋清理文件。坐见之客三次,立见者一次。阅《朱子全书》。坐堂审案十二件。午刻,坐见之客一次。中饭后阅本日文件,添写倭中堂信二叶。吴挚甫来一谈,又坐见之客一次。核科房批稿各簿,未毕。傍夕小睡。夜核各簿,毕。又将各书料理应买与否。旋阅《李二曲集》中《悔过自新说》《学髓》等,皆将买之书也。二更后,温《论语》自《述而》至《宪问》。五点睡。

附记　史梦兰所述

王立柱抚宁秀才　崔　宝昌黎举人

张△△乐亭举人,跋全史宫词

阚润章乐亭廪生,云甫所称

十九日(摘《江南大营纪事本末》)

早饭后清理文件。坐见之客三次,立见者一次。料理发摺事件。阅《渔洋精华录》,以新买书中有此一种也。眼蒙特甚,似因前二夜吃酒之故,不能治事,小睡片刻。中饭后阅本日文件。李佛生来一坐。阅《渔洋诗》。眼蒙,小睡。申正核科房批稿簿,未毕,夜间核毕。拟将五月所作《金陵官绅昭忠词记》大为删改,遍寻原稿不可得,因思另作一首。将杜小舫所作《江南大营纪事本末》又阅一遍,摘录要事,以便属文。二更五点睡。

廿日

是日冬至节。未明,至万寿宫率属行礼。归署后,辞谢众客不见。阅《王渔洋精华录》,眼蒙殊甚。巳正,见客一次。田敬堂之弟谈颇久。又摘录《江南大营纪事本末》,将作记而不果。中饭后阅本日文件。将上半年所作之记原稿寻出,将加修改。眼蒙不能治事。小睡片刻。申刻核科房批稿簿,暝时毕。夜作《昭忠祠记》四百馀字。二更五点睡。

二十一日

早饭后清理文件。坐见之客二次,司道谈甚久。看武员箭二名。阅《梅伯言集》,作《昭忠祠记》数行。中饭后阅本日文件。眼蒙殊甚。阅《姚惜抱集》。申正核批稿各簿。毕。夜作《昭忠祠记》二百馀字。毕。首尾皆用五月原稿,馀系添改。昔年本未能用功,老年心钝气耗,全不能入。二更后课儿背书。五点睡。

二十二日

早饭后清理文件。坐见之客一次,立见者一次。阅《姚惜抱集》。眼蒙,小睡片刻。巳正阅《户部则例》中兵饷、马干表。午刻阅《汉书》《食货志》《郊祀志》二十五叶。中饭后阅本日文件,阅安邱王筠篆友所著《说文释例》《说文句读》二种,友人新送之书也。眼蒙,小睡。改信稿二件。申正,核科房批稿各簿,毕。夜将昨日所作记文又核一过。二更后课儿背书。温《古文·趣味之属》。五点睡。

附记

赵永祥游击

赵镜海守备

均应参

二十三日(阅《惜抱轩集》)

早饭后清理文件。坐见之客二次。眼蒙殊甚。阅《惜抱轩集》。陈作梅来一谈。午初阅《汉书·郊祀志》二十四叶,至中饭后止。阅本日文件。眼蒙小睡。旋改信稿。申正核批稿各簿。傍夕至幕府一谈。夜将所作《昭忠祠记》《罗忠节碑》再一核改。二更后温《古文·情韵》之属。五点睡。

廿四日(将《宋元学案》目录钞写名字)

早饭后清理文件。见客,坐见者一次,立见者一次。阅《南雷文约》,阅《宋元学案》。午刻阅《汉书·郊祀志》毕。中饭后阅本日文件,将《宋元学案》目录钞写名字。费幼亭等查滹沱河归,久谈。核科房批稿簿,未毕。夜,张振轩等来久坐。将批稿簿核毕。二更后,课儿背书。温《古文·气势之属》。疲倦殊甚。二更五点睡。

二十五日

早饭后清理文件。见客,坐见者五次。司道谈甚久,王寿祺谈亦久。翻阅《宋元学案》。午刻阅《汉书·天文志》。中饭后阅本日文件。坐见之客二次。眼蒙殊甚,小睡片刻。申正核批稿簿,未毕。又小睡。夜将批稿阅毕。将六月所作《李忠武公碑铭》再一核订。二更后温《论语·卫灵公》至末,温《孟子·梁惠王》上、下篇。五点睡。

二十六日(见雪将成寸,大为欢慰)

早起,见雪将成寸,大为欢慰。是日下至巳正止,共厚二寸许。早饭后,坐见之客二次,立见者一次。旋看箭考验者三员。写《无慢室日记》。眼蒙殊甚。阅纪批苏诗十馀叶,因新买书中有此书也。午刻阅《汉书·天文志》十五类,未毕。中饭后阅本日文件。坐见之客二次。王霞轩寄来《王少鹤诗集》一部、《涵通楼文钞》一部,略一翻阅。核科房批稿簿,未毕,夜间核毕。又阅《涵通楼文钞》。二更后温《古文·趣味之属》。五点睡。

二十七日

早饭后,坐见之客二次。旋清理文件,写《无慢室日记》,阅《涵通楼文钞》。午刻阅《汉书》《天文志》《五行志》廿五叶。中饭后阅本日文件。坐见之客一次,谈颇久。小睡片刻。申正,核科房批稿簿,未毕。傍夕小睡。夜核批稿毕,又核呈辞批。二更后温《古文·情韵之属》,朗诵数十首。五点睡。

二十八日

早饭后清理文件。立见之客一次,坐见者二次,谈均久。写《无慢室日记》。江南寄到新刻刷之《两汉书》,翻阅良久。午刻阅《汉书·五行志》十八叶。中饭后阅本日文件。眼蒙神疲。张式曾来久谈,皋文先生之孙,求作《茗柯文集序》者也。小睡片刻。核信稿一件,约改二百字。核科房批稿簿,未毕。傍夕小睡。夜核批稿簿毕。阅《茗柯文》数十首。二更后温《古文·气势之属》。五点睡。

二十九日

早饭后清理文件。坐见之客二次,立见者一次。写澄、沅两弟信,未毕。巳正坐堂审案十二件,午正毕。又写两弟信。中饭后阅本日文件。陈作梅来一谈。旋将两弟信写毕。核批稿各簿,未毕。傍夕小睡。夜将批稿各簿核毕。二更后,纪鸿儿初阅《仪礼》,与之一谈。旋温《古文·识度之属》。五点睡。

附记

改文六首李、李、唐、湘、欧、星

作摺三件滹沱、赈济、清讼

京信十八件

三十日(鸿儿来谈《仪礼》)

早饭后清理文件。两司来见,久谈。陕西两主考来见,一谈。又坐见之客二次,立见者一次。旋写《无慢室日记》。午刻阅《汉书·五行志》二十六叶。中饭后阅本日文件,写扁四方。小睡片刻。申正核科房批稿各簿,未毕,灯后核毕。改《罗忠节碑铭》。二更后,

鸿儿来谈《仪礼》。旋阅《惜抱轩文集》。五点睡。

## 十二月

初一日

（出城迎新热河都统库克吉泰）

早饭后清理文件。旋写《无慢室日记》。眼蒙殊甚。小睡片刻。午初阅《汉书·五行志》廿五叶，中饭后始毕。午正，史绳之来一谈。中饭后，出城迎接库克吉泰，渠由西安将军新调热河都统也。归，阅本日文件。坐见之客一次。申刻，库仁龛教都统来此久坐，吴挚甫来一坐。傍夕小睡。夜核科房批稿各簿。二更后，眼蒙，竟不能看书治事，即闭目静坐，默温下《论》。五点睡。

初二日

早饭后清理文件。坐见之客三次，立见者二次。阅《梅伯言集》。午刻，司道府来见，议获盗正法事。阅《汉书·五行志》十八叶。中饭后阅本日文件。出门至城外拜库都统。久谈。归，坐见之客一次。库都统又来辞行。旋又坐见之客一次，立见者一次。傍夕，李佛生来一谈。夜饭后，核科房批稿各簿。二更后。与纪鸿略谈《仪礼》。旋将《罗忠节碑》再一核改。温韩文数首。五点睡。

初三日

早饭后清理文件。出门至城外送库都统，寄请圣安。归，坐见之客一次，立见者一次。写澄、沅两弟信。费、陈两道来一谈。中饭后，将两弟信写毕。阅本日文件。李勉林、黄静轩来久谈，薛叔耘来一谈。申正核科房批稿各簿。傍夕小睡。夜将批稿核毕，阅《学案》周子、大程子。旋将《李忠武公碑》核改。二更五点睡。是日将《宋元学案》目录写毕。

初四日

早饭后清理文件。坐见之客四次，立见者一次。阅《宋元学案》十馀叶，阅《汉书·五行志》二十四叶。中饭后阅本日文件。坐见之客二次。又阅《汉书》《五行志》《地理志》二十四叶。核科房批稿簿，未毕。傍夕小睡。夜将批稿簿核毕。又阅《宋元学案》数叶，核改《唐公墓志》。二更五点睡。

初五日（自觉衰惫，不能服官、治学矣）

早饭后清理文件。坐见之客二次。巳正阅《汉书·沟洫志》。今年自六月初二日起，因《五礼通考》难看，改看《汉书》，至是看一遍始毕。中饭后阅本日文件。目光蒙甚，小睡。旋改信稿二件。贺麓樵来一谈，秦淡如来一谈。核科房批稿各簿，未毕。傍夕小睡。夜将批稿核毕，又核河工批一件，呈辞批数件。二更后，与纪鸿略讲《仪礼》。旋思改《唐公墓志铭》，良久而不能下笔改一字。五点睡。五更醒。自觉衰惫已甚，不能服官，亦不复能从事于学矣。

初六日（思改《唐公墓志》未果）

早饭后清理文件。将《真西山全集》略一翻阅，看《文章正宗》十馀篇。立见之客二次，坐见者二次。午刻核信稿十馀件。中饭后阅本日文件。眼蒙殊甚，小睡片刻。核科房批稿簿，未毕。内人病重，焦灼之至。与黎竹舲久坐。夜饭后将批稿核毕，阅《文章正宗》内之韦诗，因泛览《朱子全书》中之论文论诗。二更后，与儿子一谈。旋思改《唐公墓志》，久不能成，心如废井，汲之无水，愧恧何极！五点睡。

初七日(坐堂审案)

早饭后清理文件。坐见之客三次,立见者一次。巳正坐堂审案十二件。午初改信稿一件。中饭后阅本日文件。小睡片刻。又改信稿五件。坐见之客一次。核科房批稿簿,未毕。傍夕小睡。夜将批稿核毕,将《唐公墓志》略一核改。是日屡阅韦苏州诗。二更后又阅韦诗五古及欧公七古。五点睡。

附记

王仁宝　朱同保均王养寿所称

常善　恩　泰　赵　浚

侯国钧　邹裕龄　杨沛泽均张锡蕃所訾

初八日

早饭后清理文件。见客,坐见者二次,立见者三次。因日来眼蒙特甚,小睡良久。午刻改信稿一件。中饭后阅本日文件。又因眼蒙久睡。申正核科房批稿簿,未毕。傍夕又小睡。夜将批稿簿核毕,翻阅《梅伯言文集》,核改《李勇毅公墓碑》,虽改数十字,大致庸冗如故。二更三点即睡。因眼蒙,不敢久坐也。

初九日

早饭后清理文件。坐见之客三次。巳正,坐堂审案十件。午初二刻毕。旋将王叔喆、王联廷之供再看一过。中饭后阅本日文件。因眼蒙,小睡颇久。申正核科房批稿各簿,未毕。傍夕又小睡。夜将批稿簿核毕,改《李勇毅碑铭》。二更后与纪鸿一谈。旋阅《中庸》、上《论》。疲困殊甚,三点即睡。

初十日

早饭后清理文件。坐见之客二次,衙门期也。旋写《无慢室日记》,阅《劝戒六录》,近人梁恭辰撰,皆录近时善恶祸福之报。中饭后阅本日文件。眼蒙小睡。改信稿三件。申正核科房批稿簿。傍夕至墓府一行。夜又核批稿。旋改滹沱河摺稿,未毕,二更四点睡。

十一日(阅《赈荒要语》)

早饭后清理文件。旋坐见之客一次,立见者二次。陈荔秋所钞《赈荒要语》二十馀叶,细阅标识。写信与李勉林,令其摘取数条,为大、顺、广赈荒之用。旋又阅《劝戒六录》。中饭后阅本日文件。作梅来一谈。写对联六付。申正后核科房批稿簿。挚甫来一谈。傍夕小睡。夜核批稿各簿。眼蒙殊甚。二更后改滹沱河摺稿,五点毕。即睡。

十二日

早饭后清理文件。巳正出门至莲花池,书院月课。归,小睡片刻。对摺片各件,将以日内拜发。中饭后阅本日文件。李勉林来一坐。旋写对联八付。申正剃头一次。夜核科房批稿各簿。旋改所作《欧阳墓志》《湘乡昭忠祠记》,至五点粗毕。即睡。

十三日

早饭后清理文件。旋坐见之客三次。巳正核科房批稿各簿。向于申正后始核,天黑未毕,故改于巳正核之。中饭后阅本日文件。坐见之客三次,史绳之谈甚久。写对联五付、扁一方。傍夕小睡。夜将《昭忠祠记》再一核改。眼蒙殊甚,闭目小坐。旋温《古文·序跋类》。二更四点睡。

十四日(阅湖北书局寄来书籍)

早饭后清理文件。坐见之客三次,立见之客二次。是日派二弁进京,一递摺,一送炭金。眼蒙殊甚,不能做事。午刻核科房批稿各簿。中饭后阅本日文件,阅《理学宗传》中朱子数叶。眼蒙,久睡。坐见之客一次。湖北书局寄来各种书籍,翻阅良久。傍夕又小睡。夜阅湖北所刻之《经典释文》,又阅《牧令书》。二更五点睡。

十五日(至城隍庙接水行祈雪礼)

早饭后清理文件。旋阅《牧令书》中之《筹荒》,是日共阅六十三叶。午刻,坐见之客一次,核科房批稿各簿。中饭后阅本日文件。至城隍庙接水,行祈雪礼。傍夕至幕府一谈。夜阅《筹荒》条款,未毕。眼蒙殊甚,闭目小坐。旋温《古文·气势之属》。二更四点睡。

十六日

早饭后清理文件。至城隍庙求雪。归,坐见之客三次,立见者二次。阅《筹荒》条款,是日至夜,共阅四十三叶。将《牧令书》中《筹荒》二卷阅毕。中饭后阅本日文件。眼蒙殊甚,核科房批稿各簿。小睡养目。夜温《古文·情韵之属》。二更后,月食初亏,行救护礼。二更五点食甚,行礼。三更三点还元,行礼。毕,入内睡。

十七日

早饭后,至城隍庙求雪。归,清理文件。见客,坐见者三次,立见者一次。旋核科房批稿簿。午刻闭目少坐。中饭后阅本日文件。拟作南三府请赈恤摺,久未下笔,将《会典事例》一阅。与邓良甫一谈。夜,改摺稿约三百馀字。二更后温《古文·趣味之属》。四点睡。

十八日(叹余家用钱太奢)

早饭后至城隍庙求雪。归,清理文件。见客,坐见者二次,立见者二次。旋核科房批稿簿。午刻闭目少坐。中饭后阅本日文件。贺麓樵来一谈。申刻,改摺稿数行。傍夕小睡。夜将摺稿作毕。二更后温韩文、韩诗。五点睡。是日接澄弟信,余家起造书房七间,而用钱至三千馀串之多,彭芳六办事,实太荒唐,深可叹恨。吾乡人贵料贵,亦殊非安居乐业之地也。

十九日

早饭后清理文件。坐见之客一次。巳刻坐堂审案十二件。午刻,李勉林来一坐。核科房批稿簿。午正闭目小坐。中饭后阅本日文件,写郭意城信一封,约五百馀字。拟改请普庆春祺摺,久未下笔。申正至幕府久谈。口占一函,寄钱调甫。夜将改摺,以此稿与十一月初一所发请豁缓摺稿一对,处处重复,且有矛盾之处,因逐条签出,请幕友另拟一稿,直至二更五点始行签毕,即睡。眼蒙殊甚,不堪再窃高位矣。

二十日(余坐堂抽查库银)

早饭后清理文件。坐见之客二次,司道谈颇久。旋核科房批稿簿,未毕。巳正至藩司卢午峰署内搬库,库存银六十万两有奇,余坐堂抽查五匣,共弹兑一万九千两,旋即退堂。午峰留吃中饭,同席为张振轩、费幼亭。饭毕,便道一拜蒋养吾,因渠二十日内连殇二孙、一孙女,往唁之也。申初三刻回署,阅本日文件,未毕。幕友来一谈。接沅弟及刘霞仙、郭意城各信。与邓良甫一谈。夜将本日文件阅毕,核昨日批稿各簿毕。二更后阅《陆象山集》。五点睡。

二十一日

早饭清理文件。坐见之客一次,立见者一次。巳刻核科房批稿簿。午初封印行礼。旋阅《陆象山集》。中饭后阅本日文件。蒋养吾来久坐,贺云林来一坐。代钱调甫改谢恩摺稿,不过数句,而久不能下笔,心如废井,无水可汲,殊可愧歉。傍夕小睡。夜将调甫摺改毕,又改大、顺、广赈恤摺。二更后与纪鸿一谈。旋温《孟子》养气章至许行章。五点睡。

二十二日(唯尽心养性保全天赋)

早饭后清理文件。旋坐见之客二次。偶阅孙退谷《庚子销夏记》。巳正核科房批稿各簿,午初三刻毕。黄静轩启愚来久坐。中饭后,史绳之来一坐,又坐见之客一次。阅本日文件,阅《庚子销夏记》及《四库简明目录》。傍夕至幕府一谈。夜,眼蒙殊甚。阅《四库书目》,温古文。气势之盛者,莫盛于李、杜、韩、苏之七古,因温诵七古良久。二更五更[点]睡。日内,思古来圣哲名儒之所以彪炳宇宙者,无非由于文学、事功。然文学则资质居其七分,人力不过三分;事功则运气居其七分,人力不过三分。唯是尽心养性,保全天之所以赋于我者。若五事则完其肃、义、哲、谋、圣之量,五伦则尽其亲、义、序、别、信之分;充无欲害人之心而仁足,充无穿窬之心而义足,此则人力主持,可以自占七分。人生着力之处当于自占七分者,黾勉求之,而于仅占三分之文学、事功,则姑置为缓图焉。庶好名争胜之念可以少息,徇外为人之私可以日消乎?老年衰髦,百无一成,书此聊以自警。

廿三日(深愧每日治事极少)

早饭后清理文件。阅《四库书目》良久巳正核科房批稿各簿。午刻,方存之来久坐。中饭后,核对明日应发摺件。旋阅本日文件。眼蒙殊甚,闭目久坐。旋又阅《四库书目》。傍夕与幕友一谈。灯下仍阅《四库书目》,旋料理琐事。摺差明日进京,略有信件等也。阅《史记》平原君、游侠等传。二更五点睡。每日治事极少,悠悠忽忽,深可愧也!

廿四日

早饭后清理文件。旋坐见之客二次。立见者一次。王立勋谈甚久。巳正坐堂审案十二件,午初二刻毕。阅科房批稿各簿。中饭后阅本日文件。眼蒙而神甚疲,小睡颇久。旋见客一次。阅韦诗,核呈词批。傍夕又小睡。夜,差弁自京归,接阅京信十馀件。二更后与纪鸿儿一谈。温《古文·趣味之属》。五点睡。

廿五日

早饭后清理文件。旋坐见之客三次,衙门期也。巳正核科房批稿各簿。午刻核信稿十馀件。中饭后阅本日文件。闭目小坐。立见之客一次。陈作梅来一谈。申正写对联六付。旋小睡良久。夜将《苗仙簏墓碑》一阅,写澄、沅两弟信。二更后,改余所作《仙簏墓志铭》。五点睡。

廿六日

早饭后清理文件。坐见之客三次。巳正核科房批稿各簿,午初二刻毕。眼蒙甚,于朦胧中阅《四库书目》一本。中饭后阅本日文件,将《苗仙簏铭辞》改毕,写对联六付。打辫小睡。夜饭后,李佛生来小坐。温《古文·情韵之属》。二更五点睡。

廿七日(知纪寿侄渐有成立且慰且悲)

早饭后清理文件。坐见之客四次。核科房批稿各簿,阅《方存之文集》。中饭后阅本日文件。坐见之客一次,立见之客一次。又阅《方存之文集》,写对联六付。傍夕小睡。夜又阅《方存之文集》。接家信,内澄、沅两弟各一件,又有纪寿侄一信。余离家时,侄犹是四岁小儿,今已十有五岁,文理清顺,字亦圆秀,孤儿渐有成立,且慰且悲。温《古文·识度之属》,温《孟子·公孙丑篇》。二更五点睡。

廿八日

早饭后清理文件。坐见之客四次,李铁梅坐甚久。核科房批稿各簿。眼蒙不能治事。郁闷之至。中饭后阅本日文件,阅《方存之文集》。眼蒙,闭目久坐。幕友来一叙。傍夕,余至幕府一谈。夜核信稿三件。旋温《古文·气势之属》。二更五点睡。

廿九日(古人所谓老大徒伤,真至言也)

早饭后清理文件。摺差自京归,阅各批件,阅张清恪公《道统录》。围棋二局。午刻闭目小坐。中饭后阅本日文件。李勉林来辞岁,因留共吃中饭。阅《伊洛渊源录》。申刻剃头一次。傍夕至幕府一谈。夜温《古文·趣味之属》。二更四点睡。匆匆又阅一年，一事无成，悔恨丛生。古人所谓老大徒伤，真至言也。睡后，闻儿妇郭氏将分娩，内人以月分未满为虑，久不成寐。至四更，闻生一孙，系新年正月初二[一]日丑时，颇以为慰。四更末乃成寐。

# 卷二十　同治九年

## 正月

初一日

未黎明，起，至万寿宫，率属行朝贺礼。毕，更衣，至文庙拈香。回署，在祖先堂前行礼。早饭后，司道及文武各官前来贺年，均在二堂行礼，计文员一百二十二人，武员六十六人。余旋至幕府贺年。至上房，家人行礼，试笔作字。添李雨亭信一叶。因眼蒙，闭目久坐。阅《四库书目·经类》。中饭后，与黎竹舲一谈。闭目久坐。申正翻阅《宋元学案》中之朱子、吕成公两案。盼雪殊甚，在室中私祷。傍夕小睡。申初写《无慢室日记》。夜，温《古文·情韵之属》，温《诗经》《二南》《邶》《鄘》《卫》五国风。二更五点睡。

初二日

早饭后清理文件。巳刻出门拜客，藩司、臬司俱入一叙，馀亲拜贺年。归，见客二次，改信稿二件。中饭后阅本日文件。闭目久坐。改摺稿一件，核公牍稿数件。幕友来一坐。在室中私祷求雪。傍夕小睡。夜温《诗经》《王》《郑》《齐》《魏》《唐》五国风，恬吟密咏。二更五点睡。

初三日（今为孙儿汤饼之期）

早饭后清理文件。坐见之客一次。偶翻《明史·兵志》一阅，遂毕一卷。巳正，黄静轩来久坐。午刻，孙儿汤饼之期，敬神行礼。中饭后阅本日文件。闭目小坐。旋坐见之客一次。在室私祷雨雪。至刑名簿一谈。傍夕小睡。夜温《诗经》《秦》《陈》《桧》《曹》《豳》五国风。二更五点睡。

初四日

早饭后清理文件。坐见之客一次。出门至城外拜丁乐山、彭纪南两处，一谈。归，山东一曾姓本家来拜，久谈。西安将军克蒙额来拜，久谈。午正三刻，请幕友中饭。饭后阅本日文件。又出城回拜克公，未晤。归，私祷雨雪。至钱谷幕一谈。傍夕小睡。夜，将作《仪礼释官序》，杂阅《国史·儒林传》《先正事略》等书，久未下笔。二更五点睡。静中细思：孟子之“万物皆备”，张子之“事天立命”，王文成之“拔本塞源”，鹿忠节之“认理提纲”，《圣祖庭训》之“仁厚”，张文端公家书之“和平”，每日含咀吟咏，自有益于身心。

初五日（在室内私祷雨雪）

早饭后清理文件。坐见之客二次，衙门期也。旋翻唐确慎公所编《朱子集》中明辨类，阅十馀叶。午正三刻，请幕友中饭。饭后阅本日文件。闭目小坐。又阅《朱子〈集〉·明辨类》中诸文十馀叶。陈荔秋来一谈，李藻舟来久谈。在室私祷雨雪。傍夕小睡。夜将胡匡衷所作《仪礼释官》阅一本有馀，盖将为之作序，未能下笔也。二更五点睡。

初六日

早饭后清理文件。坐见之客四次,李藻舟谈甚久。围棋二局。阅《仪礼释官》。中饭后阅本日文件。坐见之客一次。又阅《仪礼释官》。眼蒙特甚,一面看书,一面渴睡,盖昏倦衰惫之气不能自振也。旋将书中紧要关键钞出一纸。傍夕小睡。夜作《仪礼释官序》,约四百馀字,未毕。二更五点睡,不甚成寐。内人病又有变症,深以为虑。

初七日(作《仪礼释官序》)

早饭后清理文件。阅《朱子集》中明辨之类。巳正核科房批稿各簿。旋作《仪礼释官序》毕,约五百馀字。中饭后阅本日文件,阅《朱子文集》。渴睡殊甚。申正写澄、沅两弟信,未毕。傍夕小睡。夜将澄、沅信写毕。温《诗经·小雅》,至"夜如何其"止。二更五点睡。申末,贵州主考郭怀仁来拜,谈甚久。

初八日

是日,恭逢王考星冈公九十七冥诞,率儿辈行礼。中饭时办酒席,率内外男妇等行礼。辰刻,坐见之客三次,李藻舟谈甚久。出门拜贵州主考郭君,久谈。旋拜游子岱。归,核科房批稿各簿,未毕。中饭后阅本日文件,核批稿簿毕。坐见之客二次。阅《朱子集》,答吕伯恭各书。傍夕小睡。夜写鼎三侄信,约五百馀字。二更后,与纪鸿一谈。旋温《诗经》《沔水》至《雨无正》。二更五点睡。

初九日

早饭后清理文件。旋坐见之客三次,刘子务谈甚久。巳正核科房批稿簿。午正出门,至浙绍会馆,司道府县公请音樽,至酉初归。天津运司及道来久谈。夜饭后阅本日文件。旋作《年终密考清单》,未毕。二更五点睡。二更后,忽闻近省二十馀里有土匪突起,约四五十骑,肆行抢劫,殊为焦虑。

初十日(闻近省土匪之说纯属谣传)

早饭后清理文件。坐见之客四次,司道谈甚久。闻近省土匪之说,系属谣传,为之一慰。午初核科房批稿各簿。中饭后阅本日文件。坐见之客一次。阅《顾亭林文集》。傍夕,与黎竹舲一谈。夜阅《顾亭林集》。旋将密考单核毕,又将密考摺改毕。二更五点睡。

十一日

早饭后清理文件。阅《朱子文集》答吕子约各书。辰正,坐见之客三次,中有前藏堪布达水曲,系入京进贡,照例来此一见。巳正出城至营,拜刘子务,未见。归,拜客三家,至作梅处久谈。归,中饭后阅本日文件。旋核科房批稿簿。申正后打辫一次。傍夕,闭目小坐。夜,振轩、作梅来一坐。改片稿一件,作片稿一件。二更后温《小旻》至《鼓钟》。五点睡。

十二日(坐堂审案)

早饭后清理文件。坐见之客五次,立见者二次。运司等谈颇久。午初,坐堂审案十二起。中饭后阅本日文件。坐见之客一次。观纪鸿与客围棋一局。旋核科房批稿各簿,核改信稿二十馀件。傍夕,李佛生来久坐。夜饭后填写马谷山信二叶,眼蒙手笨,竟不成字。旋温《诗经》《楚茨》至《小雅》之末。二更五点睡。

十三日(郭意城之侄依永去世)

早饭后清理文件。坐见之客四次。阅《宋元学案》中吕东莱卷,核科房批稿各簿。中饭后阅《宋元学案》薛艮斋、陈止斋卷。接郭意城信,知其侄依永于十二月初四日去世,余第四女之婿也,为之感怆久之。接沅弟信,又见纪鸿、纪官两侄与纪泽信,字迹秀劲可爱,为之一慰。第四女于二十四岁出痘,痂未落而遭此大变,忧伤之至,身体亦甚足虑。旋在室私祷雨雪。傍夕小睡。夜阅戚元敬《纪效新书》四十叶。旋又温《诗经》,自《文王》至

《洞酌》。二更五点睡。

十四日

早饭后清理文件。坐见之客两次。旋核科房批札稿簿。又阅《纪效新书》，即昨夜所阅者。老年记性愈坏，掩卷茫然，故再看一遍。中饭后阅本日文件。方存之来久谈，又立见之客一次。阅《纪效新书》。傍夕小睡。孔绣山，宪彝之子，送其父所作诗四卷，已刻；古文两本，未刻。本日屡阅其古文。夜复阅其诗集。二更后，与两儿讲《孟子》“舜发于畎亩”章。旋温《诗经》《民劳》至《桑柔》篇。五点睡。

十五日

早起，至文庙拈香。归，饭后清理文件。写郭云仙信四叶、意臣信三叶。阅《纪效新书》。疲倦殊甚，书尚在手，已假寐矣。午正三刻，请刘子务、丁乐山及司道四人便饭，申正散。阅本日文件。在室私祷雨雪。傍夕小睡。夜将明日应发摺片校对一过，又将各零件料理一番。二更后温《诗经》《云汉》至《召旻》。五点睡。近来常以五更出汗即醒，不复成寐，而白昼清坐。往往成寐，盖衰老之征也。

十六日(读云仙信不胜感怆)

早饭后清理文件。坐见之客四次，立见者二次。写李少泉信六叶，约六百馀字，核科房批稿各簿。中饭后阅本日文件，检点发摺及京信各件。坐见之客二次。接郭云仙信，寄其亡子所作诗、文等，请余为铭。余读之不胜感怆。阅《纪效新书》十馀叶。在室私祷雨雪。傍夕小睡。夜因纪泽小疾，系念不已。温《诗》周、鲁、商颂。本年温《诗经》一遍毕。二更五点睡。

十七日

早饭后阅《方存之文集》，清理文件。坐见之客二次。核科房批稿簿，阅《纪效新书》。中饭后阅本日文件。坐见之客一次。阅《经效新书》十馀叶。疲困殊甚。阅《方存之文集》。私祷雨雪。傍夕小睡。夜阅方存之所著书牍。旋温《古文·辞赋类》，添赵惠甫信一叶，约二百馀字。二更五点睡。

十八日

早饭后清理文件。坐见之客三次。陈作梅谈颇久。阅《方存之文集》。坐堂审案十二件。核科房批稿簿。中饭后，方存之来谈甚久。阅本日文件。坐见之客一次。围棋二局。料理发各处复信。私祷雨雪。傍夕小睡。夜，借王白田《朱子年谱》一阅。二更后温《古文·辞赋类》相如、子云等篇。五点睡，又梦在于平陆行舟。向来好作此梦，盖身世艰难，窒碍难行之象耳。

十九日(将作依永墓志以塞云仙之悲)

早饭后清理文件。坐见之客一次。阅《纪效新书》。午初开印行礼。旋核科房批稿各簿。阅《朱子年谱》。中饭后阅本日文件。向先□寄到《严仙舫诗集》，略一翻阅。又寄严秋农甲子年所寄一书，约四千字，至今始到，秋农死已五年矣。阅《纪效新书》。剃头一次。私祷雨雪。傍夕小睡。夜将作郭氏婿依永墓志，以塞云仙之悲，属思已久，未能下笔。此心有如枯井，无水可汲，衰惫可伤。二更五点睡。

二十日

早饭后清理文件。坐见之客三次，立见者一次，司道谈甚久。核科房批稿各簿。巳午刻，坐见之客三次，刘子务谈颇久。中饭后阅本日文件。倦甚，在坐次假寐。旋写祭帐一幅、扁一方、对四付，核信稿四件。私祷雨雪。傍夕小睡。夜作郭氏婿墓志，至二更五点，仅作三四行许，庸冗之至。二更后，与纪泽一谈。五点睡。

廿一日(至内箭道考验武弁七人)

早饭后清理文件，加写何小宋信二叶、李雨亭信一叶。至内箭道考验武弁七人。旋坐见之客一次。核科房批稿各簿。倦甚，不能治事，因在位渴睡。近日巳午间，每昏昏欲睡，盖衰象也。中饭后阅本日文件，核信稿二十馀件，所改甚少。旋写对联七付。在室私祷雨雪。写澄、沅两弟信，未毕。傍夕小睡。夜将弟信写毕，约四百馀字。作郭依永墓志，约三百馀字，未毕。二更五点睡。

廿二日

早饭后清理文件。坐见之客七次，李道及祝道坐均久，客散尽时，巳午正一刻矣。核科房批稿簿，未毕。中饭后阅本日文件，又核批稿簿，仍有二稿未了。写扁一方、对联六付。王霞轩寄来王少鹤所纂《归方评点史记合笔》，翻阅数篇。将作郭婿墓志，而不果下笔。酉刻，吴挚甫来久谈。夜改信稿一件。作郭婿墓志百馀字，阅《归方评点史记》。二更五点睡。

廿三日

早饭后清理文件。旋填写张廉卿信二叶。坐见之客一次。围棋二局。核科房批稿各簿。作郭婿墓志铭，辞未数句，久不成。中饭后阅本日文件。将铭辞作毕，全不合古人义法，深以为愧。写对联八付，核改马队营制。在室私祷雨雪。傍夕小睡。夜温《古文·辞赋类》班、张、左思等篇。二更五点睡。

廿四日（爱温杜诗，恨吾知而不能为之）

早饭后清理文件。坐见之客四次，首府谈颇久。旋坐堂审案十二件。核科房批稿各件。午正眼蒙，小睡。中饭后阅本日文件，阅《归方评点史记》。又小睡片刻。改清讼完毕摺，约四百字。旋又改信稿二件。在室私祷雨雪。傍夕小睡。夜，温《古文·辞赋类》潘岳至唐宋各篇，又温杜诗五古，爱其句法瘦劲，变化通于古文造句之法。恨吾能知之，而不能为之耳。二更五点睡。

二十五日

早饭后清理文件。坐见之客二次，立见者一次，衙门期也。旋阅《归方评点史记》，核科房批稿簿。午刻阅《纪效新书》。疲倦而眼目又蒙，遂至渴睡，盖衰象也。中饭后阅本日文件。旋阅《宋元学案》胡安定一卷，未毕。申正后写对联七付。在室私祷雨雪。傍夕小睡。夜温五言古诗陶、杜两家。眼蒙殊甚，闭目静坐两次。二更五点睡。

廿六日（本年京察余有褒辞）

早饭后清理文件。坐见之客三次。江小帆同年，国霖之堂侄，送《小帆诗集》，翻阅十馀叶。核科房批稿各簿。巳正，恩守来一坐，黄静轩启愚来久坐，彭楚汉来一谈。中饭后阅本日文件。坐见之客二次，陈作梅谈甚久。添丁雨生信二叶。阅邸报，本年京察，余有褒辞，交部从优议叙，殊以为愧。阅《江小帆诗集》。在室私祷雨雪。傍夕小睡。夜阅小帆馆课诗、赋，温杜诗五古。二更五点睡。

廿七日（愧叹余官跻极品而学术无成）

早饭后清理文件，阅《练兵实纪》数十叶。倦甚，眼蒙，闭目久坐。阅核科房批稿各件。午初小睡。中饭后阅本日文件。旋因眼蒙，两次登床，小睡良久。阅江小帆诗。申正写对联六付。在室私祷雨雪。傍夕至幕府一谈。夜温杜诗五古，又温韩公五古毕。二更四点，梦在场中考试，枯涩不能下笔，不能完卷，焦急之至，惊醒。余以读书科第，官跻极品，而于学术一无所成，亦不能完卷之象也，愧叹无已。

二十八日

早饭后清理文件。旋立见之客一次，坐见者一次。出门拜李铁梅、祝爽亭，坐颇久。归，核科房批稿各簿。眼蒙甚，闭目久坐。中饭后阅本日文件。旋又闭目久坐二次。阅

《朱子年谱》附录《为学切要语》。傍夕与邓良甫一谈。夜核改《州县留支银两不扣四成摺》，未毕。二更五点睡。因内人病又反复，纪泽病已半月，焦虑殊深。

廿九日

早饭后清理文件。阅《朱子年谱·为学切要语》。旋坐堂审案十二件。将昨夜所核《留支不扣四成摺》改毕，核科房批稿各簿。午刻阅《朱子年谱·为学切要语》。中饭后阅本日文件，核摺稿一件。眼蒙，闭目久坐。旋阅《理学宗传》中之朱子、陆子、王子、薛子四家，涉猎翻视，不能细也。在室私祷雨雪。傍夕小睡。夜温杜工部及义山、牧之七律。二更五点睡。

卅日（思作查办崔福泰摺）

早饭后清理文件。坐见之客一次，立见者一次。将留支摺稿与幕友一商。阅《练兵实纪》。思作查办崔福泰摺片，久不能下笔。核科房批稿簿。中饭后阅本日文件。旋作查崔福泰片稿一件，又作崔福泰开缺摺稿一件。在室私行祷雨。傍夕小睡。夜阅《史记》三篇。旋温东坡七律。二更四点睡。

## 二月

初一日

黎明，至文庙丁祭，率属行礼。归，饭后清理文件。旋阅《练兵实纪》。旋将昨日所作摺片酌改。黄静轩来久坐。核科房批稿各簿。眼蒙，闭目一坐。中饭后阅本日文件。眼蒙，闭目久坐，又登床一睡。阅《朱子年谱》。在室私祷雨雪。傍夕至幕府一谈。夜温《史记》张苍、郦食其等传二篇。二更五点睡。

初二日（感近来聪明大减，阅书迟钝）

早饭后清理文件。旋坐见之客二次，立见者一次，游子岱谈甚久。阅《练兵实纪》。近来聪明大减，阅书迟钝异常，屡阅《练兵实纪》，尚茫然若无入处。巳正核科房批稿簿。午初，同乡张寿荣、邹隆柄来见，皆新化人，官四川，引见出京者。旋请客吃饭，李铁梅山长及司道史绳之等四人，自未初来，直至酉初方散。旋写对联五付。私祷雨雪。傍夕小睡。夜阅本日新到文件。旋阅《史记》《傅靳蒯成传》《娄［刘］敬叔孙通传》《季布栾布传》，将“归氏”圈点一过，阅《袁盎传》，未过圈点。二更五点睡。

初三日（哀忠勇名将刘松山阵亡）

早饭后清理文件。司道来见，谈甚久，旋又坐见之客一次。阅《练兵实纪》。衰年阅书，动辄渴睡。核科房批稿各簿。中饭后阅本日文件，知刘寿卿军门松山于正月十五日在金积堡中枪子伤阵亡，失此忠勇名将，关系大局甚重，不胜感怆！旋倦甚，小睡。改信稿二件，写对联七付。在室私祷雨雪。傍夕小睡。夜阅《袁盎晁错传》《张释之冯唐传》《万石君传》《田叔传》《吴王濞传》，《田窦传》未毕。二更四点睡。

初四日

早，至关帝庙春祭，率属行礼。归，饭后清理文件。旋阅《练兵实纪》。渴睡殊甚。巳正核科房批稿各簿。午初阅《练兵实纪》。中饭后阅本日文件。旋围棋二局。思复霞仙信，另纸起草，而久不能下笔。写对联八付。酉刻，李佛生来久谈，灯后去。旋阅《朱子年谱》中“辨浙学、陆学”及“戊申封事”各条。欲作霞仙信而不果。二更后看放合子灯，中军所送也。三点毕。旋又阅《朱子年谱》。五点睡。

初五日

早饭后清理文件。坐见之客三次，衙门期也。倦甚小睡。巳正核批稿各簿，批老湘营诸将公禀，斟酌久之。拟作霞仙信稿，而未下笔。中饭后阅本日文件。坐见之客一次。小睡片刻。酉刻作复信稿百馀字。夜又作三百馀字。二更五点睡。内人病势又翻，彻夜呻吟。

初六日

早饭后清理文件。出城至教场看铭军马队操演，巳正看毕。归署，核科房批稿各簿。午正，倦甚，闭目少坐。中饭后阅本日文件。史绳之来久谈。旋作复霞仙信稿。傍夕小睡。夜又作霞仙信稿，至二更五点未毕。本日计作七百馀字，而一字无是处。睡后，内人病势颇重。夜接澄、沅两弟正月十六日信，各宅平安，静臣侄妇病愈，为之一慰。

初七日

早饭后清理文件。立见之客一次，坐见者一次。倦甚，目蒙，小睡。看堂审案十二件。核科房批稿各簿。午刻小睡片刻。中饭后阅本日文件。丁乐山、陈作梅来久坐。小睡片刻，因眼蒙不能治事也。旋将霞仙信稿写毕，约一千四五百字。傍夕小睡。夜将霞仙信稿修改一遍，二更五点毕。睡，不甚成寐。

初八日（阅钟涵斋所著《迩言》）

黎明，至龙王庙，率属祭祀。归，早饭后清理文件。坐见之客四次，成午斋谈甚久。巳正核科房批稿各簿。午刻阅钟传益涵斋所著《迩言》，昔己未年曾在余营，近在湖北为知县者也。精神疲惫，每阅书辄渴睡。中饭后阅本日文件。旋又惫甚，登床小睡。核改信稿多件。傍夕小睡。夜再看钟涵斋《迩言》，盖理学之绪馀，而参以阴隲果报者。又改信稿数件。温《史》《田窦传》《韩安国传》《李广传》。二更五点睡。

初九日

早饭后清理文件。坐见之客二次，立见者一次。核科房批稿簿。午初阅《练兵实纪》第五卷。眼蒙殊甚，渴睡良久，不能阅竟。中饭后阅本日文件。因眼蒙，闭目久坐。申正，陈作梅二人来久谈，又立见之客一次。添共琴西信二叶。傍夕小睡。夜温《史记》《匈奴传》《卫霍传》。二更五点睡。

初十日

早饭后清理文件。坐见之客三次，司道谈颇久。巳正核科房批稿各簿。午刻核呈辞批三件。阅《文献通考·郊社考》。中饭后阅本日文件。眼蒙，不能治事，闭目久坐。旋又登床一睡。吴挚甫来一谈。在室私祷雨亭。傍夕小睡。夜阅《归方评点史记》。旋阅殿板《史记》第一本。二更五点睡。

十一日（出明日考书院题）

早饭后清理文件。旋立见之客一次。阅《文献通考·郊社考》。巳正核科房批稿簿。午刻又阅《郊社考》。中饭后，阅本日文件。旋写李少泉信一件，约五百馀字。倦甚，闭目少坐。傍夕小睡。灯后出题，明日将考书院。温《史记·项羽记[纪]》，将《归方评点》一对。三更睡。近来因眼蒙，常有昏聩气象，计非静坐，别无治法，因作一联以自警云："一心履簿临深，畏天之鉴，畏神之格；两眼沐日浴月，由静而明，由敬而强。"

十二日（至书院观诸生考甄别）

早饭后清理文件。旋阅《郊社门》魏晋至唐"郊天"。坐见之客一次。巳正后核科房批稿簿。未毕。至书院观诸生考甄别，午刻归。坐见之客三次，方存之、石芸斋坐颇久。中饭后阅本日文件，将批稿各簿核毕。倦甚，闭目小坐，旋登床小睡。改信稿四件。傍夕小睡。夜将《依永墓志》又一删改。二更后，与纪鸿一谈《中庸》。旋又温《项羽本纪》。二更五点睡。

十三日

早饭后清理文件。坐见之客三次。坐堂审案十二件。巳正二刻核科房批稿簿，未毕。黄静轩来久坐。中饭后阅本日文件，旋核科房批稿各簿毕。疲倦殊甚，闭目少坐，登床一睡。申正后阅本日新收呈辞，核改上次呈辞批。有开州人马允刚者，乾隆甲子举人，官陕西州县，或送其所自作《年谱》，将入乡贤，因将其《年谱》翻阅。傍夕小睡。夜，又翻其《年谱》。旋阅《始皇本纪》，至二更五点毕。睡，眼蒙日甚，殆不能复看书矣。

十四日（与儿子讲鹿忠节之学）

早饭后清理文件。坐见之客三次，立见者一次。请候补州县五人来阅卷，与之一谈。旋核科房批稿各簿。午初，阅《郊社考》十八叶。中饭后阅本日文件。眼蒙，久睡。申正核信稿一件，约改五百字。傍夕小睡。夜阅《史记·高祖纪》。眼蒙异常，竟不能看书矣。二更后，与儿子讲鹿忠节之学。旋又闭目一坐。二更五点睡。十五日

早饭后清理文件。立见之客一次，坐见者二次。旋阅科房批稿各簿。阅《郊社考》。午刻，石芸斋来久坐。中饭后阅本日文件。请各州县阅课卷，与之一谈。出门拜石芸斋，渠将所作古文五本、诗一本，请余评定，带回翻阅良久。酉初小睡。夜阅石芸斋所作《房山石经山访碑记》，亦伟观也。眼蒙，纪泽以铁蔽灯光，使不射目。阅《高祖纪》毕。二更五点睡。

十六日（知刘韫斋丧子，筠仙又丧一女）

早饭后清理文件。立见之客一次，坐见者一次。阅《郊社考》。巳正核科房批稿簿。午刻仍阅《郊社考》。陈作梅来一谈。中饭后阅本日文件。倦甚，小睡颇久。接澄弟信，知刘韫斋丧子，筠仙又丧一女。申正改谢恩摺稿。傍夕小睡。夜拟作刘寿卿事迹摺，久不下笔。二更后，始作百馀字。五点睡。

十七日

早饭后清理文件。坐见之客二次，立见者一次。阅《三鱼堂誊言》。巳正核科房批稿各簿。午刻又阅《三鱼堂誊言》。中饭后，阅本日文件。旋坐见之客二次，谈颇久。阅《三鱼堂誊言》。见客一次，请各州县阅书院卷，阅毕，送之也。至幕府久谈。夜改前所作《郭依永墓志》，沉吟良久，迄无是处。作刘寿卿事迹摺二百字。二更五点睡。是日接澄弟正月初三日所发信。

十八日（阅《四库书目》）

早饭后清理文件。坐见之客二次，立见者一次。阅《四库书目》。旋作刘寿卿摺。倦甚小睡。核科房批稿各簿。午刻又作寿卿摺。中饭后阅本日文件。眼蒙，闭目小坐。旋又作寿卿摺，申正二刻毕。阅本日呈辞，核上次呈辞批。傍夕小睡。夜将呈辞各批核毕。温《古文·气势之属》。将写家信而眼蒙不能作字。二更五点睡。

十九日

早饭后清理文件。坐见之客四次，首府谈颇久。旋核科房批稿簿。丁乐山来一谈。写澄、沅两弟信。午刻倦甚，小睡。中饭后阅本日文件，改信稿一件，添霞仙信一叶，料理发家信。剃头一次。傍夕至幕府一谈。夜，阅书院课卷，久疏于文，殊以阅文为苦。二更后，与二子讲"君子以仁存心"章。阅文至三更睡，约阅四十馀卷。

二十日

早饭后清理文件。坐见之客二次，衙门期也。倦甚，小睡。旋阅书院卷，每卷略一涉猎，阅一小讲一诗而已。核科房批稿各簿，又阅卷二十馀卷。中饭后阅本日文件。旋又阅三十馀卷，正、附课各卷大致阅过，小睡片刻。将明日应发摺件校对一过。傍夕又小睡。写郭云仙信四叶，未毕。张振轩、陈作梅来一谈。与儿子讲上《论》。二更三点后温《古文·识度之属》。五点睡。

附记

发摺　写榜　审案

写筠信作学记

二十一日

早饭后清理文件。山长王仲山同年振纲来拜，与之一谈。旋即出门回拜山长，谈颇久。将书院各卷略加料检。旋坐堂审案十二件。丁乐山、陈作梅来一谈。核科房批稿各簿。午刻小睡。旋将书院卷写榜发摺。中饭后阅本日文件。将筠仙信写毕。小睡颇久。将作《江宁府学记》，而久不下笔。傍夕又睡。夜将作《府学记》，又思《郭依永墓志》太浅陋，思欲修改，沉吟不能下笔。二更后，与纪鸿儿讲书。五点睡。近来每夜五更出汗，辄醒，不复成寐。

二十二日（因昨日书院发榜有错，今加检点）

早饭后清理文件。坐见之客三次。旋核科房批稿各簿，小睡。午刻，坐见之客二次。中饭后阅本日文件，作《江宁府学记》。倦甚，登床小睡。因昨日书院发榜有错误处，由提调送回，又加检点。傍夕久睡。余自五十以后，每春夏则奄奄思睡，或偶作文字，思虑微过，尤不能支持，日来又作此态矣。夜作《府学记》，是日共作二百馀字。二更后，与纪鸿略讲《论语》。五点睡。五更后，颔下及胸间汗多。

曾国藩书法

二十三日（思作《江宁府学记》未成）

早饭后清理文件。立见之客一次，坐见者二次。小睡片刻。巳正核科房批稿各簿。中饭后阅本日文件。是日，自午初起至夜二更末，思作《江宁府学记》，苦探力索，竟不能成一字，固属衰惫之象，亦由昔年本无实学，故枯竭至此，深可叹愧！中间屡次登床，亦未成寐。三更睡。

二十四日（儿所作之文考据与笔力两无可取）

早饭后清理文件。出门至教场看操，即看保定两营练兵也。巳刻归，核科房批稿簿。坐见之客一次。小睡片刻。中饭后阅本日文件。作《学宫记》至二更五点止，约作五百字，未毕。中间，傍夕小睡。二更后，与儿子一论文，所作之文，考据与笔力两无可取。三更睡。

二十五日

早饭后清理文件。坐见之客四次，衙门期也。巳刻核科房批稿各簿。午初小睡。陈作梅来一谈。写澄、沅两弟信，未毕。中饭后阅本日文件，写弟信毕。作《府学记》，约千馀字，芜陋极矣。傍夕，眼蒙，久睡。夜核十八日呈辞批。旋阅《史记·吕后本纪》。二更后，听纪鸿背文。五点睡。

二十六日

早饭后清理文件。昨夜得雨寸许，故本日定期看箭而中辍。阅《梅伯言文集》。巳刻见客一次，谈甚久。核科房批稿簿。午刻小睡。中饭后阅本日文件。阅《伯言集》甚久。眼蒙殊甚。酉刻久睡。夜阅《史记·商君传》等篇。二更后，与纪鸿讲书。五点睡。是日荒怠，做事极少。

二十七日

早饭后清理文件。昨夜得雨半寸许。是日，仍至教场阅彭楚汉新营操演，巳正三刻毕。归，核科房批稿簿。旋阅《子史精华》中“释”“道”二部。中饭后阅本日文件，又阅

"释""道"部典故。天雪寒甚。酉刻,登床睡甚久。夜阅《梅伯言集》。二更后,与儿纪鸿一谈。旋温《古文·序跋类》。五点睡。内人病势沉重,总不能睡。纪泽亦有病,胃疼不能吃饭,大便滞涩,为之焦灼。

二十八日

早饭后清理文件。坐见之客二次。立见者一次。阅"释""道"部。刻核科房批稿各簿。又阅《子史精华》数叶。倦甚,坐次渴睡,将成寐矣。坐见之客一次。中饭后阅本日文件颇多。旋写对联十付,改信稿数件。傍夕小睡。夜又改信稿二件,温《古文·序跋类》。二更五点睡。

二十九日(吾右眼黑珠其色已坏)

早饭后清理文件。立见之客一次。疲困殊甚,小睡半时许。旋核科房批稿簿。方存之来,久谈大半时。中饭后阅本日文件。眼蒙殊甚。令纪泽视吾日,右眼黑珠,其色已坏,因以手遮蔽左眼,则右眼已无光,茫无所见矣。纪泽言瞳人尚好,可望复明,恐未必然,因闭目不敢治事,酉初即睡。灯后起,亦闭目静坐,不阅一字。二更后,与儿子讲韩文《原毁》篇。五点睡。

三十日(弄孙儿女辈以自怡)

早饭后清理文件。内人五十五生日,儿辈行礼。沈保靖来久谈。旋闭目一坐。核科房批稿各簿。午初,黄静轩来久坐。又坐见之客二次。中饭后阅本日文件。闭目静坐,即已渴睡。接沅弟二月初八省城发信。弄孙儿女辈以自怡。阅《李海帆文集》。傍夕久睡。夜,又阅《李海帆集》。因目疾不敢治事,闭目久坐。二更五点睡。

## 三月

初一日(与纪鸿儿之师久谈)

早饭后清理文件。坐见之客三次,衙门期也。旋闭目久坐。出门拜客十馀家。归,已刻核科房批稿各簿。午刻,潘家钰撷珊来久谈,宜兴人。壬戌进士,庶常改馆为山西知县,现在丁艰,任小园荐来,为纪鸿儿之师也。中饭后,沈保靖来久谈。旋阅本日文件。闭目一坐。申刻核信稿四件。吴挚甫来久谈。傍夕睡。夜阅《报任安书》,温《古文·书说类》。闭目久坐。与儿子一讲"博施济众"章。二更五点睡。天雨且雪,寒甚。

初二日

早饭后清理文件。坐见之客二次。昨夜先雨后雪,共计四寸许。旋至莲池书院送诸生入学。归,坐见之客一次。核科房批稿各簿。午刻,潘撷珊来送纪鸿入学,拜圣人,行宾主礼毕。旋小宴,请幕府诸君陪之,申初散。阅本日文件。闭目静坐。旋思改《江宁府学记》。登床凝思,久无所得。阅张文端公《聪训斋语》。傍夕小睡。夜又阅《聪训斋语》。闭目久坐。二更后,听纪鸿背文。因右眼已盲,心绪烦躁。二更五点睡。

附记

复缦云信　复意城信　伯言墓志

复方元徵子可信　张臯闻文序

初二日

早饭后清理文件。旋即小睡。坐见之客二次,立见者二次。小睡片刻。巳正核批稿各簿。眼蒙,闭目一坐。方存之来久谈。午正三刻请山长小宴,陪客三人,申正散。阅本日文件,阅邵子《击壤集》,核信稿三件。傍夕小睡。夜阅邵子诗。眼病,闭目一坐。二更五点睡。

初四日

早饭后清理文件。因目病,旋即小睡。坐见之客二次。屡次登床小睡。巳正核科房批稿各簿。中饭后阅本日文件。小睡,见洋人主教一次。小睡良久。旋将方子可寄来之《地图说》《诗经说》四篇细阅一过,阅《国朝文录》十馀篇,核信稿一件。傍夕小睡。夜闭目久坐。阅《国朝文录》。二更后,与儿子一谈。四点睡。

初五日(出城谒刘孝子墓)

早饭后清理文件。出城谒刘孝子墓。刘名光显,负贩贫苦,而养母必丰;母死鬻女,乃能吊棺;庐墓三年,妻病及死,均置之不顾。刘印渠在此,为之立庙立碑。旋谒杨忠愍公祠。归,小睡。巳刻核科房批稿簿。午刻,丁乐山、沈品莲先后来坐。中饭后,张师劬来坐。阅本日文件,阅《国朝文录》。酉刻小睡。接澄弟二月十六日信,知湘乡哥匪倡乱。傍夕睡。夜阅《国朝文录》。将二更时,武营送龙灯狮子来玩,戏良久,三更始散。即睡。

初六日

早饭后清理文件。坐见之客三次,立见者二次。阅《国朝文录》,核科房批稿各簿。午刻小睡。吴挚甫来久谈。又立见之客一次。中饭后阅本日文件,核批二件,于良乡一案,沉吟良久。旋二次小睡。核信稿一件。傍夕小睡。夜核信稿,因眼蒙而停止,闭目久坐。二更,与纪泽一谈。又闭目坐。四点睡。

初七日(余右目既废,左目亦昏)

早饭后清理文件,改信稿一件。坐见之客二次,祝爽亭谈甚久。小睡半时。巳正,核科房批稿簿。午刻阅《国朝文录》。中饭后阅本日文件。坐见之客一次。小睡良久,因眼病之故。阅《国朝文录》。李笏生来久坐。傍夕又睡。是日天气奇冷。夜阅《国朝文录》,而闭目之时为多,盖右目既废,左目亦昏,岌岌乎可虑已。

初八日

早饭后清理文件。旋登床久睡。余向来有饭后脾困思睡之疾,近来右眼失明,尤贪睡也。立见之客一次。巳正核科房批稿簿。午刻,作梅来久谈。中饭后阅本日文件。幕府刘君来一谈,蒋养吾来久谈,阅《国朝文录》。傍夕,立见之客一次。小睡良久。夜闭目久坐。阅《国朝文录》。眼疾,不能治一事,焦闷之至。二更四点睡。

初九日(闻哥老会业已扑灭,为之一慰)

未明起,出城祭先农坛,行礼毕,扶犁九推,望阙谢恩。归,早饭后清理文件。见客,坐见者二次。小睡良久。核科房批稿各簿。午刻阅《朱子年谱》。中饭后阅本日文件,校对摺片各件,将以明日拜发。核呈辞批,内一案斟酌甚久。阅《朱子年谱》。小睡养目。右既盲,左眼亦蒙,眼焦灼之至。夜阅《朱子年谱》,改信稿一件。与纪鸿儿一谈。二更四点睡。是日接澄、沅弟信,哥老会业已扑灭,为之一慰。

初十日(医言余左目亦将坏)

早饭后清理文件。见客二次,衙门期也。旋小睡良久。巳正核科房批稿簿。午刻阅《朱子年谱》。至潘撷珊处一谈。中饭后阅本日文件。旋请黎竹舲诊脉,又请一眼科赵姓诊视,言左目亦将坏,焦灼之至,绕室彷徨,两次登床小睡。傍夕久睡。夜阅《朱子年谱》。闭目久坐。二更后与纪鸿一谈。念此生学问、文章,一无所成,愧悔无已。四点睡,搬至签押房住宿,三、四、五更屡醒。

十一日

早饭后清理文件。见客一次。旋看武营马步箭五十馀人。巳正核科房批稿各簿。丁乐山等来久谈。小睡数刻。中饭后阅本日文件。坐见之客一次。闭目久坐。酉刻至刑、钱两幕府处久坐。傍夕小睡。夜阅《朱子年谱》。闭目一坐。二更后,与儿子一谈。

四点睡。

十二日

早饭后清理文件。见坐之客二次，祝爽亭谈甚久，立见者一次。拜发万寿贺表，小睡甚久。巳正，黄静轩来久谈。午初三刻，去核科房批稿簿，未毕。中饭后，坐见之客一次。阅本日文件，将批稿核毕。小睡良久。阅《朱子年谱》。与纪泽一谈。傍夕一睡，夜阅《朱子年谱》。闭目久坐。二更四点睡。

十三日

早饭后清理文件。坐见之客一次。小睡良久。巳正起，核科房批稿簿。午刻，有送《容城三贤集》者，因阅《刘静修集》。中饭后阅本日文件。立见之客一次，坐见者一次。阅《孙夏峰集》，亦三贤之一也。小睡良久。酉刻写澄、沅两弟信。余右目失明之后，尚未寄信与弟，不知此生犹得与弟相见否？悬系无已。傍夕小睡。夜阅《孙夏峰集》。闭目一坐。二更四点睡。

十四日

早饭后清理文件。坐见之客二次，立见者一次。小睡良久。巳正核科房批稿簿。午刻阅《朱子年谱》，粗毕。中饭后阅本日文件。坐见之客一次。小睡甚久。酉刻改信稿二件。傍夕久睡。夜温《大学》《中庸》，至"哀公问政"止。二更四点睡。

十五日(追忆平生，愆尤甚多)

早饭后清理文件。坐见之客四次，立见者一次。旋即小睡良久。巳正核科房批稿簿，午初二刻毕，又小睡。目病，不能治事，竟日酣睡。中饭后阅本日文件，阅康节《击壤集》，阅白公闲适诗。围棋一局。小睡良久。夜阅《韦苏州集》。小睡一次。二更四点睡。本日睡时太多，四更四点即醒。不复成寐。追忆平生之事，愆尤甚多，忧灼无已，而目病愈难治矣。

十六日(是日遮窗以便黑暗静坐)

早饭后清理文件。坐见之客一次，立见者一次。小睡颇久。方存之来久谈。旋又小睡。午初核科房批稿簿。闭目一坐。是日于卧室用布及芦席等遮蔽窗牖，以便黑暗静坐。中饭后阅本日文件。卢藩台来一谈。闭目一坐，旋又登床一睡。请赵金波诊脉处方。吴挚甫来一谈。花局送花十盆来，稍一览观。傍夕小睡。夜阅韦苏州诗，屡次闭目静坐。二更四点睡。日间屡睡，而夜间尚能成寐，又盖衣被极厚，皆衰象也。

十七日

早饭后清理文件。旋即小睡。坐见之客三次。又小睡。巳正起，核科房批稿簿。午刻，核遵化州钱粮一案。中饭后阅本日文件。旋阅邵子诗。小睡。申初后，静坐一时许，默诵《论语》二十篇一遍。傍夕，在院中与纪泽一谈家乡事。夜饭后，闭目小坐。旋温《古文·识度之属》，朗诵数首。二更后，阅纪鸿近文。四点睡。

十八日

早饭后清理文件。旋即小睡。坐见之客二次，立见之客一次。旋小睡良久。饭后久睡。一则因近日目病，一则因向来脾困也。巳正起，核科房批稿，未毕。韩南溪来久坐。午刻，吴竹庄来久坐，又坐见之客一次。将科房批稿核毕。中饭后阅本日文件，核摺稿一件，写澄、沅两弟信一件。闭目静坐颇久。阅纪泽所作《说文重文本部考》，吴竹庄新刻就者。傍夕又睡。夜，闭目久坐时亦成寐。近以目病，寝食之外，便不治一事，且愧且叹。二更四点睡，不甚成寐。

十九日

早饭后清理文件。坐见之客一次，立见者一次。睡良久。巳刻核科房批稿簿。午刻,陈作梅来久谈。请吴竹庄小宴,申初散。阅本日文件。闭目久坐。默念古人笃恭而天下平之道。傍夕睡。夜闭[阅]《陆象山集》。渴睡殊甚。二更四点睡。

二十日(出门拜韩南溪)

早饭后清理文件。旋坐见之客二次,衙门期也。小睡片刻。出门拜韩南溪。归,郑松峰中丞元善来一谈。阅核批稿各簿。旋闭目久坐。中饭后阅本日文件。竹庄来久谈。旋小睡良久。核改信稿一件。傍夕又与竹庄久谈。夜阅《朱子年谱》及《理学宗传》中程、朱各语。倦甚,二更四点睡。

廿一日(出城阅谭胜达之步队操演)

早饭后清理文件。出城阅谭胜达之步队操演,盖在正定带来者。归,拜郑松峰,归署小睡。核批稿各簿。午刻又睡。阅《白香山集》。中饭后阅本日文件。阅《白香山集》。小睡颇久。申正至潘撷珊处一谈。傍夕小睡。夜改李少荃、刘子务信稿二件。阅申凫盟《小语进语》。日来自右目病后,终日倦睡,不治一事,且忧且愧,而心境不安,目病愈甚。即使左目幸得保全,而不能用心,亦与死人无异,焦灼殊甚。二更四点睡。

附记

董麟唁信　毕东屏唁信

载鹤峰唁信　朱桐翁唁信

吕昼堂吊仪。　朱修伯唁信

黄子寿书　许仙屏书

李壬叔书　曹镜初书

黄晓岱书

廿二日

早饭后清理文件。坐见之客三次。立见者一次。改丁雨生片稿一件。巳刻,坐堂审案十二起。旋坐见之客二次,邵棠浦坐颇久。核科房批稿各簿。小睡片刻。中饭后阅本日文件。小睡良久。刑、钱两幕来一谈。闭目静坐。傍夕,与竹庄久谈。夜改信稿一件。静坐片刻。右目益坏。二更,与纪泽一谈。四点睡,不甚成寐。

廿三日(是日屡睡,昏惰之至,愧叹无已)

是日,恭遇皇上十五岁万寿,至公所拜牌。归,早饭后小睡。方存之来一谈。旋又久睡。巳正核科房批稿簿。午刻,坐见之客一次。中饭,请竹庄便饭,饭后久谈。阅本日文件。坐见之客一次。旋又久睡。是日屡睡,昏惰之至,愧叹无已。傍夕又睡。夜阅《古文〈辞〉类纂》中"论辩类",核改信稿三件。二更四点睡。四更末醒。

廿四日(令纪泽进京考试荫生)

早饭后清理文件。令纪泽进京考试荫生。见客,立见者二次,坐见者二次。小睡良久。巳刻,坐见之客一次。核科房批稿各簿。午刻久睡。中饭后阅本日文件。屡次久睡,昏惰殊甚,落枕便易成寐,下床小坐。旋又去睡,衰困若此,虽无目疾,亦不堪为世用矣。夜饭后,阅《古文辞类纂》序跋、奏议两门。二更四点睡。

廿五日

早饭,呕吐殊甚,向来有此旧病。旋清理文件。见客,坐见者二次,立见者一次,衙门期也。旋小睡良久。巳正核科房批稿簿。午刻又睡。中饭后阅本日文件。作诗一首。因衰病日深,欲将生平阅历为韵语,以示儿侄辈,即以当遗嘱也。酉刻毕,凡三十八句,略用白香山体势,取其易晓。傍夕小睡。夜阅《古文·奏议门》。且阅且睡,昏惰甚矣。二更四点睡。

廿六日

早饭后清理文件。坐见之客二次,立见者一次。小睡良久。巳正阅科房批稿簿。午刻,黎竹舲送《光明经咒》,云持诵万遍,眼可复明。邵棠浦来一坐,力劝余服补阳之药。中饭后阅本日文件,将从前河工保案开一清单。旋诵熟《光明经咒》凡百有四字,盖道家之言也。诵数十遍。小睡良久。夜饭后又诵《经咒》,是日申刻写对联七付。二更四点睡。近因目病,每日全未作事,愧歉之至。

二十七日

早饭后清理文件。小睡片刻。坐见之客三次,祝爽亭谈甚久,颇知眼科,故请其诊视也。旋又小睡。巳正,黄静轩来,久谈一时许。核科房批稿簿,未毕。中饭后阅本日文件,将科房稿核毕,校对摺件。申正出门,由西门登城,至北门下城,旋登大悲阁。归署,陈俊臣之甥夏时来久谈。又对摺件,又[未]毕。小睡,夜将摺对毕,阅《审视瑶函》,眼科医书之盛行者。二更四点睡,不甚成寐,四更末醒。

二十八日

早饭后清理文件。有四川主事赵亮熙来见。谈甚久。陈作梅来久坐。坐堂审案十二件。核科房批稿各簿。午刻小睡。午饭后阅本日文件。坐见之客三次,立见者二次。小睡片刻。与幕友一谈。写对联六付。傍夕小睡。夜阅《审视瑶函》,且阅且渴睡,盖脾不能运化,困倦极矣。二更四点睡。

附记

局详馀银交练饷局

批应查作梅信

二十九日(近日既怕用心,又怕开目,遂成废人)

早饭后清理文件。坐见之客一次,立见者一次。小睡片刻。写信与纪泽儿。摺差进京,料理信件,并送人书籍。巳正核科房批稿簿。午刻,韩南溪来久坐。中饭后阅本日文件。小睡颇久。黎竹舲来一谈。写对联六付。傍夕久睡。夜阅《渔洋古诗选》《姚氏近体诗选》,略一涉猎。闭目静坐。近日既怕用心,又怕开目,遂成废人,且愧且憾。二更四点睡,三更后成寐。

卅日(究余心之不畅总由名心未死之故)

早饭后清理文件。坐见之客二次。至内箭道看箭。旋久睡。巳正核科房批稿簿。午刻阅《先正事略》。中饭后阅本日文件。又阅《先正事略》。小睡片刻。狂风雨土,令人郁闷。酉刻,与黎竹舲久谈。傍夕小睡。夜温下《论》。二更四点睡。日内因眼病日笃,老而无成,焦灼殊甚。究其所以郁郁不畅者,总由名心未死之故,当痛惩之,以养馀年。

## 四月

初一日(深愧全家一种昏怠衰颓之气)

黎明,至文庙拈香行礼。与司道一谈。归,早饭后清理文件。旋小睡甚久。巳正核科房批稿各簿。午刻,丁乐山来一谈。阅《先正事略》。中饭后阅本日文件。狂风雨土,干旱之象。又阅《先正事略》。直隶主事邢元恺、湖南主事李寿蓉,先后来一谈。酉刻作诗未成。夜,阅《古文·奏议类》渴睡殊甚。二更四点睡,不甚成寐。近日,内人病,筋皆拘挛,竟日久睡,令人按摩。余亦竟日屡睡,全家一种昏怠衰颓之气,深以为愧。

附记

郑中丞　保　庆知府渭春参革职,永不叙用

功牌百零六张　王隆兴隆平县训导,善拿贼

威县请恤,请加学额

初二日

早饭后清理文件。坐见之客四次,立见者一次。小睡片刻。巳正核科房批稿簿。郑松峰来一谈。又立见之客一次。李篁仙来久谈。中饭后,劳二、劳六世兄来久谈,皆文毅公之子也。阅本日文件,阅《先正事略》。酉刻小睡良久。将作诗而不果。夜阅《古文·诏令类》。渴睡殊甚,二更四点睡。

初三日

早饭后清理文件。立见之客一次。旋小睡良久。巳正核科房批稿簿,阅《先正事略》。中饭后阅本日文件。申刻,李篁仙来久谈。谢旭亭诊脉,久谈。旋至幕府一行。傍夕小睡。夜温《古文·奏议类》。二更四点睡。是日,有晋州举人苑世亨呈送所著《说诗存序》《易说纂要》《春秋本义》三书,略一翻阅,不能细看。

初四日(仍每日核科房批稿各簿)

早饭后清理文件。坐见之客一次,立见者一次。旋小睡甚久。巳正核科房批稿各簿。午刻,与黎竹舲久谈。中饭后阅本日文件。小睡片刻。旋作一诗,共四十句,即初一日作而未成者,傍夕毕。夜,邓良甫来一谈。阅韦苏州诗,阅《古文·碑志类》。二更四点睡。

初五日(阅祝爽亭送之《四书记悟》)

早饭后清理文件。坐见之客二次,立见者一次,衙门期也。旋小睡良久,盖饭后脾困之病。巳正核科房批稿簿。午刻阅《先正事略》。中饭后阅本日文件。祝爽亭送来武陟人王汝谦六吉所著《四书记悟》,略一翻阅。旋阅鹿忠节《四书说约》,下《论》一本阅毕。小睡片刻。傍夕,睡颇久。夜,阅《史记》刺客、屈贾等传。目畏灯光,闭眼一坐。二更四点睡。近日因目病,贪睡尤甚,动辄成寐,若静坐则不能支持,衰惫至矣。

初六日

早饭后清理文件。坐见之客二次,立见者一次。小睡片刻。方存之来一谈。巳正核科房批稿簿。午刻阅《先正事略》。中饭后阅本日文件。摺差回,接纪泽及京信数件。陈作梅来久谈。小睡良久。申末,黎竹舲诊脉、久谈。傍夕小睡。夜阅《史记》淮阴侯、季布等传。二更四点睡,天暖,不甚成寐,亦因日间睡太多之故耳。

附记

恩守说叶牧

曹继美补大名小滩把总

初七日

早饭后清理文件。坐见之客二次。小睡甚久。巳正核科房批稿簿。旋改练军事宜摺稿。中饭后阅本日文件。旋改摺稿,约改八百字,酉刻毕。中间,屡次小睡,黎竹舲来诊脉、处方。傍夕久睡。夜阅《史记》卫霍等传。眼蒙,不能久视。二更四点睡。

初八日(阅《年谱》)

早饭后,坐见之客二次。清理文件。旋小睡良久。谢旭亭来诊脉,久谈。坐堂审案十二件。核科房批稿簿。午刻又睡。中饭后阅本日文件,阅《范文正集》尺牍,《年谱》中有云:"千古圣贤,不能免生死,不能管后事,一身从无中来,却归无中去。谁是亲疏?谁能主宰?既无奈何,即放心逍遥,任委来往。如此断了,既心气渐顺,五脏亦和,药方有效,食方有味也。只如安乐人忽有忧事,便吃食不下,何况久病,更忧生死,更忧身后,乃在大怖中,饮食安可得下?请宽心将息"云云。乃劝其中舍三哥之帖。余近日多忧多虑,正宜读此一段。酉刻至幕府一坐。傍夕久睡。夜阅《古文·杂记类》。二更四点睡。

初九日

黎明起，至南门外祭祀，本京师大雩祭之期，外省则祭风、云、雷、雨之神，此间又兼祭，府社、府稷在东，山川、先农在西，凡五处奠帛，五处献爵，盖相沿已久也。祭毕。归。早饭后，坐见之客四次，傅军门坐甚久。阅《范文正遗事》。巳正核科房批稿簿。未毕。黄静轩来久谈，为余治目处方。中饭后阅本日文件，核批稿簿毕，又阅《范文正遗事》。酉正睡极久，直至灯时。夜阅《古文·杂记类》二更四点睡，五更醒。

初十日（总由少壮不努力，老来悔恨多）

早饭后清理文件。坐见之客四次，立见者一次。写信与祝爽亭商药方。小睡颇久。巳正核科房批稿簿。午刻又睡。中饭后阅本日文件。写信与作梅商药方。静坐良久。竹舲来一谈。阅《范文正遗集》。酉正睡甚久。夜阅《圣祖庭训格言》一遍，又默诵下《论》。二更四点睡。日内因目病，寸心忧灼，迄无宽舒之时，以是病愈难减。总由少壮不能努力，老来悔恨甚多，致心境愁闷异常耳！

十一日（因内外蒙古有贼，余奉命统筹全局）

早饭后清理文件。出门拜傅提台，谈颇久。归，阅看弓马二员。立见之客三次。阅《五礼通考》中"大夫士庙祭门"。因沅弟商家庙祭礼，思考核以定一章也。巳正核科房批稿簿。午刻，陈荔秋等自大广办赈回，与之久谈。中饭后阅本日文件。接奉廷寄，内外蒙古地方并有贼窜扰，饬余统筹全局。因翻阅地图，并将《圣武记》一阅。核改马、步队营制，将即日入奏。方存之来一坐。雷雨交作，惜为时不久。无救于旱。酉刻，至陈荔秋处久谈。渠送《陈清端公兵文集》一部，阅其首卷，备述圣祖召见时恩礼之隆，令人感泣。系康熙五十四年十二月陈调福建巡抚时也。旋阅《古文·杂记类》。二更四点睡。

十二日

早饭后清理文件。旋坐见之客一次，立见者一次。小睡良久。写信与张振轩等。巳正核科房批稿簿。午刻阅《圣武记》。因漠北有贼扰库伦等处，漠南有贼扰察哈尔，所以防御之也。中饭后阅本日文件，又阅《圣武记》。思作古文，而不克下笔。天气亢旱，绕室忧皇，如有非常祸变者。小睡颇久。酉刻，张振轩、陈作梅来久谈，商口外防堵之事。傍夕，在室私行祷雨。旋又小睡。夜阅地图，眼蒙殊甚。旋温《孟子》《离娄》下，《万章》上、下三篇，朗诵而气不能振，盖年力已衰而中有愧怍，故馁也。二更四点睡。

附记

赵宗道于八年八月领咨

十三日（自右目失明不敢治事，愧身闲心乱）

早饭后清理文件。旋坐堂，与司道审录秋审，各犯过堂，辰正毕。旋与博多宏武一谈内外蒙古事。小睡半时许。巳正核科房批稿簿。午刻又睡。中饭后阅本日文件，阅《国朝文录》。傅军门来一谈。陕西臬台英奎来久谈。竹舲来诊脉，一谈。在室私行祷雨。傍夕又睡。夜再核练军营制。阅《国朝文录》中祭文、颂、赞等类。二更四点睡。自二月杪右目失明，至是四十馀日，不敢治事，每日暇逸，愧悔身闲而心乱，盖生平之一无所养甚矣。

十四日

早饭后清理文件。旋坐见之客一次，立见者一次。小睡良久。巳正核科房批稿簿。阅汪双池《读困知记》。中饭后，李勉亭来久谈。阅本日文件，改片稿一件，约改五百字。酉正久睡。夜，拟改《江宁府学记》而不果。眼蒙，不敢久视。阅《梅信[伯]言文集》数首。二更四点睡。

十五日（至教场阅古北口练军操演）

早饭后清理文件。至教场阅古北口练军操演。归,小睡片刻。巳正核科房批稿簿。午刻核河工保举清单。中饭后阅本日文件。申刻至城隍庙求雨。归,将各摺片细加校对。傍夕至幕府一谈。夜阅《梅伯言文集》。二更四点睡。

十六日(是日始连日眩晕)

寅正起,头或大眩晕,床若旋转,胸若向天,首若坠水,如是者四次,不能起坐。请竹舲一诊,服滋阴之剂,辰末始起坐。早饭吃一碗有零,较寻常减去一碗。饭后写纪泽信一件,尚能成字。巳正核科房批稿各簿。旋又久睡。未正起。中饭后阅本日新到文件。旋又久睡。接纪泽自京来信。申初发摺。每登床则大晕,起坐则大晕。夜饭后,竹舲、良甫来久谈。二更后小坐。四点睡。睡后,微晕一、二次。

十七日

卯正始起,仍大眩晕。是日,每登床则眩晕,每起眩晕。若睡定、坐定之后,却不眩晕。早饭后清理文件。作梅、乐山来一叙,幕府诸君来一叙。久睡。巳正核科房批稿簿。午刻久睡。中饭后阅本日文件。小睡良久。阅《梅伯言诗集》。傍夕又久睡。夜阅《渔洋七言古诗选》。请徐医、竹舲各诊脉一次。二更四点睡。睡后,未再眩晕。

十八日

卯正起,眩晕如故。饭后清理文件。藩臬来一谈。旋又久睡。每登床则晕,坐起则晕,睡定坐定则不甚晕。黄静轩来久谈。午初核科房批稿簿。未正中饭后,阅本日文件,写澄、沅两弟信。又复久睡。本日,天气亢燥异常。眩晕较昨日加甚。夜与竹舲、旭亭商换一方。二更四点睡。

十九日

卯正起,眩晕如故。饭后清理文件。小睡甚久。巳刻观薛叔耘等围棋二局。午刻核科房批稿簿。阅纪文达公《笔记》。未正中饭后,阅本日文件,写信与纪泽,改摺稿一件。阅纪公《笔记》。酉刻久睡。傍夕与竹舲一谈。夜饭后与良甫一谈。阅纪公《笔记》,背《孟子》数十章,高声朗诵。小睡一次。二更四点睡。

二十日

卯正起,眩晕如故。饭后清理文件。小睡甚久。阅纪公《笔记》。请两医来诊,谓肝火甚旺,宜服凉药。巳正核科房批稿簿。午刻服药,久睡。未初中饭后。坐见之客一次,立见者一次。阅本日文件。旋又久睡。阅一[阅一二字衍]起坐,阅纪公《笔记》。申刻及夜间,两次请医诊视,服龙胆草等药,以泻肝火。倦甚。竟日久睡。二更四更[点]睡。

二十一日(是日请假一月)

卯正起,眩晕如故。饭后清理文件。请医诊脉,仍服昨方。睡良久。阅纪公《笔记》。午刻写信一叶与纪泽,核科房批稿簿。是日发摺,请假一月调理。中饭后阅本日文件。坐见之客一次。阅纪公《笔记》。幕中诸友来一谈。旋又睡甚久。夜与竹舲一谈。阅纪公《笔记》。二更四点睡。

二十二日

卯正起,眩晕如故。早饭后清理文件。阅纪公《笔记》。小睡甚久。请医诊脉,谢与黎意见不同。接纪泽京信。午正又睡。未初中饭。本日交布政司代拆代行,无公事可阅,惟阅纪公《笔记》,以消遣而已。申刻服药后,静坐良久。傍夕小睡。夜阅纪公《笔记》。二更四点睡。

廿三日(纪泽请杭人为余医病)

卯正起,眩晕如故。早饭后诊脉,与竹舲一谈。清理文件,阅纪公《笔记》。辰巳间久睡。午刻再阅《笔记》。中饭后屡次静坐,屡次阅纪公《笔记》,心总不能澄静。傍夕,杭人周抚文自京来，纪泽请来医病者也。诊脉后，与谈良久。夜仍阅纪公《笔记》。竹舲来一谈。二更四点睡。

廿四日

卯正起，眩晕如故。请周抚文诊脉。饭后清理文件，阅纪公《笔记》。久睡。请竹舲一诊，仍服昨日原方。午后又睡。中饭后阅纪公《笔记》。申刻又久睡。酉刻及亥正，服周抚文方。傍夕静坐。夜阅纪公《笔记》，与抚文一谈。二更四点睡。

廿五日（核题奏各稿）

卯正起，眩晕如故。请抚文诊脉。早饭后，又请竹舲一诊。清理文件，阅纪公《笔记》。睡甚久。午刻静坐。中饭后，钱调甫来，淡甚久。旋核题奏各稿。小睡良久。抚文来，谈甚久。傍夕小睡。夜阅纪公《笔记》。二更四点睡。

廿六日

早起，诊脉。饭后清理文件。同年张廉泉继灏来见，孙省斋廉舫来见，先后均久谈。阅纪公《笔记》。小睡良久。中饭后阅纪公《笔记》，核信稿数件。酉刻睡甚久。夜阅纪公《笔记》。二更四点睡。

廿七日

早起，诊脉。饭后清理文件。首府来一谈。旋藩臬首县来一谈，吴竹庄自京来久谈，管才叔来谈，兼为余诊脉，又请竹舲、抚文与才叔一商。应酬太久，倦甚小睡。未刻中饭后，阅本日信件，阅纪公《笔记》，写纪泽信一封。小睡片刻。写挽幛二幅。静坐片时。至幕府两处一坐。傍夕小坐。夜饭后阅纪公《笔记》。时复静坐。二更四点睡。

廿八日

早起，诊脉。饭后清理文件。竹庄及才叔来久坐。旋阅纪公《笔记》。又请竹舲一诊。午刻久睡，起时，眩晕殊甚。中饭后写澄、沅两弟信。请谢旭亭一诊。小睡良久。傍夕，与周抚文久谈。夜阅纪公《笔记》。眼蒙殊甚。二更四点睡。

廿九日（纪泽考荫得员外郎分部行走）

早起，吴竹庄、管才叔来诊脉，久谈。饭后清理文件，阅纪公《笔记》。又请竹舲一诊。围棋二局。午刻小睡。中饭后阅本日信件。申刻久睡。又请旭亭一诊。酉初剃头一次。旋又久睡。夜饭后，静坐。与周抚文久谈。二更四点睡。人不勤则万事俱废，一家俱有衰象。余于三、四两月内不治一事，于居家之道大有所损，愧悚无已。二更后，闻报纪泽考荫引见，蒙恩以员外郎分部行走，为之一慰。

## 五月

初一日

早起，诊脉。饭后清理文件。旋小睡良久。阅《欧阳文忠公年谱》。旋又久睡。夏间疲甚，是余向日旧病，今年则更甚矣。中饭后阅欧阳公《诗话》，阅《集古录·题跋》。申正一睡，直至上灯，为时极久。夜又阅《集古录》。与周抚文久谈。二更四点睡。

初二日

早起，诊脉。饭后清理文件。新任河间府耆昆来见，邵希爽来见。阅《集古录》。旋久睡，疲甚，不耐坐也。阅《欧集》附录五卷祭文行状之类。中饭后阅《欧集》诗文。旋又久睡约二时许。酉初，竹文[龄]来诊脉，与之围棋一局。傍夕又睡。夜饭后静坐颇久，略阅欧文。是日接家信，澄弟二件、沅弟一件，均甚详细；叶亭甥三信，将挈眷来此。二更四点睡。

初三(日)(忧己心眼并废,与死人无异)

早饭后诊脉,与医一谈。清理文件。两司来一谈,阅《国朝文录》,姚春木所集也。静坐颇久。午刻见客一次。中饭后阅《国朝文录》。小睡甚久。静坐一晌。酉刻,竹舲诊脉,因与围棋一局。夜又阅《国朝文录》。静坐一次。二更四点睡。余病目则不能用眼,病晕则不能用心,心眼并废,则与死人无异,以是终日忧灼,悔少壮之不努力也。

初四日(闭目静坐,学内视之法)

早饭后诊脉一谈。清理文件,阅《国朝文录》。小睡半时,巳刻,黄静轩来久谈,劝我静坐凝神,以目光内视丹田,因举四语要诀曰:但凝空心,不凝住心;但灭动心,不灭照心。又称二语曰:未死先学死,有生即杀生。有生谓妄念初生,杀生谓立予铲除也。又谓此与孟子"勿忘勿助"之功相通。吾谓与朱子"致中和"一节之注亦相通。中饭后阅本日信件,核题奏稿件。闭目静坐,学内视之法。阅《国朝文录》。小睡半时。酉正请竹舲诊脉。围棋一局。夜,静坐良久。二更四点睡,梦大水汹涌可怖。

初五日

早间,各员弁在署内者贺节,均接见,在外者未见。饭后清理文件。诊脉一次。辰正,余至各幕友处贺节。巳刻久睡。阅《国朝文录》。中饭,请潘师及周抚文等小宴。阅本日信件,阅纪公《笔记》。小睡良久。夜又阅纪公《笔记》。眼蒙,静坐。二更四点睡。本日眩晕病稍愈。

曾国藩书法

初六日

早饭后清理文件。诊脉一次。坐见之客三次。小睡半时许。改谢恩摺稿一件,阅《国朝文录》。中饭后阅本日文件。李勉亭来久谈。阅《国朝文录》,改信稿七件。傍夕与周抚文久谈。夜饭后阅《国朝文录》。闭目久坐。二更四点睡。

初七日

早饭后清理文件。诊脉一次。阅《国朝文录》。小睡半时许。又请竹舲诊脉。闭目静坐。中饭后阅本日文件,阅《国朝文录》。小睡半时许。〈核〉对明日应发摺片。与周抚文一谈。夜饭后阅《国朝文录》,阅杜、韩七古。二更四点睡。

初八日

早饭后诊脉一次,清理文件。方存之来一谈。与竹舲围棋二局。旋小睡半时许。写纪泽信一件,阅《国朝文录》数篇。中饭后阅本日信件,核稿数件,发摺片各件。小睡甚久。酉正,静坐数息。夜阅黄静轩所著《福寿金鉴》,因求摄生之方。温欧公七古。二更四点睡。

初九日(仿东坡"养生颂"之法静坐)

早饭后清理文件。请周虎文诊脉一次。阅《国朝文录》。小睡半时许。谢旭亭来诊脉一次。阅《福寿金鉴》。午正,数息静坐,仿东坡"养生颂"之法,而心粗气浮,不特不能摄心,并摄身不少动摇而不能。中饭后阅本日信件,又阅《国朝文录》。小睡良久。围棋一局。酉刻服药后,行小周天法,静坐半时许。夜,周虎文来一谈。阅《古文〈辞〉类纂》中苏文数首。二更四点睡。

初十日

早饭后诊脉一次,清理文件。阅梁茝邻《制艺丛话》。巳正围棋二局。午刻,李勉亭来一谈。旋静坐,数息三百六十。中饭后阅本日信件,阅《制艺丛话》。小睡半时许。天气燥热。酉刻服药后,行小周天法,静坐片时。夜阅《制艺丛话》。二更后阅姚选《近体诗》。四点睡。

十一日(弟力劝余不用心)

早饭后清理文件。诊脉一次。阅《制艺丛话》。巳刻又请竹舲诊脉一次。围棋一局。午刻,静坐数息。未初二刻中饭后,阅本日信件。小睡半时许。申刻核题奏稿件,核信稿十馀件,阅《制义[艺]丛话》。接澄、沅两弟信,沅以余目疾,力劝余不用心,而不知已迟矣。酉正服药后,行小周天法。夜阅《理学宗传》。二更四点睡。

十二日

早饭后清理文件。旋诊脉一次。小睡半时许。贺仪仲自湖南来,久坐。午刻,静坐数息。中饭后阅本日文件。接沅弟信,许为我代办晚女下定事宜。核信稿二十馀件,阅《福寿金鉴》,偶作一联云:"战战兢兢,即生时不忘地狱,坦坦荡荡,虽逆境亦畅天怀。"酉刻,尹杏农来久坐,引见出京过此也。旋静坐,行小周天之法,夜饭后始行毕。阅《古文·奏议类》。二更四点睡。

十三日(与黄静轩论数息之法)

早饭后清理文件。诊脉一次。旋倦甚,小睡片时。首府县来见一谈,黎竹舲来见,一谈。摺差自京回,接各信件。又坐见之客一次,黄静轩来久坐,与论静坐数息之法,亦自恨衰老,不能有济。杨春皆之子来一见。午正,默坐数息。中饭后阅本日信件。又小睡片时。写纪泽信一件,阅沈文忠公《兆霖集》,又阅斌椿《乘查笔记》。斌号友松,内务府郎中,丙寅年曾奉使至西洋各国也。傍夕静坐。夜又倦甚,小睡。再阅《乘查笔记》。二更四点睡。

十四日

早饭后清理文件。诊脉一次。倦甚小睡。又请竹舲诊脉。围棋二局。阅《国朝文录》。午刻,静坐数息。中饭后阅本日信件。倦甚,小睡良久。阅斌椿《乘查笔记》。酉刻,静坐数息。夜与周虎文一谈。二更后阅五言古诗陶、曹等作。四点睡。

十五日(余吃菜稍多,饭后大为呕吐。余向有此病)

是日周虎文回京,早饭备席小宴。余吃菜稍多,饭后大为呕吐。余向有此病,近日服药,有知母、黄柏、龟板等,又不免伤脾也。送客后,两次久睡。作梅来一谈。阅《国家[朝]文录》。午刻,静坐数息。中饭后阅本日信件,阅《国朝文录》。小睡甚久。请黎竹舲看脉。围棋一局。酉刻,静坐数息。夜阅《国朝文录》。温苏文数首。二更四点睡。

附记

续假摺　河工保举摺

赈贷案摺　史道摺

十六日

早饭后清理文件。坐见之客二次。阅《国朝文录》。小睡良久。巳正后改摺稿一件,核科房稿簿。午刻,静坐数息。中饭后阅《国朝文录》,阅纪公《笔记》。小睡良久。申正,请竹舲看脉。围棋一局。酉刻,静坐数息。夜饭后阅纪公《笔记》。二更后,大便不通利,有似于里气后重者,腹胀而溲不能出,屡次出恭,卒不得畅。因此,竟夜不得安眠。

十七日

早饭后清理文件。请竹舲诊脉。是日因里气后重之症,竟日不快,屡次久睡,间亦阅纪公《笔记》《国朝文录》。然腹胀殊甚，坐卧不宁。申刻核题奏各稿。酉刻核信稿。静坐数息。夜温陶诗。二更后大解稍畅，所患渐愈。四点睡后，亦得酣眠。

十八日(竟日以睡眠为事，愈衰疲)

早饭后清理文件。请竹舲诊脉。旋坐见之客三次。屡次登床小睡。阅《制义[艺]丛话》。中饭后阅本日文件，阅《国朝文录》。小睡两次，良久。酉刻，静坐数息。夜仍小睡。竟日不能支撑，久坐。惟以睡眠为事，愈眠愈疲，盖衰惫甚矣。二更四点睡。

十九日(纪泽自京归来，与之久谈)

早饭后清理文件。诊脉一次。坐见之客一次。阅纪文达公《笔记》，旋又阅其遗集，诗尚可观，文则俗矣。屡次小睡。午初，纪泽自京归来，与之久谈。中饭后阅本日文件。旋又小睡。阅《纪文达诗文集》。酉正，静坐数息。夜饭后，微觉眩晕，诊脉一次。是日巳初围棋一局。申初核题奏稿。二更与纪泽一谈。四点睡。

廿十日

早饭后见客二次。旋请竹舲诊脉。阅纪公《笔记》。谢旭亭来诊脉一次。小睡大半时。午正，静坐数息。中饭后阅本日信件，核改摺稿一件。又将改史念祖请放实缺摺，觉心烦头晕，不能下笔，因下睡良久。酉正服药后，静坐数息。夜饭后，又阅纪公《笔记》，与纪泽谈良久。二更四点睡。日内常作呕吐。至未刻后，一种亢旱炎熇之气殊不可耐，故病体总未痊愈。

廿一日

早饭后清理文件。诊脉一次。坐见之客二次，立见者一次。阅纪公《笔记》。小睡半时。午刻围棋一局。静坐数息。中饭后阅本日文件，阅《国朝文录》。小睡片刻。写对联数付，内撰寿联一付。酉刻，静坐数息。夜温《论语》《学而》至《述而》止。二更四点睡。

廿二日

早饭后，清理文件。阅纪公《笔记》。小睡半时许。巳刻，王叶亭甥自湖北航海，由天津到此一谈。旋诊脉一次。午刻，静坐数息。中饭后阅本日文件，阅《国朝文录》。小睡片时。申正与叶亭甥久谈，直至曛黑。旋小睡刻许。夜温《述而》至《乡党》末止。二更四点止[睡]。

廿三日(请刘静修入祀文庙)

早饭后清理文件。坐见之客一次，立见者二次。阅纪公《笔记》。小睡半时许。午刻，钱调甫自京归，久坐。阅本日文件。中饭后，因直隶绅士公禀，请刘静修入祀文庙。将《静修文集》一阅。小睡一次。酉刻与叶亭甥一谈。旋静坐数息。夜温《先进》至《阳货》止。二更四点睡。

廿四日

早饭后清理文件。卢方伯来一谈。旋阅纪公《笔记》。小睡片时。巳正请竹舲诊脉，与之围棋二局。午刻与黄静轩久谈。阅本日文件。中饭后阅纪公《笔记》。小睡颇久。见客一次。核题奏各稿，核信稿数件。酉刻，静坐数息。夜阅刘静修文数首。温《阳货》至《尧曰》之末。二更四点睡。

廿五日(自去年四月亢旱至今始得大雨)

早饭后清理文件。旋小睡片刻。陈作梅来一谈。请竹舲诊脉。围棋一局。谢旭亭诊脉一次。午正数息，烦躁不耐久坐，在室散步。中饭后阅本日文件，阅《国朝文录》，核批稿各簿。自去年四月亢旱至今，十三个月未得大雨。本日未刻起，直至傍夕，雨尚小，灯后大雨。二更末，雨仍小。五更大雨，至次日辰初乃停，农家从此稍慰矣。酉刻，静坐数息。傍夕至内室一谈。夜温《大学》《中庸》。二更四点睡。

廿六日(廷派余赴天津办教案)

早饭后清理文件。大雨不止,为之快慰。巳初见客一次。旋诊脉一次。围棋一局。阅纪公《笔记》。接奉廷寄,派余赴天津查办事件,因病未痊愈,踌躇不快。小睡片刻。午刻,静坐数息。中饭后阅本日文件,阅纪公《笔记》。与吴挚甫一谈。小睡片时。傍夕与作梅久谈天津事件。夜阅纪公《笔记》,温《孟子》《梁惠王》上、下、《公孙丑》上。二更四点睡。

廿七日

早饭后清理文件。旋坐见之客三次,钱调甫谈颇久。小睡片刻。请竹舲诊脉。围棋二局。核批稿簿,阅《国朝文录》。中饭后阅本日文件,写澄、沅两弟信。思往天津查办殴毙洋官之案,熟筹不得良策,至幕府与吴挚甫一商。阅《国朝文录》。旋小睡片刻。酉刻,静坐数息。夜,眼蒙殊甚。温《孟子》《公孙丑》下、《滕文公》上、《滕文公》下。二更四点睡。

廿八日

早饭后清理文件。旋坐见之客四次。请竹舲诊脉一次。围棋一局。旋改摺稿一件,改信稿一件,皆为天津洋务。中饭后阅本日文件。调甫来一谈。小睡颇久。旋写挽幛一件,阅纪公《笔记》。酉刻,静坐数息。夜温《离娄》上、《离娄》下、《万章》上。困倦之至,如不克支柱者,何其衰也。二更四点睡。

廿九日

早饭后清理文件。旋坐见之客四次。诊脉一次。小睡甚久。午刻见客一次,改信稿一件。中饭后阅本日文件。小睡甚久。围棋一局。酉初大雨,直至三更始息。酉刻睡颇久。疲倦殊甚,竟日惟酣睡耳。夜改信稿一件,温《万章》下、《告子》上、《告子》下。二更四点睡。

卅日(天津洋务案颇棘手)

早饭后清理文件。旋立见之客一次,坐见者三次。诊脉一次。围棋一局。阅纪公《笔记》。小睡甚久。中饭后阅本日文件,又阅纪公《笔记》。屡次小睡,盖因目疾已深。此生一无所成,无可挽救,而目下天津洋务十分棘手,不胜焦灼,故仅阅笔记、小说,而此心实未半刻恬愉也。傍夕与纪泽一谈。夜阅纪公《笔记》。旋温《尽心》上、《尽心》下,《四书》温一过毕。二更四点睡。

## 六月

初一日

早饭后清理文件。阅纪公《笔记》。小睡颇久。诊脉一次。围棋二局。午刻又久睡。中饭后阅本日文件,阅范宗山《经说》。申刻,坐见之客一次。旋小睡片时。酉刻,狂风骤雨。申正写对联二付、扁三方。傍夕会客一次。夜改信稿三件。眼蒙殊甚,即在室中闲坐,不复治事。二更四点睡。

初二日(余日内因法国之事,焦虑无已)

早饭后清理文件。坐见之客六次,立见者一次。诊脉一次。围棋一局。疲倦殊甚,小睡半时许。中饭后阅本日文件。坐见之客二次。申正写对联五付。小睡半时许。改信稿一件,未毕。夜将信改毕。眼昏,不敢治事。本日闻崇侍郎奉旨出使法国,余日内因法国之事,焦虑无已。二更四点睡,不甚成寐。

初三日

早饭后清理文件。见客一次。出门拜客，藩臬晤谈颇久，方存之来一谈。午刻，黄静轩来久谈。改信稿一件。中饭后阅本日文件。将赴天津，恐有不测，拟写数条以示二子。未申间，写二三百字。剃头一次。小睡颇久。酉刻与叶亭一谈。夜又写四五百字，有似于遗令者。二更四点睡。

初四日

早饭后清理文件。见客一次。又写遗令四百馀字，至午刻写毕。巳刻诊脉一次。围棋二局。小睡片刻。中饭后，费幼亭等来，谈颇久。两次小睡颇久。酉刻，振轩、作梅等来久谈。傍夕又睡。夜将书案零件清理。小睡一次。二更后与纪泽等一谈四点睡。

初五日

早饭后清理文件。坐见之客五次。旋小睡颇久。写澄、沅两弟信。中饭后，将案上零件收拾，阅本日文件。祝爽亭、丁乐山、蒋养吾先后来一谈。余至幕府四处各一谈，以明日将出门也。傍夕，振轩来久谈。夜将各件清理一番。二更四点睡。

初六日（是日起行赴天津）

是日起行赴天津。早饭后，卯初出城。司道在东关外送行，小坐一叙。旋行四十里至板桥，系安州所辖，打茶尖。张振轩送至此一谈，渠将赴山西，故远送话别也。又行二十里，至高阳县住宿。是日，名六十里，实将及八十里。中饭后屡次久睡。阅《史记》数篇。见客一次。幕友来一谈。夜改摺稿一件。二更四点睡，竟夕为臭虫所齧，不能成寐。

初七日

黎明饭后，行三十里至高阳旧城，打一茶尖，旋又行三十里，至任邱县住宿。清理文件。见客二次。中饭后，丁乐山及幕府诸人先后来谈。小睡良久，自未至酉，几及两时。以昨夕未睡也。发报一摺，看公牍数件。夜眼蒙殊甚，左眼亦可危矣。小睡甚久。二更三点睡。

初八日

寅初，黎明即起行。行四十里，卯正二刻至吕公堡打尖。早饭后又行五十里，午正三刻至大城县住宿。中饭后见客四次。小睡二次。拟作一说帖，晓谕天津士民。起稿四百馀字，未毕。夜改信稿二件，二更三点改毕。眼蒙殊甚，睡后不能成寐。

初九日

寅初起行。行五十里至唐官屯打尖，系静海县所辖，运河经过处也。见客二次。早饭后发总理衙门信。行五十里，至静海县住宿。张翰泉来见，久谈，又坐见之客三次。申刻中饭。旋看包封公文。小睡良久。夜将谕天津士民稿写毕，约七百字。二更四点睡。日内左眼亦蒙，深以为虑，竟夕不能成寐。

初十日（至天津住）

寅初二刻起行。行四十里至炒米店打尖。坐见之客三次。辰正又起行二三十里，至天津住。中间离城十二里，司道在稍子口迎接，茶坐。离城五里，崇侍郎在教军场迎接，茶坐。旋先拜崇侍郎，一叙，再至公馆，未正到。倦甚。中饭后清理文件。坐见之客七次。阅本日文件。傍夕与吴挚甫等一谈。夜，乐山来一谈。旋小睡数次。二更四点睡。

附记

游击左宝贵，言与卢思诚于五月初六日亲见二尸，无眼无心。

周道言派把总常荣富去查，只见骷髅，无皮无肉，不止无眼无心而已。

博道、陈道六月十一日亲见一棺，有埋三尸者。

十一日

早饭后清理文件。坐见之客四次。小睡片时。写纪泽信一件，核包封寄来稿件。眼蒙殊甚，作字极苦。中饭后又核稿数件。小睡两次，颇久。申正，崇帅来会。旋又坐见之客四次。夜核告示稿一件。小睡甚久。二更四点睡。

十二日（英国副钦差傅磊斯来见）

早饭后，崇帅来一谈。旋坐见之客三次。诊脉一次。小睡颇久。核批稿各簿。中饭后，崇帅又来。英国副钦差傅磊斯自京至津，来寓一见，与崇帅同会。又有翻译官雅妥玛同来，坐颇久。围棋一局。旋久睡。夜间，与荔秋、乐山、良甫先后一谈。二更后阅姚选七言律诗。四点睡。

十三日（美国领事密妥士来见）

早饭后清理文件。见客二次。旋出门拜客，会晤者四家，未见者数家。午初归，围棋二局。中饭后，见客一次。美国领事密妥士来见，崇帅来会，又坐见之客二次，乐山来一谈。夜与荔秋等一谈。阅包封文件。二更后阅《七言律诗选》。四点睡。是日闻永定河决口，焦灼之至。

十四日

早饭后清理文件。崇帅来一谈，又坐见之客二次。小睡颇久。阅包封文件，写纪泽信一封。巳正围棋二局。旋又见客一次。午正，吴彤云自福建来，久谈。中饭后阅包封稿件。剃头一次。小睡二次。与幕友谈二次。夜改信稿一件。二更后阅杜诗七古。四点睡。

十五日（筹议洋人之事彷徨无计）

早饭后清理文件。见客五次。崇帅谈颇久。小睡片刻。围棋二局，写纪泽等信一件。中饭后阅包封文件。迭次小睡。未刻见客一次。筹议洋人之事，彷徨无计。傍夕与幕友屡谈。夜改咨文稿一件，约改七百字。眼蒙殊甚。二更四点睡。

十六日

早饭后清理文件。凡会客十次，内有山东丁中丞荐来之眼医刘会和，诊脉一次。围棋两局。中饭后阅包封文件。英国领事李蔚海等来见。申刻以后久睡，几及两时之久。盖衰颓疲困，又目疾不能治事，遂尔怠慢若此，自愧亦自伤也。夜间仍睡，不治一事。二更四点睡。本日办一咨文，力辨外国无挖眼、剖心等事。语太偏徇，同人多不谓然，将来必为清议所讥。

十七日

早饭后清理文件。会客四次。崇帅每日必来会晤。围棋两局。写纪泽等信。小睡甚久。中饭后见客一次。阅本日文件，内有罗研生信及所寄木刻、石刻各件，阅之良久。改摺稿一件。闻法国罗公使将来，屡与委员等商接见之法。屡次小睡。夜亦小睡，以眼蒙不能治事也。二更四点睡：

十八日（在教堂查勘被焚之迹）

早饭后清理文件。旋见客二次，吴彤云谈甚久。旋出门至天主堂、仁慈堂查勘被焚之迹，至彤云处久谈。归，见客二次。围棋二局。中饭后阅本日包封文件。崇帅来一谈。屡次小睡。因眼蒙不能治事。彤云送《正谊堂丛书》，将首册略一翻阅。又送《沿海图》，则不能阅看矣。夜与幕友等谈四次。二更四点睡。

十九日

早饭后清理文件。旋出门至崇帅处，与法国罗公使相见。渠系驻京饮差，十七日由京来津，查二十三日之案也。晤谈一时有馀，辞气尚属平和。巳正归寓，见客二次。围棋二局。小睡片刻。中饭后阅包封文件。吴彤云来久坐，约一个半时辰。阅《读朱随笔》。小睡颇久。夜间阅《读朱随笔》。二更后核批稿各簿。四点睡。

二十日

早饭后清理文件。诊脉一次。旋见客三次。与幕府一谈。围棋二局。旋改摺稿，久未下笔，构思良久。中饭后始核改，至傍夕改毕，约改五百馀字。申刻，见客二次，谈颇久。夜改片稿二件，用心太过，疲乏殊甚。二更四点睡。

二十一日（俄国领事来谈）

早饭后清理文件。起床时，又发眩晕之症，盖二日内服山东刘医之药，多疏散之品也。请竹舲诊脉一次。围棋二局。旋见客二次，内俄国领事一谈。小睡甚久。中饭后写纪泽信三叶。崇帅来一谈。又请刘医、高医务诊脉一次。核批稿各簿。见客二次。小睡良久。夜又小睡。二更后，崇帅来，言洋人将大兴波澜，欷歔久之。旋幕府诸君来商抵御之法，谈至丑初方睡，不甚成寐。

廿二日（洋人欲将府县抵命，余不忍又无奈）

早饭后清理文件。见客一次。崇帅于辰刻、巳刻、酉刻来谈三次。辰正诊脉一次。围棋二次。小睡一次。中饭后阅本日文件。见客二次。改片稿一件。是日，因洋人来文，欲将府、县抵命，因奏请将府、县交刑部治罪，忍心害理，愧恨之至。又坐见之客一次。吴彤云来一坐。小睡片刻。夜改照会稿一件，核科房批稿簿。眼蒙日甚。二更四点睡。

廿三日

早饭后清理文件。因昨夜照复罗使之件尚多不妥，又改添三百馀字，重写一遍。崇帅来，与之一谈。又坐见之客一次。巳刻以后久睡。中饭后料理发报，并发军机处咨文、总理衙门信件、罗使照复之件。围棋一员。崇帅来邀同往拜罗使，拜英、俄二国领事官。申初去，曛黑归。夜见客数次，吴彤云谈颇久。核科房批稿簿。二更四点睡。

二十四日

早饭后清理文件。小睡片刻。旋诊脉一次。围棋二局。见客一次。写澄、沅两弟信。狂风猛雨，书案皆湿，不能治事，小睡良久，愁闷之至。中饭后，将弟信写毕，又写纪泽信二叶。旋又围棋一局，观人围棋二局。崇帅来久谈。夜接廷寄二件、罗使照会一件，阅之郁闷之至，绕室行走而已，二更四点睡。

二十五日

早饭后清理文件。见客四次。诊脉一次。围棋二局。崇帅与翻译官德威理丝来一谈。小睡良久。中饭后阅本日文件。见客一次，吴彤云来久谈。小睡极矣。天热而头晕，不能支持也。傍夕见客一次。夜又久睡。是日，竟日昏睡，盖心绪烦闷而病又作也。二更四点睡。

二十六日

早饭后清理文件。见客一次。旋诊脉。崇帅来一谈。围棋二局。坐见之客二次。小睡良久。中饭后改照会稿件。申正，崇帅来。丁道、陈镇来。余陪客之际，呕吐殊甚。客至别室坐，余登床小睡。接廷寄，于战和之计，亦尚未定。夜因病沉睡，未吃夜饭。二更四点睡。

二十七日（崇帅奏请另派臣来津查办）

早饭后清理文件。崇帅来一谈。旋诊脉一次。围棋二局。泻泄数次，登床久睡。中饭后见客一次。崇帅因余患病，奏请另派重臣来津查办。核改摺稿一件。夜又改片稿一件。小睡数次。幕友等来一谈。二更四点睡。

二十八日（见天津道府）

早饭后，清理文件。崇帅来一谈。旋见天津道府。病热殊重。与吴彤云议摺、片各稿。围棋二局。久睡不起。中饭后，核对摺片，发报一次。浙江提督黄少春来见。又诊脉一次。小睡良久。核科房批稿各簿。夜，屡次小睡，精神不能支持。二更四点睡。

二十九日

早饭后清理文件。崇帅来一谈，又坐见之客一次。竟日久睡。午刻写纪泽信一件。中饭后又屡睡。申正围棋一局。崇帅来一谈。又围棋一局。彤云来一谈。傍夕一睡。夜，核改信稿一件。二更四点睡。

## 七月

初一日

是时，尚在天津查办事件。早饭后清理文件。小睡颇久。围棋二局。旋又久睡。核信稿一件。是日仅泄泻一次，而胃口不开如故。见客二次。中饭后久睡。申正，崇帅来一谈，与幕友一谈。夜久睡。不吃夜饭，惟吃扁豆、点心。日内仅扁豆尚适口耳。二更四点睡。

初二日

早起，诊脉一次。饭后见客一次。崇帅旋来一谈。辰正围棋二局。自是竟日在床久睡，不能起坐，盖暑邪未清，胃口不开，自尔疲乏异常也。中饭后核信稿二件。申刻核批稿各簿，馀亦久睡不起。夜间，亦惟酣睡，仅灯时起吃点心，二更三点起洗脚而已。四点睡。

初三日

早饭后清理文件。诊脉一次。见客三次。写纪鸿信寄京，写纪泽信寄省。屡次久睡，病因不能支持也。中饭后见客一次，围棋二局。又久睡。崇帅来一谈。日内病象，胃口不开，泄泻、出汗诸症。夜又大睡，二更四点大睡，竟夕不甚成寐。

初四日

早间诊脉。饭后清理文件。是日仍竟日酣睡，仅围棋二局，见客二次而已。中饭后仍屡次久睡。终日不治一事，忝窃高位虚名，愧赧极矣。请山东荐来之刘医诊脉，渠意专主治湿。夜又久睡。二更四点睡。

初五日（英国副领事贾勒斯威来见）

早饭后，崇帅来一谈。旋诊脉一次。围棋二局。竟日酣睡，不治一事。病体小愈。见客二次，内有英国副领事贾勒斯威，公使所派来也。中饭后屡次久睡。申正见客一次。酉刻，毛煦初尚书昶熙，自京来会办洋务，与谈颇久。夜又久睡，二更四点大睡。是日核摺稿一件、信稿二件。

附记

初五日，田二，河东人，供认用西瓜刀砍洋人。

终松荫，烧教堂后，百姓拿送县，刀伤都是众百姓砍的。

安三，烧教堂后，众百姓拿住送县，各处有烧伤，左右膝有跪伤。

李兆恒，宁晋人。烧教堂之次日，小关混混王姓等拿住送县。刘长清坚供是李迷拐，有棒伤、烧伤。

赵荣，任邱人。教堂烧后，众百姓拿住送县，审讯未用刑，伤是众百姓打的。

王三，天津县人。教堂烧后，众百姓拿住送县，武兰珍供认是王三，渠供不是王三，是王二，有棒伤、踢伤。

初六日（毛煦初带来小钦差四人皆良才）

早饭后清理文件。小睡片刻。诊脉一次。围棋二局。又诊脉一次。写纪泽信一件。

坐见之客四次。内有毛煦初带来之小钦差四人，皆良才也。中饭后迭次小睡。是日，人送八宝鸭子，略一沾唇，盖久不食晕[荤]腥矣。晡时，崇帅来一谈。夜仍久睡。总为眼蒙，不耐久视，遂至百事废弛。二更四点睡。

附记

王荫之文稿寄至洪调笙处

初七日

早饭后清理文件。旋诊脉一次。小睡多次，未能治事，早、中饭后，俱在室散行千步。未刻，毛煦初来久谈。旋改信稿二件。吴彤云、季勉林先后来久谈。迭次小睡，眼蒙不能治事。夜亦久睡。二更四点睡。

初八日

早饭后清理文件。诊脉一次。小睡良久。王幼八来见，王率三之子，亦从军十年矣。旋又见客一次。小睡时许。中饭后，毛帅、崇帅并来一谈。日来之病，总苦胃口不开，除开水泡饭外，一无所食，脾经亏损极矣。吴彤云送所著《读易随笔》，偶一翻阅。小睡良久。夜，葛绳孝来见，从江苏调来办洋务者也。小睡片时。二更三点睡。

曾国藩书法

初九日(英国公使威英玛来见，多虚疑恫喝之辞)

早饭后清理文件。吴子健、刘小云来商量摺稿，毛煦初所拟稿也。旋诊脉一次。巳正，英国公使威英玛来见。与谈良久，多虚疑恫喝之辞。旋又见客一次。小睡良久。中饭后，葛令绳孝来言，罗使尚可挽留，因令其至毛帅处一商。旋葛令与陈子敬同来。葛令去留罗使，而陈留此久谈。又便见之客二次。小睡良久，夜亦久睡。略阅吴彤云所著《易说》。二更四点睡。

初十日

早饭后清理文件。见客一次。旋毛帅、崇帅来一谈。诊脉一次。小睡良久。写纪泽信一件。见周惠堂等，一谈，渠携两弟之信来也。中饭后散行千步。吴桐云来一谈。屡次小睡。夜写两弟信，未毕。思此生一无所成，欲发愤一为晚盖，而为目病所困，感叹不已。二更四点睡。

十一日

早饭后见客一次。清理文件。旋立见之客二次，坐见之客一次。诊脉一次。屡次小睡。写纪泽信一件。中饭后，散行千步。将两弟之信写毕。崇帅来辞行。屡次小睡。竟日不治一事，深为愧疚，寸心如焚。夜亦屡[睡]，而心之负疚弥甚。二更四点后，阅《通鉴》十馀叶。睡，不甚成寐。

十二日(念竟日困卧，寸心负疚)

早饭后清理文件。毛帅来久谈。散行千步。诊脉一次。念竟日困卧，寸心负疚，不如看书，稍得自安，因取《通鉴》，连昨夕所看之十馀叶，看第一卷三十三叶、第二卷三十三叶。旋小睡片时。中饭后写纪泽信。散行千步。将《通鉴》分类，略记目录。旋写笔记一条，将以示家中子侄辈。见客二次。傍夕小睡。夜略看公牍。静坐颇久。二更四点睡。

十三日

早饭后散行千步。清理文件。毛帅来久谈。诊脉一次。阅《通鉴》第三卷三十叶，思写目录而久不就。杨见山来久谈。小睡一次。中饭后小睡良久。写笔记一条，核批稿各簿。酉刻久睡。夜,眼蒙特甚。幕友来久谈。二更后小睡。四点睡,久不成寐。

十四日(总税司赫德来久谈)

早饭后清理文件。蒋养吾来谈甚久。旋诊脉一次。陈小蕃来一谈。巳正,总税司赫德来久谈。又坐见之客一次。阅《通鉴》第四卷三十三叶、第五卷十五叶,未毕,将可为法戒者略记目录。小睡片刻。中饭后,毛帅来久谈。周虎文自京来,为余诊病。吴彤云来久谈。傍夕小睡。夜写笔记一条。二更四点睡。

十五日

早饭后清理文件。见客三次,诊脉一次。散行千步。毛帅来一谈。阅《通鉴》五卷十六叶、六卷三十二叶,略记类目。小睡片刻。中饭后,散行千步。小睡片刻。彤云、小蕃、虎文及道府等四起便衣来坐,谈俱颇久。核信稿二件。夜写笔记一条。小睡一次。二更四点睡。

十六日

早饭后清理文件。坐见之客一次,立见者一次。诊脉一次。阅《通鉴》第七卷三十四叶、第八卷十八叶,略记类目。小睡片刻。中饭后,小睡甚久。见客一次。写笔记一条。傍夕小睡甚久,夜仍小睡。日内仍患泄泻,故疲惫殊甚,两腰无力。二更四点睡。竟夕不甚成寐。

附记 七月十五日　五十三号

未将教堂及领事衙门服役之人传讯

拜晤,并未答拜

非刑拷讯刁教人

坚嘱拿混星子及水火会

十七日(诵《孟子》以疏散肝家不和之气)

早饭后清理文件。散行千步。诊脉一次。坐见之客二次。阅《通鉴》八卷十一叶、九卷廿九叶。毛帅来,久谈一时许。略记类目。小睡片刻。中饭后散行千步。小睡颇久。写对联四付,写笔记一条。坐见之客三次。傍夕小睡。夜核稿数件,写零字百馀,欲试目力之尚可支持否。二更三点后,朗诵《孟子》数章,欲以疏散肝家不和之气。四点睡。

十八日

早饭后散行千步。清理文件。诊脉一次。坐见之客一次。阅《通鉴》十卷廿五叶、十一卷廿九叶。见客一次。小睡片刻。中饭后散行千步。写纪泽信一件。小睡良久:吴彤云及道府等先后来谈。写笔记一条:傍夕小睡。夜改片稿一件。小睡一次。二更四点睡。

十九日

早饭后散行千步。清理文件。诊脉一次。阅《通鉴》十二卷三十四叶、十三卷十九叶,略记类目。坐见之客二次。午正小睡。核对本日应发各摺片。中饭后散行千步。写纪鸿信一件。约三百馀字。毛帅来久谈。又坐见之客一次。写笔记一条。小睡良久,夜仍小睡。幕友来一谈,二更四点睡。

二十日(见司道、镇将、府县)

早饭后散行千步。清理文件。见司道一次、镇将一次、府县一次,又立见之客一次,诊脉一次。阅《通鉴》十三卷、十四卷二十七叶、十五卷九叶。又坐见之客一次,赫德来久谈,刘子务来久谈。略记类目。午正小睡。中饭后散行千步。迭次小睡。至幕友处一谈。写笔记一条。刘子务又来一谈。核信稿二件。旋又小睡。夜,眼蒙,不能治事。二更后略阅《古文·辞赋类》。四点睡。

廿一日(屡与幕友商寄总署信件)

早饭后,散行千步。清理文件。阅《通鉴》十五卷廿二叶、十六卷卅一叶。因屡见客,中饭后始阅毕。见客五次,内毛帅谈最久,约一个半时辰。午正略睡片刻。中饭后散行千步。略记类目,核改信稿二件。迭次小睡。吴彤云来久谈,又少坐之客二次。傍夕小睡。夜写笔记一条。屡与幕友商寄总署信件。二更后阅《古文·序跋类》。四点睡。

廿二日

早饭后散行千步。清理文件。坐见之客二次。诊脉一次。阅《通鉴》十七卷二十九叶、十八卷廿三叶。略记类目。坐见之客二次。中饭后散行千步。写纪泽信一件,改信稿一件,约改三百馀字。迭次小睡。剃头一次。写笔记一条。傍夕小睡,夜又小睡。二更后阅《古文·序跋类》。四点睡。

廿三日

早饭后散行千步。清理文件。坐见之客一次。毛帅来久谈。诊脉一次。阅《通鉴》十八卷十叶、十九卷卅三叶。略记类目。见客一次。小睡片刻。中饭后散行千步。坐见之客一次。屡次小睡。申正写笔记一条。酉刻吴桐云来久谈。傍夕小睡,灯后又睡。旋温《古文〈辞〉类纂》中序跋类,温一过,粗毕。二更四点睡。

廿四日(外国人密妥士来见)

早饭后散行千步。清理文件。诊脉一次。外国人密妥士来见。阅《通鉴》廿卷卅二叶、廿一卷廿四叶,略记类目。中饭后散行千步。出门拜毛煦初尚书,久谈,酉初归。批批稿各簿,改信稿二件。夜间小睡片刻。又改信稿二件。小睡二次。二更四点睡。因眼蒙日甚,本日未写笔记,将来并不能看书矣。

二十五日

早饭后散行千步。清理文件。丁雨生中丞自江苏来,畅谈良久。旋坐见之客三次。诊脉一次。阅《通鉴》廿一卷十一叶、廿二卷二十八叶,略记类目。午正小睡。中饭后散行千步。毛帅来谈良久。旋小睡二次。见客一次。酉刻,丁帅来谈甚久。渠有墨晶镜,令余常用遮眼,不看文字,以葆左目一隙之光,是夜带之。添马谷山信稿三百馀字。二更四点睡。

二十六日

早饭后散行千步。清理文件。诊脉一次。坐见之客二次。阅《通鉴》二十三卷廿四叶、廿四卷亦廿四叶,略记类目。出门拜丁中丞,谈颇久,午正二刻归。小睡片刻。中饭后散行千步。毛帅来谈甚久,吴彤云、陈小帆先后来谈。小睡三次。戴墨晶镜以遮眼。夜间亦不治一事。二更四点睡。

二十七日(戴墨镜枯坐不能治事)

早饭后散行千步。清理文件。诊脉一次。阅《通鉴》二十四卷九叶、廿五卷三十叶,略记类目。丁中丞来久谈,丁乐山来一谈,又坐见之客一次。午正小睡片刻。中饭后散行千步。坐见之客一次。因目蒙不能治事,小睡二次,或戴墨晶镜枯坐。心不能静,游思杂想,或思食水果之类。傍夕久睡。夜核信稿一件。小睡二次。幕友来谈二次。二更四点睡。

二十八日

早饭后散行千步。清理文件。阅《通鉴》廿六卷廿五叶、廿七卷三叶。坐见之客二次。旋毛帅、丁帅来,久谈一时有馀,午正二刻始散。又见客二次。中饭后散行千步。写纪泽信一件。又阅《通鉴》廿七卷廿叶,盖无事则愈焦闷,故不如稍阅书籍也。迭次小睡,傍夕久睡。夜改信稿一件、摺稿一件。温《古诗选》中苏、黄七古一遍。二更四点睡。

二十九日（天津案拿凶犯已五十馀人，稍有头绪）

早饭后散行千步。清理文件。诊脉一次。丁道、马守各来见一次。阅《通鉴》廿七卷五叶、廿八卷廿八叶、廿九卷廿二叶。坐见之客一次。小睡片刻。中饭后散行千步。毛帅、丁帅来，久谈将两时许。酉初始散。病后陪客，疲乏殊甚，客去小睡。夜阅《古文辞类纂》奏议类、书说类。眼蒙，不能细看，涉猎而已。日来，办天津之案，拿凶犯已五十馀人，稍有头绪。二更四点睡。

三十日

早饭后散行千步。清理文件。诊脉一次。阅《通鉴》二十九卷十叶、卅卷卅二叶，略记类目。坐见之客二次。出门拜客二家，坐均颇久，午初归。坐见之客一次。小睡片刻。未初，请毛、丁二公便饭，畅谈良久，至酉初方散。丁公带来何子贞所写手卷，服其精力之酣足。傍夕料理天津教案诸事。夜核科房批稿簿。二更四点睡。

## 八月

初一日（接总理衙门信）

早饭后散行千步。清理文件。坐见之客一次。诊脉一次。阅《通鉴》卅一卷卅二叶、卅二卷二十六叶，略记类目。午初，毛帅来，久谈一时许。中饭后散行千步。坐见之客二次。申刻，丁帅来，道、府亦来，直至曛黑始去。夜，幕府来一谈。二更三点后，接总理衙门信，阅之良久。五点睡。

初二日

早饭后散行千步。清理文件。诊脉一次。坐见之客一次。阅《通鉴》三十三卷廿九叶、卅四卷廿六叶，略记类目。孙士达来一谈，毛、丁二帅来久谈。午末小睡。中饭后散行千步。如冠九来久谈，吴彤云来久谈。丁乐山来一谈。傍夕小睡。夜核改信稿三件，核文稿数件。眼蒙殊甚。阅《古文辞类纂》中书说类数首。二更四点睡。

初三日

早饭后散行千步。清理文件。坐见之客三次。诊脉一次。阅《通鉴》三十五卷廿叶。毛、丁二帅来久谈，未初去。中饭后散行千步。再阅《通鉴》三十五卷十叶，阅三十六卷五叶，略记类目。眼蒙，不敢治事，屡次小睡。酉正至幕府一谈。夜写纪鸿信一件，约四百字。眼蒙小睡。坐见之客一次。二更四点睡。

初四日（余任两江总督）

早饭后散行千步。清理文件。改信稿三件，约共改四百字。立见之客一次，坐见者一次。诊脉一次。阅《通鉴》卅六卷廿叶。接奉廷寄，马谷山被刺客戕害；余谓两江总督，李少荃调直隶总督。幕府来一谈。毛、丁二帅来久谈，午末去。中饭后散行千步。阅《通鉴》三十六卷五叶、三十七卷十九叶。添纪鸿儿信一叶，写纪泽儿信三叶。出门拜毛煦初，久谈。傍夕归，小睡。夜将天津教案料理一番，见客一次。二更四点睡。

初五日（夜阅张守、刘令所具亲供）

早饭后散行千步。清理文件。见客，坐见者三次，立见者三次。诊脉一次。阅《通鉴》三十七卷十五叶、三十八卷六叶，未毕。毛、丁二帅久谈，巳正来，未初去。中饭后散行千步。又阅《通鉴》三十八卷廿六叶，毕。坐见之客五次，陈子敬与吴桐云谈颇久。小睡片刻。夜阅张守、刘令所具亲供，又阅文牍数件，二更后改一摺稿，未毕。四点睡。

初六日

早饭后散行千步。清理文件。坐见之客三次。诊脉一次。阅《通鉴》卅九卷卅四叶、四十卷十六叶。午刻小睡。中饭后散行千步。小睡片刻。将昨夜摺稿改毕,又核改谢恩摺,未毕。毛帅来久谈。傍夕小睡。夜将谢恩摺改毕。小睡片刻。二更后默诵《孟子》。四点睡。

初七日

早饭后散行千步。清理文件。立见之客一次。阅《通鉴》四十卷十七叶、四十一卷六叶。毛、丁二公来久谈,午刻去。又坐见之客一次。将本日应发摺片校对一过。中饭后散行千步。写纪鸿信一件。拜发摺件,行礼起跪甚难,需人扶掖。核科房稿簿。又阅《通鉴》四十一卷十五叶,略记类目。静坐数息三百。余生平不善静坐,坐辄昏散成寐。傍夕小睡。夜阅《本草》药性数事。二更后阅古文数首。四点睡。

初八日(阅《通鉴》略记类目)

早饭后散行千步。清理文件。毛帅来一谈,又坐见之客二次。诊脉一次。阅《通鉴》四十一卷十一叶、四十二卷三十二叶,略记类目。坐见之客二次。中饭后散行千步。阅《通鉴》四十三卷十七叶。出门拜成竹坪,未晤。归,坐见之客一次。小睡片刻。写澄、沅两弟信,约近四百字。静坐数息,昏散如故。旋又小睡。夜核批稿各簿,添澄、沅两弟信二叶。二更后温《古文·辞赋类》。四点睡。

初九日

早饭后散行千步。清理文件。诊脉一次。阅《通鉴》四十三卷十四叶、四十四卷三十四叶。略记类目。中饭后散行千步。派道员三人,京员三人来余寓,审案,讯府县等亲供。未正见客一次,即派审诸君也。写纪泽信一件。阅虞伯生、刘静修等七古诗。吴彤云来久谈,傍夕去。小睡片刻。夜写李少荃信三叶,眼蒙,未毕。温《古文·辞赋类》数首。四点睡。

初十日

早饭后散行千步。清理文件。坐见之客一次。诊脉一次。阅《通鉴》四十五卷二十四叶,未毕。毛、丁两帅来久谈。午刻去。又坐见之客一次。阅《通鉴》五叶。中饭后散行千步。坐见之客二次,立见者一次。阅《通鉴》四十六卷十八叶,略记类目。毛、丁二帅又来久谈,傍夕去。夜写少泉信二叶,阅《古文·碑志类》数首。二更四点睡。

十一日(会审府县)

早饭后散行千步。清理文件。诊脉一次。阅《通鉴》四十六卷十叶。四十七卷二十二叶。巳初二刻,毛、丁二帅来,成竹坪旋来。是日会审府县,午刻,过堂讯供。未初客散。中饭后散行千步。阅《通鉴》四十七卷六叶卷,阅四十八卷八叶,略记类目。方存之自省来,久谈,又坐见之客二次。是日辰刻核改摺稿一件。酉刻核改信稿一件。夜又核改信稿二件。温《古文辞〈类纂〉·书说类》。二更四点睡。

十二日(余辞两江之任未允准)

早饭后散行千步。清理文件。诊脉一次。见客一次。阅《通鉴》四十八卷十五叶。毛、丁二帅来议府县亲供事,辰正来,午初去。又阅《通鉴》五叶。未初,请吴彤云、方存之等小宴。申正客散,倦甚,小睡。阅核各项亲供多件。核毕,即行发钞。以便明日随摺进呈。傍夕小睡。夜写纪泽信一件。摺差自京归,阅京报及各信件。余辞两江之任,未蒙允准,徘徊久之。二更后,又核亲供二件。五点睡。

十三日

早饭后散行千步。清理文件。坐见之客一次。诊脉一次。阅《通鉴》四十九卷廿九叶、五十卷十八叶,略记类目。坐见之客一次。午正出门至发审局。旋至丁雨帅处,渠本日患病,故往视之。未正,至毛煦帅处,渠约小宴,申末始散。归寓,见客一次,小睡片刻。

傍夕又小睡。夜写小信二件。与毛、丁及成竹坪料理明日发报事件。阅《古文辞〈类纂〉》奏议、书说二类。二更四点睡。

十四日(沈品莲自京来见)

早饭后散行千步。清理文件。诊脉一次。毛帅来久谈。阅《通鉴》五十卷十七叶、五十一卷十七叶。坐见之客二次。中饭后散行千步。又阅《通鉴》五十一卷二十叶,此卷凡三十七叶。较他卷稍多,阅时稍久。沈品莲自京来见,久谈。剃头一次。小睡片刻。吴彤云来久谈。核批稿各簿。夜阅新到文件,温《古文》韩文碑志类。二更四点睡。

十五日

早饭后散行千步。清理文件。立见之客数次,皆武员贺节者。诊脉一次。阅《通鉴》五十二卷二十九叶、五十三卷廿二叶。未毕。略记类目。中饭后,散行千步。又阅《通鉴》六叶,五十三卷阅毕。是日全无宾客。写信与毛帅,写纪泽儿信一件。屡次登床小睡,自未至酉,小睡良久。夜写零字颇多。温《古文〈辞〉类纂·书说类》。二更四点睡。

十六日

早饭后散行千步。清理文件。诊脉一次。毛帅来一谈,旋坐见之客二次。阅《通鉴》五十四卷三十叶、五十五卷二十六叶,未毕,略记类目。中饭后散行千步。又阅《通鉴》三叶。五十五卷阅毕。出门拜客,丁雨帅处一谈,毛煦帅处不遇。归,史绳之来久谈,又坐见之客一次。写信与毛帅,留渠暂不回京。恒都转来一谈。夜改复总署信一件。料理与各衙门公回总署信件。幕友来谈两次。二更四点睡。

十七日(送毛煦帅进京)

早饭后散行千步。清理文件。毛帅来久谈,司道来一谈,又坐见之客三次。阅《通鉴》五十六卷廿四叶。中饭后,出城至西沽送毛煦帅进京。归,再阅《通鉴》五十六卷五叶、五十七卷十四叶。略记类目。核改信稿一件,写毛帅信一件。夜核改摺稿,未毕。二更四点睡。

十八日

早饭后散行千步。清理文件。坐见之客三次。诊脉一次。成竹坪来一谈。阅《通鉴》五十七卷十五叶。中饭后散行千步。阅《通鉴》五十八卷廿一叶,略记类目。与幕府谈两次,周琳叔来一谈。傍夕小睡。夜改摺稿,二更后毕。温《古文·序跋类》。四点睡。

十九日(审天津案,敲搒声竟日不绝)

早饭后散行千步。清理文件。丁雨帅于辰初来,在此坐谈竟日,直至申正始去,因为津案廿三日出奏,紧急之至。传镇协来见一次,道、府、县来见一次,发审局六员来见一次,皆严催二日内审讯。丁帅中间去幕府时,余阅《通鉴》五十八卷六叶。是日,天津陈镇及委员二人在余寓审案,敲搒之声竟日不绝。申末后,阅《通鉴》五十九卷二十八叶,略记类目。晡时小睡。夜阅本日文件及家信等,写信与丁帅及首县。二更后温苏诗七古。五点睡。

廿日

早饭后散行千步。清理文件。坐见之客二次。诊脉一次。阅《通鉴》五十九卷三叶毕,阅六十卷二十叶。坐见之客二次,丁中丞来久坐,未初去。中饭后散行千步。又阅《通鉴》六十卷十一叶毕,阅六十一卷五叶。欧阳宗佶来谈,石泐之子也。丁中丞自送空青来,以重价自苏州购得,为余医目,厚意可感!又送《通鉴》《续通鉴》及目录等书,纸墨亦皆上品,谈及灯后始去。夜阅公文中,有运司详请奏盐务十条。闭目坐颇久。二更后温《古文·奏议类》。四点睡。

廿一日

早饭后散行千步。清理文件。丁雨帅来，道、镇、府、县均来，议定本日定各犯清供，廿三日出奏，至未初方散。中饭后散行千步。写纪泽信一件，五叶，核改信稿，阅《通鉴》六十一卷二十五叶。陈小蕃来久谈。写对联二付、直条一张。傍夕至幕府一谈。夜又将《通鉴》六十一卷补阅一过，略记类目。二更四点睡。

廿二日（公定各犯清单）

早饭后，天津道及府、县俱来，丁中丞亦来，公定各凶犯清单，商订良久始定。午正，各客皆去。清理文件，核改摺稿，未毕，中饭后改毕。纪鸿儿及叶亭甥自京来津，与之一谈。旋又核改清单，核对府、县供摺，核改夹片，至酉正粗毕。小睡片刻。夜核改夹片，将各单细细料理，送丁中丞、成廷尉一商。二更后再核改摺件，核咨总署文件。三更睡。是日专办公事，未遑他顾，幸精神尚能照料耳。

廿三日

早饭后散行千步。清理文件。坐见之客二次。诊脉一次。丁中丞来久坐，成廷尉来一坐。阅《通鉴》六十二卷卅二叶、六十三卷十八叶。中饭后散行千步。陈小蕃来久谈，陈镇来一谈。是日料理发摺，奏办天津凶犯，校对各件。丁中丞酉刻又来。傍夕小睡。夜，刘省三军门自南来，一谈。发摺后，将各犯供摺清理一番。二更后温《古文·书说类》。四点睡。

二十四日（与幕府谈救全之法）

早饭后散行千步。清理文件。立见之客一次，坐见者三次。丁中丞来久谈。阅《通鉴》六十三卷十叶、六十四卷廿四叶。中饭后散行千步。因府、县当解进京，与幕府谈思所以救全之法，踌躇良久。旋至丁中丞处久商。傍夕归，小睡。夜阅本日文件。将府、县事再三斟酌，与幕友久谈。二更后核改信稿一件。五点睡。

二十五日（至西沽接李少泉中堂）

早饭后散行千步。清理文件。见司道一次，又坐见之客一次，丁中丞来久坐。诊脉一次。阅《通鉴》六十五卷三十叶。见客一次。午初出门，至西沽接李少泉中堂，迎候良久，与渠同回余寓，因留渠便饭，丁中丞亦在坐，酉初始散去。散行千步。阅《通鉴》六十六卷八叶，略记类目。夜见幕友二次。久谈，改摺稿一件，将盐务详文细阅。欲作摺而不能，盖日内将交卸矣。二更四点睡。

二十六日

早饭后散行千步。清理文件。见客，坐见者八次，立见者二次，内刘省三、吴清卿谈颇久。阅《通鉴》六十六卷廿二叶、六十七卷七叶。中饭后散行千步。出门拜李少荃节相，谈颇久。归，李咏莫来久谈，方存之来一谈。夜阅《通鉴》六十七卷十一叶。与幕友久谈。二更后略记类目。温东坡七古。四点睡。

二十七日

早饭后散行千步。清理文件。坐见之客七次，立见者一次，李咏莫谈甚久。阅《通鉴》六十七卷五叶、六十八卷二十九叶。未初，请李少泉、丁雨生、刘省三小宴，散席后，复久谈，直至傍夕始去。夜，陈国瑞来见，一谈。写纪泽信一件，约五百馀字。二更后将本日所阅《通鉴》再一检阅。看吾脚自膝以下，业已肿胀，盖虚弱已甚矣。四点睡。

廿八日

早饭后散行千步。清理文件。见客六次，又立见者一次。诊脉一次。午刻核改片稿，至未正中饭后改毕。阅《通鉴》六十九卷三十五叶。小睡片刻。李佛生来一谈。傍夕又小睡。夜，张翰泉来见，一谈。略记两日阅《鉴》类目。闭目小坐。二更后发报。四点睡。

二十九日(与李荃相久谈)

早饭后散行千步。清理文件。坐见之客六次,立见者一次。正拟料理发摺,午刻丁雨帅来,午末李荃相来,直谈至傍夕始去。小睡片刻。夜发摺差。添许仙屏信一叶,写纪泽信二叶。阅张清恪公所著《学规类编》及所选《唐宋八大家文钞》,涉猎数十叶。二更四点睡

## 九月

初一日

早饭后散行千步。清理文件。立见之客三次,坐见者一次。巳正,丁中丞、刘军门、成廷尉先后来久谈,又坐见之客二次。中饭后散行千步。阅《通鉴》七十卷二十八叶、七十一卷十八叶,略记类目。傍夕小睡。困倦殊甚。夜,谢旭亭、吴桐云二人先后久坐,陈云卿来一坐。核批稿各簿,阅新到文件。二更四点睡。

初二日(丁雨生力劝余保左目)

早饭后散行千步。清理文件。出门拜丁中丞,又拜成竹坪,未晤。归,围棋二局。刘省三、丁雨生先后来久谈。阅《通鉴》七十一卷九叶、七十二卷十八叶。丁雨生力劝余不看书、不写字、不多阅公牍,以保将盲之左目。其言恳恻深至,余将遵而守之。中饭后散行千步。小睡二次。写纪泽信三叶。傍夕,与李勉林久谈。夜与挚甫一谈。阅《朱子文集》十馀叶。二更四点睡。

附记

陈济清不带　吴大廷于收米摺内附片调

李傅芾不带　吴汝纶摺调

金吴澜附片带回　李兴锐摺调

陈兰斌附片带回　方宗诚函补

萧世本奏补　丁寿昌结案保

刘盛藻奏保

初三日(送丁雨生回苏)

早饭后散行千步。清理文件。围棋一局。丁中丞来一坐。诊脉一次。又围棋一局。又坐见之客二次,立见者一次。午正出门至河干送丁中丞回苏,未正归。中饭后散行千步。阅胡敬斋《居业录》。酉刻倦甚。小睡良久,直至灯后始起。夜饭后阅《朱子文集》数叶。闭目小坐。二更四点睡。

初四日

早饭后散行千步。清理文件。围棋二局。诊脉一次。坐见之客二次。核改摺稿二件、片稿一件。中饭后散行千步。见客一次。小睡片刻。申初,李中堂来久坐,灯后始去。核改咨稿一件;略阅《读朱随笔》。近日,膝以下浮肿,是夜洗脚后,以姜、葱、艾叶蘸烧酒擦之。二更四点睡。

初五日

早饭后散行千步。清理文件。坐见之客三次。诊脉一次。围棋二局。阅《通鉴》七十二卷十七叶毕。中饭后散行千步。又阅《通鉴》七十三卷二十九叶、七十四卷六叶。吴桐云、丁乐山先后来谈。傍夕小睡。夜阅张清恪公《道统编》。是日看书稍多,又不能守丁雨生之诫,保全左目。二更四点睡。

初六日(是日交卸直隶总督印务)

早饭后散行千步。清理文件。坐见之客三次，方存之谈颇久，旋又见客一次。是日交卸直隶总督印务，午刻交李中堂。巳刻围棋二局。阅《通鉴》七十四卷二十五叶。中饭后散行千步。见客一次。出门至李中堂处道喜，谈至日晡方归。夜写纪泽等信，阅《通鉴》七十五卷十七叶。二更四点睡。

初七日

早饭后散行千步。清理文件。坐见之客二次。围棋二局。又坐见之客二次。诊脉一次。核改信稿数件。午刻，李中堂来，即在此便饭，申初去。核信稿一件。阅《通鉴》七十五叶[卷]十七叶。傍夕小睡。夜，幕友来久坐。阅七十六卷廿四叶。日内眼蒙日甚，盖下棋看书，皆费目力也。脚肿未愈，老态颓然，殊不自持也。二更四点睡。

初八日

早饭后，散行千步。清理文件。诊脉一次。巳初，日本国使臣五人来见，日柳原前光，曰花房义质，曰尾里政道，曰名仓信敦，曰郑永宁，设酒果相待，巳正去。围棋二局。坐见之客四次，李咏莫、王灼棠坐甚久。黎竹舲自京归来，与之一谈。中饭后散行千步。阅《通鉴》七十六卷五叶、七十七卷三十叶。小睡片刻。写对联四付。傍夕，与竹林久谈，因同夜饭。阅《通鉴》七十八卷十三叶。闭目小坐。阅新到文件。二更四点睡。

初九日(阅《居业录》)

早饭后散行千步。清理文件。阅《通鉴》七十八卷十六叶毕。坐见之客四次。将近数日所看《鉴》略记类目。阅《通鉴》七十九卷二十二叶。围棋二局。中饭后散行千步。又阅《鉴》七十九卷十四叶毕。坐见之客二次。阅《鉴》八十卷十三叶，写对联三付。傍夕小睡。夜又阅《鉴》八十卷十一叶。闭目静坐片刻。阅《居业录》数叶。二更四点睡。

初十日(未能守保养左目之诫)

早饭后散行千步。清理文件。坐见之客二次。阅《通鉴》八十卷六叶、八十一卷三十一叶。坐见之客一次。诊脉一次。围棋二局。阅《通鉴》八十二卷二十八叶。中饭后散行千步。阅《通鉴》八十三卷十四叶。倦甚小睡。李中堂来，自申初至灯后方去。又阅《鉴》十三叶，将八十三卷阅毕。是日阅三卷零六叶，在近日为极多者。然目力愈坏，不能守丁雨生保养左目之诫，而看书亦涉猎不能深入，殊无谓也。闭目小坐片刻。二更后略阅《居业录》。四点睡。

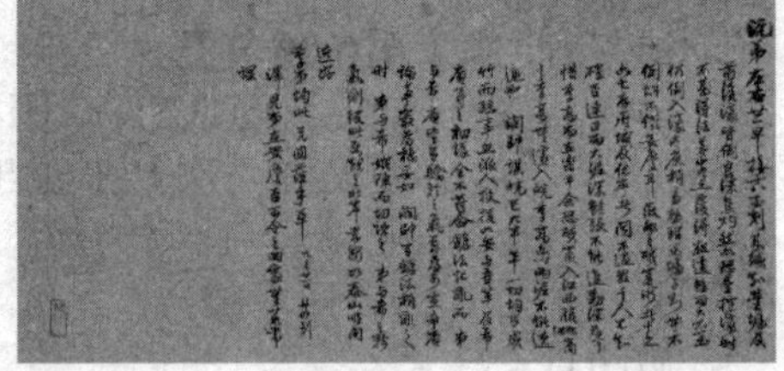

曾国藩书札

十一日

早饭后散行千步。清理文件。坐见之客三次。将昨日所阅之《通鉴》重阅一遍，稍加详慎，至申初始毕，略记类目。巳初诊脉一次。围棋二局。申刻写对联七付。未刻改片稿一件。傍夕小睡。夜阅《通鉴》八十四卷二十六叶。二更后又阅《居业录》数叶。闭目小坐。四点睡。

十二日(酌定第二批津案人犯)

早饭后散行千步。清理文件。料理第二批津案人犯，酌定清单。坐见之客二次。改摺稿一件。巳初，李中堂来久谈，在此便饭，申初始去。卢午峰来一谈，渠将赴浙江之任，过此也。申初，法国翻译官德微理亚来见。围棋二局。谢立夫出京过此来见。刘子务来一谈。傍夕小睡。夜阅《通鉴》八十五卷二十叶。闭目小坐。二更后阅《居业录》数叶。

四点睡。

十三日

早饭后散行千步。清理文件。见客三次。围棋二局。阅《通鉴》八十五卷十叶，此卷似未看清，又重阅一遍。午初出门，拜李中堂，即在渠处中饭。饭后，申初归。李咏莫、吴桐云先后来久谈。傍夕小睡。夜，卢方伯来一谈。将八十二、三、四、五卷中晋世骨肉相残之事，另写一目录，以便省览。闭目小坐。阅《居业录》数则。二更四点睡。

十四日

早饭后散行千步。清理文件。见客三次，安徽学使景鉴泉谈颇久。阅《通鉴》八十六卷三十一叶，写纪泽信一封。午刻围棋二局。中饭后阅《通鉴》八十七卷十二叶。出门至河干拜景鉴泉。归，将本日所阅《鉴》重阅一遍。又阅八十七卷六叶，至第十八叶止。傍夕小睡。夜写信与成竹坪，阅张清恪《学规类编》十馀叶。二更后闭目少坐，四点睡。

附记

郭子美在桑园，德州下七十里

滕学义铭军三营，存临清

阎克显铭军道员

万年青李相转运局

徐道奎淮军水师

以上三人均在张秋

程绳武前任济宁，在东昌，知府

十五日

早饭后，见贺[朔]望之客，立见者数次。散行千步。清理文件。改摺稿一件、片稿一件。刘省三、郭子美来见。巳正，李少泉来，即在此久谈，未初便饭，申初始去。又见客，式甫、成竹坪先后久坐。围棋二局。夜与幕友一谈。添陈作梅信三叶、费幼亭信一叶。二更后阅《居业录》数叶。闭目小坐。四点睡。

十六日（夜阅《读书录》）

早饭后散行千步。清理文件。坐见之客七次。围棋二局。改摺稿一件。中饭后散行千步。改片稿一件。阅《通鉴》八十七卷十六叶毕。前甘肃林方伯之望来见，一谈。倦甚，小睡颇久。将《通鉴》八十六、七卷再翻阅，而其不能清了如故。甚矣，余之衰也！夜阅薛文清公《读书录》十馀叶。二更四点睡。

十七日（再阅《通鉴》始觉清晰）

早饭后散行千步。清理文件。坐见之客一次。将《通鉴》八十七卷再阅一遍，用目录一对，始觉清晰。又阅八十八卷十一叶。巳正出门拜李中堂，久谈，即留彼处便中饭。饭后拜成竹坪，又拜刘省三、郭子美，申正归。陈小蕃来一谈，又坐见之客一次。围棋二局。傍夕，吴桐云来久坐。夜饭后阅薛文清《读书录》，约三十叶。目蒙，不敢再看。二更四点睡。

十八日

早饭后散行千步。清理文件。坐见之客二次。阅《通鉴》八十八卷廿一叶、八十九卷十八叶。午初出门，至山西会馆，李中堂与三工大臣成竹坪及司道等公请饯行，至申正二刻散席，始归。写澄、沅二弟信四叶，约四百馀字。小睡片刻。夜见客一次。阅《读书录》十馀叶。闭目小坐。二更四点睡。

附记

○京信四封　别敬单

留通箱件单　随眷水路人员单

随余陆路人员单 京城送书单

〇津城辞行单　津寓书单

十九日(料理进京各事)

早饭后散行千步。纪泽儿自保定奉眷来此,一叙。旋坐见之客二次,陈子敬谈颇久。巳初,李中堂来久谈,午末始去。中饭后清理文件。杨艺芳来久谈。出门至河下与眷属一谈。酉正回寓,小睡片刻。夜料理进京各事,及眷属由水路南行各事。将上年在京送别敬各单斟酌一遍,应再送者圈出。闭目小坐。二更四点睡。

二十日

早饭后散行千步。清理文件。坐见之客六次,沈品莲坐甚久。将保定零星文件清理,应焚毁者弃之。改信稿二件。派人送信进京。中饭后,坐见之客三次。清理应弃之件。又立见之客二次。傍夕,纪泽来一谈。夜饭后,李中堂来畅谈,至二更四点方去。清理零件。三更后睡。

二十一日

早饭后散行千步。清理文件。坐见之客一次,立见者一次。再将零件应焚弃者清检一番。巳初出门辞行,拜会者七家,亲拜者数家,未正归。饭后散行千步。坐见之客三次。写横披一幅、对联二付。傍夕小睡。夜改信稿四件,与纪泽及王瑞珍先后一谈。二更四点睡。

二十二日(细思古人工夫约有“四端”可效)

早饭后散行千步。清理文件。坐见之客五次,李中堂坐甚久。午初,日本国使臣四人来见,谈颇久。中饭后散行千步。坐见之客六次,立见者二次。本日所见,皆送行之家,以余明日起程进京也。剃头一次。纪鸿儿巳午间来禀辞,将送眷口由水路赴江南,纪泽则侍余进京耳。夜将案上零件清理一番。闭目小坐。幕府来久谈,三更去。

是日细思古人工夫,其效之尤著者,约有四端:曰慎独则心泰,曰主敬则身强。曰求仁则人悦,曰思诚则神钦。慎独者,遏欲不忽隐微,循理不间须臾,内省不疚,故心泰。主敬者,外而整齐严肃,内而专静纯一,斋庄不懈,故身强。求仁者,体则存心养性,用则民胞物与,大公无我,故人悦。思诚者,心则忠贞不贰,言则笃实不欺,至诚相感,故神钦。四者之功夫果至,则四者之效验自臻。余老矣,亦尚思少致吾功。以求万一之效耳。

二十三日(启程进京)

黎明起,早饭。饭后,辰初一刻启程进京,李少泉、成竹坪及文武各官送至西沽,寄请圣安。旋少泉又送数里,余使人力阻之,始于道旁茶棚话别。行三十五里,至浦口打尖,司、道、府、县均送至此。中饭后行二十五里。未正至杨村小坐,吴桐云、周琳叔等送至此,别去。又行二十五里,至蔡村住宿。见客三次。夜清理文件。二更后接李中堂信。写复信一叶。三点睡,竟夕不能成寐。

二十四日

黎明起,早饭。饭后行三十五里,至河西务。又行十八里,至安平打尖,午初始到。又行十八里至马头。又行二十八里,至张家湾宿,酉初到。坐见之客三次。傍夕与幕友小谈。夜核津案凶犯名单。二更后阅李少泉寄来文件。二点后洗脚,三点睡。

二十五日

黎明起,早饭。饭后行十二里至通州。乔鹤侪在东关外迎接,在庙内与之一谈。旋至仓场总督署内拜乔鹤侪。出西门,走二十五里至定福庄,又走二十里至齐化门。进城,走七里许至金鱼胡同贤良祠居住。坐见之客十馀次,直至夜间未能少息。料理明日入朝应办事件。二更一点睡。

二十六日(叩谒皇上、西太后)

早,于寅初三刻即起。寅正二刻自寓起行,大轿至东华门,换坐小轿至景运门。卯初至内务府朝房,与军机沈经笙、李兰生、文博川先后一谈。旋与恭王一面,即退至东路九卿朝房,与黄恕皆等久谈。巳正叫起,因入乾清门内,养心殿之外军机处一坐。巳正三刻入养心殿之东间,叩谒皇太后、皇上圣安,旋即叩头恭谢天恩。西太后问曰:"尔何日自天津启程?"对:"二十三日自天津启程。"问:"天津正凶曾已正法否?"对:"未行刑。旋闻领事之言,俄国公使即将到津,法国罗使将派人来津验看,是以未能遽杀。"问:"李鸿章拟于何日将伊等行刑?"对:"臣于二十三日夜接李鸿章来信,拟以二十五日将该犯等行刑。"问:"天津百姓现尚刁难好事否?"对:"此时百姓业已安谧,均不好事。"问:"府、县前逃至顺德等处,是何居心?"对:"府、县初撤任时,并未拟罪,故渠等放胆出门,厥后遣人谕知,业已革参交部,该员等惶骇,始从顺德、密云次第回津云云。"问:"尔右目现尚有光能视?"对:"右目无一隙之光,竟不能视。左目尚属有光。"问:"别的病都好了么?"对:"别的病算好了些。"问:"我看你起跪等事,精神尚好。"对:"精神总未复原。"问:"马新贻这事岂不甚奇?"对:"这事很奇。"问:"马新贻办事很好。"对:"他办事和平、精细。"旋即退出殿门以外。归寓,见客四次。中饭后又坐见之客三次。旋出门拜恭邸及宝尚书鋆家,灯后始归寓。见客二次。写本日日记簿。二更二点睡。

二十七日(入朝进见西太后)

早饭后,在寓稍一徘徊。辰初三刻出门入朝,在景运门内九卿朝房听候传宣。巳初三刻后,蒙召入内,在内朝房小坐。巳正三刻进见。西太后问:"尔在直隶练兵若干?"对:"臣练新兵三千,前任督臣官文练旧章之兵四千,共为七千。拟再练三千,合成一万,已与李鸿章商明,照臣奏定章程办理。"问:"南边练兵也是最要紧的,洋人就很可虑,你们好好的办去。"对:"洋人实在可虑,现在海面上尚不能与之交战,惟尚设法防守。臣拟在江中要紧之处,修筑炮台,以防轮船。"问:"能防守便是好的,这教堂就常常多事。"对:"教堂近年到处滋事,教民好欺不吃教的百姓,教士好庇护教民,领事官好庇护教士。明年法国换约,须将传教一节加意整顿。"问:"你几时出京?"对:"万寿在迩,臣随班行礼后,再行跪安请训。"太后旋与带见之六额驸景寿说话,命余明日无庸递牌。旋退出殿外。归途,拜单地山先生。到寓后,坐见之客四次。中饭后,坐见之客二次。出门拜客四家,仅黄恕皆得晤,久谈,日晡归。夜围棋二局。将上年别敬簿核对一过,应拜者记出。二更三点睡。

二十八日(阅纪鸿儿领出落卷)

早饭后散行千步。清理文件。坐见之客五次。出门拜客十馀家,惟胡霁林、董酝卿、王荫堂得会,未正归。中饭后散行千步。坐见之客二次。出门拜客,至文博川、倭中堂处一谈,归已更馀。夜饭后,与客围棋二局。二更三点洗脚后,阅纪鸿儿领出落卷。四点睡。

二十九日

早饭后散行千步。清理文件。坐见之客凡八次。巳正出门,拜客七家。申初,至黄恕皆家,渠请便饭,直至日晡方散。归寓,已灯初矣。夜饭后围棋二局,与纪泽一谈。因各处有请小宴者,却之则不恭,赴之则难于酬应,踟躇良久。二更三点睡。

## 十月

初一日(奉派入坤宁宫吃肉)

是日孟冬时享，奉派入坤宁宫吃肉。寅正一刻起，饭后入朝。卯初一刻五分至兵部报房，与诸大臣坐谈颇久。卯正二刻传入乾清宫，又与众王大臣立谈。三刻入，过交泰殿，至坤宁宫。皇上坐西南隅榻上，背南窗北向而坐。各王大臣以次向西而坐，以南为上。第一排：南首为惇王、恭王，以次而北。第二排又自南而北，余坐第五排之南首一位。初进钉盘小菜、酱瓜之类一碟，次进白肉一大银碟，次进肉丝泡饭一碗，次进酒一杯，次进奶茶一杯。约两刻许退出，在兵部报房听起。巳正方散。归寓，见客六次。中饭后见客一次。出门拜客三家，未晤。至塔军门之太夫人家久坐，归已晡矣。小睡片刻。夜饭后围棋二局。阅崇地山所送《历代名臣传》节录。二更四点睡。

初二日（是日移居法源寺）

早饭后清理文件。坐见之客三次。出门拜客，由东单牌楼、四牌楼至后门外，拜至西四牌楼、阜成门等。拜会者只文秋山、彭芍庭两家，馀俱亲拜，出顺成门。是日移居法源寺，未正二刻到。中饭后，坐见之客五次。酉初至李兰生处拜会，谈颇久。灯后归，何子愚来一谈。曹镜初来久谈。疲乏殊甚。阅董酝卿所送《凤台祇谒笔记》。二更四点睡。

初三日

早饭后清理文件。坐见之客七次。天津府、县二人谈甚久，不复能治事矣。小睡片刻。中饭后出门拜客，会者四家，馀俱亲拜，灯后归。劳六世兄来见，久谈，与客围棋二二［衍一二字］局。二更后阅《湖南题名录》及闱墨等。四点睡。

初四日

早饭后清理文件。坐见之客二次。谈颇久。巳正出门拜客，未正二刻归。拜会者四家，馀俱亲拜。中饭后围棋二局。风雨、阴凉，故下半日未再拜客。晡时，刘省三来一谈。渠本日奉旨督办陕西军务。夜与纪泽议及送别敬事。余衰颓日甚，全无记性，即应酬之事亦俱不能妥为思虑。本日闻省三言，长江水师弊端百出，尤以不能整顿为愧。小睡片刻。二更三点睡。

初五日

早饭后清理文件。坐见之客一次。辰正出门拜客，会者数家，馀多亲拜，午正归。围棋一局。中饭后，坐见之客七次，如孙莱山、李兰生等，谈皆甚久。酉刻客散，倦甚，小睡。是日，有送寿礼中书画等物，偶一审视，旋即退去。夜阅朱伯韩所刻诗文集。眼蒙殊甚，较之在天津时又不如矣。二更四点睡。

初六日（余即日赴两江之任）

早饭后清理文件。坐见之客八次，与客围棋一局。午正请赵曾向诊脉，将医目疾。中饭后，坐见之客六次。是日，军机大臣面奉谕旨，令余即日请训，前赴两江之任。余已定初八请训矣。继念初十须拜万寿，仍改为十二请训。夜，张翰泉来一谈。小睡片刻。左目蒙昧弥甚，几不能作字矣。二更四点睡。

初七日

早饭后清理文件。是日小雨霏微，天气作寒。辰刻后，坐见之客六次。午刻围棋二局。中饭后，在室中散步良久。坐见之客一次。申正将剃头，甫散发而刘省三来，与之一谈。客去晡黑，不能剃头矣。小睡片刻。夜，曹镜初陪圣性和尚来一谈，所送《楞严经指掌疏》，余偶一翻阅，仍无所解，又翻阅朱伯韩所著古文。二更四点睡。

初八日

早饭后清理文件。坐见之客四次。午刻围棋二局。中饭后小睡片刻。见客三次，剃头一次。是日辰刻，将各别敬单校核一过。傍夕小睡。夜阅魏璧文所著四书文，本日送来者。眼蒙，屡次小睡。与纪泽论送别敬事。二更四点睡。

初九日(进养心殿见慈禧皇太后)

早,卯正三刻起,吃饭,料理等事。于辰初二刻出门,道途泥泞,不敢坐轿,雇车一辆。行六刻,至巳初始抵景运门。余本日具摺请训,已早奉传宣召见矣。亟进乾清门,至内奏事处,与六额驸景寿同坐。约三刻许,始进养心殿东间。慈禧皇太后问:"尔几时启程赴江南?"对:"臣明日进内随班行礼,礼毕后三两日即起程前赴江南。"问:"江南的事要紧,望你早些儿去。"对:"即日速去,不敢耽搁。"问:"江南也要练兵。"对:"前任督臣马新贻调兵二千人在省城训练,臣到任,当照常进行训练。"问:"水师也要操练。"对:"水师操练要紧,海上现造有轮船,全未操练。臣去,拟试行操练,长江之中,拟择要隘处试造炮台,外国洋人纵不能遽与之战,也须设法防守。"问:"你从前用过的人,此刻好将尚多么?"对:"好的现在不多。刘松山便是好的,今年糟踏了,可惜!"问:"实在可惜!文职小官也有好的么!"对:"文职小官中,省省都有好的。"问:"水师还有好将么?"对:"好将甚少。若要操练轮船,须先多求船主。"太后少停,未问。旋告六额驸曰:"令他即可跪安。"余立起退至帘前,复跪请圣安。旋即出乾清门。至东华门外,拜客五家,惟官中堂及宝大司农两处得会。申初至恭王处,未会。归寓已酉初矣。夜围棋二局。将本日公事及各处送礼稍一查阅。二更三点睡。

初十日

是日慈禧皇太后万寿。寅初起,饭后二刻七分出门。坐轿,泥泞,直至卯初二刻始至景运门,在兵部报房久坐。旋由景运门穿过隆宗门,又在工部朝房一坐,直至辰正始随皇上在慈宁门外行礼。礼毕,在朝房吃点心,江西按察使俊达所备也。施出门,至黄恕皆家久坐。午初二刻出,至宝佩珩家,渠请戊戌同年,宾主凡七人。午正三刻登席,申正二刻散。余回寓已灯上矣。写昨日日记。寓中人预祝生日。改信稿一件。将应送别敬之人再加料理一番。二更四点睡。

十一日(是日余六十生日)

黎明起,寓中拜寿者数起。是日为余六十生日。饭后少停,即出门。细雨泥深,至长沙会馆一坐,全无一人在馆寓居。途次,拜客三家。自长沙会馆出,又至辰沅馆、宝庆馆、上湖南馆各一坐,三处皆有人陪谈。旋又回至西头麻线胡同,拜魏庚臣。未正始至湖广会馆,南北同乡,唱戏公请。一则督抚进京,同乡向有公钱之局,一则借此为余祝寿也。听戏至酉正,灯上时始归。夜饭后清理文件。刘省三来久谈。二更四点睡。

十二日

早饭后清理文件。见客一次。将别敬各单核对一次。中饭后,宝佩珩、延荫溪来一谈。未正三刻出门,拜客三家,惟文博川得晤,久谈,曛黑时归。小睡片刻。夜饭后围棋二局。张竹汀、涂心畬来久谈,陈小蕃来一谈。再将各单核对一过。二更四点睡。

十三日(看崇效寺老僧智朴《青松红杏》)

早饭后清理文件。坐见之客二次。围棋二局。阅看崇效寺老僧智朴《青松红杏》手卷,将作诗而不果。中饭后见客七次,小睡片刻。傍夕,郑小山来匆谈。夜,袁子久来一谈,曹镜初、徐寿洪来一谈。二更后作七绝一首,写于《青松红杏》卷子之上。是日,纪泽将各处别敬单交付清楚,而雇车久未议妥,明日恐不能成行,殊为焦灼。四点睡。

十四日

早饭后清理文件。坐见之客四次。围棋二局。是日将出京,以车辆未齐,不果成行,常在室中散步盘旋。中饭后见客三次,陈仲鸾及陈小舫谈颇久。傍夕小睡。夜写澄、沅两弟信四叶,约四百馀字。旋阅斌友松《乘查笔记》。二更四点睡。

十五日(是日出京)

早饭后，装车出京，辰初启程。巳正至长新店打尖，见客二次。旋又行三十里，至良乡县西关外三里之寿国寺住宿。未正即到，见客二次。陈舫仙送寿礼至此，仓促不能复信。夜接纪鸿及叶亭甥信，系在临清州所发者，此写回信三叶，交来差带去。亥初刻睡。日内，左目益蒙，轿中不能看书，便觉衰懒，不治一事矣。

附记

蒋养吾托写信，奏永定河大王将军封号。又托奏请三代一品封典顶奏。又托论徐道用银五万馀两，未出报销经费。

贺仪仲托领戊午乡试公费。

李德英极言沧州王官屯蓝得春将才也。其兄蓝大春亦有用之才。

十六日

早，卯初二刻起。饭后，黎明起行。行二十五里，辰正二刻至窦店小坐。又行四十五里，未初至涿州住宿。坐见之客二次。中饭后又见客二次。阅《论语》《述而第七》至《颜渊第十二》止，细看朱注。傍夕小睡。夜再阅《论语》。二更初睡，盖亥初也。近定为亥初睡，卯初二刻起。

十七日（思“耐苦则神钦”）

早，卯初二刻起。饭后，黎明起行。行三十里，至三角淀小坐。又行三十里，午初至新城县住宿。因泥泞，在途轿行快而车行极慢，故每日仅行六七十里，因车到甚迟也。在轿中思廿二日日记，所云：“思诚则神钦”者，不若云：“耐苦则神钦”，盖必廉于取而俭于用，劳于身而困于心，而后为鬼神所钦伏，皆耐苦之事也。中饭后围棋二局。赵惠甫自磁州来，至此久谈。夜，王仲山同年来一谈，渠系新城人，来此送别。阅《论语》《颜渊》《子路》《宪问》等篇。二更一点睡。

十八日

早，卯初二刻起。饭后行三十里。巳初至白沟河小坐，与惠甫一谈。旋又行四十里，未初至雄县，保定司道钱调甫、费幼亭、陈作梅等六人在此送行，等候三日矣，与之久谈。又中军等坐见二次。中饭后，作梅、调甫、绳之三人先后来久谈。傍夕，余步行至调甫、绳之两店一谈。夜饭后，赵惠甫来久谈。二更二点睡。

十九日（行程应走济宁或泰安未决）

早，卯初二刻起。饭后，钱调甫等司道六人来见，话别，与谈片时。旋上轿，行三十里至鄚州小坐，见客一次。旋又行四十里，午正二刻至任邱县住宿。在轿中久睡，不理一事。未刻与纪泽一谈。行程应走济宁，抑走泰安，踌躇未决。申刻围棋二局。晡时小睡。灯后，惠甫来一谈。阅下《论》注毕。二更二点睡。

二十日（勉与挚将与我同赴江南）

早饭后，黎明开行。行五十里至河间府北二十里铺。府、县及武员等在此迎候，接晤一谈。旋又行二十里，至河间府城住宿。时甫午正，见客三次。未初，请惠甫在此同饭。饭后李勉亭、李黼生、吴挚甫来一畅谈。勉与挚将与我同赴江南，黼则自保定来此送行也。在轿中阅上《论》《学而》《为政》《八佾》各注。眼蒙殊甚，深以看书为苦。酉正与竹舲围棋二局，至初更后毕。夜饭后阅《里仁》注。惠甫来久谈。二更二点睡。

二十一日

早饭后，黎明起行。行三十里至商家林打一茶尖。又行三十里至献县打尖，坐见之客三次。午正又起行，行四十里至富庄驿住宿。大广顺道李文敏来此送行，去渠大名治所已五百馀里，与之畅谈。旋又见客一次。小睡片刻。李勉亭、吴挚甫、李佛生、黎竹舲、薛叔耘等并来一谈，皆随余南行者也。夜，惠甫来同饭。饭后，李捷峰文敏又来一谈。二更二点即睡。

二十二日

早饭后，黎明起行。行四十里至阜城县打尖，见客二次。中饭后，行五十里至景州住宿，住开福寺。景州城三面皆有积水围绕，迂道十里许。绕至南门始克进城。坐见之客一次，旋李佛生来一谈，李勉亭、吴挚甫来久谈。晡时小睡。未申间，在轿中温《易》《乾》《坤》《屯》《蒙》《需》五卦。眼蒙日甚，轿中日光穿入，尤不相宜。夜再温《易经》《讼》《师》《比》《小蓄》《履》《泰》《否》七卦。小睡二次。二更二点睡。

二十三日（闻哥老会滋事甚为猖獗）

早饭后，黎明起行。行四十里至留智庙打一茶尖，见客一次。又行二十里至德州住宿。城守尉富明在一店恭请圣安。午正到店，坐见之客五次。眼蒙不能治事。中饭后会客二次，围棋一局。旋又会客一次。小睡两次。闻湘潭、湘乡、衡山哥老会滋事，甚为猖獗，不胜焦虑。并闻沅弟带队进剿，有小挫之说，尤为忧灼。夜温《易经》《同人》《大有》《谦》《豫》《随》《蛊》《临》《观》八卦。二更二点睡。

二十四日

早饭后，黎明起行。行七十里，午正至恩县打尖，坐见之客二次。尖后又行三十里。申初二刻至腰站住宿。巳午间，在轿中温《易》《噬嗑》《贲》《剥》《复》《无妄》《大畜》《颐》《大过》八卦。未正又温《坎》《离》二卦。腰站系平原县境。是日该县未来办差，自行租店买食而已。酉正小睡两次。夜饭后温《易》《咸》《恒》《遯》《大壮》《晋》《明夷》六卦。勉亭、挚甫来坐，一谈。二更二点睡。

二十五日（途中泥淖成冰寒气渐深）

早饭后，黎明起行。行四十里至高唐州打尖，儿子辈在新店打尖，在高唐之南二十里。余于巳正二刻自高唐起行。行七十里至在平县住宿。东昌府知府程绳武，号筱泉者，来此迎接。五年前在济宁州共事之旧游也。在轿中温《易》《家人》《睽》《蹇》《解》《损》《益》《夬》《姤》《萃》《升》《困》《井》十二卦。日光穿轿射目，屡作屡止。是日，途中泥淖处皆已成冰，寒气渐深矣。酉刻又见客一次。夜饭后，温《易》《革》《鼎》二卦。纪泽来谈颇久。二更二点睡。

二十六日（李少泉长女去世，闻之伤感）

早饭后，黎明起行。行六十里，午初二刻至桐城驿打尖，东阿县境也。过小河一道，系黄河分支窜出者。夏间盛涨分流，冬日渴耗，有土桥矣。中饭后，午正二刻起行。行三十五里至大河口渡黄河。渡毕，复行十八里至旧县住宿。在轿中温《易经》《震》《艮》《渐》《归妹》《丰》《旋》《巽》《兑》八卦。未申间，又温《涣》《节》《中孚》《小过》《既济》《未济》六卦。至旧县，见客二次。接李少泉信，知长女适袁氏者，于九月下旬去世，为之伤感。日内所深虑者，家乡哥老会滋事，恐扰及桑梓、丘墓，又恐沅弟带兵未能得手，不料儿女中有袁氏女之变。老境颓唐，不堪伤感。与纪泽儿一谈。温《易·系辞》上传前十章。二更二点睡。

二十七日

早饭后，黎明起行。行六十里，午初至东平州打尖。知州为宋祖骏，号伟度，昔年旧识也。饭后又行七十里，申正二刻至汶上县住宿。是日共行一百三十里。出京以来，惟此日行路最多。在轿中温《易·系辞》上传末二章、下传十二章。未申间，温《说卦传》。途中，思余年来出处之间多可愧者，为之局促不安，如负重疚；年老位高，岂堪常有咎悔之事！夜再温《系辞传》，与纪泽一谈。接信，知家眷船尚在济宁，明日即可会聚江南。戈什哈来接，接到文件颇多。二更二点睡。

二十八日

早饭后，黎明起行。行四十五里至康庄驿打一茶尖。又行四十五里，未初二刻至济宁州住宿。途次迎接者颇多，屡次下舆为礼。在轿中温《书经》《尧典》《舜典》《大禹谟》。到济宁后，坐见之客三次。中饭后坐见者三次，立见者三次，兖州知府沈鹭卿来谈稍久。申正至河下船中与眷属一谈。晡时回公馆，小睡。夜温《书经》《皋陶谟》《益稷》。二更二点睡。

二十九日

早，至辰初始起，比途次较晏。饭后料理杂事。旋出门拜客五家，会晤者一家。遂登舟将由水路下清江至江宁也。会客四次。过船与眷属一谈。中饭后会客一次，围棋一局。谢立夫回家，在此同行，来会一谈。申正开船，行十里许，至赵村闸湾泊。剃头一次。小睡片刻。夜，坐见之客三次。温《书经》《禹贡·九州》，旋温至篇末。二更二点睡。

三十日（至新店闸因风停泊竟日）

早，黎明开船。行三十四里至新店闸。因逆风不能渡湖，遂停泊竟日。温《书经》，自《甘誓》至《武成》，傍夕止。巳刻见客二次。申刻见客一次。午刻围棋三局。晡时小睡。目力用之稍过，弥觉昏蒙。夜温《洪范》《旅獒》。二更后睡。

## 闰十月

初一日

黎明早饭后，舟师以为风比昨日较小，可以开船。过南阳湖，甫行十里，风力转加，不能渡湖，即行湾泊。竟日温《书经》，《金縢》起至《多方》止。眼蒙，屡次小睡。午刻围棋二局。儿辈来船，与语两次。请医人谢旭亭诊脉一次。二更后睡。

初二日（悔昔年于慎独、居敬全未用功）

黎明，早饭后开船。逆风，用舢板拖行。行四五里，风盛，不能前进，停泊片刻。旋又勉强开行，拉纤行走。走四十里至南阳闸停泊片刻。旋又行十二里至赵家闸泊宿，已上灯矣。温《书经》，自《立政》至《秦誓》毕。申初后再温《金縢》《大诰》《康诰》《酒诰》《梓材》。因眼蒙，屡次小睡。昔年于慎独、居敬等事，全未用功，至今衰老，毫无把握，悔之晚矣。二更后睡。天气颇热。寤后，大汗沾被，揭去衣物以后，便不甚成寐。

初三日（知哥老会匪业已剿灭）

黎明起，开船行走，至晡时泊宿，在于微山湖中之王家楼，去夏镇三里许。是日共行九十里。卯辰间，顺风行三十馀里。巳初以后，风渐小，亦尚顺行六十里，已入江南沛县境矣。在舟再温《召诰》《洛诰》。旋温《左传》“隐公”“桓公”“庄公”。巳正写澄、沅两弟信五叶。午刻围棋三局。未刻接廷寄公文等件。旋接澄、沅两弟十月初十、十一日信，知哥老会匪业已剿灭。夜与纪泽久谈。二更二点睡。灯时初泊船，坐见之客二次，立见者一次。

初四日

黎明起，开船行走，值东北风，北风顺而东风则逆，勉强行十里许。至巳刻，东风太大，不复能行，即在湖中停泊。竟日温《左传》“闵公”“僖公”“文公”，共百六十六叶。午刻再写澄、沅两弟信四叶。酉刻，坐见之客一次，馀则屡温书，屡小睡。目蒙，不能久视，故常睡以养之。夜与叶亭甥一谈。二更二点睡。

初五日

黎明起，开船行走。风色与昨日同，但略小耳。在微山湖中撑篙而行，间有浅处，船底磨石子，荦确有声。行至酉初，仅走三十里，至郗山住宿。该处为微山湖尽处，仍入运河口，口门浅阻异常，派数十人牵挽，始得入口。又等候眷属之船良久，牵挽入口。在舟中温《左传》"宣公""成公"至"襄公"九年止，共百七十叶，涉猎一过，不能深求。屡次小睡，以息目力。未刻，见客一次。申刻围棋二局，写丁雨生中丞信一封。夜间，幕友、委员来一谈。二更二点睡。

初六日

黎明起，开船行走。无风，拉纤下行。行三十五里至韩庄闸小停湾泊，见徐州府、县各官。在舟温《左传·襄公》百六十三叶，申正毕。下半日又行三十五里，至际隆桥泊宿，即张庄闸也。夜，船泊时搁浅，牵挽良久，始得活动。欧阳镇利见自清江来接，与谈颇久。儿子辈来一谈。二更二点睡。

初七日（闻江宁马制军被刺之案业已讯明）

黎明起，开船行走，仍恃拉纤以行。行五十三里至台儿庄。又行六里泊宿，系江南邳州境。未申间，徐州道吴子梅世熊与其幕方元徽骏谟来见，谈均久。又坐见之客二次。立见者四次。在舟温《左传·昭公》一百七十三叶。因眼蒙屡次小睡。是日，闻江宁马制军被刺之案业已讯明。夜与欧阳镇一谈。二更二点睡。

初八日（州县派多夫拉纤而行）

黎明起，开船行走，州县派多夫拉纤而行。行二十里许至泇沟，遇李幼泉送其兄嫂少泉之夫人赴直隶，经过此间，彼此停船会晤。余见客，坐见者五次，立见者三次，幼泉谈甚久。旋坐小船至幼泉处回拜。未初中饭后，再开船，行三十里至徐塘口泊宿。又坐见之客二次，方元徽谈颇久。温《左传》"昭公""定公""哀公"五卷，共百五十九叶，尚馀一卷未毕。夜，坐见之客二次。日间屡次小睡。二更二点睡。

初九日

黎明起，开船行走。是日顺风水溜而风紧，虽不挂帆亦可行走，特以水多搁浅之处，屡次阻滞，牵挽许久，船始活动，故虽行船竟日，仅行五十七里，至宿迁之瑶湾泊宿，以阻浅六七次故也。上半天温《春秋》之末卷三十七叶，又温"昭公"后二卷。下半日改李申夫等信稿二件，又屡次小睡。夜阅杜、韩七古。见客，坐见者一次，立见者一次。二更二点睡。

初十日（此次由济宁登舟而下颇不顺）

黎明起，开船行走。是日水足，无浅阻之处，而风不甚顺，舟行竟日，仅走八十五里。灯后，至宿迁泊宿。巳刻以前阅苏、黄七古。午后温《礼记·曲礼》上、下。是日，立见之客二次，坐见者一次。午未间围棋二局。巳刻，阅公牍十馀件。上半天小睡二次，下半天小睡二次。此次在济宁登舟，顺流而下，迟滞如此，寸心为之不快。幸接家信，兄弟各家平安，差足慰耳。夜，坐见之客一次，立见者一次。温苏诗七古。二更二点睡。

十一日

黎明起，开船行走。风虽顺而河多湾曲，时顺时逆。行至灯后，始抵桃源，约行百里。上半天小睡两次。阅鲁通父所撰《邳州志》。旋温《檀弓》上、下，至灯后始毕。下半天小睡一次，写李少泉信六叶。夜又添写一叶。坐见之客四次，立见者二

曾国藩书法

次，王子蕃谈甚久。二更后，闻丁雨生中丞丁内艰。与纪泽等一谈。二点睡。

十二日

黎明起，开船行走，河曲风平，挽纤以行。行八十里，于未初抵杨庄。坐见之客四次，立见者三次。旋又开船，行二十里，过天妃闸下泊宿。在舟温《王制》《月令》，屡次小睡。天妃闸闸上之水，比之闸下不过高一尺许。各船摇橹顺流而下，毫无艰险。独余与内人两船，官弁、夫役格外慎重，迟滞良久，始得放下。所谓瓦注贤于黄金，处处有然矣。夜，坐见之客两次，立见者一次。二更后，王子蕃来久谈。三点睡。

十三日（至欧阳健飞总戎处）

黎明起，开船行走。行廿五里，于巳正抵清江湾泊。见客，坐见者三次，立见者二次。午初出门拜客，在钱仑仙同年处久谈。未初至欧阳健飞总戎处，即在渠处中饭，同席者为仑仙及张子青之弟张之京，号菊槎，申正方散。归船，已酉初矣。见客，坐见者三次，立见者二次。辰巳间在舟温《普子问》及《文王世子》十叶。夜阅宝应朱武曹先生彬《游道堂集》二十馀叶。余座师朱文定公士彦之父也。目光甚蒙。二更二点睡。

十四日

黎明起。饭后见客一次。旋开船行走，行三十里至淮安府西门外湾泊。舟中见客二次。停船后，丁柘唐晏来会，山阳之宿儒也。余亦登岸进城，至柘唐家回拜。归舟，未初复开船。行五十五里至戴家湾住宿。途中见客二次。灯后又见客三次。未申间温《文王世子》《礼运》。旋阅陆清献公所钞纂之《莅政摘要》。夜阅范志熙呈之《仕隐图》等诗。二更二点睡。

十五日（至高邮州泊宿）

黎明早饭后，见王子蕃一谈。开船行走，行三十里至宝应县。是日风色甚顺，又行百二十里至高邮州泊宿。舟行时，坐见之客五次，申刻见李质堂，酉刻见李眉生，谈均甚久。温《礼记》《礼器》《郊特牲》《内则》。小睡数次。李眉生带来所书之《金陵官绅昭忠祠》及近作诗数首，读之感叹。二更二点睡。

十六日（至露筋祠登岸看堤工）

黎明饭后，见客一次。旋开船行走，行三十馀〈里〉至露筋祠。登岸看堤工，至三十六湖楼一览。又行十里，再登岸看堤工。是日屡次见客，皆自扬州来迎接者，约十六七次，几无片暇，直至二更四点，客始稍散。竟日未能看书及作他事。三更睡。

十七日

黎明起，饭后见客多次。巳初出门拜客，会者五家，未会者数家。午正三刻至何廉防家赴席，司道各官与绅士公请。未初登席，直至灯后戌初方散。归船，已夜深矣。见客三次。旋写信稿二件，辞同乡及扬州绅士酒席。三更睡，不甚成寐。

十八日

黎明早饭后，见客多次。巳正出门拜客，吴世兄一家小坐。吴名丙湘，字次潇，吴文节公之子，莲芬观察文锡之侄也。旋至魏荫庭家赴宴，渠约定不唱戏，至则仍设音尊。陪客黄昌岐、李质堂、方子箴等。申正二刻散。又至湖南会馆赴宴，亦系音尊，同乡公请，主人系欧建吾、许次苏、易昀荄等。夜深出城，归船将二更矣。又见客七次。三更睡，不甚成寐。

十九日（至瓜栈）

黎明饭后，开船行走。扬州河窄，新换大船，因溜急不敢正行，用船尾倒行二里馀，始转头以船首向前。行二十馀里至三汉河，以小轮船拖带行走。辰巳间小睡颇久。黄昌岐来船久坐，又坐见之客三次。申初至瓜洲口，梅藩司启照、贾署臬司益谦等四人自江宁来接。又见客二次。闻江岸崩塌，恐瓜栈将沦于波心，因至该处查看。先至关帝庙，次至江岸塌处,次至瓜栈。栈中委员薛观察书常留吃夜饭,回船已二更后矣。又见客三次。眉生、质堂等坐颇久。三更睡。

附记

丁太夫人黄氏　吴太夫人张氏

马谷帅

二十日

黎明饭后,见客一次。开船出瓜口,至江中,系于轮船之后,拖带行走。辰正三刻开行,申正即至下关湾泊。城中司道及各员来船迎接,见客六次。一面开船入内河。灯后,至旱西门以下四里许泊宿。是日,在舟添写李申夫信四叶,作挽联二首,一挽马谷山,一挽丁太夫人,皆粗拙不称意。阅《唐人万首绝句选》。二更三点睡。

二十一日

早饭后,黄昌岐来坐。旋开船,用小轮舟拖带,行至旱西门下浅阻,因小停泊至巳初二刻。登岸至接官厅,漕帅与将军、织造、司道等迎接,恭请圣安,礼毕,小坐。茶罢,进城,借住盐道衙门,坐见之客十次,直至申末方散。小睡片刻。因昨日挽联不称意,思一改而未能。夜,吴彤云来久谈。二更三点睡。

二十二日(至马谷山处吊唁)

黎明早饭后,清理文件。是日,定巳刻接印拜牌、拜印、坐堂、接见书吏等。礼毕,接见道喜之客十三次,府、厅、州、县禀见者共见七班,每班十人,小坐一谈。中饭后,李小湖、张子青来久谈,又坐见之客一次。写丁太夫人挽幛一悬。申正出门拜客,晤魁将军一谈。旋至马谷山处吊唁,已上灯矣。归寓,饭后,吴挚甫、吴彤云先后来久谈,改丁丞信稿一件。二更四点睡。

二十三日(送张子青归清江)

黎明早饭后,清理文件。坐见之客七次,立见者二次。府、厅、州、县禀见者共见五班,每班十人。午末出城,送张子青归清江,在水西门外官厅公送。归署后,魁将军来会。未正中饭后,见客,立见者一次,坐见者一次。阅本日文件甚多。申正围棋二局。傍夕小睡。夜阅《古文·趣味之属》。二更后核改信稿数件。三点睡。

附记

陈大源　张云吉须面商黄

廿四日

早饭后清理文件。见客,坐见者三次,立见者三次,又府、厅、州、县接见四班,每班十人。又佐杂接见六班,每班十人,又坐见之客三次,洪琴西坐最久。中饭后略阅本日文件,未毕。出门拜客,织造及吴竹如、李小湖三处,各一谈,傍夕归。夜将本日文件阅毕,又核批稿簿。未毕。二更三点睡。

廿五日

早饭后清理文件。坐见之客四次。衙门堂期也。立见之客四次,内有佐杂三班,每班十人。旋坐见之客四次,内江西学政徐郙及冯竹如坐甚久。中饭后,黄军门来一谈,又坐见之客一次。阅本日文件甚多,又核批稿各簿,未毕。傍夕,桐云来久谈。夜,富副都统来一谈。又核批稿各簿,二更毕。三点睡。夜间小便,偶无便壶在侧,起床裸行,甚以为苦。近来多每夜两次小便者,亦衰征也。

附记

发吴关防并札　发吴薪水单

回马四爷信

廿六日

早饭后清理文件。立见之客三次。出门至河下拜江西学政徐颂阁,又拜四川翰林黄湘。旋进城拜黄军门,又与黄同至文庙看续修工程崇圣祠、尊经阁、飞云阁等处,又新制乐器琴、瑟、箫管、钟、磬、柷、敔之类。又至书局拜张啸山、唐端甫诸君子。旋拜孙琴西,一谈。归署,已未正矣。中饭后阅本日新到文件,未毕。又见客三次,勒少仲坐甚久,客散已黑矣。夜饭后阅本日文件,核批稿各簿。二更后,静坐片刻。三点睡。

廿七日(为惜阴书院出题未果)

早饭后清理文件。坐见之客六次,立见者五次。午初围棋二局。旋吴彤云、冯竹如来一谈。中饭后郭慕徐来见。阅本日文件。天阴早暗。傍夕小睡。夜核科房批稿簿。二更后出惜阴书院经解、诗、赋题,久而不就。甚矣,余之荒废也。三点睡,四更末醒。又将题目思索不已,心如枯井,直至天明,全无所会。

附记

○江筱云信　○京中毛、黄信

○湖北李、郭信　○家中澄、沅信

廿八日(贺麓樵与其侄来谈)

早饭后清理文件。立见之客二次。旋出门拜客,会者三家,亲拜者八家,未初归。中饭后,坐见之客三起。阅本日文件,未毕。写扁、对数件。晡时,贺麓樵与其侄来一谈。夜将本日文件阅毕,核批稿各簿甚多,二更后毕。闭目少坐。三点后睡。本日,目力用之稍过,又觉昏蒙。

廿九日

早饭后清理文件。坐见之客八次。立见者四次。改信稿五件。中饭后,坐见之客三次。改信稿一件。陈虎臣谈甚久。阅本日文件,未毕。晡时小睡。夜将本日文件阅毕,郭慕徐来一谈,核批稿各簿。二更二点睡,不甚成寐。

附记

江南境内河工,应派员勘估

河南除引河外,进占及坝戗各工,须千二百万两

## 十一月

初一日(至明伦堂拜牌,至文庙行香)

是日冬至。未明起,至明伦堂拜牌,在途次已天明矣。率属行礼毕,旋至文庙行香,亦行九叩礼。礼毕,还署。谢绝各客。巳正围棋二局。午刻小睡。中饭后阅本日文件,改信稿二件。申刻阅人所送寿屏三付。见客一次。小睡片刻。夜温《大学》,阅惜阴书院课卷。二更二点睡。

初二日(写"慎独""主敬""求仁"自勉)

早饭后清理文件。坐见之客七次。立见者八次,盖副、参、游之候补者。又坐见之客一次。核科房批稿簿,未毕。中饭后,又坐见之客三次。核批稿簿毕,阅本日文件。小睡片刻。酉初围棋一局。旋又小睡。夜,坐见之客一次。写"慎独""主敬""求仁"三条,每条疏证二百馀字,以为暮年盖愆之资,共七百馀字。二更三点睡。

初三日

早饭后清理文件。坐见之客二次。立见者六次,旋又坐见之客四次,洪琴西坐甚久。核科房批稿簿。午刻围棋二局。中饭后,张啸山来一谈。阅本日文件,未毕。写对联三

付，内寿对一付。傍夕小睡。夜将本日文件阅毕，与纪泽一谈，写“习劳”一条，约四百字。二更四点睡。

附记

退钱洪等礼　〇送家乡礼

定巡捕差官单

初四日

早饭后清理文件。坐见之客五次。立见者五次。午刻见客一次，应敏斋谈颇久。核批稿各簿。未正，至黄昌期家中饭。陪客为魁时若将军、富桂卿副都统、忠心一织造，申末散。酉初二刻归署，阅本日文件，未毕。傍夕小睡。夜将本日文件阅毕，核改信稿三件。旋将昨二日所写四条书跋于后，约近二百字。二更三点睡。

初五日

早饭后清理文件。坐见之客三次。立见者一次。巳正，朱修伯来久谈。核科房批稿簿。中饭后，未正二刻出门，至织造局观所办大婚活计，闪缎、妆缎、蟒缎之类，又观工匠织闪缎被褥之类。申正归，坐见之客一次。阅本日文件。剃头一次。夜写澄、沅两弟信，甫写二叶，接两弟信，知科九侄于闰十月十一日病故。少年入泮，气质纯厚，不意遽尔不禄，家运不顺，丁口不利，尤恐澄弟夫妇悲伤致疾，为之忧郁不释。旋将家信写毕，共六叶。二更三点睡。

初六日

早饭后清理文件。坐见之客九次。立见者一次，其中如涂朗仙、陈虎臣谈均甚久。未刻，陈荔秋自沪来见，谈甚久。又坐见之客二次。申初，至魁时若将军处赴宴，灯后归。阅本日文件，核科房批稿簿。二更后眼蒙，闭目小坐。三点睡。近日为见客所苦，本日则所见尤多。

初七日（请李小湖评定课卷甲乙者）

早饭后清理文件。坐见之客七次。其中程敬之、王子蕃坐甚久。核批稿各簿。午刻围棋一局。中饭后阅本日文件。出门拜客二家，不晤。申刻至幕府两处一谈。酉初见客一次。傍夕小睡。夜阅惜阴书院课卷，系请李小湖评定甲乙者。旋阅《试律丛话》。二更三点睡。

初八日（因上江水浅，拟换轮船）

早饭后清理文件。坐见之客七次。核批稿各簿。中饭后阅本日文件，阅至外洋上海新闻纸，若昏睡不醒者然。唐端甫来一谈。申末酉初，围棋二局。夜阅《汉官仪》，多不能解，阅《试律丛话》。邓良甫来，言上江水浅，轮舟不能至湖口以上，因与管驾官一商，另作札与他轮船接替。二更三点睡。

附记

〇写应敏斋信，荐吴唐林

〇写刘韫斋信，荐贺仪仲，并言邓禹墓

〇写张子青信，言派署藩司事

初九日（早忽发眩晕之症几坠于地）

早饭时，忽发眩晕之症，几坠于地，不待饭毕而小坐。旋即小睡。旋见客二次。核科房批稿簿，未毕。朱修伯来久谈。是日，本请修伯吃中饭，因病不能亲陪，命纪泽陪之，余中饭尚能吃两碗。旋与修伯一谈。阅本日文件。傍夕小睡。夜阅陶学士《安文集》。二更二点睡，三更四点即醒，以后不成寐矣。自思衰病如此，殆难久支耳。

初十日

是日衙门堂期，因病不能见客。旋立见之客一次，李熙端来见，谈及其嫂——笏生之夫人近况贫苦，因以百金寄赠。旋诊脉二次。王子蕃谈颇久。核批稿各簿。小睡在床上。眩晕一次。坐见之客一次。中饭后阅本日文件。立见之客一次。核摺稿二件、片稿一件。小睡片刻。写信二叶，核信稿一件。傍夕又小睡。夜改信稿二件，阅《困学纪闻》。二更三点睡。是夜未小解，殆因药中有附片之故。

十一日

早饭后清理文件。坐见之客四次。朱修伯坐最久。核批稿各簿。两次诊脉，眩晕症尚未愈，行立皆怯，惟坐时略安稳耳。旋坐见之客一次，立见者三次。中饭后阅本日文件。坐见之客二次。傍夕小睡。夜阅《困学纪闻》。二更三点睡。

十二日（纪泽命匠取玛瑙水点余右目）

早饭后清理文件。坐见之客九次。立见者一次。核批稿各簿。两次诊脉。中饭后，刘开生来久坐，易芸陔一谈。阅本日文件。许仙屏送有玛瑙，中空积水者，与空青相类。纪泽命匠以金刚钻钻之，取水点于余右目中，闭目少顷。傍夕小睡。夜改信稿十馀件，阅《试律丛话》。二更三点睡。

十三日（阅扬州新刻之《孝经》）

早饭后清理文件。立见之客三次。核批稿各簿，未毕。诊脉二次。围棋二局。张廉卿、欧阳星泉自湖北来，谈颇久。将批稿簿核毕。中饭后，欧阳凌云、李季泉先后来久谈。阅本日文件。傍夕小睡。夜，凌云叔侄来一谈，阅扬州新刻之《孝经》一编。二更三点睡。

十四日

早饭后清理文件。旋坐见之客八次，立见者二次。潘琴轩、刘仲良谈较久。诊脉二次。围棋二局。核批稿各簿。中饭后阅本日文件，阅韦苏州诗。坐见之客三次，陈荔生坐稍久。夜改信稿三件，阅《文选》五古数十首。二更后，凌云叔侄来一谈。三点睡。

十五日

早饭后清理文件。坐见之客五次，衙门期也。王子蕃、黎竹林先后诊脉。核批稿各簿。中饭后，黎有[竹]舲来一谈，李季泉来一谈。是日，请季泉与凌云叔侄小宴。余有病不能陪，命纪泽陪之。阅本日文件。傍夕小睡。旋与季泉一谈。夜阅《试律丛话》，改信稿数件。二更后，凌云来一谈。三点睡，三更末醒，发眩晕一次。

十六日

早饭后清理文件。陈松如来坐甚久。旋立见之客一次，坐见者三次。核科房批稿簿。诊脉二次。中饭后阅本日文件。围棋二局。章价人、陈荔秋先后来久坐。傍夕小睡。夜与李季泉久谈。二更后阅《文选》杂诗、杂拟。三点睡。近日病体，吃饭时如欲作呕者。然本日王子蕃举方，用丽参、干姜、黎竹舲则用生地等平胃之品，用服黎方，尚得平稳。

十七日

早饭后清理文件。坐见之客五次，立见者二次。核批稿各簿。诊脉一次。中饭后阅本日文件。见客一次，谈颇久。围棋二局。坐见之客三次，潘琴轩及洪琴西坐颇久。夜饭后阅《古文·词赋类》下编。本日服王子蕃方肾气汤，尚平顺。二更三点睡。

十八日

早饭后清理文件。坐见之客六次，立见者一次。王子蕃诊脉一次，仍用丽参、干姜之类。李小湖谈甚久。中饭，请刘仲良、潘琴轩小宴，与余一谈，旋命纪泽陪之。饭后阅本日文件，改信稿二件。静坐片刻。酉刻，客饮罢，又来余处一谈。傍夕小睡。夜改信稿数件，将黄坡所送寿屏一阅。凌云来一谈。二更四点睡。

十九日（闻耀衡侄葬事颇感伤）

早饭后清理文件。立见之客一次。坐见者三次。核科房批稿簿，未毕。围棋一局。

薛慰农山长来久谈。将批稿簿核毕。中饭后阅本日文件。坐见之客一次。小睡片刻。至凌云房中一谈。傍夕复小睡。夜写澄、沅两弟信。昨日接两弟闰十月廿四日信，详告耀衡侄葬事，读之感伤也。二更三点睡。

二十日

早饭后清理文件。坐见之客三次，衙门期也。王子蕃来诊脉。旋核批稿簿，未毕。黎竹舲又诊脉。围棋二局。旋将批稿簿核毕。中饭后阅本日文件。接澄弟信，闰十月廿九日发，具告近状之窘。李季泉来一谈。添写郭云仙信二叶。傍夕小睡。夜，季泉来辞行，又一谈。填写澄弟信二叶。是日，桂香亭送新印之史姓《韵韵[衍一韵字]编》，屡次翻阅，一更四五点又一阅。二更后，凌云来一谈。三点睡。

廿一日

早饭后清理文件。坐见之客二次。诊脉一次。核批稿各簿。中饭后阅本日文件，未毕。与竹舲围棋二局。因诊脉换方，旋将文件阅毕。傍夕小睡。夜阅浏阳萧振棚《经说》，又阅王船山《杂著》，填写谭文卿信一叶。二更三点睡。

廿二日（往丁中丞处吊唁太夫人）

早饭后清理文件。王子蕃来诊脉定方。渠本主补阳，黎竹舲等主滋阴。本日，王方用丽参、附片，而参用首乌，兼顾阴分。旋坐见之客六次，立见者一次，尚斋及孙琴西谈颇久。核批稿簿，未毕。中饭后核毕。改沈经笙信稿一件。申正，闻丁中丞扶太夫人榇已至下关，即料理出门，坐轿至旱西门登舟。灯后至下关，往丁中丞处吊唁，久谈。旋出与各司道一谈。苏州杜小舫、倪载轩、潘季玉、扬州方子箴等同来。二更二点回船，阅阮亭选七古。三点睡，尚能成寐。

二十三日（阅阮亭选七古）

早饭后清理文件。见客，立见者一次，坐见者二次。巳正至丁中丞处一谈。与司道等公备祭席，行礼一次。小睡片刻。中饭后阅本日文件。坐见之客二次。迭次小睡。阅阮亭选七古。夜饭后，余私备祭席，又至丁中丞处行礼一次，与之一谈。旋至公船与司道一谈。归船后，写丁义方信一件。二更三点睡。

附记

湖北朱医治目

写文辅卿信　淮北公费交余处转交社

复王子寿信　复王壬秋信

二十四日（进城至惜阴书院拜薛慰农）

早饭后清理文件。旋至丁中丞船上一谈，送行。辰正，余归船，渠即开船行矣。余进城至惜阴书院拜薛慰农，一谈。归署，外甥王临三自家中来见，一谈。中饭后核昨日批稿簿。申刻，坐见之客三次，立见者一次。将批稿簿核毕。傍夕与凌云一谈。夜饭后，阅本日文件甚多。二更后，凌云等来一谈，阅《古文·气势之属》。三点末睡，颇能酣寝。

廿五日

早饭后清理文件。坐见之客五次，立见者一次。核批稿簿，未毕。围棋二局。旋将批稿簿核毕。中饭后阅本日文件。坐见之客二次。阅俞荫甫寄来所著各书。王临三外甥来一谈。傍夕小睡。夜，凌云来一谈，阅王船山《杂著》。二更后改信稿一件。三点睡，三更末醒，旋又成寐。

二十六日

早饭后清理文件。坐见之客三次。立见者二次。王子蕃来诊脉。巳正三刻出门拜客，会者二家，未正归。请客，程尚斋与欧阳凌云、王氏甥等小宴，余亲陪之，申末散。阅本日文件，核科房批稿簿，未毕，夜间核毕。改信稿三件。二更后温《诗经·周南》。二更四点睡，屡次醒。

二十七日

早饭后清理文件。见客，坐见者三次，立见者一次。核批稿各簿，未毕。围棋一局。富桂卿都统来一坐，又核批稿数件。中饭后将批稿核毕，阅本日文件。坐见之客三次。傍夕小睡，夜改信稿二十馀件，阅俞荫甫所为词，凌云来一坐。二更四点睡，四更醒。

二十八日

早饭后清理文件。坐见之客五次，立见者三次。王子蕃诊脉一次。是日，欧阳凌云叔侄归鄂，巳正送之起行。核批稿各簿。中饭后阅本日文件，未毕。围棋二局。坐见之客四次，黄昌岐谈颇久。又阅文件，未毕。傍夕小睡。夜将文件阅毕，改信稿数件。二更四点睡。

二十九日（至妙相庵吊织造忠君之丧妻）

早饭后清理文件。坐见之客三次，立见者一次。午初出门，至妙相庵吊织造忠君之妻丧。旋至昭忠祠三处周览一过，又至关帝庙周览一过，归署已未末矣。中饭后核批稿各簿。陈荔秋、王子云先后来谈。旋阅本日文件，甫阅一二十件，天已黑矣。傍夕与王氏甥一谈。夜将本日文件阅毕，为数甚多。二更后改信稿数件。三点睡。

三十日（至水西门外官厅迎接张漕台兆栋）

早饭后清理文件。坐见之客三次。立见者一次，诊脉一次。巳正三刻出城，至水西门外官厅迎接张漕台兆栋，直至未正三刻始到，茶叙片时。归署，渠随来拜会。客去，中饭毕，已申正矣。将科房批稿各簿核毕。剃头一次。夜阅本日文件甚多，改信稿一件。二更后，温《诗经·周南》。三点睡。

## 十二月

初一日

早饭后清理文件。坐见之客四次。诊脉一次。午初出门拜张友山漕帅。归时，黄军门来。是日，余请张与黄中饭也。申正三刻客散。王晓莲来久谈。傍夕小睡。杨石泉遣人来送礼，观渠暨何子贞所送之对。夜阅本日文件，核科房批稿簿。二更后温《诗经·召南》。三点睡。近来，每夜汗湿衾被，不知果天热乎？抑病状乎？因此，不能酣睡。

初二日

早饭后清理文件。坐见之客三次。诊脉一次。核批稿各簿。午刻又见客三次。中饭后出门，至水西门外送张友山。饭后呕吐，盖向来之旧症，数月一发，即反胃之象也。自城外归，阅本日文件。酉刻小睡片刻。夜改信稿一件，约七百馀字。温《诗经·邶风》。二更四点睡。

初三日（闻客言王少鹤左目失明，右目尚好）

早饭后清理文件。坐见之客二次。立见者一次。诊脉一次。因服药无效，停药二日。午初围棋二局。莫子偲、张廉卿来久谈。中饭后核批稿各簿。坐见之客二次，立见者一次。阅本日文件，未毕。傍夕小睡。夜将文件阅毕，阅浙刻《钦定诗经传说汇纂》，二更四点〈睡〉。是日，闻客言王少鹤左目失明，右目尚好，盖与余病相同，罕闻之事也。

初四日

早饭后清理文件。坐见之客三次。诊脉一次，旋又请黎竹舲诊脉一次。围棋二局。阅核批稿簿。未毕。中饭后将批稿核毕，阅本日文件。张啸山来一谈。闭目久坐至天黑。灯后阅《诗经注疏》数章。旋改信稿一件，约五百字，又改一件。二更四点睡。

初五日（记性日坏，过目之事顷刻即忘）

早饭后清理文件。坐见之客二次，立见者三次，诊脉一次。近三日未服药。午刻见客一次。核批稿各簿。记性日坏，过目之事顷刻即忘，因立记事册，于应记者逐日略记一二，从本日为始。未刻，至梅小岩方伯处小宴，陪客为黄昌岐，申正散。至王晓莲处一坐。归，阅本日文件，未毕。傍夕小睡。夜将本日文件阅毕，温《诗》《邶风》《谷风》等篇。二更四点睡。

初六日

早饭后清理文件。旋坐见之客二次，立见者一次。写记事册一叶。围棋二局。诊脉一次。中饭后核批稿各簿。坐见之客二次。阅本日文件，未毕。傍夕小睡。夜将本日文件阅毕。是日，杨仲乾送渠所著《尚志居稿》及吴竹如《拙修堂集》，屡次翻阅。夜又阅《近思录》第二卷。改信稿二件。二更三点睡。

初七日（阅罗罗山《姚江学辨》）

早饭后清理文件。坐见之客七次，立见者一次。写记事册一叶，核批稿簿甚多。中饭后，坐见之客二次，洪琴西坐颇久。阅本日文件，未半，天已黑矣。傍夕小睡。夜将本日文件阅毕。旋改信稿一件，约四百馀字。阅吴竹如集中有录罗山《姚江学辨》数十条，同人多以为可删。二更四点睡。

初八日

早饭后清理文件。坐见之客五次，立见者一次。写记事册半叶，核批稿簿。中饭后，坐见之客二次。阅本日文件，阅马素臣所作《长江图》。傍夕小睡。夜阅《近思录》第二卷。旋改信稿二件，约三百馀字。二更四点睡。昨日，筠仙寄到其子依永所作诗二卷，临帖篆、隶、楷各一种。本日，莫子偲、张廉卿来，出以示之，叹为奇慧，惜其早逝，欷歔久之。

初九日

早饭后清理文件。坐见之客四次。旋坐堂审一沭阳县京控案，过堂。写记事册一叶。旋核批稿各簿。中饭后，坐见之客三次。阅本日文件。围棋二局。傍夕小睡。夜改信稿数件，内有俞荫甫一信，沉吟颇久。是日午刻作庞省三之母宋太夫人挽联一付。接两弟家信，知科四侄之第二子于十一月[衍“一”字]初九日夭亡。吾家近来丁口欠利，实深焦灼。二更四点睡。

初十日

早饭后清理文件。坐见之客二次，立见者二次，衙门期也。有湖北江夏朱兆兰者，闻善医目疾，能点空青，请来诊脉，谈颇久。写记事册。旋核批稿簿。未初三刻出门，至王晓莲家赴宴，陪客为黄昌岐、梅小岩、钱子密，申末散。旋拜吴竹如，请渠诊脉。渠谓余病在心肝，虚火上炎，宜静坐以养之，非药所能为力。归署，已天黑矣。夜阅本日文件甚多。二更后，阅俞荫甫《四六集》。四点睡。

十一日（具酒席为潘撷珊饯行）

早饭后清理文件。旋立见之客一次，坐见者五次。写记事册。请朱兆兰来诊脉。因将前在苏州所买之空青，命匠人钻开。适欧阳小岑亦来，因与朱医取空青中水，为余点于右目。未正客散。因教读师潘撷珊将归，是日具酒席小宴。同席为幕中钱子密、任棣香、陈小浦诸君，申末始散。阅本日文件。傍夕小睡。夜核批稿簿。二更后闭目小坐。旋阅《近思录》第二卷。四点睡。

十二日

早饭后清理文件。旋坐见之客二次。写记事册，核批稿各簿。午刻见客一次。中饭后阅本日文件。坐见之客二次，杨仲乾、戴子高谈均久。傍夕小睡。日来，左目蒙甚，恐又将如右目之失明，深为焦虑，而无如之何。夜又小睡。二更后阅《近思录》第二卷。四点睡。

十三日（至小营教场阅新兵五营操演）

早饭后清理文件。辰正出门，至小营教场阅新兵五营操演。初演洋枪队十馀阵，继演滕牌阵，末演杂技，午正二刻毕。归署，核批稿各簿。中饭后围棋二局。阅本日文件。见客二次，冯卓如谈甚久。傍夕小睡。夜将改信稿而未果。二更后温陶诗。四点睡。日内疲惫殊甚。本夜，纪泽以酒泡之麋茸进余服之。

十四日

早饭后清理文件。坐见之客五次，内王子蕃、王吉元两人诊脉，谈均久。核批稿各簿。中饭后阅本日文件。旋坐见之客三次，吴之登、严缁生均久谈。旋将文件阅毕。傍夕小睡。夜观《阅微草堂笔记》。眼蒙殊甚，闭目小坐。二更四点睡，四更四点醒。

十五日（至下关验新造之轮船）

早饭后，辰正出门，将至下关验新造之轮船。在于旱西门外登舟，与黄军门同坐舢板前往舟次，遇逆风骤雨，至午正始至下关。又因风大，不敢出江。旋冯卓如自坐洋舢板来接，乃出江登轮船，司道及武营等皆在船伺候，聚谈半时许。未正试轮船，行三十里至大胜关。一面在舟中小宴。申正回至下关，停二刻许。坐舢板行二十里，灯后至旱西门，舍舟登舆，风雨甚大。归署夜饭。阅本日文件甚多，二更三点阅毕。核批稿各簿。四点睡。

十六日

早饭后清理文件。坐见之客八次，立见者一次。核批稿各簿。中饭后，围棋二局。阅本日文件。易芸陔来一坐。写沈幼丹之父挽幛一悬。欧阳小岑来谈。傍夕小睡。夜改信稿二件。二更后温陶诗，四点睡。日来，眼蒙殊甚，而眩晕之症未发。本日，王子蕃诊脉，亦略好些。

十七日

早饭后清理文件。坐见之客五次，立见者一次。写记事册一叶，核批搞各簿。中饭后阅本日文件甚多。坐见之客一次。旋将文件阅毕。钱子密来谈颇久。傍夕小睡。夜改信稿一件。温《孟子·梁惠王》上、下。二更四点睡。

十八日

早饭后清理文件。坐见之客二次，立见者一次。出门至复伯音家送行。旋至季弟靖毅公庙内一坐，午初归。坐见之客二次，立见者一次。核科房批稿簿。未正请欧阳小岑、易昀荄、王子敷、何丹诚等小宴，申末散。李幼泉自天津来，与之久谈。傍夕小睡。夜阅本日文件甚多。二更又阅《阅微草堂笔记》。二更五点睡。

十九日（日内左目疾益重）

早饭后清理文件。坐见之客七次，立见者二次，内李幼泉、黄翰仙谈甚久。核科房批稿簿。中饭后阅本日文件。坐见之客一次。阅《阅微草堂笔记》。傍夕小睡。夜改信稿十馀件。二更五点睡。日内，左目甚蒙，傍夕看公事，尤于目光有损，殆将如右目之渐废矣。

二十日

早饭后清理文件。坐见之客三次。立见者一次。围棋二局。核批稿簿。中饭后阅本日文件。坐见之客三次，黄翰仙坐甚久。阅《阅微草堂笔记》。傍夕小睡。夜又阅《阅微草堂笔记》。小坐片刻。本日闻翰仙言，何镜海得静坐之法，于熊椠隐、贺幼巘学之，目已瞽而复明，余亦思一试也。二更四点睡。

二十一日

早饭后清理文件。坐见之客二次，立见者一次。阅《阅微草堂笔记》。午刻封印，行拜牌、拜印礼。旋又见客一次。核科房批稿簿。中饭后阅本日文件。写澄、沅两弟信，未毕。坐见之客一次。小坐片时。傍夕小睡。夜将家信写毕，复看《阅微草堂笔记》，又阅《书经传说汇纂》。二更四点睡。

二十二日（出门看上江两县新修学宫）

早饭后清理文件。坐见之客二次。出门看上江两县新修学宫，旋又至贡院一看。归，坐见之客三次。核批稿各簿。中饭后阅本日文件。接澄弟十二月初三日信，至是始接余信。余抵金陵后半月未发信，令家中悬盼，余之咎也。严缁生来久坐。傍夕小睡。夜将本日文件阅毕。阅《钦定诗经传说汇纂》。二更四点睡。

二十三日

早饭后清理文件。坐见之客二次。立见者一次。围棋二局。又坐见之客二次。核科房批稿簿。中饭后阅本日文件甚多，傍夕始毕。小睡片刻。夜阅《阅微草堂笔记》。旋改河运艰难情形摺，未毕。三更睡。天气暖热，出汗颇多。四更末醒。

二十四日（接英粮道朴禀愿从部议）

早饭后清理文件。立见之客一次，坐见者二次，黄翰仙坐甚久。核科房批稿各簿，阅《阅微草堂笔记》。中饭后阅本日文件。钱子密来一谈。傍夕小睡。夜将昨夜所核河运艰难摺改毕。本日接英粮道朴禀，愿从部议，将海运之米径解通州，不在天津验收，将其禀及十四条细看一过。二更五点睡。

二十五日

早饭后清理文件。见客二次，衙门堂期也。旋改杨石泉信，论海运事。见客一次。阅《阅微草堂笔记》，核科房批稿各簿。中饭后阅本日文件。坐见之客一次。傍夕至子密处一坐。夜改信稿数件，张子青信未改毕。二更五点睡，不甚成寐，四更四点醒。近日睡眠不能酣畅，亦一病也。

二十六日

早饭后清理文件。坐见之客六次，立见者二次。将昨夜所改张子青信改毕，核科房批稿簿。中饭后阅本日文件。坐见之客三次，吴子登坐颇久。傍夕小睡。夜改李小泉、张友山信二件，各改三百馀字。二更五点睡。每日会客至八九次，精神辄疲乏不支，虽阅文核稿，亦多潦草，盖衰年病躯，尤以对客为苦也。

二十七日

早饭后清理文件。坐见之客四次。出门至马大令新口处一坐。归，核科房批稿簿。中饭后阅本日文件。薛慰农来一谈。阅《阅微草堂笔记》。本日，杨文会送所刻《佛经》数种，略一翻阅，全不能入。傍夕小睡。夜，眼蒙殊甚。近来，每夜多改信稿，本夜不复治事。二更后闭目少坐。四点睡。

二十八日（详阅张汶祥之案）

早饭后清理文件。坐见之客二次，立见者一次。核科房批稿簿，围棋二局。桂香亭来一谈。中饭后阅本日文件。坐见之客一次，剃头一次。至上房一坐。傍夕小睡。夜将张汶祥之案细阅一过，将凶党馀犯及承审之名开一清单。二更四点睡。日内眼蒙弥甚，殊为焦虑。

廿九日（迎钦差大臣郑筱珊来讯张案）

早饭后清理文件。坐见之客二次。出城迎接钦差郑筱珊尚书敦谨，来讯张汶祥之案者，恭请圣安。归署，见客二次，周虎文炳章来，因留共吃年饭。核批稿簿甚多。中饭后阅本日文件。坐见之客一次。傍夕小睡。夜，眼蒙，闭目坐，背诵《论语》至《公冶长》止。二更三点睡。

# 卷二十一 同治十年

## 正月

初一日(至江宁府学明伦堂拜牌)

卯初一刻起,至江宁府学明伦堂,率属拜牌行礼。旋至文庙拈香。归署,在祖先堂行礼。早饭后,坐见之客二次,立见者十六次,皆属员贺年者。清理文件。出门拜客,至郑小山并其所带司员处——伊勒通阿,号达川,一颜士璋,号聘卿——一坐,又至吴竹如处一谈。归署,坐见之客三次,立见者一次。中饭后阅《阅微草堂笔记》良久,眼蒙。傍夕小睡。夜温《论语》,自《公冶长》至《乡党》末止,闭目默诵。二更四点睡。

初二日

早饭后,蒯子范来一叙。是日派员至贡院,与郑星使所带之司员会审张汶祥一案。梅小岩、王晓莲、洪琴西先后来,共议此事,至巳初毕。定派王、洪两道会审。清理文件。写一信与筱山。旋又见客二次。出门拜客,会者一处,馀俱亲拜贺年。午正三刻归署,坐见之客一次,立见者一次。中饭后,魁将军来一谈。围棋二局。阅本日文件甚多。坐见之客三次。傍夕小睡。夜将本日文件阅毕。本日在轿中默诵《先进》。夜又闭目静坐,默诵《颜渊》至《卫灵公》止。二更四点睡。到江宁任又已两月馀,应办之事全未料理,悠悠忽忽,忝居高位,每日饱食酣眠,惭愧至矣。

初三日

早饭后清理文件。立见之客七次,坐见者五次。写记事册,阅《阅微草堂笔记》。中饭后阅本日文件,将改信稿而未动手。旋围棋二局。至上房一坐,至瑞臣甥室内一坐。夜闭目静坐,默诵《论语》,自《卫灵公》至《尧曰》篇末止。二更五点睡。是日午刻,将长江水师续议五条、江苏水师续议二十五条细阅一过。拟江苏事咨,请张子青入奏;长江事咨,请李小泉入奏。

初四日(出门拜客十馀家)

早饭后清理文件。坐见之客十一次,立见者三次。疲乏殊甚,不能更作一事。中饭后出门,拜客十馀家,黄昌岐处一坐,申末归。阅本日文件,未毕。欧阳小岑来一谈。傍夕小睡。夜将本日文件阅毕。神倦眼蒙,不能更看公牍,闭目默诵《大学》,又诵《中庸》,至"鬼神之为德"章止。二更五点睡。

初五日(黎莼斋自吴江县来久谈)

早饭后清理文件。坐见之客六次,立见者三次。核科房批稿簿。中饭后阅本日文件,改信稿数件。黎莼斋自吴江县来,久谈。傍夕小睡。夜又改信稿数件,阅《阅微草堂笔记》。眼蒙,闭目静坐,默诵《中庸》,自"鬼神之为德"章起至末。二更四点睡。

初六日（念日日悠忽一事未了不免惭悚）

早饭后清理文件。坐见之客十一次，立见者三次。中间午初围棋一局。申初始中饭，较平日略晏。巳正核批稿各簿。申正阅本日文件，拟改海防、江防摺，久未下笔。至上房一坐。夜又拟改海防、江防[摺]，仍不能下笔，盖衰年文心迟钝极矣。二更五点睡。每日应酬之事甚多，悠悠忽忽，一事未了。日复一日，年复一年，惭悚何已！

初七日

早饭后清理文件。见客一次。写纪事册。巳初出门拜客，至郑小山处一谈，又拜吴霭人一叙，又拜二家。归，会客，坐见者二次，立见者一次。核科房批稿簿，未毕。中饭，请汪梅村、莫子偲、黎莼斋、王鼎丞等小宴，申正散。将科房批稿簿核毕。傍夕小睡。夜阅本日文件。二更后改江防、海防摺，良久，仅作数句，已三更矣。眼蒙，不能开视。睡，不甚成寐。四更末醒。

初八日

早起，行礼，拜叩星冈公冥寿。饭后清理文件。坐见之客八次，立见者六次。核科房批稿簿，未正毕。出门至黄昌期家赴宴，共三席。申末归，阅本日文件，未毕。黎莼斋学一谈。傍夕小睡。夜将本日文件阅毕。改江防、海防摺，约三百馀字，已三更矣。因眼病即睡，四更末醒。

初九日

早饭后清理文件。是日因改摺稿，谢绝诸客，仅李质堂军门来一见而已。上半日改摺未毕。中饭后阅本日文件，又改摺，至酉初毕。傍夕小睡。夜核科房批稿簿，又改海运径交通州一摺，二更三点毕。四点睡。四更末醒。

初十日

早饭后清理文件。坐见之客九次，立见者二次，疲乏殊甚。围棋二局。中饭后阅本日文件，核科房批稿簿，将改预筹日本修约摺，久不能下笔。钱子密来一谈。夜又至子密处一谈。拟改日本修约摺，久不能下笔，文心迟钝极矣。二更四点睡。

十一日（公事既多废阁，私又不能养体）

早饭后清理文件。坐见之客四次。欲改摺而不果。围棋二局。中饭后阅本日文件，核批稿各簿。王晓莲等来一坐。改摺稿数行。傍夕小睡。夜将摺稿改毕，约七百字。三更睡。日来因改奏摺稍费心，眼蒙愈甚，而未了之事尚多。公事既多废阁，私又不能养体，益觉郁郁。

十二日

早饭后清理文件。坐见之客八次，立见者三次。将昨夕所改摺片稿，请林达泉一阅。本日应发摺件，细加点检。中饭后阅本日文件，未毕。坐见之客二次，勒少仲谈甚久，立见者一次。傍夕小睡。夜将摺片校对错误，将本日文件阅毕，核科房批稿簿。二更后改信稿二件。五点睡。日间见客太多，应办之事多废阁不了，殊以为愧！

十三日

早饭后清理文件。坐见之客六次，出门拜客一次。归，核科房批稿各簿。又坐见之客二次。未刻请客，李质堂、黄昌期、都统、织造等，酉初散。阅本日文件。傍夕小睡。夜将改复李少泉信，久未下笔，旋改至三更，未毕。二更后，陈氏女及婿松生自长沙来，陪之一谈。三更睡。眼蒙，本不宜于灯下作小字，奈每日见客之外，仅核批稿及阅来文，便无馀暇，故奏疏、书信之类，皆至灯下始能核办。每日所核甚少，遂诸事丛集矣。

十四日

早饭后清理文件。坐见之客四次，李质堂坐甚久。写记事册。中饭后阅本日文件。

旋围棋二局。核科房批稿簿。至内室与陈氏女一谈。子密来一谈。傍夕小睡。夜将李少泉信稿改毕,又改信稿三件。二更五点睡,四更末醒。

十五日

早饭后清理文件。坐见之客二次。旋巳初出门,拜郑小山,谈颇久。归,写澄沅两弟信,约六百馀字。中饭后写毕。阅本日文件。坐见之客一次。写对联六付、扁四方。傍夕小睡。夜核信稿十馀件,内彭楚汉信改三百馀字。二更五点睡。

十六日

早饭后清理文件。坐见之客三次,立见者两次。写记事册。围棋二局。吴丙湘来见,谈颇久,甄甫师之子也。中饭后阅本日文件,核批稿各簿。倦甚,闭目小坐。旋又小睡,傍夕又睡。夜核改信稿。二更后眼蒙,不复治事。四点睡,五更醒。是日。接意臣信,言长江水师之弊甚多,深为焦虑。

十七日(作联自箴)

早饭后清理文件。旋坐见之客六次,立见者一次。午刻,刘开生来一谈,因与围棋二局。中饭后阅本日文件,核科房批稿各簿。剃头一次。傍夕小睡。夜核改信件,约改二百馀字。偶作联语以自箴,云:"禽里还人,静由敬出。死中求活,淡极乐生。"一本《孟子》"夜气"章之意,一本《论语》"疏水曲肱"章之意,以绝去梏亡营扰之私。二更四点睡。五更三点,闻长子纪泽生一孙,大小平安,深以为慰。纪泽今年三十有三矣。

十八日

早起,署内之人纷纷叩贺。饭后清理文件。坐见之客四次,立见者一次。核批稿各簿。围棋一局。子密来一谈。蒋光焴吟舫自浙江来,与子密及孙琴西并来一谈。阅本日文件。未末刻出门,至织造忠心一处赴宴,同席为魁时若、黄昌期、富桂卿等。酉初归,与竹林、松生一谈。傍夕小睡。夜将复筠仙兄弟信。因长沙督销局尚未定有接办之人,徘徊良久,不能下笔。小睡一次。二更四点睡。

十九日

早饭后清理文件。坐见之客四次,王伯尊成谦谈颇久。围棋二局。阅《吴文节公遗集》八十卷。余戊戌座师,其子丙湘送来者也。中饭后阅本日文件,核科房批稿各簿。阅《吴文节公集》。酉初,吴桐云来久谈。傍夕小睡。夜阅《吴文节集》。眼蒙,不能多看,二更四点睡。

二十日(恐余不久即将全盲,焦灼之至)

早饭后清理文件。坐见之客五次。核科房批稿各簿。是日,新生之孙汤饼。命名曰曾广铭。至内室一坐。未正出门,至魁时若将军处赴席,同席者为李、薛两山长、富副都统,等候薛山长良久。散后至家,已灯初矣。夜改叶介唐信稿一件,改郭云仙信稿,约三百字,未毕。日来眼蒙益甚,恐不久即将全盲,焦灼之至。二更四点睡,四更末醒。

廿一日(夜阅吴铤耶溪所作《文翼》)

早饭后清理文件。见客一次。出门至贡院拜郑小山,久谈。午初开印行礼。旋又见客一次。眼蒙小坐。中饭后阅本日文件,核批稿各簿。申刻见客一次。傍夕,吴彤云来久谈。夜阅吴铤耶溪所作《文翼》,改云仙信稿毕,又改意城信稿,改谭久卿信稿。二更五点睡。

廿二日

早饭后清理文件。坐见之客六次,立见者一次,涂朗仙、陈虎臣两次,谭甚久。阅《文翼》毕。中饭后阅本日文件,核批稿各簿。眼蒙小坐。傍夕小睡。夜改信稿十馀件,未甚改字。闭目默诵《孟子·梁惠王下》篇。二更四点睡,四更末醒。

廿三日(念吾为督抚,真尸位耳)

早饭后清理文件,核批稿各簿。坐见之客一次。倦甚小睡。旋将武营应补缺各员开一清单,审量一番。未正,请魁将军及李、薛两山长小宴,酉初毕。阅本日文件。傍夕小睡。夜,阅《吴文节公集》,观其批属员之禀甚为严明,对之有愧。吾今日之为督抚,真尸位耳。三更睡,梦一处竹木环绕,甚有清气,在近日为梦境之最佳者。

廿四日

早饭后清理文件。坐见之客八次,高碧湄坐甚久。未初,勒少仲坐亦久。旋请梅方伯及吴彤云、涂阆仙等小宴,未末登席,酉初散。李稚泉来一谈。傍夕小睡。夜阅本日文件,核科房批稿各簿。郑星使拟张汶祥一案奏结稿,请余会核,余因细核一过,签出数条。二更四点睡。

廿五日

早饭后清理文件。坐见之客六次。衙门期也。围棋二局。核科房批稿簿。中饭后阅本日文件。坐见之客二次。申正,欧阳小岑来,坐甚久。傍夕小睡。夜写澄、沅两弟信,约七百字。二更后温《古文·奏议类》。眼蒙,勉强开视,殊觉不适,三更睡。

廿六日(纪鸿生一子)

早饭后清理文件。见客七次。围棋二局。核科房批稿簿。中饭后,纪鸿儿生一子。阅本日文件。坐见之客三次,魏温云坐颇久。天气阴雨,早黑,室暗而目又蒙,不能治事,小睡颇久。灯后,拟改谢福寿字恩摺,久不下笔。旋改毕,又改一片。温《古文·奏议类》。二更四点睡。

二十七日

早饭后清理文件。坐见之客五次。核批稿各簿。未初中饭后,至贡院与郑小山尚书会审张汶祥之案,将首犯等十八人点名一过,并未问供。旋至小钦差伊、颜二君处一坐。归,阅本日文件,阅《阅微草堂笔记》。傍夕,与子密一谈。小睡片刻。夜核改信稿八件,其刘军门信改二百馀字。二更五点睡。目蒙殊甚。

廿八日(杨芋庵寄信言治目方)

早饭后清理文件。坐见之客六次,立见者二次,郑小山谈颇久。核批稿各簿。未刻阅本日文件。申初请小山小宴,昌岐与魏荫庭为陪客,傍夕始散。小睡片刻。夜阅《阅微草堂笔记》。旋温《古文·序跋类》。二更五点睡。杨芋庵寄信言治目方,每早黎明未起时,以两手掌之根擦极热,加以舌尖之津,闭目擦八十一下,久则有效。日内试为之,而初睡时擦一次,黎明又擦一次,不知果有益否?

二十九日

早饭后清理文件。坐见之客七次。立见者三次。核科房批稿簿。围棋二局。午正二刻出门至贡院。与郑小山同拜发摺件,即会审张汶祥之案也。在渠处吃中饭。申刻出城,至水西门外官厅,送小山还京。归署,已酉初矣。阅本日文件。坐见之客一次。傍夕小睡。夜改复王壬秋信稿。二更五点睡。

三十日(吴竹庄送《佛十三经》)

早饭后清理文件。坐见之客五次。核批稿各簿。围棋二局。吴竹庄送《佛十三经》,因阅吕纯阳所注《金刚经》。中饭后阅本日文件。坐见之客一次,莫子偲来一谈。又阅佛书之《指月录》。傍夕小睡。夜又阅《指月录》。接澄侯弟正月十八日信,由洋号寄来,洵为迅速。核改信稿数件。二更后温《古文·书说类》。三更睡。

## 二月

初一日

早饭后清理文件。坐见之客四次，立见者一次，厉伯苻谈甚久。核批稿各簿。倦甚，在室中小坐假寐，已未初矣。中饭后阅本日文件。坐见之客三次。校对明日应发摺片各件。至内室一坐。傍夕小睡。夜出题目，明日将考书院也。阅《三国志·传》二篇，改信稿一件，温《古文·传状类》。二更五点睡。

初二日

早饭后清理文件。见客，坐见者五次，立见者一次。巳刻出门，至下江考棚考书院甄别。旋即归来，将《汪少海诗集》一阅，核批稿各簿。围棋二局。中饭后阅本日文件。坐见之客二次。阅《汪少海集》，阅《陆桴亭文集》。傍夕小睡。夜温《古文·碑记[志]类》下。眼蒙殊甚，不克多看。二更五点睡。

初三日

早饭后清理文件。坐见之客四次，立见者二次。写记事册，出门拜薛慰农山长，将以纪鸿拜渠门下附课也。归，核批稿各簿。未正请厉伯苻等中饭，小宴，酉初散。阅本日文件。傍夕小睡。夜倦甚，眼蒙之至。旋温《孟子》《公孙丑》上、下、《滕文公》上。二更二点睡。

初四日（至昭忠祠致祭）

未明起，至昭忠祠致祭，辰刻祭毕，还署。早饭后见客五次，魏召亭坐最久。倦甚。刘开生来，与之围棋二局。清理文件。又见客一次。中饭后，坐见之客二次。阅本日文件。倦甚，小坐。写二信与两山长，请其代阅书院甄别卷。傍夕小睡。夜阅魏黄生承柷《也居山房文集》、刘詹岩缪存《吾春斋文集》，皆新刻成，本日送来者也。二更四点睡。

初五日

早饭后清理文件。坐见之客五次。衙门期也。围棋二局。核批稿各簿。中饭后阅本日文件。见客一次。剃头一次。申末，徐寿蘅来久谈，至一更四点去。阅《刘詹岩文集》，阅《阅微草堂笔记》。二更五点睡。日内左目益蒙，焦虑之至。

初六日（出门拜徐寿蘅）

早饭后清理文件。出门拜徐寿蘅，在舟中坐颇久。归，坐见之客四次。寿蘅送《浙江校士录》《约园诗》及碑帖等件，翻阅颇久。未刻，坐见之客一次。阅本日文件，未毕。申刻请寿蘅小宴，陪客仅钱子密一人。饭至灯后方毕，又谈至二更后方去。将本日文件阅毕，核科房批稿簿。二更五点睡。日内眼蒙尤甚。

初七日

早，出门丁祭。行至圣庙，甫及黎明，率属行礼。礼毕，归署。早饭后见客，坐见者二次，立见者二次。核科房批稿簿，写澄、沅两弟信约五百馀字。围棋二局。中饭后阅本日文件。坐见之客一次。核改信稿十馀件。傍夕小睡。夜又核信稿数件。二更四点睡。是夕宿于内室。

初八日

早饭后清理文件。旋坐见之客九次，立见者一次，疲乏极矣。核科房批稿各簿。中饭后阅本日文件，阅《朱子年谱》。小睡片刻。酉刻见客一次。傍夕又小睡。夜，徐寿蘅来久谈，至三更始去。余困倦殊甚，而渠精采奕然，殆不可及。三更后睡。

初九日（至新兵中营看开花炮、田鸡炮）

早，出门。黎明至关帝庙，率属行礼。礼毕，旋至新兵中营，看开花炮、田鸡炮。归署，早饭后清理文件。坐见之客四次。出门送徐寿蘅之行。渠住黄军门处，与之久谈。归，中饭后阅本日文件。魏召亭来一谈。核科房批稿各簿。傍夕小睡。夜改信稿二件，约改三百馀字。二更四点睡。

初十日

早饭后清理文件。坐见之客三次。围棋二局。旋又见客二次，魏召亭坐颇久。核科房批稿簿，阅本日文件。未正出门，赴藩司梅小岩、粮道王晓莲之招，同饮者为魁时若将军，酉初散。归署，小睡。夜阅《朱子年谱》，阅《表忠录》，罗淡村中丞之行状、碑志、传述等也。二更四点睡。

十一日

早饭后清理文件。坐见之客六次。围棋二局。核科房批稿簿。中饭后阅本日文件。欧阳小岑来，又与之围棋一局。阅《朱子年谱》小睡。傍夕又睡。夜又阅《朱子年谱》，温《孟子》《离娄》上、下两第[篇]。二更四点睡。日来懒惰殊甚。早饭后脾困。虽见客时亦渴睡成寐，治事则神惫甚矣，气衰而志办靡矣。

十二日

早饭后清理文件。坐见之客七次，立见者一次。核科房批稿簿。围棋二局。中饭后阅本日文件，未毕。勒少仲来，久谈一时半，酉初去。将本日文件阅毕。傍夕小睡。夜核改信稿十馀件。二更四点睡。灯下阅《江南通志》，乾隆二年所修二百卷者。

十三日

早饭后清理文件。坐见之客七次，立见者二次。围棋二局。核批稿各簿。中饭后阅本日文件。坐见之客二次。倦甚，闭目小坐。核改信稿二件。傍夕小睡。夜又核信稿二件。二更后温《孟》《离娄》下，《万章》上未毕。四点睡。

十四日（上江两县新修学宫，请余开祭）

早，五更起。上江两县新修学宫，请余开祭，率属行礼。毕，甫及黎明。归署，早饭后，清理文件。坐见之客六次，立见者二次。巳正围棋二局。午正核科房批稿簿。中饭后阅本日文件。酉初小睡。核改信稿。傍夕又小睡。夜再改信稿。二更后温《孟子·万章》篇，自"尧以天下与舜"起至末。四点睡。

十五日（奉旨将张汶祥正法）

因昨日奉到谕旨，本日须将张汶祥正法，止院不见客。早饭后清理文件。坐见之客三次，立见者一次。写记事册一叶。核批稿各簿。中饭后阅本日文件。李载珪自湖北来一谈，子密来一谈。眼蒙殊甚，又周身不适，坐立不宁，小便极数，自未刻至亥刻，溲溺十馀次。夜温《告子》上、下篇。二更四点睡。睡后，小便三次。

十六日

早饭后清理文件，因病不能支持，小睡时许。巳刻出门，至钟山、尊经两书院送学，各行礼毕。午正归署，又睡一回。核批稿簿。中饭后阅本日文件，眼蒙殊甚，几不能完。旋又睡一时许。病中疲困多睡，觉略轻松。夜温《尽心》上。二更四点睡。

十七日（余右肾浮肿如鸡卵）

早饭后清理文件。坐见之客四次。围棋二局。又坐见之客五次。核批稿各簿。中饭后，坐见之客三次，立见者一次。阅本日文件。酉刻登床一睡，大半时许。夜饭后又睡大半时许。二更后温《尽心》篇下。日内病甚不支，多睡则略愈。夜间，偶探得右肾浮肿，大如鸡卵，危症见矣。二更四点睡。

十八日

早饭后清理文件。病甚，不能见客。辰正出门，至下关看刘玉龙之开花炮队。初看子弹、火药，旋看打靶，大炮四尊、田鸡炮二尊，各打十馀响。旋下城，出仪凤门，过小河，至营盘内看各种炮位、各种子弹器具。看毕，即在渠处吃酒席。未刻，席散归。申初二刻，至署阅本日文件，核批稿各簿，酉初二刻毕。小睡甚久。夜饭后又小睡。二更后，温《易经》《乾》卦至《坤》之"六三"止。二更四点睡。

十九日

早饭后清理文件。右肾浮肿，昨日服药，今日略消。坐见之客三次，立见者二次。围棋一局。李世忠来见，与张得胜同来。昔年为天下所痛恶，近年解兵归里，颇知敛抑，或可保首领以没乎！旋核批札各稿。中饭后阅本日文件。坐见之客一次。病中疲困殊甚，登床久睡。起坐不久，傍夕又睡，夜饭后又睡。旋阅《阅微草堂笔记》。二更四点睡。内人自十三日起，病势日重，日内昏昏呓语，有似瘟疫之症，医者全未得法。殊以为虑。

二十日(忧建平有土匪滋事)

早饭后清理文件。坐见之客二次，衙门期也。旋王子蕃来诊脉一次。又见客二次。围棋二局。核批稿各簿。中饭后阅本日文件。病中困倦殊甚，登床一睡时许。酉刻起坐，旋又睡。夜饭后阅《阅微草堂笔记》。又睡片刻。二更后，李荣、刘传桢两道来见，吴定埠厘卡委员之信，知建平有土匪滋事，头目姓关，人数颇多，殊以为忧。二更五点睡。

二十一日(余之右臂肿坠亦不少愈)

早饭后清理文件。坐见之客七次，立见者一次。围棋二局。午刻，莫子偲、欧阳小岑来久坐。中饭后阅本日文件，核批稿各簿。小睡半时许。核改信稿。傍夕，厚九来久坐，因同夜饭。饭后又一谈。温《易经》《坤卦》《屯》《蒙》《需》《讼》卦。内人病势日重，余之右臂肿坠亦不少愈，殊以为虑。暮年疾病、事变，人人不免。余以忝居高位，一无德业，尤为疚负，故此心郁郁不释耳。二更四点睡。

二十二日

早饭后清理文件。坐见之客五次，立见者一次。校对摺片，二十四将拜发者。午刻核科房批稿簿。中饭后阅本日文件。见客一次。偏坠之症未愈，不能治事，小睡颇久。傍夕又小睡。夜饭后又睡。一种昏困之气，除眠食外，几一天所事者，可愧极矣。二更四点睡。

姑苏繁华图　山前小村

二十三日

早饭后清理文件。坐见之客八次，立见者一次，谈均颇久。围棋二局。核批稿各簿。中饭后阅本日文件，改信稿多件。小睡半时许。傍夕又小睡。夜又改信稿数件。二更后温《易》《师》《比》《小畜》《履》四卦。四点睡。前以目疾，用心则愈蒙，近以疝气，用心则愈疼，遂全不敢用心，竟成一废人矣。

二十四日

早饭后清理文件。坐见之客三次，立见者二次。发万寿摺本，拜牌行礼。巳刻至马端敏公处公祭、行礼。灵柩定以明日登程回山东也。旋至吴竹如处久谈。午正一刻归，围棋二局。刘受亭咸来一坐。中饭后阅本日文件。庞省三自扬州来，久谈。旋核批稿各簿。内人病势甚重，殊以为虑。接澄弟信，知沅弟定以二月移居长沙。傍夕，与欧阳小岑、王子蕃一谈病事。小睡。夜饭后徘徊良久，未治一事。旋温《易经》《泰》《否》《同人》《大有》《谦》《豫》六卦。二更五点睡。

附记

部吟樵　云晦如

二十五日（至马端敏公处送殡）

早饭后清理文件。坐见之客三次。衙门期也。小睡半时许。午初出门，至马端敏公处送殡。渠家扶榇回山东也。午正发引，余步行送至三山街口，在一古董店小坐。待柩过后，余另抄路先出水西门，至官厅等候。至未初三刻柩到，公同行礼。归署，已未正二刻矣。中饭后阅本日文件，核批稿各簿。剃头一次。傍夕早睡。夜核改信稿三件。二更后温《易经》《随》《蛊》《临》《观》四卦。四点睡，内人之病日剧，殊以为虑。

二十六日

早饭后清理文件。坐见之客六次，立见者一次，吴挚甫、庞省三、陈虎臣三君谈均久。围棋二局。核批稿各簿。中饭后阅本日文件。欧阳小岑、钱子密先后来一谈。傍夕小睡。夜阅《五种遗规》《牧令书辑要》。二更后温《易经》《噬嗑》《贲》《剥》《复》四卦。四点睡。内人之瘟，日剧日减，谵语不止，内外伺候者日夜不得少休，殊为焦虑。

二十七日（借教场为坛祭先农）

早饭后，清理文〈件〉。坐见之客二次。辰正一刻，出门至小营祭先农。未建坛庙，借教场为坛。率属行礼毕。旋耕种行九推礼。旋拜牌谢恩。巳正至妙相庵，织造忠心一诚请为其妻题主。礼毕，登席小宴。归至署，午正二刻，坐见之客三次。核批稿各簿。中饭后阅本日文件。围棋二局。旋写对联四付。勒少仲来一谈。傍夕小睡。夜阅《五种遗规》。二更后温《易经》《无妄》《大畜》《颐》《大过》《坎》《离》六卦。二更四点睡。余之疝气病，日内稍见轻减，而内人之病沉重如故，殊以为虑。

二十八日（阅宜兴拔贡潘镜沆所送诗集）

早饭后清理文件。坐见之客七次，立见者一次。围棋二局。核批稿各簿。中饭后，坐见之客二次，金眉生谈颇久。阅本日文件，阅宜兴拔贡潘镜沆所送诗集，写对联五付。傍夕小睡。夜阅《在官法戒录》。吴挚甫、黎寿民来久谈。温《易》《咸》《恒》《遯》《大壮》四卦。二更五点睡。

二十九日

早饭后清理文件。坐见之客二次，立见者一次。阅《从政遗规》，将摘钞一二，以自纂《吏治要言》。围棋二局。核批稿各簿。未刻，请庞省三等小宴，申刻散。阅本日文件。傍夕小睡。夜改信稿一件，约五百字。二更后温《易经》《晋》《明夷》《家人》《睽》四卦。五点睡，余之疝气病日内渐愈，内人之病，屡变不痊，殊以为虑。

三十日

是日内人生日，谢绝诸客。早饭后清理文件。旋坐见之客三次。阅《从政遗规》。围棋二局。午刻核科房批稿簿。中饭后阅本日文件。坐见之客三次。勒少仲坐颇久。小睡片刻。再阅《从政遗规》。傍夕又小睡。夜，吴小轩来一坐。旋温《易》《蹇》《解》《损》《益》《夬》《姤》六卦。二更五点睡。

## 三月

初一日（虑内室费用日繁奢）

早饭后清理文件。立见之客一次,坐见者六次,谈均稍久,已日晏矣。围棋二局后,即至未正。中饭后阅本日文件。庞省三、吴小轩先后来久坐。核批稿各簿。傍夕小睡。夜阅家乡来信多件,改信稿二件。三更睡。余之疝气病日见轻减,而内人病日见沉重,儿女辈多方医调,内室费用日繁,奢汰殊甚,深为焦虑。

初二日

早饭后清理文件。旋出门至河下,拜苏州新藩司恩竹樵,又至庞省三处一谈。归署,坐见之客三次,立见者一次,莫子偲谈颇久。中饭后阅本日文件,核批稿各簿。欧阳小岑来一谈。傍夕小睡。夜,吴挚甫来谈颇久。二更后,温《易》《萃》《升》《困》《井》四卦。四点睡。

初三日

早饭后清理文件。坐见之客四次。立见者一次。写澄、沅两弟信,中饭后写毕。阅本日文件,核批稿各簿。唐端甫、钱子密来[来字衍]先后来一谈。小睡片刻。将《从政遗规》阅毕。傍夕小睡。夜阅《训俗遗规》,改信稿三件。温《易经》《革》《鼎》二卦。二更五点睡。自思生平过愆丛积,衰老不复能湔祓,疚负无已。

初四日

早饭后清理文件。坐见之客五次,吴小轩及赵粹甫谈颇久。赵名佑宸,曾为山东学政、上书房行走,新放江宁遗缺知府者也。午刻阅本日文件,核批稿各簿。未正,请恩竹樵及候补道三人小宴,酉初散。小睡片刻。至松生处一谈。傍夕小睡。夜改信稿数件。二更后温《易》《震》《艮》《渐》《归妹》四圭。四点睡。

初五日(闻近日有编造戏文讥讽马帅者)

早饭后清理文件。改信稿二件。见客二次,衙门期也。旋围棋二局。核批稿各簿。中饭后阅本日文件。庞省三来一谈,言前年在马谷山厅上同坐,忽梁上落下一大蛇,长约四尺许,似亦不祥。又言近日有编造戏文讥讽马帅者。小睡片刻。涂阆仙送来新刻《战国策去毒》,翻阅一过。傍夕睡。夜核信稿二件,约改三百馀字。二更后温《易》《丰》《旋[旅]》《巽》《兑》四卦。五点睡。内人日内病势愈重,殊为可虑。

初六日(出城迎接张子青中丞)

早饭后清理文件。坐见之客四次。围棋二局。未初,出城迎接张子青中丞。渠自苏州来此商公事也。旋与渠同返余署一谈。中饭后见客二次。阅本日文件,核批稿各簿,未毕。傍夕小睡。夜将批稿核毕。旋阅《毛诗稽古编》。吴挚甫来一谈。二更后温《易》《涣》《节》《中孚》《小过》四卦。五点睡。眼光昏蒙日甚,焦虑无已。

初七日

早饭后清理文件,改信稿二件。出门至河干拜张子青,久谈。旋至黄军门处一谈。彭雪琴曾为吾制榫,新自芜湖移至黄家,余往阅看。黄家亦自制一榫,一并阅之,皆楠木也。黄榫坚厚异常,盖厚九寸,墙厚六寸,吾榫厚三寸。旋归署,核批稿各簿。中饭后阅本日文件。坐见之客二次。核改信稿数件。傍夕小睡。夜又改信稿一件。案上积压信件,至此为之一清。旋温《易经》《既济》《未济》二卦,《系辞传》至第九章止。三更睡。

初八日(以家室奢靡为愧)

早饭后清理文件。坐见之客八次。疲乏殊甚。核批稿各簿。未末刻,请子青小宴,藩司及两道陪饮。席散时,天将黑矣。阅本日文件,未毕。傍夕小睡。夜,将文件阅毕,将案头杂牍清厘一番。二更后温《易经》《系辞》上传十章起,至"杂卦"末止。《易经》又粗温一遍毕。眼蒙日甚,内人病亦日重,家中奢靡散温,毫无整肃之象,深以为愧。

初九日

早饭后清理文件。坐见之客五次。围棋二局。午刻核批稿各簿。中饭后阅本日文件。张子青来一谈。阅《阅微草堂笔记》。天气渐长，下半日为时甚久。傍夕小睡。夜又阅《阅微草堂笔记》，阅《经义述闻》中《通说》。二更五点睡。是日接沅弟信，言黄冠北事，甚为肫挚。

初十日

早饭后清理文件。将出城送张子青而闻其已行，遂不往矣。坐见之客七次。围棋二局。午正核科房批稿簿。中饭后阅本日文件。王子云来一谈。倦甚，闭目渴睡。旋阅《战国策去毒》。因思古来圣哲，胸怀极广，而可达天德者约有数端，如笃恭修已而生睿智，程子之说也；至诚感神而致前知，子思之训也；安贫乐道而润身睟面，孔、颜、曾、孟之旨也；观物闲吟而意适神恬，陶、白、苏、陆之趣也。自恨少壮不知努力，老年常多悔惧，于古人心境不能领取一二，反复寻思，叹喟无已！傍夕小睡。夜又阅《国策去毒》。二更后温《书经》，用纂言本读二十叶。五点睡。

十一日

早饭后清理文件。坐见之客四次，立见者四次。阅《近思录》。将改摺稿，沉吟许久而不果。核批稿各簿。中饭后阅本日文件。张啸山来一谈。出门至黄军门处送行，又至孙琴西处一坐。归署后，阅《近思录》。剃头一次。傍夕小睡。夜改摺稿，约改四百馀字。三更睡，不甚成寐。

十二日（阅川盐行楚一案）

早饭后清理文件。见客，坐见者六次。围棋二局。未初核科房批稿簿。中饭后阅本日文件。旋阅《白香山集》，将作摺稿而不果，翻阅川盐行楚一案各卷。傍夕小睡。夜改摺稿约三百馀字。二更五点睡，不能成寐。

十三日（阅《香山诗集》）

早饭后清理文件。坐见之客五次，立见者一次。围棋二局。核科房批稿各簿。厚九来久坐。中饭后阅本日文件。坐见之客二次。阅《白香山诗集》。傍夕小睡。夜将摺稿改毕，约改三百字，全摺约二千字。复阅《香山诗集》。二更五点睡。内人之病日见沉重，殊为焦虑。

十四日

早饭后清理文件。坐见之客六次，立见者二次。核科房批稿簿，阅《白香山诗集》。中饭后阅本日文件，将昨日摺稿检校一番。倦甚，欧阳小岑来久谈。傍夕小睡。夜改信稿一件，温《书》纂言〈本〉《舜典》。二更五点睡。内人病势日重，为之焦虑。

十五日

早饭后清理文件。坐见之客三次，立见者一次。围棋二局。是日为内人制椑。李筱泉送建昌花板二付，交欧阳定果带来。午刻核科房批稿簿。中饭后阅本日文件。内人病已垂危，而余之目疾亦增剧，偶写字则昏蒙异常，不复成字，不敢治事，但在庭院散步，或闭目一坐。刘启发来一谈。阅白氏、元氏《长庆集》。傍夕小睡。夜阅《阅微草堂笔记》。旋闭目小坐。二更后温《书》纂言〈本〉《皋陶谟》。至“否则威之”止。五点睡。天雨竟夜，先小后大。

十六日（自省名心太切、俗见太重）

早饭后清理文件。坐见之客二次，立见者一次。围棋二局。陈善奎送其父《起礼诗集》。又送张南山《花甲闲谈》，纪生平之踪迹，绘图题咏。又送何文简公《馀冬录》一部，明郴州何孟春（字子元，号燕泉）所作也。将此三书略一翻阅。午刻核批稿各簿。中饭后阅本日文件。因思近年焦虑过多，无一日游于坦荡之天，总于由名心太切、俗见太重二端。名心切,故于学问无成,德行未立,不胜其愧馁。俗见重,故于家人之疾病、子孙及兄弟子孙之有无强弱贤否,不胜其萦绕,用是忧惭局促,如茧自缚。今欲去此二病,须在一"淡"字上着意。不特富贵功名及身家之顺逆、子姓之旺否悉由天定,即学问德行之成立与否,亦大半关乎天事,一概淡而忘之,庶此心稍得自在。辗转筹思,徘徊庭院,申酉间不治一事。傍夕小睡。夜阅《韦苏州集》。二更后温《书经》,至"梁州"止。三更睡。

十七日

早饭后清理文件。坐见之客五次,立见者二次。写沅弟信一件。围棋二局。核科批稿各簿。有人送《三魏文集》,因翻阅《叔子集》中各论。中饭后阅本日文件,阅《叔子文集》,改信稿三件。傍夕小睡。夜将改信稿而不果,阅《叔子文集》。二更五点睡。

十八日(与冯树堂十年一别今相逢)

早饭后清理文件。坐见之客三次,立见者二次。围棋二局。核批稿各簿。冯树堂来久谈。三十年前老友,自祁门一别,至是忽十馀年矣,畅叙一切。渠绝无老态,在山中善于调养也。中饭后阅本日文件。坐见之客一次。申正后改复应敏斋信稿,未毕。傍夕小睡。夜将信稿改毕,约八百馀字。二更后阅韦苏州诗,又阅《文选》《行役》等诗。心气不聚,神尤散温,看书惝恍,若无所睹,盖衰惫之至矣。五点睡。

十九日(内人病危,儿辈请洋人诊)

早饭后清理文件。坐见之客四次。树堂本日搬至署内来住,与之久谈。午刻核批稿各簿,阅何子元《馀冬馀冬(衍馀冬二字)录》。中饭后阅本日文件。派摺差进京。围棋二局。旋又阅《馀冬录》及《阅微草堂笔记》。至树堂房内一谈。渠同来有一画师,周姓,亦与晤谈。傍夕小睡。夜又阅《馀冬录》,改信稿一件。二更后温《古文·气势之属》。五点睡。内人病日危笃,儿辈请洋人诊视,心甚非之,而姑听之。

二十日

早饭后清理文件。坐见之客四次,立见者二次。围棋二局。午刻核科房批稿簿。中饭后阅本日文件,阅《阅微草堂笔记》,改复李中堂信稿,未毕。傍夕至树堂房久谈。夜将李信改毕,又改信稿一件,旋温《古文·趣味之属》。二更五点睡。是日巳刻,写记事册。

二十一日

早饭后清理文件。坐见之客五次。写记事册。围棋二局。核批稿各簿。请树堂小宴,小岑与厚九同在座,申刻散。阅本日文件。在洋床小睡。阅《阅微草堂笔记》,改信稿数件。傍夕小睡。夜又改信稿数件。二更后温《古文·气势之属》。三更睡。文思迟钝,虽改一"四六"信稿,亦踌躇良久而不能下笔。甚矣,余之陋且衰也!

二十二日(为余画之小照不甚相肖)

早饭后清理文件。坐见之客二次。围棋二局。写记事册。树堂带来之周姓善画小照,巳午间为余写真,作二稿,不甚相肖。旋核科房批稿簿。未末出门,至富桂卿都统处赴宴,陪客为魁时若将军、忠心一织造。酉初散。归,阅本日文件。傍夕小睡。夜阅《阅微草堂笔记》,温《古文·情韵之属》。二更五点睡。

二十三日

是日,恭逢皇上十六岁万寿。五更,至府学明伦堂,黎明,率属行礼。归署,早饭后清理文件。坐见之客二次,立见者一次。写记事册。围棋二局。阅《阅微草堂笔记》。午正核科房批稿各簿。中饭后阅本日文件。上年作《江宁府学记》,甚不称意,本日拟加删改。翻阅《江南通志》中之《朝天宫》,遍搜不得,在室中旁皇良久。傍夕,至树堂处一谈。夜又翻阅《江南通志》。二更后温《古文·气势之属》,用朱笔圈点数篇。五点睡。自去年二月病目以来,久不用朱笔点书矣。

二十四日（虑纪鸿之子病重）

早饭后清理文件。见客，坐见者一次。立见者三次。至署西支一帐棚看箭，二弁。毕，至陈作梅之世兄处一谈，送渠至保定。至欧阳小岑处一谈。归，围棋二局。万篪轩来久谈。中饭后坐见之客二次，表弟江远遂来久谈。李梅生来久坐。阅本日文件，核批稿各簿。纪鸿儿之第二子患病颇重，用以为虑。傍夕小睡。夜，洪琴西来久谈。核信稿一件。二更后温《古文·气势之属》。三更睡。

二十五日

早饭后清理文件。坐见之客三次，衙门期也。写记事册。围棋二局。见客二次。万篪轩谈甚久。核科房批稿簿。中饭后阅本日文件。倦甚，在洋床小睡。写祭帐四幅、对联三付。傍夕与树堂一谈。夜温《古文·气势之属》，圈点三篇。眼奇蒙，几不能辨一字，因不复执笔，而温《项羽本纪》一过，眼在半开半闭之间，略见字影，略似默诵而已。二更四点睡。

二十六日（眼病日重，与盲人无异）

早饭后清理文件。坐见之客一次，立见者一次。出门拜万篪轩、李眉生，均未晤。巳初归。围棋二局。核批稿各簿。见客一次。中饭后阅本日文件。树堂约吴子登来，以玻璃用药水照出小像，盖西洋人之法也。为余照一像。纪鸿之次子病，早间甚重，晚来轻减。余目蒙殊甚，虽《阅微草堂笔记》等闲书亦不能看，因在洋床上闭目小坐。傍夕小睡。夜温《古文·气势之属》。以眼蒙不能久看，闭目小坐。二更四点睡。眼病如此，便与盲人无异，为之愧叹。

二十七日

早饭后清理文件。坐见之客四次，立见者二次。出门至任隶香家吊唁，渠有妻丧，本日开吊也。归，围棋二局。核科房批稿簿。未末，请万篪轩、李眉生小宴，酉初始散。阅本日文件，阅《龚定庵文集》。傍夕小睡。夜温《古文·气势之属》。眼蒙，竟不能看，屡次闭目小坐。二更四点睡。

二十八日

早饭后清理文件。坐见之客五次。围棋二局。核批稿各簿。中饭后阅本日文件。将改复张友山信，论修黄河、运河事，翻阅兵部蒋主事所上条陈，细读良久，不甚清了。坐见之客一次。改信稿约二百字，未毕。接沅弟三月廿日信，仅八日即到。余去家信颇稀，弟信甚密，望余信甚切，悱恻之忱，露于言外。傍夕小睡。夜将信稿改毕，约共改五百馀字。二更后，温《古文·气势之属》。五点睡。

二十九日（至署右箭道考验江西武员）

早饭后清理文件。坐见之客二次，立见者二次。出门至署右箭道考验江西武员三人，中有存禧全未中箭。归署，坐见之客一次。围棋二局。写记事册。午刻核科房批稿簿。中饭后见客二次。阅本日文件。杂翻《会典》中"户部门"一阅。眉生来一谈。渠今年四十二岁，身体之弱，家运之衰，言之欲涕。拟作一诗赠之，徘徊未能下笔。傍夕小睡。夜拟作诗而迟钝异常，仅作十句而已。二更五点睡。

## 四月

初一日

早饭后，止院不见客。清理文件。旋坐见之客二次，立见者一次。写澄、沅两弟信一件。围棋二局。倦甚，在洋床上闭目少息。核科房稿批各簿。中饭后闭〈阅〉本日文件。

剃头一次。将昨夜之诗作毕。一首，共三十句，二更方完。傍夕小睡。二更后温《文选》中诗及韦诗，恬吟稍久。五点睡。

初二日（阅《禹贡新图说》）

早饭后，清理文件。坐见之客五次。围棋二局。核科房批稿簿，阅《会典·兵部事例》。万篪轩来一谈。中饭后阅本日文件，阅广东嘉应杨懋建所著《禹贡新图说》。日长如岁，仅一翻阅涉猎，过眼即忘，全未认真究治一书，殊以为愧。傍夕小睡。夜再作一诗赠眉生，凡二十六句。三更毕即睡。

初三日（自叹昏浊日衰，于读书之道甚远）

早饭后清理文件，将昨夕之诗再一核改。见客二次。围棋二局。阅《会典·兵部事例》，核科房批稿簿，内有复总理衙门信，改三百馀字。中饭后阅本日文件。李眉生来久谈。旋阅《会典》。倦甚，渴睡，不觉成寐。傍夕又登床小睡。夜温五古陶诗、杜诗。疲乏，全无清旭之气，昏浊而兼衰老，于读书之道去之千里矣。二更四点睡。内人之病，近日乃微觉减退，肿消而疼亦少愈，殊为意想所不及。

初四日

早饭后清理文件。坐见之客二次。围棋二局。徘徊室间，若无所事事者，乃知吾生日月尽在悠忽怠惰中过了。核科房批稿簿。中饭后阅本日文件。阅欧阳公文，茅选八家本也。其间选《唐书》五首、《五代史》十五首，与他处茅选《五代史》较多者又自不同。傍夕小睡。夜，温《古文辞类纂·论辩类》。二更五点睡。

初五日

早饭后清理文件。坐见之客二次，衙门期也。旋围棋二局。阅《兵部事例》中"置驿""设铺"等卷。魁将军时若来一谈。核批稿各簿。中饭后阅本日文件。万篪轩来一谈。申正写对联六付。倦甚，若有病者，四肢弛散，不能支持。傍夕小睡。夜，阅《古文》《序跋类》《书说类》。二更五点睡。

初六日

早饭后清理文件。坐见之客四次，立见者一次。阅《会典》典中《宗人府》《内阁》。围棋二局。巳正出门，至水西门外送魁将军，渠赴镇江阅操也。归，核批稿各簿。中饭后阅本日文件。坐见之客一次。李眉生来一谈。核改信稿三件。傍夕小睡。夜温《古文辞类纂·碑志类》，二更后朗诵数首。五点睡。

初七日（自省目病之源在忮心名心未克）

早饭后清理文件。坐见之客二次，立见者一次。围棋二局。阅《会典》《内阁》《吏部》。倦甚，看书则昏昏渴睡，已成寐矣。派弁至家乡送信，写澄、沅两弟信。核科房批稿簿。中饭后阅本日文件。眼蒙，在藤椅闭目久坐。核改信稿二件。自省目病之源在肝，肝病之源则由于忮心名心不能克尽之故。在室中反复自讼，不能治事。傍夕至子密处一谈。夜温《古文·传志类》下。二更后，朗诵数首。四点后睡。

初八日

早饭后清理文件。坐见之客二次，立见者一次。出门至吴竹如处久坐，又至张廉卿处一谈，午初归。围棋二局。坐见之客一次。核科房批稿簿。中饭后阅本日文件，阅《会典》七卷至十二卷，略一涉猎，未能一看注文。至内室一谈。至花园一散步。傍夕小睡。夜改信稿一件。二更后温《古文·识度之属》。五点睡。近来每苦心绪郁闷，毫无生机，因思寻乐约有三端：勤劳而后憩息，一乐也；至淡以消忮心，二乐也；读书声出金石，三乐也。一乐、三乐是咸丰八年所曾有志行之，载于日记者，二乐则近日搜求病根，迄未拔去者，必须于未死之前拔除净尽，乃稍安耳。

附记

密考　改荔秋信寄季

盐船水脚

魏承鑫事应奏　黄冠北请恤

初九日(欲病愈非戒棋不可)

早饭后清理文件。坐见之客四次。围棋二局。树堂及瑞臣甥自上海归来,各与一叙。周姓又为余写真一次。核科房批稿簿。中饭后阅本日文件。阅《会典》十三卷至二十卷。又至周君处对坐,为余写真。树堂来久谈,请余写对联三付。傍夕小睡。夜,表弟江远遂来久谈。二更后温《古文·识度之属》。三更睡。近来每日围棋二局,耗损心力,日中动念之时,夜间初醒之时,皆萦绕于楸枰白黑之上,心血因而愈亏,目光因而愈蒙。欲病体之渐痊,非戒棋不为功。

初十日(可笑儿立于旁而余已成寐矣)

早饭后清理文件。见客二次,衙门期也。本日始戒棋。天气新热,困倦殊甚,竟日在洋床上睡。巳刻写对联四付。午刻见客数次。核科房批稿簿。树堂来久谈,与之同食。中饭后阅本日文件。申刻送树堂归去。傍夕登床一睡。夜又在洋床久睡,不治一事,偶起,则昏倦异常。纪鸿将所阅《诗经注疏》呈览,儿方侍立于旁,余已渴睡成寐矣。可笑可愧,一至于此!二更四点睡。

十一日

早饭后清理文件。在洋床小睡。巳刻将三省文职官单各注密考,或断或续,时起时坐,至夜二更止,将考语注毕。午刻会客一次,核批稿簿。中饭后阅本日文件。傍夕小睡。是日天气极热,全换暑衣。余本畏热多汗,又眼蒙加甚,写字吃力之至,尚不成字,勉强将考语注毕,在近日即属勤于办公者。二更后温诵古文欧、曾文数首。五点睡。

十二日(将武职提镇单加注密考)

早饭后清理文件。坐见之客二次。孙琴西谈颇久。将武职提镇单加注密考。旋又改摺一件。午刻,坐见之客三次,张廉卿谈甚久,子密来一谈。核科房批稿簿。中饭后阅本日文件。天气奇热,汗出不止。阅汪容甫所著《述学》。作片稿一件。阅《述学》至日晡。傍夕登床小睡。夜改信稿五件。二更后温《古人[文]·识度之属》。五点睡。是日接澄弟三月廿七日之信。

十三日

早饭后清理文件。坐见之客二次。倦甚,在洋床上久睡。直至巳正方起。拟改八年所作《江宁府学记》,久不能成。阅《述学》。午刻见客二次。核批稿各簿。中饭后阅本日文件。围棋二局。热甚,出汗甚多。又阅《述学》。见客一次,魏光辉将进京为员外郎,魏质斋之子也。傍夕小睡。夜又阅《述学》,温渔洋《五古选》。二更末睡。

十四日

早饭后清理文件。见客,坐见者一次,立见者一次。围棋二局。将八年所为《江宁府学记》核改,陆续改至三更,改毕,约改三百馀字。午刻,坐见之客二次,李勉亭谈甚久。核科房批稿簿。中饭后阅本日文件。申刻,欧阳小岑来久谈。傍夕小睡。是日,院中搭天棚,屡出观看。三更睡。

十五日

早饭后清理文件,改复李少泉信稿,改致总理衙门信稿,改幼童出洋章程。坐见之客二次,立见者一次。围棋二局。核科房批稿簿。中饭后阅本日文件。坐见之客一次。阅《白香山诗集》。校对明日应发摺件,凡六摺、五片、三清单,改信稿三件。阅《阅微草堂笔记》。傍夕久睡。夜改信稿二件,阅《白香山诗集》。二更后温韩文。五点睡。

十六日(因闻李世忠捆缚陈国瑞于船上)

早饭后清理文件。坐见之客四次,汪梅村谈甚久。围棋二局。又坐见之客三次,陈虑臣坐甚久。午正核科房批稿簿。中饭后阅本日文件。子密来一谈。阅《阅微草堂笔记》。在洋床久睡。阅《白香山诗集》。是日,因闻李世忠捆缚陈国瑞于船上,不知生何变端,为之悬系。改李世忠禀之批。傍夕小睡。夜又阅《阅微草堂笔记》。二更后温《古文·气势之属》。五点睡。

十七日(因李世忠无赖行径未与之见)

早饭后清理文件。坐见之客三次。围棋二局。在洋床一睡。阅《阅微草堂笔记》,核科房批稿簿。中饭后阅本日文件。何子贞自苏州来,久坐。李世忠自扬州来,因其与陈国瑞构衅,无赖行径,未与相见。渠在官厅等候极久。袁笃臣来一见,令其与李一谈。傍夕,桂挂卿来一坐。小睡良久。夜阅《三国志》二篇。二更四点睡。每日一事未办,饱食甘寝,愧郝之至。

十八日

早饭后清理文件。坐见之客二次,立见者一次。至署旁看箭,考验江西武官二人。出城至河下拜何子贞,久谈。归,见客一次。围棋二局。核科房批稿簿。吴家榜来一谈。中饭后阅本日文件,阅《会典·礼部》,略一涉猎。至内室一谈。傍夕小睡。夜,摺弁自京回,阅京信及邸钞等。阅《会典》,温《古文·书牍类》。二更五点睡。

十九日

早饭后清理文件。倦甚小睡。围棋二局。见客,坐见者四次,立见者一次。核科房批稿簿。又坐见之客二次。王子藩坐颇久。未刻阅本日文件。请客吃便中饭,汪梅村、方伯雄先到,与之久谈。何子贞后到。申初二刻登席,酉正散。傍夕见客一次。夜阅《文选》。眼蒙殊甚,二更五点睡。

二十日(有义宁州三人来见)

早饭后清理文件。见客二次。衙门期也。围棋二局。阅《会典·乐部》。李佛生自保定来,久谈,又坐见之客二次。核科房批稿簿。中饭后阅本日文件。有义宁州曾丞恩等三人来见,云接湖南省谱局信,欲与渠族联谱;令其来金陵见我。阅其刻信果然,不知湖南何人主持也。欧阳小岑来久谈。申酉间,见客二次,一系江西臬司俊达,谈颇久。傍夕小睡。夜,科五来一谈。温《古文·序跋类》朗诵数首。三更睡。

二十一日

早饭后清理文件。倦甚,在于洋床久睡。坐见之客二次。巳刻出门拜俊质堂。归,杨正仪来一谈,厚庵之子也。何子贞来,谈最久,中饭后阅本日文件,核科房批稿簿。又在洋床一睡。剃头一次。傍夕登床一睡。夜温《古文·书说类》。眼蒙,竟不能见字。二更五点睡。

黄炳塑素胎熊鹰　清晚期

二十二日

早饭后清理文件。坐见之客四次。在洋床久睡。核批稿各簿。梅小岩来一坐。有人自湘乡来,用木笼舁一虎,送至署内,闲人纷纷趋看,云傅敏才自家中带来者也。又坐见之客一次。未末,请俊质堂小宴,请富桂卿与忠心一陪之。席散时,将酉正矣。阅《会典》《刑部》

《工部》。傍夕小睡。夜作《丁伊辅墓志铭》,约百六七十字。三更睡。

二十三日

早饭后清理文件。在洋床小睡。旋围棋三局。见客三次,应敏斋谈甚久。核批稿各件。中饭后阅本日文件。罗研生新寄来《楚南文征》,略为翻阅,惜无凡例、序述及小传等。酉刻又作《丁伊辅墓志铭》,至三更止。仅作三百馀字。甚矣,余之钝也。傍夕小睡。三更后睡。

二十四日(作《丁伊辅墓志铭》毕)

早饭后清理文件。在洋床小睡。坐见之客三次,应敏斋谈甚久。围棋二局。又坐见之客三次,薛世香谈颇久。核批稿各簿。中饭后阅本日文件。坐见之客一次。阅《湖南文征》。申刻后将《丁伊辅墓志铭》撰毕,共八百馀字。傍夕小睡。夜温《古文·奏议类》。三更睡。是夜,见纪鸿近作文二首,笨拙益甚,徒见笑于山长耳。儿辈蠢陋若此,为之焦灼。

廿五日(余向来夏月有脾困之症,终日思睡)

早饭后清理文件。旋坐见之客二次,立见者一次。出门,至署西看箭二员。在洋床上久睡。余向来夏月有饭后脾困之症,每每终日思睡。近又眼病,更觉难于支持。午初,见客二次,张廉卿谈颇久。核科房批稿簿,核信稿九件,内二件改四百馀字。中饭后阅本日文件,阅《龚定庵集》。渴睡殊甚。又在洋床久睡,未作一事,而天已曛黑矣。傍夕登床一睡。夜又阅《定庵集》,温韩文,朗诵数首。二更五点睡。

廿六日

早饭后清理文件。在洋床小睡。旋见客三次,梅小岩等坐甚久。巳刻围棋二局。午刻核科房批稿簿。中饭后阅本日文件。李梅生、欧阳小岑先后来,坐谈俱久,子密来谈亦久。傍夕,始将文件阅毕。小睡。夜阅《定庵集》。眼蒙殊甚。二更后温韩诗。三更睡。

廿七日

早饭后清理文件。阅《湖南文征》,将其名之最著者略开一单。坐见之客四次。围棋二局。午刻核科房批稿簿。中饭〈后〉阅本日文件。陈子奉、忠心一先后来谈颇久。有人送吴仲云制军振棫《花宜馆诗钞》略一翻阅。申刻出城迎接将军,渠自京口归来。旋至余署一谈。是日公文甚多,未能看毕。傍夕小睡。夜将公文看毕。又阅吴仲云诗。二更五点睡。

廿八日(夜阅吴南屏新刻集)

早饭后清理文件。在洋床小睡。坐见之客六次。围棋二局。核科房批稿簿。中饭后阅本日文件。是日将再改《江宁府学记》,徘徊良久而不能下笔。又间阅《花宜馆诗集》。子密来一久〈衍一字〉谈。傍夕小睡。夜阅吴南屏新刻集,日《拌湖文录》《诗录》者。又屡思改《府学记》。及至二更末,始改数十字,而又甚不称意。甚矣,余之钝且陋也!三更睡。

二十九日

早饭后清理文件。坐见之客二次。围棋二局。改李世忠、陈国瑞一案批稿。又坐见之客一次。核科房批稿簿。中饭,请李眉生便饭,未正登席,申正散,又与之一谈。阅本日文件,阅吴南屏《拌湖文集》。是日渠送来一百部。傍夕至花园,一为巡览。至幕府陈小浦等处一谈。夜饭后,再将《府学记》核改,二更后改毕。又将《丁伊辅墓志铭》一核。三更睡。

卅日

早饭后清理文件。坐见之客二次。出门拜薛慰农,不晤。拜李眉生,久谈。归,核科房批稿簿。中饭后阅本日文件，改信稿数件，阅《拌湖文录》。至花园一看。至幕府一谈。申刻会客二次。戌刻会客一次。夜阅《拌湖文录》，目蒙不能细看。三更睡。

## 五月

初一日（出门迎接李小泉）

早饭后清理文件。出门迎接李小泉。余出水西门，渠已进旱西门至余署矣。归署，与之久谈。旋围棋三局。小睡。核科房批稿簿。中饭后阅本日文件。阅《理学宗传》。坐见之客二次、子密来一谈。傍夕小睡。夜阅《理学宗传》。李小泉来久坐，将三更方去。去后，余即洗脚睡矣。

初二日（知纪寿侄县考又取案首）

早饭后清理文件。出门至李小泉处久谈，渠寓其戚张又堂家。归后，在洋床小睡。围棋二局。核科房批稿各簿。阅《理学宗传》。核改信稿三件，作梅信改甚多，方存之信改未毕。未末，请李小泉小宴，请小岩、琴西、子范陪之。申初登席，客散已戌初矣。小睡。夜阅本日文件，阅《理学宗传》中鹿忠节公，改方存之信稿毕。三更睡。是日接澄弟信，知纪寿侄县考又取案首。吾家星冈公之子、孙、曾孙，入学者九人，而取案首者八人，惟余不得案首耳。上两辈皆极难。纪字一辈则得之稍易。

初三日

早饭后清理文件。小睡于洋床。坐见之客六次。围棋二局。核批稿各簿。中饭后阅本日文件。坐见之客一次，立见者一次，李眉生来一谈。是日拟作《罗伯宜墓志铭》，而久不能下笔。傍夕小睡。夜始下笔，为文数十字而茫无意绪，文思固极迟钝，亦由平日致力不深耳。三更睡。是日申刻写对联六付。

初四日

早饭后清理文件。坐见之客六次。围棋二局。核科房批稿簿。中饭后阅本日文件。立见之客一次，坐见者一次。作《罗伯宜墓志铭》，自申初至三更作毕，约八百馀字，尚未作铭辞。傍夕小睡，三更睡。因文思太钝，遂率意为之，期于成篇，绝无是处。

初五日（阅《三国志》等传）

早饭后清理文件。谢绝拜节诸客。坐见者仅两次。脾困，在洋床久睡。作昨日之志铭辞，核科房批稿簿。中饭后阅本日文件。坐见之客一次。在洋床小睡甚久。改复云仙信稿，约改五百字。傍夕小睡。夜改复吴彤云等信稿，约改三百字。二更后阅《三国志》《王粲》《卫觊》等传。三更睡。

初六日

早饭后清理文件。坐见之客四次，立见者二次。在洋床屡睡。巳正出门拜客，吴竹如、李小湖两处一谈，未初二刻归署。核批稿各簿。未正一刻请幕府十二人小宴，申正席散。阅本日文件。疲乏殊甚，在洋床久睡，不复能治事矣。傍夕小睡。夜阅孙琴西近日所作古文，名《逊学斋文稿》，约十馀首。二更后温《古文辞》"奏议类""碑志类"。三更睡。

初七日（改李世忠、陈国瑞参奏之摺）

早饭后清理文件。在洋床小睡。围棋三局。坐见之客一次。改摺稿一件，即李世忠、陈国瑞参奏之摺。核批稿各件。中饭后阅本日文件。屡次在洋床小睡。屡次改信稿，共改二十馀件。是日，两接澄、沅两弟信，一由排单，一由信局。傍夕至花园一行。小睡颇久。夜阅《明史》《杨一清传》，温韩文"碑志类"。二更四点睡。

初八日

早饭后阅《湖南文征》数首。坐见之客六次。围棋二局。核科房批稿簿。在洋床小睡二次。中饭后阅本日文件,阅邓湘皋之序文录于《文征》者二卷。又在洋床小睡。天热,已有溽暑湿蒸之气,余向来所最畏也。将上次所作《罗伯宜墓志铭》再一核改。傍夕小睡。夜又阅《湖南文征》,盖研生索余作序,故须略为涉猎耳。三更睡。

初九日(许萨阿将赴海州)

早饭后清理文件。在洋床小睡。坐见之客二次,立见者三次。围棋二局。许萨阿来一谈,渠将赴海州也。旋阅《湖南文征》,核科房批稿簿。中饭后阅本日文件,阅《文征》中罗苏溪、李石梧、黎樾乔诸人之文,阅陶文毅奏疏。在洋床上小睡二次。本思于初八、九日作文,以定常课,缘构思不成,且姑置之。傍夕小睡颇久。夜将纪泽初八所作诗四首批评。二更后阅震川文数首。三更睡。

初十日

早饭后清理文件。见客四次,衙门期也。围棋二局。改复张子青信稿,约改五百字。核科房批稿簿。中饭后阅本日文件,写家信二件,一由排递,一由江西义宁州曾承恩等带去,渠等至湖南联宗修谱,求寄一信也。写对联二付、扁一方。晡时至园一看。傍夕小睡。夜将各摺件校对,明日将发。二更后温《古文·杂记类》,诵《离骚》一过。三更睡。

十一日

早饭后清理文件。坐见之客二次。在洋床小睡。围棋二局。核科房批稿簿,阅《湖南文征》。中饭后阅本日文件。奇热,汗出不止。改信稿数件,阅《阅微草堂笔记》,阅《湖南文征》。在洋床小睡。酉正登床一睡。新换竹簟,初一试之,因汗多遂不起,灯后乃起。夜又阅《湖南文征》。二更后,因阅震川古文,遂并翻其四书文阅之。其浑灏流转之气,乃更胜于古文也。三更睡。

十二日

早饭后清理文件。坐见之客二次。围棋二局。阅《湖南文征》。在洋床上屡次小睡。蒋益清来久谈,芗泉之胞弟也。中饭后阅本日文件,阅《湖南文征》中"哀祭"一门。仍在洋床小睡。至后园一望。傍夕久睡。夜阅《文征》颇多。三更睡。

十三日(至署西帐棚看箭考员)

寅初起。至关帝庙,率属行诞祭礼,礼毕,归。早饭后,至署西帐棚看箭,考验二员。归,清理文件。坐见之客五次,立见者一次。围棋二局。将作《湖南文征序》,而久不能下笔。核科房批稿簿。中饭后阅本日文件。湿热异常,迅雷大雨,稍解熇蒸之气。作《序文》约三百字。雨后微凉,久睡。夜又作《序文》百馀字。三更睡。每一作文,未下笔之先,若有佳境,既下笔则无一是处,由于平日用功浮泛,全无实际故耳。

十四日(再阅余作之《序文》全无是处)

早饭后清理文件。坐见之客六次,立见者一次。围棋二局。又作《序文》百馀字。中饭后阅本日文件。将《序文》作毕,共六百馀字,再阅一过,全无是处,深为愧闷。又阅《湖南文征》数首。在洋床小睡二次。傍夕登床一睡。夜又阅《湖南文征》,阅《梅伯言文集》。三更睡。

十五日(是夜月蚀)

早饭后清理文件。坐见之客二次,立见者一次。围棋二局。阅《梅伯言文集》核批稿各簿。中饭后阅本日文件。思将《序文》一改,而久不能下笔。再阅《伯言文集》甚多。傍夕小睡。夜阅《姚惜抱文集》。是夜月蚀,余于初食、食甚,三次行礼,皆三跪九叩。三更睡。

十六日

早饭后清理文件。摺差归，阅京信、京报等。坐见之客七次，金逸亭、洪琴西、韩叔起谈俱久。围棋二局。核科房批稿簿。中饭后阅本日文件，阅《惜抱文集》，阅《通鉴辑览》第一本。在洋床小睡。是日仍思改《序文》，而未能动笔。至后园一看。傍夕睡。夜再阅《惜抱集》。三更睡。

十七日

早饭后清理文件。坐见之客三次。围棋二局。阅《通鉴集览》十馀叶。又坐见之客三次。核科房批稿簿。中饭后阅本日文件。坐见之客二次。阅《理学宗传》中朱子、陆子。孙氏所录朱子之语，多取其与陆子相近者，盖偏于陆王之途，去洛闽甚远也。剃头一次。至园中一览。傍夕小睡。夜阅《湖南文征》，将十三所作《序文》改数十字。二更五点睡。

十八日（阅《晋略》）

早饭后清理文件。坐见之客四次。围棋二局。阅《通鉴》八十七卷。午刻又见客一次。核科房批稿各簿。中饭后阅本日文件。梅小岩来一谈。将改复袁小午信稿，而久未下笔。阅《通览辑览》。至后园一览。傍夕久睡。夜阅周保绪所著《晋略》，赵惠甫所寄来者。周名济，荆溪人。书成于道光十八年，亦近世著作才也。三更睡。

十九日

早饭后清理文件。坐见之客三次，立见者一次。围棋二局。又坐见之客三次。阅《通鉴》八十八卷，未毕。核批稿各簿。中饭后阅本日文件，将《通鉴》之卷阅毕，改信稿五件，约改四百馀字。傍夕小睡。夜阅姚惜抱、梅伯言《文集》，又阅《古文·论著类》。三更睡。

廿日

早饭后清理文件。坐见之客二次，衙门期也。阅《通鉴》八十九卷。围棋二局。核批稿各簿。中饭后阅本日文件，阅《理学宗传辨正》第一本。河南永城县刘廷诏，字虞卿之所著也。吴竹如侍郎为之校订，即将刊刻，送余一阅。改信稿十馀件。傍夕小睡。夜又改信稿十馀件，阅《梅伯言文集》，阅《古文·序跋类》。三更睡。

廿一日

早饭后清理文件。坐见之客五次。蒋益清送《莫如楼诗集》，略一翻阅。又阅《通鉴》九十卷。围棋二卷[局]。核科房批稿簿。中饭后阅本日文件，阅《理学宗传》中第一本大程子。倦甚，在洋床小睡。傍夕登床一睡。夜阅《宗传》二程子一本，未毕。二更后，温《古文·辞赋类》。三更睡。

二十二日

早饭后清理文件。坐见之客二次。围棋二局。旋又见客一次。阅《通鉴》九十一、二两卷，至申正始毕。改信稿一件，核科房批稿各件。中饭后阅本日文件。酉刻阅《理学宗传辨正》中之二程子。傍夕睡颇久。夜又阅二程子一卷，及朱子十馀叶。三更睡。

二十三日（拟作武昌《张树程墓志》）

早饭后清理文件。阅《通鉴》九十三卷。围棋二局。见客二次。又阅《通鉴》九十四卷，未毕。核科房批稿簿。中饭后阅本日文件。将九十四卷阅毕，粗涉一过，不能细也。梅小岩来一谈。思作武昌《张树程墓志》，而良久不能下笔，张廉卿之父也。傍夕小睡。夜作《张君墓志》约二百馀字。三更睡。

二十四日

早饭后清理文件。将昨日所阅之九十四卷再阅一过。围棋二局。坐见之客十次，立见者一次，内曹镜初、袁庆荣坐甚久。疲乏殊甚。核科房批稿簿。中饭后阅本日文件。天气甚热，不能治事。将昨日《墓志》又作三百馀字。傍夕小睡。夜又作百馀字，志文作毕。二更后将作《铭辞》，久思不能下笔，志文亦仅钞录张廉卿之节略。甚矣，余之陋也！三更睡。

二十五日（将《铭辞》苦索成篇）

早饭后清理文件。坐见之客五次。作《铭辞》苦索不得，勉强凑成十馀名，敷衍成篇。阅《通鉴》九十五卷，未毕。核批稿各簿。中饭后阅本日文件，又将湖南《文征序》改百馀字。在洋床小睡。本日热甚。下半日得雨，稍凉。将九十五卷阅毕。傍夕登床小睡。夜因曹镜初搬入署内，与之久谈。二更后阅《伯言文集》。三更睡。

二十六日

早饭后清理文件。坐见之客十次。疲乏已甚。阅《通鉴》九十六卷。围棋二局。核科房批稿簿。中饭后阅本日文件。阅《通鉴》九十七卷，未毕。在洋床小睡。改复何子贞信稿，未毕。傍夕小睡颇久。躁甚，全不成寐。夜改信稿毕，约四百馀字。又改复张子青信。二更后温《古文·奏议类》。倦甚，三更睡。

二十七日

早饭后清理文件。阅《通鉴》九十七卷毕。坐见之客四次。核科房批稿簿。中饭后阅本日文件。坐见之客二次。至曹镜初房内久谈。阅《通鉴》九十八卷，至夜二更方毕。傍夕小睡。二更后温《古文·赠序类》。三更睡。是日在藤椅坐睡数次，困倦殊甚。

二十八日

早饭后清理文件。阅《通鉴》九十九卷，未毕。坐见之客五次，立见者三次。围棋二局。核科房批稿簿，阅本日文件，未毕。未正请曹镜初、张芝孙、毕淳斋等小宴，申末席散。将本日文件阅毕。将《通鉴》九十九卷阅毕。傍夕小睡。夜温《史记》《儒林》《汲郑》《酷吏》等传。疲困殊甚，三更睡。

二十九日（将《通鉴》百卷再涉览一过）

早饭后清理文件。阅《通鉴》第百卷。坐见之客三次。出门拜吴竹如，与之久谈。归，核科房批稿簿。中饭后阅本日文件。围棋二局。将《通鉴》百卷再涉览一过。与曹镜初至园中一览。夜阅《史记·自序》等篇。疲乏殊甚，渴睡之至。老年志气不振，故精力益衰，深以为愧。

卅日（阅张皋闻《茗柯文编》）

早饭后清理文件。阅《通鉴》一百一卷。坐见之客五次。围棋二局。午正核科房批稿簿。中饭后阅本日文件，倦甚，在洋床小睡。阅张皋闻《茗柯文编》。渠家将重刻板，其曾孙求余作序，在保定已面许之也。傍夕早睡。夜批纪泽所作诗四首。旋温黄山谷、元遗山七言律诗。三更睡。

## 六月

初一日（日来因不胜伏暑愈觉其衰）

是日止院谢客。早饭后清理文件，阅《通鉴》一百二卷毕，复细阅一过。洪琴西来久谈。围棋二局。核科房批稿簿。中饭后阅本日文件，阅《张皋闻集》。在洋床小睡。改信稿十馀件。傍夕至曹镜初室中一谈。夜又改信稿。二更后阅《史记·酷吏传》。三更睡。日来困倦弥甚，想因不胜伏暑，故愈觉其衰耳。

初二日

早饭后清理文件。阅《通鉴》一百三卷一过,旋又阅一过。坐见之客七次。午正核科房批稿簿。未初至吴竹如先生处,自带酒席至渠处同饮,陪客为杨仲乾、陈虎臣、洪琴西,至酉初席散。归署,阅本日文件。傍夕小睡。夜又阅《酷吏传》。二更五点睡。天热,困倦殊甚。看书,辄渴睡成寐。

初三日

早饭后清理文件。阅《通鉴》一百四卷。围棋二局。旋又阅《通鉴》百四卷一过,昏倦之气,一阅全未清晰,故须再阅也。坐见之客五次,立见者一次。午正核批稿各簿。中饭后阅本日文件。思作《张皋文[闻]集序》,屡在洋床上小睡,不能下笔。将《张集》频频翻阅。酉刻,欧阳小岑来一谈,又同至镜初处一谈。傍夕小睡。夜再阅《张集》。思作序而不果。三更睡。

初四日(作张集之序毕)

早饭后清理文件。坐见之客三次,立见者一次。围棋二局。思作序而仍不果。屡在洋床小睡。午正核科房批稿簿。中饭后阅本日文件。作序约三百馀字。傍夕小睡。夜又作百馀字,将序作毕。复视,乃无一字可用者,愧歉之至。阅《惜抱轩文集》。旋又温《史记》二首。眼蒙,不复能看字。二更五点睡。

初五日

早饭后清理文件。见客四次,衙门期也。围棋二局。在洋床小睡。天气极热。阅《通鉴》百五卷。核科房批稿簿。中饭后,阅本日文件。畏热,屡次小睡。申正后,改摺稿三件、信稿四件。傍夕,与曹镜初至后园一谈。夜,阅《姚惜抱集》。旋温《史记》四篇。二更五点睡。

初六日

早饭后清理文件。坐见之客三次,立见者一次。阅《通鉴》百六卷。天气酷热异常,看书全不能入,眼若昏迷不能识一字者,身若燔炙不可聊赖。《通鉴》一卷,虽看两遍,而实一无所解,屡在洋床小睡。核科房批稿簿。中饭后阅本日文件,批纪泽文一首。改复叶介堂信。坐见之客一次。傍夕小睡。夜温《史记》《大宛传》《游侠传》。二更五点睡。

初七日

早饭后清理文件。坐见之客四次,立见者一次。围棋二局。阅《通鉴》百七卷。天气奇热。核科房批稿簿。中饭后后[衍一后字]阅本日文件。坐见之客二次。畏热,屡次小睡。剃头一次。傍夕登床一睡。夜核改复李少泉信。二更后温《史记》二首,阅《惜抱轩诗集》二更五点睡。

初八日(与友游后湖)

早饭后清理文件。坐见之客二次。是日,梅小岩、孙琴西请游后湖。辰正出署,至太平门城楼小坐。同游者为薛慰农山长、桂芗亭观察。旋出城登舟,行七里许,登岸至老洲湖神庙一看,小坐半时许。午初二刻返棹。清风徐来,一散炎熇之气;荷香扑鼻,不以盛暑为苦。回至太平门,升舆进城,至妙相庵。未初二刻登席,酒半,大雨。席接荷池,雨盛荷喧,景物清快。席散,又在庙中游览。出庙陆行二里许,至通心桥登舟,行八九里许,至大中桥小泊。点灯,余船张灯八十三炷。同行之船,各张五六十灯及十馀灯不等。行至下游,遇商民灯船,约三四十号灯,最多者与余船同,喜复略见太平景象矣。至夫子庙登岸。回署,阅本日文件,核批稿各簿。三更睡。

初九日

早饭后清理文件。坐见之客五次。围棋二局。天气酷热,汗出不止。阅《通鉴》百八卷,仅及一半,而昏惰欲睡,在洋床屡睡。核科房批稿簿。中饭后阅本日文件。畏热,小睡。坐见之客一次。申正核改信稿十馀件,改摺稿二件。傍夕小睡。夜再改片稿。二更后温《史记》《儒林》《朝鲜》等传。三更睡。

初十日(可叹因渴睡读书全不能入)

早饭后清理文件。坐见之客三次,立见者一次,衙门期也。阅《通鉴》百八卷之后一半,旋又将此卷再阅一过。天热神昏,动辄渴睡成寐,读书全不能入,可叹可愧。在洋床小睡三次。午刻核科房批稿各簿。中饭后阅本日文件,酷热不可复耐。坐见之客一次。在洋床小睡二次。核改信稿四件。傍夕小睡。夜将前所作《茗柯文编序》核改一过。三更睡。

十一日

早饭后清理文件。坐见之客六次,立见者二次。倦甚,围棋三局。阅《通鉴》百九卷。午末核科房批稿簿。中饭后阅本日文件,阅怀宁马徵麟素臣新著之《家礼外祭述训》,亦近世笃学深思之士也。在洋床小睡二次。至曹镜初处一谈。傍夕登床一睡。夜再阅《家礼外祭》。二更后温《大宛传》,用朱笔圈点,未毕。三更睡。是日天气稍凉,不似昨二日之熇蒸。

十二日

早饭后清理文件。坐见之客四次。阅《通鉴》百十卷,未毕。围棋二局。旋将百十卷阅毕。核科房批稿簿。中饭后阅本日文件。前请季山长阅钟山书院课卷、薛山长阅尊经书院课卷,本日送来,余亦复阅十馀卷。旋又校阅明日应发之摺件,又阅《通鉴》百十一卷,未毕。将作倭中堂挽联而不果成。在洋床小睡。傍夕至园一看。夜阅《理学宗传》中薛文清一卷。改倭宅唁信。二更后将《大宛传》点毕。三更睡。

十三日(至叶观察家吊丧)

早饭后清理文件。拜发万寿摺伯。坐见之客一次。阅《通鉴》百十一卷毕,旋又阅一遍。出门至叶观察家吊丧。观察名宝树,字晋卿,昨日已刻去世也。归,核科房批稿簿。中饭后阅本日文件。围棋二局。将作文而不果。阅《理学宗传》中薛、王二卷,又阅惜抱轩《九经说》及《笔记》。傍夕小睡。夜阅《九经说》,又阅《宗传》中顾端文一卷。二更五点睡。

十四日(与朱唐洲一谈)

早饭后清理文件。坐见之客六次,程敬之、莫子偲谈甚久。围棋二局。梅小岩来一谈。核科房批稿簿。中饭后阅本日文件。朱唐洲来一谈。沅弟荐来,谓可胜统领之任者也。此二日内拟作《先考台洲墓表》,而久不能下笔,迟钝之至。阅吴南屏《拌湖文录》数十首,叹其少而能文,老而不倦。为不可及。写扁三方,写对联五付。傍夕小睡。夜,换作《黎子元墓志铭》,黎莼斋之父也,作二百馀字。三更睡。

十五日(叹余文思之钝、精力之衰)

早,接见贺望之客。饭后坐见之客二次,立见者一次,衙门期也。阅《通鉴》百一十二卷。围棋二局。旋又阅《通鉴》前卷一遍,核科房批稿簿。中饭后阅本日文件。将《黎子元墓志》作毕,约六百馀字。傍夕小睡。夜作《铭辞》廿四句,三更始毕。文思之钝,精力之衰,均可愧叹。睡后,不甚成寐。

十六日

早饭后清理文件。坐见之客五次。阅《通鉴》百一十三卷,旋又阅一遍。齿疼喉痛,似心火之为病,小睡养之,而痛不止。核科房批稿簿。中饭后阅本日文件。围棋二局。阅《南屏文集》。检发各处信件,将改信稿而不果。傍夕至园,与镜初一谈。夜温《史记》《游侠》《佞幸》《滑稽》《日者》等传。三更睡,不甚成寐。四更后,齿疼喉疼殊甚,久不能眠。

十七日

早饭后清理文件。阅《通鉴》百一十四卷,旋又阅一遍。见客二次。倦甚小睡。核科房批稿簿。中饭后阅本日文件。坐见之客一次,族弟国纲谈颇久。围棋二局。阅李勉林所订江苏水师条议,又阅《南屏文集》。傍夕小睡。夜温《史记》《龟策传》《货殖传》,酌加圈批。三更睡。

十八日

早饭后清理文件。坐见之客三次。阅《通鉴》百一十五卷。微有病,坐则支持不住,屡次小睡。又将《通鉴》阅一遍,核科房批稿簿。中饭后阅本日文件。又在洋床上久睡。国纲来久谈。客退,又睡两次。身体病困,甚觉难支。改信稿一件。傍夕小睡。夜温《史记·自序》,酌加圈点。三更睡。

十九日

早饭后清理文件。坐见之客二次。阅《通鉴》百一十六卷,未毕。围棋二局。旋将《通鉴》一卷阅毕,又续阅一遍。核科房批稿簿。中饭后阅本日文件。倦甚,久睡。阅《日知录》,久不阅此书,因寻出一为浏览。改信稿二件。傍夕小睡。夜温《史记》《朝鲜传》《西南夷传》《司马相如传》,酌加圈点。三更睡。

二十日(出门拜魁将军、富都统)

早饭后清理文件。坐见之客二次,堂期也。阅《通鉴》百一十七卷。围棋二局。旋又阅百一十七卷一遍。核科房批稿各簿。小睡颇久。中饭后阅本日文件,阅《通鉴》百一十八卷,未毕。出门拜魁将军、富都统,各一谈。归,至镜初处,与小岑一谈。夜至内室一谈。阅《史记·淮南衡山王传》,未毕。三更睡。

二十一日

早饭后清理文件。坐见之客四次,立见者一次。阅《通鉴》百一十八卷后半毕,旋又重阅一遍。倦甚,累次小睡。核科房批稿簿。中饭后阅本日文件。围棋二局。张廉卿自家来,久谈。前作《罗伯宜墓志》不妥者,又思核改而不果。傍夕小睡。夜温《史记》《淮南衡山王传》毕,温《循吏传》《汲郑传》。三更睡。

廿二日(至钱子密家吊其庶母)

早饭后清理文件。坐见之客二次,立见者二次。阅《通鉴》百一十九卷。旋又重阅一遍。阅《日知录》数叶,核科房批稿各簿。中饭后阅本日文件,阅马素臣所著《家礼外祭述训》。出门拜客,至钱子密家,渠之庶母新丧,故往一唁。旋至薛慰农处久谈。归,已日晡矣。傍夕小睡。夜温《史记·儒林传》。三更睡。

廿三日

早饭后清理文件。坐见之客四次,立见者一次。围[阅]《通鉴》百二十卷。围棋二局。旋又阅《通鉴》一遍,核科房批稿各簿。中饭后阅本日文件,拟作文而不果,阅《日知录》。在洋床久睡。傍夕与镜初至园亭一谈。夜温《史记·酷吏传》。三更睡。

廿四日(拟作《先考妣墓表》)

早饭后清理文件。坐见之客四次,立见者一次。阅《通鉴》百二十一卷,未毕。以将作《先考妣墓表》,故未看毕。围棋二局。核科房批稿簿。中饭后阅本日文件。拟作文而久不能下笔,在室中徘徊良久,或在洋床小睡。傍夕登床一睡。夜将作文而卒不能就。迟钝可愧。二更后作二三行。三更睡。

廿五日

早饭后清理文件。见客二次,衙门期也。旋围棋二局。阅《通鉴》昨一卷,仍未毕。

盖意欲作文，故他事皆不暇为，而又终不能就。阅《日知录》数叶。午刻核科房批稿簿。中饭后阅本日文件。旋作《台洲墓表》，约七百字，至三更止，未毕。所作全不能表彰老人德意，深以为愧！傍夕小睡。夜颇得酣睡。

二十六日

早饭后清理文件。坐见之客六次。围棋二局。将《通鉴》百二十一卷阅毕，核批稿各簿。中饭后阅本日文件，又阅《通鉴》前卷一遍。写祭帐一悬、对联五付。欧阳小岑来久坐。傍夕小睡。夜又作墓表二百馀字，粗毕。复视，全不成文，愧悚之至三更睡，尚能成寐。

二十七日（评点纪泽所作文二首）

早饭后清理文件。坐见之客四次。阅《通鉴》百二十二卷。围棋二局。旋又阅《通鉴》前卷一遍，核科房批稿簿。中饭后阅本日文件。题书检二种，将发刻也，评点纪泽所作文二首，阅桂文灿所著《经学博采录》。写澄、沅两弟信，约五百馀字。至园亭中一览。傍夕小睡。夜改片稿一件、信稿一件。二更后温《史记》《吴王濞传》《田窦传》未毕。三更睡。

金嵌珠宝蝴蝶簪　清

二十八日

早饭后清理文件。坐见之客六次。阅《通鉴》百廿三卷，旋重阅一遍。核科房批稿簿。中饭后阅本日文件。天气奇热，汗出不止，屡在藤椅小坐、洋床小睡，又绕屋徘徊行走。厚九来一谈。打辫子一次。至园亭一坐。改信稿二件。傍夕小睡。夜又改信稿一件，将《刘濞传》《田窦传》圈点一过，温《韩安国传》，未毕。三更睡，热甚，幸尚能成寐。

二十九日

早饭后清理文件。坐见之客五次。阅《通鉴》百廿四卷。围棋二局。又阅《通鉴》前卷一遍。天气奇热，汗出不止。核科房批稿簿。中饭后阅本日文件。酷热不能治事，在室中徘徊或小睡。申正后改信稿五件。小岑来一谈。与镜初至园亭一坐。夜仍异热。温《韩安国·李广传》，酌加圈点。温《匈奴传》，未毕。三更睡。今年未作一事，已半年矣。

## 七月

初一日（翻《经义述闻》）

早饭后清理文件。是日止院，坐见之客四次，立见者一次。阅《通鉴》百二十五卷。是日，阅“魏佛狸”至“爪步”等事，旋又细阅一遍。天气奇热，在于藤椅久坐。核科房批稿簿。中饭后阅本日文件。坐见之客一次。酷热多汗，小睡数次。申酉间，天虽阴而仍郁蒸，疲乏之至，不能治一事。非仅畏暑，亦衰颓甚矣。傍夕小睡。得大雨，稍解炎熇之气。夜，偶翻《经义述闻》，阅《通论》十馀叶。将《史记·匈奴传》阅毕。三更睡。

初二日(至署西帐棚考验箭射)

早饭后清理文件。出门至署西帐棚考验箭射。归,坐见之客二次。阅《通鉴》百二十六卷。围棋二局。将百二十六卷再阅一遍,旋又阅《通鉴》百廿七卷二遍。核科房批稿各簿。中饭后阅本日文件。是日暑热,虽比前三日略轻,然熇蒸之气尚难支柱。中饭后,因梅方伯送菜四样,邀镜初、仲诚等同食,为时较久。申酉间在洋床屡睡。旋改信稿一件。傍夕至园亭一坐。灯后大雨,暑气稍却。温《史记·卫霍传》。疲乏之甚,目若一无所睹者然。又改信稿一件。二更五点睡。

初三日

早饭后清理文件。坐见之客一次。阅《通鉴》百二十八卷。围棋二局。再阅《通鉴》前卷一遍。小睡一次。核科房批稿簿。中饭后阅本日文件。拟作《王考星冈公墓表》,而久不能下笔。疲乏殊甚,屡次在洋床上,屡次小睡。昨日出伏,又因连雨,暑气已减,然尚烦蒸。老年畏暑,但觉其困耳。酉刻剃头一次。傍夕小睡。夜阅《日知录》。思作文而不果。二更四点睡。

初四日

早饭后清理文件。坐见之客五次,立见者一次。镜初来一谈。思作文而不果。屡在洋床小睡。围棋二局。核科房批稿簿。中饭后阅本日文件。坐见之客二次。拟作文而不能下笔。在室中徘徊或小睡,困倦若不能自支者。傍夕至园亭一览。旋又小睡。夜阅《日知录》,作文约百馀字。日内,脾土不旺,食物辄欲作呕,中气不足,坐立均觉不宁。二更五点睡。

初五日

早饭后清理文件。坐见之客四次。阅《日知录》。屡思作文而不能下笔。在洋床屡次小睡。午正核科房批稿各簿。中饭后阅本日文件。坐见之客一次。作文约三百馀字,艰窘之至,而所作庸浅无似。傍夕小睡。夜思再作文,而不能就。翻阅《日知录》。二更五点睡。

初六日(小岑来言其孙妇被缢鬼缠扰)

早饭后清理文件。坐见之客四次,立见者一次。巳初出门,至新建总督衙门之处,幕府业已修成,头二门及上房等处已立架,大堂、二堂等尚未兴修。旋小坐茶话,即归。小睡。核科房批稿簿。中饭后阅本日文件。围棋二局。又作墓表文二百馀字,至二更尽止,文尚未毕,而枯涩殊甚。间阅张廉卿所圈批《史记》,又不能一意作文,盖老境与浮杂之心相间耳。傍夕,小岑来坐,言其孙妇被缢鬼缠扰,状甚怪诞,久谈。客去,小睡。三更睡。

初七日(作《墓表》毕)

早饭后清理文件。坐见之客三次。围棋二局。在洋床小睡。阅当涂夏炘所作《述朱质疑》一书。旋又作文百馀字,核科房批稿簿。中饭后阅本日文件。又阅《述朱质疑》,作文数行。李健斋来久谈。客去,阅沅弟及筠仙、树堂、南云诸信。傍夕小睡。夜又作《墓表》百馀字而毕。一文作至四日,文成,视之无一当意之处。甚矣,余思之钝。学之浅,而精力之衰也!余前有信寄筠仙云,近世达官无如余之荒陋者。顷接筠仙信,力雪此语之诬。余自知甚明,岂有诬乎!阅《古文辞类纂》数首。三更睡,不甚成寐。

初八日

早饭后清理文件。坐见之客三次,立见者一次。阅《通鉴》百二十九卷,旋又续阅一遍。坐见之客三次,季君梅坐甚久。核科房批稿簿。中饭后阅本日文件。倦甚,在洋床小睡二次。写祭帐一悬、对联四付,改信稿二件。欧阳小岑来一谈。傍夕小睡。夜温《史记·卫霍传》,未毕。渴睡,神甚昏。本日天气凉冷,已有秋意矣。三更睡。

初九日(马昌明以道家内功为余治目疾)

早饭后清理文件。坐见之客五次,立见者一次,莫子偲谈甚久。巳刻出门,至季君梅处一谈。旋至吴竹如处一谈。刘启发在渠家备酒席请竹如,而邀杨仲乾、陈虎臣、洪琴西三人作陪。余去,恰与诸人皆至好,因留余同席,饮至未末刻方散。归署,有一守备马昌明,善于道家内功,云能为余治目疾,与余对坐,渠自运气,能移于吾身五脏云云。因与之对坐三刻许。旋又见客一次。阅本日文件。核科房批稿簿。傍夕至李健斋处一坐。渠新移于吾署,住花园也。夜改信稿一件。温《史记·卫霍传》,细加圈批,又温《平津侯主父传》,未毕。三更睡。

初十日

早饭后清理文件。坐见之客二次,立见者一次。阅《通鉴》百三十卷。围棋二局。将《通鉴》前卷再阅一卷。坐见之客三次。核科房批稿各簿。是日请客小宴。未初二刻,季世兄来久谈。未正二刻登席,酉初客散。马昌明复来,与余对坐,为余医目。阅本日文件,未毕。傍夕小睡。夜,江远遂来一谈。将本日文件阅毕,温《史记·公孙弘传》。疲乏殊甚。旋温韩文数首。二更五点睡。

十一日

早饭后清理文件。阅《通鉴》百三十一卷。是卷为晋安王子勋举兵事,头绪颇多。旋又阅一遍。旋又将四路兵事分东西南北题于眉上,至巳刻末始将此卷读毕。坐见之客三次。小睡一次。午刻核科房批稿簿。中饭后阅本日文件。申初,马昌明复来,与余对坐约半时许。核改信稿三件。傍夕小睡。夜阅《拌湖诗录》,温《书经·皋陶谟》,用吴文正公纂言本。二更五点睡。

十二日(贺慈安皇太后万寿)

是日恭逢慈安皇太后万寿。未明,至贡院率属行礼。毕,即黎明矣。归署,早饭后清理文件。阅《通鉴》百三十二卷。见客一次。围棋二局。又将《通鉴》前卷复阅一遍。坐见之客二次。在于藤椅敬坐。核科房批稿各簿。中饭后阅本日文件。王金七外甥来久谈。马昌明复来,与余对坐。批点纪泽所为文。倦甚,在洋床小睡。傍夕。至园亭与镜初一谈。夜温《史记》《公孙弘传》《南越传》《闽越传》,酌加圈点。三更睡,久不成寐。

十三日

早饭后清理文件。坐见之客三次。阅《通鉴》百三十三卷,旋又阅一遍。围棋二局。核科房批稿各簿。中饭后阅本日文件。出门至魁将军处道喜,渠新调成都将军也。归,与马昌明对坐。是日本拟作文。近来,每隔十日,逢三日作文一首。本日复吴南屏信,拟略加营度,为之而久不能成。傍夕,与镜初、健斋至园亭一谈。夜温《禹贡》,仅温“九州”,自“导山”以下,未毕。三更睡。

十四日(翻《皇朝经世文编》)

早饭后坐见之客四次,福建提督李与吾坐最久,渠将自沪进京也。立见者一次。阅《通鉴》百三十四卷,旋又阅一遍。围棋二局。倦甚小睡。午正见客一次。核科房批稿各簿。中饭后阅本日文件。偶翻《皇朝经世文编》,遂阅十馀首,又阅南屏《拌湖文录》。马昌明来,与余对坐。傍夕小睡。夜,拟复南屏信。幕友先已拟稿,因核改百馀字。三更睡。

十五日(读《通鉴》仍昏然无所解)

早饭后,坐见之客二次,衙门期也。清理文件。昨日未写日记,本日并写,为时较久。阅《通鉴》百三十五卷。围棋二局。旋又阅《通鉴》一遍,仍昏然若无所解者。甚矣,余性之钝，而心之杂驰也。核科房批稿各簿。未初三刻，李与吾来。是日，余请渠小宴，陪客为富桂卿、忠心一、梅煦庵。未正三刻登席，酉初三刻始散。阅本日文件，未毕。傍夕小睡。夜将来文阅毕。改复吴南屏信，约二百馀字，未毕。三更睡。

十六日

早饭后清理文件。坐见之客二次，立见者一次。阅《通鉴》百三十六卷。围棋二局。旋又阅《通鉴》前卷一遍。午刻，见客二次，何镜海坐甚久。核科房批稿簿。中饭后阅本日文件。马昌明来，与我对坐。旋坐见之客一次。未治一事，而天已暝黑，岂中饭较晏耶？抑天气已短耶？傍夕小睡。夜将南屏信改毕，共不过四百字，而已改三夜矣。旋阅《惜抱轩文集》数十首。三更睡。

十七日

早饭后清理文件。阅《通鉴》百三十七卷，旋又阅一遍。倦甚，在藤椅久坐，未能治事。坐见之客一次，立见者二次。钱子密来久谈。旋又坐见之客三次。陈虎臣、欧阳小岑坐均久。中饭后阅本日文件。马世[昌]明来，又与对坐四刻许。核科房批稿簿，阅《日知录》。傍夕小睡。夜改信稿数件，约改三百馀字。三更睡。

十八日（阅黄莘农自订《年谱》）

早饭后清理文件。坐见之客八次，其中孙琴西、张廉卿坐甚久。阅《通鉴》百三十八卷，旋又阅一遍。核科房批稿簿。中饭后阅本日文件。围棋二局，立见之客一次。马昌明来，与之对坐四刻许。写挽帐三付。倦甚，在室中徘徊颇久。傍夕小睡。夜，镜初等来一坐。阅黄莘农自订《年谱》。二更后修改《湖南文征序》。三更睡。

十九日

早饭后清理文件。坐见之客四次。阅《通鉴》百三十九卷。莫子偲来久谈。旋又阅《通鉴》前卷一遍。核科房批稿各簿。中饭后，王霞轩自江西来，坐最久，约谈一时有奇。马昌明来，与我对坐四刻许。阅本日文件，倦甚，不复能治事，天亦暝矣。傍夕小睡。夜再将《湖南文征序》《罗伯宜墓志》核改数处，将誊正付去。二更后温《古文辞类纂》中之“碑志类”。三更睡。

二十日

早饭后清理文件。坐见之客四次，立见者一次。阅《通鉴》百四十卷，旋又阅一遍。欧阳小岑、洪琴西先后来久坐。客退，而日已晏矣。中饭后阅本日文件。何镜海来久谈，唐端甫来一谈。马昌明来，与余对坐三刻许。至是坐十一日，而目光毫无效验。将本日文件阅毕，核科房批稿簿，未毕。傍夕小睡。夜将批稿核毕，批纪泽所作诗二首。旋温放翁七律，改信稿三件。三更睡。

廿一日（至忠织造处阅大婚之绣货）

早饭后清理文件，阅《通鉴》百四十一卷。坐见之客四次。围棋二局。坐见之客二次。旋又阅《通鉴》前卷一遍。未初二刻出门，至忠织造处。渠承办大婚应用之绣货，请余阅看后乃起解。内有地衣二件，系铺养心殿之东西暖阁地者。东间红哈喇，地约见方二丈六尺。西间黄哈喇，地约见方一丈九尺。所绣花龙凤呈祥图，极人世之华丽。又有帏幔门帘，各种所绣花，皆龙凤呈祥图、百子千孙图二种。阅毕，即登席宴饮。同坐为魁将军、富都统、梅小岩，酉初三刻散。归署，已暝矣。阅看本日文件，未毕。夕时小睡。夜将文件阅毕。李健斋来一谈。核批稿各簿，二更二点毕。温韩文志、铭数首。三更睡。

廿二日（纪泽之子同儿得慢惊风之症）

早饭后清理文件。坐见之客二次，立见者一次。阅《通鉴》百四十二卷。纪泽之子同儿病甚，泄泻已二十馀日，是日变慢惊风之症。旋又阅《通鉴》前卷一遍。出门拜客，会者二家，未见者二家。未初归，见客一次，核科房批稿簿。中饭后阅本日文件。李健斋来一谈。屡视同儿之病。阅《钱警石年谱》，将为之作《墓表》。傍夕小睡。夜，欧阳小岑来久谈，请渠看同儿病，遂留宿也。二更后，江表弟来一谈。旋阅《古文辞类纂》中"传志类"。三更睡。

廿三日（同儿夭折）

早，视同儿病，则昨夜慢惊风，抽掣多次，面色已惨白，知不可为矣。饭后清理文件。见客，坐见者三次，立见者一次。阅《通鉴》百四十三卷。围棋二局。涂朗仙来，谈最久。又阅《通鉴》前卷一遍。核科房批稿簿。中饭后阅本日文件。王晓莲解漕自通州归，久谈。马昌明来，对坐三刻。屡视同儿病，至酉刻殇亡。以正月十八日生，至是六个月零六日矣。与小岑、镜初久谈。夜，镜初等又来一谈。阅《警石年谱》。三更睡。四更后，同儿始入棺抬出。

廿四日

早饭后清理文件。阅《通鉴》百四十四卷。围棋二局。旋又阅《通鉴》前卷一遍。前后坐见之客七次。晏同甫、戴子高坐甚久。核科房批稿簿。中饭后阅本日文件。马昌明来，对坐三刻。思作钱君《墓表》，而久不能下笔，在室中徘徊良久。傍夕至园亭。李佛生来久谈。夜，亦思作文，而迟钝不能下笔，深以为愧。阅《苏源生集》。三更睡。

廿五日

早饭后清理文件。坐见之客三次。朗轩于旋〈?〉见之后，又复独见，谈极久。阅《通鉴》百四十五卷。旋又阅一遍。出门拜晏彤甫，一谈。归，核科房批稿簿。中饭后阅本日文件。坐见之客一次。改信稿数件。马昌明来，对坐三刻。傍夕，至园亭与镜初、健斋等一谈。夜再改信稿二件，作《墓表》一二行。倦甚，二更五点睡。

廿六日（至靖毅公祠）

早饭后清理文件。坐见之客三次。写家信一件，以同孙殇亡事告之两弟。巳正出门，至靖毅公祠。祠本为黄少昆所修，日久圮败，今年司道等议重修，费银千数百两，而规模已焕然矣。文武皆随同看工。旋归署，见客三次，涂朗仙坐甚久。未正请客小宴，晏同甫为宾，梅方伯等陪之，酉初方散。阅本日文件。马昌明来，对坐三刻。晡时至园亭，与镜初等一谈。夜，作《墓表》六七行。三更睡。

廿七日

早饭后清理文件。坐见之客五次，立见者一次。围棋二局。核科房批稿各簿。中饭请王霞轩等小宴，未初二刻登席，酉初散。阅本日文件。傍夕至园亭，与镜初等一谈。夜又作钱警石《墓表》，粗毕，全无是处，深以为愧！三更睡。

廿八日

早饭后，坐见之客六次，立见者一次。阅《通鉴》百四十六卷，旋又阅一遍。子密来一谈。核科房批稿簿。中饭后阅本日文件。坐见之客一次。马昌明来，与我对坐三刻许。又将墓表核改。剃头一次。傍夕小睡。夜，将墓表改毕。温《古文类纂》中"碑志类"。二更五点睡。

廿九日（看莫愁湖新修工程落成）

早饭后阅《通鉴》百四十七卷。坐见之客四次，立见者一次。清理文件。又阅《通鉴》前卷一遍。围棋二局。午正出门，至城外看莫愁湖新修工程落成也。将军、都统及司道等共三席，申末始散，酉初二刻归。阅本日文件。涂朗仙来一谈。马昌明来，与余对坐三刻许。核科房批稿簿。至园亭小坐。夜，镜初来一坐。改信稿三件，阅《古文辞类纂》数首。二更四点睡。

三十日

早饭后清理文件。其中如王霞轩、梅方伯两起坐甚久。阅《通鉴》百四十八卷，旋又再阅一遍。围棋二局。核科房批稿各簿。中饭后阅本日文件。何廉昉来久谈，约十刻许。旋将本日文件阅毕。马昌明来，对坐三刻许。傍夕至园亭一坐，与镜初等一谈。夜又将钱君《墓表》一改，核信稿二件，温《古文·碑志类》。二更五点睡。

## 八月

初一日

早饭后清理文件。坐见之客三次，立见者一次。阅《通鉴》百四十九卷。围棋二局。旋又阅《通鉴》前卷一遍。李勉亭来一坐。核科房批稿簿。中饭后阅本日文件。马昌明来，对坐三刻许。天气甚热，在室中徘徊，未治一事。但以老而德业、文学一无所成，独自愁叹不已。至幕府与陈小浦等久谈。傍夕小睡。夜改信稿一件。二更后温《古文·论著类》。三更睡。

初二日（马昌明治余目疾无效）

早饭后清理文件。坐见之客六次，立见者二次。杨仲乾、李勉亭等二次，谈甚久。阅《通鉴》百五十卷，未毕。围棋二局。核科房批稿簿。中饭后阅本日文件。薛慰农来一谈。马昌明来，对坐三刻许。自是坐二十一日之期已满，而目光毫无效验。总理衙门有要信二件，因将渠来信分条写出，以便细细答复。傍夕，至园亭与健斋一谈。夜改复总理衙门信一件。二更后又改一件，未毕。两信约共改七百馀字。三更睡。用心稍过，不能成寐。脚肿愈甚。

初三日（至府学观新学乐舞）

早饭后清理文件。将复总署信第二件改毕。坐见之客一次。请人诊脉。围棋二局。巳初三刻出门至府学，观新学乐舞。仍派员照丁祭之例行礼。演习乐舞，皆有可观，约十刻许出。拜何廉昉，至湖南会馆一坐，未正二刻归。中饭后阅本日文件。旋核科房批稿簿。天气甚热，与伏天无异。在室徘徊良久。小岑来一谈。傍夕小睡。夜，镜初来一谈。核信房[稿]数件。二更五点睡。

初四日

早饭后清理文件。坐见之客六次，陈六笙及刘恭甫等两起谈甚久。出门至城外送晏彤甫，渠船已开矣。归，黄幼农来久谈。围棋二局。核科房批稿簿，中饭后阅本日文件。汤小秋等来一坐。核改复李少泉信一件，言盐务事。旋又改复少泉信，未毕。傍夕小睡。夜间改毕。又改信稿四件。阅《论语正义》。系宝应刘宝楠楚桢所著，其子恭冕足成刊刻，本日新送来者。二更四点睡。

初五日

早饭后清理文件。坐见之客三次。围棋二局。钱子密来久坐。核科房批稿簿。中饭后阅本日文件。勒少仲来久坐。天气奇热，有似三伏，在室中徘徊良久，不能治事。改信稿三件。傍夕小睡。夜又改二信，阅《宋元学案》中胡康侯一卷，旋又阅《史》《屈贾传》《老庄传》。二更四点睡。

初六日（阅龙翰臣所著《古韵通说》）

早饭后清理文件。坐见之客六次，内梅方伯、范鹤生、陈六生三起坐甚久。倦甚，不能治事，因在藤椅上欹坐良久，不觉成寐。核科房批稿簿。中饭后清理文件。围棋二局。天热出汗甚多，在室中徘徊三刻许。傍夕小睡。夜，摺差归，阅京信各件。龙翰臣所著之

《古韵通说》，同治六年刊刻，其子寄来。粗阅一过。二更四点睡。

初七日（至关帝庙行礼）

五更起，至关帝庙。黎明，率属行礼。礼毕，归。早饭后清理文件。见客四次，在藤椅欹坐良久。围棋二局。核科房批稿各簿。中饭后阅本日文件。将《通鉴》百五十卷粗为阅毕，尚未细核。吴彤云来，久谈约十刻许，去时。天已黑矣。思作金竺虔挽联，而久不能成。夜，初阅《白香山集》，后阅《古文辞类纂·论辩类》。二更四点睡。

初八日

早饭后清理文件。坐见之客五次，立见者一次，勒少仲谈甚久。围棋二局。核科房批稿簿。未初出门至莫愁湖，请客共三席，山长三人外，来客五人，书房七人，益以汪梅村、莫子偲，为十七人。酉初时。坐见之客一次。阅本日文件，未毕。夜又阅本日文件。江远遂来一谈。二更后温《古文·论辩类》。五点睡。

附记

送扎宅礼作吊　时若小照题诗

送皓庭礼并信　辞行六家初九已拜三家

写家信专人送

初九日

五更至文庙。黎明，率属行丁祭礼。是日用新习之古乐，佾舞颇觉整齐。辰初归。早饭后清理文件。坐见之客二次。围棋二局。又坐见之客二次。写祭幛一、对联三。核科房批稿各簿。中饭后阅本日文件。出门拜客三家，忠织造、吴竹如、李小湖，将出省大阅而作别也。竹如处坐甚久，灯后归。脚肿愈甚，常服之袜已不能入，肥而复硬，且似已肿过膝上者。大约作文及看生书，俱嫌用心太过，有损于血，而气不能运化，故致于此，以后当不作文、不看生书。是夜温《孟子》《梁惠王》上、下，取其熟也。二更四点睡。

初十日（至水西门河下吊将军之兄嫂之丧）

早饭后清理文件。坐见之客一次，立见者一次。写家信一封。出门至水西门河下，吊将军之兄嫂之丧，即常州太守扎克丹之次嗣母也。旋拜薛慰农一谈。又拜将军、副都统，皆未得见，而往返仍有三十里之远。午正二刻归，坐见之客二次。核科房批稿簿。中饭后阅本日文件。坐见之客二次，立见者一次。陈筱浦来一谈。天气日短，顷刻已曛黑矣。傍夕小睡。夜温《孟子》《公孙丑》上、下，《滕文公》上。二更五点睡。

十一日

早饭后清理文件。坐见之客六次，其中吴彤云、张廉卿两起坐最久。客散，倦甚，围棋二局。清理文件，以便二日内起行。中饭后阅本日文件，未毕。坐见之客五次，立见者二次，内孙琴西、范鹤生、李小湖、薛季怀四起坐甚久，客去已黑矣。灯后，将本日文件阅毕，改信稿二件，核科房批稿各簿，改复总理衙门信。是日见客，说话太多，治事亦不少，疲困殊甚。二更五点睡。

十二日（至校场阅兵）

早饭后清理文件。旋出门至小营校场大阅。辰初三刻上座，先看新兵五营，旋看湘勇二营，俱跑队演阵，旋看标中官弁射箭。余校副、参、游、都、守、千、把、射三十九员，午正三刻归。梅方伯及袁道保庆代校外委、额外兵丁，射一百四十馀人。未初三刻毕，即在校场中饭，营中备席也。酒次，一面议赏副、参至都、守，赏袍褂料一件者三人，赏马褂料者二人。千把中五矢者，赏荷包扇络而兼一两重银牌一面。中四矢者，专赏荷包扇络。外、额中五矢者，专赏一两银牌，其馀则赏五钱三钱有差，七营各赏钱百千。申初三刻饭毕。归署，阅本日文件，未毕。坐见之客四次。夜将本日文件阅毕，清理应发信件，料检明日出门应带之件。二更五点睡。

十三日

早饭后，检拾各件将出门。平日毫无收拾，遂觉混淆散乱，一无头绪。辰正二刻出城，将军、副都统、织造、司道等送至水西门。旋开船行走，司道又送至下关。在舟次，清理文件，阅《通鉴》百五十卷。未初中饭后，在下关，坐见之客五次。旋又开船行走，傍夕至燕子矶巴斗山湾泊。在舟次，核两日科房批稿簿，倦甚。坐见之客三次。温《古文辞类纂·序跋类》二更五点睡。

十四日（巡船厂）

早饭后，登岸看船厂工料等事。旋归船，看冯竹渔所造铁壳洋划子，长不过四丈，中舱机器露于外，尾后暗轮藏于下，馀两舱及前头后艄皆上无盖，旁无遮，仅有小洋线布棚数幅遮雨而已。试开行里馀，旋即归来。上船开行，行十馀里，风太逆，在于黄天荡上游，折回湾泊。至未刻，风稍定，又开行十馀里，在于划子口湾泊住宿。是日在舟阅《通鉴》百五十一、二两卷，至未末毕。申刻，袁笃臣来一谈。旋剃头一次。请人诊脉一次。傍夕小睡。夜，镜初来一谈。写纪泽等信一件，阅《古文辞类纂·传志类》。二更四点睡。

十五日

早饭后清理文件。是日逆风，竟日不克开船，即在划子口住泊。阅《通鉴》百五十三、四两卷。中饭后又阅百五十五卷。午刻、申刻，各见客一次，馀屡次小睡。细雨终日不辍，颇觉愁闷。夜温《左传·隐公》。镜初来一谈。二更四点睡。脚肿之病，似觉略消。

附记

唐葆元，仪征令，广西人，三十九岁。父母俱存，有弟二人，无子。曾署睢宁。仪征征地丁一万五千两，不过收一万两，每两收二千四百廿文。征漕一千二百石，每石收三两六钱。学台考不派棚费，合郡自泰州独认。

十六日（仍逆风苦雨竟日不能开船）

早饭，请薛叔耘兄弟、陈蓉斋、曹镜初小宴，巳初散。是日，仍逆风苦雨，竟日不能开船。阅《通鉴》百五十六卷，未毕。午初，围棋二局。中饭后，始将《通鉴》前卷第二遍阅毕。旋又阅百五十七卷，复阅第二遍，直至晡时始毕。傍夕小睡。夜，镜初来一谈，温《左传·桓公》一卷。二更五点睡。

十七日（写一营制及校阅册式）

早饭后清理文件。阅《通鉴》百五十八卷毕。巳末围棋三局，至午正毕。又阅《通鉴》百五十九卷，未毕。中饭后又阅一遍毕。又阅百六十卷。旋阅第二遍毕。是日上半日，仍是逆风细雨，未得开船。未初以后，风略减，始开船。用小轮船拖带，行六十里，至泗源沟，小为湾泊，等候后来之船。见客，坐见者四次，立见者二次。旋又开船，由内河行走十里泊宿。夜，袁笃臣、李勉亭及镜初先后来一谈。阅本日到包封文件，写一营制及校阅册式，令科房照样办册。阅《古文辞类纂》中“诏令类”。三更睡。

附记

黄仕林，江西丰城人，在湖南永绥开油店，因在永绥吃粮。随和春出师广西后，至江西又随胜克斋、薛庆堂、李少泉、刘仲良，现扎三汊河。气静而精明。

十八日

早饭后清理文件。开船，行三十馀里，至三汊河。旋又行二十馀里至扬州。自巳刻在船上见客起，及到扬后，极［直］至夜间，凡见客二十八次，无片刻少停，中维吃饭二次时谢客耳。辰刻，在船阅《通鉴》百六十一卷，旋又阅一遍。夜核科房批稿簿。接家信，知欧阳牧云于八月初一日死于衡州，为之哀惋。旋检点各件。三更睡。

十九日

早饭后清理文件。坐见之客三次。旋出门拜客,见者八家,内张石卿、许次苏两家作吊。未初,至方子箴都转处一谈。旋坐大堂,盘查运库。盘毕,拜何子贞太史,渠住运司署内,与之一谈。旋即登席,唱戏入筵,先吃一顿,申初二刻即毕。又至子贞前辈室内一谈,因约渠同出登席、听戏,吃第二顿,未毕。戌正二刻归船,黎竹舲来一谈。写纪泽信,未毕。三更睡。

二十日(至扬州西门外校场看操)

早饭后见客二次,旋即出门,约十二里许,至扬州西门外校场看操。初看扬州盐捕两营操大队,约六百四十馀人。旋看扬州营操洋枪队,约百五十人,演十一阵。旋阅奇兵、泰州、泰兴、三江、兴化等五营炮队,仅百六十馀人。阅毕,余少歇息。旋阅步箭,自参游至千把四十一人,余亲阅。外委、额外六十二人,请方子箴代阅。世职兵丁五十三人,袁笃臣代阅。其枪炮打靶者,请吴朝杰、李勉亭代阅。余未初二刻阅毕,即在校场小宴。申初三刻回船,见客二次,何了贞谈稍久。旋又进城至厉伯苻家赴宴,渠与晏同甫、卞梓臣兄弟为东也。戌正三刻归船,略一清理公事。三更睡。

二十一日(进城至何廉昉家赴宴)

早饭后见客二次,魏荫亭、杨子春坐稍久。旋出门至校场看操,辰正二刻始升座。阅吴小轩之淮勇三营,先操庆字正、副两营,兵操亲兵营,或演十馀阵、二十阵不等。旋看扬州等八营马箭,共阅一百五十六人。未初二刻阅毕。其庆字营有操步箭者,请方子箴代阅,枪炮打靶者,请袁笃臣、李勉亭代阅。旋入筵小宴,吴小轩所办席也,申初二刻散。酒次,一面料理发赏事件。赏毕,进城至何廉昉家赴宴,在扬司道公请音尊也。至戌正二刻回船。清理文件。坐见之客三次,曾善长、黎竹林坐稍久。阮家送《许周生集》,略一翻阅。三更睡。

二十二日

未黎明即开船,恐人纷纷致送也。行十里许,方子箴都转及各道员已赶来叩送。停船少候,坐见之客四次。旋又行数里,风逆而烈,水逆而溜,虽有轮船拖带,而仍不能速行。至湾头地方,吴家榜落水,良久乃起。又走数里,至观音堂地方泊宿。是日仅行二十里。盖余舟虽有轮船拖带,而随从各舟则难动也。在船阅《通鉴》百六十二卷,旋又阅一遍。申刻,曹镜初来一谈。旋又坐见之客二次。酉正,疲倦殊甚,小睡。夜核改复李少泉信,约改五百馀字,阅《许周生文集》。二更五点睡。

廿三日

早饭后,因等候发一札,巳刻开船行走。逆风逆水,仍与昨日相同,行数里即行停泊,至未刻乃再开。行二十馀里,至邵伯镇泊宿。是日亦仅行二十里,而幕友、书办各船尚未赶到。上半日,阅《通鉴》百六十三卷。下半日疲甚,似有感冒之象,屡次小睡。写纪泽等信一件。见客二次。灯后屡次小睡,未治一事。二更五点睡。

廿四日(至露筋祠泊宿)

是日,风仍逆,因随从之船未到,在邵伯久候,候至申刻始行。开船,用小轮舟拖带,行三十三里,一更四点始至露筋祠泊宿。上半日阅《通鉴》百六十四卷,旋又阅一遍。坐见之客三次。又阅百六十五卷,未毕。中饭后,围棋三局。开船后,改信稿三件。傍夕小睡。夜核科房批稿各簿,温《左传·庄公》,至十五年止。是日精神较胜于昨日。二更五点睡。五更又开船,不能成寐矣。

附记　程敬之呈各手摺

一、新坝工用器具各物存单计七十五种,均用旧者

一、新坝坝底修理情形图

一、新坝对河陈家坝等处估修西堤单共工九段,计长三百一十丈,土二万三千一百零三方有奇,用钱一万三千零廿五千有奇

一、新坝金门还做直坝,两墙盘做裹头估单共需钱三千二百六十八千有奇

一、新坝前做新旧越坝起除估册需钱五百九十九千有奇

一、新坝存厂料物单存广木八百六十八根,存石灰二百廿担

一、录御碑一道,乾隆二十二年十一月初六日旨

何性泉所

呈各摺

一、杨军厅河务情形略车逻坝、南关坝、车逻耳闸、南关耳闸、大姚闸、高邮头闸,不修恐生意外之险

一、高甘二汎,本年厢修埽坝工段单

一、宝汜二汎,本年加厢段落单

廿五日(巡车逻坝)

五更开船,行十九里至车逻坝,余甫起。早饭后,登东岸看车逻耳闸,刘受亭、程敬之两观察随同阅看,馀官伺应者颇多。阅毕,复登舟。行六里至新坝,即程敬之今年所修之工,长六十六丈,宽六丈,正月四日兴工,七月廿五日告竣者也。桩之排于海漫石以下者,不可得见。其得见之桩三层,每层二排三排不等。钉法尚坚,海漫石亦坚实,两头坝墙亦稳。又看南关耳闸。旋至监工棚内一坐,三次献茶毕,又至工厂内一坐,即程敬之住厂也。谈二刻许,即行回船。程留吃饭时仅午初,因令送至船上同吃。舟行七里许,程、刘二人来余舟共饭。饭后,至高邮头闸登岸一看。今年八月初四,曾经鏬洞走水,几至决堤者。看毕,开船行走。王瑞臣外甥来,久谈。渠生臀痈,两月未痊,弱瘠可虑。是日上半日阅《通鉴》百六十五〈卷〉毕,又阅一卷。申正以后,将各处所送手摺细阅,略记其目。坐见之客二次。傍夕小睡。夜,坐见之客二次,鲍小山谈甚久。核科房批稿各簿,写纪泽信一件,温《古文辞类纂》"诏令类""传记类"。三更睡。

廿六日(黎明开船,用轮舟拖带)

黎明开船,用轮舟拖带。早饭后清理文件。瑞臣甥来久谈。阅《通鉴》百六十六卷,旋又阅一遍。旋阅百六十七卷,未毕。午正静坐片刻。又小睡三刻许。中饭后核改信稿三十馀件。酉初至宝应城外泊宿。是日凡行百里。坐见之客二次。夜又见客二次。瑞臣甥来见久谈。核科房批稿各簿。温《左传·庄公》十五年至二十五年。二更五点睡。

附记

李(王)显发,李世忠义子历在李营保举,英发谙练。青阳人。漕标中军副将。

牛世英天津人,壬辰进士大门侍。勇锐而颇浑。九年八月,部选漕标,右营游击。

陈顺超东湖人。明白而颇滑。历在胜、袁、胡、吴仲山等处保举。现署盐城营游击。

徐　彬清河人。明而稳。历在吴仲山等处保举参将,本年七月补东海营都司。

陆占魁六合人。了亮而浮。历在六合及扬营出力保举。七年七月补漕标中军都司。

于国靖临桂人。尚老练。历经怡、何、都、李保举都司。现任盐城守备。

樊国均山阳人。历在杨至堂以下各河辕当差。现署右营守备。

马祺华江宁人。明畅而小巧。历在金陵大营,余考试前茅。补淮安城守备。

恩　禄公事颇明,弓马亦好,浮滑。现任海州参将。

程廷杰精明干练,在淮军保至记名提督。现署中营游击。

廿七日(抵淮安)

黎明开船。是日共行八十里。酉初至淮安泊宿。早饭后清理文件，阅《通鉴》百六十七卷毕，旋又阅一遍。又阅百六十八卷，至未正而未毕。上半日，坐见之客三次。下半日，见客八次，张友山漕帅坐甚久。清江武官来接者数起，将官大者履历略一写记。夜间，袁笃臣、曹镜初先后来谈。旋温《古文辞类纂·词赋类》。三更睡。

附记　郑小山所交条

田恩来山西阳曲人，保副将，归两江督标。甚好。

张文标尽先都司

廿八日

未明开船，行十五里至淮关登岸，拜监督舒麟。旋归船，又行十五里至清江浦。舟次，见客多起。到清江停泊后，又见客十馀次。午正中饭，较平日稍早。出门拜客，张友山、郑小山、钱楞仙三处，坐俱久。又拜两家，酉初归。又见客三起。灯后，有人送古帖三种，名迹一种，略一展阅，即行璧还。见客四次。是日将《通鉴》百六十八卷阅毕，未经写识。倦甚，二更三点即睡。

廿九日(至校场大阅)

黎明早饭后，坐见之客三次，清理文件。旋至校场大阅。请张友山漕师与余同坐同阅。先阅漕标七营大队。阅毕，退堂少息。旋阅镇标九营大队。漕七营谓中左右城守四营及海州、盐城、东海三营；镇九营谓中左右城守四营及宿迁、蒋坝、庙湾、佃湖、洪湖五营也。尚有苇荡左右两营不能与操。过操者，漕标、镇标各九百馀人，漕标马队七十人，镇标马队九十馀人。旋又看欧阳镇所练新兵五百人操十六阵。午初三刻，退堂小宴。未初又坐堂阅看马射，漕标由副将阅至外额止，镇标至千把止。申初二刻散，至友山处赴宴。同饮者为钱楞仙同年，饮至灯后三刻许散。归船，阅本日文件。二更后核批稿各簿，改信稿一件。三点睡。

绝世泥料花蕾壶　清

## 九月

初一日(斟酌赏项开单)

黎明早饭后，清理文件。见客二次。辰正，至校场将漕标之兵丁、镇标之外额及兵丁马箭看毕。旋阅漕标之洋枪队，至午正止，退堂歇息。旋又看步箭，漕标自副将至千把阅毕，镇标自副将至守备世职止阅毕，尚有千把未阅，时已申初，即行停止。其外额兵丁步箭，则派袁道、李道、淮扬刘道、瓜洲吴镇分阅，兵丁亦未阅毕。在校场中饭。小宴毕，归船已酉初矣。阅本日文件。剃头一次。夜，见客二次。写家信四叶，核科房批稿各簿。二更后，袁道、李道来，斟酌赏项开单，四点始毕。旋改信稿一件。三更后睡。

初二日

黎明早饭后，清理文件。坐见之客二次。出门至校场阅看镇标千把步箭三十名，毕。旋阅漕标三叠枪四百馀人、镇标三叠枪二百馀人，巳正阅毕。将各营之将、备、弁兵之应赏者开一清单。是日，吴镇又代阅兵丁步将四十馀人，袁道、刘道代阅枪炮打靶百馀人。

午初二刻，将赏项发毕，即行回船。坐见之客四次。王壬秋自京来此，与之久谈。申初出门，至郑小山处叙别。旋至欧阳健飞斋赴宴，渠与刘道咸、王道羣翎公请音尊也。申正登席，至亥初一刻回船。阅本日文件。坐见之客三次。将书翰等料检一番，明日将起行矣。核科房批稿簿。三更睡，未五更已醒。

初三日（阅王壬秋所著《桂阳州记》）

早起，点灯吃饭。饭后，坐见之客二次，立见者二次。旋料理琐事，即行启程，由陆路赴徐州。漕帅率属在公所送行，小坐片刻。行四十里至渝沟打尖。见客四次。饭后又行四十里。申正，至仲兴集住宿。见客五次。是日在轿中阅《通鉴》百六十九卷，又重阅一遍。又阅王壬秋所著《桂阳州记》前四卷。酉初清理文件。将《鉴》之大事略为题识。夜，倦甚，屡次小睡。见客二次。三更睡。

初四日

五更二点起。饭后行五里许，天始明。行五十里，巳正三刻至仰化集打尖。坐见之客四次，立见者二次。饭后，行五十五里，至宿迁县钟吾书院住宿。在轿中阅《通鉴》百七十卷，旋又阅一遍，又阅百七十一卷，未毕。阅《桂阳州志》官帅各传。酉初倦甚，屡睡。坐见之客五次，立见者三次。夜，壬秋、镜初来久谈。写纪泽信，约二百馀字。二更三点睡，似有感冒之象。

初五日（至旧邳州，借民房为公馆）

早饭后，黎明起行。行四十里，至皁河打尖。中饭后又行五十里，至旧邳州住宿。此地颇陋，借民房为公馆。坐见之客四次。是日觉有微病，似初三早在清江登程时为风所袭，骨疼头痛，口绝无味，屡次小睡。是日轿中将《通鉴》百七十一卷阅毕，旋又阅一遍。夜将百七十、百七十一两卷大事略加识录。壬秋等来一谈。病中困殆殊甚。二更四点睡。

初六日（途中病势颇增）

早，黎明起。饭后行三十里，至石牌打尖，系睢宁县辖境。因程太近，未经饮食。旋又开行四十里，未正二刻至双沟住宿。病势颇增，口渴出汗，不爱近饭。坐见之客四次，壬秋等来一谈，是日在轿阅《通鉴》百七十二卷，因病未能看毕。屡次小睡，二更即大睡矣，在近年为最早者。

初七日

早饭后，黎明行四十里，至杨家窪子打尖，吃饭甫半碗许，即大呕吐。盖二日内每饭皆作呕，幸忍而未发，而极不爱饭，至是不复能忍矣。旋又起行五十里，至徐州府住宿。是日程途皆蛮，上半日之四十里几如五十，下半日之五十里亦有所赢也。在轿将《通鉴》百七十二卷阅毕，又阅一遍。到徐后，坐见之客二次。小睡颇久。夜，吃绿豆稀饭一碗半。壬秋等来久谈，清理文件。二更二点睡。

初八日

因病未愈，歇息一日不看操。辰初二刻方起，近年无如此之晏者。饭后，坐见之客四次。清理文件。壬秋、镜初来问病，久谈。旋小睡二次，因病困难于支持也。申正始吃中饭，是日只吃两顿，每顿干饭、稀饭各半碗，绿豆粥一碗，止此已觉其多，平日自贪饕耳。申末，方子舸来一谈，因约壬秋、镜初来，与之久谈。渠三人旋又至幕中聚谈，余则小睡颇久。灯后，复小睡。旋核批稿各簿。二更二点睡。是日，睡时太多，夜辄不能成寐。四更大便一次，日内泄泻迄未愈耳。

初九日（喜筱澄侄生子）

早饭后，至校场阅大操，凡徐州中军、城守、萧县三营。其宿州营虽隶徐镇标下，而地属安徽，上年已经英中丞大阅矣。大队仍止中、城、萧三营，约共九百人跑队。跑毕，又就中抽出数百人跑藤牌队，又数百人为三叠枪人，又数百人为抬枪队。阅毕，又有各兵中另操之队，曰新兵左、右两营，又有勇丁曰凤字左、右两营，就四营中抽出约八百人跑洋枪队，阅毕。旋阅官弁兵丁之马箭，至未初一刻阅毕，凡九十馀人。回寓，馀均明日再阅。清理文件。申初中饭。饭后，坐见之客三次。方元徵来，因与壬秋、镜初共谈。阅本日文件颇多。酉刻剃头一次。灯后，与壬秋等在院中一谈。旋写纪泽信三叶，核批稿各簿，又写澄、沅弟信一叶，未毕。眼蒙不敢多视。是日家信中，知筱澄侄于八月十九日生子，为之大喜。二更四点睡。

初十日

早饭后，至校场看视步箭。余看官员游击至千把止，仅二十五人。其馀外额及候补之员、世职兵丁等，请吴子梅、吴小轩二人代为看箭。外兵丁有枪炮打靶者，请袁笃臣、欧阳健飞在云龙山代为阅看。箭毕，余阅看宿州营兵三叠枪，仅四十五人，即英中丞所未阅者也。阅毕即赏毕[毕字衍]，细为斟酌。午初三刻散。回寓，清理文件。小睡片刻。未正中饭。饭后，出门拜客数家，惟吴子梅、刘慈民两处得见，馀一拜而已，傍夕归。夜，壬秋来久谈。将澄弟信写毕，核批稿各簿。二更四点睡。

附记　吴子梅所指

郭金魁新兵左营管带。劣，纪律不明

刘鹤年宿迁营游击。优，赞者极多

马联彪优

十一日（是日因眩晃跌地）

早饭后，黎明起行。行五十里，至杨家洼子打尖时，尚未午初，余即未吃饭，少坐半时许。午初二刻又起行，四十里，至双沟住宿。道甚蛮，前初七所记，几如五十者也。清理文件。坐见之客三次。酉初中饭。是日在轿，上半日阅《通鉴》百七十三卷，旋又阅一遍，下半日阅百七十四卷，旋又阅一遍。傍夕，将大事略为题识。灯后，小睡片刻。壬秋、镜初等来一谈。旋核科房批稿簿。改复李少荃等信稿二件。夜送客时，目一眩晃，辄已跌落在地。信稿核完时，又觉昏眩不自持，时二更五点，急登床睡歇。

十二日

黎明起，饭后起行。行四十里，至石碑地方打尖，为时太早，余未吃饭，小坐三刻许。又行三十里，至旧邳州住宿。清理文件。在轿中阅《通鉴》〈百〉七十五卷，旋又阅一遍。午后阅百七十六卷，旋又阅一遍。在店将大事略一题识。坐见之客三次。中饭后，袁笃臣等来一谈。傍夕，壬秋来久谈。小睡片刻。添写两弟信一叶，写纪泽信一叶，核科房批稿簿。眼蒙殊甚。二更四点睡。

十三日

黎明早饭后起行。行五十里，至皁河打尖，在大王庙小驻，以时仅巳正，余未吃饭，见客二次。停半时许，旋又起行。行四十里，至宿迁县住宿，仍住钟吾书院，未正三刻已到。申初二刻中饭。是日在轿，午前阅《通鉴》百七十七卷。旋再阅一遍，午后阅百八十一卷，旋再阅一遍。其百七十八、九卷，百八十卷，在署中未带来，漏带一册也。坐见之客二次。清理文件。将《鉴》中大事略一题识。傍夕小睡。夜，吴小轩及曹镜初等先后来久谈。旋核批稿簿，改信稿二件。二更四点睡。将睡时，魏荫亭来一谈。

十四日（颇以道涂泥泞为虑）

黎明早饭后起行。行三里许至运河边，登舟，一拜荫亭，与谈片刻，渠将由天津进京。余复起行，行五十里至仰化集地方打尖。余以时太早未吃饭。旋又起行，行五十里至仲兴集住宿。是日在轿阅《通鉴》百八十二卷、百八十三卷，俱阅二遍。尖时，坐见之客二次。申刻，坐见之客二次。将《鉴》中大事略一题识。灯后核科房批稿簿，改信稿一件，细雨不止，颇以道涂泥泞为虑。二更四点睡。

附记

董凤高号梧轩所指标下优者：

赵光宗守务，署游击，新兵营管带

朱廷彪千总

十五日

是日下雨竟日，幸不甚大，路已烂矣。黎明，早饭后起行。行四十里，午初二刻至榆沟打尖，余未吃饭。午正二刻又起行，行四十里，申正至清江住宿。是日在轿阅《古文辞类纂·词赋类》。张友山迎至王家营，与之一相见，渠旋又至余船上一谈。又坐见之客一次。中饭后，壬秋来坐。旋坐见之客二次。傍夕小睡。夜写纪泽信，约三百字，核批稿簿，阅《左传·僖公》十馀叶。二更五点睡。

十六日(至平桥泊宿)

黎明起。早饭后，坐见之客二次。旋出门拜客，张漕帅、欧阳健飞两处会晤，馀未得见。归，即开船。在船清理文件，作诗酬壬秋，仅作八句，已行三十里至淮安矣。泊船登岸，拜丁拓唐。渠因留吃面，谈宴一时有馀。散。又拜客二外。归舟，张漕帅送来至此间一叙。旋又开船，行十里许。约壬秋、镜初来便饭，因与久谈。客散，已上灯矣。旋坐见之客三次。壬秋将近年所著《周易燕说》《尚书大传补注》《禹贡笺》《穀梁申义》《庄子七篇注》《湘绮楼文》等编见示。因泛为翻阅，不能细也。二更五点睡。是日，舟行至山阳以下四十里平桥泊宿。

十七日(至马棚湾看堤工)

黎明开船，王瑞亭甥已至船上，因与同饭，久谈。甥去后，清理文件，作酬壬秋诗，直至未正始毕。巳初，甥又来一谈，旋渠返宝应厘局。未末中饭。饭后阅壬秋所著《禹贡笺》。申正至马棚湾登岸看堤工，即同治七年所修者。当时，冒雨兴工，礲筑不固，今面上碎石已多坍卸，石下之土亦被水齧卸入湖中矣，急须修补，而估计需五万二千串之多，又难于筹款也。旋又行十馀里，至高邮州泊宿。壬秋来久谈。又坐见之客三次。阅壬秋所著《易说》，核批稿各簿。二更后，王子敷自通州来，久[谈]。五点睡。

十八日

黎明开船。清理文件，阅壬秋《禹贡笺》。倦甚，小睡。钱楞仙来拜，一谈。余旋至楞仙船上回步。别去，行六十里至邵伯。坐见之客三次，皆自扬州来接者也。未正，请壬秋、镇初来，略具酒肴，与之一饭。饭后即至扬州，坐见之客四次。余旋登岸至梅花岭，展谒史忠正公墓。其后人史兆霖在彼迎候，方子箴在彼备席三桌，请余宴饮。余阅看工程即退，未及登席。旋拜客五家，会者三处。灯后归船，坐见之客六次，何子永、曾善长、黎竹舲坐甚久。旋核批稿簿，未毕。三更睡。

十九日

黎明起。饭后开船，行三里许，至南门外拜郑小山尚书。渠引病后，自清江回籍，因船坏，尚泊此也，与之久谈。归船后，清理文件。旋核批稿各簿。舟行四十里，至瓜洲稍一停泊。见客，坐见者三次，立见者二次，应敏斋谈甚久。申初过江，至金山看新修山寺，绝高者为留云亭，馀亦游历周遍。旋登席，系方子箴、沈仲复、薛世香、吴朝杰、师竹庵暨京口副都统恒泽民惠六人为主也。酉初登席，戌正二刻方散。归舟后，见客三次。小睡片刻。核批稿簿，核改信稿二件。三更睡。

附记

樊国钧应补三还(?)守备一缺。漕标。王显发呈

二十日(本日看操人数少,而技亦劣)

早饭后清理文件,未毕。坐见之客二次。黎明,自金山开船,行六里许,至镇江西门外湾泊。旋登岸至校场大阅,人数甚少,镇江营仅三百六十六人,淞北营仅九十八人,淞南营仅一百六十一人,通共六百廿馀人耳。初阅镇江营大阵,旋炮阵;毕,安营看三营藤牌队,又看三营九龙枪,五子炮;毕,看马射,官兵六十馀人;毕,退堂小坐。再出升坐,看步箭,余自看四十四员,请方子箴、袁笃臣代看五十二人,请沈仲复、欧阳健飞代看枪炮打靶八十人。自巳初二刻起,至未正看毕。即在校场中饭小宴。饭后,发赏毕。归路,拜客三家,会者一人。本日看操人数少,而技亦劣,真如儿戏。归船,纪泽自江宁来镇省视,与之一谈。旋坐见之客四次。灯后,李质堂、欧阳健飞来久谈,壬秋来一谈。将早间文件清毕。二更后至壬秋船一谈,渠明日归去也。核批稿各簿。三更睡。

二十一日(至吕城)

早起,纪泽来船共饭。饭后,坐见之客三次。旋即开船,由镇江口入南运河,赴常州。清理文件。李军门来久坐,申初又来久坐。是日舟行共一百四十里。灯时,至吕城泊宿。在舟接见地方官四次,馀皆阅《通鉴》一百七十八、九两卷,各阅二遍,未作他事,而一日已毕。甚矣,余目光之钝,精力之衰也。二更后温《左传·昭公》十馀叶。三更睡。

附记

许先传江阴守备,似有瘾

富　安常州游击,亦似有嗜好

二十二日(舟至常州)

早起,李军门来,因留与共饭,一面开船行走。行五十里至常州,甫过午初。坐见之客六次,立见者三次。舟行时,阅《通鉴》百八十卷二遍。清理文件。未正中饭后,登岸拜客六家,晤史士良同年,畅谈最久。渠自宁绍道罢官归来,心静而体腴,晚景甚佳。酉初归船,见客二次。夜,李质堂来谈,曹镜初来谈,二更后,李勉亭来谈。核批稿各簿。三更睡。近来睡后,不甚成寐。一更许,辄须小解。一夕或须小便二次或三次,盖血虚而神昏,皆衰象也。

附记

写荫甫书检兼跋数语　核孙方与信稿

核叔耘信稿　酬壬秋诗

无锡蔡敬熙浙江附生,指捐江苏。李相保二次,马丁保一次,十年委无锡,系初任。人尚明白。

金匮张佑璧湖北黄陂举人。考教习学正,挑誊录议叙知县,丁卯,庚午两次分房,办海运一次:有书卷气,稳练。

同乡魏畴先　上海魏晦先查街　曾广照以上皆衡阳　刘会元湘潭　吴朝龙凤凰厅人　赵树楷善化人 严其政湘阴

廿三日

早饭后,坐见之客二次,即至教场看操。常州、孟河两营合操,仅二百二十四人。江阴、靖江两营合操,仅七十人。旋看九龙枪,常、孟共十一牌,江、靖共六牌。大队阅毕,即看马箭,官兵共五十六人。退堂小息。旋阅步箭,余自考四十七号,袁笃臣代看兵五十五人,李勉亭、吴朝杰代看枪炮打靶者六十名。未初阅毕,即在教场中饭。宴毕回船,坐见之客二次。申正开船,行三十里,至七子燕地方泊宿。舟中,阅《通鉴》百八十四卷两遍。

灯后，坐见之客三次。核科房批稿簿。二更四点睡。

廿四日（自辰正起至无锡，客未尝断）

未明开船，行六十里，午初至无锡，清理文件。沿途有客来见，自辰正起直至无锡，客未尝断。在锡又见客三次，杨滨石坐甚久。旋登岸，至黄浦墩寺内楼上一览。又坐舢板至惠山下，登山游寺，吃惠泉茶。归至座船，许信臣中丞来一谈。余旋至渠船上回拜，一谈。归船已申正矣。中饭〈后〉开船行走，行二十里已黑。灯后，又行五里，至新安泊宿。酉刻核批稿各簿。夜，李勉亭、黎莼斋来久坐。又核稿一件，疲困殊甚。二更五点睡。

二十五日（至常熟）

黎明开船，行二十里至望亭。见客二次。清理文件。李军门两次来谈，坐皆甚久。行六十三里至红塔，季君梅来迎，久谈。旋李梅生自苏州来迎，坐谈尤久，申正后与之共饭。饭后，即至常熟矣。是日凡行百一十三里。自望亭而南四十五里至苏州，自望亭九十三里至常熟。余欲先看福山镇之操，故先来常熟也。因廿七日忌辰，改于廿六日阅操，故连夜赶赴福山。日晡换小舟，灯后开行。行三十六里，三更四点至福山。余辰巳间思作一诗，题俞荫甫《经子平仪》，久未下笔。夜，在小舟作二十四句，未毕。三更即睡。因行船喧哗，竟夕不能成寐。

二十六日（至校场看操）

早饭后，至校场看操。先看狼山镇标大队三百名，旋看狼标三叠枪藤牌一百六十一名，旋看福山镇标三叠枪及藤牌共一百七十二名，旋看福左狼右通海四营水师操洋枪队一百八十名，旋看马箭一百一十名，旋退堂小息。又出，余看步箭三十九名，袁笃臣代看步箭六十一名，滕茂廷代看步箭五十名，吴朝杰代看打靶兵五十名，又鸟枪官二十员。事毕小宴。饭后，申初出校场，登福山望内洋及对岸之狼山。山顶有碑卧地，系因土人误传高峰为殿山，其下小阜为福山，特立碑以辨其失言。高者实福山也。旋即回船。申正二刻开船行走，直至三更二点始抵常熟，仍搬归大船。酉初，剃头一次。灯下作诗二十二句，将昨夕三诗作毕。三点睡，较之昨日差能成寐。

二十七日（谒子游、虞仲之墓）

早饭后，坐见之客三次。清理文件，未毕。巳初进城，至季君梅、杨滨石二家一谈。旋谒子游之墓、虞仲之墓。基碑凡四，皆题曰商逸民虞仲周公之墓。常熟虞山，约长十七八里，八分在城外，二分在城内，此二墓即在城内山麓。旋出城约六里许，至兴福寺小憩。即常建所题"曲径通幽处，禅房花木深"之寺也。点心后，又行四里馀，至三峰寺，周览庙中各室。季、杨及府县在此设席，未正二刻登席，申末始散。归至船上，起更已久矣。开行二十馀里，二更三点至湖塘泊宿。夜核批稿各簿。四点睡。

二十八日

早，开船行走。早饭后，坐见之客三次。曹镜初来久坐。写俞荫甫所著书署检。李质堂及镜初又来久坐，吴彤云自上海来，久坐。省中两司、八道来接，离省约二十里许；张子青中丞来接，约离省十七八里许。又见客四次，皆来接者。旋至苏州城外，由齐门、阊门以抵胥门。中丞以下皆在官厅迎候，茶话片时即进城。约行十里许，至吴园拜张中丞，坐谈颇久。行七里许，至湖南会馆，官借此为余行台也。旋见客二次，谈俱久。首县送席，留眉生、彤云共饮，二更四点方散。三更睡。

二十九日

是日忌辰。天雨竟日，不能看操。早饭后，见客四次，俞荫甫、何子贞坐较久。巳初出门拜客，至酉初二〈刻〉止。会晤者十二家，未见者八家。晡时，至张子青中丞处赴宴。灯后登席，二更回寓。坐见之客四次。阅新到文件。三更睡。下半日，雨甚大。明日尚不能看操，因改期候晴霁再看。

附记

○送魏传熙程仪　○交魏、曾条与青

王子蕃二事须议定　○船灯不碍海塘事○海塘工须先发后摊

○邵二署事　○黎莼斋署缺事

○王鼎丞交代千二百串事

卅日（至织造衙门）

早饭后见客九次，许信臣、殷谱经、吕廷芷三起坐较久。清理文件。申刻出门，至织造衙门。织造德静山与李质堂、李眉生、潘季玉四人公请戏酒，共四席。申初二刻入座，至亥初饮毕。余即归寓，阅本日文件，核批札稿数件。三更睡。

## 十月

初一日（赴张中丞率司道首府县公请）

早，见各贺朔之客。饭后清理文件。坐见之客二次。辰正二刻至恽小山家，为其父次山题主，陪客有潘季玉、费幼亭、俞荫甫诸人。题主礼毕，小宴。余吃菜四样，即归寓，因是日订与候补州县接见也。旋见候补同通州县，共见十班，每班十六人，又末班州县四人、外客二人，又另见客三次，织造坐较久。申初三刻吃饭二碗，即出门赴宴，张中丞率司道首府县公请，仍在织造衙门演戏也，共六席。申正二刻登席，亥初散。归寓后，眉生、质堂、勉亭、莼斋又久谈。旋阅本日文件。二更二点睡。

初二日

早饭后清理文件。见客一次。旋出门至教场阅操，请张子青同阅。先看抚标左右营兵及亲兵营勇大阵，共九百八十八名。原额三营共一千三百人。今来应操者约八成队有奇耳。凡演廿馀阵，洋枪甚为整齐。又看杂技兵三十三名。又看太湖、平望两营九子枪兵三十六名。事竣，看庆字营洋枪大阵四百名，即淮军吴长庆之勇，拨驻苏州者也。午正二刻，退堂小息。旋看官兵马箭六十一人，旋看步箭。余亲看将、备、千、把四十七人，又饬恩方伯与袁笃臣看外额兵丁四十人，应臬司看太湖水师之放枪者二十九人。贾芸樵、滕镇看打靶之兵六十人。申初二刻看毕，即在教场小宴。午刻小雨，旋止。至申初三刻，则大风雨矣。申末散，回公馆，见客二次，吴子偲庶常坐较久。灯时，同乡文武公请，即在本馆音樽。三更先退，归房。潘季玉、李眉生来一谈，涂朗轩等自上海来接，一谈。略看本日文件。二点末睡。

金星玻璃冰裂纹笔筒　清

初三日（阅《王霞九文集》）

早饭后见客二次，潘顺之谈颇久。旋出门至张子青中丞处辞行，谈颇久。出胥门城，将赴松江，中丞及司道以下皆在城外相送。登舟，见客二次。开船行七八里许，至梅渡桥停泊。司道八人来见一次，应敏斋独见一次，府县等见一次，客退已申正矣。吃中饭时，一面开船，行二十四五里，灯后至南北庄泊宿。是日，潘顺之送其祖奕俊、父世璜所著《居易金箴》等编，在舆中、舟中略一翻阅。酉刻阅本日文件，阅《王霞九文集》，其子其淦本日所送也。写日记，即常日所称清理文件者也。傍夕小睡。夜，李质堂来久谈。二更后阅朱彬所著《礼记训纂》，系座师朱文定公之父，本日朱曼伯所送也。三点睡。日来眼光尤蒙，故略早睡。

附记

复何子贞信，并其弟妇书事文

○复何廉昉信，言吴事不能为力

○会札四署三局，令将三年出入款系应解定款开摺呈

武营总数复奏摺

朱郁甫文集序

王霞九文集序

○季伦全求海运省局

○许谨身求署教官

初四日（阅《道蕴编》）

黎明，开船行走。行六十里至昆山县，离城约十馀里经过。又行六十馀里，至四江口泊宿。在舟中，上半日清理文件，核批稿各簿，小睡良久。下半日见客二次，阅《通鉴》百八十五卷二遍，旋阅百八十六卷，未毕。傍夕小睡。夜，坐见之客二次。将前寄总理衙门信再一核改。李芋仙寄来《道蕴编》一本，皆言养生修道之法。本日午刻阅数叶，二更后又阅数叶。四点睡。

附记

华　亭　张泽仁，直隶丰润人。指捐江苏知县，署娄县兼拓林通判，补华亭县。善言语，微有烟气。

娄　县　汪坤厚，大兴人，祖籍浙江萧山。捐县丞，保知县，回浙办团，署江阴，署丹徒二任，准补娄县。稳练。

金　山　汪祖绶，盱眙人。乙卯北榜，丙辰庶常，改知县，选新阳县。丁忧后，奏留补金山县，署常熟、川沙二任。

奉　贤　王起仁，浙江汤溪人。附贡捐输议叙训导，加捐知县，又捐分缺先五年补奉贤县。人尚老实。

南　汇　叶廷眷，广东香山人。捐县丞，保举知县，迭保至知府，署上海，补南汇。与丁雨生密。言辞明晰，才具开展。

前　上海朱凤梯，大兴人，祖籍浙江。捐从九，发山西。再捐同知，发江苏，署上海事三年。

涂朗山所递手摺：

一、各国在沪人数，二十国共二千七百名

一、钞志、孙两星使，复丁雨生函稿

一、上海各国领事官姓名

一、赫德历引条约，除京都不准贸易外，其馀天下各处洋商，均可自通商口岸载货前往，因余不以为然，请由道专禀余处，咨总署核办。

朗仙呈递赫德三照会三章程

常熟呈减厘状五纸

初五日（至松江府）

黎明开船，行二十七里至青浦县，又行四十五里至松江府。是日河多湾曲，而风势横斜，动辄吹靠一岸，至未末始抵云间。上半日，在船阅《通鉴》百八十六卷，清理文件。坐见之客一次。抵郡后，坐见之客五次，立见者两次。灯后，坐见之客二次，又质堂、镜初、勉亭等先后来见，均久谈。核批稿各簿。三更睡。

初六日（思养生之道为“视、息、眠、食”）

早饭后，登岸行十里许，至教场看操。初看提中、提右、提前、提后、城守、金山、拓林、青村八营大阵兵七百八十名。此八营中，有抽出之五百人练为新兵者，亦归此七百八十名之内合操。大阵跑毕，安营后，演藤牌小阵六十名。撤营后，演九子枪一百三十名。收队后，新兵营又跑大阵四百三十名。阅毕，退堂小息。旋升堂阅凤凰山之洋枪队三营，本一千四百人，而来应操者仅一千名。凡演八营，尚不如吴长庆部伍之整齐。阅毕，接看马步箭。余看将官、都守、千把共五十名，先马而后步。派涂朗仙看外额步箭五十九名，自外额至兵马箭一百一十二名，先步而后马。又派袁笃臣、熊岳峰看步箭六十三名，派滕茂廷看打靶兵四十五名。申正，次第看毕，即在教场小宴，一面写发赏之单。傍夕事竣，灯后回船。李勉亭、涂朗仙先后来久坐。二更后，质堂来坐。清理文件，阅日本国人所著《新论》。四点睡。近来，每夜小便甚数，二次三次不等。是夜虽亦二次，而为候稍迟。因思养生之道，“视”“息”“眠”“食”四字最为要紧。“息”必归海，“视”必垂帘，“食”必淡节，“眠”必虚恬。归海谓藏息于丹田气海也。垂帘谓半视不全开、不苦用也。虚谓心虚而无营，腹虚而不滞也。谨此四字，虽无医药丹诀，而足以却病矣。

初七日（至上海）

早饭后开船，在松江附近河尚小，水尚浅，不能畅行。行十五六里许，至黄浦江大河，则水阔且深。又行四十馀里，至闵行。彤云派大轮船二号前来迎接。又行六十里，申正至上海。在舟中清理文件，阅《通鉴》一百八十七卷二遍。在闵行见客三次。到沪后，登岸住于机器局。即同治七年闰四月所住之室也。初泊舟时，坐见之客三次，立见者一次。至公馆后，坐见之客七次，立见者一次，疲困极矣。旋涂朗轩、冯卓如备酒席小宴，席散已二更后矣。阅本日文件，清理各处所呈手摺。五点睡。

附记

凤皇山归李辖

初八日

早饭后清理文件。旋见徐翰臣等一次，见徐润等七人一次。阅机器局，周历一遍，约步行二里许。第五号轮船将次造成，长二十八丈，高四丈许，伟观也。午末看毕。中饭后，张中丞到，与余同居，与之一谈。李眉生来久谈，王子藩来久谈，李质堂来一谈。夜，曹镜切等来久谈。阅本日文件，核批稿各簿。二更四点睡。

初九日（接见八国外交官）

早饭后，冯卓如等来，谈甚久，刘子迎来，谈亦久，又坐见之客三次。巳正，日本国领事官曰忠道、曰延长来见，一谈。总税务司赫德来见，一谈。午刻，同乡编修李郁华来见，一谈。英国护领事达文波、护副领事法礼士、翻译马夏礼、协议官马戈利、奥斯马加国领事施利克、翻译夏士六人同来见。一谈。法国总领事梅让及其副阿麟来见，一谈。税务司狄妥玛来见，一谈。未刻，美国领事西华、副领事晏玛太、总兵官墨格厘、水师提督金百厘，丹国领事庄纯北、德意志——即布国也——领事温策楞、翻译法朗真、西班牙——即日耳曼国也——领事官英班兰生八人同来见，一谈。皆余与张中丞同坐接见。见毕，吃饭。饭后出门，拜客七家，郭慕徐、刘融斋两处皆会。至涂朗仙处赴宴，凡三席，灯时入座，二更散。到公馆，见客四次，阅本日文件。三更后睡。

初十日(是日贺慈禧皇太后寿)

是日恭逢慈禧皇太后万寿。早起,黎明行三跪九叩礼,抚台与提台、藩台皆行装叩祝。地方官亦齐集于此。礼毕,饭后清理文件,见客五次。巳正出门拜客,即回拜昨日洋人来见者,共拜十家,只有一家未会,总税务司赫德已开船回京,税务司狄妥玛辞谢也。其馀会者九家,皆设酒果点心,殷勤礼接。张子青、涂朗仙与余同行。申初事毕,进城赴宴。朗轩与吴彤云、刘芝田、冯卓儒及松江太仓府县各官二十一人公请,在卢姓家音尊。申正登席,至亥正始散,至寓已三更矣。与李勉亭订明日生日款客事,开一清单。三点睡。

十一日(是日为余六十一生日)

是日为余六十一生日。早沐甫毕,李眉生、质堂等即来祝贺。以后各客纷来,皆相见一揖。州县及武营,或一请安,均不行礼。旋留吃面,内厅二席,抚藩提台山长等;外厅八席,府厅州县委员等;西厅二席,幕府及机器局员绅等;厢房四席,武职水陆营官等;馀谦从人等数席,共廿二席。客散后,料理各事。至中丞处一坐。旋即上船开行。初开时,见客三次,孙家谷坐最久,渠出使外洋诸国三年,故与谈询洋务。客散始成行。哺时至吴淞口,见客,坐见者六次。夜写纪泽信一件,阅《中外古今年表》,系上海新翻之书。二更五点睡。

附记　李军门最关心之事:

刘河营应归苏松标　不归狼山标;

泰州游击应移驻通州,作为狼山中军,泰兴都司应移驻泰州。

又泰大发请补一缺

十二日(阅看水操)

早饭后启行,至教场约五里许,辰正二刻入坐。阅吴淞、川沙,南汇,掘港,苏松中、左、右,提右八营陆操大阵兵五百二十名,旋阅藤牌、杂技一百三十四名。收队后,阅九子枪一百八十八名,旋阅马箭官兵一百五十馀名,其官弁之带水师炮船者二十人未来应操。旋出至堤上棚内。因水师被轮船搀入队内,不便遽操,遂至上游三里许阅布国人操钢炮,一靶东向打大子十二出,开花者十出,一靶西向打群子,均已中的。旋又回至堤上棚内,阅看水操。先看外海艇船十二号,每船四十人,凡演六阵。将毕,张中丞因查阅海塘过此,亦来棚内同阅。旋看内洋八团舢板五十号,每船二十人,亦演数阵。苏松等三镇总兵备酒席,且饮且观。水师旋操轮船三号,吴彤云所统者。操毕,回余座船。又至恬吉轮船看操演枪炮,及上桅放篷水龙舢板,灯后操毕。回船,见客四次,改信稿一件,清理文件。二更三点睡。

十三日(将舟返金陵)

早饭后,天尚未明。点灯出门,黎明即至教场,补看马箭二十名。旋看步箭,分三靶。余自看五十三名,至千把止。派吴彤云看外额六十六名,袁笃臣看额外世职候补兵丁共七十八名,吴朝杰看枪炮打靶六十名。巳正事竣。王子藩备席宴饮,酒阑,张中丞来,同时饭毕。发赏后归船,因看艇船各水兵操上桅下水等技。旋登威靖轮船,将乘之以返金陵。午正三刻开船,行一百六十三里至阳路泊宿。是日顶风顶水顶潮,故行走甚迟也。未刻剃头一次。申刻清理文件。酉刻核批稿各簿。夜阅《通鉴》百八十八卷。二更三点睡。

附记

李军门代送魏承熙廿四金,应还

赏艇船下水登桅者各四元,待查明再付

三次赏戏四十八千，二次赏片烧烤人四元，应还局员

上海生日用席费五十四元，应还冯卓如

又记

○江南武营全局摺

○将弁举劾摺

江南水师续陈事宜摺马二十五条

札勉亭赴机器局

核孙信稿一束

复郭、刘、李、丁等信

十四日

早间，因等候恬吉轮船，辰初始开船行走。辰刻，看船中操演枪炮、上桅放篷水龙等事，一面行船，直行至四更二点始至划子口泊宿。二更末，在七濠口稍为停车，馀未少息也。共行五百里许，以福山之下即由北岸行走，较南岸迂数十里矣。在舟不能治他事，阅《通鉴》百八十九卷、百九十卷、百九十一卷各二遍，馀皆偃息而已。二更五点睡。

十五日（乘舟回署）

黎明起。饭后，由威靖轮船移至测海轮船。一面看操演枪炮、上桅放篷水龙等事，一面行走。行六十五里许，至下关停泊。约午初许，旋换小轮舟入内河。行二十里许，至水西门登岸，将军、织造、副都统、司道等皆在官厅迎接。司道先在下关登舟迎接。在厅小坐，即进城。未正入署，见客三次。中饭后又见客三次。阅本日文件。夜阅唐义渠所寄之《湖南阳秋》、王霞轩所寄之《王少鹤诗》《义湖十子诗》等书。二更四点睡。

十六日（至莫愁湖吊莫子偲）

早，起较迟。饭后清理文件。坐见之客八次，立见者三次。午刻出城，至水西门外送魁将军玉赴四川新任也。旋至莫愁湖吊丧，莫子偲以九月十四死于兴化，柩停该处。观其子之悲痛，不胜感怆。旋进城拜织造，申初归。饭后，坐见之客二次，本署钱子密、曹镜初、薛松耘等来谈，天已暝矣。夜，黎竹舲来谈，因与之围棋一局。本日来文极多，较常增至三倍，草草欲阅一过，而署内之客纷来，江龙三、李健斋、刘康侯各来，先后一谈，阅文至三更后乃毕。其科房之批稿簿，则不能阅核矣。三更一点睡，至四更二点成寐。

附记

强汝询庚亭

强汝谌彦吉，五。举人，赣榆教

强汝谔墨源，七，溧阳虞

十七日

早饭后清理文件。坐见之客三次。巳末，出门拜客，会晤者七家，吴竹如处谈最久。渠新有次孙之丧，老怀凄冷也。申初归。饭后，坐见之客三次。阅本日文件，天黑甫毕。夜清理数事，批稿簿丛积成林，因眼蒙，竟不敢阅核。闭目背诵《诗经》，改信稿二件。二更四点睡。

十八日

早饭后清理文件。坐见之客六次，立见者一次，韩叔起坐最久。午刻核科房批稿簿，未毕。申刻中饭后，复阅核，未毕。张廉卿来久坐，已天黑矣。夜核昨日以前批稿簿，毕，阅本日文件，核本日批稿簿。二更四点睡。

十九日（阅霞仙诗文，较昔年大进）

早饭后清理文件。刘锦棠来最久。旋见客二次。围棋二局。午刻，洪琴西来久坐。

未正见客，小宴，刘锦棠首座，馀皆官亲，江龙三兄弟叔侄三人，王昆八兄弟朗舅三人，王瑞臣、李健斋、刘康侯、欧阳仲谐等。席散，已天黑矣。夜阅本日文件，核批稿各簿。二更后，阅霞仙近年所作诗文，渊懿畅达，较昔年已大进。五点睡。

二十日

早饭后清理文件。坐见之客六次。围棋二局。核批稿各簿。中饭后阅本日文件。昨夜受寒，本日腹泻三次，常思登厕，而所下无多。阅陶篁村所辑《浙江诗话》。江龙三来一谈。傍夕，静坐片刻。夜核改信稿三件。李健斋、刘康侯、黎竹舲先后来谈。二更五点睡，多盖衣被，令极暖，差得安眠。盖老年阳衰之象也。

廿一日（梅方伯率府县来议狱）

早饭后清理文件。坐见之客十一次，疲困极矣。核科房批稿簿。未正中饭后，阅本日文件。梅方伯率府县来议狱，谈颇久。阅柳兴恩《穀梁大义述》。江农三来一坐，余旋同至农三室内一谈。夜核咨稿一件、信稿一件，共改五百许字。二更五点睡。梦中小解，竟湿被褥。甚矣，老年衰弱乃至此极！

廿二日

早饭后清理文件。坐见之客四次。日晷极短，已午初矣。出门拜客四家，黄昌期、薛慰农二处谈颇久。归署，中饭后会客一次，钱子密来一谈。写对联六付、寿扁一方。江氏冕三舅母九十寿辰，以白板绫求写扁，亦一奇也。阅本日文件，未毕。傍夕小睡。灯下，又看文件半时许，核科房批稿簿。旋阅《汉书》《司马相如传》《张世安传》。三更睡。

廿三日（阅纪鸿之文全无文采）

早饭后清理文件。见客二次，吴小轩谈甚久。改信稿二件。围棋二局。午刻，见客二次。中饭，因梅小岩送菜，请幕府梅、任、陈等小酌，申初散。见客二次，唐协和坐颇久。阅本日文件。傍夕小睡。夜核批稿簿，写澄、沅两弟信，约六百馀字。近日，接弟信甚密，而余之去函稀疏，深为歉然。纪鸿作文一首，送阅，全无文采。拟就国初名家及《墨选观止》中各选文数首授之。因阅《观止》文二十馀篇。三更睡。

廿四日

早饭后清理文件。坐见之客三次。至内室一谈。又坐见之客四次，立见者一次。核科房批稿簿，未毕。未正出门，至织造庆云峰林处赴宴，同席为穆瑞亭将军腾阿、黄昌期、富桂卿。酉初归，见客一次。傍夕小睡。夜阅本日文件，将批稿簿核毕，改摺稿二件，约共改四百字。日短客多，竟不能治一事。夜间，差能料理一两件。剑南诗云："贴补工夫有夜长。"信矣！而又于目疾大有妨碍，何以善之？三更睡。

廿五日（闻沅弟之谣言）

早饭后清理文件。见客三次，衙门期也。旋又见唐协和，谈甚久。渠自京回，述及京中士大夫多言湖南哥老会系沅弟之旧部，沅弟有庇护之说，听之殊堪诧异。沅弟归里，已阅四年，闭门自饬，不与公事，乃有此等谣言相污耶！旋请人诊脉一次。围棋二局。核科房批稿簿。中饭后阅本日文件。至内室一坐。傍夕小睡。夜，曹镜初来久谈。改信稿三件。二更五点睡。

廿六日

早饭后清理文件。曹镜初本日回籍，来此一谈，余亦至渠房一谈。旋出门至南门，拜吴小轩长庆，渠住李忠勇公祠——即李承典也，谈及渠昔年战事。旋至老湘左营，又至中营章合才处一谈，六营营哨官皆至。旋至炮厂拜刘佐禹、马格里，渠备洋酒点心，小饮刻许。阅新作之炮，三十六筒可以齐放，则三十六子同出如倾盆大雨；可以连环放，则各子继出如挝急鼓。又阅放火箭，每箭筒长尺许，圆径寸馀，远约三里许。又阅放开花炮。未

正三刻归署。中饭后阅本日文件,未毕。张啸山、欧阳小岑先后来谈。傍夕至内室一坐。夜阅本日文件,毕,李健斋、刘毅斋来谈,核批稿各簿。三更睡。

廿七日(阅海口案)

早饭后清理文件。坐见之客六次,立见者一次。围棋二局。核科房批稿簿。中饭后阅本日文件。张廉卿来一谈,钱子密来一谈。上海道禀中,钞内地税单不准出海口复入内地一案,颇多胶葛。细阅一遍,未毕,已天黑矣。至幕府任棣香处一坐。夜将前海口案阅毕,核改一批,旋改信稿九件。三更睡。神气昏惫,如将眩晕之象。睡,久不能成寐。略寐即醒,盖衰象迭见也。

廿八日(细批藩司所呈捐事摺)

早饭后清理文件。坐见之客五次,立见者二次。将藩司所呈捐事摺细批。围棋二局。核科房批稿簿。中饭后阅本日文件,未毕。李小湖、洪琴西先后来久谈,天已黑矣。接澄、沅两弟信,至内室一坐。灯后,将本日文件阅毕,核摺稿一件、信稿五件,约改三百字。温《古诗选》中李东川、李太白等七古。三更睡。

廿九日

早饭后清理文件。坐见之客四次,立见者二次。将应保应劾之武员开一清单,以便交幕友加考缮单。旋改摺稿一件、片稿一件,核科房批稿簿,未毕。子密来一坐。中饭后,将批稿稿核毕,阅本日文件。王笛楼甥来一谈。傍夕至内室一谈。夜,叶亭来一坐。核举劾加考毕,又改片稿一件。清理零件颇多。温韩、欧七古。三更睡。

## 十一月

初一日

早,止院不见诸客。饭后,坐见之客一次。清理文件。巳初出城,至上新河观新设木厘局,司道、府县皆至,小坐片刻。旋同至江边看木牌,步行里馀,回至局中。汤小秋等备酒席小宴,宴毕归。申初至署,往返约四十里。阅本日文件,未毕。校对本日所发摺件九摺、二片,又查应发京信四件。傍夕至内室一坐。欧阳小岑来一谈。夜将文件阅毕。核科房批稿簿,二更后毕。阅《万首绝句选》。三更睡。

初二日(作挽莫子偲联)

早饭后清理文件。坐见之客一次,立见者二次。核改信稿一件。围棋二局。核科房批稿簿。中饭后阅本日文件。坐见之客一次。天气甚寒。写祭帐二付,作莫子偲挽联一副。傍夕至内室一坐。夜改莫子偲挽联,又作刘寿卿挽联一副。核改复李少泉信稿,约改三百字。旋阅《万首绝句选》,又阅东坡七古,疲乏殊甚,若不克支持者。二更四点睡。

初三日

是日为先妣江太夫人八十有七冥寿。卯刻备祭席,率儿辈行礼。早饭后见客四次。清理文件。围棋二局。刘毅斋来久谈。中饭后阅本日文件,写挽联二付,又写对五付。日晷极短,天已暝矣。至内室小坐。夜李健斋、刘康侯来一谈。核科房批稿簿。二更后,温香山七古、昌黎七古,疲困之至。四点即睡。五更醒时,腹胀欲泄,急起大解,而裤已先污矣。近来,前溲之数,后溲之泄,皆气不固之征也。

初四日

早饭后清理文件。坐见之客七次,黄幼农、吴子登坐谈颇久。午正,静坐调息。中饭后阅本日文件,核科房批稿各簿,写对联五付。孙朗青来一谈。织辫发一次。傍夕至内室一坐。夜,再静坐数息。因日来眼蒙益甚,或谓调息养神尚可补救,因试为之。捧土而塞孟律,深恐其无当也。二更五点睡。

初五日(王笛楼甥来久坐)

早饭后清理文件。坐见之客二次,立见者一次,衙门堂期也。阅《通鉴》百九十二卷,又阅百九十三卷十二叶,未毕。围棋二局。静坐调息三刻许。王笛楼甥来久坐。中饭后,核科房批稿簿甚多。写对联六付。梅熙庵来一谈。傍夕,静坐片刻。夜阅本日文件,温《左传·成公》十馀叶。二更五点睡。

初六日

早饭后清理文件。坐见之客七次。出门拜黄幼农,一谈。旋至莫愁湖,莫子偲于是日开吊也。归,中饭后阅本日文件。黎竹舲来一谈。核科房批稿簿,未毕。傍夕,静坐调息。夜将批稿核毕,核改信稿十馀件。二更二点后,阅《周易传义音训》序例等。五点睡。

附记

户部主事陈达

选用知县陈兆熙劝农一正一副,廿,十六

初七日

早饭后,作欧阳牧云挽联一副,清理文件。坐见之客三次,汤小秋谈颇久,刘养素同年于浔自江西来晤,谈尤久。又立见之客二次。阅《通鉴》百九十三卷,未毕。未初,静坐调息。中饭后,将百九十三卷阅毕。旋再阅一遍,略识大事。写祭帐一悬、挽联一副。唐瑞甫来一谈。阅本日文件,未毕。傍夕,静坐调息。夜,将本日文件阅毕,核科房批稿簿。旋温《周易传义音训》《乾》《坤》二卦三十叶,又阅《李氏集解》二卦四十五叶。二更五点睡。

初八日(阅吴子序所著书二种)

早饭后清理文件。坐见之客五次,立见者一次。围棋二局。写澄、沅两弟信一封。中饭后阅本日文件,核科房批稿簿。出门拜客,至养素、竹如两处一谈,归来已灯初矣。阅吴子序所著书二种,改信稿二件,未毕。三更睡。

初九日

早饭后清理文件。坐见之客六次,王少岩、莫善徵坐颇久,立见者二次。阅《通鉴》百九十四卷,未毕。中饭后,将百九十四卷阅毕,旋又阅一遍,略识大事。阅本日文件,核科房批稿簿,坐见之客二次。又见女客一次,吴子序之妻韩夫人自南丰两千里而来,言子序阵亡之后,曾奏请建立专祠,至今未建,特来商办,再三拜恳。核泰州长牧捐务批一件,未毕。傍夕至内室一坐。夜将批核毕,又核信稿四件,其中云仙一件,即昨夜未核毕者也。温《周易传义音训》《屯》《蒙》二卦。二更五点睡。

初十日

早饭后清理文件。坐见之客二次。围棋二局。午刻,坐见之客二次,杨仲乾坐颇久。改复霞仙信稿,未毕。未正请客,刘养素等小宴,至酉初席始散。至内室一坐。夜阅本日文件,核科房批稿簿,将霞仙信稿改毕,温《周易传义音训》《需》《讼》二卦。二更五点睡。

十一日

早起,至文庙之明伦堂。黎明,率属行冬至拜牌礼。礼毕归署,傔从人等称贺。早饭后清理文件,将霞仙之文稿函送吴竹如一阅。围棋二局。立见之客二次。阅《通鉴》百九十五卷,旋又阅一遍。中饭后阅本日文件,核科房批稿簿。傍夕小睡。夜核木厘批二件,查核良久,尚未清晰。核改复许仙屏等信稿四件。二更五点睡。

十二日(将《周易》分类录)

早饭后清理文件。坐见之客四次,立见者一次。徘徊室中,久未治事。午刻核信稿一件，中饭后始毕。阅本日文件，核科房批稿簿。至内室一谈，至后园室中一览。与纪泽谈家事颇久。夜，将《周易》之“象”及常用之字分为条类，别而录之，庶几取“象”于天文地理，取“象”于身于物者，一目了然，少壮不学，老年始为此蹇浅之举，抑何陋也！三更睡，幸得酣眠。

十三日

早饭后清理文件。坐见之客一次，立见者一次。围棋二局。阅《通鉴》百九十六卷。坐见之客二次，冯竹如坐颇久。中饭后，再阅《通鉴》百九十六卷一遍，阅本日文件，核科房批稿簿。剃头一次。夜核改信稿二件，约改五百许字，又核一件。二更四点睡。

姑苏繁华图　吴县文庙

十四日（又添四语自儆）

早饭后清理文件。坐见之客九次，立见者一次，中如李勉亭、冯卓如，汪梅村三起，谈俱甚久。客退倦甚，不能治事。中饭后阅本日文件。陈荔秋来一谈。欧阳小岑、钱子密各来一谈。傍夕小睡。夜核科房批稿各簿。温《周易传义音训》中《师》《比》二卦，亦温《集解》，将“象”类分条记录。二更四点睡。

前曾以四语自儆，曰：慎独则心安，主敬则身强，求仁则人悦，习劳则神钦。近日又添四语：曰内讼以去恶，曰日新以希天，曰宏奖以育才，曰贞胜以蒙难。与前此四语，互相表里，而下手功夫各有切要之方。不知垂老尚能实践一二否？

十五日

早饭后清理文件。坐见之客六次，立见者一次。围棋二局。阅《通鉴》百九十七卷，中饭后又阅一遍，略识大事。李小湖来久谈。阅本日文件，未毕。傍夕小睡，夜将文件阅毕，核科房批稿簿，至二更二点毕。疲乏殊甚，怠于治事。阅《理学宗传》中朱、陆、薛、王四家语。五点睡。

十六日（新衙门规模甚宏）

早饭后清理文件。出门至朝阳门城外送穆将军之行，渠赴京口看操也。送客后，至新总督衙门一看。新衙门规模甚宏，房屋极多。司道一同往观览。午正三刻归署，核信稿四件。中饭后阅本日文件。坐见之客三次。蒋萃峰看脉，坐甚久。傍夕，刘启发来一谈。夜核科房批稿簿，温《周易传义音训》《小畜》《履》二卦，将“象”类分记。二更五点睡。

十七日

早饭后清理文件。坐见之客四次。阅《通鉴》百九十八卷。写澄、沅两弟信，专人送家信及八、九、十月日记。中饭后，将《通鉴》百九十八卷阅毕，阅本日文件。坐见之客二次。吴子序之夫人来辞行，又至上房与之相见，倏忽已曛黑矣。傍夕至上房一坐。夜核科房批稿簿，旋核改信稿五件，约改七百馀字。三更一点睡。

十八日

早饭后清理文件。坐见之客四次，立见者三次。核改信稿一束。中秋应复之贺信，久未能核，今时已过矣。只得改为腊底贺年之信，内有复庞省三信，改三百馀字，复陈小帆信，改五百馀字，至申刻始改毕。阅本日文件。傍夕至内室一坐。夜核科房批稿簿，温《周易传义音训》《泰》《否》二卦，将“象”类分条录记。又温《同人》《大有》二卦。三更睡。

十九日(阅王渔洋《精华录》)

早饭后清理文件。坐见之客四次,立见者二次。阅《通鉴》百九十九卷,未毕。围棋二局,须臾已中饭时矣。饭后阅《通鉴》百九十九卷毕,再阅一遍,略识大事。阅本日文件。本日有苏员外持示书十五种,要余购买,因翻阅数种。傍夕与刘康侯一谈。夜核科房批稿簿,改信稿四件,约改四百字,阅王渔洋《精华录》。三更睡。

二十日

早饭后清理文件,阅《吴文正公集》中《诸经叙录》等一卷。坐见之客四次,立见者二次。改信稿一件,约改三百字。中饭后阅本日文件,核科房批稿簿,阅《吴文正公集》中《字说》等篇。傍夕小睡。夜温《周易传义音训》《谦》《豫》二卦,将《同人》《大有》等四卦"象"类分条录记。阅瞿塘来知德矣鲜氏《省觉录》。此二日翻阅之书数种,皆苏员外携来购买者也。三更睡。

二十一日

早饭后清理文件。坐见之客五次,立见者一次。阅《通鉴》二百卷。围棋二局。将二百卷再阅一遍。中饭后将《通鉴》大事略识。阅本日文件,核科房批稿簿,阅来矣鲜《省事[觉]录》。傍夕至衙门上下一看。明日将移新署,先将旧署一为检点,恐有损失也。小睡片刻。夜阅来矣鲜《圣学功夫字义》,核改信稿一件,约改四百字。又阅《圣学字义》。二更五点睡。

二十二日(是日移居新衙门)

是日移居新衙门,即百馀年江督旧署,乱后,洪逆据为伪宫者也。本年重新修造,自三月兴工,至是粗竣,惟西边花园工尚未毕,虽未能别出邱壑,而已备极宏壮矣。早饭后移居至新署,仪门行礼,大堂行拜牌礼。旋至各处观览。坐见之客十次,立见者十四次,至申刻,见客始毕。巳刻清理文件。申刻阅本日文件,阅邵子《击壤集》。傍夕小睡。夜温《周易传义音训》《随》《蛊》二卦,"象"类分条录记。二更四点睡。是日咳嗽,不甚成寐。

廿三日(出门拜穆瑞亭将军)

早饭后清理文件。坐见之客四次,立见者一次,出门拜穆瑞亭将军。归,黄昌岐来一谈。中饭后,坐见之客二次。阅本日文件。倦甚,在倚上坐而假寐。核批稿各簿。至内室观匠人改作屋溜,因房黑而思拆去一层以取光也。傍夕小睡。夜仍小坐闭目。摺差自京归,阅京报多本,阅潘泊寅所刻邵位西诗叶《润臣杂记》。旋改摺稿一件,未毕。三更睡。

廿四日

早饭后清理文件。坐见之客七次。改信稿一件,将昨日摺稿改毕。中饭后见客一次,李小湖谈颇久。出门拜客三家,水西门外拜冯展云,往返二十馀里,灯后始归。阅本日文件,核科房批稿簿。二更后温《周易传义音训》《临》《观》二卦,"象"类分条录记。三更睡。

廿五日

早饭后清理文件。坐见之客三次,衙门期也。写对联六付。围棋二局。阅本日文件一束。未末请客冯展云小宴,陪客为小岩、笃臣、勉亭三人,席散已黑矣。灯后阅本日文件,核科房批稿簿。二更后阅《宋元学案》中《百源学案》,于邵子言数之说一无所解,愧恨之至。三更睡。夜深,天气燥热,屡次掀翻衣被,不能成寐。

廿六日

早饭后清理文件。复阅《百源学案》。围棋二局。坐见之客二次。改摺稿一件，未毕，中饭后改毕。阅本日文件，核房批稿簿。沈仲复来久谈。夜，改摺稿一件，约改三百馀字。二更后温《周易传义音训》《噬嗑》《贲》二卦，将“象”类分条录记。二更五点睡。

廿七日

早饭后清理文件。坐见之客四次，立见者一次。围棋二局。拟改信稿而客来，间断，久不能成。中饭后坐见之客二次，又小岑来久谈。改信稿二件。夜又改二件，阅本日文件，核科房批稿各簿，又改信稿一件。阅陶诗数首。三更睡。天气极短，精神散漫，每所做事极少，深以为愧。

附记

王山　查兵科卯册

廿八日（观新署愧余居处太崇）

早饭后清理文件。坐见之客七次，李叔彦、沈仲复等及李勉亭谈均甚久，客散倦甚。围棋二局。料理信件，派摺差进京。中饭后，坐见之客一次，立见者一次。阅本日文件。指甲反裂，出血颇多，疼不可忍。至花园一览。园在署西，现在修工未毕，正值赶办之时。偶一观玩，深愧居处太崇，享用太过。夜核科房批稿簿。温《周易传义音训》中《剥》《复》二卦，将“象”类分条录记。三更睡。

廿九日（阅陶诗全部）

早饭后清理文件。立见之客二次，坐见者一次。阅《宋元学案》。围棋二局。将本日应发之摺八件、片三件校对一过，复阅《宋元学案》。中饭后阅本日文件，核科房批稿簿。倦甚，小坐，至内室一坐。夜阅陶诗全部，取其尤闲适者记出，初钞一册，合之杜、韦、白、苏、陆五家之闲适诗，纂成一集，以备朝夕讽诵，洗涤名利争胜之心。三更睡。

## 十二月

初一日（庞省三自直隶来久谈）

早饭后清理文件。坐见之客五次，立见者一次，其中新排六班府厅州县，每月轮分六次来见者，本日共见八人，与语颇久。阅《宋元学案·序录》一卷、胡安定一卷。未毕，中饭后阅本日文件。庞省三自直隶来，久谈。核科房批稿簿，未毕。傍夕小睡。夜将批稿簿核毕。阅《史通·削繁》数首，温《周易传义音训》《无妄》《大畜》二卦，将“象”类分条录记。三更睡。

初二日

早饭后清理文件。坐见之客二次，立见者二次。阅《宋元学案》胡安定一卷，毕，又阅孙泰山一卷，未毕。围棋二局。未刻请将军、副都统、提督、织造四人小宴，酉初乃散。李辅堂来久坐。夜阅本日文件，核科房批稿簿，阅韦苏州诗四十叶，选其尤闲适者以便讽诵。三更睡。

初三日

早饭后清理文件。坐见之客二次，立见者一次。阅《宋元学案》中《泰山学案》十馀叶，仍未毕。改信稿一件。午刻，勒少仲来久谈。中饭后阅本日文件，未毕。李辅堂来久谈。傍夕小睡。夜将本日文件阅毕。核批稿各簿，温《周易传义音训》《颐》《大过》二卦，将“象”类分条录记。阅《集解》二卦。三更睡。

初四日

早饭后清理文件。出门拜客六家，会者五家，竹如处谈颇久。未正归，见客一次。中饭后阅本日文件。围棋二局。庞省三来久谈。傍夕小睡。夜,核科房批稿簿,阅韦苏州诗,选其尤闲适者,约阅十五叶。倦甚,不复能得诗中深处。二更五点睡。日来衰颓殊甚,全无作新气象。

初五日

早饭后清理文件。坐见之客四次,立见者二次。阅《宋元学案》中泰山一卷,毕,阅《高平学案》,未毕。金眉生来一谈。未刻,请李辅堂小宴,庞省三、勒少仲、凌筱岚,汤小秋诸人同席。客散,已上灯矣。阅本日文件,核科房批稿簿。二更后温《周易传义音训》《坎》《离》二卦,将"象"类分条录记。三更睡。

初六日(阅诗选闲适者录)

早饭后清理文件。坐见之客三次。阅《高平学案》毕,又阅《庐陵学案》八叶。未初围棋二局。中饭后阅本日文件。核科房批稿簿。傍夕小睡。至上房一坐。夜,摺差归,阅邸钞、京信等。将韦苏州诗阅毕,又阅杜诗,选其闲适者。而杜之五、七古中,绝少闲适一种,仅就其自然者,择取一二。渠固知道之君子,有德之至言,故余钞闲适诗,不能祧杜氏而不录也。三更睡。

初七日(剃头匠季姓吞服鸦片危在旦夕)

早饭后清理文件。阅《庐陵学案》十馀叶。围棋二局。将作何子敬之夫人遗事状,而久不下笔,在室中徘徊偃仰,心思钝涩至矣。中饭后阅本日文件。坐见之客二次,李笏生坐颇久。核科房批稿簿,未毕。傍夕小睡。夜将批稿簿核毕。温《周易传义音训》《咸》《恒》二卦,将"象"类分条录记。二更后。剃头匠李姓忽发病,细询,则吞服生鸦片烟,危在旦夕,殊以为虑。三更睡。

初八日

早饭后清理文件。坐见之客三次,立见者一次。阅《庐陵学案》毕。围棋二局。莫善徵来久谈。携其兄子偲诗来,请余决定去取。昨日摺差自京归,龙世兄有函,寄其父翰臣诗文集,请余作序。两集共十册,余深以不能细阅为愧。中饭后阅本日文件。陈小浦来一谈。核科房批稿簿。至内室一坐。傍夕小睡。夜核江苏水师续议章程廿二条,尚有三条未核毕。三更睡。

初九日

早饭后清理文件。坐见之客四次,洪琴西坐颇久。阅《莫子偲诗集》《龙翰臣文外集》。围棋三局。老年尚贪游戏,愧赧熟甚!中饭后阅本日文件。坐见之客一次。核科房批稿簿。欧阳宗佶来久谈。傍夕小睡。夜将江苏水师续章末二条核毕,又核摺稿一件。二更后温《周易传义音训》《遯》《大壮》二卦,将"象"类分条录记,阅《周易集解》。三更睡。

初十日(是日余右脚麻木不仁)

早饭后清理文件。坐见之客五次,谈均久。客散,已午初矣。围棋二局。中饭后阅本日文件,核科房批稿簿。至内室一坐。傍夕小睡。夜改信稿十馀件,改摺稿、片稿二件。二更后阅杜诗五、七古二卷,选闲适一种,竟不可多得。阅《龙翰臣诗集》《文外集》。三更睡。是日会客时,右脚麻木不仁,幸送客时尚能行走。近日手掌皴皮粗涩,面尤憔悴,盖血虚已极,全不腴润矣。

十一日

早饭后清理文件,阅莫子偲已刻诗集。坐见之客三次,英茂文谈颇久。将作《书何恭人事》文,而久不下笔。倦甚,在位倚睡。中饭后剃头一次。阅本日文件。庞省三来久谈。核科房批稿簿,未毕。傍夕小睡。夜作《书何恭人事》文,未毕。二更后温《周易传义音训》《晋》《明夷》二卦，将“象”类分条录记。阅《周易集解》二卦，未毕。三更睡。

十二日（夜坐时心如枯木了无生机）

早饭后清理文件。坐见之客三次，孙琴西、吴小轩谈甚久。立见者二次。桂香亭来久谈。署东起一高楼，因与同登。四面皆见，但不见大江及元武湖耳。围棋二局。作《书何恭人事》文数行，未毕。中饭后阅本日文件。薛慰农来久谈，子密来一谈。核科房批稿簿，未毕。傍夕小睡。夜将作文，而久不能下笔。在坐沉吟，心如枯木，了无生机。二更后阅杜诗五、七古四十五叶。三更睡。

十三日

早饭后清理文件。坐见之客三次。改信稿二件。围棋二局。穆将军来一谈。中饭后阅本日文件，未毕。梅小岩、张廉卿、李季泉、应敏斋四人皆久谈，灯后许久始退。将本日文件阅毕，核科房批稿簿。二更后温《周易传义音训》《家人》《睽》二卦，将“象”类分条录记。三更睡。是日将作文，又久不能下笔，衰竭如此，岂复能有所成耶?

十四日（作《书何恭人事》毕）

早饭后清理文件。坐见之客三次。阅《通鉴》二百一卷。中饭后阅本日文件，核科房批稿簿。酉刻至署东楼上一望。傍夕小睡。夜将《书何恭人事》文作毕，约七百馀字，而作至数日之久，真可愧可笑耳！温《古文辞类纂》中“序跋类”数首，恬吟密咏。三更睡。

十五日（石琢堂之曾孙果俊才也）

早饭后出门，至水西门官厅迎接苏赓阶凤文，渠由淮安来此商公事也。旋至船上拜之。归署，清理文件。坐见之客二次，苏赓阶旋来久坐，又坐见之客二次。有石琢堂之曾孙，名师铸，字似梅者，自湖南来，筠仙有书荐之，盛称其才，果俊才也。中饭后阅本日文件极多，未毕。接奉廷寄三道及批摺等件。傍夕至内室一坐。夜将本日文件阅毕，核科房批稿簿，二更三点毕。疲乏非常，目光呆滞，不不[衍一不字]复能视，遂不治一事矣。四点睡。

十六日

早饭后出门，闻何小宋中丞昨夕住黄军门处，前往迎候。行至中途，则闻渠已出门至余署矣。仍至黄家一拜。旋即归署，与小宋久谈。客去，清理文件。坐见之客三次，立见者一次。围棋二局。阅本日文件三分之一。未末请苏漕帅、何中丞小宴，陪客为应敏斋、王晓莲，灯后席散。将本日文件阅毕，核科房批稿簿。二更三点后温《古文·识度之属》。三更睡。

十七日

早饭后清理文件。坐见之客四次。核信稿二件。苏漕帅来辞行，一谈。核摺稿一件。中饭后，出门送苏、何二帅，而皆不遇。拜薛慰农，一谈。归，闻何小宋至余署辞行，因速回，与之畅谈，灯后去。阅本日文件，核科房批稿簿。在慰农处借得所钞对联一本，逐一翻阅。三更睡。

十八日

早饭后清理文件。坐见之客二次，武员衙门期也。阅《通鉴》二百二卷。围棋二局。旋将二百二卷阅毕，略识大事。中饭后阅本日文件。庞省三来久坐。又阅本日文件，毕，核科房批稿簿，未毕。钱子密来一谈。至署东高楼一眺。傍夕小睡。夜核批稿簿，毕，核改信稿三件，阅杜诗二十馀首。三更睡。

十九日（杂览《邹资山诗集》）

早饭后清理文件。应敏斋等来一谈。坐见之客二次，立见者一次。方小东来一谈。渠有梁碑二种，潘伯寅有书向余索取，余因转乞于小东而与之。改信稿一件。中饭后阅本日文件，核科房批稿簿。至上房一坐。傍夕小睡。夜温《周易传义音训》《蹇》《解》二卦，将"象"类分条录记，阅《集解》。杂览《邹资山诗集》。三更睡。

二十日（自思日来作文艰窘异常）

早饭后清理文件。坐见之客三次。阅《通鉴》二百三卷。午刻封印，行九叩礼。毕，谦从人等纷纷道喜。旋围棋二局。再阅《鉴》二百三卷，中饭后阅毕，将大事略一录识。阅本日文件，核科房批稿簿。织辫等事。至花园一览。傍夕小睡。夜，将作《王子怀侍郎墓志》，而久不能下笔，瞑坐已成寐矣。盖心血全枯，无不可汲，故作文艰窘异常耳！

二十一日

早饭后清理文件。巳刻见客一次，谈颇久。将核改信稿等件，而久不下笔，至午初始下笔为之，改应酬信下[十]馀件、公事信四件。中饭后阅本日文件。欧阳吉人来见，一谈。至幕府与钱子密一谈。灯下，核科房批稿簿，温《周易传义音训》《损》《益》二卦，将"象"类分条录记。二更三点后，疲困殊甚，屡坐瞑成寐矣。三更睡。

二十二日

早饭后清理文件。立见之客一次，坐见者二次。易笏山佩绅观察自湖南来，与之久谈。阅《通鉴》二百四卷，中饭后毕，略识大事。阅本日文件。周学洙来一谈，缦云之弟也。围棋二局。傍夕小睡。夜核科房批稿簿。将作王子怀墓志，仍久不能下笔，因翻阅《孟子》，朗诵数十章，三更睡。

二十三日（阅新兵五营操洋枪队）

早饭后，至小营考武员四人，定一游击缺以鞠登临补。旋阅新兵五营操洋枪队，至午初二刻阅毕。归署，清理文件。小坐假寐。旋改信稿二件。中饭后阅本日文件。庞省三来久谈。又阅本日文件，未毕。晡时登署东高楼。傍夕小睡。夜将本日文件阅毕，核科房批稿簿。二更二点后温《周易传义音训》《夬》《姤》二卦。三更睡。

二十四日

早饭后清理文件。坐见之客二次，立见者一次。出门拜客，至庞省三、张啸山处，坐均久。归，坐见之客三次，杨仲乾等谈颇久。阅《通鉴》二百五卷。中饭请易笏山小宴，陪客为李笏生、杨商农。客散，已酉初矣。阅本日文件，未毕。傍夕至内室一坐。夜，将本日文件阅毕。核科房批稿簿。二更后，将《通鉴》二百五卷大事略识一二，将《夬》《姤》二卦，"象"类分条录记，将《黄左田诗集》翻阅。三更睡。

二十五日

早饭后清理文件。坐见之客六次，衙门期也。内有贵州庶常李端谈颇久。围棋二局。吴小轩来一谈。中饭后阅本日文件。出门至吴竹如处看渠之病，今年竹翁七十九岁，日内咳嗽多痰，神气尚好。归署，已灯初矣。核科房批稿簿，阅《周易传义音训》《萃》《升》二卦，将"象"类分条录记。疲困殊甚。二更五点睡。

廿六日（夜阅《弄圆篇》格物诸图）

早饭后清理文件。阅《通鉴》二百六卷。易笏山谈甚久，吴小轩来一谈，又坐见之客一次，立见者二次。吴小轩带来老湘营八十名新操洋枪队者，来此大堂下操演小队，约一时许毕，又坐见之客一次。再阅二百六卷一过，申初毕，将大事识录一二。阅本日文件，核批稿各簿。夜阅来知德之《弄圆篇》格物诸图。二更三点核信稿一件。三更睡。

廿七日

早饭后清理文件。出门至小营看老湘营操演，二营操洋枪队，四营操湘军旧队，午正操毕。回署，坐见之客一次。中饭后，凌晓岚来一谈。又坐见之客一次。阅本日文件，未毕。围棋二局。傍夕，至内室与罗亲家母一谈。夜将本日文件阅毕，核科房批稿簿。与二子、陈婿一谈，讲《孟子》“君子所以异于人者”一章。温《周易传义音训》《困》《井》二卦，将“象”类分条录记。三更睡。

二十八日

早饭后清理文件。坐见之客四次。吴小轩谈甚久。阅《通鉴》二百七卷一遍，旋又阅一遍，未毕。围棋二局。中饭后，将第二遍阅毕，略识大事。阅本日文件。庞省三来久坐。钱子密来一谈。傍夕，至内室与罗亲〈家〉母一谈。夜将本日文件阅毕，核科房批稿簿。二更后与儿辈讲《孟子》“鱼，我所欲也”章。旋阅来知德《省觉录》。三更睡。

二十九日（贺梅小岩新娶儿妇）

早饭后清理文件，阅来知德《日录》。出门至梅小岩家道喜，渠新娶儿妇也。又至何祥垣家吊丧。归署，坐见之客一次。将改信稿而久未下笔。中饭后阅本日文件，核科房批稿簿。剃头一次，晡时，至内室与罗亲家母一谈。夜温《周易传义音训》《革》《鼎》二卦，将“象”类分条录记。与儿辈讲《孟子》“舜发于畎亩之中”一章。三更睡。

三十日

早饭后清理文件。阅《通鉴》百八卷，旋又阅一遍，略识大事。倦甚，坐而假寐。核信稿十馀件。中饭，与儿子陈婿及亲友等同食。下半日阅本日文件，核科房批稿簿，阅《通鉴》百九卷数叶。晡时至内室一谈。夜阅《宋元学案》张横浦一卷。二更后，与儿辈讲“离娄之明”一章。至祖先前行辞年礼，眷属亦皆来行礼。三更睡。

# 卷二十二　同治十一年

## 正月

初一日(至贡院拜牌)

五更起,至贡院率属拜牌。黎明,行礼毕。归署,至祖宗神位前行礼。旋接见贺年之客十六起,退而早饭。又出见客七次,坐见者二次。出门至江宁府学圣庙拈香,拜客三家,黄昌期、薛慰农处一谈,午正归。坐见之客三次,立见者一次。清理文件。中饭后阅《通鉴》二百九卷,旋又阅一遍。倦甚,坐而假寐。傍夕至内室一坐。夜温《周易传义音训》《震》《艮》二卦,将"象"类分条录记。二更后与儿辈讲《孟子》"牛山之木尝美矣"章。三更睡。

初二日(请幕友小宴)

早饭后清理文件。坐见之客二次,出门贺年,将军、副都统,李长山、吴竹如、梅方伯、王粮道六处皆会,馀则亲拜,未正归署。坐见之客二次。中饭请幕友小宴,凡十一人,孙方与莘畬、张埏昭晖垣二人,因有服辞不入坐。入坐者钱子密、任棣香、陈筱浦、薛叔耘、孙澄之、李竹岩、周小云、程柳常及叶亭甥,共九人,两席,酉初散。阅本日文件一二束,已昏黑矣。夜将文件阅毕,核科房批稿簿,疲倦殊甚。二更,与儿辈讲《孟子》"不仁者可与言哉"章。将昨日所阅《通鉴》二百九卷大事略一录识,将二百十卷粗阅数叶。三更睡。

初三日(与儿辈讲《孟子》)

早饭后清理文件。坐见之客四次。围棋三局。又坐见之客三次。将二百十卷《通鉴》略阅数叶。中饭后阅本日文件,未毕。坐见之客二次。萧廉泉焕唐看脉开方,谈甚久。傍夕小睡。夜将本日文件阅毕,核科房批稿簿。洪琴西刻书,请署检五事。二更后,与儿辈讲《孟子》"伊尹割烹要汤"章。温《周易传义音训》《渐》《归妹》二卦,将"象"类分条录记,未毕。三更睡。

初四日

早饭后清理文件。坐见之客九次,立见者三次。阅《通鉴》二百十卷,毕,旋又阅一遍,将大事略一题识。阅本日文件二束。未正出门,至梅方伯处小宴,渠与粮、盐公请也。席散归署,又阅本日文件二束,未毕。傍夕小睡。夜将本日文件阅毕,核科房批稿簿,未毕。二更后与儿辈讲《孟子》"以善服人者"章。旋将批稿核毕。将作《刘寿卿墓志》而久未下笔。三更睡。

初五日(出门补拜客道新喜数家)

早饭后清理文件。坐见之客九次,立见者一次。疲乏殊甚,不能治事。因围棋二局,以资消遣。中饭后阅本日文件。出门补拜客道新喜数家,灯后归。核科房批稿簿,温

《易》《丰》《旅》二卦。二更，与儿辈讲《孟子》“四端扩充”章。旋将《易》二卦温毕，将“象”类分条录记。三更睡。

初六日

早饭后清理文件。坐见之客七次，李仲彦、方子箴二起谈甚久。日内因见客过多，每疲乏不能治事。围棋二局。未初，至黄昌岐家赴宴，凡三席，申未散。顺道拜客数家。归署，阅本日文件，傍夕小睡。夜核科房批稿簿。二更后，与儿辈讲《孟子》“好辨”章。将作《刘忠壮墓志铭》，仅成二行许。三更睡。

初七日

早饭后清理文件。坐见之客五次，立见者一次。围棋二局。未刻，请欧阳健飞等五总兵小宴，酉初散。坐见之客一次。阅本日文件。傍夕小睡。夜核科房批稿簿，温《周易传义》《巽》《兑》二卦。二更后，与儿辈讲《孟子》“必有名世”章，将《易》二卦“象”类分条录记。三更睡。

初八日（至富桂卿都护处赴宴）

是日，恭逢王考星冈公九十八冥寿，早间备席，率属行礼，早饭后清理文件。坐见之客十次，立见者一次，疲乏极矣。未正，至富桂卿都护处赴宴，渠演戏张饮，共三席。未正二刻登席，酉正二刻散，灯后归。阅本日文件，未毕。叶亭甥来一谈，渠将以明日登舟回籍。旋将本日文件阅毕，与儿辈讲《孟子》“闻知见知”章，核科房批稿簿。倦甚，坐而成寐。三更睡。

九龙潭图　清

初九日

早饭后清理文件。坐见之客六次，立见者二次。核信稿二件。未正，请司道小宴，二席，十二客。酒半，梅方伯、王孙二观察辞席，渠亦于是日请将军小宴也。酉初客散，又坐见之客一次。阅本日文件。傍夕小睡。夜核科房批稿簿。二更后，与儿辈讲“当路于齐”军〈章〉，温《周易传义》《涣》《节》二卦。倦甚，坐而成寐。二更五点睡。

初十日（拟作《刘寿卿墓志》）

早饭后清理文件。坐见之客十二次，疲乏极矣。李质堂坐甚久。中饭后，坐见之客一次。阅本日文件，核科房批稿簿。傍夕小睡。夜阅刘伯山所撰《王船山年谱》。二更后，与儿辈讲《孟子》“墦间乞食”章。将作《刘寿卿墓志》，而疲倦似不能支。三更睡。

十一日

早饭后清理文件。坐见之客三次。阅《通鉴》二百十一卷。围棋三局。将《通鉴》大事略一录识。未正请客李质堂、黄昌岐等小宴。酉初散。坐见之客一次，立见者一次。阅本日文件。傍夕小睡。夜核科房批稿簿，核改信稿二件。二更，与儿辈讲“富岁子弟之赖”章，将《易》《涣》《节》二卦“象”类分条录记，又改信稿一件。三更睡。

十二日

早饭后清理文件。坐见之客六次，立见者一次。阅《通鉴》二百十二卷十馀叶。围棋二局。未初出门，至织造庆云峰处小宴，同席为将军、提督、副都统，酉初散。归署，方子箴等来禀辞，一谈。是日摺差自京归，夜阅京报、京信等件。阅本日文件，核科房批稿各簿。与儿辈讲《孟子》"求则得之"章,并下章。旋将《通鉴》二百十二章阅毕,三更睡。

十三日(至合肥会馆赴宴)

早饭后清理文件。坐见之客五次。程尚斋坐甚久。围棋二局。未正,至合肥会馆赴宴,武员各营公请,共六席。余辞演戏而仍有戏,教令之不行,可愧已!傍夕归署。夜阅本日文件,核科房批稿簿。二更后,与儿辈讲《孟子》"狂猥乡原"章,温《周易》《中孚》《小过》二卦。三更睡。

十四日(是日为宣宗成皇帝忌辰)

是日,为宣宗成皇帝忌辰。忆道光三十年,龙驭上升之日,余闻立文宗为皇太子之信,方将赴圆明园递如意。行至南海淀,乃得升遐之确耗,仓皇悲痛,今忽忽已二十三年。位日高而学日退,德日减,闻望日损,回首但增渐悚。

早饭后清理文件。坐见之客二次。将《通鉴》二百十二卷大事录识。围棋二局,至内室一谈。中饭后阅本日文件,核科房批稿簿,核改信稿十馀件。傍夕至署东楼上一览。夜又改信稿三件。与儿辈讲《孟子》"乔木世臣"章,作《刘寿卿墓志》百馀字。三更睡。

十五日

早饭后清理文件。坐见之客六次,立见者二次。疲乏殊甚,围棋二局,至上房一坐。中饭后阅本日文件,核科房批稿簿。坐见之客一次,夏葆生谈颇久,夏憩亭之子也。织辫等事。徘徊久之。傍夕小睡。夜温《易》《既济》《未济》二卦。将《中孚》《小过》《既济》三卦"象"类分条录记。与儿辈讲《孟子》"有不召之臣"章,温韩文数首,用储选十家本。三更睡。

十六日

早饭后清理文件。阅《通鉴》二百十三卷。坐见之客七次,立见者一次。围棋二局。中饭后阅本日文件,将《通鉴》二百十三卷大事略为录识,核科房批稿簿。至内室一谈。傍夕小睡。夜与儿辈讲《孟子》"滕文公为世子"章,核改复总理衙门信稿三件。三更睡。

十七日

早饭后清理文件。坐见之客七次。阅《通鉴》二百十四卷。旋又阅一遍,将大事略一录识。围棋二局。中饭后阅本日文件,核批稿各簿。织辫子等事。至内室一坐。傍夕小睡。夜核改摺稿一件,与湖北会奏盐务也。二更,与儿辈讲《孟子》"三年求艾"章,温韩文数首。三更睡。

十八日(阅庞作人送所作《礼记反身录》)

早饭后坐见之客八次,立见者一次。阅《通鉴》二百十五卷。程尚斋来久谈,导之看花园、东楼等处。中饭后,又看《通鉴》二百十五卷,将大事略为录识。围棋二局。傍夕小睡。夜阅本日文件,核科房批稿簿。二更后与儿辈讲《孟子》"首辈"章,阅庞作人送所作《礼记反身录》诸书。三更睡。

十九日

早饭后清理文件。坐见之客五次,立见者一次。阅《通鉴》二百十六卷。旋又阅一遍,将大事略为录识。阅本日文件。中饭后核科房批稿簿。戴子高来久坐。剃头一次。傍夕小睡。夜阅来矣鲜《日录》。二更,与儿辈讲《孟子》"灵台灵沼"章,作《刘寿卿墓志》百馀字。三更睡。

二十日

早饭后清理文件。坐见之客七次,立见者一次。围棋二局。未正请客小宴,王子敷、蒯子范、程尚斋、张石朋等。酉初散,阅本日文件,天已黑,不能治事矣。夜将本日文件阅毕,核科房批稿簿。二更后,与儿辈讲《孟子》"移民移粟"章。疲困殊甚,不能治事。三更睡。

二十一日

早饭后清理文件。坐见之客二次,立见者一次。午初开印行礼。傔从人等来贺,见客八次。改信稿三件。围棋二局。改摺稿一件。中饭后,子密来一谈。阅本日文件。瞬息间天已黑,不能治事矣。傍夕睡颇久。夜核科房批稿簿,核复丁稚璜信稿。二更,与儿辈讲《孟子》"始作俑"章。旋将《未济》卦"象"类分条录记,温《系辞》上传六章。三更睡。

二十二日(至校场考守备三缺)

早饭后清理文件。出门至校场考守备三缺。归署,坐见之客六次。阅《通鉴》二百一十七卷。旋又阅二百一十八卷。中饭后,将二百十七卷大事录识一二,阅本日文件。围棋二局。傍夕小睡。夜核科房批稿簿,将二百十八卷大事录识一二。二更后,与儿辈讲《孟子》"仁者无敌"章,核年终密考单三分之一。三更睡,眼蒙殊甚。

廿三日(是日余右脚若抽风)

早饭后清理文件。阅《通鉴》二百十九卷。旋又阅一遍,将大事录识一二。将年终密考单一核。中饭后阅本日文件。钱子密来一谈。语次,余右脚麻木不仁,旋即发颤,若抽掣动风者,良久乃止。庞省三来一谈。阅《通鉴》二百二十卷。傍夕小睡。夜阅《宋元学案》吕东莱一卷。二更后,与儿辈讲《孟子》"定于"一章,又阅《吕氏学案》。三更睡。

廿四日

早饭后清理文件。坐见之客八次。核年终密考单,阅《宋元学案》张无垢一卷。中饭后阅本日文件。韩叔起、周士烓先后来久坐。核科房批稿簿。至内室一坐。傍夕小睡。夜将年终密考单核毕。二更后,与儿辈讲《孟子》"桓文之事"章,至一半而止。旋阅《二程全书》二十馀叶。三更睡。

附记

李寿对　苏挽对挽幛　萧挽对

廿五日

早饭后清理文件。坐见之客六次。围棋二局。中饭后阅本日文件。强庚臣汝询来,谈良久。将武职提镇密考注毕。至内室一坐。傍夕小睡。夜作学政密考片。阅《二程全书》,本日屡次阅十馀叶,夜又阅十馀叶。二更后,与儿辈讲《孟子》"桓文之事"章后一半,毕。核改信稿二件,约改三百馀字。三更睡。

廿六日(至城外迎苏帅途中余痰迷心中)

早饭后清理文件。坐见之客五次,黄昌岐、易笏山谈均久。阅《二程全书》。中饭后,刘仲良来久谈。阅本日文件,申刻出门,至城外迎接苏赓堂河帅。在途中已觉痰迷心中,若昏昧不明者,欲与轿旁之戈什哈说话,而久说不出。至水西门官厅,欲与梅小岩方伯说话,又许久说不出,如欲动风者。然等候良久,而苏赓翁不至。又欲说话而久说不出,众人因劝余先归。到署后,与纪泽说话,又许久说不出,似将动风抽掣者。小坐半时。二更三点,早睡。

廿七日(夜与纪泽略言身后事)

早饭后清理文件。黄昌岐来看病,一谈。请医诊脉二次。阅《二程外书》。围棋二局。小睡良久。中饭后阅本日文件,核科房两日批稿簿。至内室一坐。与子密一谈。傍夕小睡。夜阅《二程外书》。是日服药二煎,时时防将眩晕者。夜与纪泽略言身后事。二更四点睡。

廿八日

早饭后见客。清理文件。阅《二程遗书》。出门至水西门拜苏赓堂,久谈。归署,坐见之客三次,蒯子范坐较久。末正,苏赓堂来久坐。客去,中饭后,坐见之客一次,立见者一次。阅本日文件,核科房批稿簿。申刻拜发摺件。夜阅《二程遗书》。二更四点睡。

廿九日(叹余不能速归又苟活人间)

早诊脉二次,开方良久。早饭后清理文件。坐见之客五次。围棋二局。阅《二程遗书》。张真人仁晸来见,一谈。中饭后阅本日文件。坐见之客一次。核科房批稿簿。至上房一谈。傍夕小睡。夜核改信稿五件,约共改五百馀字。是日,肝风之病已全退,仍服药一帖。余病患不能用心。昔道光二十六、七年间,每思作诗文,则身上癣疾大作,彻夜不能成寐。近年或欲作文,亦觉心中恍惚不能自主,故眩晕、目疾、肝风等症,皆心肝血虚之所致也。不能溘先朝露,速归于尽,又不能振作精神,稍治应尽之职事,苟活人间,惭悚何极!二更五点睡。

## 二月

初一日(悚惶余一生官高学浅)

早饭后清理文件。坐见之客五次,立见者一次。围棋二局。阅《二程遗书》。中饭后,坐见之客二次。阅本日文件。小睡片刻。核科房批稿簿。是日,刘康侯搭轮船归里。傍夕,小睡颇久。夜改信稿二十馀件。余精神散漫已久,凡遇应了结之件,久不能完,应收拾之件,久不能检,如败叶满山,全无归宿。通籍三十馀年,官至极品,而学业一无所成,德行一无可许,老大徒伤,不胜悚惶惭赧。二更五点睡。

附记

书不复者单　杂稿箱一清

密件存者一包馀俱烧之　故人寄信

初二日

早饭后清理文件。坐见之客三次。坐而假寐,疲甚,若不堪治一事者。围棋二局。至内室一坐。中饭后,坐见之客三次,厉伯苻谈颇久。阅本日文件,核科房批稿,内有一稿,略费思虑。又发病,如正月廿六日在城外官厅之状,手执笔而如颤,口欲言而不能出声,因停止不复阅核公事。登床小睡。请谢旭亭诊脉开方。夜又请蒋、萧二大令先后诊视。旋将批稿簿核毕,阅《二程遗书》。二更四点睡,尚能成寐。

初三日

早起,蒋、萧两大令来诊脉,良久去。早饭后清理文件,阅《理学宗传》。围棋二局。至上房一坐。又阅《理学宗传》。中饭后阅本日文件。李绂生来一坐。屡次小睡。核科房批稿簿。傍夕久睡。又有手颤心摇之象,起吃点心后,又在洋床久睡。阅《理学宗传》中张子一卷。二更四点睡。城外官厅之状,手执笔而如颤,口欲言而不能出声,因停止不复阅核公事。登床小睡。请谢旭亭诊脉开方。夜又请蒋、萧二大令先后诊视。旋将批稿簿核毕,阅《二程遗书》。二更四点睡,尚能成寐。